BAT Beratung
Artgerechte
Tierhaltung e.V.
Postfach
37201 Witzenhausen
Tel. 0 55 42 / 7 25 58 · Fax 7 25 60

Pirkelmann
Pferdehaltung

Tierzuchtbücherei
Herausgegeben von Prof. Dr. Horst Kräußlich, München

Pferdehaltung

Verhalten, Arbeitswirtschaft, Ställe,
Fütterung und Krankheiten

Herausgegeben von Dr. Heinrich Pirkelmann
Unter Mitarbeit von Dr. Lutz Ahlswede,
Dr. Michael Schäfer, Prof. Dr. Urs Schatzmann
und Dr. Heinz Schulz
2., neubearbeitete und erweiterte Auflage

249 Schwarzweiß-Fotos und Zeichnungen
34 Tabellen

VERLAG
EUGEN
ULMER

Die Autoren:

Dr. Lutz Ahlswede
Referat Pferdegesundheitsdienst
der Landwirtschaftskammer
Westfalen-Lippe, Münster

Dr. Heinrich Pirkelmann
Bayerische Landesanstalt
für Landtechnik, Freising-Weihenstephan

Dr. Michael Schäfer
Tierarzt, Franzheim

Prof. Dr. Urs Schatzmann
Klinik für Nutztiere und Pferde
der Universität Bern

Dr. Heinz Schulz
Bayerische Landesanstalt
für Landtechnik, Freising-Weihenstephan

Die Deutsche Bibliothek – CIP-Einheitsaufnahme

Pferdehaltung : Verhalten, Arbeitswirtschaft, Ställe, Fütterung
und Krankheiten ; 34 Tabellen / hrsg. von Heinrich Pirkelmann.
Unter Mitarb. von Lutz Ahlswede ... –
2., neubearb. und erw. Aufl. – Stuttgart : Ulmer, 1991
  (Tierzuchtbücherei)
  ISBN 3-8001-4357-7
NE: Pirkelmann, Heinrich [Hrsg.]

© 1976, 1991 Eugen Ulmer GmbH & Co.
Wollgrasweg 41, 7000 Stuttgart 70 (Hohenheim)
Printed in Germany
Lektorat: Ulrich Commerell
Einbandgestaltung: Alfred Krugmann
Gesamtherstellung: Wilhelm Röck, Weinsberg

Vorwort

Die Tierzuchtbücherei behandelt die Bereiche Zucht, Fütterung, Haltung und Gesundheit des Pferdes in zwei Titeln. Die bereits 1988 erschienene „Pferdezucht" (6. Auflage) enthält den züchterischen Bereich und die vorliegende 2. Auflage „Pferdehaltung" neben der Haltung im engeren Sinne den Stallbau, die Pferdefütterung und die Pferdekrankheiten.

Die bereits in der 1. Auflage der „Pferdehaltung" enthaltenen Abschnitte über die Ansprüche des Pferdes an seine Umwelt (Schäfer), die Arbeitswirtschaft, die baulich technischen Einrichtungen (Pirkelmann) und den Stallbau (Schulz) wurden von den Autoren erweitert und auf den neuesten Stand des Wissens gebracht. Hervorzuheben ist der Ausbau und die Vertiefung des Kapitels über das Verhalten des Hauspferdes, die Darstellung der wissenschaftlich technischen Weiterentwicklung unter Berücksichtigung der veränderten wirtschaftlichen Bedingungen und die verstärkte Behandlung der Einflußfaktoren auf das Wohlbefinden und die Umwelt.

Neu hinzugekommen sind die Abschnitte Pferdefütterung (Ahlswede), Pferdekrankheiten und Stallapotheke (Schatzmann). Ausgehend von der Beurteilung der Futtermittel und den physiologischen Grundlagen der Fütterungslehre wird die praktische Rationsgestaltung besprochen und mit Beispielen veranschaulicht. Fütterungsbedingte Probleme bilden den Übergang zum Abschnitt Pferdekrankheiten, in dem Krankheiten von wesentlicher Bedeutung erläutert werden. Der Pferdehalter findet in vorliegendem Buch Lösungen, die unter Berücksichtigung der Ansprüche des Pferdes an seine Umwelt (Stallgebäude einschließlich Reithallen, Haltung, Fütterung, Betriebsführung) das Wohlbefinden und die Leistungsfähigkeit seiner Tiere sichern, ohne Zweckmäßigkeit und Preiswürdigkeit aus dem Auge zu verlieren.

Das Werk soll sowohl als Hand- und Nachschlagbuch für den Praktiker, als auch als Lehrbuch für Studierende der Landwirtschaft und Tiermedizin dienen. Den Autoren ist es gelungen, die wissenschaftlichen Erkenntnisse und die praktischen Erfahrungen erschöpfend und übersichtlich darzustellen. Dem Verlag ist für die sorgfältige Gestaltung des Buches mit den vielen Abbildungen zu danken.

Autoren, Herausgeber und Verleger hoffen, mit diesem Werk Pferdefreunden, Pferdehaltern und Studierenden eine nützliche Anleitung zu liefern und damit das Wissen vom Pferd und das Verständnis für das Pferd zu fördern.

München, Sommer 1991   Horst Kräußlich

Inhaltsverzeichnis

A Ansprüche des Pferdes an seine Umwelt

Im folgenden werden mit Absicht Maximalforderungen aus der Sicht des Pferdes an seine Umgebung gestellt. Die hier aufgezeigten, nach dem heutigen Wissensstand für das Hauspferd optimalen Bedingungen bei der Schaffung seiner künstlichen Umwelt sind aus arbeitstechnischen wie finanziellen Gründen nicht immer erfüllbar. Trotzdem müssen sie dargelegt werden, da erfahrungsgemäß ein Großteil der in der Pferdehaltung gemachten Fehler auf Unkenntnis und nicht auf fehlenden Möglichkeiten beruht.

Fast jede Form der Tierhaltung stellt eine Verminderung der Lebensqualität des Individuums dar, auch wenn sie nicht bis zur blanken Tierquälerei geht. Die starke Einengung des Lebensraumes mit wesentlich verminderten physischen und vor allem psychischen Außenreizen und der vielfach zu beobachtende Mangel an innerartlichem Kontakt mit daraus resultierendem verkümmerten Sozialverhalten sind Faktoren, die das körperliche und seelische Wohlbefinden des von Natur aus bewegungsaktiven und geselligen Pferdes erheblich beeinträchtigen und die durchaus wirtschaftliche Konsequenzen nach sich ziehen können. Mangelnde Fruchtbarkeit oder Leistungsbereitschaft, Stalluntugenden, Krankheiten der Atmungswege, des Stoffwechsels und Verdauungstraktes haben hier häufig ihre Ursachen. Dabei machen sich nur wenige bewußt, daß eine aus menschlicher Sicht luxuriöse Haltung in finanziell aufwendigen Pferdestallbauten eine für das Pferd absolut ungeeignete Umgebung sein kann, wenn zum Beispiel die wichtige psychische Komponente zu kurz kommt. Dank der modernen Verhaltensforschung beginnt sich zwar langsam die Erkenntnis durchzusetzen, daß das seelische Wohlbefinden des Pferdes neben dem körperlichen Optimum oft von ausschlaggebender Bedeutung für den sportlichen oder züchterischen Erfolg ist, doch schlägt sie sich viel zu selten auch in Taten nieder. Die Betonung dieses Aspektes wird mir deshalb zusammen mit der Schilderung günstiger gesunder und hygienischer Bedingungen bei der Einrichtung von Pferdeställen im folgenden ein besonderes Anliegen sein.

1 Physische und psychische Besonderheiten des Pferdes

1.1 Wildeinhufer und ihr Lebensraum

Alle Equiden entwickelten sich im Laufe von ca. 70 Millionen Jahren vom mehrzehigen, nur fuchsgroßen Waldbewohner über mehrere Zwischenstadien zu den heute lebenden, unterschiedlich weit zum schnellen Lauftier spezialisierten Einhufern. Das Hauptverbreitungsgebiet der Pferdeartigen war die Steppe in ihren verschiedenen Formen von den sehr trockenen Wüstensteppen über offene Grassteppen bis zur feuchten Busch- oder Baumsteppe und zur baumbestandenen Savanne. Randgruppen

Abb. 1. Als Grasfresser tragen Pferde natürlicherweise den Kopf länger als die Hälfte des Tages weit gesenkt. Hier Islandstuten auf Dauerweide.

der Gattung Equus besiedelten schon lichte Wälder und Tundrengebiete oder drangen in Gebirge mit teilweise alpiner Formation und Vegetation vor, was sekundäre Anpassungen an diese nicht steppenartige Umwelt nötig machte.

Allen Einhufern ist aufgrund ihrer überwiegenden Herkunft aus windigen, intensiv besonnten Gebieten mit meist hoher nächtlicher Wärmeabstrahlung und daraus resultierenden erheblich schwankenden Tag- und Nachttemperaturen neben einem starken Lichtbedürfnis eine verhältnismäßig große Hitze- und Kältetoleranz eigen. Obwohl manche Wildeinhufer weite jahreszeitliche Wanderungen unternahmen, um im Norden den extrem niedrigen Temperaturen, im Süden der übermäßigen Trockenheit auszuweichen, waren sie doch alle relativ gut in der Lage, sich durch eine dichte Winterbehaarung an die Kälte und durch starkes Schwitzen am ganzen Körper an hohe Wärmegrade anzupassen.

1.2　Verhalten der Hauspferde

Sämtliche im folgenden beschriebenen Beobachtungen wurden an möglichst natürlich gehaltenen Pferden gemacht. Sie schildern deshalb überwiegend das Verhalten von Ponys in Freilandhaltung und von Pferden bei zumindest vielmonatigem ganztägigen Weidegang auf relativ großen Flächen. Auf Verhaltensweisen und -probleme, die bei Tieren ohne die Möglichkeit täglichen Freilaufens entstehen können, wird jeweils besonders hingewiesen.

1.2.1　Tagesrhythmus und stoffwechselbedingtes Verhalten

Einhufern wohnt ein *Raum-Zeit-Tätigkeitssystem* inne, d. h. sie halten nicht nur ziemlich regelmäßige Zeiten für die einzelnen Verhaltensfunktionsbereiche ein, sondern suchen dazu auch jedesmal bestimmte Orte auf.

1.2.1.1 Fressen

Einhufer sind keine Wiederkäuer und besitzen einen im Verhältnis zur Körpergröße nur kleinen, einhöhligen Magen. Sie müssen deshalb ihr Futter in einem Kauvorgang sorgfältig zerkleinern. Bei naturgemäßer Haltung, also bei Weidegang bzw. stark überwiegender Ernährung mit Rauhfutter, benötigen sie dazu viel Zeit.

Da Pferde überwiegend Gräser abweiden und nur gelegentlich auch die Blätter und Zweige mancher Bäume und Büsche abfressen können, tragen sie natürlicherweise den Kopf mehr als die Hälfte des Tages weit gesenkt. Diese täglich langdauernde Körperhaltung ist für die Bildung einer guten Rückenformation für Pferde aller Altersstufen als sehr günstig anzusehen. Rauhfutter sollte deshalb im Stall am Boden oder von einem möglichst tiefliegenden Futtertisch aus vorgelegt werden. Die früher üblichen Hochraufen sind unphysiologisch und auch wegen der Augenverletzungsgefahr der Pferde nach Möglichkeit nicht zu verwenden.

Die tägliche *Freßdauer* bei ausschließlichem Weidegang beträgt mindestens zwölf Stunden. Bei schlechter Bodenqualität und, dadurch bedingt, nährstoffarmen Gräsern, oder bei mangelhaftem Bewuchs oder extrem kurzem Verbiß kann sie bis auf 16 Stunden und mehr ausgedehnt werden. Säugende Mutterstuten grasen immer am längsten von allen Angehörigen einer Pferdegemeinschaft, während Hengste einen Teil der normalen Freßzeit für die Untersuchung fremder Ausscheidungsprodukte abzweigen, was sich besonders bei einer zu großen Stutenzahl nachteilig auf ihren Ernährungszustand auswirkt.

Es werden im allgemeinen zwei *Hauptfreßperioden* von jeweils ca. fünf Stunden eingehalten, von denen die eine im Morgengrauen beginnt und bis etwa zur Mitte des Vormittags dauert. Die zweite fängt gewöhnlich zwischen 19 und 20 Uhr an und endet dann allmählich gegen 24 bzw. 1 Uhr. Am späten Vormittag und im Laufe des Nachmittags wird jeweils noch eine etwa einstündige Weidezeit eingeschoben. Die fehlenden Stunden verteilen sich über den restlichen Tag in sehr kurze, oft nur einige Minuten dauernde Perioden.

Mit Ausnahme der nächtlichen im Tiefschlaf und der besonders im Sommer bei starkem Bremsenflug dösend in Weidehütten verbrachten Zeit vergeht bei allen im Freiland beobachteten Großpferden und Ponys keine Stunde, in der nicht wenigstens einige Bissen Gras aufgenommen werden. Dasselbe gilt für Pferde in Gruppenauslauf-

Abb. 2. Die meisten Ponys neigen wenig zu Futterneid. Exmoors fressen friedlich an einer gemeinsamen Futterstelle.

Abb. 3. Ramsköpfige Pferde dulden häufig keine Mitfresser. Sorraiastute droht fremden Jährling von ihrem Heuhaufen weg.

haltung mit freiem Zugang zu Dauerraufen. Während eines vollen Tages suchen alle mindestens einmal jede Stunde die Freßboxen auf, um kurzzeitig etwas Heu zu konsumieren.

Die *Freßtechnik* der Equiden ist selbst bei hungrigen oder sehr hastigen Fressern, besonders im Vergleich zu Rindern, immer noch ausgesprochen selektiv. Mit den Lippen werden die verschiedenen Pflanzen sorgfältig ausgesucht und die einzelnen Grasbüschel dann mit den Schneidezähnen unter einem kurzen Kopfruck abgezwickt oder abgerupft. Diese wählerische Futteraufnahme behalten sie auch im Stall bei Rauh- wie bei Körnerfutter und Silage bei. Es kommt bei Einhufern deshalb so gut wie nie zur Aufnahme von Fremdkörpern. Unter eine Haferration gemischte Steinchen oder Nägel finden sich nach Beendigung des Fressens stets vollzählig im Futterbarren wieder, ins Heu gelangte Drahtstücke oder andere Eisenteile werden vorsichtig mit Hilfe der Zunge wieder aus der Mundhöhle hinausbefördert.

Auf einer Weide ist für alle gleich viel zu fressen da. Solange Pferde beim Grasen ihren rassetypischen Abstand zu den Gefährten einhalten können, herrscht deshalb kaum Futterneid. Beim Verbringen von zusätzlichem Heu auf abgefressene oder verschneite Koppeln kann sich dieser Zustand jedoch ändern. Neigen die meisten Ponys – mit Ausnahme von säugenden Stuten mit extrem hohem Nährstoffbedarf – nur wenig zu Futterneid und dulden andere Gruppenmitglieder, ja bei Gewöhnung sogar Schafe, am gleichen Freßplatz, so verteidigen besonders ramsköpfige Pferde ihre Futterstellen sehr heftig. Stuten dieses Typs vertreiben sämtliche niederrangigeren Weidegefährten, auch die des eigenen Familienverbandes, außer ihren Fohlen.

1.2.1.2 Trinken

Die Menge des täglich aufgenommenen Wassers und die Häufigkeit des Saufens bei freiem Zugang zu einer Wasserstelle (Selbsttränke, Bach) hängen von der Art und Konsistenz des Futters und vom täglichen Schweißverlust ab, der durch hohe Außentemperaturen, Arbeitsleistung oder andere Anstrengungen, z. B. Geburten, Rangordnungskämpfe und heftige Erregungszustände (Angst, Rosse usw.) gesteigert wird. Hochtragende Stuten pflegen deutlich häufiger als alle anderen Weide- bzw. Stallgefährten zu saufen, was den Schluß zuläßt, daß sie bei jedem Trinken eine kleinere Wassermenge als die übrigen aufnehmen. Außerdem kommen noch individuelle und typenbedingte Unterschiede sowohl in bezug auf die Häufigkeit des Saufens als auch auf die Menge des aufgenommenen Wassers hinzu.

Einhufer in Freiheit trinken mit langgestrecktem Hals aus fließenden oder stehenden Gewässern, deren Wasserspiegel normalerweise tiefer liegt als das ihn umgebende Ufer und der Standplatz des Saufenden. Auch wenn Pferde ins Wasser hineinwaten, löschen sie ihren Durst immer noch in gleicher Weise mit tiefgehaltenem Kopf und gestrecktem Hals. Zu hoch angebrachte Selbsttränken, bei denen der Kopf beim Saufen stark abgewinkelt werden muß, sind deshalb als unphysiologisch und nicht artgemäß und verhaltensgerecht anzusehen.

1.2.1.3 Ausscheidungsverhalten

Wildeinhufer und Pferde in Freilandhaltung bevorzugen bestimmte, meist an den Schnittpunkten ihrer Wechsel liegende Stellen zur *Kotabgabe*. Da das Misten ein stimmungsübertragender Vorgang ist, äpfeln häufig alle Mitglieder einer Gruppe kurz hintereinander und können so mehrere Quadratmeter große Mistflächen anlegen. Bei zeitlich begrenztem Weidegang suchen Hauspferde gewöhnlich ebenfalls immer dieselben Abschnitte ihrer Koppeln zum Koten auf, wodurch Plätze mit höherem Grasbe-

Abb. 4. Einhufer in Freiheit trinken mit langgestrecktem Hals aus Gewässern, deren Oberfläche oft tiefer als der Standplatz des Pferdes liegt. Hier ist ein Norwegerhengst bei der Wasseraufnahme.

wuchs, sogenannte *Geilstellen,* entstehen, die nicht mehr abgefressen werden. Auch bei der Gruppenauslaufhaltung finden sich nahezu 90 % des Kotes vorwiegend am Übergang von den befestigten zu den unbefestigten Flächen.

Pferde äpfeln, relativ gleichmäßig über die 24 Stunden verteilt, im Durchschnitt zehn- bis zwölfmal pro Tag. Die Menge der Kotabgabe ist futterabhängig. Bei der Häufigkeit spielen jedoch individuelle, rassebedingte und vor allem Temperamentseigenschaften eine gewisse Rolle. Bei Nervosität und Angst setzen viele Pferde einige noch nicht voll geformte, weiche Mistballen ab.

Die täglich ausgeschiedene *Harnmenge* ist fütterungsbedingt, wird aber auch vom Grad des Schweißverlustes mitbestimmt. Pferde harnen, individuell verschieden, täglich sechs- bis zwölfmal. Haremführende Hengste, die jedes Ausscheidungsprodukt ihrer Stuten markieren, urinieren täglich bis zu mehr als 50mal und müssen mit der Menge deshalb ausgesprochen haushalten (vgl. Kap. 1.2.7). Bei Boxenhaltung unterscheidet sich das Ausscheidungsverhalten der Hengste nicht von dem weiblicher Tiere.

Auf glatten, festen Boden harnen alle Pferde nur ungern. Besonders Hengste und Wallache versuchen das Bespritzen ihres Bauches zu vermeiden und halten deshalb unter Umständen den Urin mehrere Stunden lang zurück, was sich bei häufiger Wiederholung nierenschädigend auswirken kann. Das aus Einstreuersparnis mancherorts geübte Ausräumen der Boxe oder des Standes während des Tages ist deshalb bei männlichen Pferden als tierquälerisch abzulehnen. Daß das längerdauernde Zurückhalten des Harns das Wohlbefinden eines Pferdes stark beeinträchtigt, kann sehr leicht demonstriert werden: Läßt man Pferde mehrere Stunden in der blanken Stallgasse angebunden stehen, löst das Hinwerfen von etwas Sägemehl fast immer sofortiges Stallen aus. Der Ausdruck *Stallen* für Urinieren stammt aus der Zeit, als gewerblich genutzte Gespannpferde in den Städten noch häufig waren, und beruht auf dieser gut beobachteten Tatsache.

1.2.2 Ausruhverhalten

Neben der mit der Nahrungsaufnahme verbrachten Zeit machen die Ruheperioden natürlich gehaltener Pferde die meisten Stunden des Tages aus. Einhufer regenerieren im Stehen und Liegen. Die gesamte Ruhezeit erwachsener Pferde beträgt sieben bis neun Stunden und verteilt sich auf mehrere verhältnismäßig kurze Pausen über die vollen 24 Stunden des Tages.

Beim Ruhen sind drei Intensitätsgrade zu unterscheiden: Der leichteste ist das *Dösen,* bei dem die Pferde mit völlig entspanntem Gesichtsausdruck dastehen. Während beide Vorderbeine voll belastet werden, *schildern* die Tiere mit einer Hinterhand, indem sie das Bein so anwinkeln, daß nur noch die Hufspitze den Boden berührt, wodurch die Oberschenkelmuskeln erschlaffen und sich erholen können. Nach einer gewissen Zeit wird das Standbein gewechselt und mit dem anderen Hinterfuß geschildert.

Beim Dösen wehren die Pferde noch lästige Insekten durch Hautzucken und Schweifschlagen ab. Bei stärkerer Irritation sind sie sofort hellwach und reaktionsbereit. Dösen ist die Hauptregenerationsform erwachsener Equiden.

Die nächste Intensitätsstufe des Ausruhens ist das *Schlummern,* zu dem sie sich in Kauerstellung mit unter den Leib geschlagenen Beinen niederlegen müssen. Der Kopf wird dabei entweder frei getragen oder mit dem Maul auf dem Boden aufgestützt. Schlummern ist die Hauptausruhform jugendlicher, nicht voll erwachsener Pferde, aus der sie noch verhältnismäßig leicht aufwachen und notfalls schnell aufstehen können. Zum *Tiefschlaf* legen sich alle Einhufer flach auf die Seite. Der Kopf ruht am Boden, ein Vorderbein wird häufig angewinkelt, das andere gestreckt. Die Atmung ist tief und hörbar. Äußere Sinneseindrücke werden nicht mehr wahrgenommen. Das Erwachen erfolgt nur langsam und stufenweise. Daß viele Pferde im Tiefschlaf träumen, geht eindeutig aus verschieden leisen, klar einem Verhaltensbereich zuzuordnenden Lautäußerungen (Kampfschreie, Angstwiehern u. a.) und zahlreichen in der Seitenlage ausgeführten Laufbewegungen hervor. Erlebnisreiche Tage mit Rossigkeit von Stuten, Getrenntsein eines Fohlens von der Mutter, heftigen Rangordnungskämpfen der Junghengste usw. bewirken deutlich stärkere Träume.

Der unterschiedlich lange Tiefschlaf zu jeder Tages- und Nachtzeit ist das typische Ausruhverhalten sehr junger Fohlen. Seine Dauer nimmt mit zunehmendem Alter ab, ist bei Jugendlichen bis zu ungefähr drei Jahren jedoch noch merklich länger als bei Vollerwachsenen. Ausgewachsene Pferde tiefschlafen normalerweise nur ein bis zwei Stunden, gewöhnlich in der Zeitspanne von Mitternacht bis zum Morgengrauen.

Der *Abstand,* den Pferde während der Regenerationsphasen bei freier Wahl voneinander einhalten, ist individuell und typmäßig etwas verschieden. Generell bleibt festzustellen, daß sich in den Ruheperioden die Individualdistanz (s. Kap. 1.2.6.4) aller Typen verringert. Bei Fjordpferden und Exmoorponys, die auch während der übrigen Tagesstunden keinen größeren Freiraum benötigen, rücken Familien- oder Gruppenmitglieder beim Dösen, Schlummern oder Tiefschlafen häufig so nahe zusammen, daß sogar Körperkontakt entstehen kann. Sorraia- und Typ-III-(s. Kap. 1.4.3)-beeinflußte Großpferde suchen mehr Distanz zu wahren, was vor allem beim Aufenthalt in Wei-

Abb. 5. Tiefschlaf zu jeder Tages- und Nachtzeit ist das typische Ausruhverhalten von Fjordpferdfohlen. Sorraiafohlen in der charakteristischen Tiefschlafhaltung.

Abb. 6. Regenerierende Fjordpferdgruppe. Die Individualdistanz wird so gut wie ganz aufgehoben.

dehütten in den Sommermonaten auf der Flucht vor stechenden Insekten zu ständigen Querelen führt. In den Nachtstunden mit ihren Tiefschlafperioden pflegen sie sich jedoch auch bis auf zwei oder drei Meter aneinander anzunähern.

Das *Sicherheitsbedürfnis* der Pferde, die Gefahren normalerweise ausweichen und sich ihnen nur im Notfall stellen, ist während der intensiveren Ruheperioden besonders groß, da sich das Wahrnehmungsvermögen vieler Einzeltiere dann stark reduziert. Niemals schlummern oder tiefschlafen daher alle Angehörigen einer Gemeinschaft gleichzeitig. Einer hält immer, zumindest in Döshaltung, Wache. Das gilt sowohl für Wildeinhufer als auch für Pferde in Freiland- oder in Stallhaltung. Stallpferde ohne Geruchs-, Hör- und vor allem Sichtkontakt zu anderen (oder Einzeltiere) entspannen sich deshalb nie vollständig und regenerieren weniger als die, denen die Möglichkeit dazu zumindest in begrenztem Ausmaß gegeben ist.

Je besser Pferde ihre Umwelt im Auge behalten können, und je mehr Fluchtwege ihnen offenstehen, desto sicherer und wohler fühlen sie sich. Einhufer im Freileben wählen deshalb als Schlafplätze fast nie geschützte, abgeschirmte, für unser menschliches Gefühl behaglich und sicher wirkende Orte, sondern immer möglichst offene, kurz abgefressene Weideflächen, die eine gute Sicht und Witterung nach allen Seiten erlauben. Aus der besseren Luftbewegung resultieren sowohl ein günstiges Mikroklima als auch viele Hör- und Geruchsinformationen.

Bei freier Wahl des Liegeplatzes hat auf der Koppel stets die Trockenheit vor der Weichheit des Untergrunds Vorrang. Pferde schlafen deshalb selten in hohem Gras und fast immer nur auf kurz abgeweideten Flächen oder auf staubigem Sanduntergrund oder ähnlichen Orten. Den eigenen Kotstellen wird ausgewichen.

Die Folgerungen aus dem oben über das Sicherheitsbedürfnis und weiter unten über die freie Wahl der Liegeplätze Gesagten für die Aufstallung von Pferden sind klar: so frei und offen und so trocken und mistfrei wie möglich.

1.2.3   Bewegungsbedürfnis

Die von Wildequiden täglich zurückgelegten Strecken richten sich in erster Linie nach den ökologischen Gegebenheiten des von ihnen bewohnten Terrains.

Die Häufigkeit der vorhandenen Wasserstellen spielt vor allem in Trockengebieten eine maßgebliche Rolle, da fast alle Einhufer mindestens jeden zweiten Tag saufen müssen. Lediglich die besonders gut an aride Lebensräume angepaßten afrikanischen Wildesel und asiatischen Halbesel sollen bis zu vier Tage ohne Wasser auskommen und sich dementsprechend weit von ihren Tränken entfernen können.

Obwohl alle Pferdeartigen bei reichlichem Nahrungsangebot relativ ortstreu sind, sind ihre bewältigten Distanzen, soweit bekannt, doch wesentlich größer, als sie halbwild gehaltene Ponys und Pferde in ihren manchmal zwar weiträumigen, aber nicht unbegrenzten Arealen zurückzulegen pflegen. Selbst die Steppenzebras der Serengeti, die im Körperbau eher größeren Ponys als schnellen Laufpferden gleichen, und deren Umwelt keineswegs dürftig und wasserarm ist, wandern täglich bis zu 13 Kilometer von ihren Schlafplätzen zu den Tagesweiden und abends dieselbe Strecke wieder zu ihrem Ruheplatz. Die Größe des täglichen Aktionsraumes halbwilder New Forest-Ponys dagegen liegt zwischen sieben und zehn Quadratkilometern, Camarguepferde sollen täglich ca. sechs, Haflinger in Gruppenauslaufhaltung etwa drei Kilometer zurücklegen. Nun sind weder New Forest-Ponys noch Camarguepferde und noch weniger Haflinger ausgesprochene Laufpferde. Über solch bewegungsfreudige Rassen wie etwa die Achal-Tekkiner, Araber, Angloaraber und Englische Vollblüter oder

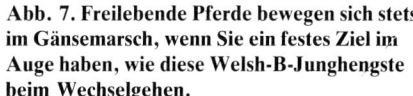

Abb. 7. Freilebende Pferde bewegen sich stets im Gänsemarsch, wenn Sie ein festes Ziel im Auge haben, wie diese Welsh-B-Junghengste beim Wechselgehen.

auch über leichte, hoch im Blut stehende Warmblüter (Trakehner u.ä.) sind bisher keine entsprechenden Untersuchungen angestellt worden und auch nicht zu erwarten. Es bleibt nur die Vermutung, daß solche Pferde analog zu den sehr laufaktiven asiatischen Halbeseln täglich wesentlich größere Gebiete durchstreifen würden.

Außer den täglichen Ortsveränderungen kommen bei manchen heutigen Wildeinhuferarten noch bis zu mehrere hundert Kilometer weite jahreszeitliche Wanderungen hinzu, die immer klimatische Einflüsse und dadurch entstandenen Futtermangel als Ursache haben.

Alle Wanderungen freilebender Einhufer erfolgen im Schritt, wobei ein Pferd mit nur geringem Abstand hinter dem anderen geht. Leittier in einem Familienverband ist stets eine ranghohe Altstute, der ihr Saugfohlen und ihr Jährling folgen. Ihnen schließen sich die jeweils nächstrangigen Stuten und deren Nachzucht an. Da sich Einhufer natürlicherweise nur zu relativ kleinen Gruppen zusammenschließen (s. Kap. 1.2.6.1), bleibt so der Sicht- und Geruchskontakt zwischen den einzelnen Mitgliedern immer gewahrt. Die Nachhut eines wandernden Familienverbandes übernimmt jeweils der Hengst, der häufig auch auf einem parallelen Wechsel neben der letzten Stute ziehen kann.

Die Jugendgruppen in Freiheit oder Pferde jeglichen Alters und Geschlechts bei Weidehaltung bewegen sich ebenfalls stets im Gänsemarsch, haben sie ein festes Ziel im Auge. Da für jede Ortsveränderung sowohl im Freileben als auch auf größeren Pferdekoppeln immer dieselben Wechsel eingehalten werden, entstehen innerhalb kurzer Zeit deutlich sichtbare Pfade mit geschädigtem Pflanzenwuchs.

Das Laufbedürfnis von Pferden, die viel konzentriertes Futter (Hafer etc.) erhalten, ist erfahrungsgemäß gesteigert. Da Pferde aber von Natur aus auf eine vielstündige tägliche Nahrungsaufnahme programmiert sind, hält sich der Bewegungsdrang auf einer guten Weide trotz zusätzlicher hoher Kraftfuttergaben in Grenzen, und die Laufaktivitäten verstärken sich meistens nicht erwartungsgemäß.

Bekommen Pferde und Ponys bei ganzjähriger Stallhaltung oder auch nur während der winterlichen Aufstallungsperiode zu wenig und vor allem zu kurzdauernde tägliche Arbeit oder Auslaufmöglichkeit, so können besonders bei den laufaktiveren leichtkalibrigen Rassen sogenannte Bewegungsstereotypien (s. Kap. 1.2.11) auftreten. Bei Reitpferden, die ausschließlich in der gleichen Reithalle oder auf demselben Platz bewegt, oder bei Rennpferden, die ständig auf der Bahn trainiert werden, ist das *Sauerwerden* ein bekanntes Phänomen. Die wohltuende Wirkung längerdauernden Reitens im Schritt bzw. Langsamfahrens in abwechslungsreicher Landschaft vor allem auf die Psyche der Tiere erwies sich schon öfter als einziger Ausweg, Renn- und Turnierpferde wieder zu Höchstleistungen zu bringen.

1.2.4   Erkundungs- und Neugierverhalten

Das Erkundungsverhalten ist vor allem bei Fohlen sehr ausgeprägt und spielt auch bei jugendlichen Pferden noch eine große Rolle. Mit zunehmendem Alter nimmt es allmählich etwas ab, bleibt bei nicht zu abgestumpften, gesunden Tieren jedoch zeitlebens, wenn auch nicht mehr so deutlich erkennbar, erhalten. Zur Fernorientierung dienen in erster Linie der Gesichts- und Gehörsinn, zur Erkundung naher Objekte hauptsächlich der Geruchs-, bisweilen auch der Geschmacks- und der Tastsinn.

Sehr junge Füllen benagen und belecken alles Erreichbare, benützen also im Vergleich zu älteren Artgenossen vermehrt den Geschmackssinn. Darüber hinaus versuchen sie häufig auch den Tastsinn einzusetzen und Unbekanntes zu untersuchen, indem sie es mit den Vorderhufen beklopfen und bescharren. In den ersten Lebensmonaten sind sie in ihrem Explorationsdrang durchaus menschlichen Kleinkindern vergleichbar, die ebenso alles Neue in die Hand nehmen und in den Mund stecken wollen. Ältere Jungtiere und ausgewachsene Pferde setzen, sieht man von der Funktion der Tasthaare im Maulbereich einmal ab, den Tastsinn fast nur noch zur Untersuchung neuer oder fremder Bodenflächen ein, die sie oft an mehreren Stellen mit der Vorderhand aufscharren. Vor allem feuchte, schlammige Wege oder Pfützen und größere Wasserstellen fordern zu längerem prüfenden Scharren heraus. Im Stall reizt frische Einstreu und die Vorgabe von Heu auf dem Boden viele Pferde zu manchmal mehrminütigem Verscharren des Strohs oder Rauhfutters.

Ein optisch sehr auffallendes Naherkundungsverhalten von Pferden aller Altersstufen ist das *Flehmen,* bei dem das Jacobsonsche Organ, ein weit vorne am Nasenboden liegendes spezielles Geruchsorgan, eingesetzt wird. Es ist von dem am Ende der langen Nasenmuscheln kurz vor dem Gehirn liegenden Hauptriechorgan völlig unabhängig. Nach dem Einströmenlassen eines intensiven Geruchs werden die Nüstern durch Hochstülpen der Oberlippe möglichst gut verschlossen, um andere nun störende Gerüche so weit wie möglich auszuschalten. Anschließend führen die Pferde mit mehr oder weniger steil nach oben gerecktem Kopf und Hals meist mehrere Drehbewegungen des Kopfes um seine Längsachse aus. Die Augen sind dabei oft nahezu geschlossen, das Tier scheint sich völlig auf die Prüfung des Geruchs zu konzentrieren.

Flehmen wird sowohl durch fremde starke Gerüche als auch durch anregende Düfte von Artgenossen hervorgerufen (Kap. 1.2.7). Der auslösende Sinnesreiz muß dabei mit der Nase des Pferdes in Berührung kommen oder sich in ihrer unmittelbaren Nähe befinden. Bei weiter entfernten Geruchsobjekten wittern die Tiere mit geblähten Nüstern und setzen nur das Hauptriechorgan ein. Die Fähigkeit, das Jacobsonsche Organ zu benutzen, ist angeboren und braucht nicht erlernt zu werden. Flehmen ist deshalb schon bei neugeborenen Fohlen in den ersten Lebensstunden zu beobachten.

Alle Einhufer sind am meisten an Artgenossen, besonders an fremden, interessiert. Bei Wildequiden und domestizierten Pferden in Freilandhaltung, bei denen verschiedene Familiengruppen dasselbe Gebiet durchstreifen, bestehen auf den täglichen Wanderungen häufig zahlreiche Sicht-, Geruchs- und auch Berührungskontakte mit nicht zum eigenen Clan gehörigen Artgenossen. Hengste und Jungtiere sind im Aufsu-chen von Nachbarrudeln oder -einzeltieren dabei deutlich aktiver als vor allem Alt-stuten.

Frisch in eine Weidegemeinschaft verbrachte unbekannte Pferde rufen die ge-spannte Aufmerksamkeit aller Anwesenden hervor. Jeder nimmt mit dem Ankömm-ling möglichst bald nasonasalen Kontakt auf. Die Reihenfolge der Fühlungnahme richtet sich nach der Ranghöhe und nach der individuellen Neugier der einzelnen Tiere. Erster und Interessiertester ist immer der die Gruppe oder Familie anführende Hengst. Genau dieselbe Neugier gilt auch jedem neugeborenen Fohlen (Kap. 1.2.6, Kap. 1.2.7).

Auf Koppeln, im Auslauf oder im Paddock rufen vorbeikommende oder in der Ferne sichtbare Artgenossen normalerweise ebenfalls eine wesentlich größere Auf-merksamkeit und stärkeres Interesse hervor als andere Tiere, Menschen oder Fahr-zeuge. Lediglich Hunde, die in allen Größen immer noch dem uralten Feindbild Wolf entsprechen, veranlassen, besonders wenn sie fremd sind, die meisten Pferde, sofort aufzuwerfen und sie so lange nicht mehr aus den Augen zu lassen, bis sie sich wieder entfernt haben.

1.2.5   Haut- und Fellpflegeverhalten

Die Haut- oder Fellpflege gehört zum festen Bestandteil der im Laufe des Tages von allen Pferden ausgeübten Tätigkeiten. Die *solitäre Hautpflege* beinhaltet das eigentli-che Putzverhalten. Sie wird, wie der Name sagt, jeweils von jedem Tier einzeln und nur für sich selbst ausgeführt.

Tägliches *Wälzen* ist für Pferde, unabhängig von der Haltungsform, die man ihnen zukommen läßt, eine der elementarsten solitären Hautpflegehandlungen und für ihr wirkliches Wohlbefinden von großer Wichtigkeit. Der Pflegezustand spielt für die Häufigkeit des Wälzverlangens keine Rolle. Gutgeputzte Stallpferde widmen sich ge-nauso oft dieser Komforthandlung wie freilebende Einhufer.

Pferde zeigen die Absicht, sich zu wälzen, gewöhnlich durch mehrmaliges enges Im-Kreis-Gehen mit gesenktem Kopf und Hals deutlich an. Dabei unterziehen sie den Untergrund einer genauen Besichtigung und geruchlichen Prüfung, oft auch mit eini-gen untersuchenden Scharrbewegungen mit einer Vorderhand. Anschließend legen sie sich meistens sofort in Seitenlage und versuchen, die ganze Körperseite von Kopf und Hals bis zur Hüfte in möglichst intensiven Kontakt zur Liegefläche zu bringen, ehe sie sich nach manchmal mehrmaligem Schwungholen mit rudernden Beinen über den Rücken wälzen, um die zweite Seite ebenso am Boden zu scheuern. Das Überschlagen der Beine im Liegen auf die andere Seite kann sich während eines Wälzvorgangs, bei dem immer kreiselnde, peitschende Schweifbewegungen ausgeführt werden, mehr-mals wiederholen. Pferden, denen es schwerfällt, sich über den Rücken zu wälzen, pflegen, nachdem sie die eine Seite genug bearbeitet haben, aufzustehen, um sich sofort danach erneut hinzulegen und nun die andere entsprechend zu behandeln.

Wälzen ist wie alle Fellpflegehandlungen angeboren und kann manchmal schon bei sehr jungen Saugfohlen gesehen werden. Einhufer im Freileben suchen dazu ganz bestimmte, möglichst trockene, staubige oder sandige Plätze aus. Sind keine derarti-gen Flächen vorhanden, wird auch mit einem weniger beliebten Untergrund vorlieb genommen. Besonders in trockenem Pulverschnee feiern viele Pferde wahre Wälzor-gien, selbst wenn sie aus südlichen Ländern stammen und bisher Schnee noch nie erlebt haben. Wälzen ist ein stimmungsübertragender Vorgang, so daß meistens alle

Abb. 8. Tägliches Wälzen ist allen Pferden ein Bedürfnis.

Pferde einer Gemeinschaft kurz nacheinander diese Komforthandlung ausführen, hat eines damit angefangen.

Da frische Einstreu viele Stallpferde zum Wälzen reizt, wodurch es zum gefürchteten *Festliegen* kommen kann, sollte vom Betreuer stets so lange gewartet werden, bis die Tiere ihre Tätigkeit beendet haben. Um die Gefahr des Sich-Festlegens zu verringern, kann man sie daran gewöhnen, sich täglich an der Longe auf einem geeigneten, genügend großen Platz zu wälzen. Dschigitische Reiter ließen zum Beispiel ihre Achal-Tekkinerpferde nach deren schweißtreibender Vorstellung einzeln an der Longe im Sägemehl der Zirkusmanege ausgiebig sandbaden. Das war echte Horsemanship. Es gäbe sicher auch für viele Reitpferde die Möglichkeit, ihnen täglich einmal in der Reithalle ein Wälzvergnügen zu gönnen. Nach kurzer Zeit führen – nach eigener Erfahrung – die meisten Pferde diese für sie angenehme Handlung ohne Zögern auf Kommando aus.

Nach dem Wälzen wie nach dem Naßwerden durch Regen oder nach dem Baden *schütteln* sich alle Pferde ausgiebig vom Kopf bis zur Schweifwurzel, wozu sie zur Erhöhung der Standfestigkeit eine sägebockartige Stellung einnehmen.

Viele Pferde *baden* ausgesprochen gerne. Im flachen Wasser wälzen sich einzelne dabei genauso genüßlich wie bei ihren Sand- und Staubbädern. In bezug auf Wasserscheu bzw. Badefreudigkeit bestehen sowohl individuelle als auch rasse-(typ-)mäßige Unterschiede. Gehen unveredelte Ponys, schwere Warmblüter und Kaltblüter meistens von früher Jugend an ziemlich unbekümmert ins Wasser, so scheuen zahlreiche Araber und andere von ihnen beeinflußte Pferde (Typ IV) oft das nasse Element. Noch mehr als für klare Gewässer gilt das für diesen Pferdetyp bei trübem Wasser mit morastigem Untergrund, das von ersteren bisweilen gezielt zum *Suhlen* aufgesucht wird.

Bei starkem Bremsenflug an schwülen Sommertagen suhlen sich zum Beispiel Sorraiapferde mehrmals täglich in jeder verfügbaren Pfütze und jedem schlammigen Weidedurchlaß. Dieses Verhalten, das wir bei uns vor allem von den Schweinen her kennen, hat den Zweck, die Körperoberfläche später mit einer vor beißenden und stechenden Insekten schützenden angetrockneten Schlammschicht abzudecken. Nach dem Suhlen schütteln sich die Tiere deshalb nicht.

Pferde *scheuern* sich an der Backe und am Unterhals, am Mähnenkamm und an der Schweifwurzel. Als Hilfsmittel hierzu dienen neben Bäumen und Weidezäunen auch Stallwände, in Ermangelung von festen, rauhen Gegenständen manchmal sogar Weidegefährten. Vermehrtes Scheuern ist außer während des Haarwechsels beim Vorhandensein von Hautparasiten und anderen juckenden Hautreizungen zu beobachten. Häufiges, oft minutenlanges Scheuern der Schweifwurzel deutet auf starke Verwurmung vor allem mit Pfriemenschwänzen (Oxyuren) hin (s. Teil E, Kap. 3.4). Als weitere Einzelhautpflegehandlungen sind zu nennen: Das *Beknabbern* eigener erreichbarer Körperpartien mit den Schneidezähnen, das *Stoßen* mit geschlossenem Maul auf den eigenen Körper nach Insekten, das Sich-*Kratzen* mit der Vorderkante eines Hinterhufes. Pferde kratzen sich stets sehr vorsichtig und immer im Stehen, überwiegend am Kopf, speziell am Ohrgrund und an den Ohren. Ein zu weit gestelltes oder zu großes Stallhalfter birgt die Gefahr, beim Scheuern zum Festhängen des Kopfes an mangelhaften Zäunen, Ästen etc., beim Kratzen zum Verfangen der Gliedmaße zu führen. Beides hat gewöhnlich das Zerreißen des Halfters zur Folge. Ist es aus zu stabilem Material, kann es beim Mißlingen des Befreiungsversuches zur Panik des Pferdes mit unter Umständen schweren gesundheitlichen Folgen kommen. Vor allem lebhaften, besonders zur Schreckhaftigkeit neigenden Individuen sollten die Stallhalfter deshalb besser abgenommen werden, bleiben sie längere Zeit ohne menschliche Aufsicht.

Obwohl in erster Linie zum Hautpflegeverhalten gehörend, leitet die *soziale Fellpflege* schon zum Sozialverhalten über, da sie ein starkes gruppen-, freundschaft- und familienstabilisierendes Element enthält.

Vor einer sozialen Fellpflegeaktion gehen immer zwei putzwillige Pferde schräg von vorne aufeinander zu. Damit der angepeilte Partner weiß, was beabsichtigt ist, sind die Ohren freundlich gespitzt und die Oberlippe rüsselartig vorgestreckt *(Putzgesicht)*. Anschließend beginnen beide in antiparalleler Aufstellung, sich gegenseitig an selber schlecht erreichbaren Körperpartien das Fell mit den Schneidezähnen zu durchforsten und dabei vor allem lose Haare auszurupfen. Das Aufeinanderklappen der Schneidezähne ist bei der manchmal viele Minuten dauernden, emsigen und oft mit Hingabe ausgeführten Prozedur deutlich zu hören. Beginnend am Mähnenkamm werden systematisch die Widerristgegend, danach der Rücken und die Kruppe bis zur Schweifwurzel bearbeitet. Ist eine Hälfte durchgezupft, nehmen die zwei Putzenden oft einen Seitenwechsel vor und widmen sich genauso sorgfältig der anderen Körperseite.

Gegenseitige Fellpflege wird als ausgesprochen freundlicher Akt angesehen, weshalb sich am häufigsten einander sympathische Tiere, die auch sonst zusammenhalten, dazu treffen. Familienhengste und Stuten in der Vorrosse sowie Mutterstuten mit ihren Fohlen können deshalb immer wieder bei diesem Freundschaftsdienst beobachtet werden. Einander unsympathische Pferde kraulen sich normalerweise nicht.

Aus dem hier beschriebenen gruppenbindenden Verhalten lassen sich für den Umgang mit Pferden praktische Folgerungen ziehen. Vor allem noch scheue Fohlen, aber auch ängstliche ältere Tiere können am leichtesten an einen Menschen gewöhnt werden, ahmt dieser unter ruhigem Zureden mit Daumen und zwei Fingern einer Hand

Abb. 9. Fjordpferde bei der sozialen Fellpflege.

Abb. 10. Im Frühjahr empfindet der noch ungezähmte Fjordjährling das Auszupfen loser Haare auch durch den Menschen als angenehm und freundlich.

das innerartlich mit den Schneidezähnen praktizierte gegenseitige Beknabbern nach und durchzupft ihr Fell an den geschilderten Körperstellen. Dem freundlichen und keineswegs bösartig gemeinten Versuch des Pferdes, sich zu revanchieren, indem es nun seinerseits damit beginnt, den Menschen mit den Zähnen zu „pflegen“, sollte anfänglich nicht gewehrt werden, will man die vertrauenbildende Maßnahme nicht gleich wieder zunichte machen.

1.2.6   Sozialverhalten

Pferde sind gesellige Wesen. Sie suchen deshalb die Nähe von Artgenossen, mit denen sie feste Lebens- und Umgangsformen einhalten. Die meisten Einhuferarten sind familiär organisiert, d. h. sie bilden *Familienverbände*.

1.2.6.1 Familienverband

Ein natürlicher Familienverband besteht aus einem Hengst, seinen Stuten und deren gemeinsamen Nachkommen bis zum Alter von ein bis zwei Jahren. Entgegen früheren Ansichten ist er bei allen Equiden verhältnismäßig klein. Die Hengste besitzen manchmal sechs, gewöhnlich jedoch nur zwei Stuten, so daß die Gesamtzahl derartiger Gemeinschaften zwanzig Köpfe nie übersteigt und größtenteils bedeutend niedriger ist. Laufstalleinheiten, die mehr als zwanzig Pferde beherbergen, wie sie etwa in großen Staatsgestüten anzutreffen sind, sind deshalb strenggenommen nicht als wirklich artgemäß und verhaltensgerecht anzusehen.

Die Familien bleiben natürlicherweise im aus Hengst und Altstuten bestehenden Kern über Jahre hinaus unverändert zusammen. Die Junghengste wandern bei manchen Rassen mit ein bis drei Jahren freiwillig ab, bei anderen werden sie vom Vater im Alter von einem Jahr vertrieben und auf deutliche Distanz gehalten, wenn seine Stuten nach erneutem Abfohlen mit der Rosse einsetzen.

Die aus verschiedenen Familien stammenden Junghengste bilden ebenfalls relativ kleine *Junggesellenverbände* von weniger als zehn Mitgliedern, die manchmal ebenfalls jahrelang zusammenhalten können. Aus ihnen werden sehr alte oder längere Zeit kranke Familienhengste ersetzt, deren Stuten gewöhnlich geschlossen übernommen werden. Zu den Junghengsten gesellen sich häufig auch einzelne Jungstuten, um die vor allem während ihrer besonders lange dauernden ersten Rosse im Alter von ca. eineinhalb Jahren heftige Kämpfe unter den Junggesellen und Familienhengsten mit nur einer Stute entbrennen.

Bei Steppenzebras und Fjordpferden werden die Jungstuten ab ihrer ersten Rosse gegen den Willen ihrer Väter von kräftigen Jung- oder Althengsten entführt, wodurch häufig neue Kleinfamilien entstehen. Trotz mehrfachen Belegens der Jungstuten nehmen sie aber meistens nicht vor dem vollendeten zweiten Lebensjahr auf, so daß die ersten Geburten etwa ab dem Alter von drei Jahren stattfinden. Ältere Muttertiere sind ihrem Familienoberhaupt im allgemeinen treu und lassen sich erst nach langer Krankheit des Hengstes von anderen Beschälern absondern und bedecken. Nähern sich männliche Pferde einer Familiengruppe, so werden vom Familienhengst vor allem die Altstuten abgeschirmt, während er gegenüber Kontaktversuchen mit Jungstuten vielfach etwas toleranter ist. Freilebende Camarguehengste sollen Kopulationen zwischen den eigenen Töchtern und fremden Bewerbern dulden, New Forest-Althengste den Junghengsten die Paarung mit Jungstuten erlauben und lediglich die eigenen Altstuten heftig verteidigen.

In größeren Herden mit nur einem in der Deckzeit mitlaufenden Beschäler bilden sich *matriarchalisch organisierte Gruppen,* bestehend aus je einer Altstute mit ihren Töchtern und deren Füllen. Außerdem können sich Alte oder Kranke zu sogenannten *Schicksalsgemeinschaften* zusammentun. Im Wildzustand sondern sich bejahrte Hengste, die keine Stute mehr halten können, bisweilen ab und leben bis zu ihrem Tod allein, während weibliche Angehörige zeitlebens im Familienverband bleiben, auch wenn sie schon seit Jahren keine Fohlen mehr bekommen haben.

1.2.6.2 Auseinandersetzungen

Aus dem natürlicherweise jahrelangen Zusammenleben der gleichen Individuen geht klar hervor, daß häufige Veränderungen einer Pferdegemeinschaft, sei es im Lauf- oder Offenstall, bei der Gruppenauslaufhaltung oder auf der Weide, das Wohlbefinden vor allem älterer Tiere erheblich beeinträchtigen können, da bei jedem Neuzugang mehr oder weniger lange und heftige Auseinandersetzungen stattfinden.

Neben gegenseitigem massiven Bedrohen, was schon für den Sieg eines körperlich deutlich überlegen Erscheinenden ausreichen kann, tragen Stuten ihre Streitigkeiten nach kurzen Beißereien im Stehen überwiegend durch *Schlagkämpfe* mit der Hinterhand aus. Unter oftmals wütendem Quietschen gehen die Kontrahentinnen rückwärts aufeinander zu und keilen mit beiden Hinterhufen so lange gegeneinander aus, bis eine aufgibt und die Flucht ergreift.

Hengste bedienen sich bei ihren Auseinandersetzungen untereinander gleichzeitig stets nur ein und derselben Technik. Es beteiligen sich immer nur zwei Tiere an einem Gefecht. An einen *Hals- und Beißkampf* im Stehen, bei dem sich die Kontrahenten mit überkreuzten Hälsen zu Boden zu drücken und Bisse an der gegnerischen Vorderhand anzubringen versuchen, schließt sich häufig ein Beißkampf im „Knien" an. Gewöhnlich entsteht daraus ein Kreiseln in antiparalleler Stellung, wobei sich beide gegenseitig an den Hinterbeinen zu verwunden suchen. Die härteste Form des Duells ist der *Steig-Schlag-Kampf,* zu dem sich die Gegner auf der Hinterhand aufrichten und sich mit Schlägen der Vorderhand und Bissen nach Hals, Kehle und Ohren zu verletzen trachten. Diese Kampfart kann im Ernstfall auch ohne vorheriges Kampfkreiseln zur Anwendung gelangen. Das Gefecht beendet normalerweise die schnelle

Abb. 11. Hals-Beiß-Kampf im Kreiseln zur Festlegung der Rangordnung zwischen einem Araber- und einem Arabohaflinger-Junghengst.

Flucht des Verlierers. Dabei wird er vom Sieger meistens über eine größere Strecke mit heftigen Bissen in die Hinterhand verfolgt, gegen die er sich durch Ausschlagen im Galopp so gut wie möglich zu verteidigen sucht.

Ernsthafte Auseinandersetzungen zwischen Einhuferhengsten sind kaum ritualisierte, echte Beschädigungskämpfe, bei denen die Tiere zahlreiche Bißwunden und Prellungen davontragen. Besonders bei beengten Platzverhältnissen und nicht ausreichenden Fluchtmöglichkeiten können schwerwiegende Verletzungen, in Ausnahmefällen sogar die Tötung des Unterlegenen vorkommen.

1.2.6.3 Rangordnung

Treffen zwei oder mehr Pferde zusammen, bildet sich binnen kurzem eine *Rangordnung* zwischen ihnen. Ranghöchster in einer Familie ist stets der Hengst, ihm folgt die Leitstute, ein meist älteres und erfahrenes, dabei großrahmiges und schwerkalibriges Tier, dem sich die anderen in überwiegend linearer Folge anschließen.

Die Position, die ein Pferd innerhalb einer rasse- bzw. typmäßig einheitlichen Gruppe einnimmt, richtet sich nach seinem Alter, seinem Gewicht und seiner Größe, wobei unter mehreren Erwachsenen das Alter gegenüber Größe und Gewicht bzw. Kaliber an Bedeutung etwas verliert. Auch in Junghengstrudeln, Stutenherden und Weidegemeinschaften von Stuten und Wallachen entstehen dauerhafte Hierarchien, in denen im allgemeinen ebenfalls die jeweils größten und schwersten über den kleineren und leichteren Exemplaren rangieren. Wallache dominieren deshalb über gleichrassige Stuten, wogegen sie Hengsten derselben Rasse unterlegen sind.

Neben der Größe, dem Gewicht und dem Alter spielen ferner die Aggressivität und die Reaktionsschnelligkeit des jeweiligen Individuums eine gewisse Rolle. Besonders in gemischtrassigen Gemeinschaften treten die Faktoren Größe und Gewicht relativ häufig zugunsten des Kampfgeistes und der Reaktionsbereitschaft des Einzeltieres zurück. So sind Ponys und Großpferde mit deutlichen Ponymerkmalen (Typ I) nach eigener Erfahrung oftmals gegenüber mehr vom Typ III geprägten Pferden unerwartet ranghoch. Im Württembergischen Haupt- und Landgestüt Marbach soll in der aus vielen Warmblütern und wenigen Vollblutarabern bestehenden Junghengstherde gewöhnlich ein Araber der Anführer sein, obwohl er wesentlich kleiner und leichter als die Warmblüter ist.

Kommen neue Pferde in eine Herde mit ihrer schon festgefügten Rangordnung, müssen sie sich mit jedem einzelnen der Alteingesessenen um eine Position auseinandersetzen. Diese Kämpfe werden besonders hart und erbittert geführt, wenn der Ankömmling in seiner früheren Gruppe sehr dominant war, während sich schwächere Tiere schneller einzufügen pflegen. Dauern Streitereien zwischen den Stuten zu lange, stiftet der Herdenhengst meistens Ruhe und beendet die Zänkereien. Frisch eingesetzte junge Deckhengste haben es anfänglich oft schwer, sich gegen ranghohe Altstuten durchzusetzen, die sie vor allem von ihren Töchtern abhalten wollen. Häufig sind sie erst zur Unterwerfung bereit, wenn sie selbst rossig werden.

Saugfohlen nehmen automatisch den Rang ihrer Mutter ein, solange sie sich dicht bei ihr aufhalten. Besondere Rangordnungsverhältnisse bestehen während der Prägephase neugeborener Fohlen (Kap. 1.2.9).

Ein hohes Ansehen innerhalb einer Pferdegemeinschaft hat für die Inhaber gewisse Vorteile. Sie dürfen zum Beispiel bei unterschiedlich guten Freß- und Schlafplätzen die besten Futter- und Ruhestellen für sich in Anspruch nehmen, ohne daß sie ihnen von den Rangniedrigeren streitig gemacht würden. Enge Weidedurchlässe werden von ihnen selbstverständlich als erste durchschritten, in Weidehütten ist auch bei Gedränge immer genügend Raum für sie da. Wenn nicht alle gleichzeitig eine Tränke benutzen können, muß einer nach dem anderen streng in der Reihenfolge seines Ranges saufen; auf die Einhaltung des jedem Tier gebührenden Platzes achtet das jeweils überlegene Pferd gewöhnlich rigoros.

Nach Festlegung der Hierarchie sind über viele Monate, oft über Jahre hinweg, Kämpfe nicht mehr notwendig. Ein kurzes, drohendes Ohrenanlegen genügt, den anderen in seine Schranken zu verweisen. Sehr alte oder längere Zeit kranke Tiere werden meistens nur allmählich und im allgemeinen kaum merklich von Jüngeren und Kräftigeren ohne ernsten Kampf aus ihrer Position verdrängt.

1.2.6.4 Individualdistanz

Als *Individualdistanz* bezeichnet man den Abstand, den jedes Lebewesen nach Möglichkeit zu anderen Angehörigen der eigenen Art einzuhalten bestrebt ist. Sie wird bei allen Einhufern sowohl von den ökologischen Gegebenheiten der Umwelt als auch von der jeweiligen Verhaltenssituation bedingt.

Equiden aus Gebieten mit gutem Graswuchs während der meisten Monate des Jahres, wie zum Beispiel die afrikanischen Steppenzebras, suchen gewöhnlich in geringerem Abstand voneinander zu weiden als solche, die aus Lebensräumen stammen, die nur kurzzeitig eine üppige, vorwiegend jedoch eine dürftige Vegetation aufweisen, wie etwa die asiatischen Halbesel.

Parallelen zu domestizierten Pferden lassen sich durchaus ziehen: In klimatisch gemäßigten Ländern mit ganzjährig relativ gutem Futterangebot beheimatete Ponys und Pferde (Typ I, II und IV) wahren im allgemeinen weniger Distanz zu den Weidegefährten als Tiere, die ursprünglich in monatelang spärlichen, trockenen Gegenden zu Hause waren (Typ III).

Auf sehr fetten bzw. besonders mageren oder abgefressenen Koppeln können sich die üblicherweise beim Grasen voneinander eingehaltenen Entfernungen bei allen Rassen zwar geringfügig verkleinern bzw. vergrößern, doch bleiben die typischen Unterschiede immer bestehen.

Gewisse andere Umwelteinflüsse wirken ebenfalls auf den sonst angestrebten Abstand. Bei starkem Bremsenflug suchen auch Pferde mit normalerweise großer Individualdistanz relativ beengte Weidehütten auf oder rücken in antiparalleler Stellung so nahe aneinander, daß sie sich gegenseitig mit dem Schweif die Insekten vom Gesicht vertreiben können. Vor allem Pferden, die starke Typ-III-Anteile im Exterieur aufweisen, ist jedoch stets eine deutliche Abneigung gegen eine zu enge Nachbarschaft mit Artgenossen anzusehen, sogar wenn es sich dabei um Mitglieder der eigenen Familie oder Junghengstegruppe handelt. Ständige Querelen – Bedrohen, Beißen, seltener auch Schlagen – sind bei ihnen während der sommerlichen Döszeiten zu beobachten. Für die winterliche Haltung in Gemeinschaftslaufställen sind solche Pferde am wenigsten geeignet, da sie sich nie richtig ausruhen würden.

Eine stark das jeweilige Zusammenrücken beeinflussende Verhaltenssituation ist das Sicherheitsbedürfnis. So verringert sich in den Ruhephasen bei allen Pferdeartigen die Individualdistanz auffallend. Während einer Flucht, besonders wenn die Tiere in Panik geraten sind, werden unter Umständen keinerlei Abstände mehr vom anderen eingehalten.

Geänderte Individualdistanzen liegen auch während der Rosse- und Abfohlzeit vor.

1.2.6.5 Freundschaften und Feindschaften

Obwohl Ausdrücke wie *Freund-* und *Feindschaft* nicht wissenschaftlich und sehr vermenschlichend klingen, soll hier nicht auf sie verzichtet werden, da sie zwei intraspezifische Verhaltensweisen jeder einigermaßen natürlich gehaltenen geselligen Tierart weitaus am besten charakterisieren.

Freundschaften zwischen Pferden werden gewöhnlich erst nach genauerem Kennenlernen der Partner geschlossen. Nur selten ist schon der erste Eindruck ausschlaggebend, den die Tiere voneinander bekommen.

Einander sympathische Pferde pflegen in einer für ihren jeweiligen Verhaltenstyp relativen Nähe zueinander zu weiden, betreiben soziale Fellpflege und begrüßen sich mit freundlicher Miene nach räumlichen und zeitlichen Trennungen. Gewöhnlich schließen sich jeweils zwei Pferde aneinander an, weshalb ungerade Besatzzahlen auf einer Weide oder in einem Offenstall für das psychische Wohlbefinden der dann immer übrigbleibenden Einzelgänger insbesondere während ihrer Jugendentwicklung ausgesprochen ungünstig sind. Solche Jungpferde leiden hauptsächlich bei den Typen mit normalerweise engem Sozialverhalten (Typ I, II, möglicherweise auch Typ IV) durch ihr häufiges Abseitsstehen fast so sehr wie in völliger Einzelhaltung, die strenggenommen als psychische Tierquälerei anzusehen ist.

Vereinsamte Pferde suchen sich oft irgendeinen Ersatz, der in der Regel um so geeigneter ist, je näher er ihnen in der zoologischen Systematik steht. Andere Equiden, also im allgemeinen Hausesel, sind der relativ guten Verständigungsmöglichkeit untereinander wegen prinzipiell die passendsten artfremden Freizeit- bzw. Spielkameraden. Auch vereinzelte enge und dauerhafte Freundschaften zwischen Pferden und ihnen im Verhalten und Aussehen nur sehr entfernt verwandten Tieren wie Ziegen, Katzen und Hunden kommen vor. Das sich manchmal recht feste Anschließen von Einzelpferden an den Menschen gehört ebenso hierher (vgl. Kap. 1.2.10).

Feindschaften entstehen häufig spontan aus für den Menschen nicht ersichtlichem Grund. Einander nicht wohlgesonnene Herdenmitglieder gehen sich nach Möglichkeit aus dem Weg. Spezielle Animositäten mancher Tiere gegeneinander haben mit Rangordnungsauseinandersetzungen unmittelbar nicht viel zu tun und bleiben auch nach Festlegung der Hierarchie in einer Gruppe vielfach wie Freundschaften über Jahre hinaus, bisweilen zeitlebens bestehen.

In Einzelfällen können in hengstlosen Herden Ranghohe ihnen besonders unsympathische Artgenossen ohne erkennbaren Anlaß bei jeder sich bietenden Gelegenheit so heftig angreifen und verjagen, daß diese sich kaum mehr in die Nähe der Gemeinschaft wagen, auch wenn sie von allen übrigen durchaus toleriert werden.

Bei herkömmlicher Boxenaufstellung mit brusthohen Holzwänden und Gitteraufsatz ist es daher vorteilhaft, möglichst sich sympathische Tiere nebeneinander einzuquartieren und solche, die sich nicht ausstehen können, weit getrennt aufzustallen, soll dauerndes Beißen in die Gitterstäbe oder auch Schlagen an die Wand zum Nachbarn hin verhindert werden.

1.2.7 Paarungsverhalten

Das *Sexualverhalten* der Einhufer ist fast ausschließlich auf die Erhaltung der Art hin ausgerichtet. Das kommunikative Element dabei, das bei manchen anderen höheren Säugern wie zum Beispiel Delphinen und Affen, aber auch bei vielen Vogelarten wie etwa den Gänsen, einen wesentlichen Bestandteil ausmacht, hat bei Pferden eine vergleichsweise untergeordnete Bedeutung.

Abb. 12. Haflingerhengst flehmt, nachdem er die Anogenitalgegend einer Stute in der Vorrosse berochen hat.

In natürlichen, schon lange bestehenden Familienverbänden läuft das Sexualverhalten meistens in recht ruhiger, wenig spektakulärer Form ab. Da die Familienhengste das ganze Jahr über jede Kot- und Harnausscheidung ihrer weiblichen Angehörigen kontrollieren, merken sie schon vor der eigentlichen Paarungsbereitschaft einer Stute, wenn sie zu rossen beginnt.

In der im allgemeinen ein bis drei Tage dauernden sogenannten *Vorrosse* sucht der Hengst möglichst in der Nähe der Stute zu weiden, betreibt vermehrt soziale Fellpflege mit ihr und beriecht sie häufig in der Flanken- und vor allem Anogenitalgegend, worauf er ausgiebig flehmt. Seine Aufreitversuche werden in dieser Zyklusphase noch durch Schläge mit einer Hinterhand oder beidseitiges Auskeilen meist erfolgreich verhindert. Manche Stuten schleudern ihm dabei unter Quietschen oder Zornesschreien mit heftig kreiselndem Schweif größere Mengen Harn ins Gesicht. Der geübte Beschäler weicht den Schlägen durch Abwenden und Hochspringen gewöhnlich geschickt aus, so daß er nur sehr selten am Kopf getroffen oder ernsthaft verletzt wird.

Ist die durchschnittlich ein bis zwei Tage anhaltende *Hochrosse* der Stute erreicht, wird ihre Abwehr zunehmend geringer, die Absonderung schleimigen Harns immer häufiger und das sich jeweils anschließende sogenannte *Blitzen* (ruckartiges Öffnen und Schließen der Vulva mit Hervorstülpen der Klitoris) besonders lang andauernd. Dabei *präsentiert* sich die Stute in sägebockartiger Stellung mit deutlich gelüftetem Schweif, was als weithin sichtbares Signal ihrer Paarungsbereitschaft auf alle männlichen Artgenossen der Umgebung sexuell stark erregend wirkt.

Abb. 13. Deckakt im freien Sprung. Während der Vereinigung stützt der Haflingerhengst den Kopf in der Widerristgegend der Stute auf. Das Saugfohlen stellt sich quer vor die beiden.

Die vom Familienhengst ab jetzt auf größere Distanz verwiesenen Junggesellen beobachten sein Verhalten ständig, schachten dabei häufig aus und bauen zum Teil anschließend ihre Triebstauung durch Onanieren ab, indem sie mit erigiertem Penis einige Male klatschend an den Bauch schlagen und dann manchmal absamen. Der Herdenchef bespringt nun nach meist kurzem Vorspiel (Beriechen und Beknabbern der Stute in der Genitalregion) die hochrossige Stute und belegt sie. Der Vorgang wird von den anderen Familienmitgliedern und von fremden Familienhengsten zwar beobachtet, jedoch nicht gestört. Mitlaufende Saugfohlen stellen sich währenddessen gewöhnlich quer vor der Brust der Stute auf und werden vom Hengst nicht beachtet.

Der eigentliche *Deckakt* dauert vom Einspringen bis zum Absamen und Absteigen bei versierten Vatertieren 12 bis 26, im Durchschnitt 15 Sekunden, bei jungen, unerfahrenen anfänglich meistens etwas länger. Während der Vereinigung stützt die Mehrzahl der Hengste den Kopf in der Widerrist- oder Schultergegend der Stute auf, einzelne verbeißen sich auch in ihrem Mähnenkamm. Hengst und Stute lassen bei der Paarung oft stöhnende oder grunzende Laute hören und gehen während der Kopulation langsam vorwärts oder im Kreis. Das abschließende Absamen wird deutlich bei Großpferden, bei vielen Ponyhengsten etwas weniger merklich, durch rhythmisches Schweifnicken angezeigt. Normalerweise wird der Deckakt während der Hochrosse einer Stute mehrmals am Tage in individuell verschiedenem Abstand wiederholt.

Sind mehrere Stuten gleichzeitig rossig, so kann es zu ausgesprochenem Geschlechtsneid mit Beißen und Keilereien zwischen ihnen kommen, wenn der Hengst eine davon deutlich bevorzugt und mehrmals deckt und die anderen vernachlässigt.

Abb. 14. Prüfen der Paarungsbereitschaft im Probierstand. Die Warmblutstute ist hochrossig, hält den Schweif zur Seite und „blitzt".

Vor allem in unnatürlichen Herdenverbänden mit sehr vielen Stuten können so einzelne unter Umständen lange Zeit ungedeckt bleiben. Die Abfohltermine im nächsten Jahr ziehen sich dann sehr auseinander.

Die Hauptrossezeit mit den besten Befruchtungsergebnissen liegt in unseren Breiten im späten Frühjahr und Frühsommer. Die von den Hengsten für die Kopulation bevorzugte Tageszeit richtet sich stark danach, ob auf dem Areal nur einer oder mehrere erwachsene männliche Artgenossen anwesend sind. Ist nur einer vorhanden, zieht er gewöhnlich die Tagesstunden vor, sind Konkurrenten zur Stelle, bevorzugt man die Abend- oder Nachtzeit.

In den üblichen Gestüten und vor allem bei den meisten Großpferdezüchtern läuft der Hengst nicht frei mit der Herde, und rossige Stuten werden den ausgewählten Vatertieren einzeln zugeführt. Bei solchem *Decken aus der Hand* beschränkt der Mensch das natürliche Sexualverhalten der Pferde weitgehend auf den bloßen physischen Begattungsakt. Die Paarungsbereitschaft der Stute wird gewöhnlich zuerst getestet. Dazu stellt man sie in einen sogenannten Probierstand, dessen brusthohe stabile Bretterwand den Hengst vor ihren Abwehrschlägen schützen soll, falls sie noch nicht willig ist, den Deckakt zu dulden. Dem am Führzügel gehaltenen Hengst wird nun gestattet, die Stute an Maul, Hals, Schulter, an der Flanke und besonders an der Anogenitalgegend zu beriechen. An ihrem Abwehrverhalten bzw. deutlich entgegenkommenden Benehmen kann der Grad der Rosse gut festgestellt werden. Regt sich der ausgesuchte Beschäler zu sehr dabei auf, oder ist er wegen starker Frequentierung schon zu angestrengt, so wird oft ein anderer, gewöhnlich ruhiger, nicht zu temperamentvoller, vor allem nicht zu beißfreudiger sogenannter *Probierhengst* zu diesem Test verwendet.

Auch bei zweifelsfreier Hochrosse der Stute *spannen* ihr die meisten Hengsthalter vor dem eigentlichen Decken die Hinterbeine, so daß sie nicht mehr ausschlagen, aber auch nicht mehr wie beim freien Sprung langsam vorwärtsgehen kann. Bei extrem stürmischen Hengsten kann es deshalb zu Verletzungen, unter Umständen sogar zu einer Scheidenperforation der Stute kommen.

1.2.8   Geburtsverhalten

Das Verhalten der Stuten während der Trächtigkeit und in der Vorgeburtszeit ist individuell etwas unterschiedlich. Trächtige Altstuten ändern ihr Benehmen in der ersten Hälfte der Schwangerschaft nur wenig. Im Gegensatz dazu ist die erfolgreiche Bedeckung einer Maidenstute von einem aufmerksamen Besitzer häufig verhältnismäßig früh an ihrem gegenüber nichttragend gewordenen Altersgenossinnen spürbar gesetzteren, erwachseneren Benehmen zu erkennen. Mit dem verstärkten Wachstum der Frucht in der zweiten Hälfte der Gravidität und der sichtbaren Umfangsvermehrung des Leibes werden Stuten aller Rassen und Altersstufen zunehmend langsamer, ihre Bewegungsaktivität sinkt deutlich ab, ihr Appetit und ihre Freßdauer nehmen dagegen etwas zu.

Wenige Tage vor der Niederkunft haben manche Stuten das Bedürfnis, sich von den anderen abzusondern, was man unter Umständen schon als Einstimmung der werdenden Mutter auf die Prägephase (Kap. 1.2.9) des bald zu erwartenden Fohlens ansehen könnte. Dieses Sich-Separieren ist bei Ponys wegen ihres normalerweise sehr engen Sozialgefüges und ihrer geringen Individualdistanz besonders auffällig. Im gefestigten, lang bestehenden Familienverband sucht der Hengst dies aber gewöhnlich zu verhindern, so daß das Abfohlen schließlich doch in unmittelbarer Nähe der Gruppe erfolgt.

Das Verhalten der Stuten in den letzten Stunden vor der Geburt ist recht unterschiedlich. Zeichnen sich die einen durch größeres Anlehnungsbedürfnis und engere Kontaktsuche aus, so sind andere ihren Gefährtinnen gegenüber wesentlich unleidlicher als sonst. Solch aggressives Benehmen fällt einem hauptsächlich bei den rangniederen Stuten auf, die offensichtlich bereits – vermutlich hormonell – auf die für Mutter

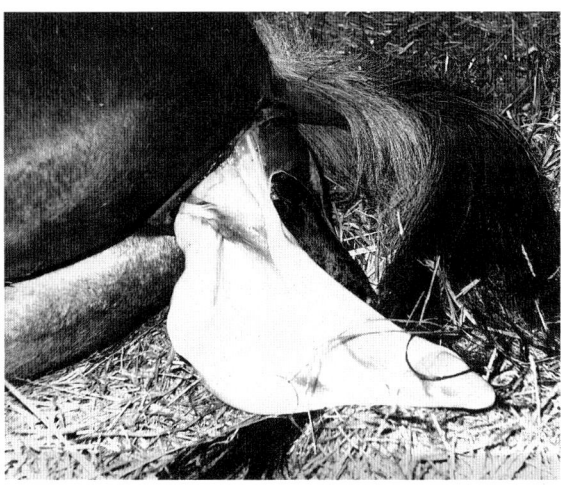

Abb. 15. Austreibungsphase bei der Geburt. Während die Vorderbeine des Fohlens noch von den Eihäuten umhüllt sind, hat seine Nase diese schon durchstoßen.

und Kind kurzfristig geänderten Rangordnungsverhältnisse in der Gemeinschaft einge-
stimmt werden.

Haben die zum Gebären Kommenden nicht das Gefühl des Ungestörtseins und der
Sicherheit, so können sie das Abfohlen um Stunden hinauszögern. Die meisten Geburten finden deshalb in Gestütsbetrieben während der Dunkelheit statt, wenn keine
Stallarbeiten verrichtet werden, bei Wildeinhufern und Pferden in Freilandhaltung
auf den Schlafplätzen, bevorzugt in der zweiten Nachthälfte und im Morgengrauen.

Viele werdende Mütter fressen sowohl auf der Weide als auch im Stall bis wenige
Minuten vor der Niederkunft in vielfach übersprungsartiger Hast. Das unmittelbare
Bevorstehen der Geburt zeigt sich durch auffallend häufiges Umschauen der Stute
und Schlagen mit der Hinterhand nach dem Leib, Schweifschlagen, oft mehrmaliges
Herumgehen im Kreis oder durch kurzes Niederlegen, Wälzen und Wiederaufstehen
an. Dabei werden in zeitlich geringen Abständen Harn und kleine Mengen immer
breiiger werdenden Kotes abgesetzt. Fast alle Stuten beginnen vor allem am Hals und
in der Schultergegend stark zu schwitzen, ehe sie sich beim eigentlichen Geburtsbe-
ginn flach auf die Seite legen.

Die Wehenschmerzen äußern sich in Stöhnen und rudernden Bewegungen der oben-
liegenden Hinterhand und nicht selten in einem sichtbaren Anspannen der Kaumus-
keln.

Die Austreibungsphase ist bei normaler Lage, Stellung und Haltung des Fohlens
gewöhnlich nur kurz, bei 37 von mir protokollierten Geburten (Großpferde, Kleinpferde und Ponys) 9 bis 15 Minuten, im Durchschnitt 11,5 Minuten. Bei allen Rassen

**Abb. 16. Während des Milchtrinkens unterbleibt die geruchliche Kontrolle der Analregion
des Fohlens durch die Mutter nur selten. Hier eine Haflingerstute mit ihrem eintägigen
Fohlen.**

Abb. 17. Solange das Fohlen noch nicht eindeutig auf die Mutter geprägt ist, sucht sie jeden Kontakt des Neugeborenen mit anderen Lebewesen zu verhindern.

liegt die durchschnittliche Dauer der Austreibung für Altstuten, die schon mehrmals geboren haben, am Anfang, für Erstlingsstuten am Ende der Skala.

Während die Stute das Fohlen in mehreren Schüben aus ihrem Leib hinausdrückt, durchstößt es gewöhnlich mit seinen zuerst erscheinenden Vorderbeinen oder der Schnauze die es noch völlig umhüllenden Eihäute. Dadurch ist die Atmung gesichert. Ist das Öffnen der Fruchtblase nicht passiv erfolgt, sucht sich das Neugeborene selbst aktiv durch energisches Schütteln oder ruckartiges Heben des Kopfes bei gleichzeitigen Laufbewegungen der Vorderbeine zu befreien.

Die *Prägung der Stute auf ihr Fohlen* beginnt, sobald das Fohlen geboren ist. Die Stute bemüht sich, oft noch im Liegen, Blick-, häufig auch Stimm-, vor allem aber Geruchskontakt mit ihm aufzunehmen. Nach durchschnittlich 14,6 Minuten erhebt sie sich, beriecht es zuerst an der Nase und beginnt dann, es an Kopf, Körper und Beinen zu belecken und zu beknabbern. Sogar die Eihäute und der von Fruchtwasser befeuchtete Boden werden von vielen auf dieselbe Weise untersucht. Das Ablecken und Beknabbern des Füllens dient ausschließlich der geruchlichen und geschmacklichen Fixierung der Mutter auf ihr Kind und keineswegs zur Unterstützung der Befreiung von den Eihäuten, zum Trocknen seines Fells oder zur Anregung seines Kreislaufs und seiner Atmung.

1.2.9   Verhalten der Neugeborenen

Im Mittel 14 (2 bis 50) Minuten, nachdem sie das Licht der Welt erblickt haben, versuchen Fohlen aufzustehen, was ihnen anfänglich mehrmals mißlingt. Der Beginn und der Grad der Energie der Wiederholungen der Aufstehversuche sind von der jeweiligen Vitalität des Neugeborenen abhängig. Es besteht hierin kein Unterschied zwischen Pferden und Ponys.

Das erste Stehen gelingt nach 48 (10 bis 105) Minuten. Typische, unvermischte Ponyfüllen mit ihren im Vergleich zu leichten Großpferde- und mit Arabern veredelten Pony- und Kleinpferdefohlen verhältnismäßig kurzen und vor allem schon stabilen Beinen brauchen im Schnitt nur etwa 30 (10 bis 50) Minuten, bis sie stehen können.

Haben die Fohlen ihr Gleichgewicht gefunden, beginnt nach durchschnittlich 15 (1 bis 45) Minuten die Eutersuche. Groß- und Kleinpferde verhalten sich darin gleich. Sie wissen von Natur aus nicht, wo sie die Milchquelle finden können. Lediglich die Kenntnis, daß sie sich an einem großen Hindernis befindet, scheint angeboren zu sein. Ob darüber hinaus instinktiv in einem nach oben und seitlich begrenzten Winkel gesucht wird, ist noch nicht sicher erwiesen. Zu Anfang wird deshalb jedes lebende und leblose große Objekt berochen und etwas später beleckt. Dabei nimmt das Füllen eine typische, waagrecht gestreckte Kopf-Hals-Haltung ein.

Die psychische und physische Reife zum Milchtrinken ist erst vorhanden, wenn das Fohlen die rinnenförmige *Saugzunge* zeigt und deutlich schmatzende *Sauggeräusche* produziert. Nun hört normalerweise das Belecken toter Gegenstände (Boxenwände u. ä.) auf, und das Fohlen konzentriert seine Bemühungen auf die Stute, vor allem auf ihren Brust- und Bauchbereich. Stößt es dabei mit dem Nasenrücken an das gewöhnlich schon prall gefüllte Euter, so tropft oder fließt in der Regel vermehrt Milch aus den Zitzen. Ihr Geruch veranlaßt es fast immer zu zielstrebigerem und energischerem Suchen.

Das erste Trinken gelingt den Fohlen durchschnittlich 61,4 (10 bis 120) Minuten nachdem sie gelernt haben, sicher zu stehen und ihr Gleichgewicht zu halten. Im Verhältnis zur Größe der Mutter sehr groß geborene Füllen haben es anfänglich nicht so leicht wie normalgroße oder besonders kleine, da sie sich zum Erfassen einer Zitze mit dem Maul etwas ducken müssen. Diese Schwierigkeit tritt besonders bei modernen Warmblütern auf, die man, den heutigen Käuferwünschen entsprechend, größer als bisher zu züchten versucht. Dasselbe Phänomen ist bei den Fohlen mancher Ponyrassen zu beobachten, die früher kleiner waren, aber neuerdings möglichst auf die für Kleinpferde gerade noch erlaubte maximale Widerristhöhe gezüchtet werden.

Bei sehr alten, lange Zeit unverändert und unvermischt gebliebenen Schlägen werden, von Ausnahmen abgesehen (z. B. Übertragen der Frucht), die Fohlen wie bei den Wildequiden mit der passenden, d. h. einer ziemlich geringen Größe geboren, weshalb sie sich gewöhnlich relativ leicht tun und verhältnismäßig schnell zum ersten Milchtrinken kommen.

Die Mutter unterstützt ihr Kind bei der Eutersuche nicht aktiv. Die geruchliche Kontrolle seiner Analregion, die auch bei späteren Saugakten nur selten unterbleibt, darf nicht als gezieltes Hinschieben zum Euter gedeutet werden. Lediglich durch Schildern mit dem Hinterbein der gegenüberliegenden Seite und Anspannen der Bauchdecke werden etwas luftigere Raumverhältnisse erzielt, was besonders den zu groß Geborenen die Sache anfänglich geringfügig erleichtert. Das Auffinden der Milchquelle geschieht von Mal zu Mal schneller, bis der Lernvorgang nach ein bis zwei Tagen abgeschlossen ist.

Die Häufigkeit und Dauer des Saugens ist individuell verschieden. Sie richtet sich vor allem nach der Vitalität des Jungen und der Stärke des Milchflusses der Mutter. In den ersten zwei Lebenswochen trinken Fohlen vier- bis fünfmal pro Stunde, ein Durchschnitt, der für den vollen Tag gilt. Zieht man die langen, im Liegen verbrachten Ruhezeiten jedes Neugeborenen ab, erhöht er sich auf ungefähr neun Saugakte je Stunde. Mit zunehmenden Alter nimmt diese Zahl immer mehr ab: mit sechs Wochen trinken sie durchschnittlich zweimal, mit fünf Monaten einmal jede Stunde und kurz vor dem natürlichen Absetzen vor der Geburt des nächsten Geschwisters mit zehn bis elf Monaten noch alle zwei Stunden einmal. Ist die Mutter nicht erneut tragend geworden, säugt sie im Freileben ihr Fohlen bis zum Alter von ca. eineinhalb Jahren.

Mit dem ersten Milchtrinken beginnt die *Prägung* des Neugeborenen. Fohlen haben kein angeborenes Artschema. Ihre Prägung auf die Mutter ist deshalb ein störungsanfälliger Vorgang. *Fehlprägungen* auf fremde Artgenossen, andersartige Tiere und Menschen können auch ohne Milchaufnahme in seltenen Fällen vorkommen. In der englischen Literatur wird berichtet, daß sogar schon einzelne Bäume oder Autos Fohlen als Bezugsobjekte gedient hätten.

Neugeborene Fohlen wecken die Aufmerksamkeit aller anwesenden Pferde. Bei Geburten im Stall in Einzelboxen provoziert auch ohne gegenseitige Sichtmöglichkeit spätestens der erste Laut, den das Neugeborene ausstößt, oder der hohe, charakteristische, von der Mutter erzeugte Kontaktton oft ein allgemeines Antwortwiehern der anderen Stallbewohner. Im Freileben sind besonders die Familienmitglieder, speziell der Hengst und die älteren Geschwister interessiert. Um eine Fehlprägung des Fohlens in dieser auch als *kritische* oder *sensible Phase* bezeichneten Zeit zu vermeiden, versucht die schon auf ihr Kind fixierte Mutter jeden Kontakt mit anderen Lebewesen, vor allem mit Artgenossen, zu verhindern. Durch ihr ständiges Dazwischenschieben und Wegdrohen der Neugierigen, notfalls sogar durch vehemente Beiß- und Schlagangriffe, schirmt sie ihr Fohlen weitgehend ab.

Während der Prägungszeit stehen die jungen Mütter in der Rangordnung in ihrer Familie jeweils an erster Stelle, auch wenn sie sonst nur eine niedere Position einnahmen. Normalerweise können daher alle Gruppenmitglieder, selbst der Familienhengst, erfolgreich von dem Neugeborenen so lange ferngehalten werden, bis seine vollständige Prägung auf die Mutter gesichert ist.

Die sensible oder kritische Phase dauert bei jedem Fohlen verschieden lang. Generell benötigen stämmige, relativ kurzbeinige und schon etwas wie Erwachsene proportionierte weniger Zeit als sehr schlaksige, unfertig wirkende, oft großwüchsige Fohlen. Die Nachkommen alter nördlicher unveredelter Robustponyrassen brauchen üblicherweise nur ein bis zwei Stunden, bis sie geprägt sind, Großpferde je nach Typ und Wüchsigkeit zwischen einem halben und zwei, im Extremfall bis zu drei Tagen.

Die erfolgreich abgeschlossene Prägung ist auf der Weide klar erkennbar: Läuft das neugeborene Füllen überwiegend vor oder in Schulterhöhe der Mutter, so wird der Kontakt ausschließlich von der Stute hergestellt, was als Anzeichen einer noch andauernden Prägephase gewertet werden kann. Sobald die Fixierung auf die Mutter stabil ist, folgt ihr das Fohlen bei einem Ortswechsel gewöhnlich parallel an der Seite oder leicht hinter ihr und sucht die Körperberührung, besonders bei Gefahr, nun eindeutig von sich aus.

Zeigt das Füllen durch seine konsequente Nachfolge in den entsprechenden Situationen an, daß es geprägt ist, wird das Verhalten der Mutter zunehmend toleranter und die Bekanntschaft mit anderen Herdenmitgliedern gestattet. Jeder Angehörige der Familie bzw. Herde darf jetzt den Neuankömmling aus unmittelbarer Nähe beäugen und nimmt in der Regel kurz geruchlichen Kontakt von Nase zu Nase auf. Dieser Vorgang dient der Eingliederung in die Gruppe; das Fohlen wird, wenn alle ihre Visite gemacht haben, vom Verband nicht mehr als Fremdling behandelt.

Wenige Tage nach Aufnahme in die Familie bilden sich zwischen den Fohlen schon Gemeinschaften, die meist zu zweit, manchmal auch zu mehreren Laufspiele ausführen. Mit 14 Tagen differenziert sich bereits das *Spielverhalten*. Während die Stutfohlen neben gegenseitiger sozialer Fellpflege weiterhin lediglich miteinander herumrennen, fangen die Hengstfohlen daneben schon mit kleinen Balgereien und Rangeleien an. Fehlen in etwa gleichalte Pferdespielgefährten, so suchen sich die Hengstfohlen für ihre Kampfspiele oft andersartigen Ersatz. Des relativ ähnlichen Verhaltens wegen werden hierfür andere Einhufer, in der Regel also Esel, bevorzugt. Auch länger funktionierende Spielgemeinschaften zwischen Pferden und Hunden können verhältnismäßig häufig beobachtet werden, während solche mit Wiederkäuern nur manchmal dem beiderseitigen Vergnügen dienen. Bleibt als Kumpan nur der Mensch, besteht bei mangelndem tierpsychologischen Einfühlungsvermögen leicht die Gefahr, daß Fohlen durch zu häufige Neckereien allmählich aggressiv und ihre anfangs lustig wirkenden

Angriffe schließlich gefährlich werden. Bestrafungen, die solche Attacken dann nach sich ziehen, werden nun aber von den jungen Hengsten als ungerecht empfunden und können sie je nach Veranlagung für lange Zeit zu scheuen oder aggressiven Pferden machen.

1.2.10 Verhalten gegenüber anderen Arten

Pferde stehen in der biologischen Rangordnung über Eseln, Maultieren und Mauleseln. Auch sämtlichen europäischen domestizierten Wiederkäuern (Rindern, Schafen, Ziegen) sind sie eindeutig überlegen. Das gilt selbst für iberische Kampfstiere, die ihnen mit und ohne Reiter – außer in der Extremsituation einer Corrida – normalerweise immer ausweichen und sie niemals angreifen. Übermütige, gut gefütterte Pferde können in Spiellaune große und kleine Wiederkäuer unter Umständen so häufig belästigen und langdauernd umherjagen, daß die Beschickung zumindest nicht sehr großflächiger Gemeinschaftsweiden unmöglich werden kann.

In der Toleranz gegenüber anderen Arten bestehen deutliche individuelle und auffallende rasse- bzw. typenspezifische Unterschiede. Groß- und Kleinpferde mit einem überwiegenden oder wenigstens starken Anteil vom Typ I, die sich innerartlich durch ein entsprechend enges Sozialverhalten und eine geringe Individualdistanz auszeichnen, sind gewöhnlich auch gegenüber anderen Pflanzenfressern duldsam. Ein Weidebesatz aus Haflingern, Fjordpferden oder Exmoorponys gemeinsam mit Rindern oder Schafen ist meinen Beobachtungen nach normalerweise problemlos.

Ramsköpfige Pferde, also Tiere mit deutlichem Typ III-Anteil und großer innerartlicher Individualdistanz, sind häufig in der biologischen Rangordnung unter ihnen stehenden Vertretern anderer Arten gegenüber besonders intolerant. Große und kleine Wiederkäuer werden von ihnen oft nicht auf demselben Areal geduldet, heftig attackiert und vehement verjagt. Eigene, durchschnittlich 147 cm Stockmaß hohe Sorraiahengste (Primitivandalusier) lassen nicht nur keine Rinder und Schafe auf ihren drei Hektar großen Koppeln mitweiden, sondern vertreiben selbst Rehe, sobald sie ihrer aus weniger als hundert Metern Entfernung ansichtig geworden sind.

Hunde werden von allen Equiden von Natur aus als Feinde angesehen. Ohne Gewöhnung an sie schlagen erwachsene Pferde deshalb meist nach ihnen aus, kommen sie zu nahe, oder greifen sie gegebenenfalls mit der Vorderhand oder den Zähnen an. Auf der Weide vertreiben vor allem die Hengste, oft aber auch Wallache und Stuten insbesondere fremde Hunde. Familiengruppen, die schon lange zusammen sind, kann man einen Halbkreis um den Eindringling bilden und dann gemeinsam in breiter Front gegen ihn vorgehen sehen, was fast immer zur Flucht selbst großer und scharfer Hunde führt.

Junge Saugfohlen verstecken sich beim Anblick eines Hundes gewöhnlich hinter der Mutter, bis nach individuell verschieden langer Zeit die Neugier siegt und in derselben Manier wie bei Artgenossen versucht wird, zuerst Blick-, bald auch Geruchs-, Geschmacks- und Gefühlskontakt mit ihm aufzunehmen. In Ermangelung arteigener Spielgefährten können sich unter Umständen daraus dauerhafte Spielkumpaneien ergeben.

1.2.11 Haltungsbedingte Untugenden (Stalluntugenden)

Besonders bei der herkömmlichen Haltung mit Einzelaufstallung in Boxen und noch mehr in Ständen können einzelne Pferde sogenannte Stalluntugenden entwickeln.

Stalluntugenden sollten immer als ein Anzeichen dafür gelten, daß die Tiere zur Zeit frustriert sind oder sich früher öfter oder während einer längeren Periode psychisch unwohl fühlten. Man spräche deshalb besser von *Verhaltensstörungen*.

Beim *Weben* (s. Teil E, Kap. 5.1.5) pendeln Kopf und Hals in unterschiedlich schneller Frequenz hin und her. Der Vorderkörper schwingt dabei mit, die Vorderbeine sind leicht gespreizt. Webt das Pferd besonders heftig, tritt es gleichzeitig im selben Rhythmus von einem Fuß auf den anderen.

Zum Weben neigen vermehrt hochblütige, reaktionsschnelle Pferde. Die ungeduldige Erwartung des Futters oder des Hinauslassens aus dem Stand oder der Box sind häufig der erste Anlaß zu dieser Bewegungsstereotypie, die dann später immer in derselben oder in anderen aufregenden Situationen ausgeführt wird. Ein nur ein paar Minuten dauerndes *Erwartungsweben* kann zur Gewohnheit werden und sich vor allem bei konzentriert gefütterten Tieren mit ausgesprochen kurzen Freßzeiten in den langen Pausen aus Langeweile über Stunden ausdehnen. Bei lauffreudigen Pferden, die zu wenig Bewegung bekommen, wird aus dem Weben in der Box manchmal ein ständiges Im-Kreis-Gehen oder Achterlaufen. Auf dafür prädisponierte Stallgefährten in Sichtweite kann Weben ansteckend wirken. Bei Weidegang hört es auf, wird aber im Stall sogar nach mehrmonatiger Freilandhaltung gewöhnlich nach kurzer Zeit wieder aufgenommen.

Aus ähnlichen Anlässen wie das Weben entsteht das *Krippen-* oder *Barrenwetzen,* bei dem die Pferde mit den Schneidezähnen auf dem harten Rand oder Boden ihres Futtertroges mehr oder weniger heftig und ausdauernd hin- und herwetzen. Auch chronische Barrenwetzer treten dabei oft von einem Fuß auf den anderen. Im Laufe der Zeit schleift sich die Vorderfläche der Schneidezähne solcher verhaltensgestörter Pferde dabei zum sogenannten *Wetzergebiß* ab.

Ebenfalls hauptsächlich aus Ungeduld *scharren* viele Pferde heftig und anhaltend mit einer Vorderhand, wenn die Futterzeit beginnt. Häufiges und andauerndes Scharren ohne erkennbaren Anlaß kann ebenso in eine wahre Manie ausarten. Auf die Bedeutung des Scharrens als Schmerzsymptom (Koliken, Wehen) soll hier nur hingewiesen werden.

Vor allem aus Langeweile bei wiederholtem langwährenden Stallaufenthalt fangen dafür veranlagte, gewöhnlich besonders aktive und lebhafte Pferde bisweilen zu *koppen* (s. Teil E, Kap. 5.1.4) an. Unter dieser Verhaltensanomalie versteht man das Erzeugen eines charakteristischen, ungefähr wie „opp" klingenden Koppertones. Der Laut entsteht durch Anspannen der vorderen Halsmuskulatur, wodurch Luft durch den geöffneten Kehlkopf strömt. Man unterscheidet zwischen *Aufsatzkoppern* oder *Krippensetzern* und *Freikoppern*. Aufsatzkopper setzen zu ihrer Beschäftigung die Schneidezähne auf einen festen Gegenstand oder beißen in ihn hinein. Zum Aufsetzen werden bevorzugt hölzerne, brusthoch angebrachte Boxenabsperrungen oder Futtertröge benutzt. Freikopper benötigen keine Stütze. Sie erzeugen ihre Töne unter nickendem Anziehen in Richtung Hals-Vorderbrust und wieder nach waagrecht-vorne Schnellenlassen des Kopfes. Manche mit diesen Angewohnheiten behafteten Pferde koppen nur sehr sporadisch, andere frönen ihrer „Sucht" manchmal stundenlang während jeder Freß- oder Schlafpause. Wird besonders bei Vielkoppern Luft abgeschluckt, was nicht bei allen der Fall ist, sind Verdauungsstörungen die unausbleibliche Folge. Koppern kann ihre Fehlhandlung durch das Anlegen von engen Halsriemen *(Kopperriemen)* zwar erschwert, jedoch nicht völlig abgewöhnt werden. Auch Eisenbeschläge auf sämtlichen Holzkanten, in den meisten Händlerstallungen üblich, verleiden höchstens sehr selten aufsatzkoppenden Anfängern für eine kurze Zeit ihre

Beschäftigung. Lediglich die Kopperoperation macht in der Mehrzahl der Fälle das weitere Ausführen dieser Angewohnheit unmöglich.

Freikoppen konnte ich bei Pferden während des Weidegangs bisher noch nie beobachten, wogegen manche extreme Aufsatzkopper gelegentlich sogar im Freien Koppelstangen für ihre Spielerei benutzen. Koppen soll von anderen Stallgefährten erlernt werden, doch muß dazu eine gewisse, vermutlich erbliche Disposition von Haus aus vorhanden sein.

Unter denselben Umweltbedingungen und beim gleichen Temperamentstyp entsteht auch das *Lippenschlagen*. Bei dieser Untugend schlagen die Pferde die Ober- und Unterlippe mit zwischen den Schneidezähnen gehaltener Zunge mehrmals in schneller Frequenz aufeinander, wodurch ein ziemlich lautes Geräusch produziert wird.

In die gleiche Kategorie gehört das *Zungenspielen*. Bei ihm wird die Zunge entweder mehr oder weniger lange und wiederholte Male weit herausgestreckt, oder sie streicht, nach oben eingerollt, ständig von einer Seite der Oberlippe zur anderen. Da Zungenspielen besonders oft in Trabrennställen beobachtet werden kann, liegt es nahe, einen Zusammenhang mit den mannigfachen Gebissen, der Spielkette und vor allem dem in dieser Sportart während der Rennen üblichen Festbinden der Zunge zu sehen. Laufaktive andersrassige Pferde können jedoch ebenfalls spontan auf diese Spielerei kommen, selbst wenn sie noch nie ein Gebiß im Maul getragen haben. Wie beim Koppen scheint deshalb auch hier eine gewisse Veranlagung vorzuliegen.

Häufiges heftiges *Beißen* in die Holzwand und den Gitteraufsatz, die die eigene Boxe von der des Nachbarn trennen, beruht gewöhnlich auf einer speziellen Antipathie zwischen zwei Pferden. Ein anderer Grund kann die große Individualdistanz sein, die gerade diese beiden Tiere aufgrund ihres Typs von Natur aus zu Artgenossen einhalten würden und die nun dauernd unterschritten wird. Die wiederholten Attacken können sich im Extremfall im Laufe der Zeit zu so stürmischem Anspringen der Trennwand steigern, jedesmal wenn sich der Nebenbewohner nähert, daß Verletzungsgefahr für den Angreifer entsteht.

Auch ständiges *Hinterhandschlagen* zweier unleidlicher Anrainer und unter Umständen gegenseitiger Schlagabtausch gegen die Trennwand vermag sich aus zu enger Nachbarschaft zu entwickeln. Ist keine voneinander entferntere Aufstallung möglich, bleibt nur die Verhinderung vor allem des Sichtkontaktes durch bauliche Maßnahmen übrig, um eine Selbstbeschädigung und das Demolieren der Boxe auszuschließen und die mit den oft lautstark geführten Streitereien verbundene Beunruhigung der übrigen Stallbewohner zu verhindern.

1.3   Forderungen an Haltungsform und Stallbau

Aus dem hier skizzierten natürlichen Sozialverhalten ergeben sich verschiedene Forderungen: Da Pferde mit Ausnahme einzelgängerischer alter und kranker Hengste gewöhnlich in Gruppen leben, stellt die *Einzelhaltung* eine starke psychische Frustration dar, deren Auswirkungen auf das Verhalten denen der menschlichen Gefängnispsychose durchaus gleichzusetzen sind. Die ungünstigen Folgen können unter Umständen aber genauso in Stallungen mit vielen Pferden bei allseits geschlossenen Boxen ohne Sichtkontakt zu Artgenossen auftreten. Der Sichtkontakt bleibt deshalb – von wenigen Ausnahmen abgesehen – eine für alle Pferde unumgängliche Forderung.

Große Herdenverbände sind unnatürlich. Manche Praktiker fordern Stalleinheiten von höchstens sechs bis sieben Pferden. In *Gemeinschaftslaufstallungen* entspricht die bei den meisten Pony- und Kleinpferdehaltern angetroffene Kopfzahl von weniger als zehn Tieren am ehesten den ursprünglichen Verhältnissen. Die in einigen großen Gestüten bei Mutterstuten praktizierte und neuerdings für Jungpferde stark propagierte gemeinschaftliche Aufstallung relativ vieler Pferde orientiert sich streng genommen nicht mehr am natürlichen Sozialverband. Zu häufige Streitereien führen unter Umständen zu Rangordnungsverschiebungen und dadurch zu übermäßiger Beunruhigung der Einzeltiere. Für Hochleistungszuchten sind bei Gemeinschaftsaufstallung deshalb unbedingt kleinere Stalleinheiten bzw. eine Aufteilung großer Laufställe in verhaltensgerechte Stallabteile zu empfehlen.

Da in jeder Pferdegemeinschaft strikt eingehaltene Rangordnungen bestehen, ist bei Gemeinschaftsaufstallung für ein gerechtes Futterangebot Sorge zu tragen (Kap. 2.2.3; Teil B, Kap. 3.3). Eine ausreichende Zahl an Tränken ist neben genügend großen Krippen unumgänglich. Auch die Schlafplätze und schattenspendenden Vordächer sollten allen Pferden Schutz bieten, will man eine allzu große Benachteiligung rangniederer Tiere vermeiden. In guten Stallungen werden individuelle Freund- und Feindschaften ebenfalls berücksichtigt, und einander sympathische Tiere finden bei Boxen- und Standaufstallung nebeneinander, verfeindete Pferde möglichst weit auseinander Platz. In Gemeinschaftsstallungen müssen zueinander passende Tiere zusammen gehalten werden. Große individuelle Unterschiede im Sozialverhalten, der Individualdistanz und im Freßverhalten (Futterneid) der Einzeltiere verbieten eigentlich deren gemeinschaftliche Haltung, sollen sie sich nicht dauernd unwohl fühlen.

1.4   Grundfunktionstypen

In Körperbau und Verhalten unserer Hauspferde lassen sich rasse- bzw. typbedingte Unterschiede feststellen, die auch Einfluß auf die für die Pferde geeignete Haltungsform haben.

Obwohl aus der Sicht der Domestikationsforschung noch sehr umstritten, hat sich in der Praxis die Einteilung der Hauspferde nach EBHARDT (1954, 1956) in vier *Grundfunktionstypen* mit verschiedener anatomischer Struktur und entsprechendem Verhalten als brauchbar erwiesen. Diese Typen sind nicht identisch mit Rassen. Sie kommen in unterschiedlicher Mischung in allen unseren Hauspferden vor, wobei das Überwiegen eines dieser Funktionstypen den Ausschlag für die Zugehörigkeit zu einer Rassengruppe gibt. Bei Kenntnis des jeweiligen Verhaltens der EBHARDTschen Typen lassen sich manche Fehler, besonders bei der Offenstall- und Gruppenauslaufhaltung, vermeiden. Nachstehend sein vom Verfasser etwas abgewandeltes Schema, das hier lediglich als Hilfe bei der Planung von Pferdeställen – nur die dazu wichtigen Punkte sind aufgeführt – und nicht als Beitrag zur Abstammungslehre des Hauspferdes gedacht ist, die noch nicht vollständig geklärt ist.

1.4.1   Ponytypus (Typ I)

Herkunft: Regenreiche Hügelländer der gemäßigten Breiten ganz Eurasiens.
Größe: 1,20 bis 1,30 m Stockmaß.
Behaarung: Im Sommer kurz, im Winter dichte Unterwolle mit derbem, zur Ableitung von Regenwasser günstig angeordnetem Deckhaar.
Stoffwechsel: Guter Rauhfutterverwerter. Ansatztyp.

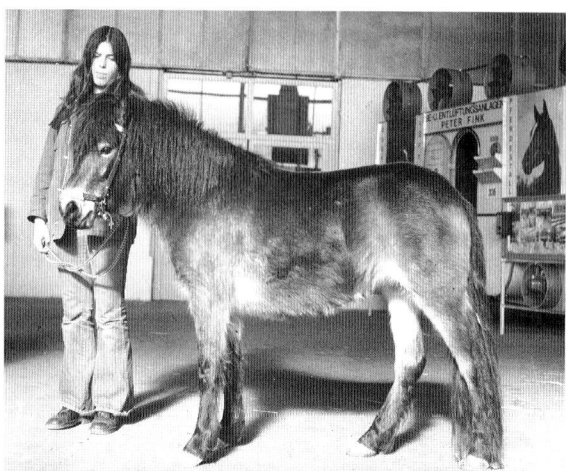

**Abb. 18. Dreijährige torf-
braune Exmoorstute. Eine
reine Vertreterin des Pony-
typs.**

**Abb. 19. Fünfjährige dunkel-
braune Warmblutstute mit
zahlreichen Typ I-Merk-
malen.**

Widerstandsfähigkeit gegen Klimaeinflüsse: Hitzetoleranz mäßig, Kältetoleranz und Wi-
derstandsfähigkeit gegen Nässe sehr gut.
Temperament: Lebhaft-sanguinisch. Bewegungsaktivität mittelgradig.
Sozialverhalten: Gesellig. Familienhengst ist absolut dominant und sorgt für Ordnung.
Verhältnismäßig geringe Individualdistanz. Nach Festlegung der Rangordnung gute
Verträglichkeit auch bei größerer Anzahl von Tieren.
Toleranz gegenüber Wiederkäuern: Groß.
Vorkommen: Reinform Exmoorpony, dann alle Ponyrassen vom Shetty bis zum Con-
nemara. Spürbare Anteile bei vielen Arabern (Kuhailantyp), bei rundrippigen Tra-
bern, Warm- und Vollblütern und kleinen gedrungenen Kaltblütern.
Hauptkennzeichen: Bei der Reinform torfbraune Färbung mit Aufhellung in der Flan-
ke und um die Augen; Mehlmaul. Bei allen, auch bei Kulturrassen, dunkle Braunfär-

bung; üppige Mähnen- und Schweifbehaarung, starker Stirnschopf; Stirn-Nasen-Profil gerade; rundes, freundliches Auge; kleine Ohren; abgerundete Formen.

Besonderheiten bei der Haltung: Kleinformen (Ponys und Kleinpferde) sehr gut geeignet zur Offenstallhaltung. Großformen in Zuchtbetrieben ohne stark treibende Fütterung (mäßige Kraftfuttergaben) gut geeignet für Gemeinschaftslaufstallungen, unter Umständen auch für Gruppenauslauf- und Offenstallhaltung.

1.4.2 Kaltbluttypus (Typ II)

Herkunft: Kalte, sumpfige Niederungsgebiete am Nordrand des Verbreitungsgebietes der Pferde und Hochgebirgstäler Eurasiens.

Größe: 1,40 bis 1,80 m Stockmaß (Groß- und Kleinformen).

Behaarung: Derbes Deckhaar ähnlich Typ I. Im Winter sehr dichte Unterwolle. Haarkleid vor allem Kälte-, weniger Nässeschutz.

Stoffwechsel: Guter Rauhfutterverwerter. Ansatztyp.

Widerstandsfähigkeit gegen Klimaeinflüsse: Hitzetoleranz mäßig, Kältetoleranz bei Kleinformen überragend, bei Großformen gut.

Temperament: Ruhig bis phlegmatisch. Bewegungsaktivität mäßig.

Sozialverhalten: Familienverbände mit ranghoher Leitstute. Hengst dominiert, jedoch nicht so stark wie bei Typ I. Innerhalb der Familie sehr geringe Individualdistanz. Beim Zusammenbringen fremder Tiere vor allem zwischen den Stuten heftige Rangordnungskämpfe; später sehr gute Verträglichkeit innerhalb der Gruppe mit begrenzter Anzahl von Einzeltieren.

Abb. 20. Überwiegend im Typ I stehender, zwanzigjähriger dunkelbrauner Amerikanischer Traberhengst.

Abb. 21. Siebzehnjährige Haflinger Schweißfuchsstute. Kleinform des Kaltbluttyps.

Toleranz gegenüber Wiederkäuern: Im allgemeinen groß.
Vorkommen: Rein nicht mehr vorhanden. Noch Anteile bei manchen schwereren Robustpferden (Haflingern und Norwegern alten Typs, Isländern, schweren Shettys), bei schweren Warmblütern, bei allen Kaltblütern.
Hauptkennzeichen: Starkknochig; häufig abgeschlagene, gespaltene Kruppe; große, schwere Köpfe; kleines Auge; Kötenbehang. Ursprüngliche Färbung vermutlich braunfalb; charakteristische Farben Schweißfüchse und nichtverblassende Schimmel.
Besonderheiten bei der Haltung: Kleinformen sehr gut geeignet für Offenstallhaltung in nicht zu großen Gruppen. Großformen für Laufstallhaltung bei Jungpferden geeignet, bei Zuchtstuten mit Einschränkung brauchbar. Starke Rangordnungskämpfe besonders, wenn Typ III-Anteile vorhanden sind, was bei großen Warmblütern und Kaltblütern immer der Fall ist. Stark Typ II-beeinflußte Pferde vertragen Haltung in Ständen am besten von allen Typen.

1.4.3   Steppenpferdtypus (Typ III)

Herkunft: Heiße, sandige Trockensteppen Eurasiens am Südrand des Verbreitungsgebietes echter Pferde und warme Enklaven in nördlicheren Flußtälern.
Größe: 1,40 bis 1,70 m Stockmaß (Groß- und Kleinformen).
Behaarung: Im Sommer sehr kurz und fein, im Winter ebenfalls recht kurz und schütter. Wenig Unterwolle. Kein regenableitendes Deckhaar. Kann sich am schlechtesten an Nässe und Kälte anpassen.
Stoffwechsel: Umsatztyp. Benötigt Kraftfutter.
Widerstandsfähigkeit gegen Klimaeinflüsse: Hitzetoleranz sehr gut, Kältetoleranz bei trockener Kälte mäßig, bei feuchter Kälte schlecht.

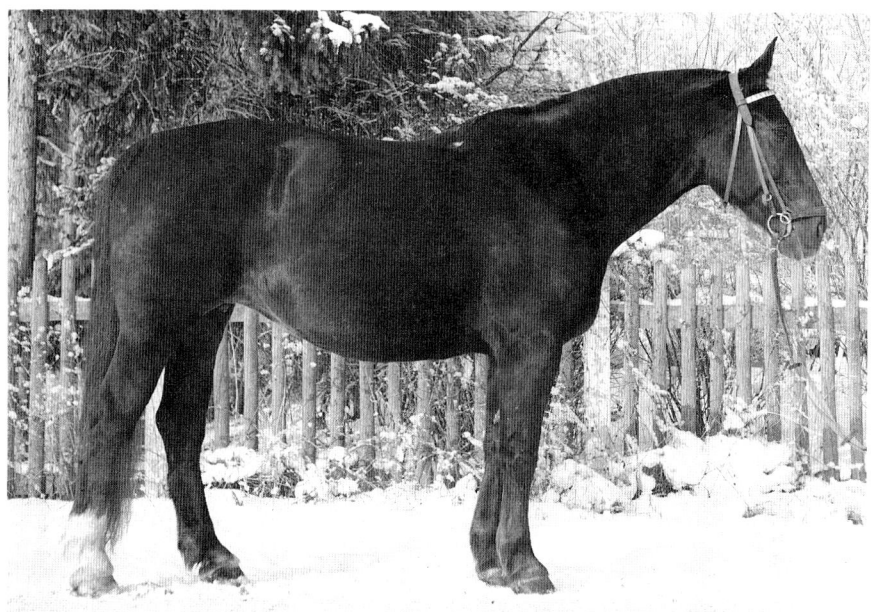

Abb. 22. Elfjährige schwere Dunkelfuchs-Warmblutstute mit spürbarem Typ II-Einschlag.

Abb. 23. Vierzehnjähriger Rheinisch-Belgischer Braunschimmel-Kaltblutwallach. Weitgehend reine Großform des Typs II.

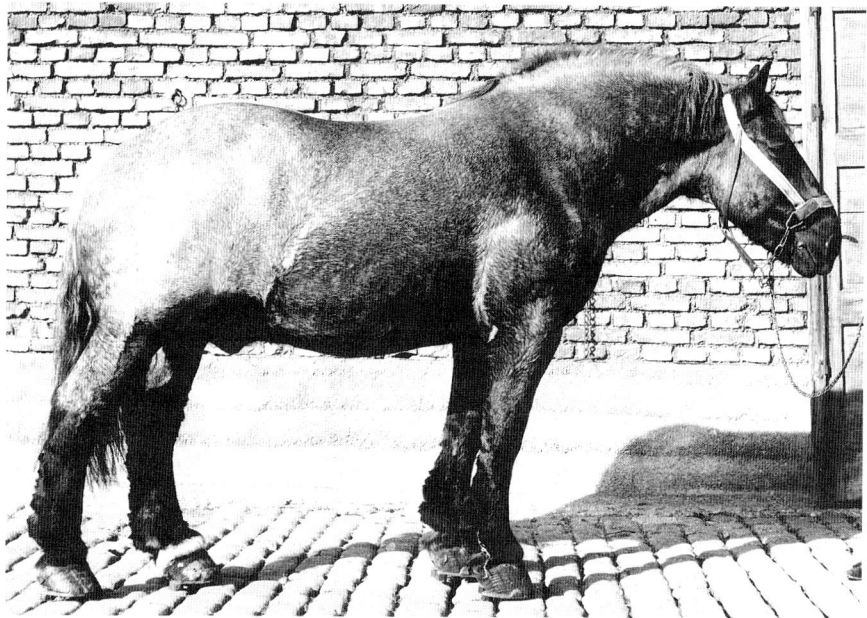

Abb. 24. Elfjährige Connema-ra-Schimmelstute mit deut-lich spürbarem Typ III-Ein-schlag.

Abb. 25. Dreijährige hell-braune, überwiegend im Typ III stehende Warmblutstute mit 50% Englisch-Vollblut-Anteil.

Temperament: Heftig-cholerisch. Bewegungsaktivität groß, ausgeprägtes Lauftier.
Sozialverhalten: Ungesellig, einzelgängerisch. Sehr große Individualdistanz. Die Alt-hengste weiden in weitem Abstand von den Stuten. Der Hengst zeigt zumindest bei der Kleinform noch deutlich Reste territorialen Verhaltens und ist nicht so dominant wie bei Typ I; enges Verhältnis nur zu einzelnen bevorzugten Stuten vor allem während der Rosse. Mütter-Töchtergruppen betrachten den Hengst als Fremdkörper und versu-chen gemeinsam, ihn möglichst lange am Decken rossender Stuten zu hindern.
Toleranz gegenüber Wiederkäuern: Sehr gering.
Vorkommen: Bei Andalusiern und Berbern, allen mitteleuropäischen Warmblutras-sen, bei manchen Englischen Vollblütern, bei Arabern vom Munighityp, stark spürbar bei vielen Lipizzanern, Trabern und bei verschiedenen, besonders den englischen Kaltblutrassen. Bei Ponys und Kleinpferden mit Ausnahme der portugiesischen Sor-raiapferde und des Connemaraponys kaum vorhanden.

Hauptkennzeichen: Ursprüngliche Farbe gelb-, möglicherweise graufalb; bei modernen Hochzuchtrassen alle Farben; typisch Hellbraune und Füchse mit großen weißen Abzeichen. Ramsköpfe bzw. Schädel mit langem Gesichtsteil. Neigung zum Hirschhals. Flachrippig. Tendenz zu hoher Aktion.

Besonderheiten bei der Haltung: Der großen Individualdistanz wegen am wenigsten geeignet für Gemeinschaftslaufställe, da es bei gut gefütterten Pferden häufig Querelen gibt. Bei Boxenaufstallung im allgemeinen solide Trennwände zwischen den einzelnen Pferden vorteilhaft, um Boxenschlagen und Beißen in die Gitterstäbe bei Annähern des Nachbartieres und dadurch Unterschreiten der Individualdistanz, vor allem zur Zeit der Fütterung (Futterneid), zu vermeiden. Da Typ III das dünnste Winterfell entwickelt, sind in rauhen Klimaten Massivstallungen günstiger als leichte Holzausführungen. Kalthaltung bei Jung- und Zuchttieren nach langjährigen eigenen Erfahrungen bei guter Fütterung und Vermeiden von langdauerndem, häufigem Naßwerden möglich.

1.4.4   Arabertypus (Typ IV)

Vermutete Herkunft: Warme Hügel- und Bergländer am Südrand des Verbreitungsgebietes echter Pferde.

Größe: 1,20 (Kleinform) bis 1,55 m Stockmaß.

Behaarung: Kurz und fein. Im Winter bei starker Kälte auffallend wollig. Deckhaar nur gut ausgebildet, wenn stark mit Typ I vermischt (häufig bei polnischen Arabern).

Abb. 26. Sechsjähriger Anglonormänner Fuchshengst mit 50% Englisch-Vollblut-Anteil und zahlreichen Typ III-Merkmalen.

Abb. 27. Etwa vierjährige Welsh A-Schimmelstute mit sichtbarem Typ IV-Einschlag.

Abb. 28. Zehnjährige Arabische Vollblutstute, weitgehende Verkörperung des Typs IV.

Abb. 29. Dreizehnjähriger Trakehnerhengst mit Typ IV-geprägtem Exterieur.

Stoffwechsel: Guter Rauhfutterverwerter, benötigt jedoch Kraftfutter zur Erlangung seiner typischen Formen. Umsatz- und Ansatztypen.

Widerstandsfähigkeit gegen Klimaeinflüsse: Hitzetoleranz sehr gut, Kältetoleranz bei trockener Kälte gut, bei feuchter Kälte schlecht.

Temperament: Sehr lebhaft und reaktionsschnell. Bewegungsaktivität groß, ausgeprägtes Lauftier.

Sozialverhalten: Bei weitgehend reinem Typ nicht vollständig geklärt. Bei Vermischung mit Typ I gesellig-kontaktfreudig. Enger Familienverband mit stark dominierendem Hengst. Individualdistanz vermutlich innerhalb der Familie gering, in größeren Verbänden noch fraglich.

Toleranz gegenüber Wiederkäuern: Noch ungeklärt.

Vorkommen: Vollblutaraber und Araber; Angloaraber; Englischer Vollblüter; Achal-Tekkiner. Starke Anteile bei Trakehnern und anderen leichten Warmblutrassen. Bei Kleinpferden und Ponys vor allem im Welshpony, bei allen Deutschen Reitponys.

Hauptkennzeichen: Edle Köpfe (oft Hechtköpfe) mit großen Augen, feinen Nüstern und Ohren; zierliche Gliedmaßen; meist hochgetragener Schweif. Ursprüngliche Färbung unbekannt; typische Farben Rotfüchse; Kupferbraune; sehr häufig Schimmel, die im Alter Forellen- oder Fliegenschimmel werden.

Besonderheiten bei der Haltung: Alle stark Typ IV-beeinflußten Pferde sehr bewegungsaktiv. Benötigen deshalb im Verhältnis zur Körpergröße große Stallflächen. Haltung in Laufstallungen möglich. Offenstallhaltung in rauhen Klimaten mit hoher Niederschlagsmenge nicht günstig. Für Kalthaltung bei Verzicht auf elegantes Äußeres (feines, glattes Haarkleid) im allgemeinen geeignet. Bei Boxenmindestabmessungen leicht Bewegungsstereotypien (Weben, Achterlaufen, Koppen). Boxentrennwände können durchsichtig (Gitter), in Zuchtbetrieben mit wenig Pferdewechsel häufig nur bis Brusthöhe ausgeführt werden. Sind für Aufstallung in Ständen am wenigsten von allen Pferdetypen geeignet, da sie bei Kettenhang und Festliegen besonders leicht in Panik geraten und sich dann schwerwiegende Verletzungen zuziehen können.

1.4.5   Esel

Herkunft: Trockenheiße Zonen Nordafrikas.

Größe: 0,80 bis 1,60 m Stockmaß (Groß- und Kleinformen), im allgemeinen 1,10 bis 1,30 m.

Behaarung: Derb; bei den meisten im Vergleich zu Pferden relativ lang, bei wenigen Rassen sehr lang und zottelig verfilzt. In der Hauptsache Kälte- und Insektenschutz. Leitet Regen nicht ab.

Stoffwechsel: Umsatztyp. Bei sehr reichlicher Fütterung Fettansatz vor allem am Halskamm, weniger am Körper.

Widerstandsfähigkeit gegen Klimaeinflüsse: Sehr hitzetolerant, nur mäßige Kältetoleranz. Sehr nässeempfindlich.

Temperament: Je nach Typ ruhig-geduldig bis lebhaft.

Sozialverhalten: Esel gehören zu den territorialen Einhufern, die keine stabilen Familienverbände bilden. Im Wildleben beherrschen einzelne starke Hengste große Areale, die sie an den Grenzen gegenüber den benachbarten Territoriumsbesitzern verteidigen. Die Stuten können von Territorium zu Territorium wechseln, ohne daß sie vom Hengst daran gehindert werden. Außer zwischen Müttern und Töchtern besteht kein enger Zusammenhalt unter den einzelnen Tieren, eine deutliche Rangordnung wird nicht entwickelt. Der Territoriumsinhaber darf sämtliche vorbeikommenden rossenden Stuten bedecken; schwächere Hengste werden von ihm geduldet und nicht verjagt oder auf größere Distanz gehalten.

Toleranz gegenüber Wiederkäuern: Vermutlich groß.

Vorkommen: Verschiedene Rassen in Südeuropa, Nordafrika und in Asien. In Deutschland überwiegend Kleinformen (Zwergesel) aus Südosteuropa.

Besonderheiten bei der Haltung: Offenstallhaltung bei Vermeiden von Naßwerden (Einsperren an Regen- und Schneetagen) möglich. Allgemein luftige und trockene, nicht zu kalte Stallungen vorteilhaft. Eselsfüllen sind besonders kälte- und vor allem nässeempfindlich. Eine trockene Aufstallung und das Vermeiden des völligen Durchnässens des besonders wolligen, unverhältnismäßig lange feucht bleibenden Fohlenhaares ist deshalb empfehlenswert, wenn sie sich optimal entwickeln und nicht zu unharmonischen Kümmerformen degenerieren sollen.

2   Voraussetzungen für körperliches Wohlbefinden des Pferdes bei der Stallhaltung

2.1   Standortwahl bei der Errichtung von Pferdeställen

2.1.1   Großklima

Das Klima eines Landes oder einer Gegend, auch als *Großklima* bezeichnet, sollte vor der Errichtung von Gestüten und der Wahl der Pferderasse in der Planung eine Rolle spielen, da es für den Erfolg oder Mißerfolg einer Zuchtstätte mitverantwortlich ist. Je ähnlicher die von uns gewählte Rasse dem ursprünglich in einem Landstrich heimischen Pferdetyp ist, desto einfacher und erfolgreicher wird sich ihre Zucht bzw. Haltung gestalten. Vollblüter und Traber zum Beispiel, von denen man besondere Frühreife verlangt, lassen sich in milden Klimaten mit relativ geringen tages- und jahreszeitlichen Temperaturschwankungen leichter und vor allem billiger erzeugen als anderswo; nicht umsonst sind Irland, England und die Normandie die klassischen Zuchtgebiete aufwendiger Rassen, und aus gleichem Grunde liegen die meisten deutschen Vollblutgestüte im klimatisch milden Rheinland. Umgekehrt sind klimatisch ungünstigere Gegenden mit großen Temperaturunterschieden und weniger üppigem Pflanzenwuchs für Robustpferde aus nördlichen Ländern wie Isländer, Fjordpferde etc. geeigneter und lassen deren Fettsucht gar nicht erst aufkommen.

Natürlich wird sich der moderne Pferdehalter bei der Frage, welcher Rasse er den Vorzug geben will, vor allem nach seinen persönlichen Neigungen bzw. nach den Marktanforderungen richten, doch sollte er sich stets darüber im klaren sein, ob er eine dem Landstrich gemäße oder eine im Grunde genommen nicht in die Gegend passende Wahl getroffen hat. So dürfte es schwierig sein, im niederschlagsreichen Voralpenland oder in manchen feuchten Mittelgebirgen etwa einen Araber im rassetypischen trockenen Wüstentyp zu halten, oder einen Englischen Vollblüter, der mit zwei Jahren schon Rennen laufen soll, rechtzeitig in Kondition zu bringen. Wegen der verkürzten Weideperiode bei ungünstigen klimatischen Verhältnissen und des verlängerten Aufenthaltes im Stall sind deshalb hier Gestütsstallungen für alle Rassen grundsätzlich besonders geräumig und hell auszuführen, sollen die durch die schlechte Außenwelt geschaffenen Bedingungen einigermaßen ausgeglichen werden. Auch eine ausgewogene Fütterung nach neuzeitlichen ernährungsphysiologischen Erkenntnissen

Abb. 30. Die aus kalten, nördlichen Gebieten stammenden Pferderassen neigen in mildem Klima mit üppigen Pflanzenwuchs zum Verfetten. Die Abbildung zeigt eine Exmoor-Familie Mitte September in Süddeutschland.

und die Anlage von Ausläufen, Führanlagen und anderen Pferdebewegungsmöglichkeiten vermögen die durch ein besonders rauhes Klima bedingten Nachteile in modern geführten Gestüten wesentlich abzumildern. Grundsätzlich kann man heute alle Pferderassen überall in Mitteleuropa halten und züchten, wenn man die Kostenfrage weitgehend außer acht läßt.

2.1.2   Klein- oder Mikroklima

Anders als das gegebene Großklima kann bei der Neuerrichtung von Pferdeställen das *Klein-* oder *Mikroklima* meist ohne Mehrkosten berücksichtigt und teilweise sogar positiv oder negativ beeinflußt werden. Es setzt sich aus zahlreichen Faktoren wie etwa Geländeformation, Sonneneinstrahlung, Wind-, Vegetations- und Besiedlungsverhältnissen zusammen, die alle zu einer so weit wie möglich artgemäßen, also wirklich pferdegerechten Umweltgestaltung beitragen können, wenn wir uns vor Baubeginn darüber klarwerden, daß sich die anzustrebende Behaglichkeitssphäre des flüchtigen Lauftieres Pferd von derjenigen des Menschen grundsätzlich unterscheidet.

Wie bereits angeführt, suchen freilebende Einhufer nachts möglichst allseitig vom Wind bestrichene Schlafhügel auf. Solche Geländeformationen erhöhen aber nicht nur ihr Sicherheitsgefühl, sie sind trotz des Windes auch wärmer als Talsenken oder viele im menschlichen Sinne geschützte Lagen. Die Bodenoberfläche kühlt nachts durch Wärmeabstrahlung ab, ein Vorgang, der sich bei feuchtem Boden, also häufig über hohem Gras und vor allem in Talsenken, noch verstärkt und durch die Feuchtigkeit Verdunstungskälte mit Bodennebel entstehen läßt. Diese Luftschicht ist um so kälter, je bodennäher sie liegt. Der aus Erfahrung früher um 30 cm höher als die Umgebung aufgeführte Stallboden trägt dieser Tatsache Rechnung. In hügeligem Gelände fließt die entstandene schwere Kaltluft nun talwärts und wird auf der Hügelkuppe durch nach oben steigende wärmere Luft ersetzt. Diese sich zu sogenannten *Kaltluftseen* sammelnden nächtlichen Kaltluftzonen können sich jedoch nicht allein in Talsohlen und Mulden, sondern ebenso vor natürlichen oder vom Menschen errichteten Hindernissen bilden, die den Talfluß der kalten Luft stauen. Quer zum Hang verlaufende

Bahndämme, Häuserzeilen, Hecken, Mauern und ebenso Stallgebäude verhindern ihr Abfließen und lassen so an der hangaufwärts gelegenen Seite eine Kaltluftzone entstehen, während sie hangabwärts ein besseres Mikroklima in Bodennähe begünstigen.

Beim überwiegend aus trockenen Gegenden stammenden Pferd haben sicher viele chronische Erkrankungen der Atemwege (Dämpfigkeit), rheumatische Krankheiten und andere leistungsmindernde Leiden ihre Ursache zum Teil in solch feuchtkaltem Kleinklima, wenn auch die genauere Untersuchung über den Einfluß des Mikroklimas auf die Häufigkeit des Auftretens von Dämpfigkeit ohne klar erkennbare Ursache noch aussteht.

Frisch importierte Pferde aus Ländern mit ausgesprochenem Wüstenklima wie etwa Originalaraber oder Achal-Tekkiner leiden erfahrungsgemäß besonders unter einer zu feuchten Umwelt. Außerdem sind Bakterien und Viren in Tallagen virulenter als auf den Höhen, weshalb sich Seuchengänge entlang der Täler auszubreiten pflegen. Die verstärkte Nebelbildung in Senken mindert darüber hinaus noch die UV-Einstrahlung, deren günstige Wirkung in staub- und nebelfreien Höhen auf Erkrankungen der Atemwege und auf die Bildung roter Blutkörperchen aus der Humanmedizin hinreichend bekannt ist.

Die *Sonneneinstrahlung* hat sowohl für den Wärmehaushalt des Stalles als vor allem auch für das hohe Lichtbedürfnis des Pferdes Bedeutung. Nord- und Nordosthänge sind am sonnenärmsten und kältesten und deshalb zu meiden. Wie Untersuchungen von Geiger (1950) ergaben, erhalten in unseren Breiten nicht die reinen Südlagen die größte Besonnung, sondern die nach Südwesten geneigten Hänge. Da in den Morgenstunden ein Großteil der Sonnenwärme für die Trocknung des feuchten Bodens verlorengeht, liegt das Temperaturmaximum von Januar bis April im Südwesten (Nachmittagssonne), wandert in den folgenden zwei Monaten bis Südosten und im Sommer und Herbst dann wieder nach Südwesten. Die reine Südlage hat demnach ihr Maximum an Sonneneinstrahlung im Hochsommer, wo Wärme und Besonnung ohnehin ausreichend oder sogar zu stark sind, während sie im Frühjahr und Herbst gegenüber der Südwestlage benachteiligt ist.

Freilebende Einhufer bevorzugen wegen der gesünderen Temperaturen, der leichteren geruchlichen Kontrolle der Umwelt und nicht zuletzt auch der geringeren Insektenplage windige Plätze. Vermutlich ist sogar die Virulenz krankheitserregender Bakterien und Viren in bewegter Luft geringer als in stehender, was aus Mitteilungen über die unterschiedliche Stärke von Krankheitsverläufen in windausgesetzten und in windgeschützten Stallungen hervorzugehen scheint.

Be- und *Entlüftung* gestalten sich besonders günstig, wenn der Pferdestall mit der Längsachse parallel zur Hauptwindrichtung aufgestellt wird, so daß der Wind seine beiden langen Seiten gleich gut bestreichen kann. Bei mehreren Stallungen sind parallel nebeneinander im Abstand der doppelten Gebäudehöhe angeordnete Einheiten anzustreben. Mögen Vierkantgehöfte oder ähnliche Anordnungen über Eck vielleicht auf uns Menschen gemütlicher wirken, hinsichtlich eines optimalen Luftwechsels jedoch muß man sie auf jeden Fall schlechter beurteilen. Das wußte schon der heute noch vielgelesene, weltberühmte Hippologe Graf Wrangel (1888) im vorigen Jahrhundert.

Die *Vegetationsverhältnisse* der Umgebung sollten bei der Wahl des Bauplatzes eine Rolle spielen, da der Einfluß von Grünflächen auf den Sauerstoffgehalt der Luft nicht zu unterschätzen ist. Die Nähe von Waldbeständen wirkt außerdem ausgleichend auf das Kleinklima, im Sommer kühlend, im Winter wärmend. Allerdings können direkt am Waldrand oder in Lichtungen gebaute Stallungen unter Umständen in einem ausgesprochenen Kaltluftsee liegen, da an dichten Waldrändern oder in Rodungen häufig die gleichen Temperaturverhältnisse wie in Bodensenken herrschen.

Die *Besiedlungsverhältnisse* sind auch in klimatischer Hinsicht von Bedeutung: Die Nähe großer Städte oder Industriezonen mit ihren Dunstglocken kann in Zusammenhang mit den entsprechenden Windverhältnissen von Nachteil sein. Bei vorherrschendem Westwind etwa werden am Ostrand solcher Ballungszentren wesentlich schlechtere Luftverhältnisse als an ihrer Westseite anzutreffen sein, was bei der Anlage von Stallungen und Trainingsgelände für Rennpferde genau zu bedenken ist.

2.2   Flächenbedarf der verschiedenen Rassen und Nutzungstypen

2.2.1   Boxenaufstallung

Vorausschickend ist zu sagen, daß die dem Pferd bei der Stallhaltung zugewiesene Fläche kaum zu groß sein kann und in sehr vielen Fällen zu gering bemessen wird. Der Minimalbedarf, bei dem noch ein relatives Wohlbefinden des Tieres angenommen werden darf, richtet sich nach den drei Kriterien *Größe, Nutzung* und *typenbedingte* Rassemerkmale des Pferdes.

Als von der *Größe* abhängige Faustzahl gilt nach SCHNITZER (1969) die allgemeine Formel: Boxenfläche $= 2 \times$ Stm.^{2}, wobei Stockmaß (= Stm.) die Widerristhöhe in cm bedeutet. Deutsche Warmblutpferde, deren Zuchtziel ziemlich einheitlich bei allen Rassen eine Widerristhöhe von 162 bis 168 cm angibt (Variationsbreite 160 bis 175 cm), benötigen demnach ca. 10,5 bis 11 m^2, was einer Boxenabmessung von gut 3 bis 3,20 m×3,50 m entspricht; ein Kleinpferd wie etwa Haflinger, Norweger oder Connemara von 140 bis 145 cm Stm. benötigt 8 bis 8,50 m^2 mit den ungefähren Ausmaßen 3×2,80 m.

Es ist dabei nicht unwesentlich, wie diese Flächen bemessen werden, denn es macht verständlicherweise einen ziemlichen Unterschied für die Bewegungsfreiheit des Tieres aus, ob eine Boxe 2×5 m oder 3×3,25 m mißt. Ihre Schmalseite sollte auf jeden Fall wenigstens so breit sein, daß sich das Pferd mühelos umdrehen kann, erfahrungsgemäß aber mindestens das Eineinhalbfache seiner Stockmaßhöhe. Das bedeutet für Warmblüter eine Mindestboxenbreite von 2,45 bis 2,50 m, für Kleinpferde von 2,10 bis 2,20 m, also Gesamtabmessungen von 2,45 bis 2,50×4,30 bis 4,50 m bzw. 2,10 bis 2,20×3,70 bis 3,90 m. Allen neuerdings erwogenen wegsparenden Stallabmessungen, die besonders in größeren Beständen eine schnellere Fütterung ermöglichen sollen, sind hier deutliche Grenzen gesetzt.

Auch die *Nutzungsart* des Pferdes ist bei solchen Bemessungen einzukalkulieren. Grundsätzlich sollte die Boxe um so größer ausfallen, je weniger Möglichkeiten für das Tier bestehen, sich außerhalb von ihr aufzuhalten. Besonders eingeschränkt ist häufig die Bewegungsaktivität privater Reitpferde, die durchschnittlich nur eine bis eineinhalb Stunden täglich geritten werden. Verleiher (Schulpferde) in gutgehenden Reitschulen haben ihnen gegenüber etwas bessere Bewegungsmöglichkeiten und kommen deshalb – mit Einschränkungen – mit Boxen aus, die auf die größenabhängige Minimalfläche begrenzt sind.

Mutterstuten mit Fohlen kann nicht genug Platz geboten werden. Nach meiner Erfahrung bei Warmblütern und Trabern sollten sie mindestens über 12 m^2 umfassende *Fohlenboxen* verfügen. Günstiger, besonders bei sehr großen oder sehr ängstlichen Müttern, sind 16 m^2 und mehr. Nicht allein in den absolut zu kleinen, auch in den individuell zu engen Boxen sind hauptsächlich junge Fohlen aufgrund mangelnder Ausweichmöglichkeiten bei plötzlichem Zurückschrecken bzw. Vorprellen der Stute stark unfallgefährdet. Rennpferdegestüte streben aus Gründen der Altersberechnung der Nachzucht, bei der nur der Stichtag 1. Januar zählt und ein im Dezember geborenes Fohlen am 1. 1. schon als Jährling gilt, möglichst frühe Geburten an. Sie haben folglich auf geräumige Mutterstutenboxen zudem noch deshalb besonderen Wert zu legen, weil den Fohlen, die im Spätwinter und zeitigen Frühjahr den Hauptteil des Tages im Stall verbringen müssen, wenigstens eine beschränkte Bewegungsaktivität möglich sein sollte. Hier sind Durchschnittswerte von 16 m^2 angebracht, wie sie GROSSE-LEMBECK (1971) in zehn nord- und westdeutschen Vollblutgestüten ermittelte (kleinste Boxen 12,5 m^2, größte 22,5 m^2) und auch FRANKE und NICOLAY (1969) für Mutterstuten und Zuchthengste für empfehlenswert halten.

Für die Frischluftversorgung von Vorteil sind 1 cm breite, bis zum Boden reichende Schlitze zwischen den Brettern der Boxenwand auf der Stallgassenseite, vor allem für junge Fohlen, die einen Großteil des Tages liegend verbringen. Einen noch besseren Luftaustausch in den tiefen Boxenbereichen ermöglicht die in Amerika schon relativ häufig, bei uns noch sehr selten anzutreffende vordere Boxenwand aus genügend engmaschigem (kleine Fohlenhüfchen!) und stabilem Stahlgitter.

Neben Größe und Nutzungszweck spielt der *Typ* des Pferdes für richtige Boxenabmessungen eine Rolle. Außer dem ruhigen, bewegungsarmen Ansatztyp, wie wir ihn noch bei Kaltblütern, selten bei Warmblütern und bei manchen größeren Robustpferden wie Norwegern und Haflingern finden, für deren verhältnismäßig bescheidenen Ansprüche an die Fläche der Boxe häufig die ihrer Größe entsprechenden Mindestmaße genügen, trifft man heute vermehrt auf bewegungsaktive Umsatztypen, z. B. hoch im Blut stehende Warmblüter, Vollblüter, Araber oder veredelte Kleinpferde. Sie nützen die ihnen zur Verfügung gestellte Boxe durch Hin- und Hergehen etc. voll aus, und jeder über das Mindestmaß hinausgehende Quadratmeter Fläche wirkt bei ihnen absolut gesundheitsfördernd. Aggressive Pferde empfinden zu eng stehende Nachbarboxen, vorbeigeführte fremde Tiere oder sich nähernde unliebsame Menschen infolge des Unterschreitens ihrer Individual- bzw. Fluchtdistanz als Bedrohung. Für sie sind möglichst große Boxen, die ein Zurückweichen oder Ausweichen gestatten, nicht nur von Vorteil für ihr psychisches und körperliches Wohlbefinden, sondern sie liegen auch im Interesse des Pferdehalters, der seine Stalleinrichtung schonen kann.

2.2.2   Aufstallung in Ständen

Der früher für Arbeitstiere und auch beim Militär allgemein übliche *Anbindestall* ist für Rennpferde und für die heutigen Reitpferde abzulehnen, da er den physischen und psychischen Gegebenheiten dieser Lauftiere noch weit weniger als die Aufstallung in Boxen entspricht. Lediglich in gut frequentierten Reitschulen ist diese Haltungsform noch vertretbar. Sie kann aus erzieherischen Gründen kurzzeitig für Remonten empfehlenswert sein, da anbindegewohnte Pferde für den Besitzer von großem Vorteil sind. Die Gefahr des Festlegens und des Kettenhangs, die durch Verletzungen zu völliger Unbrauchbarkeit des Tieres führen können, bleibt dabei jedoch stets gegeben und wächst mit der Hochblütigkeit des Pferdematerials. In den Anbindeställen der Kavallerie, in der Hofreitschule in Wien oder in größeren Zirkusunternehmen mit wertvollem Bestand wird sie durch eine rund um die Uhr anwesende Stallwache ausgeschlossen.

Um auch bei Aufstallung in Ständen ein einigermaßen physiologisches Schlafverhalten zu gewährleisten, benötigen *Kastenstände* mit festen Bretterbegrenzungen eine für den Tiefschlaf ausreichende Mindestbreite von allerwenigstens der Widerristhöhe des jeweiligen Pferdes, während *Standplätze mit Flankierbäumen* etwas schmäler sein können, da die Tiere ihre Beine in den Nachbarstand hinüberstrecken. Ganz allgemein rechnet man für mittlere Großpferde mit einer Standlänge von 3 bis 3,50 m und je nach Kaliber mit einer Standbreite von 1,75 bis 2,10 m. Trotzdem legen sich Pferde auch in breiten Ständen weniger gern als in den unbedingt vorzuziehenden Boxen; der mit der Stellung zur Wand verbundene geringere Gesichtskreis trägt darüber hinaus zur Beunruhigung, zu ständiger Wachsamkeit und damit zu weniger gutem Ausruhen bei.

Die *Stallgasse* sollte, wie früher allgemein üblich, möglichst breit sein, so daß man mühelos ein Pferd darin wenden kann. Außerdem vergrößert eine breite Stallgasse den Luftraum, was besonders in Anbindeställen mit vielen Pferden auf relativ kleiner Fläche von großem Nutzen ist. SCHNITZER (1970) erachtet für den ein- bzw. zweihüftigen Großpferde-Boxenstall 2,50 m breite Stallgassen für notwendig. Für den einhüftigen Anbindestall bzw. die gemischte Form mit einer Reihe Boxen und einer Reihe Ständen rechnet er als Sicherheitsabstand 0,50 m hinzu (3 m Breite), beim zweihüftigen Anbindestall fordert er aus Sicherheitsgründen (ausschlagende Pferde) eine Stallgassenbreite von 3,50 m.

2.2.3   Gemeinschaftslaufstallungen

Seit der Ausbreitung der Robustpferdehaltung werden für Ponys und Kleinpferde vielfach *Laufställe ohne Einzeluntertrennungen* gebaut, weil diese Haltungsweise in zahlreichen Veröffentlichungen stark propagiert wurde. Sie hat aber nicht nur Freunde unter den Haltern typischer Robustpferderassen, sondern auch unter den Großpferdezüchtern und -haltern. Ausschlaggebend hierfür sind u. a. die Arbeitserleichterungen, der Wegfall von Trennwänden sowie die Flächeneinsparung für die Stallgasse.

Laufställe haben ihre Vor- und Nachteile und sind meiner Ansicht nach für die verschiedenen Pferderassen und -nutzungstypen unterschiedlich zu bewerten. Dabei ist noch zwischen Laufställen mit frei begehbarem Auslauf oder anschließender Weide, also der sogenannten *Gruppenauslauf-* oder *Offenstallhaltung*, und Gemeinschaftsstallungen zu unterscheiden, in denen lediglich mehrere Pferde zusammen in einem großen Raum, etwa einer Scheune oder ähnlichem, gehalten werden. Die Offenstallhaltung (mit Auslauf oder Weide) nähert sich in vielem den natürlichen Verhaltensnormen des Pferdes, doch ist sie in erster Linie für Pferde und Ponys geeignet, deren ursprüngliches Verbreitungsgebiet unseren klimatischen Gegebenheiten entspricht. Für eine Haltung in Gemeinschaftslaufstallungen kommen vor allem Mutterstuten mit Fohlen oder Jungpferde in Frage, die zu keiner täglichen Arbeit herangezogen werden und deren Herdenleben nicht ständig durch den Menschen in Unruhe gerät. Der tägliche Arbeitsaufwand ist hier, zumindest bei gutgeleiteten Zuchtbetrieben, nur hinsichtlich der Entmistung geringer, da es sich bei dieser Haltungsform gewöhnlich um Tiefställe handelt, die nur ein- bis zweimal jährlich gesäubert werden (über die hygienischen Bedenken hierzu s. Kap. 2.5.1). Wichtig ist eine gerechte Futterverteilung, durch die eine ständige Benachteiligung der schwächeren Tiere ausgeschaltet wird (s. Teil B, Kap. 3.3).

Gegen die relativ natürliche Haltungsform im Gemeinschaftsstall sind jedoch auch Bedenken anzumelden. Größere, zum Zusammenleben auf engem Raum gezwungene Bestände entsprechen absolut nicht dem ursprünglichen Sozialgefüge des Pferdes und

Abb. 31. Je ausgeglichener und ähnlicher im Typ die im Laufstall gemeinsam lebenden Pferde sind, desto problemloser werden sie zu halten sein.

beeinträchtigen das Wohlbefinden durch die Unmöglichkeit, ungestörte Gruppen zu bilden. Bei kleineren Beständen werden dagegen häufig im Verhalten zu unterschiedliche Pferde zusammengewürfelt, wodurch anfänglich Raufereien mit Verletzungsgefahr vorkommen. Auch später, nach Festlegung einer Rangordnung, kann es zu starken Benachteiligungen nicht nur in fütterungsabhängigen Verhaltensbereichen kommen. Je ausgeglichener und ähnlicher im Typ die im Laufstall gemeinsam lebenden Pferde sind, desto reibungsloser werden sie zusammen zu halten sein. Zwischen den Grundtypen sind vor allem in der Individualdistanz erhebliche Unterschiede festzustellen, die bei Tieren mit starken Anteilen des Typs III eine Gemeinschaftsstallhaltung auf normalgroßen Stallflächen unter Umständen unmöglich machen. Bei der Gruppenauslaufhaltung schließen sich manchmal auch in Typ, Größe und Kaliber recht unterschiedliche Tiere einander an, haben sie genügend Zeit, sich aneinander zu gewöhnen. Häufiger Wechsel der Pferde stört die entstandenen Bindungen, wirkt sich ausgesprochen ungünstig auf alle aus und sollte deshalb vermieden werden.

Neben dem Pferdetyp spielt die jeweilige *Fütterung* eine entscheidende Rolle hinsichtlich der Brauchbarkeit von Laufställen. Die innerartliche *Agressivität* nimmt bei sehr intensiv gefütterten Pferden erheblich zu. Für den Hochleistungssport vorgesehene Pferde wie etwa Vollblüter, Traber oder Warmblüter müssen besonders intensiv gefüttert werden und sind selbst in der Jugend nur bedingt für diese Haltungsform geeignet. Die Vorteile der Gemeinschaftshaltung in Laufställen der üblichen, finanziell tragbaren Größenordnungen werden zur Zeit zumindest für gewisse Pferdetypen etwas überschätzt. Die sicherlich zu Recht für das Pferd betonte Notwendigkeit des Lebens in einer Gemeinschaft ist bei gegenseitigen guten Sicht-, Hör- und Riechmöglichkeiten in Einzelaufstallung ebenfalls noch gegeben.

2.3   Stallklima

2.3.1   Stalltemperatur

Die Ansichten über die dem Pferde zuträglichen Stalltemperaturen haben sich in den letzten Jahren erheblich gewandelt. Zwar werden in der Praxis vor allem von Besitzern hochblütiger Pferde noch überwiegend die bisher üblichen Meinungen vertreten, doch gewinnen auch bei den besonders traditionell empfindenden Rennpferdezüchtern und -haltern zunehmend die Erkenntnisse neuerer physiologischer Forschungen an Boden. Bisher war man bestrebt, im Stall eine sogenannte *Behaglichkeits-* oder *Komfortzone* durch die möglichst dauernde Einhaltung von 10 bis 15 °C zu schaffen. In diesem Bereich ist die Thermoregulation des Pferdes nur sehr geringfügig beansprucht, da die Tiere ihre Körpertemperatur weder stark aufheizen noch überschüssige Wärme durch Schwitzen abgeben müssen. Ein derartiger Temperaturbereich, der von Tierart zu Tierart etwas verschieden ist, gilt in der tierischen Produktion auch als *klimatische Leistungszone,* in der alle Energie zur Erzeugung von speziellen Leistungen wie Milch, Fleisch, Eiern etc. verwand werden kann.

Im Gegensatz zu anderen Haustieren beruht die Leistung des Pferdes jedoch zum großen Teil auf Arbeit, die überwiegend im Freien unter den Bedingungen der Außentemperatur geleistet werden muß. Eine gute Thermoregulation, eine schnelle Anpassungsfähigkeit an die vom idealen Bereich mit seinen 10 bis 15 °C oft erheblich nach oben oder unten abweichende Außentemperatur, ist deshalb notwendig, soll das Pferd keine gesundheitlichen Schäden nehmen. Zwar wird der Einfluß der Temperaturdifferenz dadurch etwas gemildert, daß sich die Pferde bei der Arbeit bewegen, doch sind naßgeschwitzte Tiere nach dem Training besonders gefährdet. Je besser nun ihre Thermoregulation funktioniert, desto leichter wird eine Erkältung bzw. Überhitzung vermieden, auch bei Pferden, die sorgfältig gewartet und nach Gebrauch trockengeführt, -geritten oder eingedeckt werden. Zuchtstuten und Jungpferde müssen ebenfalls in der Lage sein, sich gut und schnell an Temperaturschwankungen anzupassen, da sie zumindest bei artgerechter Haltung täglich eine möglichst lange Zeit bei jedem Wetter im Freien verbringen sollten.

Wie Untersuchungen hauptsächlich osteuropäischer Wissenschaftler an verschiedenen Haustieren ergaben, wird eine optimale Thermoregulation vor allem unter abhärtenden Haltungsbedingungen erreicht. Darunter fällt die *Freilandhaltung* als die naturgemäßeste Form, die bei unseren Klimaverhältnissen aber nur bei ausgesprochenen Robustpferden möglich ist, also in erster Linie bei Isländern, dann bei Fjordpferden, Exmoors, Dartmoors, Shettys und ähnlichen aus nördlichen Gebieten mit hoher Niederschlagsmenge stammenden Ponyrassen. Für mit Araberblut veredelte Ponyschläge wie etwa Welsh, New Forest und Haflinger entsprechen frei begehbare Offenställe diesen Bedingungen am ehesten.

2.3.1.1   Kalthaltung

Für eine optimale Thermoregulation bei allen Großpferden vom Araber und Vollblüter bis zum schweren Warm- und Kaltblüter ist die sogenannte *Kalthaltung* mit gewissen Einschränkungen am gesündesten, eine Aufstallungsform unter Stalltemperaturen, die denen der Außenluft weitgehend angeglichen sind und auf das Pferd die gleichen, lediglich etwas abgemilderten Temperaturreize setzen. Nach eigener Erfahrung vertragen hochblütige und stark veredelte Pferde selbst Stalltemperaturen unter −10 °C über längere Zeit ohne weiteres, wenn sie reichliche Einstreu und eine der Witterung angepaßte kohlenhydratreiche Fütterung bekommen. Zur Beibehaltung eines relativ kurzen und rassetypischen Haarkleides sind sie allerdings vor häufigem Naßregnen und -schneien zu schützen; so unterscheidet sich ihr Fell von dem ihrer warmgehaltenen Artgenossen nur geringfügig.

Der kleine Nachteil des geringgradig längeren Haares gutgefütterter kaltgehaltener Pferde wird durch zahlreiche Vorteile aufgewogen. Die Thermoregulation geht schneller vonstatten, die Tiere vertragen also plötzliche Abkühlung und Erhitzung wesentlich besser. Der Stoffwechsel ist anpassungsfähiger. Der bei der Umstellung von Warm- zur Kalthaltung erhöhte Kohlenhydratbedarf sinkt bei Gewöhnung wieder auf den Normalwert zurück. Infektionen, vor allem der Atemwege, sind seltener und verlaufen milder. Der *Hämoglobingehalt des Blutes* steigt, damit kann mehr Sauerstoff transportiert werden, das Pferd bekommt mehr „Luft" und wird leistungsfähiger. Während des Aufbautrainings von Rennpferden nimmt der Hämoglobingehalt des Blutes ebenfalls zu, was bekanntlich die Dauerleistungsfähigkeit der Vollblüter und Traber erhöht. Die Kalthaltung bewirkt somit einen gleichsinnigen Effekt, weshalb die bei diesen Zuchten gebräuchliche besonders warme Aufstallung (bei 15 °C) auf ihren wirklichen Wert zu überprüfen wäre. Auch die für Vollblutabsetzer und -jährlinge üblichen, die Behaglichkeitszone oft noch um einige Grade übersteigenden Dauertemperaturen von 15 bis 18 °C sind in dieser Hinsicht zumindest problematisch, wenngleich sie ein schnelleres Wachstum fördern, wie eingehende Warm- und Kalthaltungsversuche bei Lipizzanerjungpferden im slowakischen Staatsgestüt Topolčianky ergeben haben.

2.3.1.2 Warmhaltung

Die Warmhaltung ist die gebräuchlichste Form der Stallhaltung. Sie setzt gewöhnlich Massivbauweise der Stallungen voraus und hat gegenüber der Kalthaltung für das Pferd an sich nur Nachteile. Da jeglicher Temperaturreiz entfällt, wie er selbst in warmen und maritimen Klimaten durch die natürlichen Tag- und Nacht-Temperaturschwankungen gegeben ist, wird die Thermoregulation so wenig trainiert, daß jeder krasse Temperaturunterschied wie ein Schock auf das verweichlichte Pferd wirkt und die Erkältungsgefahr besonders in der kalten Jahreszeit enorm ansteigen läßt. Der wünschenswert hohe Hämoglobingehalt des Blutes sinkt bei gleichbleibender Stallwärme und hebt den durch Arbeit erzielten Trainingseffekt teilweise wieder auf. Vorteile ergeben sich in erster Linie allein für den Menschen: Der Futterbedarf der Tiere ist geringgradig niedriger und ihr Winterhaar etwas dünner; die Arbeitsbedingungen in der kalten Jahreszeit sind angenehmer, da Temperaturen von 15 °C und mehr schon nahe der menschlichen Behaglichkeitszone liegen, die die meisten von uns für das Pferd – in Unkenntnis seiner Physiologie – ebenfalls als optimal ansehen.

Ein weit verbreiteter Fehler bei der Warmhaltung liegt darin, besonders in der kalten Jahreszeit den Stall – wiederum aus dem menschlichen Behaglichkeitsgefühl heraus – nachts wärmer als tagsüber zu halten. Abgesehen von den dann vielfach entstehenden schlechten Luftverhältnissen entspricht eine erhöhte Schlafwärme in keiner Weise den natürlichen Gegebenheiten aller Pferde, gleichgültig, ob es sich um Islandponys oder Originalaraber handelt. Die Fenster sind bei Warmhaltung deshalb unbedingt auch nachts in gleichem Maße offenzulassen wie bei Tage. Die parallel zur Außentemperatur etwas absinkende Nachtkühle stellt wenigstens noch einen geringen Außenreiz dar, der in jedem Falle gestattet werden sollte.

Außer für Rennpferde und Vollblutjungpferde wird vielfach auch für Mutterstuten mit jüngeren Fohlen ein besonders warmer Stall gefordert. Die Erfahrung hat gezeigt, daß aus kühlen Abfohl- und Fohlenboxen selbst für hochblütige Tiere keinerlei gesundheitliche Nachteile entstehen und kaltgehaltene Füllen wesentlich weniger krankheitsanfällig sind. Bei Vollblütern und Trabern, von denen besondere Frühreife verlangt wird, ist in den ersten Lebensmonaten mit ihrer großen Wachstumsintensität auf allzu harte Aufzucht im allgemeinen besser zu verzichten und die Temperaturextreme sind etwas stärker zu kupieren. Die Tag- und Nachtschwankungen der Außentemperaturen sind in diesen Fällen aber ebenfalls unbedingt in gemäßigter Form im Stallklima mitzuvollziehen.

Krankenställe sollten dagegen im Falle fieberhafter Erkrankungen des Pferdes gleichmäßig temperiert gehalten werden.

2.3.2   Stalluft

Gute Luftverhältnisse im Stall gehören zu den wichtigsten Voraussetzungen für einen langandauernden Erfolg in der Pferdehaltung. Ideale Voraussetzungen findet das Pferd nur im Freien und bei entsprechender Stallhygiene in Offenstallungen oder Boxen mit geöffneten Außenklappen. In allen geschlossenen Stallungen, in denen der freie Luftaustausch behindert ist und optimale Bedingungen kaum erzielt werden können, müssen jedoch gewisse Minimalforderungen an die Qualität der Atemluft gestellt und erfüllt werden.

2.3.2.1   Relative Luftfeuchtigkeit

Unter der *relativen Luftfeuchtigkeit* ist das Verhältnis der absoluten Feuchtigkeit (in Gramm) zur größtmöglichen Wasserdampfmenge in jeweils einem Kubikmeter Luft bei derselben Temperatur zu verstehen. Die relative Luftfeuchtigkeit darf 80 % nicht überschreiten. Bei gutem Wetter beträgt sie in der Außenluft unseres Klimas ungefähr 65 %, in maritimen Gebieten liegt sie leicht darüber, in den ariden Zonen zum Teil bedeutend niedriger. Weniger als 50 % gelten als trocken, 50 bis 70 % als zuträglich, über 70 % als feucht. 65 % relativer Luftfeuchte wird für unsere Pferde als optimal angesehen, was für mitteleuropäische Rassen sicher zutrifft, für Pferde aus südlichen Trockenzonen wie etwa Araber und Achal-Tekkiner unter Umständen etwas zu hoch gegriffen ist. Allgemein gilt die Ansicht, daß eine relative Luftfeuchtigkeit von über 80 % auf die Dauer schädlich für die Atmungsorgane der Pferde ist und rheumatische Erkrankungen begünstigt, während eine zu trockene Stalluft mit einer relativen Feuchtigkeit von wesentlich unter 60 % die Atemwege zu sehr austrocknet und die Schleimhäute reizt, wodurch Infektionserreger leichter eindringen können.

Da sich die Stalluft durch die Atmung und die Hautausdünstungen der Pferde ständig mit Feuchtigkeit anreichert – ein mittelgroßes Pferd scheidet etwa 300 g Wasser pro Stunde aus –, muß durch entsprechende Lüftung für einen dauernden Ersatz an trockener Frischluft gesorgt werden. In der Landwirtschaft hat sich die Berechnung der Luftqualität nach der relativen Feuchtigkeit, abzulesen an einem Hygrometer, eingebürgert. Dabei wird die *Mindestluftrate,* also die stündlich pro Pferd benötigte Frischluft, so bemessen, daß bei den tiefsten angenommenen Außentemperaturen von $-9\,°C$, $-12\,°C$ und $-15\,°C$ in den Klimazonen I (mild), II (gemäßigt) und III (rauh) und einer Außenfeuchtigkeit von 100 % die Luftfeuchtigkeit im Stall 85 % nicht übersteigt. SCHNITZER (1970) weist schon darauf hin, daß diese „Lüftung nach dem Wasserdampfmaßstab" auf einem grundlegenden Fehler aufbaut, da die gemessene Feuchtigkeit nichts über die Qualität der vorhandenen Luft aussagt. Darüber hinaus errechnet diese Methode für Stallungen in rauhem Klima eine geringere Luftmenge als in milden Gegenden.

2.3.2.2 Kohlendioxidgehalt

SCHNITZER (1970) unterscheidet zwischen *sauberer Luftfeuchtigkeit* der Außen- bzw. zugeführten Frischluft und *unsauberer Luftfeuchtigkeit,* die durch die Ausatmungsluft der Tiere im Stall entsteht, und fordert zu Recht die Berechnung der Mindestluftrate nach dem *Kohlendioxidgehalt* der Stalluft, gemessen nach der Pettenkoferschen Flaschenmethode oder mit einem Gasspürgerät. Unverbrauchte Luft enthält neben Stickstoff (78,11 %), Edelgasen (0,93 %) und Sauerstoff (20,9 %) nur 0,03 % Kohlendioxid (CO_2), wogegen die Ausatmungsluft von Mensch und Tier mit rund 4 % CO_2 angereichert ist. Eine Erhöhung des CO_2-Gehaltes in der Einatmungsluft ruft eine Beschleunigung der Atemfrequenz hervor, bei 2 % treten erste Atemstörungen auf, bei noch stärkerer Konzentration kommt es zu schweren Kreislaufstörungen, Bewußtlosigkeit und schließlich zum Tod durch Lähmung des Atemzentrums.

CO_2-Berechnungen in Ställen verschiedener Tierarten lassen die Grenze zwischen guter und schlechter Stalluft wie im humanmedizinischen Hygienebereich bei einem CO_2-Gehalt der Luft von ungefähr 0,1 % ziehen. Die in der Literatur häufig noch tolerierten höheren Werte von 0,3 % und mehr, die sich in erster Linie auf subjektive Empfindungen menschlicher Untersucher stützen, sind besonders für das Bewegungstier Pferd, dessen Leistung zum Großteil auf einer ungestörten Atmung beruht, als auf die Dauer schädlich anzusehen und absolut abzulehnen.

Zur Berechnung der Mindestluftrate nach dem CO_2-Gehalt der Stalluft muß das *Minutenvolumen* bekannt sein. Darunter versteht man die in einer Minute gewechselte Luftmenge eines Individuums, die von zahlreichen äußeren und inneren Faktoren wie der Lufttemperatur und Luftfeuchtigkeit, dem Gesundheitszustand, einer eventuellen Trächtigkeit, dem Zustand der Ruhe oder einer Bewegungsaktivität sowie der psychischen Disposition (Aufregung) des Tieres beeinflußt wird. Wenn wir hier von einem durchschnittlichen Minutenvolumen von 62 Litern und den bereits bekannten 4 % CO_2 in der Ausatmungsluft ausgehen, gibt jedes Pferd 62 (Liter Luft) mal 60 (Minuten) mal $\frac{1}{100}$ (% CO_2) = 148,8 = ungefähr 150 Liter CO_2 pro Stunde (l/h) an die Stalluft ab. Umgerechnet auf die übliche Hilfsgröße Großvieheinheit (GV = 500 kg Tiergewicht) beträgt bei einem durchschnittlichen Gewicht deutscher Warmblutpferde von 600 kg diese CO_2-Abgabe 125 l/h je 500 kg Pferd. Für die uns letzten Endes interessierende stündlich benötigte *Frischluftrate* (in m³) nach dem CO_2-Maßstab gilt dann

$$L = \frac{CO_2\text{-Abgabe in Litern pro Stunde des Tierbesatzes}}{\text{tolerierter } CO_2\text{-Gehalt der Stalluft abzüglich } CO_2\text{-Gehalt in 1 m}^3 \text{ Außenluft}}$$

Soll der CO_2-Gehalt der Stalluft 0,1 % = 1,0 l/m³ nicht übersteigen, so muß die stündliche Luftrate mit

$$(L = \frac{K}{C_2 - C_1})\ L = \frac{125}{1,0 - 0,3}\ (m^2/h) = 178 = \text{ungefähr } 180\ m^3$$

je Großvieheinheit Pferd bemessen werden. Für ein 600 kg schweres Großpferd ergibt das rund 215 m³, für ein 250 kg wiegendes Kleinpferd ca. 90 m³ Frischluft je Stunde. Da der Gasstoffwechsel um so intensiver wird, je kleiner das Tier ist, sind bei Großvieheinheiten in einem Stall, die sich aus dem Gewicht von Ponys summieren, geringgradig höhere Werte für die benötigte Frischluft anzusetzen. Auf welche Weise man sie im Stall zur Verfügung stellt, ist ein bautechnisches Problem, bei dem die Luftdurchlässigkeit der Baustoffe vielfach zu wenig Beachtung findet (s. Teil C, Kap. 3.3.2 und Kap. 7).

2.3.2.3 Frischluftversorgung

Auf die Bedeutung einer ausreichenden *Frischluftversorgung* für die Gesunderhaltung des Pferdes kann nicht oft genug hingewiesen werden. Sie sollte den unbedingten Vorrang gegenüber allen anderen Forderungen besitzen. Die Schaffung eines gesunden Stallklimas mit optimalem Luftwechsel gelingt im allgemeinen in der warmen Jahreszeit ohne Schwierigkeiten, z. B. durch Öffnen der Fenster und Türen, und ist bei Kalthaltung jederzeit leicht zu ermöglichen, stellt bei der Warmhaltung im Winter jedoch ein ausgesprochenes Problem dar. Die Wärmeleistung des Pferdes von ca. 750 kcal/h je 500 kg Lebendgewicht kann besonders bei tiefen Minustemperaturen in rauhen Gegenden den Stall auch nicht annähernd auf die üblicherweise gewünschte Behaglichkeitstemperatur von 10 bis 15 °C aufheizen und gleichzeitig die 300 g Wasser aufnehmen, die pro Pferd stündlich mit der Atemluft ausgeschieden werden. Die überwiegende Mehrzahl der Pferdehalter gibt daher einem feuchtwarmen Stall mit schlechter Luft den Vorzug gegenüber niedrigen Stalltemperaturen mit ausreichender Frischluftversorgung.

Will man die für Leistungspferde entscheidend wichtige Frischluftzufuhr nicht vernachlässigen und trotzdem nicht auf die übliche Warmhaltung verzichten, muß der Stall bei sehr niedrigen Minustemperaturen geheizt werden, was vor allem für Rennpferdeställe und -gestüte in Frage kommt, die ihre Pferde auch in der kalten Jahreszeit einsetzen bzw. ein Wachstumsoptimum ihrer Jungpferde erzielen wollen. Ich bin mir völlig bewußt, daß diese Forderung auf sofortige Ablehnung stoßen wird. Man sollte sich jedoch vor Augen halten, daß unser mitteleuropäisches Klima für die Zucht und den Einsatz sehr edler Leistungspferde, bei uns in erster Linie Englisches Vollblut, nur bedingt tauglich ist. Vollblüter hatten deshalb im Winter bisher keine Rennen, wirklich gute Traber werden in der kalten Jahreszeit ebenfalls nicht eingesetzt, die großen Turniere finden überwiegend im Sommer und Herbst statt. Doch selbst die kälteanpassungsfähigen Robustpferde reitet man in ihren nördlichen Heimatländern im Winter vielfach nicht so scharf wie hierzulande, und sogar in Island stallt man die Reitponys auf oder stellt sie wenigstens zum Abschwitzen in den Stall.

Die Zugluft ist ein leidiges, manchmal überschätztes Problem. Zugluft ist nach SCHNITZER (1970) bewegte Luft, deren Temperatur unterhalb der allgemeinen Raumtemperatur liegt und die innerhalb der Raumluft besondere Strömungen bildet. Aus dieser Definition geht schon hervor, daß sie bei Kalthaltung viel seltener entsteht als in Ställen mit gegenüber der Umgebung wesentlich höheren Temperaturen. Das Gefährliche an der Zugluft ist, daß sie nur einen kleinflächigen Kältereiz bewirkt, der die Thermoregulation des Tieres nicht in Gang setzt wie etwa der Aufprall starker Windströmungen. Durch den dauernden, vom Körper unbeantworteten Wärmeverlust können Erkältungskrankheiten auftreten, doch ist der Wirkungsmechanismus der Zugluft noch nicht eindeutig geklärt. Abgehärtete Pferde mit aktiver Thermoregulation sind jedenfalls bedeutend unempfindlicher als verweichlichte, zu warm gehaltene Tiere.

2.3.2.4 Staubentwicklung

Eine ebenfalls für die Pferde schädliche Tatsache ist die meist allzu große Staubentwicklung im Stall, die die Atemwege oft unnötigerweise reizt (s. Teil D, Kap. 5.3, und Teil E, Kap. 2.2). Heu- und Strohabwürfe sollten deshalb verkleidet werden. Die Einstreu ist nach Möglichkeit in Abwesenheit der Tiere aufzuschütteln, häufiges inten-

sives Kehren der trockenen Stallgasse befriedigt vielleicht unser menschliches Sauber-
keitsgefühl, kann für die Pferde jedoch durchaus von Nachteil sein.

Von Vorteil ist eine gute Stallhygiene mit rechtzeitigem Entfernen des Mistes und
der durchweichten Strohteile, um luftverschlechternde Fäulnisgase gar nicht erst entstehen zu lassen (Kap. 2.5).

2.3.3   Lichtverhältnisse

Physiologische Bedeutung

Die Bedeutsamkeit des *Lichtes* für die Gesunderhaltung, Leistungsfähigkeit und
Fruchtbarkeit der Pferde wird häufig unterschätzt. Bekannt ist die Wirkung der UV-
Strahlen, die das 7-Dehydrocholesterin in der Unterhaut von Mensch und Tier in das
wirksame Vitamin D 3 umwandeln. Vitamin D fördert das Wachstum und reguliert
speziell den Calcium- und Phosphorstoffwechsel. Sein Mangel führt beim wachsenden
Tier zu Rachitis, beim ausgewachsenen Pferd zu Knochenweiche und Knochenbrüchigkeit (s. Teil D, Kap. 2.6). UV-Licht fördert auch allgemein die Stoffwechselvorgänge, steigert die Resistenz gegen Infektionen und soll eine Vermehrung der roten
Blutkörperchen anregen. Daneben wirkt es auf zahlreiche Krankheitserreger abtötend
bzw. wachstumshemmend. Stallfohlen, die kaum oder wenig ins Freie kommen und
eine zu geringe UV-Bestrahlung erhalten, bleiben im Wachstum zurück, zeigen eine
verminderte Lebhaftigkeit und können schwere Skelettdeformationen entwickeln. Da
Fensterglas fast den gesamten UV-Anteil des Lichtes absorbiert, darf auf den ausreichenden Weidegang besonders jugendlicher Pferde selbst bei hellen Stallungen nicht
verzichtet werden.

Neben der Haut ist vor allem das Auge für die Aufnahme von Lichtreizen des
gesamten Spektrums von Bedeutung, das sie über die Sehbahnen zum Zwischenhirn
und schließlich zur Hypophyse weiterleitet, die den Hormonhaushalt der Tiere weitgehend steuert. Mangel an genügend Lichtreizen hat u. a. ein Absinken der Zahl der
roten Blutkörperchen (Anämie) zur Folge, dann Störungen des Wasserhaushalts mit
Wasserspeicherung (Masteffekt), des Kohlenhydratstoffwechsels mit verminderter
Leistungsfähigkeit der Muskeln und ein Nachlassen der Sexualfunktionen, für die
hauptsächlich der langwellige Spektralbereich (Rotlicht) ausschlaggebend ist.

Der *Fortpflanzungszyklus* der Tiere ist weitgehend vom Tages- und Jahresrhythmus
des Lichtes gesteuert und gewährleistet dadurch optimale Geburtstermine für die
Nachkommenschaft. Man unterscheidet deshalb *Tiere des kurzen Tages* wie etwa
Schaf und Ziege, die normalerweise erst im Herbst brünstig werden, und *Tiere des
langen Tages* wie die Pferde, die im späten Frühjahr und Frühsommer die höchste
Befruchtungsquote aufweisen. Versuche mit parallel zur Tagesdauer um einige Stunden verlängerter künstlicher Lichteinwirkung im Spätwinter in Form von Warmton-
leuchten oder Glühbirnen (kein kaltes Neonlicht) ergaben neben einem feineren
Haarkleid der Pferde trotz kühler Haltung eine regelmäßige Rosse im Winter, verkürzte Tragezeiten aller Stuten und ein besseres Befruchtungsergebnis bei den Hengsten.
Ob außer einer relativ trockenen Luft die intensive Lichteinwirkung an der charakteristischen trockenen Textur der Pferde aus Wüstengebieten wie Arabern und Achal-
Tekkinern beteiligt ist, wäre noch zu untersuchen.

Lichtbedarf

Der *Lichtbedarf* der Pferde ist aufgrund ihrer überwiegenden Herkunft aus Steppen-
gebieten höher als der des Rindes, dessen ursprünglicher Lebensraum vermutlich an

Waldrändern mit schattenspendenden Bäumen lag, oder gar der des Waldtieres Schwein. Steppentiere haben logischerweise nicht nur die größte Toleranz gegenüber intensiver Lichteinwirkung, sondern auch den größten Lichtbedarf. Exakte Untersuchungen über den absoluten Lichtbedarf des Pferdes liegen noch nicht vor. Rassebedingte Unterschiede erscheinen möglich.

In der Literatur wird gewöhnlich eine Stallfensterfläche, bestehend aus durchsichtigem Fensterglas, von $\frac{1}{20}$ bis $\frac{1}{15}$ der Stallbodenfläche als genügend angesehen. Abgesehen davon, daß sich der Lichteinfall durch Vordächer, Nachbargebäude, Bäume, Himmelsrichtung, schlecht geputzte Fensterscheiben, Verwendung von Drahtglas und transparenten Kunststoffen erheblich verringern kann, erscheint mir die empfohlene Fläche auch ohne diese Beeinträchtigungen aus den eben erwähnten stammesgeschichtlichen Erwägungen heraus als für das Pferd zu klein. Nach oben hin sind der Größe der Fenster und damit der Helligkeit im Stall dagegen nur aus belüftungs- und wärmetechnischen Gründen Grenzen gezogen, da Fensterglas absolut feuchtigkeits- und luftundurchlässig ist, dem Austritt der Stallwärme und Eintritt großer Sommerhitze jedoch kaum Widerstand entgegensetzt. Doppelfenster, die neuerdings vermehrt in Pferdeställen eingebaut werden, verhindern auch bei Kälte eine Eis- und Kondenswasserbildung und halten den Stall wärmer (Teil C, Kap. 4.3.1). Möglichst hoch angebrachte Fenster sind ebenfalls günstig, da sie die direkte Einstrahlung der hochstehenden Mittagssonne und damit eine Überhitzung des Stalles verringern, die im Winter waagrecht einfallenden, wärmenden Sonnenstrahlen aber optimal eindringen lassen. Positive Wirkungen haben auch Außenklappen und Kleinausläufe (Kap. 2.7.1 und 2.7.2).

2.4   Akustische Verhältnisse

Je weniger Lärm das Herumführen beschlagener Pferde, das Schieben der Futterwagen, Abstellen von Eimern u. a. verursachen, desto günstiger sind die akustischen Verhältnisse im Stall. Beton leitet den Schall besonders gut und ist in dieser Hinsicht ein ungesunder Baustoff. Gesundheitsschädigende Einflüsse eines hohen, lange Zeit einwirkenden Geräuschpegels sind auch für Pferde durchaus zu vermuten. Grundsätzlich ist Wert darauf zu legen, daß die Schallverhältnisse eines Stalles die Ortung und Differenzierung der Schallquelle erleichtern, weil Pferde selbst starken Lärm nicht als beunruhigend empfinden, wenn ihnen Geräusche und Geräuschursachen erst einmal bekannt sind.

2.5   Stallhygiene

2.5.1   Unhygienische Praktiken im Stall

Aus Überzeugung, Bequemlichkeit oder Arbeitskräftemangel sind in der Pferdehaltung zunehmend Praktiken des Stallbaus und der Stallführung anzutreffen, die den hygienischen und damit gesundheitlichen Bedingungen dieser Tierart absolut konträr sind und das Pferd dazu zwingen, nicht nur während der Nachtstunden in unmittelbarer Nähe seines Kotes und Harns zu leben, sondern ständig auf seinen eigenen Fäkalien zu existieren.

Weitverbreitet ist das Anlegen einer *Matratze,* bei der lediglich die Kotballen und die völlig von Harn durchweichten Strohpartien ein- oder mehrmals täglich entfernt, leicht angeschmutzte Einstreu und trockene Mistteilchen aber belassen und mit frischem Stroh bestreut werden. Diese Aufstallungsform auf einer allmählich anwachsenden, strohsparenden Schicht, die eine weiche und vor allem warme Lagerstatt bieten soll, hat sich mit der Einführung von *Tieflaufställen* vervollkommnet, die nur noch ein- bis zweimal jährlich maschinell entmistet werden. Den arbeitstechnischen Vorteilen stehen erhebliche gesundheitsschädigende Nachteile für das Pferd gegenüber.

Beide Haltungsformen lassen den *Parasitenbefall* stark ansteigen, dessen Schädlichkeit allgemein unterschätzt wird. Besonders die weit verbreiteten Palisadenwürmer *(Strongyliden)* und der Pferdespulwurm *(Parascaris equorum)* rufen bei starkem Befall häufig Schäden hervor (s. Teil E, Kap. 3.4), die oft erst beim Hinzukommen von Infektionskrankheiten richtig zur Wirkung gelangen.

Die überall übliche mehrmalige Entwurmung im Jahr kann eine vor allem bei Hochleistungspferden ins Gewicht fallende Leistungsminderung nicht völlig verhindern, da durch Haltung auf Matratzen oder im Tieflaufstall eine ständige Neuinfektion mit Parasiten möglich ist. Eine arbeitsaufwendige, peinlich genaue Stallhygiene mit mehrmaligem täglichen Entfernen des Kotes ist deshalb in Rennställen durchaus gebräuchlich. Um den parasitären Kreislauf von Strongyliden und Ascariden zu unterbinden, fordert SCHNITZER (1970) das vollständige Ausräumen der gesamten Einstreu alle fünf bis sechs Tage bei feuchtem, ca. alle acht Tage bei sehr trockenem Milieu. Die Dungstätten sind, um die gute Stallhygiene nicht wieder zum Teil zunichte zu machen, nach Möglichkeit nicht zu nahe am Stall anzulegen (s. Teil B, Kap. 5.3).

Das fäulnisbildende Gemisch von Stroh, Kot und Harn der Tiefeinstreu einer Matratze und hauptsächlich eines Laufstalles bietet andererseits den idealen Nährboden für *krankheitserregende Keime*. Krankheitshervorrufende Darmbakterien, Tuberkelbakterien, Starrkrampfbazillen, Bornaviren und viele andere vermehren sich mit Vorliebe unter den anaeroben Bedingungen der Fäulnis ohne Luftsauerstoff.

Die *Insektenvermehrung* ist bei beiden Formen der Aufstallung gewöhnlich ebenfalls stark erhöht, da neben sonstigen entstehenden Gasen vor allem das Ammoniak Fliegen anlockt. In einem kg Pferdemist können sich nach ROHDE (1970, zitiert nach SCHNITZER) bis zu 2400 (!) Stubenfliegen entwickeln, die durch ständige Belästigungen zu schlechtem Ausruhen und Leistungsverminderung der Pferde führen und als Träger von Krankheitserregern für Mensch und Tier gefährlich sind.

Das in Pferdeställen hauptsächlich entstehende *Ammoniak* (NH_3) reizt die Schleimhäute von Nase, Rachen, Lunge und Augen und soll in einer Konzentration von 0,003 Vol% bereits das Lungengewebe angreifen – über unsauberer Matratzeneinstreu wurde schon die zehnfache Konzentration gemessen! Ein oft oder unentwegt zu hoher Ammoniakgehalt in der Stalluft führt dementsprechend zu erhöhter Anfälligkeit für Erkrankungen der Atmungsorgane. Die als Folge chronischen Hustens immer häufiger auftretende Dämpfigkeit hat vermutlich ebenfalls eine ihrer Ursachen im fast ganztägigen Zwangsaufenthalt vieler Pferde in einer durch Fäulnisgase geschwängerten Luft.

Auch der bei der Fäulnis sich bildende *Schwefelwasserstoff* (H_2S) verursacht, dauernd eingeatmet, schon in sehr geringen Mengen erhebliche Schäden; eine Konzentration von 0,002 Vol% wird zum Teil bereits als bedenklich angesehen. H_2S verändert das Hämoglobin des Blutes und beeinträchtigt dadurch seine Sauerstofftransportkapazität, es hat somit einen Antitrainingseffekt.

Der schädigende Einfluß *feuchter Einstreu* auf die Hufe ist bekannt und Strahlfäule vor allem bei Jungpferden mit engen Strahlfurchen, die nicht täglich ausgekratzt werden, recht häufig.

Unreine Einstreu führt ferner zu einem erheblich gestörten Ruheverhalten des Pferdes, denn die bei frischem, sauberem Stroh üblichen Liegezeiten der meisten Tiere verkürzen sich schon bei nur geringgradig verschmutzter oder riechender Unterlage merklich.

Zusammenfassend kann man sagen, daß eine möglichst oft gewechselte, trockene Einstreu für das Wohlbefinden und die Gesundheit des Pferdes von eminenter Bedeutung ist. Matratzen und Tieflaufställe können vom Standpunkt des Hygienikers aus gesehen nur als unvorteilhaft bezeichnet werden. Da die heutige Zeit arbeitstechnische Kompromisse nötig macht, ist wenigstens die Strohmenge in beiden Aufstallungsformen reichlich zu bemessen.

Spaltenböden oder *Roste* sind der ständig aufsteigenden Fäulnisgase wegen für alle Tiere ungesund, für das Lauftier Pferd, das auf leistungsfähige Lungen besonders angewiesen ist, aber völlig abzulehnen. Leicht zu reinigende *Kunststoffbodenbeläge*, *Gummimatten* u. a. als Einstreuersatz haben sich nicht bewährt. Die Liegezeiten der Versuchspferde verringerten sich stark. Bei freier Wahl von eingestreuten und blanken Schlafplätzen wurden immer eingestreute Flächen zum Liegen gewählt, alle Versuchspferde zogen dabei eindeutig Stroh einer Sägemehlunterlage vor (PIRKELMANN et al. 1976).

2.5.2   Hygienische Eigenschaften der Bauteile

SCHNITZER (1970) weist in seiner grundlegenden Arbeit über die Planung von Reitanlagen auf die Notwendigkeit hin, Baustoffe hinsichtlich ihrer hygienischen Eigenschaften besser zu erforschen und künftig mehr zu berücksichtigen. Mit *hygienischen Eigenschaften* sind nicht etwa die Abwaschbarkeit eines Materials, sondern in erster Linie seine Luftdurchlässigkeit und damit seine Trockenheit und Bakterienfeindlichkeit gemeint. Auch die Fähigkeit, gleichzeitig Luft und Feuchtigkeit aufzunehmen, ist ein Hauptkennzeichen eines gesunden Baustoffes. Die diesbezüglich oft guten Untersuchungsergebnisse von aus Holz, Lehm, Stroh oder Strohabdeckungen errichteten Stallungen liegen an den vorzüglichen hygienischen Merkmalen dieser Naturstoffe. Die schlechtesten Eigenschaften hat in dieser Hinsicht der luft- und wasserundurchlässige Beton, weshalb man in der landwirtschaftlichen Tierhaltung nicht zu Unrecht von „Betonsärgen" spricht (vgl. Teil C, Kap. 7).

2.6   Stallinneneinrichtungen unter Berücksichtigung der Verletzungsgefahr des Pferdes

Die Stallhaltung birgt für das relativ ungelenke Pferd, das von Natur aus kein Höhlentier ist, eine Reihe von Verletzungsmöglichkeiten, deren Verhinderung die Stalleinrichtung Rechnung zu tragen hat.

2.6.1   Trennwände

Die *Boxenwände* sollten bis über Brusthöhe der jeweiligen Pferderasse reichen, bei Holzausführung aus mindestens 4 cm starken, glattgehobelten Brettern bestehen und durch ein aufgesetztes Gitter um 0,70 bis 1 m erhöht werden. Die Gitterstäbe sind so eng zu halten, daß sich die Pferde nicht die Hufe einklemmen können. Bei friedlichen, aneinander gewöhnten Tieren kann man unter Umständen auf Gitter ganz verzichten, und manchmal genügen sogar runde Stangen oder Rohre, während bei aggressiven Pferden gelegentlich undurchsichtige Trennwände notwendig sind. Auswechselbare Oberteile der Boxenzwischenwände sind deshalb von Vorteil. Bei Zuchthengsten führt man die Trenngitter am besten bis zur Stalldecke, um ein Übergreifen mit der Vorderhand auszuschließen.

Für die Dicke und Höhe der *Trennwände zwischen Ständen* gelten die gleichen Maße wie zwischen Boxen, nur können sich die beim Kastenstand aufgesetzten Gitter auf das Kopfende beschränken. Die freien Stände sind nur durch in einem Bodenabstand von ca. zwei Dritteln der Widerristhöhe eingehängte Flankier- oder Lattierbäume aus rundem Holz oder Eisenrohren getrennt, die so anzubringen sind, daß sie sich bei festliegenden Pferden von selbst lösen bzw. vom Menschen mit einem Handgriff aushängen lassen. Umwickelt mit Strohseilen oder mit Gummi- oder Korkmatten behängt, bieten sie dem Nachbarpferd einen besseren Schutz vor Schlägen.

2.6.2   Senkrechtstützen

Alle freistehenden oder zur Befestigung von Türen und Wänden dienenden Senkrechtstützen eines Stalles sollen einen runden Durchmesser haben bzw. an den Kanten abgerundet sein, um ein Anecken der Pferde mit Gefahr der Schulter- und Hüftverletzung zu vermeiden.

2.6.3   Türen und Fenster

Für Großpferde und für die nicht wesentlich schmaler gebauten Robustpferde wie Norweger und Haflinger muß die lichte Türbreite wenigstens 1,20 m messen. Ihre lichte Höhe sollte mindestens ein Drittel mehr als das Stockmaß des Tieres, bei Großpferden etwa 2,20 m, bei Großponys ca. 1,90 m betragen und eine optisch deutlich erkennbare obere Begrenzung haben. Rechtsdrehende *Flügeltüren* haben nach SCHNITZER (1970) Vorteile gegenüber linksdrehenden, bei denen sich die Pferde, die gewöhnlich auf der linken Seite geführt werden, leicht einklemmen und verletzen können. Für *Laufstalltüren*, die mehreren Pferden gleichzeitig oder Stuten mit Fohlen gemeinsam Durchlaß gestatten, ist eine Mindestbreite von 3,50 m erforderlich; bei Außentüren an Gemeinschaftsstallungen empfiehlt sich das Anbringen von Walzen an den Ecken. Türschwellen dürfen niemals zu hoch und müssen immer abgerundet sein.

Für die Pferde erreichbare *Fenster* sind durch ein gleichfalls der Hufgröße entsprechend engmaschiges Gitter zu schützen; bewährt hat sich sog. *Wellengitter*, das allerdings verhältnismäßig viel Licht schluckt.

2.6.4   Fütterungseinrichtungen

Dem Grasfresser Pferd wird das Heu im Stall möglichst tief am Boden auf sauberer Einstreu gereicht, und nur in Betrieben mit überwiegend auf Rauhfutter basierender Ernährung empfehlen sich mit Einschränkungen *Heuraufen*. Die früher üblichen über den Köpfen der Pferde angebrachten *Hochraufen* sind der unnatürlichen Körperhaltung der Tiere mit hochgestrecktem Hals und durchgebogenem Rücken wegen abzulehnen, da auf die Dauer besonders bei jungen Pferden Senkrücken auftreten. Auch die Gefahr der Augenverletzung und Bindehautreizungen durch herabfallende Heu- und Staubteilchen ist bei hoch befestigten Raufen immer gegeben. *Tiefraufen*, in Kombination mit der Krippe gebaut, reizen viele Pferde zum Hineinsteigen oder

Hineinschlagen. Die mechanisch ungefährlichen *Heunetze* müssen gegen das Benagen mit Teer oder Karbolineum (kanzerogene Stoffe) bestrichen sein, deren dauernde Aufnahme mit der Nahrung wiederum schädlich für das Tier ist. Vor allem bei Offenstallhaltung sind verrückbare *Dauerraufen* aus Holzsprossen anzutreffen, die den Pferden das an sich naturgemäß jederzeit vorhandene Futterangebot sichern. Da typische Robustpferde als Tiere nördlicher, futterarmer Gegenden zu Freßsucht neigen, kann diese in der Heimat der Isländer oder Fjordpferde durchaus sinnvolle Eigenschaft in unseren Breiten bei erwachsenen Tieren jedoch zu pathologischer Fettsucht mit all ihren Nachteilen führen, wenn ständig Futter zur Verfügung steht.

Verwendete *Tröge* und *Krippen* sollen gut zu reinigen sein. Bewährt haben sich vor allem Tröge aus Steingut, die in einem hochgemauerten Futtertisch eingesetzt sind, und eiserne Trogschüsseln, die jedoch so fest an der Wand hängen müssen, daß sie von hineinsteigenden Pferden nicht abgetreten werden können. Krippen aus glasfaserverstärktem Polyester sind manchmal nicht stabil genug, Tröge aus Holz schlecht zu säubern und ohne eisengeschützte Kanten leicht zu zernagen.

Die günstigste Höhe des Krippenbodens wird je nach Pferdegröße mit 30 bis 60 cm angegeben, um eine physiologische Freßhaltung mit ungehindertem Speichelfluß zu gewährleisten. Höhere Krippen (1 bis 1,20 m über dem Boden), die die Pferde zwingen, näher heranzutreten und den Hals stärker abzubiegen, erfordern im Sockel einen sogenannten *Rücksprung,* um eine Verletzung der Vorderfußwurzelgelenke zu vermeiden. Da Pferde ca. 50 Liter Speichel täglich zum richtigen Anfeuchten und Verdauen des Futters produzieren müssen, sind unphysiologische, die Speicheldrüse beeinträchtigende Krippenhöhen und -formen abzulehnen. Die Krippenschale ist möglichst lang zu halten (60 bis 80 cm), da dünn aufgeschütteter Hafer nicht so heftig mit dem Maul hin- und hergefegt und damit weniger verdorben wird. Querstäbe, die das verhindern sollen, müssen soweit aneinander liegen, daß in den Trog steigende Pferde nicht mit den Hufen daran hängenbleiben. Dreieckige Eckkrippen können unter Umständen zu Schrammen an den Augenbögen führen, während an der Mitte der Boxenwand und mit etwas Abstand zu ihr angebrachte Krippen dazu beitragen, daß keine Schulterverletzungen vorkommen und gierige Fresser nicht mit der Stirn anstoßen.

Sind *Futterluken* vorgesehen, müssen die Öffnungen in den Boxenwänden so bemessen sein, daß die Pferde den Kopf entweder ungefährdet oder gar nicht hindurchstecken können (s. Teil B, Kap. 3.2).

Nicht nur aus arbeitssparenden, sondern auch aus gesundheitsfördernden Gründen sind *Selbsttränken* angezeigt, sofern sie richtig angebracht und einzeln von der Stallgasse aus an- und abstellbar sind. Pferde, die Wasser nach Belieben aufnehmen können (eine zu große Wasseraufnahme ist selten), zeigen gewöhnlich eine vollkommenere Futterverwertung und einen besseren Allgemeinzustand (s. Teil D, Kap 4.2). Bei überhitzten Tieren stellt man die Wasserzufuhr kurzzeitig ab.

Liegen die Tränkebecken an der Boxenvorderwand, der die Pferde meist den größten Teil des Tages über den Kopf zukehren, um das Stallgeschehen mitzuerleben, werden sie im allgemeinen weniger häufig beschmutzt.

2.6.5   Anbindevorrichtungen

Ein neuralgischer Punkt bei der Aufstallung in *Ständen* sind die Anbindevorrichtungen. Besser als Ketten oder Stricke ist ein Riemen. Er kann durch ein Rohr führen und mit einem Gewicht zum ständigen Straffhalten beschwert sein, sich an einer

Gleitstange auf und ab bewegen, nur mit einer Kugel versehen durch einen in der Wand verankerten Ring laufen oder starr angeknotet werden. Dabei ist immer zu beachten, daß der Riemen um so länger sein muß, je höher seine Austrittsöffnung bzw. seine Befestigungsstelle liegt (60 bis 80 cm über dem Boden bei Rohren und Ringen), damit sich das Pferd noch legen kann. Am gefahrlosesten ist der im Rohr gesicherte Riemen, am problematischsten die unbeweglich angehängte Kette zu bewerten. Anbindevorrichtungen zum Putzen des Pferdes in der *Boxe,* wie bei Vollblütern üblich, oder in der *Stallgasse* werden ungefähr in Schulterhöhe der Pferde angebracht und mit sogenannten Sicherheitskarabinern ausgestattet, die sich in Notfällen auch unter straffer Spannung mühelos öffnen lassen.

2.6.6   Böden

Boxen-, Stand- und Stallgassenböden müssen vor allem rutschfest sein. In Gestütsbetrieben mit barfuß gehenden Pferden können die in der Landwirtschaft üblichen *Spezialbeläge* mit guten hygienischen und wärmedämmenden Eigenschaften Verwendung finden (Ziegelflachschicht, Steinit, Stallit). Ist die Stallgasse mit einem fünf bis zehn Zentimeter tiefen Belag von Sägemehl beschichtet, bewahrt sie eventuell beim Aus- und Eintreiben stürzende Fohlen vor Verletzungen. In Reit- und Rennställen greift man meist des durch die Hufeisen bewirkten hohen Verschleißes wegen auf nicht zu glatten Beton zurück, in Trabrennställen haben sich genoppte, griffige Gummimatten bestens bewährt (s. Teil C, Kap. 5.3).

2.7   Spezielle Einrichtungen für das Wohlbefinden des Pferdes

2.7.1   Außenklappen

Boxen mit *Außenklappen* (Außenboxe, Sommerboxe) sind in England und Irland weit verbreitet und stellen eine einfache, doch wirkungsvolle Einrichtung zur Gesunderhaltung des Pferdes dar. Frischluft und ungefiltertes Licht haben ungehindert Zutritt, der Sicht-, Hör- und Geruchskontakt mit der Umwelt und mit Artgenossen ist verbessert und führt zu ausgewogener Psyche bei verminderter Schreckhaftigkeit und Nervosität.

2.7.2   Kleinauslauf

Verstärkt kommen die oben genannten positiven Kriterien zur Geltung, grenzt an jede Außenboxe ein *Kleinauslauf,* der den Aufenthalt im Freien nach Belieben ermöglicht, Rangeleien mit Artgenossen jedoch ausschließt und die Einzelfütterung ohne jeweiliges Anbinden des Tieres erlaubt. Darüber hinaus sind die Pferde jederzeit verfügbar und müssen zum Gebrauch nicht aus der Herde herausgefangen werden. Eindecken bei ungünstiger Witterung zur Vermeidung starken Haarwuchses ist problemloser als bei Gemeinschaftsoffenstallhaltung.

2.7.3   Paddock

Eine Verbesserung des Kleinauslaufs bietet der sogenannte *Paddock,* der früher in Trakehnen jedem Hauptbeschäler zur Verfügung stand: ein an die Außenboxe anschließender Laufgarten, eine kleine Koppel, die eine wesentlich ausgiebigere Bewegung gestattet.

2.7.4   Pferdeführanlagen

Die in Amerika entwickelten *horse walkers* stellen eine sinnvolle Ergänzung des üblichen Trainings dar (s. Teil B, Kap. 7.2). Sie können das Bewegen der Pferde im Schritt und Trab beliebig lange übernehmen; längere tägliche Bewegung ist prinzipiell für alle Rassen gesundheitsfördernd.

2.7.5   Scheuerpfähle

In größeren Ausläufen, beispielsweise bei Offenstallhaltung oder auf Gestütskoppeln, werden gut in den Boden gerammte, freistehende *Scheuerpfähle* aus Eichenstämmen oder eventuell aus rauhem Beton von Pferden gern frequentiert und können die Beschädigung der Zäune durch Scheuern und Reiben unter Umständen mildern.

2.7.6   Wälzplatz

Eine weitere, das Wohlbefinden des Pferdes ungemein fördernde Einrichtung ist ein mit 20 cm Sand aufgeschütteter Wälzplatz von mindestens 5×5 m Fläche, der am besten zu überdachen ist, um auch bei schlechtem Wetter brauchbar zu bleiben. Zahlreiche Rennpferdetrainer Amerikas und Frankreichs gestatten ihren Tieren regelmäßig nach der Arbeit seine ausgiebige Benützung, denn neben dem psychischen Effekt hat dieser Brauch den Vorteil, daß das Wälzen in der Boxe meist unterbleibt, wodurch die Verletzungsgefahr abnimmt und die Boxenwände geschont werden.

2.7.7   Suhlen, Schwemmen und Duschen

Suhlen (Schlammbäder) sind im Gegensatz zu Schwemmen und Duschen kaum einzurichten. *Schwemmen*, in denen die Pferde nach Herzenslust herumplantschen können, verlangen eine nicht zu steile, griffige Rampe und sollten möglichst klares und sauberes Wasser ohne chemische Zusätze führen, die die Lidbindehäute reizen und das Fell stumpf machen. Da Pferde beim Schwimmen die gleichen Bewegungen wie beim Galoppieren ausführen, hat sich ein gezieltes Schwimmtraining vor allem bei Vollblütern und Militarypferden gut bewährt. Besonders für Tiere mit etwas schwachem Fundament oder bereits vorhandenen leichten Beinschäden erweist sich Schwimmen als empfehlenswerte Ergänzung der üblichen Trainingsarbeit bzw. als eine gute Rehabilitationsmethode.

Duschen sind vor allem in fortschrittlichen Rennställen zu finden, jedoch auch für Reitställe empfehlenswert. Günstig sind Mindestmaße von 4,50×2 m, ein rutschfester Boden und neben kaltem Wasser ein Warmwasseranschluß. Die wohltuende Wirkung einer Dusche für die Hautatmung des Pferdes kann leicht nachempfunden werden.

B Baulich-technische Einrichtungen und Arbeitswirtschaft in der Pferdehaltung

Stallkonzepte und Haltungssysteme für Pferde stehen im Spannungsfeld zwischen den entwicklungsgeschichtlich bedingten Ansprüchen des Pferdes und den ökonomischen und arbeitswirtschaftlichen Vorgaben des Pferdehalters. Das ausgeprägte Bedürfnis nach Licht, frischer Luft, Bewegung und sozialem Kontakt steht dabei dem bedingt verfügbaren Raumangebot in Stall und Auslauf, der zu bewältigenden Arbeit, den langfristig bindenden Investitionen für Stall und Technik und den sich daraus ableitenden Haltungskosten gegenüber.

In der Stallplanung gilt es zwischen diesen gegenläufigen Anforderungen gangbare Kompromisse zu finden. Dabei sind einerseits die mit jeder Stallhaltung verbundenen Beschränkungen der natürlichen Lebensbedingungen auf ein unvermeidbares Minimum zu beschränken, um nicht physische und psychische Störungen der Pferde herauszufordern. Andererseits darf der finanzielle und arbeitswirtschaftliche Aufwand einen der Ertragssituation angepaßten Rahmen nicht übersteigen, wenn nicht langfristig die Wirtschaftlichkeit und damit der Bestand der Pferdehaltung insgesamt gefährdet werden soll.

Je nach Rasse, Nutzungsrichtung und individuellen Vorstellungen des Pferdehalters kann zwischen verschiedenen Aufstallungssystemen gewählt werden. Sie sind nicht nur hinsichtlich der tierbezogenen Haltungsbedingungen unterschiedlich zu bewerten, sondern haben auch Konsequenzen hinsichtlich der Nutzung baulich-technischer Verfahrenslösungen im Stall und in den für die Versorgung und Pflege der Pferde erforderlichen Nebengebäuden. Die wesentlichen Lösungsansätze sollen nachfolgend aufgezeigt und in ihren arbeitswirtschaftlichen Auswirkungen erläutert werden.

Abb. 32. Einflußfaktoren auf artgerechte Pferdehaltung.

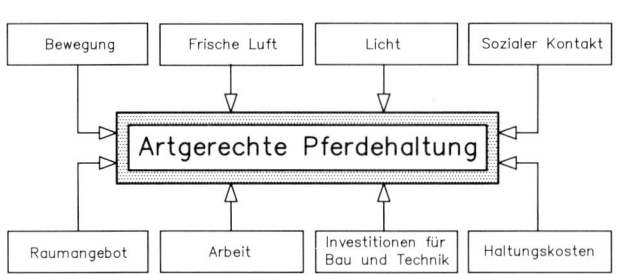

**Abb. 33. Aufstallungssysteme
für die Pferdehaltung.**

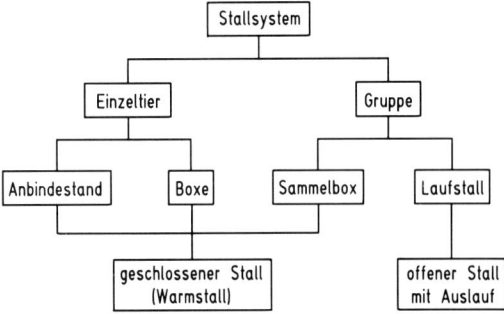

1   Baulich-technische Lösungen zur Futterlagerung

Die Futterbereitstellung, Lagerung der Futtermittel und Fütterungstechnik haben sowohl auf das Bauvolumen als auch auf die Arbeitswirtschaft einer Pferdehaltung
großen Einfluß. Die Gestaltung der Vorratslager, die möglichen Techniken für die
Ein- und Auslagerung sowie die Verfahren zur Futteraufbereitung und Fütterung
werden im wesentlichen durch die eingesetzten Futtermittel, die Zusammensetzung
der Futterration und die zu versorgende Bestandsgröße bestimmt.

1.1   Anordnung der Futtervorratsräume

Für die Arbeitswirtschaft und den Einsatz technischer Hilfsmittel sind die Gestaltung
der Vorratsräume und die Zuordnung zum Stall entscheidende Faktoren. Die Futterlager und -aufbereitungsräume sollten nach Möglichkeit in unmittelbarer Stallnähe
liegen, um einen direkten Zugang und damit kurze Versorgungswege schaffen zu
können.

Bei der Anlage ist zwischen *deckenlastiger* und *erdlastiger Lagerung* zu unterscheiden. Für die meist in Altgebäuden gegebene deckenlastige Lagerung über dem Stall
spricht vor allem der geringe Platzbedarf an Gebäudegrundfläche. Sie erfordert eine
ausreichend tragfähige und gegen aufsteigende Feuchte isolierte Decke. Als Lagergü-
ter kommen nur Trockenfutter wie Heu, Stroh, Getreide oder sonstige Kraftfutterarten in Betracht.

Bei Neubauten und ausreichender Flächenausstattung verdient die erdlastige Lagerung den Vorzug. Dadurch kann im Stall die Dach-Deckenlösung mit dem für Pferde
sehr vorteilhaften größeren Luftraum und der einfachen, aber wirkungsvollen Trauf-
First-Lüftung (s. Teil C, Kap. 3.3.2) gewählt werden. Für die Bewirtschaftung der
Lagerräume bieten sich günstigere Mechanisierungs- und Erschließungsmöglichkeiten
an, so daß insgesamt bessere Arbeitsbedingungen gegeben sind.

Dem erhöhten Bauaufwand für die zusätzliche Fundamentierung und Dachausbil-
dung des Bergeraumes stehen der Wegfall der tragfähigen Decke im Stall und die
bessere Ausnutzung des Lagerraumes gegenüber. Durch die größeren Stapelhöhen in
der Bergehalle ist der Anteil von Tot- und Leerräumen geringer als bei der deckenlastigen Lagerung. Er sinkt bei einem 12 m breiten Gebäude mit einer Kniestockhöhe

Abb. 34. Deckenlastiges Heulager mit Abwurf-luke und Verschlußklappe zur Vermeidung von Unfällen.

Abb. 35. Boxenstall mit großem Laufraum durch Dach-Decken-Lösung und Trauf-First-Lüftung.

von 2 m und jeweils einem Freiraum von 1 m unter dem Dach von 24 % auf 15 % in einer Lagerhalle mit einer Traufhöhe von 4 m. Zudem ist eine flexiblere Zuordnung von Bergehalle und Stall, vor allem bei mehreren Stalleinheiten, möglich.

Eine wesentliche Forderung an Vorratsräume ist die Erhaltung der Futterqualität und die Vermeidung von Verlusten. Deshalb ist für alle Futterarten jeweils den futter-spezifischen Anforderungen Rechnung zu tragen.

1.2   Heulager

Heu ist das wichtigste Grundfutter in der Pferdefütterung. Zur Vermeidung von Nähr-stoffverlusten durch Eigenerwärmung und von Schimmelbildung darf der *Feuchtege-halt* bei der Einlagerung 18 bis 20 % nicht übersteigen. Feuchtere Partien müssen durch Kalt- oder Warmluft im Lager nachgetrocknet werden.

In die *Belüftungstrocknung* kann das Heu ab einem Feuchtegehalt von etwa 40 % eingebracht werden. Dadurch wird das Wetterrisiko auf dem Feld wesentlich verrin-gert und die von den Werbegeräten vor allem in der letzten Phase der Bodentrock-nung verursachten Bröckelverluste werden vermieden, so daß die Heuqualität sich generell verbessert. Das gängige Verfahren stellt heute die *Stocktrocknung* dar. Aus-reichend dimensionierte Gebläse sollten eine Luftleistung von 300 bis 400 m^3/h je m^2 Stockgrundfläche erbringen. Durch die Anwärmung der Trocknungsluft über konven-tionelle oder solare Warmlufterzeuger um 5 °C kann im Mittel mit der dreifachen Wasseraufnahme pro Luftmenge gerechnet werden (s. Teil C, Kap. 6.3). Dement-sprechend erhöht sich die Trocknungskapazität bzw. kann die Lüfterleistung reduziert werden.

Lose eingebrachtes *Häcksel-* oder *Schneidgut* muß bei der Einlagerung gleichmäßig verteilt werden, um Verdichtungen und damit eine unregelmäßige Luftführung zu vermeiden. *Hochdruckballen* können ebenfalls nachgetrocknet werden, sind aber in

der Unterdachtrocknung schwieriger zu handhaben. Wegen der größeren Strömungs-
widerstände im Ballen sind zur Vermeidung von Schimmelgefahr leistungsfähigere
Gebläse und eine stärkere Vortrocknung auf dem Feld zu empfehlen.

Großballen, die vor allem wegen der hohen Schlagkraft bei der Ernte an Bedeutung zunehmen, sind nur in Form von Rundballen nachzutrocknen. Sie verlangen die
Einzeltrocknung, wobei sich von den verschiedenen Verfahren die *Haubentrocknung*
als am effektivsten erwiesen hat.

Trockenes Heu muß während der Lagerung gegen aufsteigende Feuchtigkeit geschützt werden. Bei erdlastiger Lagerung ist daher im Boden eine *Feuchtigkeitssperre*
einzubauen, ein Lattenrost auszulegen oder zunächst eine feuchtigkeitsbindende
Strohschicht auszubreiten. Deckenlastig gelagertes Heu wird durch eine *Dampfsperre*
in der Decke gegen den aufsteigenden Stalldunst geschützt. Abwurfschächte sollten
verschließbar sein, damit sie nicht als Dunstkamine die feuchte Stalluft in den Bergeraum ziehen.

Größere Bergeräume werden zweckmäßigerweise in mehrere Abteile untergliedert.
Dadurch ist die getrennte Lagerung verschiedener Heuqualitäten möglich und der
Zugriff zu den einzelnen Heustöcken wird erleichtert.

Zur Erschließung der Bergeräume für die *Heueinlagerung* sind ausreichend breite
und hohe Tore erforderlich. Die Mindestabmessungen sollten jeweils 3,50 m, besser
noch 4 m, betragen.

Die in kleineren Beständen übliche *Einlagerung von Hand* ist in ebenerdigen Lagern
mit weniger Aufwand verbunden als die Befüllung deckenlastiger Vorratsräume. Das
Abladen des losen oder gepreßten Gutes kann dabei von einer Arbeitskraft direkt
von den Transportwagen in die Lagerräume erfolgen.

Die Mechanisierung der Einlagerung von losem, meist mit Ladewagen geborgenem
Heu ist mit *Fördergebläsen* oder *Greiferanlagen* möglich. Gebläse leisten je nach Struktur des Einlagerungsgutes und verfügbarer Antriebsleistung Fördermengen von 30 bis
50 dt/h. Sie sind sehr anpassungsfähig an verschiedene Gebäudesituationen und stellen
daher vor allem in Altgebäuden häufig die einzig mögliche Technisierung dar. Nachteilig wirkt sich bei der pneumatischen Förderung von Trockengut das Abschlagen von
Feinteilen durch die Gebläseflügel, eine Entmischung in Grob- und Feinteile und eine
starke Staubentwicklung aus.

Eine strukturschonendere Förderung ist durch die Greiferanlagen gegeben. Da die
für *Hallenlaufkräne* erforderlichen stützenfreien Hallen mit großer Traufhöhe häufig
aus architektonischen Gründen Probleme bereiten, gewinnen die sogenannten *Alt-
baukräne* mit der Einbaumöglichkeit in konventionelle Scheunen größere Bedeutung.
Der hohe Investitionsbedarf setzt jedoch für eine wirtschaftliche Auslastung die Förderung großer Heumengen voraus. wobei mit dem gleichen Gerät auch die Entnahme
zu mechanisieren ist. Bei einem sehr geringen Energiebedarf sind in Abhängigkeit von
den Transportwegen Förderleistungen von 50 bis 80 dt/h zu erzielen.

Die in der Pferdehaltung wegen des geringeren Lagerraumbedarfs, der einfacheren
Handhabung und der besseren Mengenabschätzung häufiger eingesetzten Hochdruck-
preßballen können über sogenannte *Ballenförderer* eingelagert werden. Für ebenerdige
Bergeräume stehen leistungsfähige fahrbare Geräte zur Verfügung. Deckenlastige La-
ger erfordern aufwendigere Anlagen für die Senkrecht- und Waagrechtförderung. Die
Beschickung der Geräte muß jeweils von Hand erfolgen.

Nur maschinell einzulagern sind die *Großballen* als Rund- oder Rechteckballen.
Dazu sind Front- oder Heckgeräte am Schlepper oder Gabelstapler erforderlich. Die
einfachste Lösung stellen lange Gabelzinken zum Anspießen oder Auflegen der Bal-

Abb. 36. Haubentrocknung für Rundballen.

**Abb. 37. Fahrbarer Ballenstapler zur Befül-
lung erdlastiger Bergeräume.**

len dar. Es stehen aber auch spezielle Hydraulikgeräte zur Verfügung. Für Großballen
kommt üblicherweise nur das Einstapeln in Flachlager in Betracht. In Sonderlösungen
ist jedoch auch die deckenlastige Lagerung möglich.

Die *Entnahme* von losem Heu und Hochdruckballen erfolgt überwiegend von
Hand. Sie ist bei deckenlastiger Lagerung mit Greiferanlagen und aus erdlastigen
Lagern mit dem Frontlader zu mechanisieren. Großballen werden mit den gleichen
Geräten wie bei der Einlagerung entnommen. Während Rechteckballen relativ leicht
in die vom Preßkolben erzeugten Einzelpakete zerfallen, müssen Rundballen abgerollt werden. Dies kann von Hand oder in größeren Beständen auch maschinell durch
spezielle Auflösegeräte erfolgen. In Laufställen ist die Vorlage ganzer Ballen in Vorratsraufen möglich.

1.3   Lagerung von Cobs

Die aus den Heißlufttrocknungsanlagen stammenden *Heucobs* oder *-briketts* erfreuen
sich zunehmender Beliebtheit, da sie zur Zeit preisgünstig verfügbar sind und eine
hochwertige Futterkomponente darstellen. Sie kommen vor allem für die immer häufiger anzutreffenden Pferde mit Heuallergien zum Einsatz, da die Qualität des überwiegend bodengetrockneten Heus vielfach nicht den Ansprüchen genügt.

Die hoch verdichteten Cobs sind als Schüttgut in Flachbehältern oder in Silos zu
lagern. Bei Anlieferung mit dem Tankzug erfolgt die Einlagerung wie bei Kraftfutter
mit dem bordeigenen Druckgebläse. Ansonsten stellen Förderbänder mit Querstegen
eine strukturschonende Transportmöglichkeit dar.

Die Entnahme erfolgt bei ebenerdigen Lagern vorwiegend von Hand oder mit

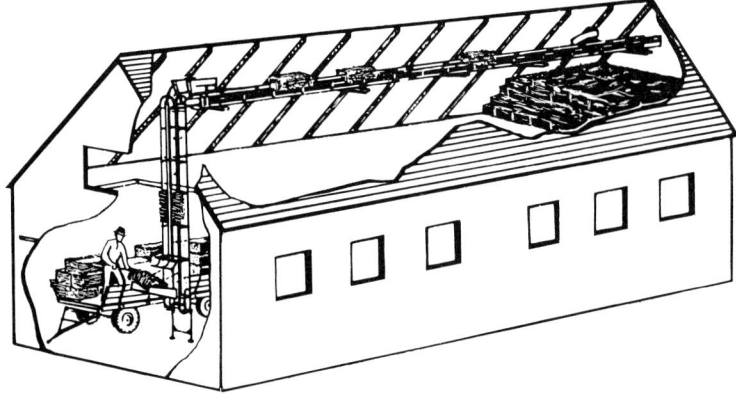

Abb. 38. Ballenbahn zur Senkrecht- und Waagrechtförderung von Hochdruckballen zur Beschickung deckenlastiger Vorratsräume.

Abb. 39. Mechanisierung des Rundballentransports mit dem Frontlader.

Schaufelladern. Deckenlastige Lager und Silos entleeren sich selbsttätig über Auslauftrichter und stellen eine gute Ausgangsbasis für die mechanisierte Fütterung dar.

1.4   Silagebereitung

Silagen kommen in zunehmendem Maße in der Pferdefütterung zum Einsatz und stellen eine wertvolle Komponente in der Rationsgestaltung dar (s. Teil D, Kap. 3.3). Sie bieten die Möglichkeit, die Konservierung wegen der kürzeren Feldphasen mit geringerem Wetterrisiko verlustärmer, arbeitssparender und kostengünstiger als über die Trocknung durchzuführen. Für manche Futterarten mit hohem Feuchtegehalt, wie z. B. Silomais oder Zwischenfrüchte, ist die Gärfutterbereitung sogar die einzige ökonomisch sinnvolle Konservierungsform. Dies trifft insbesondere für die im Herbst geernteten Futterpflanzen zu, wenn die Witterung keine natürliche Trocknung mehr zuläßt.

Für die Pferdefütterung geeignete Silagen müssen von einwandfreier Qualität sein. Zur Silagenherstellung ist es daher unbedingt erforderlich, die für die gewünschte

**Abb. 40. Mit Silonetzen abge-
deckter Fahrsilo mit Grassilage in einem Pferdezucht-
betrieb.**

**Abb. 41. Wickelverfahren
zur Silagebereitung in Rundballen.**

Milchsäuregärung notwendigen anaeroben Silierbedingungen zu schaffen. Dazu muß der Sauerstoff durch geeignete siliertechnische Maßnahmen, insbesondere eine intensive Verdichtung, möglichst vollständig und schnell aus dem Futterstock beseitigt und der Zustrom neuen Sauerstoffs durch dichte Behälter und Abdeckungen verhindert werden.

In *Hochsilos*, die wegen der höheren Kosten für Behälter und Technisierung nur noch selten für die Grundfutterkonservierung zum Einsatz kommen, erfolgt die Verdichtung durch Eigendruck der Futtersäule. Um die angestrebten Raumgewichte von wenigstens 200 kg Trockenmasse pro m^3 zu erreichen, sind Silohöhen ab etwa 10 m erforderlich. Die Abdeckung kann bei massiven Behälterdecken durch luftdichte Deckel oder bei überdachten Anlagen durch Auflegen und Einschweren einer Folie erfolgen. Für niedrigere Silos mit unzureichendem Eigendruck der Futtersäule können Preßdeckel die erforderliche Verdichtung bewirken.

In den wesentlich bedeutsameren *Fahrsilos* erfolgt die Verdichtung durch Befahren mit Walzschleppern. Um flächendeckend Spur an Spur fahren zu können, sind Mindestbreiten der Silos von 4 m erforderlich. Die Futterstockhöhe sollte mindestens 1,20 bis 1,50 m betragen, damit der Anteil der Oberschicht mit geringerer Verdichtung nicht zu groß ist.

Das in dünnen Schichten in den Silo eingebrachte Siliergut muß vom Boden weg verdichtet werden. Häckselgut ist einfacher zu verteilen und schneller festzuwalzen als Langgut. Der Verschluß der Silos erfolgt mit 0,15 bis 0,20 mm starken PE-Folien, die am Rand mit Sandsäcken beschwert werden. Um das Flattern der Folie im Wind und damit das Einpumpen neuen Sauerstoffs zu verhindern, ist eine zusätzliche Bedeckung notwendig. Neben dem arbeitsaufwendigen Beschweren mit Erde oder alten Autoreifen sind heute vor allem spezielle Silonetze zu empfehlen. Sie bieten zusätzlichen Schutz gegen mechanische Verletzungen bei Betreten der Silos oder durch Vogelfraß. Auf keinen Fall sollten zur Bedeckung der Folien Strohballen eingesetzt werden, da dadurch Mäuse angezogen werden.

Wenn keine Silos mit massiven Wänden verfügbar sind, kann die Silierung auch in *Foliensilos* erfolgen, die nach Möglichkeit auf einer befestigten Bodenplatte angelegt werden. Die Verfahrenstechnik gleicht den oben geschilderten Fahrsilos. Wegen der fehlenden Wände ist jedoch ein höherer Aufwand für das Setzen des Futterstockes und Vorsicht beim Walzen der Randzonen geboten.

Ein spezielles Silierverfahren stellt die *Ballensilage* dar. Die Verdichtung des vorgewelkten Grases erfolgt in Großballenpressen. Rundballen müssen einzeln verpackt werden. Das zeitaufwendige und risikoreiche Silieren in *Foliensäcken* wird heute weitgehend durch das *Wickelverfahren* abgelöst. Dazu werden mit speziellen Wickelmaschinen mehrere Folienschichten dicht um den Ballen gewickelt, so daß neben arbeitswirtschaftlichen Vorteilen auch die Gärbedingungen wesentlich verbessert werden.

Die Lagerung kann im Freien erfolgen. Der Boden sollte unbewachsen sein, damit das Risiko von Lochfraß durch Mäuse vermieden wird. Regelmäßige Kontrollen sind zu empfehlen, um eventuelle Folienverletzungen reparieren zu können. Bei einem Ballenvolumen von 1,50 bis 2 m^3 erschließt dieses Verfahren die Möglichkeit, auch kleinere Futtermengen zu silieren und die abgepackten Einheiten in kurzer Zeit zu verfüttern. Es bringt damit sehr gute Voraussetzungen für die Silagefütterung auch in kleineren Pferdebeständen.

Rechteckballen werden bei dichter Stapelung zu größeren Einheiten aufgeschichtet und mit Silofolien abgedeckt. Da sich zwischen den Ballen kleine Hohlräume nicht vermeiden lassen, sollte pro Silostapel nur so viel Futter konserviert werden, wie in etwa zwei Wochen zu verfüttern ist. Längere Entnahmezeiten erhöhen das Risiko von Nachgärungen und damit von Futterverlusten.

Hinsichtlich der *Silierfähigkeit* der Futterpflanzen bestehen große Unterschiede. Generell besitzen kohlehydrat- und zuckerreiche Futterarten bessere Siliereigenschaften als sehr eiweißreiche Materialien. Kurzgehäckselter Silomais, sauber geerntetes Rübenblatt, Rübenpreßschnitzel oder auch Bier- und Obsttrester vergären sehr leicht. Für Wiesengras ist die Zusammensetzung des Pflanzenbestandes und der Schnittzeitpunkt von Bedeutung. Je höher der Kleeanteil und je früher der Schnittzeitpunkt, desto mehr Sorgfalt ist bei der Silierung anzuwenden. Durch Vorwelken auf 30 bis 40 % Trockenmasse und die damit verbundene Konzentrierung der Nährstoffe werden die Gärbedingungen wesentlich verbessert, und der Anfall von Sickersaft wird vermieden. Zusätzlich ist die Futteraufnahme der Tiere bei Anwelkgut höher als bei Naßsilagen.

Silierzusätze können den Gärprozeß begünstigen und die Fermentationsverluste vermindern. Dies trifft insbesondere für ungünstige Silierbedingungen zu. Bei sehr eiweißreichen Futterarten verbessern zuckerhaltige Komponenten den Gärverlauf. In Naßsilagen sind vor allem Siliersalze oder Säuren wirksam. In neuerer Zeit gewinnen bei ausreichender Versorgung mit Kohlehydraten biologische Mittel in Form von Milchsäurebakterien oder Enzymen an Bedeutung. Grundsätzlich gilt für die Anwendung von Silierzusätzen, daß sie den Gärverlauf immer nur unterstützen, niemals aber die oben genannten Regeln der Siliertechnik ersetzen können.

Futterpflanzen mit Trockenmassegehalten unter 30 % geben bei der Silierung *Gärsaft* ab. Wegen des Gehaltes leicht zersetzbarer organischer Masse, des niedrigen ph-Wertes und freier Säuren bewirkt Gärsaft eine hohe Wassergefährdung und darf keineswegs in offene Gewässer, Grundwasser oder die Kanalisation eingeleitet werden. Er muß daher in dichten Gruben gesammelt oder in Jauchegruben geleitet und in dünnen Konzentrationen auf landwirtschaftliche Nutzflächen ausgebracht werden.

Zur Vermeidung von Gärsaftaustritt können Naßsilagen auch saftbindende Trockenstoffe beigegeben werden. In Frage kommen dazu vor allem Stroh oder Trockenschnitzel, die das Zwei- bis Dreifache des Eigengewichtes an Gärsaft binden. Durch die damit verbundene Anhebung des T-Gehaltes werden nicht nur die Gärsaftverluste vermieden, sondern auch der Gärverlauf verbessert und die Fermentationsverluste verringert.

Nach dem Öffnen der Silos muß eine kontinuierliche *Entnahme* stattfinden. Um Verluste und Qualitätsminderungen durch Nachgärungen zu vermeiden, ist auf glatte Anschnittflächen zu achten und die Anlockerung des Futterstockes zu vermeiden. Zusätzlich ist täglich im Durchschnitt eine Schichtstärke von mindestens 10 cm zu entnehmen, d. h. bei Raumgewichten von 500 bis 800 kg/m^3 fallen pro m^2 Anschnittfläche 50 bis 80 kg Silage an. Die Abmessungen des Silos müssen folglich dem Pferdebestand angepaßt werden. Diese Forderung erschwert den Einsatz von Silage in kleineren Pferdehaltungen, da insbesondere bei Hoch- und Fahrsilos aus technischen und ökonomischen Gründen gewisse Mindestgrößen einzuhalten sind. Silagen sind in derartigen Situationen nur zu empfehlen, wenn in kombinierten Betrieben gleichzeitig die Verfütterung an Rinder oder Schafe bzw. der portionierte Kauf von einem benachbarten Landwirt möglich ist.

Bei der Fütterung hat Silage den Vorteil, daß im Gegensatz zu Trockenfutter kein Staub entsteht. Die Vorlage erfolgt vor allem bei Kurzhäcksel in der Krippe oder auf dem Futtertisch. Wegen der Säuren sind am Futterplatz korrosionsfeste Materialien erforderlich. Dazu werden Betonflächen am Futtertisch mit Schutzanstrichen versehen oder besser mit säurefesten Platten belegt.

1.5   Lagerung von Futterrüben und Möhren

Die verlustarme Konservierung von Futterrüben und Möhren verlangt feuchte und kühle, aber frostsichere Lagerräume. Die optimale Temperatur liegt zwischen 2 und 4 °C. Stehen keine arbeitssparenden, wärmegedämmten Scheunenräume zur Verfügung, so ist eine kostengünstige, aber arbeitsintensivere Lagerung in einfachen *Erdmieten* möglich. Dazu werden die Rüben je nach Erntemenge bis zu einer Breite von 4 bis 5 m am Mietenfuß und einer Höhe von 1,50 bis 2 m aufgeschüttet und mit Folie und Stroh abgedeckt. Nach dem Auskühlen des Rübenhaufens wird zunächst eine 0,05 bis 0,10 mm starke Folie oder ein feinmaschiges Netz aufgelegt. Vor Frosteinbruch ist

Abb. 42. Mit Folie und Stroh abgedeckte Rübenmiete.

darüber je nach Klimazone eine 15 bis 30 cm starke Strohschicht aufzubringen. Als Abschluß folgt wiederum eine PE-Folie in einer Stärke von 0,10 bis 0,15 mm, die am Rande mit Erde eingeschwert wird. Damit die durch die Atmung der Rüben entstehende Wärme entweichen kann, sind im Mietenfirst in beide Folien im Abstand von 2 bis 3 m etwa 1 m lange Schlitze vorzusehen. In niederschlagsreichen Gegenden können darauf Strohballen zum Schutz vor eindringendem Regen aufgelegt werden.

Die Entnahme erfolgt üblicherweise von Hand. Nur bei großen Mengen ist der Frontladereinsatz lohnend. Um die Mieten in der kalten Jahreszeit nicht täglich öffnen zu müssen, ist die Vorratsentnahme für ein bis zwei Wochen und die Zwischenlagerung in der Futterkammer oder im Stall zu empfehlen. Die Rüben werden meist ganz gefüttert, können aber auch geschnitzelt werden. In jedem Fall ist eine gründliche Reinigung erforderlich. Dazu stehen spezielle Rübenreiniger zur Verfügung, die meist mit einem nachgeschalteten Schnitzler kombiniert sind.

1.6   Lager für Körnerfrüchte und Kraftfutter

Die Lagerung von Getreide, Zuckerrübentrockenschnitzeln und der verschiedenen Fertigfutter in loser oder pelletierter Form erfordert trockene und luftige Lagerräume. Eine wichtige Voraussetzung ist immer ausreichend trockenes Material. Getreide ist wie die Fertigfutter nur bis zu einem Feuchtegehalt von 14% längerfristig lagerfähig. Dabei ist bei größeren Partien ein mehrmaliges Umlagern oder Belüften der Behälter zu empfehlen. Für kleinere Mengen kann der gleiche Effekt durch niedrige Schütthöhen von 20 bis 50 cm und gelegentliches Umschaufeln erreicht werden. Feuchtere Partien verlangen die Nachtrocknung in einer Trocknungsanlage.

Die Lagerung von Getreide und sonstigem Kraftfutter kann in Säcken oder Behältern erfolgen. Die Handhabung von Säcken ist mühsam, und es besteht die Gefahr von Verlusten durch Nagetiere. Die Sacklagerung ist daher nur für kleinere Mengen und kurze Lagerfristen zu empfehlen.

Getreide und lose angeliefertes Kraftfutter wird zweckmäßiger in Flach- oder Hochbehältern gelagert. *Flachlager* in Form von Lagerboxen sind vorrangig für die deckenlastige Lagerung geeignet. Die Schütthöhen sind von der Tragfähigkeit der Decke abhängig und betragen üblicherweise etwa 1 m. Zur Entleerung können Ablaufrohre angebracht werden.

Hochbehälter lassen größere Lagerhöhen zu und eignen sich wegen der damit verbundenen höheren Lasten besser für die erdlastige Lagerung. Rechteckige Silos sind platzsparender, in den Anschaffungskosten aber teurer als die statisch günstigeren Rundbehälter. Für Rechtecksilos werden vor allem bei Selbstbau häufig Holzwerkstoffe eingesetzt. Für Metallbehälter stehen Baukastensysteme zur Verfügung. Hochsilos aus Wellblech oder aus Kunststoffen sind mit dichtem Dach auch im Freien auszustellen.

Eine vorteilhafte Lösung für die Unterdachlagerung können in einem Traggerüst aufgehängte Trevirasäcke sein. Sie haben zudem den Vorteil, daß sich durch die flexible Wand beim Auslauf die Brückenbildung vermeiden oder einfach beheben läßt.

Für die *Befüllung* der Getreidelager über kürzere Förderstrecken sind *Körnerschnecken* geeignete und je nach Querschnitt leistungsstarke Geräte. Die Förderleistung wird wesentlich vom Neigungswinkel beeinflußt und nimmt mit zunehmender Steigung ab. Bei pelletiertem Gut besteht die Gefahr des Abriebs.

In der Senkrechtförderung bringen *Elevatoren* bei geringem Kraftbedarf hohe Leistungen und eine schonende Gutbehandlung. Sie sind jedoch ortsgebunden und damit

Abb. 43. Silobehälter mit konischem Auslauf zur Getreidelagerung und selbsttätigem Auslauf zur Befüllung eines Futterwagens.

nur als stationäre Anlagen zu betreiben. Vielseitiger einsetzbar sind *Rohrkettenförderer* und *Förderspiralen,* die in alle Richtungen umgeleitet werden können. Ähnlich wie bei den Schnecken ist jedoch bei Förderspiralen auf weiten Förderwegen Abrieb zu befürchten, der zu der in der Pferdehaltung unerwünschten Staubentwicklung führt.

Fördergebläse erfordern einen geringen Kapitaleinsatz und lassen einen sehr flexiblen Einsatz zu. Sie sind vor allem für große Förderhöhen und -weiten zum Körnertransport geeignet, weniger jedoch für staubförmige und abriebsgefährdete Güter zu empfehlen. Bei kleineren Mengen können Körnergebläse ersatzweise auch zur Belüftung von Lagerbehältern eingesetzt werden.

Die *Entleerung* der Silos erfolgt selbsttätig bei konischen Auslauftrichtern, die jedoch ein aufwendiges Hochfundament erfordern. Die Entnahme von Behältern mit ebenerdigem Boden kann mit Förderschnecken mechanisiert werden. Großflächige Behälter erfordern gegen Ende ein häufiges Nachräumen von Hand.

1.7   Erforderlicher Lagerraum

Das notwendige *Lagervolumen* für die einzelnen Futtermittel bestimmen die in den Rationen enthaltenen Futtermengen, das futterspezifische Raumgewicht und die im Betrieb vorgesehene Lagerdauer.

Die Zusammensetzung und Futtermenge einer *Ration* kann je nach Pferdegröße, Leistungsansprüchen und verfügbaren Futtermitteln sehr verschieden sein. Eine Vielzahl von Rationsbeispielen ist in Teil D, Kap. 4 aufgeführt.

Die möglichen *Raumgewichte* der verschiedenen Futtermittel sind je nach Struktur und Aufbereitung in Tab. 1 aufgeführt. Die angegebenen Zahlenwerte gelten für übliche Bedingungen und beziehen sich auf das unmittelbare Lagervolumen. Für die in jedem Lager auftretenden Leerraumanteile sind je nach Bergeraumgröße und Lagerhöhe Zuschläge von 10 bis 20% erforderlich.

Die *Lagerdauer* hängt vor allem davon ab, ob das Futter in Eigenproduktion oder durch Zukauf bereitgestellt wird. Bei eigenbetrieblicher Futterversorgung ist meist eine Lagerkapazität für die Jahresfuttermenge erforderlich. Die Lagerraumgröße für zugekaufte Futtermittel wird weitgehend von der Häufigkeit des Einkaufs bestimmt. Um sich den bei verschiedenen Grund- und Kraftfutterarten beachtlichen Preisschwankungen über das Jahr besser anpassen zu können, sollte auch hier das Lagervolumen nicht zu knapp bemessen werden.

Da die aufgeführten Einflußgrößen sehr unterschiedlich kombiniert werden können, ist eine allgemein gültige Aussage für den Lagerraumbedarf nicht möglich. Anhaltswerte sind für die einzelbetrieblichen Bedingungen dem Nomogramm in Abb. 44 zu entnehmen. Ausgehend von der Bestandsgröße kann durch Anlegen senkrechter Linien im Uhrzeigersinn bis zu den jeweiligen Unterstellungen in Ration, Raumgewicht und Lagerdauer der *Gesamtbergeraum* errechnet werden. So ergibt sich für 30 Pferde bei einer Tagesration von 6 kg Heu, einer Lagerdichte von 100 kg/m^3 und einer Lagerdauer von 6 Monaten ein Bergeraumbedarf von 324 m^3. Sind Werte in der gewünschten Größe in der Darstellung nicht enthalten, so kann jeweils um eine Zehnerpotenz variiert oder bei Zwischenwerten interpoliert werden. Zu den Endwerten sind jeweils noch die Zuschläge für die Leerräume hinzuzurechnen.

Für die ganzjährige Fütterungsperiode ist für ein Großpferd mit einem Lagerraumbedarf von 25 bis 30 m^3 für Heu zu rechnen. Dazu kommt nochmals annähernd der gleiche Scheunenraumbedarf für Stroh zur Einstreu.

Tab. 1: Raumgewichte verschiedener Futterarten in kg/m³ (Faustzahlen 1980, ergänzt)

Futterart	Struktur und Aufbereitung	kg/m³
Heu	lang, lose	50– 75
	fest gelagert	80–100
	HD-Ballen	90–110
	Großballen, rund	80–130
	Großballen, rechteckig (drahtgebunden)	160–180
	Cobs	400–500
	Briketts	300–400
Stroh	lose oder gehäckselt	40– 30
	HD-Ballen	70– 90
	Großballen, rund	60–130
	Großballen, rechteckig (drahtgebunden)	140–160
Grünfutter		315–345
Grassilage	25% T	650–700
	35% T	500–600
	50% T	350–400
Maissilage	28–30% T	700–800
Futterrüben	ganz oder geschnitzelt	625–700
Mohrrüben		660–760
Biertreber	siliert	600–750
Obsttrester	siliert	750–1000
Zuckerrübentrockenschnitzel		320–350
Hafer		400–500
Weizen		710–820
Gerste		580–640
Mais (Körner)		680–720
Fertigfutter (Pellets)		500–600

2   Futteraufbereitung

Vor der Verfütterung bedürfen manche Futtermittel einer zusätzlichen Behandlung, die der qualitativen Verbesserung oder einer effektiveren Verwertung des Futters dient. Die Zielsetzung der *Futteraufbereitung* ist für Grund- und Kraftfutter unterschiedlich.

2.1   Rauhfutter

Grundfutter, vorwiegend Heu, bedarf keiner strukturellen Änderung und sollte vorwiegend lang gefüttert werden. Häckselgut erhöht nur die Aufnahmegeschwindigkeit und verringert damit eine erwünschte, lange Beschäftigungszeit mit der Futteraufnahme (s. Teil A, Kap. 1.2.1.1).

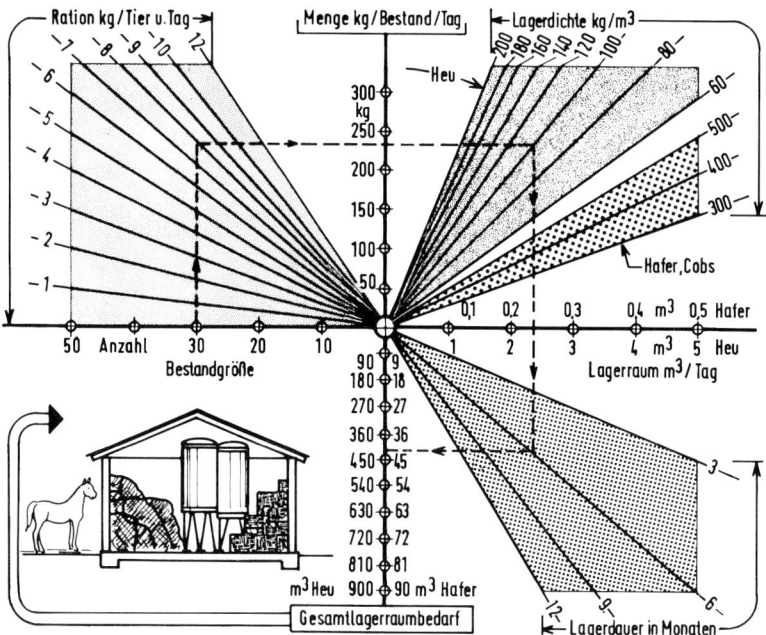

Abb. 44. Nomogramm zur Berechnung des Lagerraumbedarfs für Heu und Kraftfutter in der Pferdehaltung.

Sehr zweckmäßig kann dagegen eine *Entstaubung* des Heus sein, da bei vielen Heupartien durch unsachgemäße Werbungsmethoden eine hohe Verschmutzung und Schimmelbildung, die Ursache von Heuallergien, gegeben ist. Sie erfolgt meist durch intensives Aufschütteln, vor allem bei Heuballen. Um die Stalluft nicht zu verunreinigen, sollte diese Arbeit unbedingt außerhalb des Stalles erfolgen.

Für größere Heumengen stehen spezielle *Heureinigungsmaschinen* zur Verfügung. Das zugeführte Material wird mechanisch aufgeschüttelt. Fremdkörper und Erdbestandteile fallen durch unterschiedliche Siebe in Auffangmulden. Feinstaub wird zum Teil durch ein Gebläse abgesaugt und in einem Filtersack gesammelt. Bisher konnten derartige Geräte aber kaum Eingang in die Praxis finden.

Eine andere Möglichkeit ist das *Befeuchten* von Heu. Das Übergießen mit Gießkanne oder Brause vor dem Stall ist nur bei kleineren Mengen möglich. Für Hochdruckballen werden spezielle *Tauchwannen* mit Hebevorrichtung angeboten. Daneben gibt es auch Heutröge als großvolumige Wannen mit einem Wasserablauf, die das Übergießen der vorgelegten Portionen in der Boxe zulassen wie z. B. die *Ohnweiler Sparraufe.*

2.2   Körnerfrüchte

Größere Bedeutung hat die Futteraufbereitung für *Körnerfrüchte.* Im Gegensatz zum Rauhfutter erhöht bei ungenügendem Zerkauen das *Brechen der Schale* die Verdaulichkeit von Hafer, Gerste und kleinkörnigen Früchten wie Leinsamen oder Milokorn.

Abb. 45. Reinigungsgerät zur Aufbereitung von Heu.

Dies trifft vor allem für hastig fressende Tiere und Pferde im Zahnwechsel oder mit Gebißschäden zu.

Die Aufbereitung darf aber nicht zu fein erfolgen, da mehlförmige Strukturen zu unerwünschter Staubentwicklung oder zu Verklumpungen bzw. Verkleisterung im Verdauungstrakt führen können. Am günstigsten und für den Aufschluß ausreichend ist das *Quetschen* der Körner. Getreidequetschen werden mit glatten oder profilierten Walzen oder Kombinationen aus beiden hergestellt. Glatte Walzen gewährleisten am besten die plattenförmige Struktur, besitzen aber für höhere Durchsätze und größere Körner einen unbefriedigenden Einzug. Grobe Profile führen dagegen zu vermehrtem Bruch. Aus diesem Grunde werden heute vorwiegend fein profilierte Walzen, z. T. in Kombination mit einer glatten Walze, eingesetzt.

Ein wesentliches Unterscheidungsmerkmal besteht im Antrieb der Getreidequetschen. Zum Teil wird nur eine Walze angetrieben, während die zweite durch Federspannung angepreßt wird. Leerlauf sollte bei dieser Bauart vermieden werden, da durch die direkte Walzenberührung einmal ein hoher Lärmpegel und zum anderen ein erhöhter Verschleiß an der Profilierung entsteht. Die Quetschqualität wird bei diesem System vom Preßdruck durch die eingestellte Federspannung bestimmt. Bei hohen Durchsätzen können die Walzen etwas auseinandergepreßt werden, so daß die Quetschintensität verringert wird.

Werden dagegen beide Walzen angetrieben, so ist ein fester Walzenabstand wählbar und auch im Leerlauf keine direkte Walzenberührung gegeben. Die Quetschgüte wird unabhängig vom Durchsatz von der eingestellten Durchgangsöffnung bestimmt, so daß immer eine einheitliche Aufbereitung gegeben ist.

Eine angetriebene Walze hat bei Fremdkörpern im Getreide den Vorteil, daß die federvorgespannte zweite Walze ausweichen kann. Bei beidseitig arretierten Walzen ist die Gefahr von Beschädigungen größer. Als Schutzvorrichtung sind daher grobmaschige Siebe im Einlauftrichter und Magnete zum Festhalten von Metallstücken zu empfehlen.

Durch das Quetschen wird die *Haltbarkeit* von Hafer und anderen Körnerarten vermindert. Durch den freigelegten Mehlkern können mikrobielle Umsetzungen schneller einsetzen und damit innerhalb weniger Tage Verluste an Aroma- und Nährstoffen eintreten. Dies trifft insbesondere für öl- und fetthaltige Früchte zu. Das Quetschen sollte daher möglichst kurz vor dem Füttern erfolgen. Auf Vorrat gequetschter

Hafer ist in Ställen nur wenige Tage, in trockenen kühlen Lagerräumen maximal ein bis zwei Wochen zu lagern.

Für die termingerechte und arbeitssparende Aufbereitung ist die Anordnung der Getreidequetschen unter einem Vorratslager zu empfehlen. Die Beschickung kann dann direkt über ein Fallrohr erfolgen. Aus ebenerdig oder weiter entfernt aufgestellten Vorratsbehältern ist die Befüllung über Förderschnecken, Förderspiralen oder Rohrkettenförderer zu mechanisieren. Die automatisierte Steuerung der Quetsche und der Befülleinrichtungen ist über Zeitschaltuhren und Füllstandsmelder möglich.

Die Quetschen sollten in der Futterkammer so hoch angeordnet werden, daß Futterwagen zur direkten Befüllung unterfahren werden können. Zur Verminderung der Staubentwicklung ist die Kombination mit nachgeschalteten Filtersäcken zu empfehlen, die Feinteile und auch leichten Fremdbesatz wie Grannen und Unkrautbesatz absondern.

Warme Naßfuttermischungen *(Mash)* können durch Aufgießen mit heißem Wasser oder in handelsüblichen Futterdämpfern (Kartoffeldämpfer) hergestellt werden. Das Kochen und Erhitzen erhöht zwar nach MEYER (1986) nicht generell die Verdaulichkeit, bringt aber positive Auswirkungen bei kranken Pferden und bei größeren Rationsanteilen von Leinsamen.

3 Fütterungstechnik

Die Fütterungstechnik umfaßt die Gestaltung des Freßplatzes und die Futtervorlage. Die tierbezogenen Anforderungen an die Anordnung und Beschaffenheit von Krippen und Raufen wurden bereits dargelegt (s. Teil A, Kap. 2.6.4). Nachfolgend steht

Abb. 46. Förderschnecke zur Beschickung einer Getreidequetsche.

daher der verfahrenstechnische Ablauf der Fütterung im Vordergrund. Er wird von ernährungsphysiologischen, haltungstechnischen, ökonomischen und arbeitswirtschaftlichen Kriterien beeinflußt.

In *physiologischer Hinsicht* hat die Fütterungstechnik den anatomischen Aufbau der Organe zur Futteraufnahme und Verdauung und die enzymatisch-bakteriellen Umsetzungsvorgänge zu berücksichtigen (s. Teil D, Kap. 1). Auswirkungen ergeben sich hieraus auf die Fütterungsfrequenz und die Beeinflussung der Verzehrsgeschwindigkeit, sowie der Zerkleinerung und Einspeichelung des Futters. Dabei ist je nach Rationsgestaltung und Leistungsbeanspruchung zwischen den schnell gefressenen, hochkonzentrierten Kraftfutterarten und den voluminösen, langsamer verzehrten Rauhfutterkomponenten zu differenzieren.

Haltungstechnisch gewinnt die Futtervorlage an Bedeutung, da sie neben der Nährstoffversorgung auch der Beschäftigung der Pferde dient. Unter den gegebenen Nutzungsbedingungen mit häufig langen Standzeiten im Stall ist eine langsame Futteraufnahme als eine der wenigen sinnvollen Tätigkeiten anzustreben, um den in Langeweile begründeten Stalluntugenden vorzubeugen.

Aus *ökonomischer Sicht* ist eine bedarfsgerechte Futtervorlage anzustreben, da das Futter von allen Positionen der laufenden Kosten der Pferdehaltung den größten Anteil einnimmt. Überfütterungen durch unzureichende Dosiergenauigkeit oder Futterverluste aufgrund unzweckmäßiger Fütterungseinrichtungen haben damit unmittelbare Auswirkungen auf die Wirtschaftlichkeit eines Zucht- oder Reitbetriebes.

Schließlich sind *günstige arbeitswirtschaftliche Bedingungen* eine wesentliche Forderung für die Fütterung als täglich mehrmals wiederkehrende Tätigkeit. Der Bestandsgröße angepaßte Techniken bewirken die gewünschte Arbeitserleichterung, Arbeitszeiteinsparung und vor allem bei häufigeren Fütterungsfrequenzen auch die mit Hilfe automatischer Anlagen mögliche und erstrebenswerte Freistellung von festen Arbeitsterminen. Eine schnelle Abwicklung der Fütterungsarbeiten hat zudem günstige Auswirkungen auf das Tierverhalten, da die mit der Fütterung verbundene Unruhe mit allen negativen Auswirkungen auf Futterverwertung, Unfallrisiko und Beschädigung der Stalleinrichtungen vermieden oder zumindest eingeschränkt wird.

Die fütterungstechnischen Einrichtungen sind in engem Zusammenhang mit dem Aufstallungssystem zu sehen. Die Ausführung und Anordnung der Krippen und Raufen sowie die Fördereinrichtungen zur Befüllung sind für den Anbindestand, die Boxe und den Laufstall unterschiedlich zu betrachten.

3.1   Fütterung im Anbindestand

Der Anbindestand bietet sehr ungünstige Voraussetzungen für den Einsatz technischer Hilfsmittel zur Fütterung. In der üblichen Ausführung ist der kopfseitig angeordnete Futtertrog nur über die Stallgasse von hinten zu erreichen. Alles Futter muß portionsweise mühsam am Pferd vorbeigetragen und in die Krippe gefüllt werden. In einem 3 m langen Stand entstehen somit bei zweimaliger Heu- und dreimaliger Kraftfutterfütterung allein innerhalb des Anbindestandes täglich 30 m Arbeitswege, so daß die Fütterung mit einem hohen Anteil unproduktiver Nebenzeiten und auch einem erhöhten Unfallrisiko belastet ist.

Abhilfe könnte bei ausreichender Stallbreite durch die Anlage eines getrennten *Futterganges* vor den Krippen mit einer Breite von 1 bis 1,50 m geschaffen werden. An der Innenseite der 1 bis 1,20 m hohen, geschlossenen Frontwand wird in einer

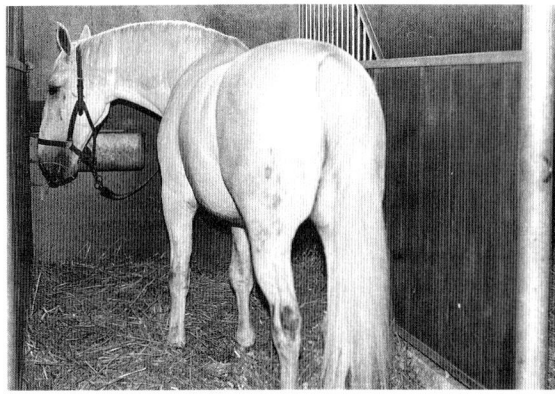

Abb. 47. Der konventionelle Anbindestand bietet ungünstige Voraussetzungen für die Fütterung.

Ecke der Trog befestigt. Davon möglichst weit entfernt kann gangseitig das Tränkebecken für jeden Stand oder bei guter Verträglichkeit für je zwei Pferde montiert werden. Dadurch ist die Gefahr der Verschmutzung gering, eine gute Kontrollmöglichkeit gegeben und das Ableiten von verspritztem oder auslaufendem Wasser über eine Rinne im Futtergang möglich. Auch das Gleitgewicht zur Straffung der Anbindevorrichtung kann an der Außenseite der Frontwand geführt werden.

Vom Futtergang aus können die Krippen aus einem Futterwagen direkt und zeitsparend beschickt werden. Neben den arbeitswirtschaftlichen Vergünstigungen hat diese

Abb. 48. Der Anbindestand mit Futtergang bringt für das Pferd und die Fütterungsarbeit eine wesentliche Verbesserung.

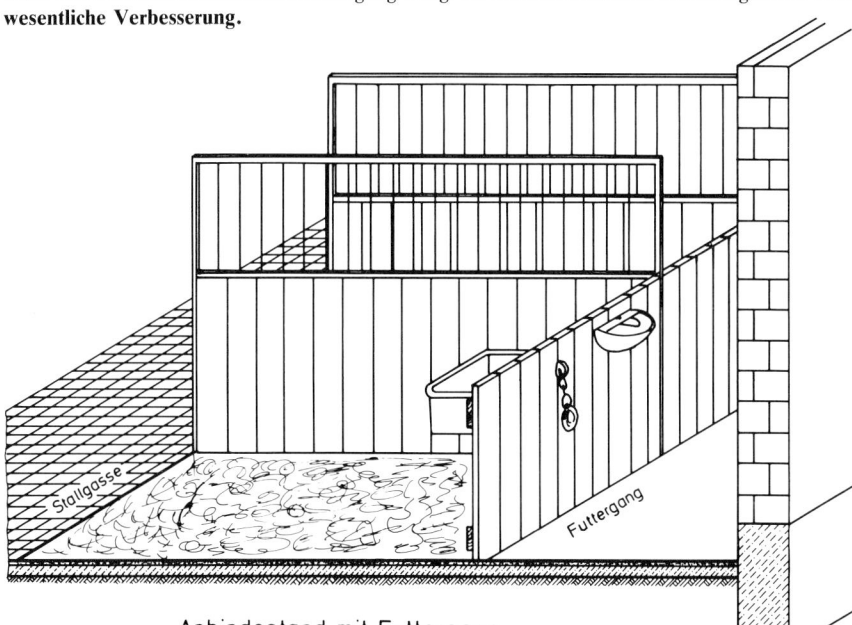

Stallgasse

Futtergang

Anbindestand mit Futtergang

Lösung auch den großen Vorteil, daß die Pferde nicht unmittelbar mit dem Kopf zur Wand stehen. Dies bietet einen größeren Kopfraum, und durch die Fenster eingeleitete Kaltluft fällt nicht direkt auf die an einen festen Standplatz gezwungenen Pferde. Allerdings erhöht sich die Stallgrundfläche von etwa 5,50 m^2 auf 7,50 bis 8 m^2 pro Stand ohne Berücksichtigung der mittigen Stallgasse. Der Flächenbedarf ist damit ähnlich hoch wie für eine kleine Boxe, die in jedem Fall einem Anbindestand vorzuziehen ist.

3.2   Fütterungstechnik im Boxenstall

Bei der heute am weitesten verbreiteten Boxenhaltung wird generell die Futtervorlage von der Stallgasse angestrebt. Die ursprünglich gestellte Forderung, daß der Pfleger die Boxe bei jeder Fütterung betreten müsse, um einen besseren Kontakt zum Pferd zu bekommen, konnte wegen des erhöhten Zeitaufwandes und der dadurch bedingten Unruhe und Aggressivität der zuletzt gefütterten Tiere nicht aufrecht erhalten werden. Der Einbau der Fütterungseinrichtungen erfolgt daher nahezu ausschließlich an der Boxenvorderwand. In der Ausformung und der Technik der Vorlage ist zwischen Heu und Krippenfutter zu differenzieren.

Die *Heufütterung* erfolgt nahezu ausschließlich von Hand. Mechanisierungslösungen stoßen auf große Schwierigkeiten, da sich das überwiegend lange Heu nur mit einem hohen technischen Aufwand dosieren läßt und zum anderen der finanzielle Aufwand für derartige Anlagen bei den großen Transportstrecken im Pferdestall in keiner Relation zum erreichbaren arbeitswirtschaftlichen Erfolg stünde.

Zur Erleichterung des Heutransportes sind leichtgängige Futterwagen mit ausreichend großen Rädern zu empfehlen. Das Fassungsvermögen sollte so groß bemessen sein, daß die gesamte Rauhfuttermenge für eine Stalleinheit geladen werden kann. Wagen für loses Gut verlangen einen geschlossenen oder netzartigen Aufbau, während für den Ballentransport einfache Plattformwagen genügen. Großballen können mit dem Schlepper bis zum Stall transportiert werden. Das Auflösen ist üblicherweise Handarbeit. Spezielle Auflösegeräte für Rundballen sind verfügbar. Sie finden aber bisher in der Fütterung kaum Einsatz, da das nachfolgende Portionieren ohnehin von Hand zu erfolgen hat.

Heu sollte zur Vermeidung von Staubentwicklung im Stall nicht aufgeschüttet werden. Auch Ballenheu kann, vorausgesetzt, es ist schimmelfrei, unaufgelockert vorgelegt werden. Aus dem gleichen Grunde ist der freie Abwurf bei deckenlastiger Lagerung zu vermeiden. Vielmehr sind geschlossene Abwurfschächte zu empfehlen, die bei ausreichendem Fassungsvermögen und günstiger Anordnung den Vorrat für mehrere Tage aufnehmen und die Verteilarbeit durch kurze Wege reduzieren.

Die Heuvorlage kann in der Boxe auf dem Boden erfolgen. Die Unterlage sollte aber eine saubere Einstreu oder ein im vorderen Boxenbereich von Einstreu freigeräumter trockener Boden sein. Die Bodenvorlage begünstigt die natürliche Freßhaltung, andererseits können durch Verstreuen Futterverluste auftreten.

Bessere hygienische Bedingungen bieten Heuraufen, die auch positive Auswirkungen auf die Futteraufnahme haben. Sie sind aus den genannten Gründen (s. Teil A, Kap. 2.6.4) nicht als Hochraufen, sondern nur in bodennaher Anbringung zu akzeptieren und im wesentlichen in zwei Varianten verfügbar:

Die *Ohnweiler Sparraufe* besteht aus einem großvolumigen Trog mit einem Fassungsvermögen von etwa 250 l. Am oberen wandseitigen Rand ist ein Schwenkgitter angebracht, das auf die Trogfüllung fällt. Das Pferd kann das Heu nur durch die Gitterstäbe aufnehmen. Nach völliger Leerung wird das Gitter am Boden arretiert, um Klappern und Lärmentwicklung zu vermeiden. Die Wanne ist auch zur Anfeuchtung des Heus geeignet. Überschüssiges Wasser kann durch eine Ablauföffnung im Wannenboden abgeführt werden.

Durch unterschiedliche Stababstände im Schwenkgitter kann Einfluß auf die Freßzeit und Verzehrsgeschwindigkeit genommen werden (Tab. 2). Durch die Verengung der Stababstände von 165 auf 55 mm ist bei annähernd gleicher Verzehrsmenge die tägliche Freßzeit um etwa zwei Stunden erhöht und damit eine längere Beschäftigungszeit mit dem Futter erreicht worden. Die Futteraufnahme erfolgte weitgehend über den ganzen Tag, wobei zwischen 10 und 18 Freßperioden registriert wurden.

Die *Stabraufen* werden als Bodenraufen in zwei Ausführungen eingesetzt. Die konventionelle Form mit offener Einwurföffnung hat weitgehend die Funktion wie ein Trog. Die Pferde entnehmen das Heu ungehindert von oben. Die Stababstände sind für das Freßverhalten ohne Bedeutung.

Die eigentliche Aufgabe der Raufe wird nur erfüllt, wenn die Pferde das Heu durch die Stäbe aufnehmen müssen. Dazu ist es erforderlich, daß die Frontseite senkrecht gestellt und ein Rund- oder Schrägboden zum Nachrutschen des Heus eingebaut wird. In zwei verfügbaren Ausführungen wird einmal die Stabwand als Ecklösung über die volle Boxenwandhöhe geführt oder in einer zweiten Lösung als Kombinationselement unter die Krippe gestellt. Das Fassungsvermögen bestimmt die Vorlagehäufigkeit, wobei die Befüllung durch Luken oder Ausklappen des Troges jeweils von der Stallgasse aus erfolgt. Die Verzehrsgeschwindigkeit und damit die Zeit der Futteraufnahme wird vom Stababstand bestimmt. Die lichte Weite sollte bei kleineren Raufen 5 cm, bei größeren Einheiten mit schwierigerem Nachlauf des Heus 6 cm betragen, damit noch eine gesicherte Heuentnahme durch die Pferde möglich ist. Größere Abstände sind im Bodenbereich wegen Verletzungsgefahr für ausschlagende Tiere nicht zu empfehlen. Aus derartigen Heuraufen erfolgt die Futteraufnahme über den ganzen Tag.

Zusätzlich zum Stababstand kann die Heuaufnahme auch über eine zeitgesteuerte Vorgabe der Freßzeiten beeinflußt werden. Dazu wird die Raufe vorübergehend mit einer Jalousie abgedeckt, die nach der Sperrzeit wieder aufgerollt wird. Durch die mit einer Zeitschaltuhr steuerbaren Freßzeiten ist auch bei Vorratsfütterung eine Rationierung des Heus möglich.

Die *Vorlage des Krippenfutters* in Form von Kraftfutter, Heucobs bzw. -briketts oder gehäckselter Silage erfordert einen säurefesten, leicht zu reinigenden Trog. Üblicherweise werden Rechteckformen, die aber keine scharfkantigen Ecken besitzen

Tab. 2: Freßzeit und Verzehrsgeschwindigkeit bei der *Ohnweiler Sparraufe* mit unterschiedlichem Stababstand

Stababstand mm	Meßperiode Tage	Verzehrsmenge Tag kg	Freßzeit Tag Std	Verzehrsgeschwindigkeit g/min
165	5,5	7,4	4,9	25
55	6,7	7,7	7,5	17
55	4,2	5,9	7,4	13

Abb. 49. Oben offene Heuraufen bewirken keine längeren Freßzeiten.

Abb. 50. Eckraufe aus Senkrechtstäben mit Befüllung von der Stallgasse aus.

dürfen, verwendet. Wenn nicht gleichzeitig eine Heuraufe montiert wird, ist die Anordnung im Eckbereich zur Trennwand zu empfehlen. Eckkrippen mit abgerundeter Vorderseite erfordern den geringsten Platzbedarf und stören den Bewegungsraum des Pferdes am wenigsten. Die häufig erwähnte Gefahr von Augenverletzungen ist nur zu befürchten, wenn die Anbringung zu hoch erfolgt und die Pferde dadurch den Kopf bei der Futteraufnahme zu stark abwinkeln müssen. Auch ein breiter Wulst oder Distanzhölzer können den Abstand zur Wand begünstigen.

Das Fassungsvermögen der Krippen sollte mindestens 40 bis 50 l betragen. Dies wird bei üblichen Höhen von 20 bis 25 cm beim Rechtecktrog mit Breiten von 50 bis 70 cm und Tiefen um 35 cm erreicht, beim Ecktrog mit Seitenlängen von 60 bis 80 cm. Wülste am oberen Rand oder Querstangen verhindern das Auswerfen von Futter.

Abb. 51. Heuraufe in Kombination mit dem darüber angeordneten Kraftfuttertrog.

Abb. 52. Über den Tag verteilte Heuaufnahme aus Vorratsraufen.

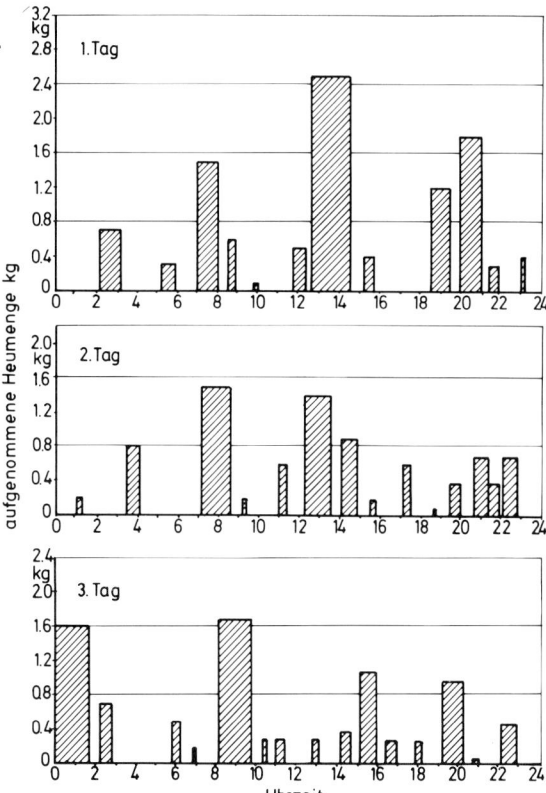

Eine spezielle Form stellen die flacher gehaltenen *Fohlentröge* dar. Sie sind mit enggestellten Querstäben versehen, die gerade dem schmalen Fohlenkopf den Zugang zum Futter ermöglichen, nicht aber der Mutterstute. Dadurch ist die Vorlage eines speziellen Fohlenfutters möglich, ohne daß die Stute angebunden werden muß. Eine andere gute Lösung stellt eine schmale Öffnung in der Boxenvorderwand mit einem außen eingehängten Eimer dar. Auch hier hat nur das Fohlen Zugang zum Futter.

Die Anbringung der Tröge erfolgt heute für alle Materialien an der Konstruktion der Boxenvorderwand. Auch Steinzeugtröge werden in speziellen Halterungen, zum Teil mit Schlagschutz, befestigt und nicht mehr mit einem aufwendigen Sockel untermauert.

Das Einfüllen des Krippenfutters von der Stallgasse aus erfordert eine entsprechende Ausbildung der Boxenvorderwand. Folgende Varianten sind möglich:

– Frontwand ohne Gitteraufsatz   – Schwenktröge
– Futterluken mit u. ohne Verschluß – Sprossenwand, Futterschale außenliegend

Eine sehr zweckmäßige und die kostengünstigste Lösung ist der *Verzicht auf den Gitteraufsatz* in der Frontwand. Das Kraftfutter kann unmittelbar in den hinter der 1,20 bis 1,40 m hohen Wand montierten Trog eingefüllt werden. Auch die Vorlage des Heus ist auf diesem Wege möglich. Bei fehlendem Gitteraufsatz gilt es jedoch zu berücksich-

**Abb. 53. Heuraufe mit zeitge-
steuerter Jalousie, links daneben die Freßschale für den
Kraftfutterautomat (System
Völkenrode).**

**Abb. 54. Abgerundeter Eck-
trog aus Kunststoff mit einge-
legtem Metallring zur Verhinderung von Futterverlusten.**

tigen, daß die Pferde in voller Halslänge, beim Großpferd ca. 1,20 m, in die Stallgasse
reichen können. Um unnötige Unruhe und Verletzungsgefahr für vorbeigehende Menschen und Tiere zu vermeiden, sind Stallgassen von mindestens 3 m vorzusehen.

Eine gute Lösung stellen auch im Abstand von 18 bis 20 cm angeordnete Querstäbe
als Oberteil der Frontwand dar. Sie ermöglichen nicht nur die direkte Futtervorlage,
sondern vergrößern auch die Sichtkontakte der Pferde zum Stallgeschehen.

Futterluken, die ausschließlich der Krippenfuttervorlage dienen, genügen in der
Breite des Troges. In offener Ausführung ohne Gitterverschluß darf die Höhe 20 cm
keinesfalls übersteigen, da die Pferde sonst den Kopf durchstecken und sich bei
schreckhaftem Zurückziehen schwere Verletzungen zuziehen können. Mit Gittern ver-
schließbare Luken können beliebig größere Abmessungen haben. Um auch den Heu-
einwurf von außen zu ermöglichen, sollten sie über die ganze Wandbreite reichen. Für
eine einfache Bedienung und eine zuverlässige Arretierung im geschlossenen Zustand

Abb. 55. Schmale Futterluke in der Boxenvorderwand zur Fütterung von Fohlen aus außen eingehängtem Eimer.

Abb. 56. Boxenvorderwände ohne Gitteraufsatz erleichtern die Futtervorlage.

sind leicht bedienbare und sichere Verschlüsse erforderlich. Meist werden die bewährten, federbelasteten Schnappverschlüsse eingesetzt. Wird für eine bequeme Futtervorlage der gesamte Gitteraufsatz als Pendelklappe ausgebildet, so sind Teleskophalterungen zu empfehlen, die ein Feststellen des Gitters in jeder Schwenkstellung ermöglichen.

Schwenktröge sind in die Frontwand eingelassen und um eine mittig angebrachte, senkrecht stehende Achse drehbar. Sie werden bei der Fütterung in die Stallgasse geschwenkt und können so ohne Störung durch das Pferd befüllt werden. Nach der Rückstellung ist wie beim Gitter zur Fixierung ein festsitzender Verschluß erforderlich. Beim Drehmechanismus ist auf eine stabile Ausführung zu achten, damit er vom Pferd nicht verbogen werden kann und keine Funktionsstörungen auftreten. Da der Schwenktrog nur die Vorlage des Krippenfutters ermöglicht, muß die Heufütterung durch Öffnen der Boxentüre erfolgen.

Abb. 57. Frontwände mit Oberteil aus Querstangen ermöglichen die direkte Futtervorlage, hier mit ausschwenkbarem Türflügel.

Abb. 58. Offene Futterluken dürfen eine lichte Höhe von 18 bis 20 cm nicht übersteigen.

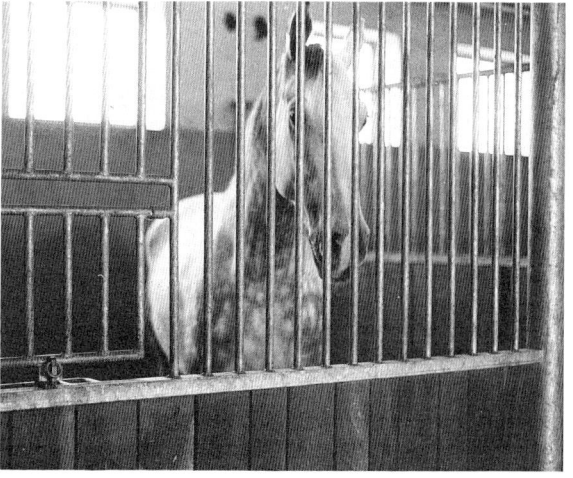

Abb. 59. Futterluke mit arretierbarem Gitter.

Abb. 60. Stabiler, um die
Mittelachse drehbarer
Schwenktrog.

Sprossenwände sind mehr für den Laufstall geeignet und werden in der Boxenhaltung nur selten eingesetzt. Sie sind hier nur zu empfehlen, wenn ein spezieller Futtertisch angeordnet wird und die Pferde über einen zusätzlichen, rückwärtig angelegten Mistgang ein- und ausgeführt werden. Die Sprossenabstände betragen je nach Pferdegröße 25 bis 30 cm. Der Futtertisch wird zur Vorlage des Kraftfutters mit einer Trogschale ausgerüstet. Das Freßplatzniveau ist 15 bis 20 cm über die Standfläche der Pferde zu legen, damit eine ungehinderte Futteraufnahme ohne Verletzungsrisiko für die Vorderextremitäten möglich ist. Um durch Futterneid ausgelöste Belästigungen eines Boxennachbarn auszuschließen, sollte das Futter in der Boxenmitte vorgelegt oder der Randbereich der Sprossenwand zur Nachbarboxe abgedeckt werden.

Für den *manuellen Transport* des Kraftfutters ist der im Volumen der Bestandsgröße angepaßte Muldenwagen zu empfehlen. Die gleichzeitige Fütterung verschiedener Futterarten erfordert eine Unterteilung in mehrere Kammern. Die Portionierung und Zuteilung erfolgt üblicherweise mit Meßbechern.

Kraftfutterautomaten können nicht nur zur Verbesserung der Dosiergenauigkeit und Arbeitszeiteinsparung beitragen, sondern bringen auch eine Entbindung von festen Arbeitsterminen. Sie sind daher vor allem von Vorteil zur Versorgung von Leistungspferden mit großen Kraftfuttermengen, die aus physiologischen Gründen auf mehr als zwei Futterzeiten verteilt werden sollten, oder wenn aus irgendwelchen Gründen die Einhaltung regelmäßiger Futterzeiten nicht gewährleistet ist. Die automatisierte Vorlage entbindet den Betreuer jedoch nicht von der sorgfältigen Kontrolle der Futteraufnahme, da daraus wichtige Hinweise auf den Gesundheitszustand der Tiere abzuleiten sind.

Nach Bauart und Funktion ist in halb- und vollautomatische Geräte zu unterscheiden. Der *Halbautomat* muß von Hand befüllt werden und faßt die Futtermenge für einen oder mehrere Tage. Die Eintagesautomaten bestehen aus zwei bis vier Einzelkammern, in die jeweils die Portionen der gewünschten Futterart pro Fütterung eingefüllt werden. Zu den in einer Zeitschaltuhr vorgegebenen Futterzeiten wird die Auswurfklappe einer Kammer geöffnet, und das Futter fällt in den darunter angeordneten Trog.

Abb. 61. Außenliegender Trog mit Sprossenwand in einem Boxenstall (getrennter Futter- und Mistgang).

Abb. 62. Futterwagen mit mehreren Kammern für verschiedene Futterarten.

Größere Vorratsbehälter sind mit einer Dosiervorrichtung in Form eines Zellenrades oder einer Schnecke ausgerüstet. In eine Steuereinheit werden die tierindividuellen Sollmengen eingegeben und zu den eingestellten Futterzeiten ausgeworfen.

Vollautomatisch arbeitende Geräte mechanisieren selbsttätig den gesamten Fütterungsablauf. Von einer zentralen Futtermaschine werden die an jeder Boxe befestigten Dosiereinheiten befüllt. Zu den in einer Zeitschaltuhr beliebig häufig vorgewählten Futterzeiten öffnet ein Seilzug die Verschlußklappe, und alle Tiere werden gleichzeitig mit Kraftfutter versorgt, so daß die häufig in größeren Stalleinheiten durch lange Wartezeiten bedingte Unruhe vor dem Füttern vermieden wird.

Dosiereinheiten nach dem Volumenprinzip erfordern eine regelmäßige Kontrolle und zumindest bei jedem Futterwechsel eine neue Kalibrierung. Gewichtsdosierer sind mit weniger Wartungsaufwand belastet und verdienen deshalb den Vorzug.

Stationäre Anlagen können nur eine Futtersorte zuteilen. Die gleichzeitige Ausbringung verschiedener Futtersorten würde durch mobile Verteilanlagen in Form von schienengeführten Futterwagen ermöglicht, die bisher in der Pferdehaltung aber noch keinen Eingang gefunden haben.

Abb. 63. Futterautomat mit zwei Kammern zur Vorlage der Tagesmenge.

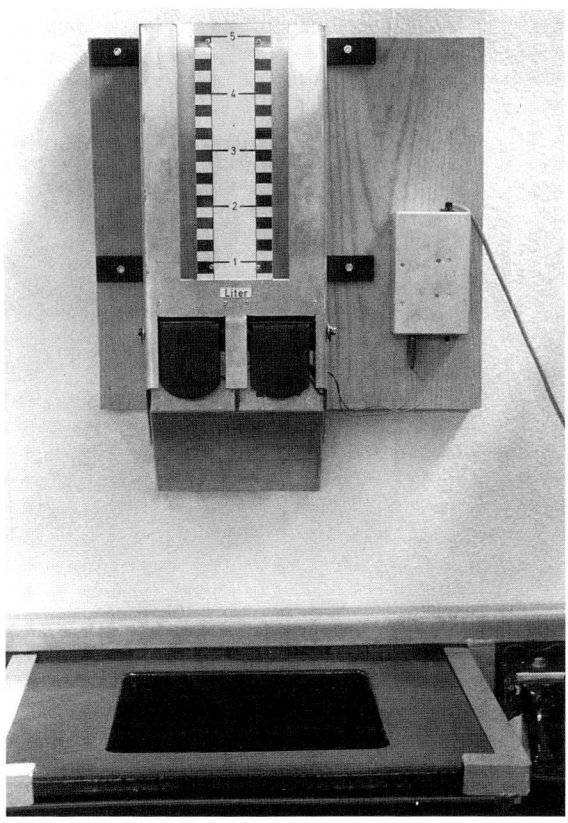

Abb. 64. Futterautomat mit Dosiereinheit für mehrtägigen Vorrat.

3.3   Fütterungstechnik im Laufstall

Die Funktion und der Erfolg einer Laufstallhaltung hängen zu einem hohen Maße von der Gewährleistung der bedarfsgerechten Versorgung aller Pferde ab. Besonderes Augenmerk ist dabei auf die rangschwächeren Tiere zu richten, deren individuelle Futteraufnahme durch die ranghöheren Konkurrenten häufig gefährdet wird. Durch geeignete Fütterungseinrichtungen und -strategien ist auch für sie ein ungestörter Verzehr der vorgelegten Rationen zu gewährleisten.

Die Pferde können durch *Anbinden* daran gehindert werden, sich gegenseitig abzudrängen und sich beim Fressen, insbesondere von Kraftfutter, zu behindern. Dies geschieht häufig in älteren Laufställen, in denen die übliche Einrichtung aus einem langen Trog besteht, der ausreichend große Individualabstände und für alle Tiere einen breiten Freßraum zuläßt. Die Rauhfuttervorlage erfolgt gewöhnlich ebenfalls im Trog oder in darüber angeordneten Raufen. Diese Fütterungstechnik erschwert die individuelle Fütterung und ist mit einem hohen Arbeitsaufwand belastet.

Für die Rauhfutter- oder Silagefütterung stellt die *Sprossenwand* eine bewährte Lösung dar. Der lichte Abstand der senkrechten Rohre beträgt je nach Pferdegröße 25 bis 30 cm. Das Futter wird auf dem davor angeordneten Futtertisch vorgelegt. Das Freßplatzniveau sollte mindestens 15 bis 20 cm über dem Standplatz der Pferde liegen, damit wegen des nicht möglichen Ausfallschrittes keine Verletzungen an den Vorderextremitäten entstehen. Bei ausreichender Anzahl von Freßplätzen können an der Futtertischseite der senkrechten Rohre auch Kraftfuttertröge angebracht werden. Bei ungleichen Portionsgrößen und unterschiedlichen Freßzeiten besteht jedoch die Gefahr der gegenseitigen Belästigung.

Eine ähnliche Funktion erfüllen auch *Palisadenfreßgitter*. Hier können die Spaltweiten mit 20 bis 25 cm etwas schmaler sein, da die Pferde von oben den Hals einfädeln. Die Palisaden selbst haben eine Breite von 50 bis 60 cm, so daß Freßplatzabstände von 60 bis 80 cm entstehen. Das Niveau des Futtertisches sollte aus den erwähnten Gründen auch hier mindestens 15 bis 20 cm über dem Standplatz der Pferde liegen. Eine gute Möglichkeit der Vorratsfütterung für Rauhfutter stellen weiterhin Rundraufen dar, die durch den allseitigen und überschaubaren Zugang eine gleichzeitige Futteraufnahme auch von Tieren unterschiedlicher Rangordnung zulassen.

Abb. 65. Palisadenfreßgitter zur Vorratsfütterung.

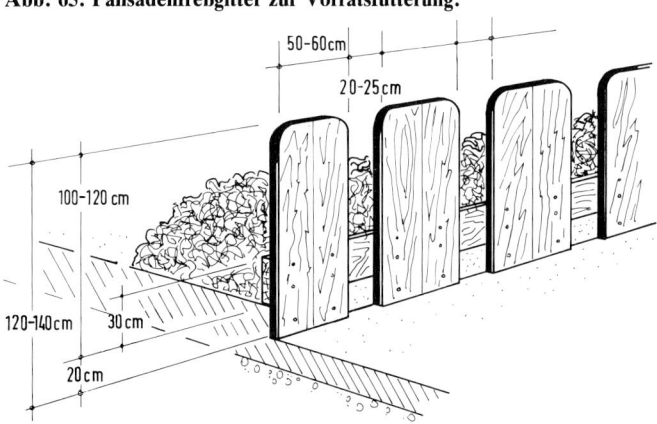

In Laufstallhaltungen mit nur wenigen Tieren kann die individuelle Kraftfutterfütterung durch *Futtereimer* gesichert werden. Dazu werden die gefüllten Eimer den Pferden mit einer dicken Kordel um den Kopf gehängt. Um Auseinandersetzungen zu vermeiden, wird beim ranghöchsten Tier begonnen und in abnehmender Rangfolge fortgefahren. Somit sind die ranghöheren Tiere beschäftigt und können die schwächeren Stallgefährten nicht mehr attackieren. Nach Beendigung der Futteraufnahme werden in umgekehrter Reihenfolge die Eimer wieder abgenommen.

Einen wesentlichen Beitrag zur Verbesserung der individuellen, aber dennoch arbeitssparenden Fütterung von Rauh- und Kraftfutter können *Freßstände* leisten. Je nach Pferdegröße ist die Standbreite mit 0,60 bis 0,80 m und die Standlänge mit 2,50 m für den Standbereich bzw. 3,20 m inklusive Freßbereich zu bemessen, um einen ausreichenden Schutz über die volle Flankenlänge zu gewährleisten. Nur bei gleichaltrigen Tieren mit einheitlichen Futterrationen, wie etwa während der Aufzucht, genügen auch kürzere Freßstände, da unter diesen Bedingungen weitgehend gleiche Freßzeiten vorliegen und die Gefahr des Abdrängens kaum gegeben ist.

Der Boden in den Freßständen ist mit festem Belag zu versehen, um ein Aufscharren im Bereich der Vorderhufe zu vermeiden und anfallenden Kot leichter entfernen zu können.

Die periodische Futtervorlage zu bestimmten Futterzeiten erfordert, daß für jedes Tier ein Freßstand vorhanden ist. Um gegenseitige Beeinträchtigungen bei der Futteraufnahme vor allem zu Lasten der rangschwächeren Tiere zu vermeiden, sollte die Standabgrenzung so ausgebildet sein, daß Belästigungen durch Beißen oder Schlagen ausgeschlossen werden. Andernteils ist eine durchsichtige Trennwandgestaltung zu empfehlen, die den Pferden Sichtkontakt zur Umgebung erlaubt und damit ein ruhigeres Verhalten bewirkt. Dichte Beplankungen der Freßstände über die volle Höhe haben vielfach zur Folge, daß die Tiere hastig fressen, nur kurzzeitig Futter aufnehmen und ihren Stand zur Erkundung der Nachbarschaft wiederholt verlassen und wieder besetzen, wobei sie viel Futter verstreuen. Daher sollte zumindest ein Blickkontakt über die Trennwand hinweg möglich sein.

Diese Forderungen können eng verlegte Stangen mit Abständen von 6 bis 10 cm ab einer Höhe von etwa 0,50 m erfüllen. Größere Stangenabstände bis zu 50 cm reichen nur bei sehr gut aneinander gewöhnten und sehr ruhigen Gruppen aus. Als Kompromiß kann eine dichte Beplankung bis in Rumpfhöhe in Kombination mit offener Stangenabgrenzung im oberen Wandbereich gewählt werden. Auch Gitter oder Geflechte mit Maschenweiten von etwa 5 cm geben den nötigen Sichtkontakt und gewährleisten dennoch eine beruhigende Abgrenzung.

Die Standhöhe ist bei Großpferden mit 1,80 m bis 2,20 m zu wählen. Für Kleinpferde sind entsprechende Abschläge möglich.

Die beschriebenen Trennwände genügen ab einer Höhe von etwa 50 cm. Der offene Freiraum in Bodennähe bringt Materialersparnis und erleichtert die Reinigung der Boxen.

Das Krippenniveau sollte auch hier mindestens 20 cm über dem Standplatz liegen. KOLTER (1987) empfiehlt sogar 40 cm Troghöhe und eine 1,10 m hohe Frontwand, um das Verschleudern von Futter zu vermeiden.

Für die Freßplatzgestaltung ist die Fütterung von Rauh- und Kraftfutter zu berücksichtigen. An einer durchgehenden Krippe sind die einzelnen Freßplätze mit Trennwänden oder besser durchsichtigen Trenngittern abzugrenzen. Ein Freiraum über der Krippensohle erleichtert die Reinigung. Durch eine schräggestellte Frontwand bis zu einer Weite von 0,70 m und einer Höhe von 1,10 m rutscht das Futter nach und liegt

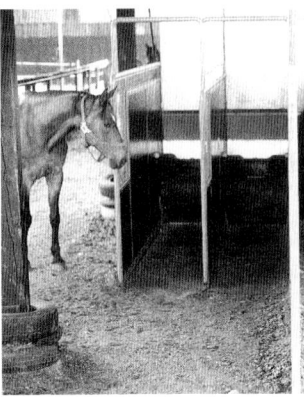

Abb. 66. Zur Erkundung des Umfeldes sollten die Pferde über dicht ausgeführte Trennwände sehen können.

Abb. 67. Stangen als Trennwände in Freßständen genügen nur bei Pferden, die gut aneinander gewöhnt sind.

immer in Reichweite der Pferde. Gleichzeitig wird das Wegschleudern erschwert und damit Futtervergeudung vermieden.

Für die getrennte Vorlage von Kraftfutter können an den Trenngittern Kraftfuttertröge befestigt werden. Sie sind schmal (ca. 25 cm) und lang (40 bis 50 cm) auszuführen, um den Freßraum über der Krippe nicht zu sehr einzuengen. Diese Abmessungen lassen für die Pferde eine ungestörte Futteraufnahme, für den Fütterer eine bequeme Vorlage und Reinigung der Tröge zu.

Als Alternative zu den Krippen ist auch eine Kombination aus Heuraufe und Krippe möglich. Die Raufe wird mit einem Bodenabstand von 30 bis 40 cm befestigt. Stababstände von 6 bis 7 cm lassen eine gleichmäßige Futteraufnahme zu, da durch die abgerundete Rückwand das Nachrutschen des Heus an die Stäbe gesichert wird. Für die Kraftfuttervorlage wird seitlich an der Raufe ein Trog befestigt. Die Abgrenzung zum Nachbarstand bildet die nächste Heuraufe. Aus Platzgründen ist auch hier nur eine Trogbreite von 25 bis 30 cm möglich, die sicherlich an der unteren Grenze liegt, aber bei einer Länge von 40 bis 50 cm ein ausreichendes Fassungsvermögen und eine unbehinderte Futteraufnahme zuläßt.

Die automatisierte, tierindividuelle Fütterung wird im Laufstall durch die elektronisch gesteuerte *Abruffütterung* ermöglicht. Sie hat sich für andere Tiergattungen schon

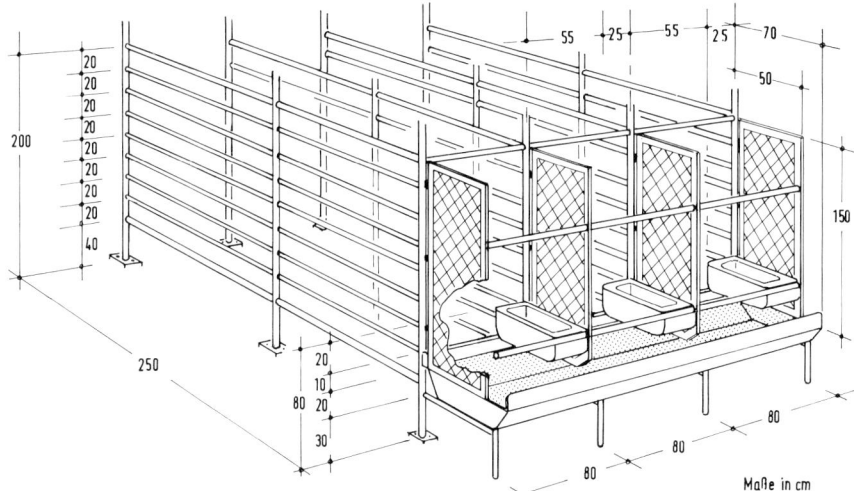

Abb. 68. Vorschlag zur Ausbildung von Freßständen mit durchgehendem Trog und Kraftfutterkrippe an der Trennwand.

seit vielen Jahren bewährt und bietet bei entsprechender Spezifikation auch in der Pferdehaltung gute Einsatzmöglichkeiten. Mit zwei verschiedenen Systemen, der Torsteuerung für Einzelfreßplätze und der rechnergesteuerten Fütterung an zentralen Futterstationen, liegen bislang erste Erfahrungen vor.

Bei der *Torsteuerung* (System FAL Völkenrode) besitzt jedes Pferd einen eigenen Freßplatz, der durch einen Sperrmechanismus verschlossen ist. Durch eine elektromagnetische Kennung am Halsband wird die Verriegelung am zugehörigen Platz geöff-

Abb. 69. Vorschlag zur Ausbildung von Freßständen mit Heuraufe und Kraftfuttertrog.

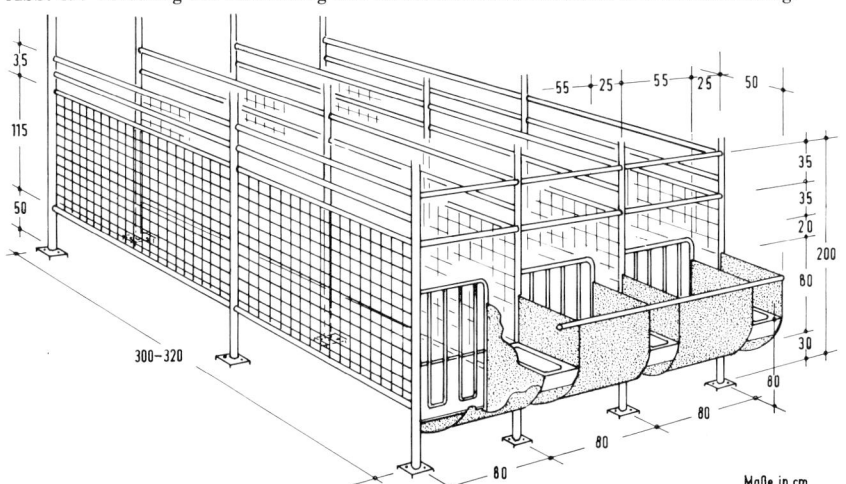

net. Rauhfutter, das je nach Freßplatz unterschiedlich zusammengesetzt sein kann, steht zur täglich rationierten oder freien Aufnahme. Kraftfutter wird nach einem vorgegebenen Zeitprogramm rationiert aus einem Dosierbehälter mit Freßschale vorgegeben.

Das elektromagnetische Kennungssystem läßt nach dem jetzigen Entwicklungsstand maximal acht Unterscheidungen zu. Es ist daher nur für kleinere Bestände einzusetzen. Die Vorratsfütterung von Rauhfutter kann auch mit einer sogenannten *Rollraufe* erfolgen. Sie besteht aus einer mobilen Sprossenwand mit einem schräg gestellten Bodenbrett, um den Stand der Vorderbeine zu erleichtern. Auf der Futterseite hebt ein flach angelenktes Brett das Futter etwas an und ist damit für die Pferde bequemer erreichbar. Die Rollraufe wird wandseitig in Laufrollen geführt und durch den Druck der fressenden Tiere jeweils in den Futtervorrat geschoben. Durch eine zeitgesteuerte Jalousie können die Freßzeiten begrenzt werden.

Rechnergesteuerte Fütterungsanlagen mit zentralen Futterstationen erfordern eine elektronische Identifizierung. Die sogenannten Transponder oder Responder werden an einem Halsriemen oder am Kehlriemen des Halfters getragen. An jeder Versorgungseinheit ist ein Empfänger montiert, der auf induktivem Wege den Kennungscode übernimmt und an den Fütterungscomputer weiterleitet. Die Zahl der identifizierbaren Tiere hängt von der Kapazität des Rechners ab und ist beliebig zu erweitern.

Der *Fütterungscomputer* stellt die zentrale Steuereinheit des gesamten Systems dar. Für jedes Tier können individuell die täglichen Kraftfutter- und Heumengen eingegeben werden. Der Abruf wird über ein Fütterungsprogramm gesteuert, so daß über den ganzen Tag verteilt von der Sollmenge jeweils nur geringe Teilmengen abgeholt wer-

Abb. 70. Individuelle Fütterung im Laufstall durch elektro-magnetische Torsteuerung vor jedem Futterplatz mit Kraftfutterdosierer von der Zugangsseite der Pferde aus.

**Abb. 71. Am Kehlriemen ge-
tragener Transponder zur
Tieridentifizierung für die Abruffütterung.**

den können. Die Verzehrsmengen werden bei jedem Besuch registriert und im Rechner angezeigt, so daß jederzeit eine zuverlässige Information über das Verzehrverhal-
ten gegeben ist. Die aufgenommenen Tagesfuttermengen werden im Rechnerspeicher
aufsummiert und geben über längere Fütterungszeiträume einen genauen Überblick
über den tatsächlichen Futterverbrauch.

Die Kraftfutterstationen bestehen aus dem Freßstand, einer Freßschale und einem
Vorratsbehälter mit Dosiereinrichtung. Die zulässigen Auswurfmengen sind für die
jeweiligen Futterarten der Verzehrsgeschwindigkeit der Pferde anzupassen. Sie betragen bei Hafer beispielsweise 100 g pro Minute. Höhere Auswurfraten würden zu
einem Futtervorrat in der Freßschale und damit zu einem erhöhten Anreiz für nach-
drängende Konkurrenten führen.

In jeder Futterstation können gleichzeitig mehrere Futterarten verabreicht werden.
Für jede Futtersorte ist eine getrennte Dosiervorrichtung mit entsprechendem Vorratsbehälter erforderlich.

Die Freßstandausbildung wirkt sich sehr stark auf das Pferdeverhalten aus. Kurze,
nur den Brustbereich des fressenden Tieres abschirmende Seitenwände ermöglichen
ein schnelles Ausweichen bei Angriffen. Zur Vermeidung von Verletzungen haben

**Abb. 72. Kraftfutterstation
mit kurzem Freßstand.**

Abb. 73. Lange Freßstände bieten dem fressenden Tier Schutz über die volle Flanken-länge.

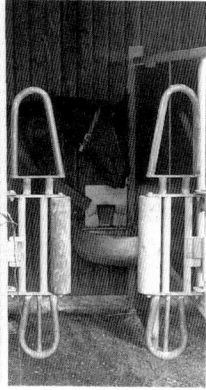

Abb. 74. Pendeltore mit Gleitrollen am rechtwinklig versetzten Ausgang sind nur von innen zu öffnen.

sich Gummimatten mit nachgiebigen Rändern bewährt. Diese Freßstandform führt in der Tat zu einem häufigen Wechsel in der Futterstation, der im positiven Sinne zu mehr Bewegung aktiviert, der aber auch zu häufigem Abdrängen, verbunden mit unbefriedigendem Futterabruf vor allem der rangniederen Tiere führt.

Lange, über die volle Flankenlänge reichende Freßstände geben dem fressenden Tier mehr Schutz. Aber auch hier können noch Verdrängungen auftreten. Um dies zu vermeiden, haben sich im Versuchseinsatz über den Rechner gesteuerte Eingangs-sperren bewährt. Sobald ein Pferd mit Anrecht auf Futter die Station betritt, wird der Eingang versperrt, nach Auswurf der vorgegebenen Futtermenge wieder geöffnet. Der Ausgang ist um 90° versetzt seitlich angeordnet. Nur von innen zu öffnende Pendeltore verhindern, daß Pferde von dieser Seite in die Futterstation gehen. Durch die Trennung von Ein- und Ausgang ergibt sich eine bessere Verteilung der Tiere, die vor allem den unterlegenen Pferden zugute kommt.

Die Belegdichte pro Futterstation hängt von der Futterart und den Rationsmengen ab. Für reine Haferfütterung liegen Erfahrungen mit bis zu 20 Pferden vor, die aber die obere Grenze darstellen dürften. Werden auch Heucobs oder vergleichbar langsam gefressene Komponenten verfüttert, so kann eine Station bereits mit fünf bis zehn Tieren ausgelastet sein.

Auch Heu kann mit derartigen Anlagen rationiert werden. Dabei wird das Heu nicht in Teilportionen vorgegeben, sondern als Steuerungsgröße die Freßzeit über absperrbare Raufen oder Schwenkgitter vorgegeben. Verschiedene Sperrmechanismen sind in Entwicklung und bedürfen für die unterschiedlichen Einsatzbedingungen noch einer weiteren Erprobung.

Eine wichtige Voraussetzung für die Funktion dieser Anlagen ist die Standortwahl. Der Laufstall ist dazu in mehrere Funktionsbereiche zu untergliedern und ein möglichst großer Abstand zwischen den verschiedenen Versorgungsstellen anzustreben (s. Abb. 76 und Kap. 9.2).

Trotz der erst sehr kurzfristigen Erfahrungen darf von den rechnergesteuerten Fütterungsanlagen eine deutliche Verbesserung der Versorgung der Pferde im Laufstall erwartet werden. Sie ermöglichen einen Futterabruf über den ganzen Tag in physiologisch erwünschten kleinen Teilgaben. Ohne Eingriff von außen durch periodische Futterzeiten entwickeln die Tiere einen individuellen Freßrhythmus. Der Betreuer hat dennoch über den Fütterungscomputer einen guten Überblick über den Futterabruf und damit eine wertvolle Hilfe zur Herdenüberwachung.

Abb. 75. Variante einer Heuraufe mit rechnergesteuertem Schwenkgitter zur zeitgesteuerten Vorgabe der Freßzeit.

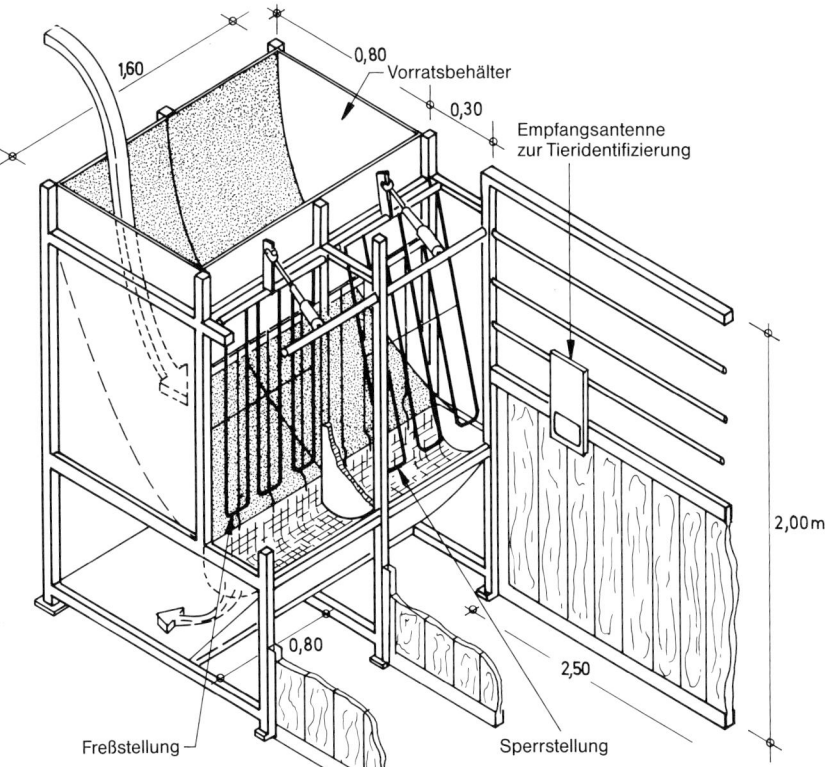

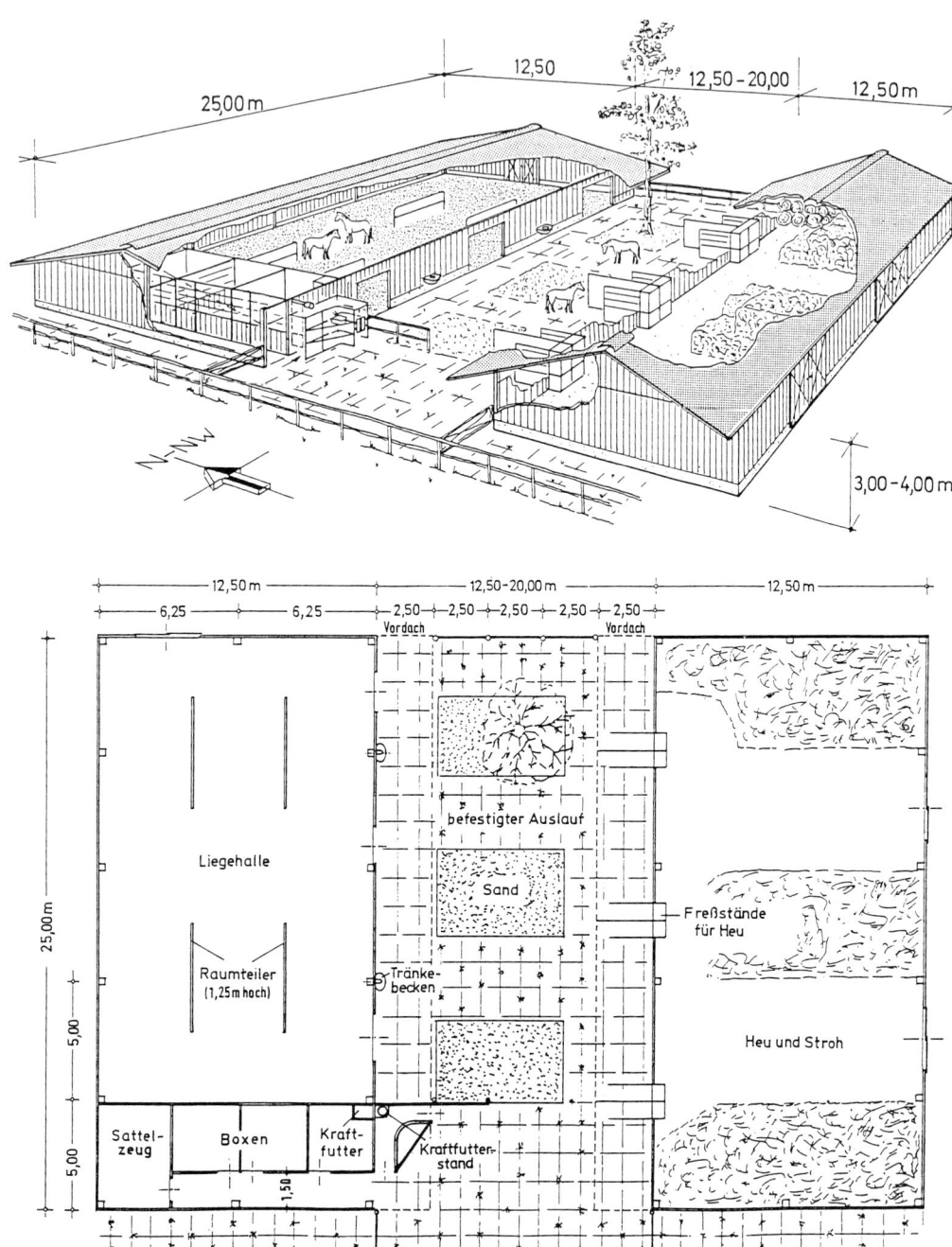

Abb. 76. Beispiel für die Aufteilung der Funktionsbereiche in einem Offenlaufstall mit rechnergesteuerter Abruffütterung (für ca. 20 Pferde).

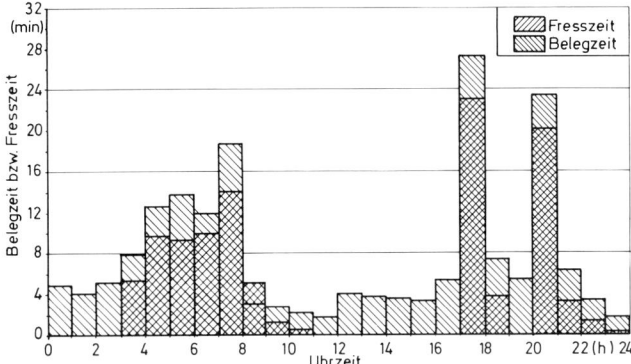

Abb. 77. Verzehrsrhythmus eines Pferdes an einem Abrufautomaten (Durchschnitt von einem Monat).

4   Wasserversorgung

Eine ausreichende Versorgung mit *frischem Wasser* ist für die Gesundheit und Leistungsfähigkeit der Pferde von großer Wichtigkeit. Der Wasserbedarf selbst ist abhängig von der Größe des Pferdes, dem Feuchtegehalt des Futters und der abgeforderten Leistung. Er beträgt für Fohlen 10 bis 15 l, für säugende Stuten 40 bis 60 l und für Sport- und Arbeitspferde je nach Beanspruchung 30 bis 80 l pro Tag (MEYER 1974). Die Versorgung kann durch manuelle Zuteilung aus Eimern oder durch Selbsttränken erfolgen (s. Teil D, Kap. 2.7 und 4.2).

4.1   Eimertränke

Das *Tränken mit Eimern* ermöglicht eine in Menge und Temperatur kontrollierte Wasservorgabe. Bei der geforderten mindestens dreimaligen Zuteilung am Tag ist damit aber eine zeitaufwendige, schwere und ausgesprochen termingebundene Arbeit verbunden. Eine Reduzierung der Teilgaben ist nicht zu empfehlen, da dann zu große Wassermengen auf einmal aufgenommen werden. Dies ist vor allem bei erhitzten Pferden von Nachteil.

Eine gesicherte und den Bedürfnissen der Pferde besser angepaßte Wasserversorgung ist durch ein ständig verfügbares Wasserangebot gegeben. Als technische Einrichtungen dienen dazu Trogtränken oder Tränkebecken.

4.2   Trogtränke

Trogtränken mit Schlauchbefüllung oder Leitungsanschluß mit Schwimmersteuerung stellen eine zweckmäßige Lösung für die Gruppenhaltung im Stall und auf der Weide dar. Sie ermöglichen den Pferden durch die große Oberfläche eine artgerechte Wasseraufnahme. Andernteils ist die Gefahr der Verschmutzung gegeben, so daß eine regelmäßige Überwachung und in gewissen Zeitabständen das Ablassen und Reinigen des Troges erforderlich wird.

Trogtränken sind vorwiegend im Sommerbetrieb einzusetzen. Ein Frostschutz in den Wintermonaten ist schwer möglich, es sei denn, daß auf fließendes Wasser aus natürlicher Quell- oder Brunnenspeisung zurückgegriffen werden kann.

4.3   Tränkebecken

Tränkebecken stellen heute für alle Aufstallungssysteme die Standardlösung dar. Sie sollen je nach Pferdegröße in einer Höhe von 0,80 bis 1,10 m und möglichst weit von den Fütterungseinrichtungen entfernt, in Boxen also meist an der dem Trog gegenüberliegenden Rückwand, angebracht werden (s. Teil D, Kap. 4.2). In Laufställen bieten größere Abstände zwischen Futter und Wasser den Anreiz zu vermehrter Bewegung.

Die Tränkebecken besitzen heute überwiegend eine offene Schale. Deckel als Schutz gegen Verunreinigungen durch Futter, Kot oder Harn sind nur bedingt wirksam. Sie verleiten zudem viele Pferde zum Spielen, was immer mit Geklapper und unangenehmer Lärmbelästigung im Stall verbunden ist. Wichtiger erscheint die Wahl des geeigneten Standorts. In Problemfällen kann Abhilfe gegen das Bekoten durch einen Schutzbügel um das Tränkebecken geschaffen werden.

Der *Wasserzulauf* zum Tränkebecken kann über Druckzungen oder Schwimmer bzw. druckbelastete Ventile erfolgen. Letztere erfordern zwar einen etwas höheren Anschaffungspreis, haben aber den Vorteil, daß vom Pferd keine Hebel zu betätigen sind und ein ungehindertes Saugtrinken ermöglicht wird. Dadurch ist auch eine gute Anpassung der Wasserzuführung an die Wasseraufnahmegeschwindigkeit des Pferdes, die tierindividuell und auch durch die Wassertemperatur sehr unterschiedlich sein kann, möglich. Um auch hohe Trinkgeschwindigkeiten befriedigen zu können, sind Zulaufmengen bis zu 20 l/min vorzusehen. Damit die Wasseraufnahme bei Bedarf vorübergehend blockiert werden kann, muß an jedem Tränkebecken der Bedienungsmechanismus verriegelt oder die Zufuhr durch einen Absperrhahn blockiert werden können.

Auch auf Weiden kann die Wasserversorgung durch Tränkebecken sichergestellt werden. In Hofnähe empfiehlt sich eine fest verlegte Leitung aus PE-Kunststoffrohren, die nahtlos als Ringbunde bis zu 300 m und auf Trommeln bis 2500 m Länge geliefert werden und beliebig zu verlängern sind. Andernfalls ist der Anbau spezieller Tränkebecken an *Wasserwagen* möglich, die an einem schattigen Platz aufgestellt oder mit einem Schattierungsnetz belegt werden sollten. Um eine einwandfreie Wasserqualität sicherzustellen, ist mindestens ein zweimal wöchentliches Auffüllen des Tankes zu empfehlen. Bei hohem Grundwasserstand können auch vom Pferd betätigte *Weidepumpen* eingesetzt werden. Die maximale Saughöhe beträgt 6 bis 7 m. Eine Wasserstelle reicht auf der Weide für einen Besatz von 15 bis 20 Pferden aus. Auch besteht heute die Möglichkeit, auf hoffernen Weiden Wasserpumpen durch Strom aus Solargeneratoren (Photovoltaik) anzutreiben (s. Teil C, Kap. 6.2).

In nicht wärmegedämmten Boxenställen und in Offenlaufställen müssen die Tränkeeinrichtungen in den Wintermonaten gegen *Einfrieren* geschützt werden. Dazu sind Erdleitungen je nach Klimaregion in einer Tiefe von 0,80 bis 1,20 m zu verlegen. Offengeführte Zuleitungen können durch eine ausreichend starke Glas- bzw. Mineralwollepackung oder durch Schaumstoffschalen isoliert werden. Neuerdings stehen

Abb. 78. Tränkebecher mit Druckzunge (a) und mit gewichtsbelastetem Einlaufventil (b) als Schwimmertränke.

auch thermostatgesteuerte Heizkabel zur Verfügung, die unmittelbar um das Wasserrohr gelegt werden. Der isolierte Heizleiter ist von einem Metallgeflecht und einem Kunststoffmantel geschützt und in beliebigen Längen lieferbar.

Zum Schutz der Tränkebecken selbst sind ebenfalls die genannten Heizkabel einzusetzen, wobei beliebige Beckenformen möglich sind. Für die Standardtränkebecken stellen Widerstandsheizungen die übliche Lösung dar. Dazu wird von einem Trafo die Netzspannung von 220 V auf gefahrlose 24 Volt umgeformt. Zum Schutz der Heizeinrichtung und der Zuleitung werden die Tränkebecken zweckmäßigerweise auf einem Betonrohr montiert. Bei der Auswahl der Heizeinrichtungen und der Elektroinstallation sind unbedingt die VDE-Richtlinien zu beachten.

Bei nur geringen Frösten bis zu ca. −5 °C ist darüber hinaus ein Einfrieren allein durch die Erdwärme zu verhindern. Dazu wird ein Betonrohr mit 0,30 m Durchmesser bis zu einer Tiefe von 2 bis 3 m in die Erde eingegraben und darauf das Tränkebecken aufgesetzt. Die Zuleitung muß unter Frosttiefe und im aufsteigenden Teil im Rohr geführt werden. Bei niedrigeren Temperaturen ist ein ausreichender Frostschutz aber nur in Kombination mit den oben genannten Systemen gewährleistet.

5   Entmisten

Das regelmäßige *Entmisten* ist eine unerläßliche Voraussetzung für die Hygiene in der Pferdehaltung. Es nimmt in den täglichen Versorgungsarbeiten den höchsten Zeitaufwand in Anspruch und zählt zudem zu den unangenehmen Arbeiten. Aus diesen Gründen ist der Wunsch nach Mechanisierungslösungen in diesem Bereich sehr groß. Dazu stehen je nach Aufstallungssystem, baulichen Gegebenheiten und Einstreuverfahren mehrere Techniken zur Verfügung.

5.1   Entmistungstechniken im Boxenstall

Für das Entmisten geschlossener Stallanlagen kann auf *stationäre Anlagen* oder *mobile Geräte* zurückgegriffen werden. Stationäre, fest in die Stallanlage installierte Techniken sind die geeignete Lösung für das Wechselstreuverfahren. Die mobilen, schleppergeführten Entmistungsgeräte kommen dagegen vorwiegend beim Wechseln der Matratze zum Einsatz. Beide Verfahren sind in unterschiedlichen, als Übersicht in Abb. 79 dargestellten Varianten möglich, die entsprechende Konsequenzen für den Entmistungsablauf und die Stalleinrichtungen haben.

5.1.1   Stationäre Entmistungsanlagen

Stationäre Anlagen in Form von Schubstangen oder seilgezogenen Mistschlitten übernehmen nur den Transport des Mistes aus dem Stall. Das Trennen von Mist und trockener Einstreu sowie das Befüllen der Anlage muß von Hand erfolgen. Die dazu erforderliche Wurfweite mit der Gabel wird von der Anlage der *Mistbahn* im Stall bestimmt.

Die Führung der Mistbahn in der Mitte der Stallgasse hat den Vorteil, daß für zwei Boxenreihen nur eine Anlage erforderlich ist. Auch läßt sich in diesem System der Anbindestand einbeziehen, wenn Schulpferde in Vereinen in einer Stallseite in Ständern untergebracht sind. Da für je vier Boxen eine Einwurföffnung angeordnet ist, entstehen jedoch relativ große Weiten für den Gabeltransport des Mistes. Auch muß nach jedem Entmistungsvorgang die Stallgasse gekehrt werden.

Der mit Bohlen abgedeckte Mistkanal erfordert eine Mindesttiefe von 0,60 m und je nach Stallänge eine Breite ab 0,50 m. Geringere Abmessungen verursachen die in der Praxis häufig auftretenden Probleme, daß sich der strohige voluminöse Pferdemist aufbaut und zu Kanalverstopfungen bzw. Beschädigungen der Anlage führt.

Die Verlegung der Mistbahn in die Boxe erfordert für jede Boxenreihe eine Anlage. Sie ermöglicht aber sehr kurze Einwurfweiten, zumal meist die Hauptmenge des

Abb. 79. Mögliche Techniken zur Entmistung von Pferdeställen.

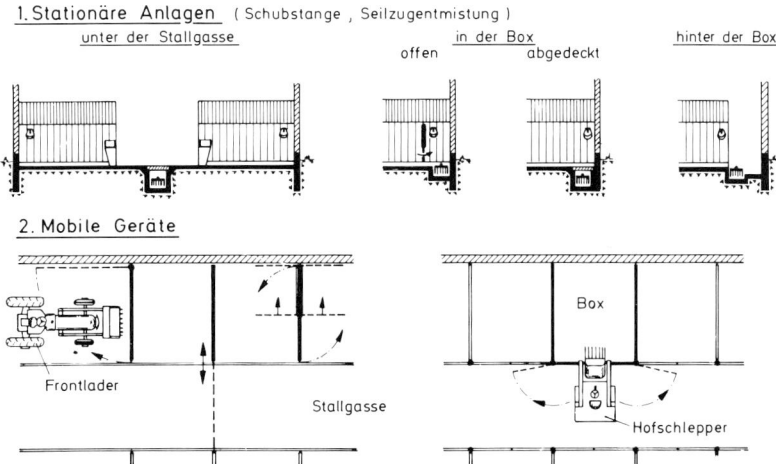

Abb. 80. In der Stallgasse angeordnete Mistbahn zur Entsorgung von zwei Boxenreihen mit wünschenswert breiter Einwurföffnung.

Mistes im hinteren Boxenbereich anfällt. Auch wird die Stallgasse von den Entmistungsarbeiten nicht berührt, so daß keine zusätzlichen Reinigungsarbeiten anfallen. Dies ist besonders für Ställe von Bedeutung, die mehrmals am Tage entmistet werden, da häufiges Kehren der Stallgasse nicht nur einen vermehrten Zeitaufwand, sondern auch eine erhöhte Staubbelastung im Stall bewirkt.

Ein abgedeckter Kanal kann voll in die Boxenfläche einbezogen werden und beansprucht somit keinen zusätzlichen Raum. Die Deckel für die Einwurföffnung müssen aber bei jedem Entmisten von der Einstreu frei geräumt und die Falze vor dem Verschließen gereinigt werden, um einen festen Sitz der Verschlüsse zu gewährleisten. Zweckmäßiger erscheinen daher offen geführte Kanäle. Sie können flacher angelegt sein, da Verstopfungen nicht möglich bzw. eine gute Funktionsüberwachung und ein Zugang an allen Stellen bei eventuell auftretenden Störungen gegeben sind. Der Entmistungskanal muß jedoch über die volle Boxenbreite abgesichert werden, um ein Verletzungsrisiko für die Pferde auszuschalten. Dazu können bereits zwei bis drei waagrecht eingehängte Stangen genügen, oder es wird eine 1,10 bis 1,20 m hohe geschlossene Trennwand mit verschließbaren Öffnungen für den Mistauswurf angebracht. Durch diese niedrige Abtrennung kann die Boxe im Kopfbereich nahezu vollständig genutzt werden. Auch ist die Anbringung des Tränkebeckens hinter der Abgrenzung zu empfehlen, so daß überlaufendes Wasser im Mistkanal ohne Durchnässung des Liegebereiches abgeleitet wird.

Die offene Führung der Mistbahn hinter den Boxen ist arbeitswirtschaftlich ebenfalls sehr positiv zu bewerten. Sie erfordert aber eine komplette zusätzliche Boxenwand und einen erhöhten Raumbedarf. Diese Lösung wird in Ställen mit getrenntem Futtertisch gewählt, wo der Mistgang gleichzeitig zum Ein- und Austrieb der Pferde benutzt wird. Der Gang muß dazu aber eine Breite von mindestens 1,20 m, besser 1,50 m besitzen, und es kann bei flacher Kanalführung nur ein seilgezogener Mistschlitten zum Einsatz kommen.

5.1.2   Mobile Entmistungsgeräte

Mobile Geräte werden im Gegensatz zu den stationären Anlagen kaum für den täglichen Einsatz, sondern vorwiegend für die Entmistung in größeren Zeitabständen in Verbindung mit dem Wechseln einer Mistmatratze verwendet. Das auch beim Matrat-

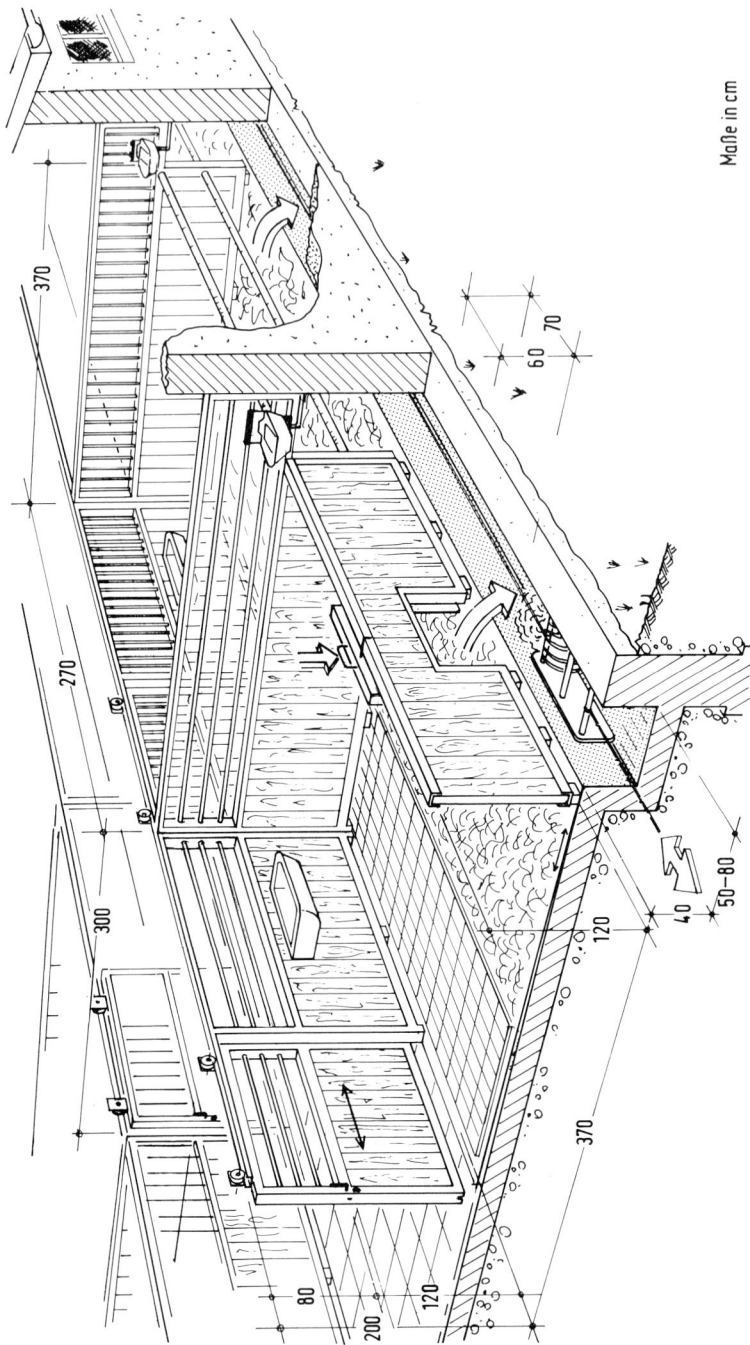

Abb. 81. Vorschlag für eine hinter der Boxe offen geführte Mistbahn mit Abgrenzung durch Stangen oder eine geschlossene halbhohe Wand.

Abb. 82. Hinter der Boxe offen geführte Seil-zugentmistung in separatem Mistgang, der gleichzeitig zum Ein- und Austrieb der Pferde dient.

Abb. 83. Schwenkbare Boxentrennwand zur Entmistung mit dem Frontlader.

zenstreuverfahren häufig täglich durchgeführte Absammeln der Kotballen oder das Ausstechen durchnäßter Stellen muß unabhängig davon von Hand erfolgen und kann nur bedingt in die Mechanisierung einbezogen werden.

Standardschlepper mit Frontlader erfordern zunächst ausreichend große Toröffnungen mit Mindestabmessungen von 2,80 bis 3 m Höhe und 2,50 bis 3 m Breite. Der Einsatz ist nur in Längsrichtung des Stalles möglich und bedingt, daß alle Boxen auf einer Seite zur gleichen Zeit entmistet werden. Dazu müssen die Boxentrennwände beweglich angeordnet sein. In U-Profile eingelegte Bohlen oder Rundlinge müssen einzeln von Hand entnommen werden und finden daher wegen des dafür erforderlichen hohen Arbeitsaufwandes nur selten Verwendung. Meist wird die gesamte Trennwand als geschlossene Einheit mobil gestaltet.

Schwenkbare Wände werden wie Flügeltore in stabilen Angeln an der Außenwand befestigt. Für schwere Ausführungen und große Boxentiefen empfiehlt sich zusätzlich die Anbringung eines Zugbandes. Die Drehrichtung sollte immer zur bereits entmisteten Boxe gehen, so daß die Matratze beliebig hoch anwachsen kann. Dennoch ist das Einstellen eines Bodenbrettes ratsam, um die Trennwand unten vor Verrottung durch den Mist zu schützen.

In die Stallgasse *ausfahrbare Boxentrennwände* werden wie Schiebetore in einer Laufschiene geführt, die über die gesamte Stallbreite reicht. Voraussetzung für dieses System ist eine identische Breite von Boxentiefe und Stallgasse. Die Anwendung ist damit meist nur bei Neubauten realisierbar. Da durch die ausgefahrenen Wände auf der Stallgasse wiederum Boxen entstehen, können die Pferde während des Entmistens hier untergebracht werden.

Boxentrennwände als *Drehschiebewände* sind mittig an einem Drehbolzen und einem rollenbesetzten Laufwagen aufgehängt. Die Wand wird nach dem Lösen der Arretierungen an den Außenseiten zunächst um 90° geschwenkt und dann breitseits in einer Laufschiene an die Außen- oder Boxenfrontwand geschoben. Das Schwenken der Wand ist nur möglich, wenn die Mistmatratze maximal bis zur Wandunterkante reicht. Unter der Trennwand muß daher unbedingt ein herausnehmbares Bodenbrett

Abb. 84. In die Stallgasse ausfahrbare Boxen-trennwand.   **Abb. 85. Drehschiebewand am mittig aufge-hängtem Rollwagen.**

eingestellt werden. Außer zu den Entmistungsarbeiten kann dieses System auch zur Gestaltung flexibler Boxengrößen genutzt werden, wenn vorübergehend eine größere Boxe zum Abfohlen oder zur Gruppenhaltung benötigt wird.

Das störungsfreie Arbeiten der Ladegeräte wird erleichtert, wenn sich möglichst wenige vorspringende Teile in den Boxen befinden. Tröge können dazu nach außen in die Stallgasse verlegt oder schwenkbar angeordnet werden. Auch die Anbringung von Betonkanten als Führungslinie ist möglich. Der darauf liegende und mit der Frontla-dergabel nicht erreichbare Mist muß jedoch von Hand nachgeräumt werden.

Eine wesentlich größere Wendigkeit besitzen spezielle *Hofschlepper,* die über Batte-rie oder Verbrennungsmotoren angetrieben werden können. Sie sind in vielseitigen Ausstattungen ab Breiten von 0,90 m verfügbar und kommen bei Einzelradlenkung (Panzerlenkung) mit Wendekreisdurchmesser unter 3 m aus. Die sehr schmalen Aus-führungen sollten jedoch nur bei stark beengten Gebäudeverhältnissen gewählt wer-den, da die Leistungsfähigkeit begrenzt und bei unebenen Wegen im Frontladerbe-trieb erhöhte Kippgefahr gegeben ist.

Mit diesen Hofschleppern können von der Stallgasse aus auch Boxen einzeln entmi-stet werden. Voraussetzung ist dazu ein ebener Übergang vom Gang zur Boxe und ein völliges Öffnen der Boxenvorderwand. Das Frontelement wird für diesen Zweck als doppelte Flügeltüre ausgebildet oder die Laufschiene wird bei Schiebetoren mit dem Hauptelement ausgeklappt. Auch hier steht das Wechseln der Matratze, nicht das tägliche Entmisten, im Vordergrund.

Abb. 86. In die Stallgasse verlegte Tröge und Tränkebecken zur ungehinderten Entmistung mit Frontlader.

Abb. 87. Wendige Hofschlepper können mit entsprechender Werkzeugausstattung sehr vielseitig eingesetzt werden.

5.2   Entmistung von Laufställen

Die Liegefläche von Laufställen ist stets eine Matratze. Die Entmistungsarbeit konzentriert sich damit auf das Wechseln der Matratze, das mit Schaufelladern an Standard- oder Hofschleppern mechanisiert werden kann. Um die Rangierarbeit nicht zu behindern, sind den Geräten angepaßte Toreinfahrten und stützenfreie Räume bzw. ausreichend große Säulenabstände erforderlich.

Arbeitswirtschaftlich gibt es hinsichtlich der Pflege der Matratze unterschiedliche Methoden. In der ursprünglichen Form wird ohne Entfernung des anfallenden Kotes täglich nur aufgestreut. Das Entmisten beschränkt sich auf das Wechseln der Matratze, das jährlich mindestens zweimal zu erfolgen hat.

Immer häufiger wird jedoch eine regelmäßige Pflege der Matratze durchgeführt, indem offenliegender Kot abgesammelt und nasse Stellen bei Bedarf ausgestochen werden. Wie im Boxenstall ist damit Handarbeit verbunden, denn nur der Abtransport des Mistes kann in befahrbaren Liegehallen mit Schaufelladern mechanisiert werden. Dieses Vorgehen verursacht zwar zusätzlichen Arbeitsaufwand, verbessert aber die Hygiene, reduziert den Einstreubedarf und verhindert ein zu schnelles Anwachsen der Matratze.

In Offenlaufställen wird ein Großteil des Mistes im Auslauf abgesetzt, so daß die Matratzenpflege vereinfacht wird. Die erforderliche Reinigung der befestigten Hauptwege kann durch Schiebeschilder oder Schaufeln am Frontlader erfolgen. In den Teilflächen mit losen Schüttungen muß das Absammeln des Kotes aber auch hier von Hand durchgeführt werden. Die Entmistungsarbeiten im Laufstall sind nicht – im Gegensatz zur Boxe – an feste Tageszeiten gebunden. Der Zeitablauf kann sehr flexibel gestaltet werden, da die Pferde wegen des großen Raumangebots den Mistplätzen ausweichen können. Auch ist es durchaus vertretbar, wenn an einzelnen Tagen wie z. B. am Wochenende nicht entmistet wird.

5.3 Mistanfall und Mistlagerung

5.3.1   Mistanfall

Der Kotanfall beträgt nach MEYER (1986) je nach Fütterung 1 bis 3% der Lebendmasse, nach KOLB 15 bis 23 kg. Die Harnmenge wird von NUSSHAG (1966) zwischen 5 und 10 l, von KOLB zwischen 2 und 11 l, im Mittel mit 5 l angegeben. Werden täglich 5 bis 8 kg Stroh eingestreut, so ist durchschnittlich mit einer jährlichen Frischmistmenge von 90 bis 120 dt pro Großpferd zu rechnen.

5.3.2   Mistlagerung

Die Mistlagerung wird von den örtlichen Gegebenheiten und der Art der Weiterverarbeitung bestimmt. Möglichkeiten sind die Stapelung des Mistes zur Eigenverwertung auf den landwirtschaftlichen Nutzflächen, der Verkauf an Land- und Gartenbaubetriebe oder Champignonzüchter und mit zunehmender Bedeutung auch die Kompostierung.

Die *Stapelung des Mistes* in Stallnähe setzt eine Betonplatte mit Gefälle zu einer Jauchegrube voraus, die die durch Niederschläge verursachten Mistabwässer aufnimmt. Zur Arbeitserleichterung sind kurze, befestigte Wege vorzusehen. Aus hygienischen Gründen ist die Anlage auf der windabgewandten Seite des Stalles zu empfehlen. Wenn möglich, sollte ein Geländegefälle ausgenützt und die Miststätte in den Hang eingelassen werden, so daß die Befüllung durch Abkippen von oben erfolgen kann. Bei ebenerdiger Anlage erleichtern versetzbare Auffahrtrampen das Befahren mit Mistkarren. Der Misthaufen ist regelmäßig zu stapeln und einzuebnen, um eine gleichmäßige Rotte zu begünstigen.

Eine Einfriedung mit Mauern oder in U-Profile eingelegte Rundholzstangen reduziert den Stapelaufwand und begünstigt den optischen Eindruck. Eine vierseitige Begrenzung ist nur bei der Entnahme mit einem Dungkran möglich. Für die üblichen mobilen Ladegeräte wie Front- oder Radlader sind eine oder zwei Entnahmeseiten

Abb. 88. Von der Mistbahn auf Wagen geladener Mist kann ohne Zwischenlager abtransportiert werden.

offen zu halten. Wichtig ist dazu auch eine ausreichend große Rangierfläche mit einer Mindesttiefe von 8 m. Die Zufahrtswege sind in der Breite und Tragfähigkeit für die landwirtschaftlichen Hänger oder bei Verkauf auch für Lastwagen auszulegen.

Die Größe der Miststätte ist vom täglichen Mistanfall und der Lagerdauer abhängig. Wird eine dreimonatige Lagerzeit vorausgesetzt, so sind 2 bis 3 m^2 Lagerfläche pro Pferd anzusetzen. Dabei wird davon ausgegangen, daß täglich 20 bis 30 kg Mist anfallen und das Raumgewicht bei strohreichem, lockerem Mist ca. 400 kg und im abgelagerten Zustand 500 kg beträgt. Für kürzere oder längere Lagerzeiten sind entsprechende Korrekturen vorzunehmen.

Wird aus hygienischen Gründen wegen Geruchsbelästigung, Fliegenplage oder Vermehrung von Parasiten und Krankheitserregern der Mistplatz am Stall abgelehnt, so kann der aus dem Stall gebrachte Mist sofort auf einen bereitgestellten Wagen oder Container geladen werden. Bei Karrenentmistung sollten die Behälter zur leichteren Befüllung durch Abkippen tiefer oder an eine Rampe gestellt werden. Das Fassungsvermögen der Wagen hängt von der Bestandsgröße und der Häufigkeit der Abfuhr ab. Als Richtgröße sind pro Tag und 10 Pferde 0,60 bis 0,80 m^3 vorzusehen. Als Flächenbedarf für die Endlagerung auf einem benachbarten Feld sind die für die Dungstätte angegebenen Werte zu übertragen.

Die *Kompostierung* ist gegenüber der Rotte im Stapelmist ein aerober Vorgang. Sie hat wesentliche hygienische Vorteile, da im Kot befindliche pathogene Keime sowie Eier und Larven von Parasiten und Fliegen weitgehend abgetötet werden. Kompost ist ein wertvoller Humus- und Nährstofflieferant. Wird er nicht im eigenen Betrieb verwertet, so besitzt er einen höheren Verkaufswert mit besseren Verkaufschancen als

Frischmist. Wegen dieser Vorteile findet diese Form der Mistaufbereitung heute zunehmendes Interesse.

Wesentlich für den Kompostierungsprozeß ist bei ausreichender Feuchtigkeit eine reichliche Luftzufuhr. Die Mieten sollten halbkreisförmig bis zu einer Breite von 2,00 und einer Höhe von 1,20 m angelegt werden. Bei dieser Abmessung können pro laufenden Meter ca. 500 kg Stallmist, der tägliche Anfall von etwa 20 Pferden, abgelegt werden. Die Reifedauer hängt vom Ausgangsmaterial und der Pflege ab und beträgt meist drei bis sechs Monate. Bei mehrmaligem Umsetzen ist aber auch schon nach zwei bis drei Monaten reifer Kompost zu erwarten, so daß zur Anlage eines Kompostplatzes einschließlich der Bearbeitungsflächen 12 bis 15 m^2 pro Pferd ausreichen würden.

Das von Hand arbeitsaufwendige Umsetzen ist durch Schauffellader, Greifer oder spezielle Umsetzungsmaschinen zu mechanisieren. Letztere bewirken durch eine rotierende Frästrommel eine sehr intensive Durchmischung und Auflockerung, sind wegen des erforderlichen Investitionsbedarfs aber nur für größere Anlagen wirtschaftlich einzusetzen.

6   Einstreuen

Die *Einstreu* hat als oberste Schicht des Stallbodens bei den langen Aufenthaltszeiten in den Ställen einen wesentlichen Einfluß auf das Ausruhverhalten, die Gesundheit und Leistungsfähigkeit der Pferde. Zu fordern ist ein trockenes, aber staubfreies Lager, das bei Hartböden eine gute Wärmedämmung und Elastizität zum Schutz vor Verletzungen an den Extremitäten bietet. Ein hohes Bindevermögen von Feuchtigkeit sowie von Schad- und Geruchsstoffen fördert in erheblichem Maße das Stallklima. Als gängige Einstreumaterialien stehen Stroh, Torf und Säge- bzw. Hobelspäne zur Verfügung. Die Materialeignung und die erforderlichen Mengen sind in engem Zusammenhang mit dem Stallboden und dem Entmistungsverfahren zu sehen. Nur in Ausnahmefällen kann bei elastischen Bodenbelägen auf Einstreu verzichtet oder eine starke Reduzierung vertreten werden.

Abb. 89. Häufiges Umsetzen, hier mit einer schleppergetriebenen Maschine, begünstigt den Kompostierungsprozeß.

**Abb. 90. Nur bei elastischen Böden ist eine Re-
duzierung der Einstreu vertretbar.**

**Abb. 91. Am Hofschlepper befestigter Anbau-
häcksler zum Einstreuen von Laufställen.**

Stroh stellt das am meisten verwendete Einstreumaterial dar, das auch von den
Pferden gern angenommen wird. Von den verschiedenen Getreidearten werden Rog-
gen- und Weizenstroh bevorzugt. Gerstenstroh mit Grannenbesatz ist dagegen weniger beliebt. Haferstroh dient vorwiegend als Futterstroh. Da Stroh von den Pferden
auch sehr gern gefressen wird und damit auch einen wichtigen Beitrag zur zusätzlichen
Beschäftigung liefert, dürfen nur einwandfreie Qualitäten zum Einsatz kommen. Ver-
schimmeltes, angefaultes oder mit Sporen besetztes Stroh muß unbedingt aussortiert
werden, da es ein zu großes Gesundheitsrisiko darstellt.

Die Struktur des Strohs hängt von der Erntetechnik ab und beeinflußt das Einstreuverfahren. Der vorherrschende *Hochdruckballen* liefert weitgehend langes, in der
Preßkammer nur in großen Abständen geschnittenes Material, das sich durch die beim
Preßvorgang aneinandergereihten Einzelpakete leicht verteilen läßt. In der Boxenhaltung geschieht dies ausschließlich von Hand. In schlepperbefahrbaren Liegehallen
von Laufställen kann das Auflösen durch Anbauhäcksler erfolgen. Das Stroh wird
aufgefasert, besitzt damit ein besseres Saugvermögen und wird in einem gleichmäßigen
Schleier verteilt. Da das Häckseln immer mit einer hohen Staubentwicklung verbunden ist, sollten sich die Pferde während des Einstreuens nicht im Stall aufhalten.

Völlig ungeschnitten ist das Stroh von *Großballen*. Kubische Ballen zerfallen ähnlich wie die Hochdruckballen und können so von Hand verteilt werden. Rundballen werden entweder abgerollt oder auf die Stirnseite gestellt und schichtweise abgelöst. Die Verteilung erfolgt wiederum von Hand. Auch dafür stehen mechanische Auflösegeräte und Häcksler zur Verfügung, die jedoch nur in großen Laufställen einen sinnvollen Einsatz erwarten lassen.

Gehäckseltes Stroh kommt nur bei betriebseigener Ernte in Betracht und wird nur in begrenztem Umfang eingesetzt. Für den Transport sind großvolumige Karren mit Aufbauten erforderlich. Häckselgut läßt eine sehr gleichmäßige manuelle Verteilung zu und besitzt gegenüber Langgut auch ein geringfügig besseres Saugvermögen (Tab. 3).

Die empfohlenen Einstreumengen reichen von 5 bis 20 kg. Sie werden beeinflußt von der Größe der Boxen, der Verweilzeit im Stall (Auslauf, Weide) und dem Einstreu- bzw. Entmistungsverfahren. Unter üblichen Haltungsbedingungen erscheinen nach Erfahrungswerten 5 bis 8 kg ausreichend. Mengen über 10 kg sind nur bei streng durchgeführter Wechselstreu und sehr großen Boxen notwendig.

Der jährliche Gesamtstrohbedarf bewegt sich demnach zwischen 20 und 30 dt. Die erforderlichen Lagerräume sind für die unterschiedlichen Aufbereitungsformen der Tab. 2 zu entnehmen.

Sägemehl und *Hobelspäne* sind in stroharmen Regionen, bei hohen Strohpreisen oder wenn Pferde kein Stroh aufnehmen sollen, das bevorzugte Einstreumaterial. Sie werden wegen ihrer guten Saugfähigkeit in trockenem Zustand auch sehr gern als Grundlage für den Aufbau einer Matratze eingesetzt. Als Basismenge für die Matratze sind etwa 30 kg anzusetzen. Für den täglichen Bedarf reichen dann 5 bis 6 kg. Bei Wechselstreu sind die Mengen auf 8 bis 10 kg zu erhöhen.

Da Sägespäne häufig einen zu hohen Feuchtegehalt haben, bei feiner Struktur zum Verklumpen, Festsetzen im Huf und im Haarkleid neigen, verdienen trockene Hobelspäne den Vorzug. Sie werden auch als Fertigstreu im Ballen gepreßt und entstaubt angeboten. Zweckmäßig kann eine Kombination mit Stroh sein. Dadurch wird auch die Mistqualität verbessert. Reiner Sägemehlmist verrottet schlecht und hat nur eine

Tab. 3: Saugvermögen (Faustzahlen, ergänzt) und Raumgewichte verschiedener Einstreumaterialien

Material		Saugvermögen kg Wasser/kg Material		Raumgewicht kg/m^3
Stroh	lang	240	lose	40–70
	geschnitten			
	(6–15 cm)	290	HD Ballen	80–130
	gehäckselt	300	Großballen	100–130
			rund	
			rechteckig	
Sägemehl		350	lose oder	200–300
			abgesackt	
Hobelspäne			Ballen	250
Torf		900	lose	40–70
			Ballen	300–650

geringe Düngerwirkung, die jedoch durch Kompostierung aufgewertet werden kann. Von den Lieferanten der Hobelspäne wird der Mist häufig gratis zurückgenommen.

Torf ist heute nur noch in sehr begrenztem Umfang verfügbar. Wegen seiner hohen Saugfähigkeit und des guten Bindevermögens von Gasen wird er sehr gern zum Aufbau von Matratzen eingesetzt. Bei alleiniger Einstreu werden jedoch auch Bedenken wegen der ungünstigen Auswirkungen der enthaltenen Säuren auf den Huf geäußert. Auch hier ist eine Kombination mit Stroh zu empfehlen. Die erforderlichen täglichen Einstreumengen werden von SCHNITZER bei alleinigem Torf mit 4 bis 6 kg für den Anbindestand und 6 bis 8 kg für die Boxe angegeben. In Kombination mit 5 kg Stroh ist eine Reduzierung der Torfmenge um 2 kg möglich.

Reduzierte Einstreumengen oder einstreulose Verfahren sind nur in Verbindung mit elastischen Bodenbelägen möglich (s. Teil C, Kap. 5.3). *Gummi-* und *Kunststoffmatten* mit dichter Oberfläche sind bei vollflächiger Boxenauslegung fest mit dem Untergrund zu verbinden und mit dichten Fugen auszubilden, damit sich darunter keine Jauche und Mistreste sammeln können. Sie lassen eine Verringerung der Einstreumengen ohne negative Auswirkungen auf das Ausruhverhalten der Pferde zu und bewirken damit auch eine Einsparung an Kosten und wegen des geringeren Mistanfalls auch an Arbeit. Unter Umständen genügt auch eine Teilauslegung der Boxen im vorderen Boxenbereich. Ein völliger Verzicht auf Einstreu ist bei diesen Materialien nicht möglich. Er führt zu einer erheblichen Beeinträchtigung des Liegeverhaltens der Pferde und einer unerträglichen Verschlechterung des Stallklimas.

Poröse, durchlässige *Bodenbeläge* mit darunter angeordneter Drainage und Spülleitung können bei sorgfältiger Pflege auch ohne Einstreu gefahren werden. Die Matten müssen aber von Zeit zu Zeit herausgenommen und gewaschen werden. Ihre Verwendung konzentriert sich auf spezielle Einsatzbereiche wie Tierkliniken oder für Pferde, die unter Einstreuallergien leiden. Für den Routinebetrieb bestehen nach wie vor hygienische Bedenken. Auch aus psychologischen Gründen sind Bedenken anzumelden, da den Pferden das Knabbern an der Einstreu nicht mehr möglich ist und ihnen damit die letzten Beschäftigungsmöglichkeiten genommen werden. Aus diesem Grunde ist selbst bei diesen durchlässigen Böden zusätzlich Einstreu zu raten. Zu bevorzugen ist Langstroh, da feinstrukturierte Materialien in die Matten eindringen und damit die Durchlässigkeit beeinträchtigen.

Abb. 92. Auch für aufgeständerte, durchlässige Matten wird für ein trockenes Lager häufig zusätzlich Langstroh eingesetzt.

7 Technische Einrichtungen für Pflege und Betreuung

Im Hinblick auf Pflege, Training und Konditionierung besteht ein reichhaltiges Angebot technischer Einrichtungen. Verschiedene Geräteentwicklungen sind nur für spezielle Einsatzbereiche, insbesondere therapeutische Anwendungen, geeignet und sollen hier nicht angesprochen werden. Demgegenüber haben sich andere technische Hilfsmittel wie Putzgeräte, Bewegungsanlagen oder Solarien auf breiter Ebene bewährt und sind zu wertvollen Helfern in der Pferdehaltung geworden.

7.1 Pflegegeräte

Die tägliche Pferdepflege wird durch *Staubsauger* wesentlich erleichtert. Sie ermöglichen eine intensive und staubfreie Reinigung des Fells. Von den Geräten ist eine hohe Saugleistung, eine möglichst geringe Geräuschentwicklung und eine einfache Handhabung und Entleerung zu fordern. An den Saugschlauch können verschiedene Arbeitsgeräte wie Striegel unterschiedlicher Ausführung und Kardätschen angeschlossen werden.

Für den unfallfreien Betrieb ist eine VDE-gerechte Ausführung der Geräte wichtig. Die Aufstellung der Staubsauger und die Stromzuführung haben so zu erfolgen, daß sie vom Pferd nicht erreichbar sind. Bei zentralen Putzplätzen ist eine feste Montage an der Wand zu empfehlen. Für das Putzen in der Boxe können die Staubsauger in einer Schiene verfahrbar angeordnet werden. Es gibt jedoch auch die Möglichkeit, die Saugleitungen fest in der Wand zu installieren. In jeder Boxe befindet sich ein Anschluß zum Einstecken des kurzen Saugschlauches mit den jeweiligen Arbeitsvorsätzen.

Sollen Pferde für medizinische Behandlungen oder zum Vermeiden von übermäßigem Schwitzen geschoren werden, so stehen elektrische Pferdeschermaschinen zur Verfügung. Für eine gleichmäßige Schur ist auf korrekten Sitz der Messer zu achten. Die Scherköpfe können für den Einsatz bei anderen Tierarten wie Rindern und Schafen ausgetauscht werden.

7.2 Pferdeführanlagen

In Reit-, Ausbildungs- und Rennställen werden in zunehmendem Maße Pferdeführanlagen *(horse walkers)* eingesetzt. Sie können nicht die tägliche Arbeit und Bewegung mit dem Pferd ersetzen, aber wertvolle Hilfe beim Aufwärmen, Trockenführen und im Konditionstraining leisten. Auch in der Therapie erkrankter Tiere und in der Rekonvaleszenz können die Führanlagen durch die Verordnung eines dosierten Bewegungspensums wertvolle Dienste leisten. Gute Erfahrungen liegen in neuerer Zeit auch in der Durchführung von Trainingsprogrammen in der Pferdeaufzucht vor.

Die Anlagen stehen in verschiedenen Bauweisen und Größen zur Verfügung. Am meisten Verwendung finden *kreisförmige Anlagen,* die mit Durchmessern von 6 bis 27 m angeboten werden und gleichzeitig drei bis zwölf Pferde führen können. Der Antrieb erfolgt über den Zentralmast oder durch Laufräder. Aus Sicherheitsgründen ist eine Rutschkupplung eingebaut oder die Antriebsräder drehen bei Überlastung durch, so daß die Anlage bei erhöhten Widerständen sofort zum Stehen kommt.

Abb. 93. Pferdepflege mit dem Staubsauger auf einem zentralen Putzplatz.

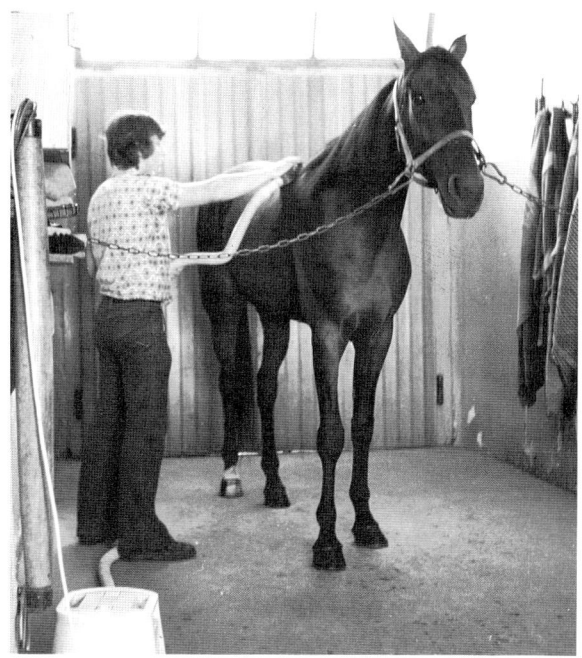

Abb. 94. Kombinierte Wasch- und Putzboxe.

Wesentliche Unterschiede bestehen in der Form der *Anhängung*. Bei der sogenannten *Hochanbindung* laufen die sternförmig angeordneten Führungsarme über den Pferden. Durch die lange Anbindung haben die Pferde sehr viel individuellen Spielraum in der Wahl des Hufschlags und können sich sogar wälzen. Um gegenseitige Belästigungen zu vermeiden, muß aber ein Mindestabstand von 6 bis 7 m zwischen den einzelnen Anhängepunkten gegeben sein.

In einer neuen Variante wird bei dieser Bauart auf die Anbindung völlig verzichtet. Der kreisförmige Hufschlag wird dabei von einem Innen- und Außenzaun begrenzt und an den Führungsarmen werden über die volle Breite Trenngitter abgehängt. Die Pferde können sich in der so entstehenden Abgrenzung frei bewegen.

In einer anderen Form der Anhängung am Führungskarussell sind die Pferde in Höhe von 1,20 m an einer *mitlaufenden Bande* angebunden. Dadurch ist eine strengere Führung am Hufschlag gegeben. Als Vorteil wird für Reitpferde herausgestellt, daß durch die niedrige Anbindung eine bessere Streckung und damit Bearbeitung der Rückenmuskulatur erreicht wird.

In einer zweiten Bauweise wird in einer Tragkonstruktion ein *endlos umlaufendes Seil* geführt, an dem die Pferde in Kopfhöhe angebunden sind. Der Hufschlag läuft meist in einem Oval, kann aber auch andere Formen haben. Die kleinste Anlage ist für sechs Pferde ausgelegt. Eine beliebige Erweiterung ist möglich. Der Antrieb erfolgt über einen Getriebemotor oder ein Hydro-Aggregat.

Bei der üblichen Anlage der Führeinrichtungen im Freien ist auf die Ausbildung des Hufschlags großer Wert zu legen. Eine wichtige Forderung stellt, wie in einer Offenreitbahn, zunächst eine gesicherte Wasserabführung dar. Auf eine tragfähige Unterschicht folgt eine Trennschicht in Form eines durchlässigen Hartbodens oder von Trenngeweben. Darüber wird eine elastische Tretschicht, überwiegend aus Sand, aufgebracht. Eine äußere Begrenzung kann das Ausbrechen der Pferde mit der Hinterhand verhindern. Sie erleichtert den Pferden auch die optische Orientierung, was vor allem bei den Ovalbahnen in den engen Kurven nach einer langen Gerade von Vorteil ist.

Zum Teil werden die Anlagen auch überdacht. Dazu sind bei den Karussells stützenfreie Rund- oder Vieleckkonstruktionen erforderlich. Ovalbahnen werden in Leichtbauweise nur über dem Hufschlag überspannt. Auch ein Einbau in Reithallten ist möglich. Für Rundanlagen wird der Zentralmast in der Dachkonstruktion verankert und höhenverstellbar gestaltet. In abgesenktem Zustand werden die Pferde wie an der konventionellen Anlage angehängt. Nach Gebrauch wird die Anlage hochgefahren, so daß keinerlei Beeinträchtigung des Reitbetriebes gegeben ist, Die umlaufenden Seilbahnen werden mit den Halterungen und Antriebsrollen an den Hallenwänden geführt, so daß die Pferde den üblichen Hufschlag nutzen. Die Montage muß so hoch erfolgen, daß für die Reiter keine Gefahr besteht.

Der Antrieb der Anlagen erfolgt mit E-Motoren. Die Geschwindigkeiten können meist stufenlos vom Schritt bis zum Galopp variiert und die Laufrichtung umgeschaltet werden. Wichtig ist ein langsames, ruckfreies Anlaufen, damit ein Reißen am Führstrick vermieden wird. Die Pferde gewöhnen sich bei sachgerechter Ausführung und Handhabung sehr schnell an diese Geräte.

Die Bedienung der Anlagen kann manuell, über Elektrofernsteuerung oder vollautomatisch durch elektronische Steuerprogramme erfolgen. Zur Sicherheit der Pferde sind bei Störungen akustische oder visuelle Signale möglich. Der Bewegungsrhythmus sollte sowohl hinsichtlich der Laufzeit, Geschwindigkeit und Drehrichtung mehrmals variiert werden. Die am häufigsten genutzte Geschwindigkeit ist der Schritt, in den

Abb. 95. Führanlage mit großem Durchmesser, Zentralantrieb und Obenanbindung.

Abb. 96. Führanlage ohne Anbindung mit abgehängten Gittern und fest umzäunter Laufbahn.

Abb. 97. Laufradgetriebene Führanlage mit Anbindung an einer niedrigen, mitlaufenden Bande.

Abb. 98. Führanlage mit umlaufendem Seil in einer Ovalbahn.

meisten Fällen kombiniert mit Trab. Dagegen liegen sehr unterschiedliche Bewertungen für den Galopp vor. Neben der verfolgten Absicht, der Gewöhnung und der Kondition der Pferde ist vor allem der Durchmesser der Anlagen zu berücksichtigen. Je enger die Radien und Bögen des Hufschlags geführt sind, desto weniger sollten schnelle Gangarten gewählt werden, um eine einseitige Überlastung der Gelenke zu vermeiden. Dagegen wird bei großen Anlagen und entsprechend gesteuerten Trainingsprogrammen vereinzelt auch der Galopp akzeptiert, wobei Geschwindigkeiten bis zu 20 km/h gefahren werden können.

7.3   Besonnungsanlagen

Die fördernde Wirkung der Sonne auf den zellularen Stoffwechsel, die Blutbildung, das Skelettwachstum und den Sexualzyklus sind seit langem bekannt. Da die meisten Pferde durch die langen Aufenthaltszeiten im Stall nur noch selten in den Genuß einer regelmäßigen natürlichen Besonnung kommen, wird immer häufiger ein Ausgleich durch Solarien angestrebt. Sie finden vorwiegend in drei Einsatzbereichen Verwendung:

– In der *Zucht* ist das Ziel der Besonnung eine erhöhte Fruchtbarkeit durch eine frühere und deutlichere Rosse sowie eine bessere Follikelreife bei der Stute und eine vermehrte Spermatogenese beim Hengst.
– Bei *Sportpferden* bewirkt die Bestrahlung vor der Arbeit eine Lockerung der Muskulatur durch verstärkte Durchblutung und verringert dadurch die Zeit für das Aufwärmtraining. Nach der Arbeit wird der Abbau der Milchsäure in der Muskulatur gefördert und ein schnelles Abtrocknen schwitzender oder vom Waschen nasser Pferde erreicht, so daß das arbeitsaufwendige Trockenführen entfallen kann.
– In der *Therapie* werden schließlich durch lokale oder Ganzkörperbehandlungen eine Beschleunigung von Heilungsprozessen nach chirurgischen Eingriffen am Bewegungsapparat und nach inneren Krankheiten oder eine Stärkung der Widerstandskraft gegen Infektionen angestrebt.

Generell werden die positiven Auswirkungen auf die Gesundheit und Leistungsfähigkeit um so größer sein, je mehr die natürlichen Haltungsbedingungen eingeschränkt sind.

Die Solarien verwenden eine der Sonne vergleichbare Strahlung. Dabei ist in *Ultraviolett- (UV)* und *Infrarotstrahlen (IR)* zu unterscheiden. Die UV-Strahlen, aus denen der kurzwellige, für den Organismus schädliche Anteil herausgefiltert wird, wirken vorrangig in den Bereich des interzellularen Stoffwechsels. Infrarotstrahlen lösen dagegen vor allem eine Wärmeentwicklung aus. Die Zusammensetzung der Strahlungsquellen ist daher von der Zielsetzung abhängig. In kombinierten Anlagen liegt das Verhältnis von UV:IR meist zwischen 1:2 und 1:3.

Solaranlagen werden mit einer Leistungsaufnahme von 2,6 bis 12 kW bei Wechsel- oder Drehstromanschluß angeboten. Der Mindestabstand zum Pferderücken sollte 0,60 m betragen. Je nach Intensität der Besonnung und zur Anpassung an unterschiedliche Pferdegrößen ist eine Höhenverstellung erforderlich, die manuell oder elektrisch mit einem sogenannten Solarlift vorgenommen werden kann.

Die Anordnung der Lampen erfolgt bei den einfachen Modellen in waagrechten Rahmenkonstruktionen, so daß vorwiegend eine Bestrahlung des Rückens erfolgt. Mehrere halbkreisförmig angebrachte Solarmodule ermöglichen dagegen auch die Besonnung der seitlichen Partien. Um den Trocknungseffekt zu beschleunigen, können in das Rahmengehäuse zusätzlich Ventilatoren mit nach unten gerichteten Luftaustrittsöffnungen als sog. *Wärmedusche* installiert werden. Um eine gleichmäßige Bestrahlung des gesamten Körpers zu erreichen, ist durch einen Stand und eine zweiseitige Anbindung eine feste Positionierung der Pferde sicherzustellen.

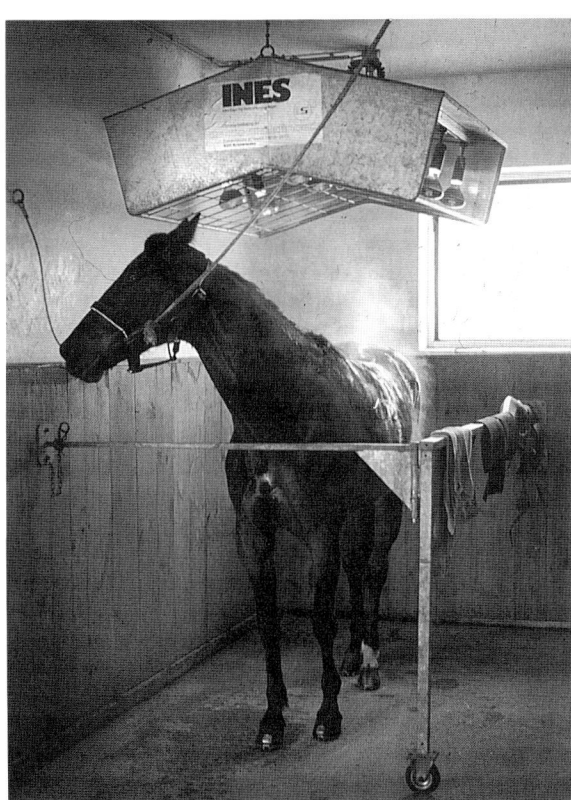

Abb. 99. Trocknung eines naß geschwitzten Pferdes unter einem Solarium.

Die Aufstellung der Solarien kann in Boxen oder für eine vielseitigere Nutzung an zentralen Orten wie einem Behandlungsraum oder auch an einem wenig frequentierten Bereich der Stallgasse erfolgen. In Kombination mit Waschboxen sind bei der Installation die erhöhten Anforderungen für Naßbereiche zu beachten. Die Dauer einer Besonnung wird üblicherweise mit etwa 20 Minuten angegeben. Die Steuerung kann manuell oder automatisch über Endabschaltungen erfolgen.

7.4   Behandlungs- und Deckstände

Zur Behandlung oder Prüfung der Rosse durch Probierhengste kann eine Fixierung der Pferde in *Ständen* erforderlich werden. Dazu ist einerseits eine zwangsweise Ruhigstellung der Tiere erforderlich, andererseits muß auch im Falle einer Paniksituation ein Verletzungsrisiko ausgeschlossen werden.

Diesen Forderungen haben die Abmessungen und die Standausbildung Rechnung zu tragen. Für Großpferde ist die Standbreite mit 0,75 bis 0,80 m bemessen. Die Standhöhe reicht mit 1,10 bis 1,20 m aus, um von allen Seiten ungehinderten Zugang zum Körperrumpf zu ermöglichen. Wichtig ist eine den unterschiedlichen Tieren anzupassende Standlänge. Sie ist im Mittel mit 1,70 bis 1,80 m zu bemessen. Der begrenzende Brustriegel sollte aber unbedingt in einer Spanne von ±20 cm in der Länge und Höhe verstellbar sein. An der Frontseite ist weiterhin eine sichere Anbindemöglichkeit zu schaffen, die im Notfall leicht zu lösen ist.

Die Seitenwände sind üblicherweise dicht ausgebildet. Auch die Rückseite kann mit einer halbhohen Türe oder mit Gummimatten als Schlagschutz versehen werden.

Für schwierige Situationen können Zusatzeinrichtungen in Zwangsständen, wie He-

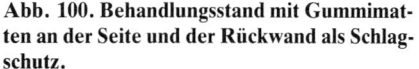

Abb. 101. Behandlungsstand mit eingebauten Hebevorrichtungen.

Abb. 100. Behandlungsstand mit Gummimatten an der Seite und der Rückwand als Schlagschutz.

bevorrichtungen, erforderlich sein. Dazu sind höhere und stabile Aufbauten notwendig. Die Anwendung derartiger Hilfen sollte aber nur in zwingenden Situationen und mit äußerster Behutsamkeit erfolgen.

8   Arbeitswirtschaft

Die dargelegten baulich-technischen Einrichtungen haben einerseits das Ziel, günstige Haltungsbedingungen für die Pferde zu schaffen, sollen andererseits aber auch die Arbeitssituation für den Pferdehalter verbessern. Dies kann in Form von Arbeitserleichterung, Arbeitszeiteinsparung oder in der Möglichkeit einer flexibleren Arbeitserledigung durch Wegfall fester Arbeitstermine erfolgen.

Häufig wird dem Einsatz arbeitssparender Techniken in der Pferdehaltung mit Argwohn gegenübergetreten, da ein Verlust an individueller Betreuung und persönlichem Kontakt zum Pferd befürchtet wird. Dies muß nicht zwangsläufig so sein. Im Gegenteil kann durch eine rationellere Erledigung der Routinearbeit mehr Zeit für die Beschäftigung mit dem Pferd freigesetzt werden. Auch ist häufig nur unter Einsatz geeigneter technischer Hilfsmittel eine artgerechte Betreuung möglich, wenn bei Hobbypferdehaltern berufliche Verpflichtungen die verfügbare Zeit für das Pferd begrenzen oder bei Lohnarbeitskräften durch ökonomische Zwänge eine Reduzierung der Lohnkosten unausweichlich ist.

8.1   Arbeitsorganisation

In der Arbeitsorganisation der Pferdehaltung ist zu unterscheiden in die täglich zu erledigenden, häufig *termingebundenen* Arbeiten und die *variablen* und sonstigen Arbeiten. Beide zusammen ergeben den *Gesamtarbeitsanfall* pro Jahr. Bestimmend für den ständigen Arbeitskräfteeinsatz ist der *tägliche Arbeitsanfall*. Er wird in der Pferdehaltung wesentlich beeinflußt von der Wahl des Aufstallungssystems, dem Umfang des zugeteilten Aufgabenbereiches, der angestrebten Leistung, der Nutzungsdauer und den persönlichen Vorstellungen des Pferdehalters über Tierhaltung und Sauberkeit im Stall. Dementsprechend groß ist die Streubreite in der Zahl der von einem Pfleger betreuten Tiere. Sie reicht von ein bis drei Pferden im Spitzenrennsport oder bei Hengsthaltungen in Gestüten über die heute üblichen 10 bis 15 Tieren in der Reitpferdehaltung bis zu 50 und mehr Pferden in Zuchtbetrieben mit extensiver Haltung. Die Angabe eines durchschnittlichen Wertes wäre daher wenig aussagekräftig und für die Kalkulation eines existenten Betriebes nicht ausreichend.

Es ist sinnvoller, die Gesamtarbeitszeit in einzelne Teilbereiche zu unterteilen und sie je nach den gegebenen Verhältnissen zuzuordnen. Eine derartige Aufteilung könnte nach einem ergänzten Schema von FINK (1975) die in Tab. 4 gezeigte Gliederung haben.

Bei jeder Pferdehaltung fallen elementare *Versorgungsarbeiten* an. Einflußfaktoren auf den Arbeitszeitbedarf sind die baulichen Voraussetzungen im Stall, das Haltungssystem und die eingesetzten technischen Hilfsmittel zur Arbeitserledigung. Die Bemessung des ständigen Personals muß zumindest auf eine ordnungsgemäße Bewältigung dieser Arbeiten ausgerichtet sein.

Tab. 4: Differenzierung des Arbeitsanfalls in der Pferdehaltung

Versorgungsarbeiten	Pflege	Nutzung	sonstige Arbeiten
Füttern von Grund- und Kraftfutter, Weidegang, Entmisten, Einstreuen, Kehren der Stallgasse	Putzen, Huf- und Langhaarpflege, Bewegen, Ausschneiden, Beschlagen, medizinische Betreuung durch Stallpersonal	Satteln, Lederzeugpflege, Bewegen, Reiten, Ausbildung, Fahren, Weg von und zur Arbeit, evtl. Pflege der Reitanlagen	Bereitstellung von Futter und Einstreu, Mistabfuhr, Reparaturen an Stall- und Reitanlagen, Turniervorbereitungen, Sonstiges

Die *Pflege*- und noch mehr die *Nutzungsarbeiten* sind abhängig von der Zielsetzung der Pferdehaltung. Sie können wie in einem Reitbetrieb zur täglichen Arbeit zählen, in einer privaten Zucht- und Reitpferdehaltung nur sporadisch je nach der Häufigkeit der Nutzung durch Reiten, Fahren, Training bzw. Ausbildung auftreten oder bei einer extensiven Haltung ohne Leistungsanforderung gänzlich entfallen. In der personellen Ausstattung kann hier bereits eine Trennung von den Grundarbeiten erfolgen. Eine derartige Arbeitsteilung ist in Ausbildungs- und Schulungsbetrieben durch zusätzliche Einstellung von Fachpersonal oder in einer Pensionshaltung durch die Übernahme dieser Arbeiten durch den Pferdebesitzer oder Reiter durchführbar. Die Zuteilung der Einzelarbeiten muß dabei nicht schematisch erfolgen, sondern sollte entsprechend den örtlichen Verhältnissen flexibel gestaltet werden.

Die *sonstigen Arbeiten* können dem täglichen Arbeitsanfall bereits nicht mehr fest zugeordnet werden. Sie leiten über zum jährlichen Gesamtarbeitsanfall. Die dazu erforderliche Arbeitsmacht muß nicht mehr im ständigen eigenen Personal begründet sein, sondern kann auch durch andere Arbeitskräfte bereitgestellt werden. In den landwirtschaftlichen Betrieben haben sich als gute Lösung auch überbetriebliche Organisationen wie Lohnunternehmer und organisierte Maschinen- und Betriebshilfsringe bewährt. Nach Bedarf können zu festgelegten Sätzen Arbeitskräfte oder Maschinen ausgeliehen werden. Bei den ständig wachsenden Festkosten für das Personal ist es für manche pferdehaltenden Betriebe vorteilhaft, möglichst wenig Stammpersonal zu halten und viele Arbeiten von saisonal verpflichteten Arbeitskräften erledigen zu lassen. Um dennoch eine termingerechte Arbeitserledigung zu sichern, steigen die Anforderungen an die Arbeitsplanung und das Organisationsvermögen des Betriebsleiters. Dieser Arbeitsbereich kann hier nicht berücksichtigt werden, da der vorgegebene Rahmen sonst zu sehr ausgeweitet würde.

8.2   Arbeitszeitbedarf für Versorgungsarbeiten

Mit den Versorgungsarbeiten werden die Grundbedürfnisse der Pferdehaltung wie Füttern, Entmisten, Einstreuen und Sauberhaltung des Stalles abgedeckt. Für die Arbeitserledigung bestehen keine standardisierten Verfahren, so daß eine verbindliche Angabe von Arbeitsbedarfszahlen sehr schwierig ist. Aus den vielfältigen Variationen können daher nur einige Beispiele zur Verdeutlichung der möglichen Spanne herausgegriffen und daraus Anhaltswerte für häufig anzutreffende übliche Situationen angegeben werden.

8.2.1   Fütterung

Der Arbeitszeitbedarf für die Fütterung setzt sich aus der Futtervorbereitung und der Vorlage von Grund- und Kraftfutter zusammen. Er wird wesentlich beeinflußt von der Fütterungstechnik, der Fütterungsfrequenz und der Anzahl der Futterarten, während sich Mengen der einzelnen Rationsbestandteile weniger auswirken.

Der Arbeitszeitbedarf für die *Kraftfutterfütterung* bewegt sich nach Messungen in verschiedenen Betrieben in einer weiten Spanne. Er beträgt in einem Ausbildungsstall (Betrieb 1) mit einhüftig in Hufeisenform angeordneten Boxen für 18 Pferde etwa 40 Akh/T/a. Die Fütterung erfolgt mit mehreren Futterarten, darunter auch an verschiedenen Tagen einer Naßfuttermischung *(mash)*, vier- bis fünfmal pro Tag, wobei die Boxe betreten werden muß. Die Hauptarbeit der Futterzuteilung mit einem Futterwagen nimmt einschließlich Transport jedoch nur etwa 73% der Gesamtarbeitszeit ein, wobei mehr als 20% den langen Transportwegen zuzuschreiben sind. Der Rest entfällt auf Vorbereitungs- und Nebenarbeiten.

Die Säule 2 stellt den Mittelwert von fünf Betrieben mit vergleichbaren Arbeitsbedingungen dar. Je nach Bestandsgröße erfolgt die Vorlage mit Eimer oder Kraftfutterwagen dreimal pro Tag. Neben Boxen ohne Futterluken sind auch einige Stände einbezogen, die sich wegen des notwendigen Betretens der Boxen kaum unterscheiden und damit nicht separat ausgewiesen werden müssen. Auch hier entfallen von insgesamt 23,4 AKh/T/a etwa 40% auf Vorbereitungs- und Nebenarbeiten.

Die Säule 3 bezieht sich auf einen Pensionsstall für 26 Pferde und eine kleinere Privatpferdehaltung. Die Vorlage erfolgt zweimal täglich, wobei das Kraftfutter durch Futterluken in die Tröge gefüllt werden kann. Durch günstige Arbeitsorganisation entfallen etwa nur 15% auf Rüst- und Nebenzeiten.

Ähnliches gilt für einen Zuchtbetrieb (Säule 4) mit zweimal täglicher Vorlage, wobei die Jungpferde zum Teil in Sammelboxen gehalten werden. In dem zweireihigen Boxenstall sind die Frontwände ohne Gitteraufsatz ausgebildet, so daß eine schnelle Befüllung aus dem Futterwagen ermöglicht wird und insgesamt nur etwa 6 Akh/T/a für die Kraftfutterfütterung anfallen.

Den Angaben zum Laufstall liegt nur ein Betrieb mit vier Robustpferden zugrunde.

Abb. 102. Arbeitszeitbedarf für die Kraftfutterfütterung in der Pferdehaltung.

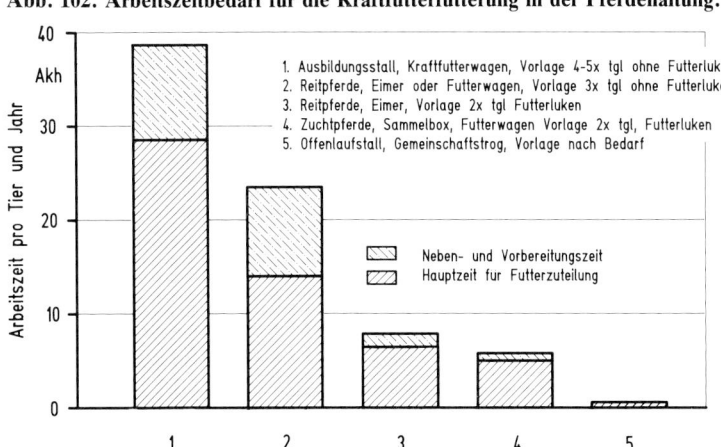

Die Vorlage erfolgt in einem Gemeinschaftstrog nicht täglich, sondern nach Bedarf und liegt hier mit weniger als 1 Akh/T/a ungewöhnlich niedrig. Für eine individuelle, zweimal tägliche Kraftfutterfütterung in Futterständen sollten aber auch im Laufstall etwa 5 Akh/T/a angesetzt werden, damit eine zufriedenstellende Versorgung aller Tiere gewährleistet werden kann.

Als Folgerung aus den aufgezeigten Arbeitszeitmessungen mit sehr unterschiedlichen Betriebssituationen kann für Arbeitszeitkalkulationen als realistischer Mittelwert pro Arbeitsgang einer Futtervorlage ein Arbeitszeitbedarf von 5 bis 7 Akh/T/a bei ungünstigen und von 4 bis 5 Akh/T/a bei günstigen Arbeitsbedingungen unterstellt werden. Auch im Laufstall sind 2 bis 3 Akh/T/a pro Futtervorlage anzusetzen, wenn eine individuelle, regelmäßige Kraftfutterfütterung vorgenommen wird. Der Gesamtarbeitsanfall ergibt sich aus der Multiplikation mit der Anzahl der Futterzeiten. Für dreimalige Fütterung sind somit 15 bis 20 Akh/T/a vorzusehen.

Eine deutliche Reduzierung des Arbeitsaufwandes für die Kraftfutterfütterung ist durch *Automaten* zu erreichen. Für Halbautomaten mit täglicher Befüllung der Einzeldosierkammern kann annähernd die gleiche Arbeitszeit wie für eine Trogbefüllung von Hand unterstellt werden. Für Vollautomaten mit automatischer Kraftfutterzuführung verbleiben dagegen nur noch Kontroll- und Wartungsfunktionen, die unter 1 Akh/T/a anzusetzen sind.

Fertigfutter in Form von Cobs oder Pellets sind im Arbeitsaufwand dem Kraftfutter gleichzusetzen. Sie lassen sich bei entsprechender Dimensionierung der Dosierorgane auch über Automaten verabreichen.

Die *Grundfutterfütterung* ist auf die Zuteilung von Heu ausgerichtet. Sie zeigt in ausgewählten Betrieben ebenfalls eine weite Streuung, die die unterschiedlichen Situationen in den Pferdehaltungen widerspiegelt.

In einem einreihigen Stall mit Boxen und Ständern für 13 Pferde entfällt mit nahezu 18 Akh/T/a ein sehr hoher Arbeitszeitbedarf auf die Heufütterung (Säule 1). Dabei nimmt der Abwurf der deckenlastig gelagerten Ballen einen relativ geringen Anteil ein. Der weitaus größte Teil entfällt auf das Auflösen und die gabelweise Vorlage, wobei wegen fehlender Futterluken jeweils die Boxentüre geöffnet werden muß. Der ungewöhnlich hohe Zeitaufwand für die nur einmalige, tägliche Vorlage läßt zudem auf eine unbefriedigende Arbeitsorganisation schließen.

In einem Pensionsstall mit 12 Boxen wird das deckenlastig, lose gelagerte Heu in einem an der Stirnseite des Stalles angebrachten Schacht abgeworfen und mit der Gabel verteilt (Säule 2). Dadurch ergeben sich lange Wege. Zudem müssen auch hier die Boxentüren geöffnet werden, und bei Bedarf wird das Heu zur Vermeidung von Staubentwicklung angefeuchtet. Durch diese Begleitumstände ergibt sich ein sehr hoher Anteil an Rüst- und Nebenzeiten.

Dagegen wird in einem anderen Stall für 26 in Boxen und einigen Ständern untergebrachten Pferden sehr viel effektiver gearbeitet (Säule 3). Trotz deckenlastiger Lagerung entfallen für die Vorbereitung und Nebenarbeiten nur etwa 20% des Gesamtarbeitsanfalls, da durch den in der Stallmitte angebrachten Futterabwurf kurze Wege für die Verteilung anstehen. Dieses Beispiel entspricht der durchschnittlichen Situation in vielen Betrieben.

Die nächsten beiden Beispiele sind durch die erdlastige Lagerung und den Einsatz eines Futterwagens mit sehr geringen Nebenzeiten belastet. Der höhere Arbeitsaufwand für die Zuteilung ist im Betrieb 4, einem einreihigen Boxenstall für 18 Pferde, durch die relativ langen Wege und das Öffnen der Boxen bedingt. Dagegen wird im Beispiel 5 eine direkte Futtervorlage in die zweireihig angeordneten Boxen von der

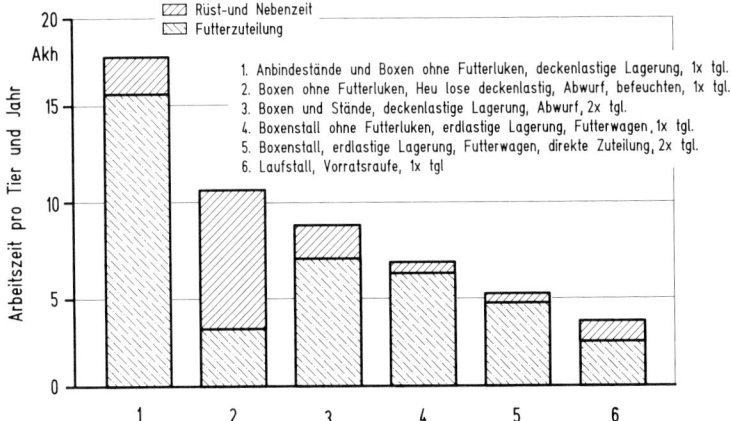

Abb. 103. Arbeitszeitbedarf für die Heufütterung in der Pferdehaltung.

Stallgasse aus ermöglicht. Auch der unmittelbar vor dem Stall angeordnete Bergeraum und Bestandsgrößen von 20 bis 40 Tieren tragen in den untersuchten Betrieben
wesentlich zu dem niedrigen Arbeitsaufwand von nur 5 Akh/T/a bei.

Eine noch kürzere Arbeitszeit ermöglicht nur die Laufstallhaltung mit zentraler
Vorratsraufe (Säule 6). Dabei entfällt etwa ⅓ auf Nebenzeiten bei der hier vorgenom-
menen Ballenvorlage von Hand. Eine weitere Verkürzung der Arbeitszeit läßt sich in
diesem Haltungssystem durch die maschinelle Vorlage von Rundballen ermöglichen,
die aber nur eine ad lib-Fütterung in der Herde zuläßt. Bei der rationierten Vorlage in
Einzelfreßständen können ähnliche Werte wie im Beispiel 5 unterstellt werden.

Die Grundfutterfütterung unterliegt damit in der Praxis ebenfalls einer weiten
Spanne. Sie reicht von durchschnittlich 14 Akh/T/a bei deckenlastiger Lagerung und
Gabelfütterung bis zu 7 bis 8 Akh/T/a bei ebenerdigem Vorratslager, zweireihiger
Aufstallung und Futterwagen. Für Vorratsfütterung aus Heuraufen ergibt sich eine
weitere Reduzierung auf ca. 4 Akh pro Pferd und Jahr.

Als Folgerung aus den sehr unterschiedlichen Arbeitsbedingungen der dargestellten Betriebe lassen sich folgende Hinweise für die Grund- und Kraftfutterfütterung
ableiten:

– Bei der Boxenhaltung bringen *Futterluken* oder *Vorderwände ohne Aufsatz* die
  geringsten Nebenzeiten bei der Futterzuteilung. Das notwendige Öffnen von Boxentüren und das Betreten der Boxen zur Futtervorlage erfordert einen ähnlichen
  Zeitbedarf wie die Fütterung in Anbindeständen.
– Der Einsatz von *Futterwagen* mit einem ausreichenden Fassungsvermögen für eine
  Stalleinheit trägt wesentlich zur Einsparung von unproduktiven Wegezeiten bei.
  Das ist um so wichtiger, je ungünstiger die Vorratsräume zum Stall liegen und je
  länger die Stallgasse ist. Sind wie beim Kraftfutter mehrere Komponenten zu verabreichen, so sollten alle Sorten in verschiedenen Kammern des Wagens mitgeführt
  und in einem Arbeitsgang vorgelegt werden. In größeren Ställen ist auch zu überlegen, ob nicht bei einheitlichen Rationen ein Mischen auf Vorrat in speziellen Fut-
  termischern mit geringerem Aufwand möglich ist.
– Die erdlastige *Lagerung* erfordert wesentlich weniger Rüst- und Nebenzeiten als die

deckenlastige Vorratshaltung und ermöglicht den Einsatz geeigneter Futterwagen. Ist eine deckenlastige Lagerung notwendig, so sollten zumindest zentral angeordnete Abwurfschächte möglichst kurze Versorgungswege für den Zu- und Abtransport schaffen.

- Je höher die *Fütterungsfrequenz*, desto mehr Arbeitsgänge fallen an. Damit steigt nicht nur der Arbeitsaufwand, sondern auch die Termingebundenheit. Wird bei stark beanspruchten Pferden eine drei- bis viermalige Kraftfuttervorlage verlangt, so ist der Einsatz von zeitgesteuerten Automaten zu erwägen. Bereits Halbautomaten können mit geringem Kostenaufwand den Arbeitszeitbedarf um mehr als die Hälfte senken. Durch vollautomatische Anlagen ist eine nahezu völlige Freistellung von den täglichen Arbeitszeiten möglich. Da nur eine Futterart gefördert werden kann, wird dann jedoch eine Futtermischung oder Fertigfutter Bedingung.

8.2.2   Tränken

Eine regelmäßige Arbeitszeit für die Wasserversorgung fällt nur bei *Eimertränke* an. Sie wird wesentlich von der Weglänge zum Wasserhahn und der Zahl der Pferde, die gleichzeitig versorgt werden, beeinflußt. Als durchschnittlicher Wert ist für zweimal tägliches Tränken und Weglängen bis zu 10 m ein Arbeitszeitbedarf von 18 Akh/T/a zu unterstellen. Bei weiteren Wegen kann eine deutlich höhere Belastung entstehen.

Für die heute üblichen Tränkebecken kann ein routinemäßiger Arbeitseinsatz entfallen. Die regelmäßige Kontrolle und bei Bedarf durchzuführende Reinigung erfolgt im Rahmen anderer Arbeiten und kann somit im Gesamtarbeitsaufwand vernachlässigt werden.

8.2.3   Entmisten

Das *Entmistungsverfahren* und damit der anfallende Arbeitszeitbedarf wird entscheidend vom gewählten *Einstreuverfahren* als Boxenpflegesystem beeinflußt. Das aus hygienischen Gründen vielfach geforderte Wechselstreuverfahren verursacht wegen der größeren Mistmengen in der vorherrschenden Handarbeitsstufe einen wesentlich höheren Aufwand als die Matratzenstreu oder der Tieflaufstall.

Zwischen diesen beiden Extremen bestehen in der Praxis viele Übergangsformen. So wird auch bei der Wechselstreu meist nicht tagtäglich die gesamte Einstreu ausgeräumt. Vielmehr verbleiben auch hier die trockenen Einstreuteile in der Box und bilden vorübergehend ebenfalls eine dünne Matratze. Ein völliger Wechsel erfolgt aber zumindest innerhalb einer Woche, während bei konsequentem Matratzenstreuverfahren der Wechsel üblicherweise nur zweimal jährlich erfolgt. Dementsprechend ergeben sich auch im Arbeitszeitbedarf gleitende Übergänge.

Diese Situation soll anhand einiger Versuchsdaten erläutert werden. Eine differenzierte Arbeitsanalyse zu verschiedenen Entmistungsverfahren in Pferdeställen wurde in holländischen Untersuchungen durchgeführt. Demnach entsteht bei konsequenter Durchführung des Wechselstreuverfahrens mit täglicher Entmistung von Hand und völligem Leerräumen der Boxe ein Arbeitszeitbedarf von 37 Akh/T/a (Beispiel 1). Da bei den anfallenden großen Mistmengen ein hoher Anteil auf den Transport mit dem Mistkarren entfällt, kann durch den Einsatz einer Mistbahn die Arbeitszeit nahezu halbiert werden. Diese Werte entsprechen eigenen Meßergebnissen, die in einem Boxenstall mit täglich zweimaliger Entmistung 56 Akh/T/a und bei täglich dreimaliger Entmistung nach dem Wechselstreuverfahren bis zu 99 Akh/T/a aufweisen.

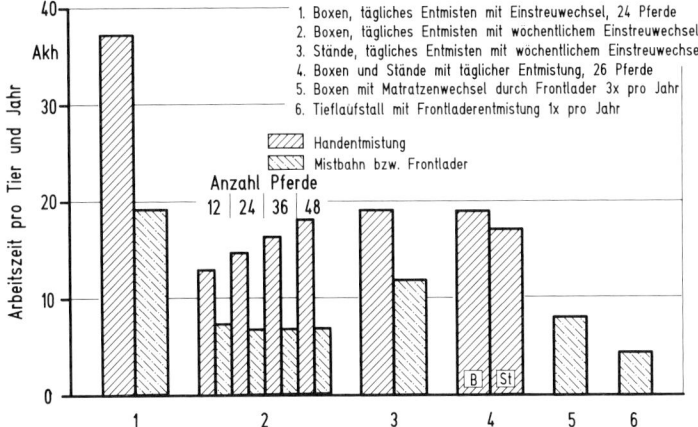

1. Boxen, tägliches Entmisten mit Einstreuwechsel, 24 Pferde
2. Boxen, tägliches Entmisten mit wöchentlichem Einstreuwechsel
3. Stände, tägliches Entmisten mit wöchentlichem Einstreuwechsel
4. Boxen und Stände mit täglicher Entmistung, 26 Pferde
5. Boxen mit Matratzenwechsel durch Frontlader 3x pro Jahr
6. Tieflaufstall mit Frontladerentmistung 1x pro Jahr

Handentmistung
Mistbahn bzw. Frontlader

Abb. 104. Arbeitszeitbedarf für das Entmisten von Pferdeställen.

Eine deutliche Reduzierung der erforderlichen Arbeitszeit ist durch die üblicherweise genutzte Kombination von Wechsel- und Matratzenstreuverfahren zu erreichen. Die im Beispiel 2, ebenfalls in holländischen Versuchen, erarbeiteten Daten zeigen, daß bei täglicher Entmistung und einem Matratzenwechsel pro Woche je nach Bestandsgröße 13 bis 18 Akh/T/a ausreichen. Der Anstieg des Arbeitszeitbedarfs mit zunehmender Zahl von 12 bis 48 Pferden ist in der Handarbeitsstufe durch die längeren Wege zu erklären. Auch hier kann durch die Entmistungsbahn eine Halbierung des Arbeitszeitbedarfs erreicht werden.

Eine ähnliche Situation ist bei der Entmistung von Anbindeständen nach dem gleichen Verfahren gegeben. Für Bestände von sechs bis 24 Tieren wird nur ein Durchschnittswert angegeben, da sich wegen der kürzeren Wegelängen in diesen Bestandsgrößen nur eine Differenz von 1 Akh/T/a ergibt. Aus dem gleichen Grunde ist auch die Arbeitszeiteinsparung durch eine Entmistungsbahn anteilmäßig geringer als bei der Boxenaufstallung.

Die im Beispiel 4 nach eigenen Untersuchungen erarbeiteten Ergebnisse in einem Stall mit 20 Boxen und sechs Anbindeständen entsprechen weitgehend den vorausgegangenen Werten. Im Handarbeitsverfahren ist zwischen Boxe und Ständer nur eine unbedeutende Differenz gegeben, wobei auch hier das Wechselstreuverfahren im Vordergrund steht. Die angegebenen Werte von 17 bis 19 Akh/T/a entsprechen durchschnittlichen Bedingungen und dürften für den Großteil der Betriebe mit Boxenhaltung bei einmal täglicher Entmistung zutreffen.

Eine veränderte Situation ergibt sich durch den Übergang zum ausgeprägten Matratzenstreuverfahren. In einem Boxenstall mit neun Pferden werden täglich nur oberflächlich die Kotballen abgeräumt. Der Matratzenwechsel erfolgt dreimal pro Jahr mit einem Arbeitsaufwand von 2,1 Akh/T/a. Dazu werden die Boxentrennwände seitlich geschwenkt, so daß ein Schlepper mit Frontlader zum Einsatz kommen kann. Insgesamt genügt in diesem Verfahren ein Arbeitszeitbedarf von 8 Akh/T/a. Er ist in etwa vergleichbar mit den Entmistungsbahnen in der Boxenhaltung.

Eine weitere Reduzierung des Arbeitsaufwandes ist auch bei der Matratze nur möglich, wenn auf tägliches Entmisten weitgehend verzichtet wird. Für zwei Tieflaufställe reichen im Mittel 4,4 Akh/T/a, wenn nur bei Bedarf die Lauffläche an den Stalleingängen abgezogen, ansonsten an der Matratze neben dem täglichen Einstreuen aber nichts getan wird. Die Entmistung mit dem Frontlader erfolgt einmal pro Jahr.

Die dargelegten Arbeitszeitbedarfswerte umreißen die derzeitige arbeitswirtschaftliche Situation zur Entmistung von Pferdeställen. Sie geben gleichzeitig Hinweise, wo Verbesserungsansätze möglich sind, ohne die Qualität der Boxenpflege zu vernachlässigen. Das konsequent durchgeführte Wechselstreuverfahren, wie es vor allem in kommerziell geführten Betrieben mit häufigem Kundenbesuch praktiziert wird, ist mit einem sehr hohen Zeitaufwand belastet. Hier sollte, insbesondere wenn mehrmals am Tag entmistet wird, zur Arbeitszeiteinsparung unbedingt auf eine mechanische Entmistung übergegangen werden. Von den im Kap. 5.1 dargestellten Lösungen sind vor allem hinter der Box geführte Anlagen zu empfehlen, da unproduktive Nebenzeiten und eine unnötige Staubentwicklung vermieden werden.

Für die Mehrzahl der Boxenställe ist die Matratze mit kurzzeitigem Wechsel das geeignete Verfahren, da es Einstreu spart, Arbeitsaufwand vermindert und auch dem Pferd ohne Rücksicht auf Bodenausformung einen günstigen Standplatz bietet. Ab Beständen von etwa 20 Tieren bringt die Entmistungsbahn auch hier deutliche Vorteile und kann durchaus mit dem Matratzenstreuverfahren konkurrieren. Sie bietet zudem auch eine volle Mechanisierung für die erforderlichen täglichen Entmistungsarbeiten. Im Investitionsvergleich sind die Anschaffungskosten für die Entmistungsbahn den Mehraufwendungen für die schwenk- oder ausfahrbaren Boxentrennwände gegenüberzustellen. Mehr als bisher sollte jedoch auf eine verbesserte Funktionssicherheit der Anlagen unter Berücksichtigung der speziellen Eigenschaften des strohigen, voluminösen Pferdemistes geachtet werden.

Das ausgesprochene Matratzenstreuverfahren mit der Entmistung durch mobile Geräte hat seinen Haupteinsatz im Laufstall. Wird ohne tägliches Kotabsammeln nur eingestreut, so ermöglicht es von allen Verfahren den geringsten Arbeitszeitbedarf. Aus hygienischen Gründen werden aber auch hier immer häufiger täglich die Kothaufen entfernt, so daß zu den mechanisierten Verfahren der Boxenhaltung kaum Unterschiede im Arbeitszeitbedarf bestehen. Dies trifft insbesondere zu, wenn die unumgängliche Reinigung des Laufhofes mitberücksichtigt wird. Als wichtige Vorteile verbleiben jedoch in jedem Fall die hohe Flexibilität in der Zeitwahl und die Kostengünstigkeit des Verfahrens.

8.2.4 Einstreuen

Das Einstreuen erfolgt für alle Stallsysteme weitgehend nach einem einheitlichen Arbeitsablauf. Für die vorherrschenden Hochdruckballen ist der Handkarren das übliche Transportmittel, während Großballen mit dem Frontlader zum Verbrauchsort gebracht werden. Die Verteilung wird überwiegend von Hand vorgenommen. Eine Mechanisierung ist bislang nur für den Transport des Sägemehls durch Rohrkettenförderer oder durch Strohhäcksler im Laufstall möglich.

Die in Abb. 105 dargelegten Arbeitsbedarfswerte für unterschiedliche Einsatzbedingungen beziehen sich auf das Einstreuen von Stroh. Sie können aber analog auch auf andere Einstreumaterialien übertragen werden. In einem Pensionsstall (Beispiel 1) mit Boxen und Anbindeständen sind für das Einstreuen 9,7 bzw. 15,4 Akh/T/a für das Einstreuen erforderlich. Der höhere Wert für den Anbindestand ist durch das zweimalige Einstreuen oder zumindest das nochmalige Richten der Einstreu am Abend erforderlich, während in der Box nur das übliche einmalige Einstreuen erfolgt.

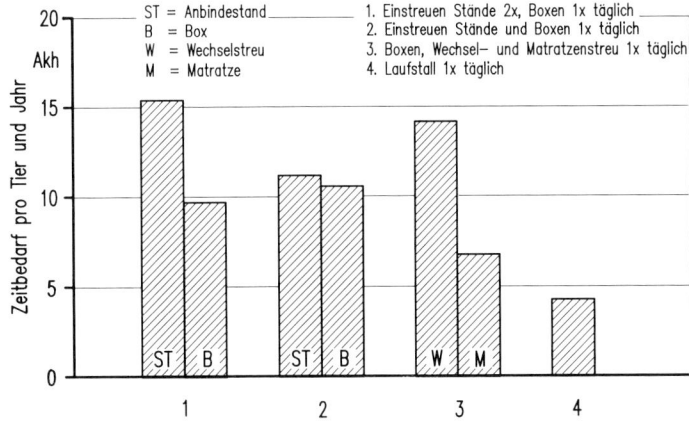

Abb. 105. Arbeitszeitbedarf für das Einstreuen von Pferdeställen.

Wird in Boxen und Ständer nur einmal täglich Stroh eingebracht, so ergibt sich nach Untersuchungen aus Holland (Beispiel 2) für das Einstreuen kaum ein Unterschied zwischen den beiden Aufstallungssystemen. Bei einem mittleren Arbeitszeitbedarf von 11 Akh/T/a finden Bestandsgrößen zwischen sechs und 48 Pferden Berücksichtigung.

Arbeitswirtschaftliche Unterschiede ergeben sich dagegen für die Boxenhaltung zwischen dem Wechsel- und dem Matratzenstreuverfahren. Bei Wechselstreu ist ein höherer Aufwand für das Verteilen in der Box erforderlich als bei einer Matratze, so daß im Mittel von vier Ställen 14,2 gegenüber 6,8 Akh/T/a im Durchschnitt von fünf Ställen mit Matratzenstreu entstehen. In beiden Fällen treten aber große Streuungen, z. T. auch Überschneidungen auf.

Mit 4,3 Akh/T/a erfordert der Laufstall bei einmal täglicher Einstreu den geringsten Arbeitszeitaufwand. Dieser sehr niedrige Wert kann auch bei mechanisiertem Einstreuen einschließlich der Rüst- und Nebenzeiten nicht mehr wesentlich unterschritten werden. Dagegen sind noch Arbeitszeiteinsparungen möglich, wenn auf mehrtägiges Einstreuen übergegangen wird. Die Qualität der Matratze und das trockene Lager sollen hier aber immer den Vorrang vor extremen Arbeitszeitverkürzungen haben.

Insgesamt ergibt sich damit für die Einstreuarbeiten eine ziemlich einheitliche Tendenz. Das Einstreuen von Anbindeständen und das Wechselstreuverfahren sind mit 15 Akh/T/a annähernd gleichzusetzen. Für das übliche Einstreuverfahren für Boxen mit der Kombination von Wechselstreu und kurzzeitiger Matratze erscheinen 10 Akh/T/a ein für die Mehrzahl der Betriebe zutreffender Wert. Das Einstreuen von Laufställen kann dagegen in etwa der halben Zeit durchgeführt werden.

8.2.5   Kehren der Stallgasse

Das Kehren der Stallgasse hat keinen direkten Einfluß auf das Wohlbefinden des Pferdes und müßte daher nicht zwingend in die Versorgungsarbeiten aufgenommen werden. Da aber Ordnung und Sauberkeit die Atmosphäre im Stall wesentlich mitbestimmen, wird diese Arbeit, zumal sie tagtäglich anfällt, hier mit aufgenommen.

Der Arbeitszeitbedarf für das Kehren wird bestimmt von der Größe, der Oberflächenbeschaffenheit und dem Verunreinigungsgrad der Stallgasse, der Arbeitsbreite des Besens oder der Kehrmaschine und der Häufigkeit der Arbeitserledigung. Es ergeben sich je nach Aufstallung und den der Nutzungsform entsprechenden Anforderungen zum Teil erhebliche Unterschiede zwischen den einzelnen Ställen, wobei Parallelen zur Entmistungsarbeit festzustellen sind.

In der Säule 1 ist der Arbeitszeitbedarf eines Ausbildungs- und Pensionsstalles mit Boxenhaltung und Wechselstreu dargestellt. Das Kehren erfolgt mindestens zwei- bis dreimal, bei Bedarf auch häufiger. In einem Stall ist zudem die Boxenanordnung einseitig, so daß ein hoher Ganganteil pro Pferd entsteht. Gegen zu hohe Staubentwicklung wird vor dem Kehren der Gang mit Wasser bespritzt.

Im Beispiel 2 sind mehrere Ställe mit Boxen und Ständern zusammengefaßt. Der Arbeitszeitbedarf mit 10 bis 15 Akh pro Pferd und Jahr dürfte für den Großteil der Boxenaufstallungen mit Wechselstreu zutreffen, in denen früh und abends nach der Versorgung der Pferde die Stallgasse gekehrt wird.

In der Säule 3 ist mit 8,4 Akh/Tier/Jahr der Mittelwert von zwei vergleichbaren Boxenställen dargestellt. In einem Stall sind zwei getrennte Versorgungsgänge für die Fütterung und Entmistung vorhanden. Trotz des größeren Ganganteils wird hier ein sehr günstiger Wert erzielt, da es bei der Trennung von Futter und Mist möglich ist, mit geringer Kehrarbeit auszukommen. Im zweiten Stall mit zentralem Gang wird eine selbstfahrende Kehrmaschine eingesetzt. Nur lange Halmteile werden von Hand zusammengefegt, da sie sich leicht in den rotierenden Bürsten verhängen.

Der günstigste Wert wird mit durchschnittlich 1,7 Akh/Tier und Jahr bei den Laufställen erzielt, da hier nur die kurzen Versorgungswege für die Fütterung gereinigt werden müssen. Dies genügt einmal am Tag. Ein gleich gutes Ergebnis wird in einem kleineren privaten Boxenstall mit unmittelbarem Futterlager und einer mechanischen Entmistungsanlage vor der Boxe erzielt. Dieser Vorraum wird nur jeden zweiten Tag gekehrt.

Die zum Teil erheblichen Unterschiede in der Kehrarbeit sind vor allem durch die Häufigkeit und die verschiedenen Ansprüche in den einzelnen Haltungsarten bedingt. Unter üblichen Bedingungen erscheint für die Boxenhaltung ein Wert von 10 Akh/T/a angebracht. Ansonsten kann als Anhaltswert für eine Kalkulation ein Zeitbedarf von

Abb. 106. Arbeitszeitbedarf für das Kehren der Stallgasse.

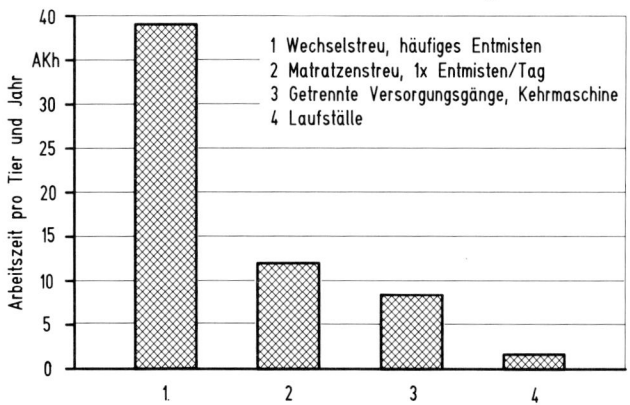

1 Wechselstreu, häufiges Entmisten
2 Matratzenstreu, 1x Entmisten/Tag
3 Getrennte Versorgungsgänge, Kehrmaschine
4 Laufställe

1 Minute pro 10 m^2 für das Kehren von Hand und 1,5 bis 2 Minuten pro 100 m^2 für eine Kehrmaschine mit einer Arbeitsbreite von 1,20 m angenommen werden.

8.2.6   Sonstige Arbeiten

Neben den bereits erwähnten Arbeiten fallen in jedem Stall verschiedene kleinere Tätigkeiten an, die sich einzelnen Bereichen wie Füttern oder Entmisten nicht voll zuteilen lassen. So werden immer wieder einfache Reparaturen fällig, die Stallfenster sind zu reinigen, der Stall muß desinfiziert werden, Abfälle sind zu beseitigen, personell bedingte Verzögerungen treten ein und ähnliches mehr. Nach den Arbeitszeitmessungen in mehreren Ställen beträgt dieser Anteil am Gesamtarbeitsaufwand 6 bis 10%. Der niedrige Prozentsatz trifft dabei meist für Betriebe mit einem insgesamt hohen Arbeitszeitbedarf, der 10%ige Anteil für arbeitswirtschaftlich gut organisierte Betriebe zu. Für Kalkulationen ist jedoch generell ein 10%iger Zuschlag empfehlenswert, auch um eine gewisse Reserve zu haben.

8.3   Arbeitszeitbedarf für Pflegearbeiten

Zur Pflege der Pferde gehört das Putzen mit Huf- und Langhaarpflege sowie das Ausschneiden und das Beschlagen der Hufe. Auch die medizinische Betreuung, soweit sie vom Stallpersonal durchgeführt wird, etwa das Anlegen von Verbänden oder die Eingabe von Arzneimitteln, kann hier eingestuft werden.

8.3.1   Putzen

Die Häufigkeit des *Putzens* ist abhängig von der Haltungs- und Nutzungsart. Im Laufstall mit Weidegang oder ständigem Auslauf kann es völlig unterbleiben. Die Pferde werden hier in der Regel nur vor dem Ausfahren oder Reiten geputzt. Bei geschlossener Stallhaltung ist dagegen ein regelmäßiges Putzen unerläßlich. In Reit-, Verkaufs- und Schulbetrieben wird es täglich, bei extremen Beanspruchungen auch zweimal am Tag durchgeführt. Ist keine regelmäßige Nutzung gegeben, so sollte doch mindestens zwei- bis dreimal wöchentlich geputzt werden.

Ähnliches gilt für die *Hufpflege*. Gleichzeitig mit dem Putzen sollte auch die Strahlfurche gesäubert werden. Das in seiner Bedeutung umstrittene *Einfetten* kann, wenn überhaupt, in größeren Abständen erfolgen und wird unter anderem von der Beschaffenheit des Hufes bestimmt.

Der Arbeitszeitbedarf ist weitgehend abhängig von der Gründlichkeit des Putzens. Dabei sind manuelles und maschinelles Putzen annähernd gleichzusetzen, da der Einsatz von Staubsaugern mehr eine Arbeitserleichterung als eine Arbeitszeiteinsparung bringt. Die Werte für ein schnelles, *oberflächliches* Putzen bewegen sich in der Größenordnung von vier bis sechs Minuten, wobei auch die Mähne kurz durchgebürstet und die Hufe ausgekratzt werden. Da dieses schnelle Putzen häufig im Stand oder in der Box vorgenommen wird, fallen kaum Nebenzeiten an, so daß insgesamt ein Mittelwert von fünf Minuten angebracht erscheint.

Für das *gründliche* Putzen entfallen nach mehreren Messungen auf die Haarpflege mit Hand und Maschine sechs bis zehn Minuten, auf die Hufpflege eine bis eineinhalb Minuten und auf die Langhaarpflege ca. eine Minute. Da das gründliche Putzen meist auf der Stallgasse oder einem Putzplatz im oder vor dem Stall stattfindet, kommen für das Anhalftern, Führen und sonstige Vorbereitungen noch Zuschläge für Nebenarbeiten in Höhe von zwei bis drei Minuten dazu. Damit ist der Arbeitszeitbedarf für ein gründliches Putzen mit 12 bis 15 Minuten pro Pferd zu veranschlagen.

Aus diesen Einzelmessungen erscheint für Reitbetriebe mit regelmäßiger Pferdepflege ein Arbeitszeitbedarf von 50 bis 60 Akh pro Pferd und Jahr angebracht, da sich auch hier je nach Personal- und Zeitausstattung schnelles und gründliches Putzen abwechseln. In privaten Betrieben mit Zucht- und Reitpferden in geschlossener Stallhaltung ist mit einem Aufwand von 30 bis 35 Akh und in Laufstallhaltung je nach Intensität der Nutzung von 10 bis 20 Akh/Tier und Jahr zu rechnen.

Alternativ zum trockenen Putzen mit Striegel und Kardätsche kann die Pferdepflege durch *Duschen* erfolgen. Zur besseren Reinigung des Haarkleides kommt hier noch ein stärkerer Massageeffekt der Haut. Das Duschen ist vor allem nach dem Schwitzen stark beanspruchter Pferde und in den Sommermonaten zu empfehlen. Für die Wäsche einschließlich Trockenreiben oder Abziehen mit dem Schweißmesser ist ein Arbeitszeitbedarf von zehn bis zwölf Minuten einschließlich der Nebenzeiten zu veranschlagen, so daß kein höherer Arbeitsaufwand als beim Putzen entsteht. Voraussetzung ist ein geeigneter Waschraum mit Anschlüssen für Warm- und Kaltwasser oder im Sommer auch ein Waschplatz im Freien.

8.3.2 Hufbeschlag

Neben der bereits beim Putzen erwähnten Hufpflege ist im Abstand von sechs bis acht Wochen das Ausschneiden oder bei Bedarf das Beschlagen der Hufe notwendig. Diese Arbeit wird wesentlich erleichtert und beschleunigt, wenn bereits die Fohlen an

Abb. 107. Waschboxe mit Warm- und Kaltwasseranschluß.

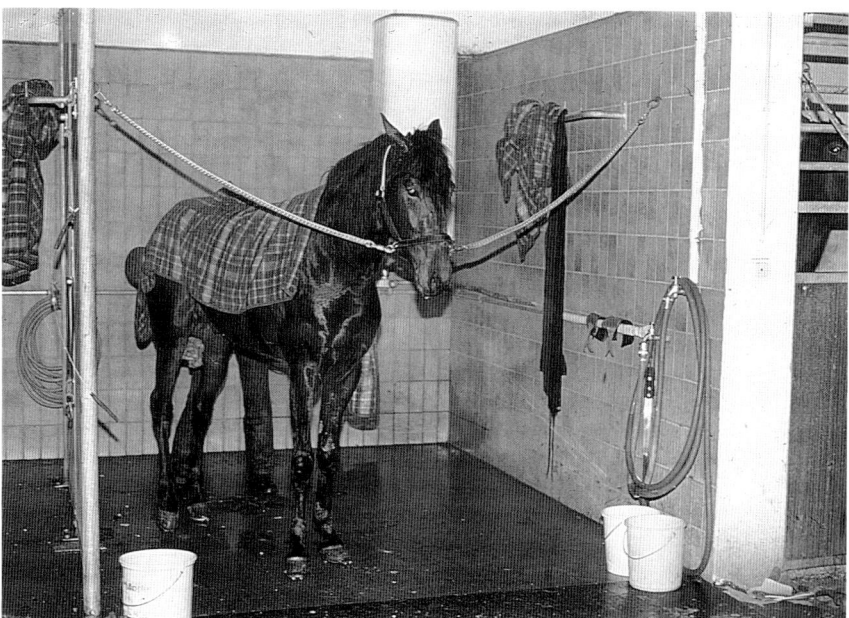

das Aufheben der Beine gewöhnt werden. Für einen geübten Hufschmied mit einem Helfer zum Aufhalten dauert das Ausschneiden eines Pferdes ca. 20 Minuten. Das Beschlagen erfordert dagegen eine bis eineinhalb Stunden, je nachdem ob um- oder neu beschlagen wird und ob Stollen eingeschraubt werden müssen. Ferner sind die örtlichen Arbeitsverhältnisse zu berücksichtigen.

Da heute üblicherweise der Schmied zum Stall kommt, muß ein geeigneter Platz zum Beschlagen vorhanden sein. Für kleinere Ställe genügt der übliche Putzplatz. Bei größeren Beständen ist ein eigener Beschlagraum empfehlenswert, der nach SCHNITZER (1970) die Abmessungen 6,25 m×4,75 m haben sollte. In der Regel besitzt der Schmied eine mobile Feldschmiede, mit der letzte Korrekturen des weitgehend vorbereiteten Eisens und das Aufbrennen vorgenommen werden können. Der jährliche Gesamtarbeitsaufwand für das Ausschneiden bzw. das Beschlagen bewegt sich damit zwischen 2 und 9 Akh pro Pferd für die eigenen Arbeitskräfte.

8.4   Arbeitszeitbedarf für nutzungsbedingte Arbeiten

Die nutzungsbedingten Arbeiten unterliegen noch mehr als die Pflege dem persönlichen Engagement des Pferdehalters, der Nutzungsart und den Leistungsanforderungen. Es ist daher äußerst schwierig, konkrete Arbeitsbedarfszahlen zu benennen, da beispielsweise in der Ausbildung oder im Training fließende Übergänge zwischen Arbeit und dem Nutzungsziel (fahren, reiten usw.) bestehen. Dennoch sollen zumindest für einige vorbereitende Tätigkeiten wie das *Satteln,* die für die Gesunderhaltung des Pferdes notwendige *Bewegung* oder die *Pflege wesentlicher Geräte* einige Kennzahlen angeführt werden. Sie können nur als Orientierungsgröße gelten und bei Bedarf dem Arbeitsvolumen des Stallpersonals zugerechnet werden. Im Fremdarbeitsbetrieb werden diese Arbeiten ohnehin meist von der Stallversorgung getrennt und vom Pferdebesitzer oder Reiter ausgeführt.

8.4.1   Bewegen der Pferde

Nicht regelmäßig zum Reiten oder Fahren eingesetzte Pferde müssen je nach Rasse, Temperament und Futterzustand zur Vermeidung von Koliken oder Bein- und Muskelschäden täglich oder zumindest jeden zweiten Tag bewegt werden.

Die natürlichste Form der regelmäßigen Bewegung ist der Weidegang oder ein ausreichend großer Auslauf. In vielen Reit- und Zuchtbetrieben ist daher der tägliche *Austrieb* auf die Weide oder eine Laufkoppel auch im Winter üblich. Dadurch wird einmal auf die ideale Weise der Bedarf an Bewegung gedeckt, zum anderen werden gegenüber der ganztägigen Stallhaltung verschiedene Arbeiten wie Füttern, Entmisten und Einstreuen zumindest im Umfang reduziert. Aus diesem Grunde könnte der Weideaustrieb in manchen Betrieben auch den Versorgungsarbeiten zugerechnet werden. Ein ausreichendes Futterangebot setzt eine gute Weidetechnik voraus. Hierzu zählen in erster Linie ausreichende Ruhezeiten für die abgeweideten Koppeln und genügend Triebwege, die den Zugang zu jeder einzelnen Parzelle ermöglichen.

Der erforderliche Arbeitszeitbedarf für den Ein- und Austrieb wird bestimmt von der Art der Aufstallung wie Einzelboxe, Sammelboxe oder Laufstall und der Entfernung der Weide zum Stall. Anhand von zwei konkreten Beispielen können hierfür einige Anhaltswerte gegeben werden.

In einem Zuchtbetrieb mit 40 Pferden, die in Einzel- und Sammelboxen gehalten

Abb. 108. Gut eingerichtete Schmiede für den Hufbeschlag.

werden, beträgt der Arbeitszeitbedarf 9,4 Akh/Tier/Jahr. Die Tiere werden dabei gruppenweise aus- und eingetrieben. Die Koppeln befinden sich in unmittelbarer Stallnähe mit einer maximalen Triebweglänge von ca. 400 m. Für den Ein- und Austrieb sind zwei Arbeitskräfte erforderlich.

In einem kombinierten Zucht- und Reitbetrieb mit Einzelboxen und einem Laufstall erfordert der tägliche Ein- und Austrieb ebenfalls für 37 Pferde 16,1 Akh/Tier/Jahr. Die in Einzelboxen gehaltenen Tiere werden dabei aus dem Stall, einzelne Pferde sogar bis auf die Koppel geführt. Die im Laufstall untergebrachten Pferde laufen dagegen alle frei. Die Unterteilung in Einzelgruppen ist in diesem Betrieb stärker als im obigen Beispiel. Deshalb müssen auch mehr Koppeln, die im Umkreis von ca. 200 m um den Hof zu erreichen sind, aufgesucht werden.

Unter den beschriebenen Bedingungen, die für viele Betriebe zutreffen dürften, ist damit für den täglichen Weidebetrieb ein Arbeitszeitbedarf von 10 bis 15 Akh/Tier/Jahr zu unterstellen. Je nach den örtlichen Verhältnissen können Zu- oder Abschläge erforderlich werden. Die günstigste Lösung stellt auch hier der Offenlaufstall dar, da die Tiere ohne jeden Arbeitsaufwand nach Belieben den Aufenthalt im Stall oder im Freien wählen können.

Bestehen diese Auslaufmöglichkeiten nicht, so muß das Pferd *geführt* oder in der Halle bzw. einem Trainingsplatz durch *Treiben* oder *Longieren* bewegt werden. Der Arbeitszeitbedarf hierfür kann sehr erheblich sein. Erhebungen in der Praxis zeigten, daß für einen Bewegungsgang durchschnittlich pro Pferd 20 bis 40 Minuten aufgewendet werden. Die Gesamtarbeitsbelastung ergibt sich nach den betrieblichen Bedingungen in Abhängigkeit von der Länge der Standzeiten im Stall.

Zur Zeiteinsparung für die Bewegungsarbeiten wird in jüngster Zeit versucht, technische Hilfen in Form von Bewegungsapparaten *(horse walkers)* einzusetzen (s. Kap. 7.2). Da sich die Pferde sehr schnell an die Anlagen gewöhnen, ist nur ein geringer Bedienungs- und Wartungsaufwand erforderlich. Je nach Entfernung zum Stall kann für das Zu- und Abführen eines Pferdes mit An- und Abhängen mit einem Zeitbedarf von einer bis drei Minuten gerechnet werden. Zum Anlegen und Abnehmen der Pferde muß die Anlage bei langsamer Vorfahrt nicht angehalten werden.

8.4.2   Satteln und Lederzeugpflege

Eine weitere nutzungsbedingte Arbeit stellt das Satteln dar. Der Zeitaufwand hierfür hängt von der Ausrüstung ab. Werden nur Sattel und Trense benötigt, so ist ein geringerer Aufwand nötig als wenn zusätzlich Hilfszügel, Bandagen oder Gamaschen angelegt werden. Eine zusätzliche Einflußgröße stellt die Entfernung zur Sattelkammer bzw. zum Sattelplatz dar. Unter Einbeziehung dieser Gesichtspunkte wurde bei mehreren Messungen ein Arbeitszeitbedarf von drei bis sieben Minuten festgestellt, so daß der Mittelwert in Höhe von fünf Minuten für die Verhältnisse in der Mehrzahl der Betriebe zutreffen dürfte. Wird in Reitbetrieben ein einmaliges tägliches Satteln durch das Stallpersonal unterstellt, so ist der jährliche Gesamtarbeitszeitbedarf mit 30 Akh/Pferd zu veranschlagen.

Sattel, Zaumzeuge, Geschirre, Zügel, Decken, Bandagen und sonstiges Zubehör müssen in einem trockenen, gut durchlüfteten Raum untergebracht werden. Damit durchschwitzte oder naß gewordene Teile auch im Winter trocknen können, ist eine Beheizung vorzusehen. Das Lederzeug sollte unbedingt an einer trockenen Wand aufgehängt werden. Da Außenwände häufig feucht sind, empfehlen sich Zwischen- bzw. Innenwände oder freistehende Sattelböcke. Pro Sattel ist eine Breite von 50 bis 60 cm und eine Höhe von ca. 50 cm erforderlich. Je nach Raumhöhe können zwei bis drei, in sehr beengten Räumen maximal vier Sättel übereinandergehängt werden. Für das Aufhängen von Trensen ist ein Abstand von ca. 20 cm in Einzel- oder Doppelreihe erforderlich. Daneben sollten noch Regale oder besser geschlossene Schränke für sonstiges Zubehör bereitgestellt werden.

Für die regelmäßige Reinigung und Pflege sind ein Wasseranschluß und ein Putzbock vorteilhaft. Als durchschnittlicher Wert für die Lederzeugpflege können je nach dem Benutzungsgrad 6 bis 10 Akh/Jahr/Reitpferd unterstellt werden.

8.4.3   Pflege des Reitbahnbelags

In Reitbetrieben kann die Pflege der Reitbahn ein arbeitswirtschaftlich bedeutender Faktor sein. Der Aufwand ist entscheidend bestimmt von der Häufigkeit der Nutzung und der Beschaffenheit des Reitbahnbelages. So ist in stark frequentierten Hallen ein tägliches Richten des Bodens notwendig, während in unregelmäßig genutzten Reitbahnen eine wöchentliche oder monatliche Behandlung ausreichen kann. In den Sommermonaten muß neben dem Einebnen des Hallenbodens zur Verhinderung einer zu großen Staubentwicklung regelmäßig gespritzt werden, wenn keine Beregnungsanlage eingebaut ist. Die Hauptarbeiten sind durch Schlepper mit angehängten Eggen oder Planierschildern zu mechanisieren, während das Ausschaufeln der Ecken und das Zurückräumen des Reitbelags unter den Banden häufig von Hand erfolgen muß. Je nach Nutzungsintensität der Reitbahn und dem Mechanisierungsgrad sind Richtwerte von 30 bis 100 Akh anzusetzen. Da die Streubreite bei dieser Arbeit je nach den örtlichen Verhältnissen sehr groß ist, sind für eine genauere Einordnung unbedingt eigenbetriebliche Aufzeichnungen zu empfehlen.

8.5   Gesamtarbeitszeit verschiedener Haltungssysteme

Nach der Darstellung einzelner Arbeitselemente ist in einem zusammenfassenden Überblick der jährliche Gesamtarbeitsaufwand für ausgewählte Haltungs- und Nutzungsformen zu erläutern. Dazu werden zunächst einige Einzelergebnisse existenter

Betriebe und daran anschließend in einer modellhaften Zusammenstellung verschiedene Arbeitssituationen dargestellt.

8.5.1 Beispiele aus existenten Betrieben

Die durchgeführte Datenerhebung, in der unterschiedliche Betriebsformen erfaßt wurden, läßt eine entsprechend große Spannweite des Arbeitsaufwandes in der Pferdehaltung erkennen. Er ist mit 150 bis 180 Akh/T/a für die Versorgungsarbeiten in den Betrieben 1 und 2 sehr hoch. Davon entfällt der größte Teil auf das zwei- bis dreimalige Entmisten und auch auf das damit zusammenhängende häufige Kehren der Stallgasse. Von Bedeutung ist zudem das drei- bis viermalige Kraftfutterfüttern. Da in beiden Ställen auch die Pflege und nutzungsbedingte Arbeiten weitgehend vom Stallpersonal erledigt werden, fallen zusätzlich 140 bis 150 Akh/T/a an. Davon benötigt das Putzen mehr als die Hälfte und das Satteln annähernd ein Drittel. Der Gesamtarbeitsaufwand für Versorgung und Pflege beläuft sich damit auf etwa 300 Akh/T/a. Unter derartigen Bedingungen kann eine Arbeitskraft bei der gegebenen Aufgabenstellung nur sechs Pferde betreuen.

Abb. 109. Arbeitszeitbedarf in ausgewählten Betrieben.

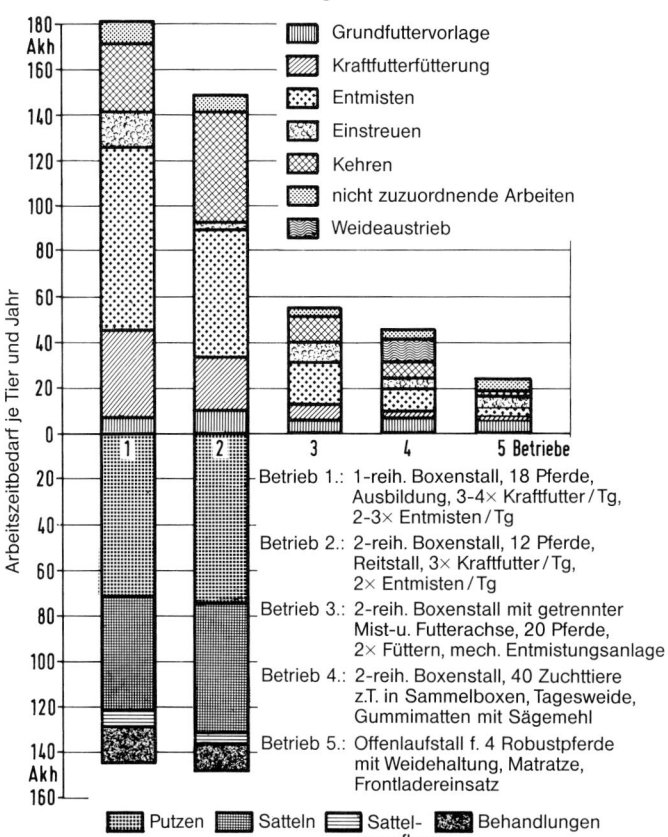

Für eine Boxenhaltung sehr günstige Werte von 45 bis 50 Akh/T/a für die Versorgungsarbeiten zeigen dagegen die Betriebe 3 und 4. Das aufwendige Entmisten ist
mechanisiert und durch geringe Sägemehleinstreu auf Gummimatten und den täglichen Weideaustrieb stark vereinfacht. Die Fütterung wird durch Futterluken bzw.
einen durchgehenden, in den Futtergang verlegten Trog wesentlich erleichtert.

Nur etwa 25 Akh/T/a erfordert eine Offenstallhaltung für vier Robustpferde in
Verbindung mit Weidegang. Durch Vorratsfütterung bzw. begrenzte Kraftfuttergaben
und den Tiefaufstall mit Frontladerentmistung ist der Arbeitsaufwand äußerst niedrig. Allerdings sind in dieser Haltungsform nur Tiere mit annähernd gleichen Futter-
ansprüchen zu versorgen, da eine individuelle Zuteilung nur schwer möglich ist.

8.5.2   Kalkulationsdaten

Neben diesen einzelbetrieblichen Werten, die jeweils unter der betriebsspezifischen
Arbeitssituation zu betrachten sind, erscheinen *Kombinationen aus Durchschnittswer-
ten* der verschiedenen Arbeitselemente für Kalkulationen zutreffender. Für unterschiedliche Unterstellungen werden dazu Anhaltswerte in Abb. 110 zusammengestellt.

In *Boxenställen* mit ungünstigen Arbeitsbedingungen wie einreihiger Aufstallung
und weiten Wegen zu den Bergeräumen sind für die Versorgungsarbeiten zwischen 100
und 110 Akh/T/a aufzuwenden (Säule 1). Etwa 25% entfallen davon auf die zweimal
tägliche Fütterung von Grund- und Kraftfutter, da zur Futtervorlage wegen fehlender
Luken jeweils die Türen geöffnet und die Boxen betreten werden müssen. Mehr als ein
Drittel kommt dem Entmisten im Wechselstreuverfahren zu. Wird dazu noch das
Einstreuen mit einem Anteil von 15% gerechnet, so beansprucht die Boxenpflege
insgesamt die Hälfte des Gesamtarbeitsaufwandes. Der restliche Anteil ist für das
Kehren und sonstige Arbeiten aufzuwenden. Die geschilderte Situation trifft heute
noch auf viele Pferdehaltungen zu. Sie hat zur Folge, daß von einer Arbeitskraft die
Versorgungsarbeiten für 14 bis 16 Pferde bewältigt werden können.

**Abb. 110. Kalkulationsdaten für den Arbeitszeitbedarf in verschiedenen Aufstallungssystemen
der Pferdehaltung.**

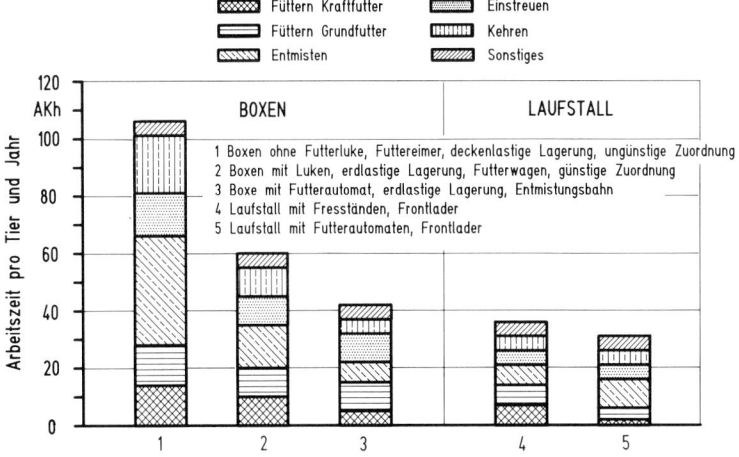

Eine wesentliche Arbeitszeitreduzierung ist bereits durch eine verbesserte, in Säule 2 unterstellte Gestaltung der Gebäudezuordnung und Arbeitsorganisation zu erreichen. Durch erdlastige, dem Stall unmittelbar vorgelagerte Bergeräume entstehen für den Transport von Grund- und Kraftfutter mit geeigneten Futterwagen kurze Wege- und Nebenzeiten. Die zweimal tägliche Futtervorlage ist durch Futterluken unmittelbar von der Stallgasse ohne Betreten der Boxen möglich. Die Entmistung wird in einem kombinierten Matratzen-Wechselstreuverfahren mit einmal täglichem Entmisten und Einstreuen durchgeführt. Für die insgesamt erforderlichen 60 Akh/T/a ergibt sich eine Aufteilung von 34% auf die Fütterung, 42% auf die Boxenpflege und 24% auf das Kehren und sonstige Arbeiten. Ein Pferdepfleger könnte demnach 25 bis 30 Pferde versorgen.

Wird dieses Stallkonzept durch Futterautomaten für das Kraftfutter und eine Entmistungsbahn ergänzt, so können durch den verbesserten Mechanisierungsgrad zusätzlich noch etwa 20 Arbeitsstunden pro Pferd und Jahr eingespart werden (Säule 3). Dadurch ergibt sich auch eine deutliche Verlagerung zwischen den einzelnen Arbeiten. So entfallen von den insgeamt 42 Stunden auf die Fütterung 36% mit ⅓ Anteil für die Grundfuttervorlage, 41% auf die Boxenpflege mit höherem Zeitbedarf für das Einstreuen und 23% auf Kehren und sonstige Arbeiten. In diesem Konzept könnte bei ausschließlicher Erledigung der Versorgungsarbeiten eine Arbeitskraft für 35 bis 40 Pferde ausreichen.

Die Laufstallhaltung in Form des *Offenlaufstalls* kann eine weitere Arbeitszeitverkürzung bringen. Wird eine zweimal tägliche Fütterung für Grund- und Kraftfutter in Futterständen für die erforderliche individuelle Versorgung unterstellt, so entfallen für diesen Bereich 14 Stunden oder 38% des Gesamtarbeitsaufwandes. Für das tägliche Abräumen des Kotes und Einstreuen sowie den Matratzenwechsel mit dem Frontlader sind 12 Stunden (33%) pro Pferd und Jahr anzusetzen. Für die restlichen Arbeiten werden 10 Stunden oder 29% in Anschlag gebracht. Unter diesen Voraussetzungen könnten für die auschließliche Erledigung der Versorgungsarbeiten einer Arbeitskraft 40 bis 45 Pferde zugeordnet werden.

In einer weiteren Variante mit vollautomatisierter Fütterung von Grund- und Kraftfutter durch rechnergesteuerte Automaten in einem System mit getrennten Funktionsbereichen wird im Bereich der Fütterung eine weitgehende Terminfreistellung und ein sehr geringer Arbeitsaufwand von 6 Akh/T/a erreicht, die etwa 14% der Gesamtarbeitszeit entsprechen. Dagegen nimmt das Entmisten vor allem wegen der aufwendigeren Reinigung der großen Laufflächen einschließlich des Einstreuens auf 15 Stunden oder anteilig 47% zu. Weitere 10 Stunden oder 33% entfallen auf Tätigkeiten zur Sauberhaltung der Stallanlage und sonstige Arbeiten. Dieser Anteil mag sehr hoch erscheinen. Er entspricht aber vielen Erfahrungen in hochmechanisierten Tierhaltungen. Je mehr die Hauptarbeiten mechanisiert sind, desto mehr treten Funktionen, die im Bereich der Nebenarbeiten einzuordnen sind, in den Vordergrund. Auch ist in solchen Systemen ein ganz wesentlicher Gesichtspunkt, daß mit dem Wegfall von Routinearbeiten ein erhöhter Aufwand für die unerläßliche Tierbeobachtung anfällt.

Aus diesen Darlegungen wird deutlich, daß durch eine gute Stallplanung, konsequente Arbeitsorganisation und geeignete technische Hilfsmittel der hohe Arbeitsaufwand sehr stark reduziert werden kann. Für den Gesamtarbeitsanfall ist die Aufgabenzuordnung in versorgungs- und nutzungsbedingte Arbeiten von großem Einfluß. Der häufig befürchtete mangelnde Kontakt des Pflegers zum Pferd durch den Einsatz arbeitssparender Techniken muß nicht sein. Im Gegenteil wird in vielen Fällen die

Qualität der Betreuung verbessert, und durch die Technik werden neue Möglichkeiten für eine artgerechtere Haltung erschlossen.

9   Beispiele für zweckmäßige Aufstallungssysteme

Die wesentlichen Einflußfaktoren für die Wahl eines Aufstallungssystems sind die *Bestandsgröße,* die *Nutzungsart* und die gehaltene *Pferderasse.* Unter Berücksichtigung dieser verschiedenen Anforderungen wird versucht, einige zweckmäßige Lösungen aufzuzeigen, die sowohl den Ansprüchen des Pferdes als auch den arbeitswirtschaftlichen Belangen des Pflegepersonals gerecht werden. Aus diesem Grunde finden der Anbindestand und die deckenlastige Lagerung der Vorräte keine Aufnahme in die Modelle. Sie sollten nur zur Anwendung kommen, wenn die örtlichen Gegebenheiten keine andere Alternative zulassen.

Die Vorratsräume sind auf ganzjährige Lagerung ausgelegt, d. h., daß pro Pferd 35 bis 40 m^3 Bergeraum für Heu und Stroh bereitzustellen sind. Damit ist das Volumen des Lagerraums genauso groß wie der angestrebte Stallraum. Bei häufigerem Zukauf der Vorräte kann das Lagervolumen entsprechend der Lagerdauer reduziert werden (s. Nomogramm Abb. 44, Seite 87) Auf die Konstruktionen der Gebäude wird in diesem Zusammenhang nicht eingegangen. Sie werden ausführlich im nächsten Kapitel behandelt.

9.1   Boxenställe

Boxenställe können als Kalt- und Warmställe ausgebildet werden. Wo immer möglich, ist auch für Boxen eine Kombination mit einem Paddock oder Auslauf anzustreben.

9.1.1   Kaltstall für sechs bis zehn Pferde

Die nicht wärmegedämmte Satteldachhalle ist auf der Südseite als Stall und auf der Nordseite als Vorratslager genutzt. Der Stallbereich kann in Einzel- und Sammelboxen eingeteilt werden, die nur mit Querstangen oder auch mit geschlossenen Wandteilen mit Gitteraufsatz abgetrennt sind. Jede Boxe hat direkten Zugang zum angrenzenden Auslauf. Diese Form der Aufstallung ist sehr flexibel und eignet sich gut für kleinere Zucht- und Reitbetriebe.

Stroh und Heu liegen den Boxen gegenüber und können mit geringem Arbeitsaufwand vorgelegt werden. Damit sich kein Stalldunst in den Vorräten festsetzt, muß der First unbedingt einen Lüftungsschlitz haben, der mit einer Firsthaube abgedeckt wird. Die Gangbreite erlaubt das Befahren mit Schlepper und Wagen. Bei der beidseitigen Erschließung kann aber durchaus bei Bedarf ein Teil noch als Lagerplatz verwendet werden. Das Wechseln der hier vorteilhaften Matratze erfolgt mit dem Frontlader.

Eine Erweiterung in der Längsachse ist leicht möglich. Mit dem Stallraum wächst der Lagerraum stets im richtigen Verhältnis mit.

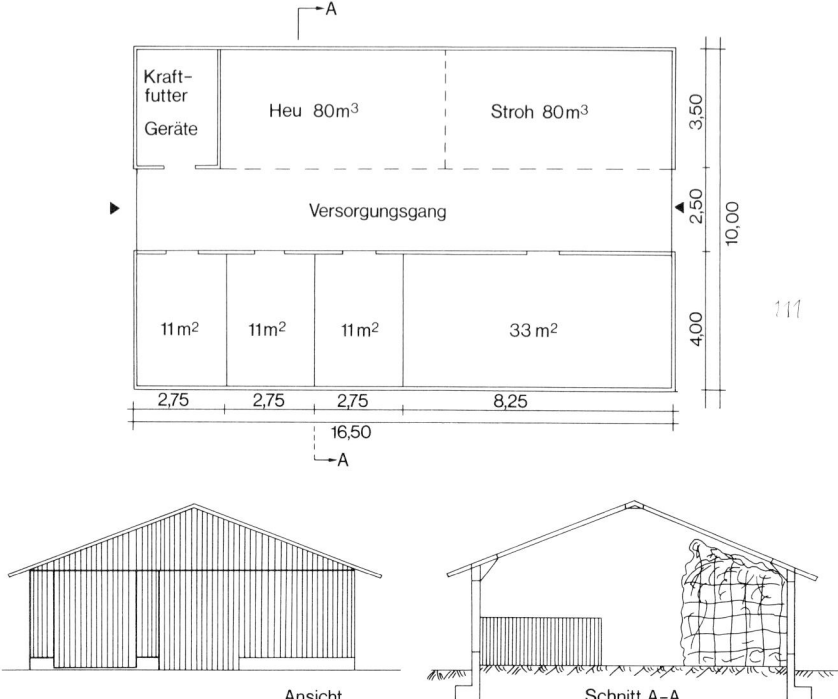

Abb. 111. In die Bergehalle eingebauter Boxenstall als Kaltstall.

9.1.2   Anlage mit Außenboxen

Außenboxen bieten den Pferden viel frische Luft und guten Sichtkontakt zur Umgebung. Sie erfreuen sich heute zunehmender Beliebtheit und werden auch verstärkt in die Lieferprogramme der Fertigstallhersteller aufgenommen. Die Anordnung kann je nach Boxenzahl ein- oder zweireihig erfolgen. Die Boxen sollten neben der Türe unbedingt mit einem zusätzlichen Fenster und einer Belüftungsöffnung ausgestattet sein, damit auch bei geschlossenem Oberteil der Tür eine ausreichende Belichtung und Belüftung sichergestellt ist. Eine Wärmedämmung sollte vor allem im Dachbereich angeordnet sein, um eine Überhitzung im Sommer zu vermeiden. Bei geringer Isolierung ist eine weitgehende Anpassung an die Außentemperatur anzustreben, um Kondensat an Wänden und Decken zu vermeiden.

In Abb. 113 ist eine zweireihige Lösung dargestellt, die aber auch in einreihiger Anordnung und reduzierter Bergehalle begonnen werden kann. Die Stützenkonstruktion ist für den Stallbereich mit einem Pultdach versehen und schließt sich im angrenzenden Bergeraum zu einem Satteldach. Der in Hufeisenform angeordnete Stall mit Bergeraum ist für Zucht- und Reitpferde gleichermaßen geeignet. Da alle Boxen mit Außenklappen versehen sind, ist zur Vermeidung von Zugluft nur eine einhüftige Anordnung möglich.

Vor jeder Boxenreihe ist ein überdachter, 2 m breiter Versorgungsgang angelegt, der auch als Putz- und Pflegeplatz für die Pferde dienen kann. Der 8 m breite Innenhof, der am besten als Sandplatz ausgebildet wird, stellt einen beliebig unterteilbaren Auslauf dar.

Die Boxenabtrennungen sollten flexibel gehalten werden, damit nach Bedarf Einzel- oder Sammelboxen möglich sind. Als Einstreu- und Entmistungsverfahren ist die Matratze vorgesehen. Sie wird durch Frontlader gewechselt, die über die stirnseitig angeordneten Tore einfahren können.

Zur Fütterung und zum Einstreuen sind bei dem verhältnismäßig hohen Wegeanteil unbedingt ausreichend dimensionierte Wagen einzusetzen. In der unmittelbar angrenzenden Bergehalle sind alle Vorräte und die erforderlichen Geräte untergebracht.

9.1.3   Warmstall mit Boxen für zehn bis zwölf Pferde

Die Dach-Deckenlösung mit Firstentlüftung bietet in dem wärmegedämmten, zweireihig angeordneten Boxenstall einen großzügigen Luftraum (Abb. 114). Bei 12,50 m Breite entstehen bei einer Gangbreite von 3 m sehr tiefe Boxen von 4,70 m. Es ist damit für eine ausreichende Boxengröße die für Großpferde noch vertretbare Mindestbreite von 2,70 m vorhanden. Boxenabmessungen können aber durchaus auch anders gewählt werden. Bei Bevorzugung quadratischer Boxenformen ist eine Gebäudebreite von 10 m zweckmäßiger.

Bei Matratzenstreu kann wiederum der Frontlader zum Wechseln eingesetzt werden. Es ist aber auch für Wechselstreu eine mechanische Entmistung hinter der tiefen Boxe möglich. Vor dem Stall ist ein überdachter Vorraum für die Pferdepflege vorgesehen. Die gegenüberliegende große Sammelboxe kann von der Stallgasse aus versorgt werden. Ein Geräteraum mit Kraftfutterlager und der Sattelraum sind in den Stallbereich mit einbezogen. Die Vorräte lagern in unmittelbarer Verlängerung des Stalles.

9.1.4   Warmstall für 30 Pferde mit Reitanlage

Der zweireihige Boxenstall mit mittlerer Stallgasse ist für die Unterbringung von 30 Reitpferden angelegt (Abb. 115). Für eine derartige Bestandsgröße empfiehlt sich aus verschiedenen Gründen eine Unterteilung, die durch Verlegen der Geräte- und Sattelkammer in die Stallmitte herbeigeführt wird. Vor diesen Räumen entsteht vor dem Ausgangstor ein großzügig angelegter Arbeitsplatz. Je nach Wunsch kann die Abtren-

Abb. 112. Außenboxen mit angrenzendem Kleinauslauf.

nung der beiden Einheiten nur sehr lose oder als geschlossene Wand ausgebildet werden.

Für die Abmessung der Boxen sind verschiedene Größen zu empfehlen, um den unterschiedlichen Ansprüchen gerecht werden zu können. Hinter den Boxen läuft eine Entmistungsbahn, die nur mit Stangen oder niedriger Trennwand von der Liegefläche mit Gefälle nach hinten abgetrennt ist. Die Boxe selbst kann im vorderen Bereich mit

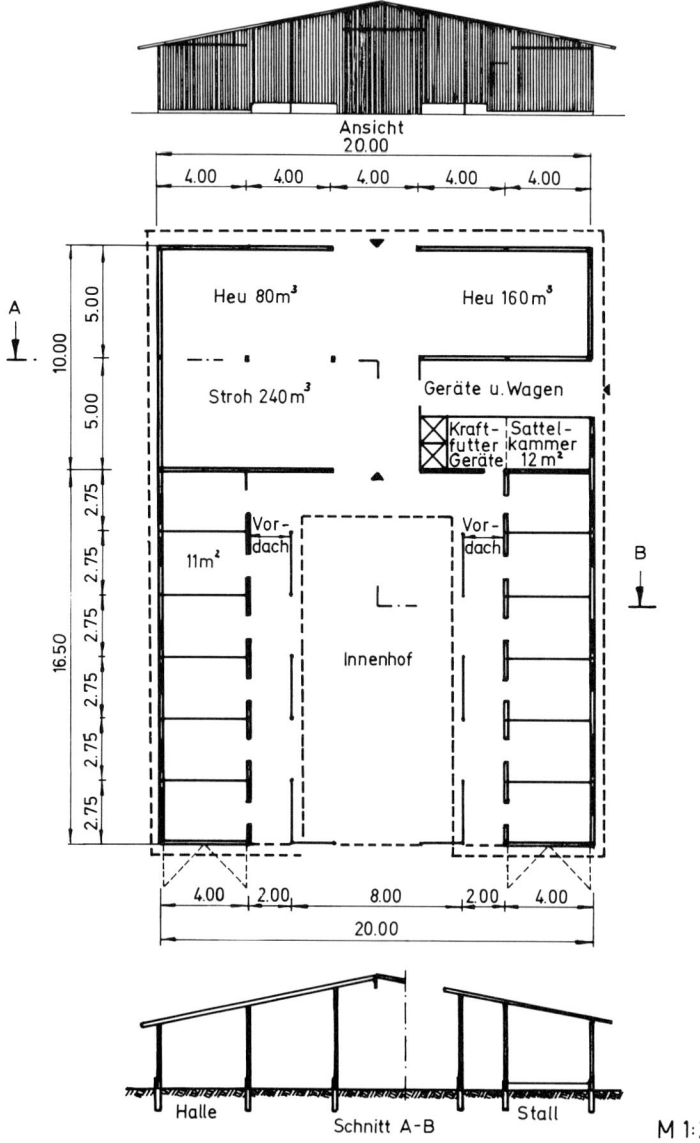

Abb. 113. Anlage mit Außenboxen für zwölf Pferde.

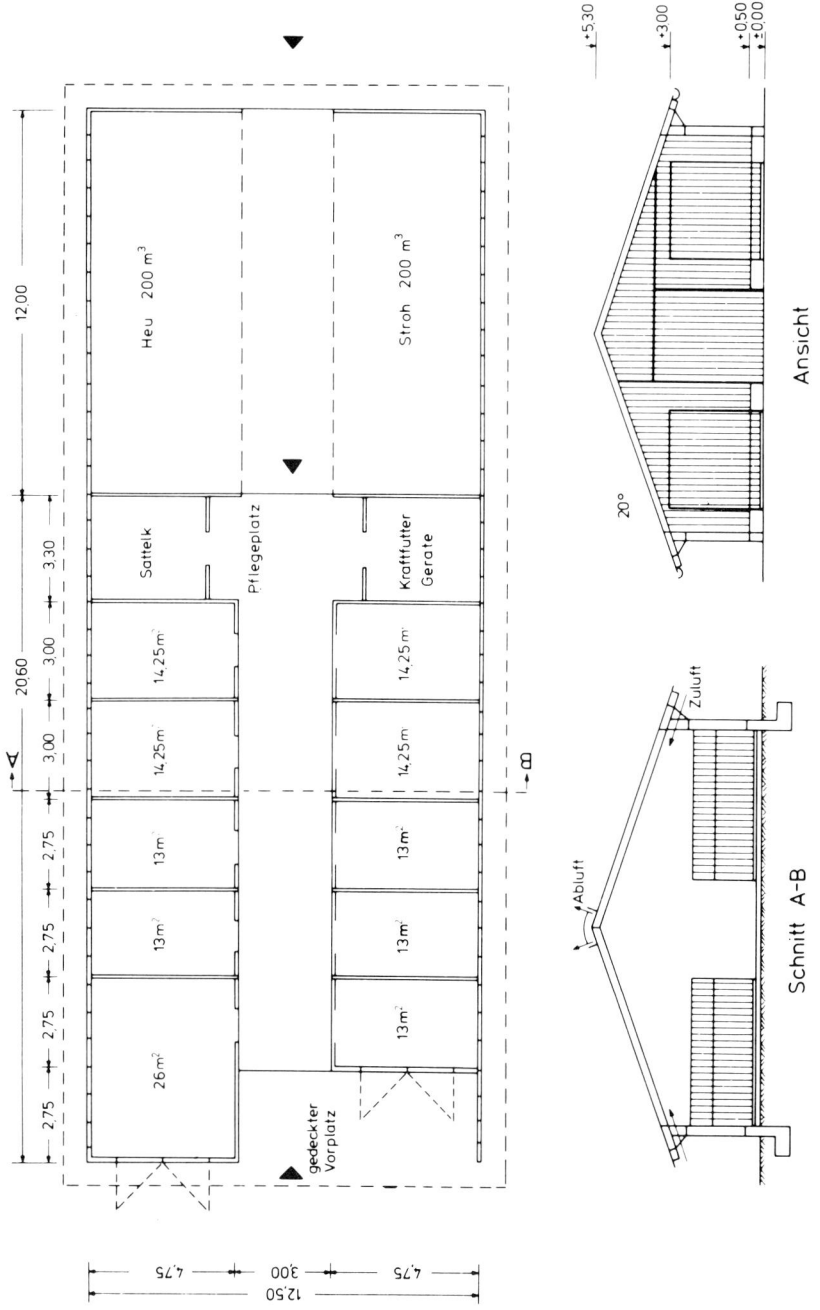

Abb. 114. Boxenstall mit angeschlossener Bergehalle.

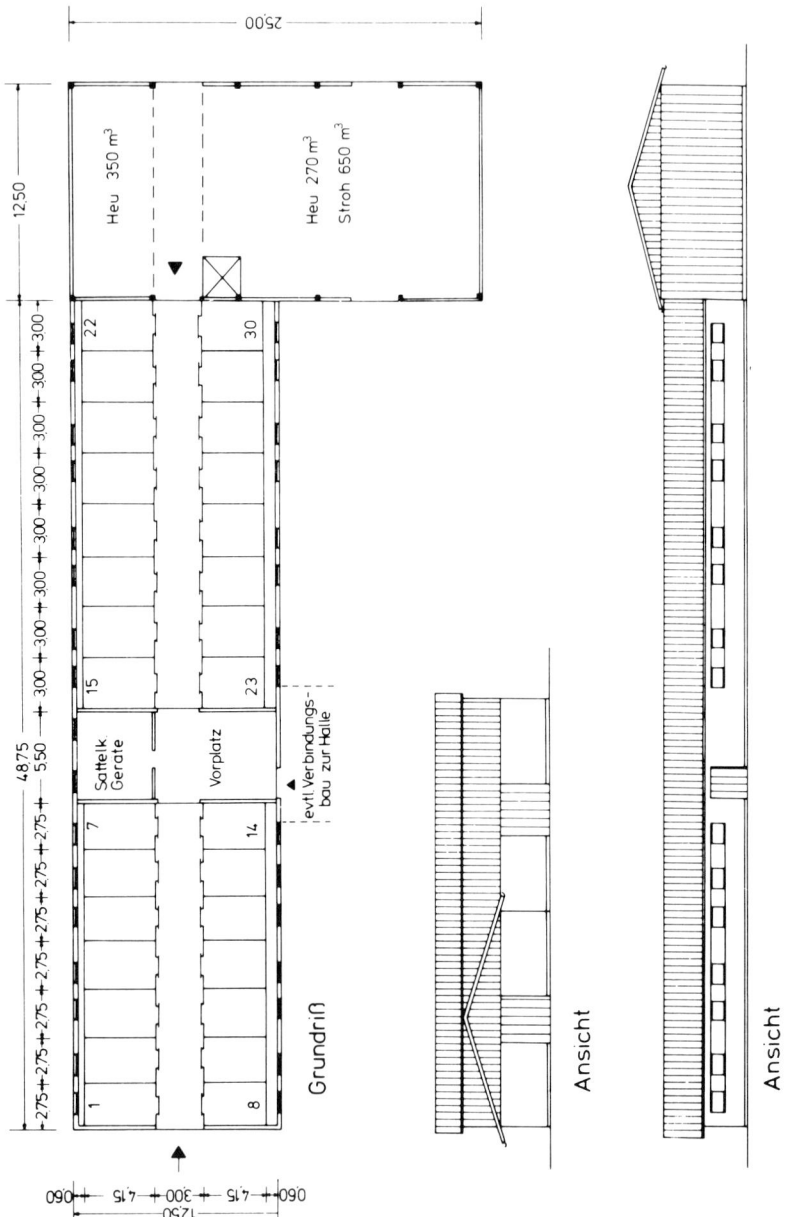

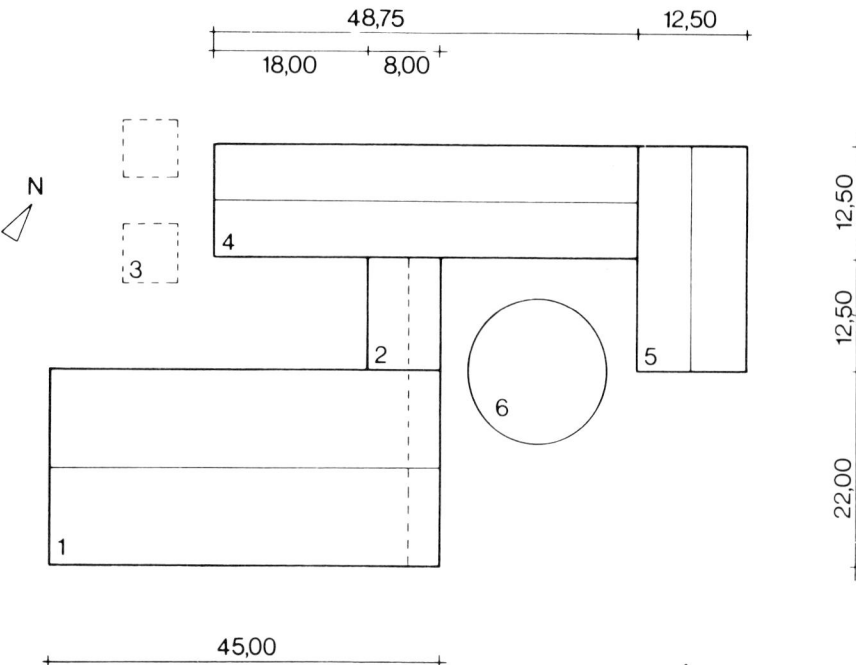

Abb. 115. Geschlossener Boxenstall für 30 Pferde mit Berge- und Reithalle, 1 Reithalle, 2 Verbindungsbau mit Nebenräumen, 3 Dungplatte, 4 Stall, 5 Bergehalle, 6 Longierzirkel.

Gummimatten ausgelegt werden, so daß nur in der hinteren Hälfte Einstreu notwendig wird. Unter diesen Voraussetzungen erfordert die Wechselstreu keinen höheren Aufwand als die Matratzenstreu.

Die Vorlage des im Wagen transportierten Futters erfolgt direkt von der Stallgasse aus. Durch die unmittelbar an den Stall anschließende Scheune sind kurze Versorgungswege gegeben.

Vom Stall führt ein überdachter Verbindungsweg zur Reithalle. In diesem Quertrakt können auch die Sanitär- und Aufenthaltsräume für das Personal untergebracht werden. Zwischen Bergeraum und Reithalle entsteht ein geschützter Offenreitplatz oder Longierzirkel. Die Anlage ist für verschiedene Erweiterungen offen. So kann beispielsweise der gleiche Komplex nochmals spiegelbildlich angeordnet werden.

9.2   Laufställe

Die Beispiele für Laufställe beziehen sich ausschließlich auf *Auslaufhaltungen,* da sie die naturgemäßen Haltungsansprüche sehr viel besser als die geschlossenen Laufställe erfüllen können. Offenlaufställe bieten den Pferden von allen Haltungssystemen die größten Möglichkeiten zu Bewegung, Aufenthalt im Freien und sozialem Kontakt, so daß auch ohne Einwirkung des Menschen auf natürliche Art ein Ausgleich zu den geringen und unregelmäßigen Nutzungszeiten entsteht.

Laufställe sollten daher nicht wie in der vergangenen Zeit nur in der Zucht und für Robustpferde, sondern für alle Sport- und Freizeitpferde der verschiedenen Rassen mehr Beachtung finden. Den häufig befürchteten gegenseitigen Verletzungen und der mangelnden individuellen Betreuung kann durch geeignete Stallkonzepte und Einrichtungen wirkungsvoll entgegengetreten werden.

Die wichtigsten Bedingungen für funktionierende Laufställe sind ein ausreichendes *Raumangebot* und die Trennung in verschiedene *Funktionsbereiche* wie den Ruheraum, den Auslauf und die Versorgungsräume für Kraftfutter, Grundfutter und Wasser. Dadurch wird eine grundlegende Voraussetzung für den gefahrlosen Ablauf von Auseinandersetzungen, die bei der ausgeprägten Rangordnung in einer Pferdegruppenhaltung zwangsläufig gegeben sind, und die bedarfsgerechte Versorgung geschaffen.

Als *Liegehalle* genügen einfache, dreiseitig geschlossene Gebäude, auch ohne Wärmedämmung, so daß sich gute Nutzungsmöglichkeiten für vorhandene Altgebäude ergeben. Der Raumbedarf ist wie bei der Boxe mit etwa 10 m^2 pro Pferd anzusetzen. Der Boden wird vollflächig als Matratze ausgebildet, Raumteiler zur Gliederung des Ruheraumes sind zu empfehlen. Es dürfen dabei aber keine Sackgassen entstehen. Vielmehr muß immer ein Rundlauf für Ausweichmöglichkeiten gegeben sein. Versorgungseinrichtungen sollten im Ruheraum nicht installiert werden.

Der Liegeraum ist mit mehreren Türöffnungen zur windgeschützten Seite, meist gegen Süden bzw. Südosten, zu erschließen, damit nicht ranghöhere Tiere den Zugang blockieren können. Unter ungünstigen Witterungsbedingungen ermöglichen überlappende Streifen aus durchsichtigen Kunststoffbahnen einen Windschutz.

Der unmittelbar an die Liegehalle anschließende *Auslauf* sollte eine Mindestgröße von 20 bis 30 m^2 pro Pferd besitzen. Er muß bei jeder Witterung nutzbar sein. Daher ist im Bodenaufbau auf eine gesicherte Wasserabführung zu achten. Die Hauptwege vor dem Stall und zu den Versorgungseinrichtungen sollten befestigt sein. Profilierte Platten wie Rasengittersteine mit großkammerigen Aussparungen bieten die nötige Griffigkeit und Standsicherheit, lassen sich aber dennoch gut reinigen (Abb. 123). Monolithische Betonflächen sind dagegen zu glatt und daher nicht zu empfehlen. Noch günstiger wären elastische, profilierte Materialien aus Kunststoffregeneraten oder Gummi einzustufen, die aber bislang sehr hohe Investitionen erfordern.

Daneben sollten in Teilbereichen auch lose Schüttungen angeboten werden. Am

Abb. 116. Kunststoffstreifen als Windschutz an der Türöffnung zur Liegehalle.

besten haben sich dazu Natursande, die auch als Wälzplatz dienen, bewährt. Organische Stoffe wie Rindenspäne sind dagegen im Freien nicht zu empfehlen, da sie zu schnell verrotten und sumpfig werden.

Die *Versorgungseinrichtungen* für Rauh- und Kraftfutter sollten nicht unmittelbar von der Liegehalle erreichbar sein. Je größer die Abstände, desto weniger Tierkonzentrationen an einer Stelle entstehen und desto mehr Anreiz zur Bewegung wird gegeben. Auch die Tränke soll aus dem gleichen Grunde von den Futterstationen getrennt werden.

Diese grundsätzlichen Anforderungen sollen anhand einiger in der Praxis erprobter Beispiele verdeutlicht werden. Die dargestellten Lösungen dürfen jedoch nicht als festgefügte Schemata angesehen werden, da je nach Bestandsgröße und baulichen Gegebenheiten eine Vielzahl von Kombinationen in der räumlichen Zuordnung und der technischen Ausstattung denkbar ist.

9.2.1   Mehrraumlaufstall mit Vorratsfütterung oder Einzelfreßständen

Für einen kleineren Pferdebestand werden nach einem an der FAL Braunschweig-Völkenrode erarbeiteten Vorschlag Liege- und Freßbereich nebeneinander in einer Leichtbaukonstruktion mit Satteldach untergebracht. Der Zugang zum Futter ist jedoch nur über den durch eine Trennwand unterteilten Auslauf möglich. Die Rauhfutterfütterung erfolgt auf Vorrat durch die Rollraufe (s. Kap. 3.3). Die Tränke ist dage-

Abb. 117. System der Mehrraumauslaufhaltung mit Einfachgebäuden für kleinere Bestände (nach Piotrowski).

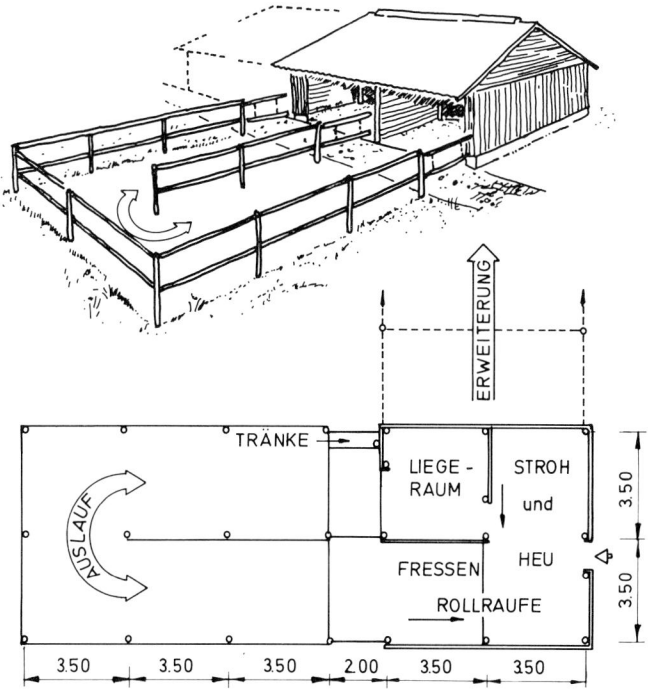

gen neben dem Liegeraum angebracht, so daß die Pferde den Freßraum zur Wasseraufnahme verlassen müssen. Die Lauffläche ist im Eingangsbereich zum Stall befestigt, ansonsten als Sandschüttung ausgebildet.

Durch diese räumliche Trennung ergeben sich nach Tierbeobachtungen an 3 Haflingern zwischen 70 und 90 Ortswechsel pro Tag. Der größte Teil der nicht zur Futteraufnahme verwendeten Zeit wird im Auslauf zugebracht.

Weitere Kombinationsmöglichkeiten werden in Abb. 118 aufgezeigt. Auch ist bei der gleichen Stallkonzeption die Wahl anderer Fütterungseinrichtungen, wie sie im Kap. 3.3 dargestellt werden, ohne weiteres möglich. Bei Freßständen zur Vorlage für Grund- und Kraftfutter ist für jedes Tier ein Freßplatz vorzusehen.

9.2.2 Mehrraumlaufstall mit rechnergesteuerter Fütterung in zentralen Futterstationen

Die nachfolgenden Beispiele zeigen zwei bestehende Laufställe, die nachträglich mit einer bisher nur vereinzelt praktizierten, rechnergesteuerten individuellen Fütterung

Abb. 118. Kombinationsmöglichkeiten in der Anordnung der verschiedenen Funktionsbereiche (nach Piotrowski).

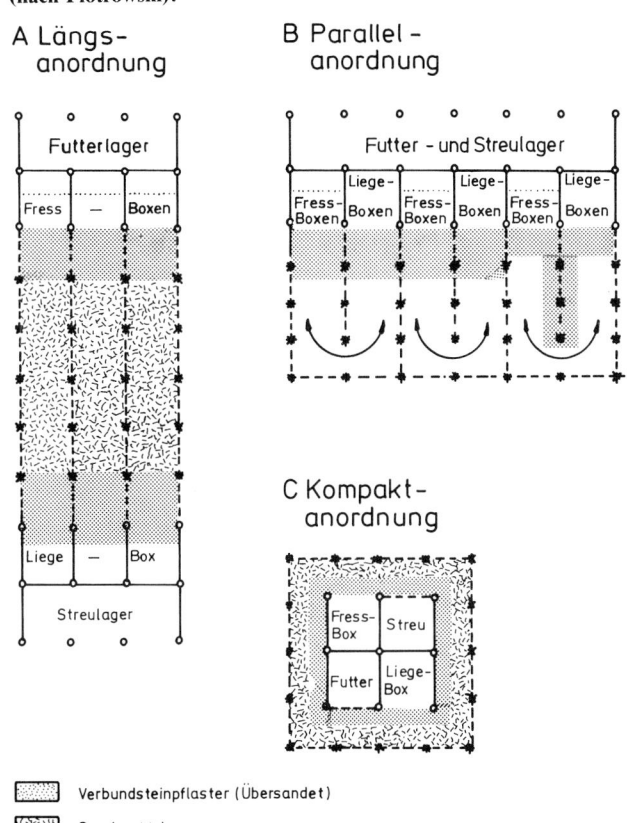

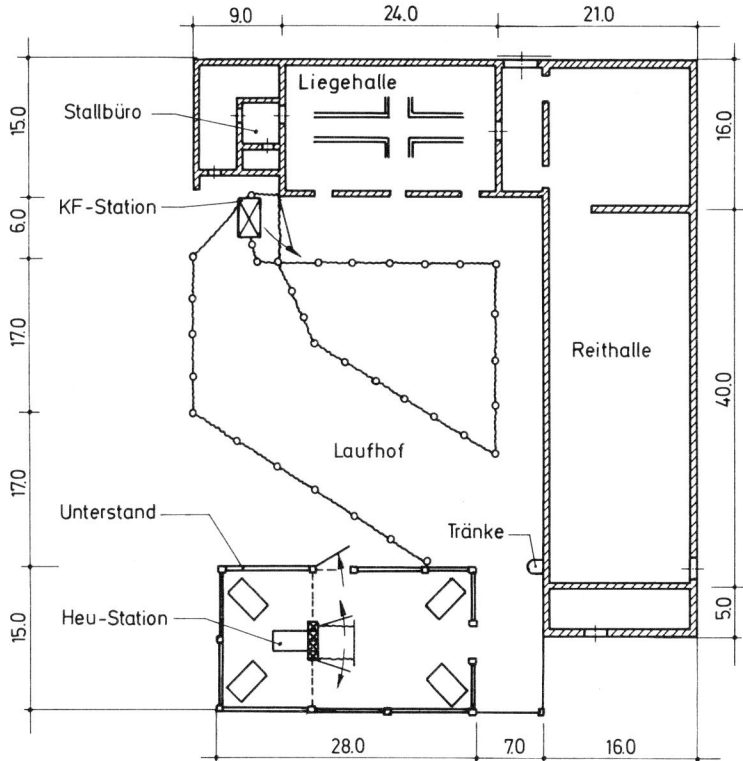

Abb. 119. In Altgebäuden integrierte Mehrraumlaufstallanlage (Gut Wildschwaige).

ausgerüstet wurden. Die Anlage in Abb. 119 nutzt als Liegehalle einen ehemaligen Kuhstall für 20 bis 25 Warmblutpferde, die in Pension gehalten werden. Die alten Freßgitter wurden weitgehend belassen und dienen als Raumteiler. An den beiden Stirnseiten und in der Mitte sind Übergänge angeordnet, so daß bei Rangauseinandersetzungen immer Fluchtwege offen sind.

Zum Auslauf führen drei Ausgänge. Im Laufhof sind zur Raumgliederung ebenfalls kleine Hindernisse wie z. B. Autoreifen abgelegt. Die Abgrenzung erfolgt ausschließlich mit einem Elektrozaun aus einem gut sichtbaren, weiß eingefärbten Kunststoffband mit Metallfädeneinlage.

Der Kraftfutterstand ist abgegrenzt von den Ausgängen der Liegehalle unter einem Vordach des Stallgebäudes angeordnet. Die Pferde haben dadurch lange Wege um eine abgegrenzte Insel mit alten Silos zurückzulegen. Die fünf Heustände sind in einer ehemaligen Wagenremise am anderen Ende des Laufhofes untergebracht.

In der zweiten Anlage für 10 bis 12 Ausbildungspferde unterschiedlicher Rassen dient die Reithalle gleichzeitig als Liegehalle. Unter dem angrenzenden Vordach ist ein Freßplatz für Futterstroh untergebracht. Hier sind auch drei Einzelboxen eingerichtet, die vor allem zum Eingewöhnen neu in die Herde kommender Pferde oder zum vorübergehenden Absondern von Einzeltieren in jedem Laufstallsystem erforderlich sind.

Abb. 120. Ehemaliger Kuhstall als Liegehalle unter Nutzung der alten Freßgitter als Raumteiler.

Der anschließende Auslauf ist mit verschiedenen Belägen für Versuchszwecke ausgelegt. An der Stirnseite der Reithalle sind zwei Futterstände angeordnet, die jeweils
Hafer und Heucobs dosieren. Wegen der gleichzeitigen Verfütterung von Cobs, die
nur eine ähnlich geringe Verzehrsgeschwindigkeit wie Heu zulassen, sind hier zwei
Stationen erforderlich. Am anderen Ende des Laufhofes befinden sich in einem Nebengebäude zwei Freßstände für Heu mit elektronisch gesteuertem Schwenkgitter zur
Vorgabe der Verzehrszeit.

Zusammenfassende Wertung: Die dargestellten Laufstallsysteme zeigen Lösungen
auf, wie in der Gruppenauslaufhaltung tierbezogene Ansprüche und Anforderungen

**Abb. 121. Laufhofabgren-
zung mit Elektroband
und Blick zum Kraftfutterstand und Liegehallenaus-
gang.**

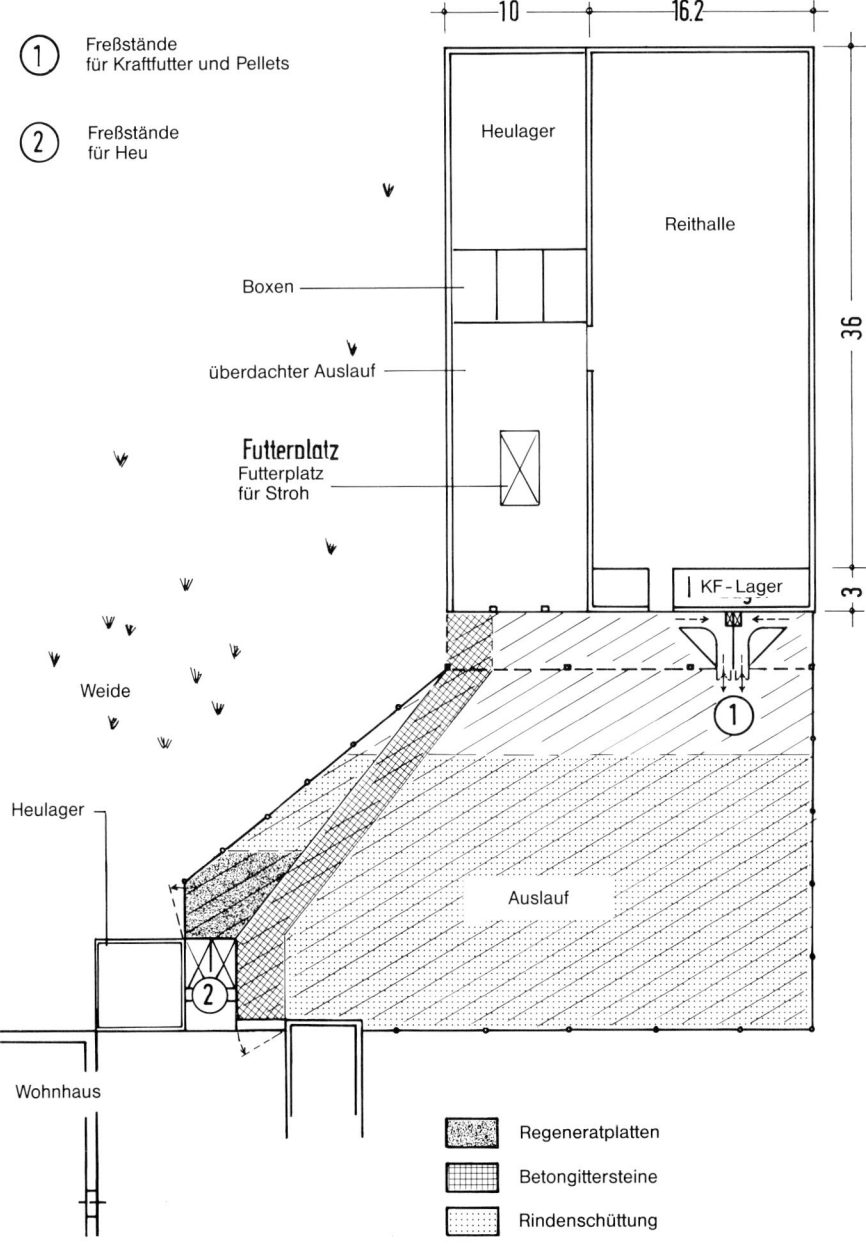

Abb. 122. Lageskizze eines Mehrraumlaufstalles mit elektronisch gesteuerter Kraftfutter- und Heufütterung.

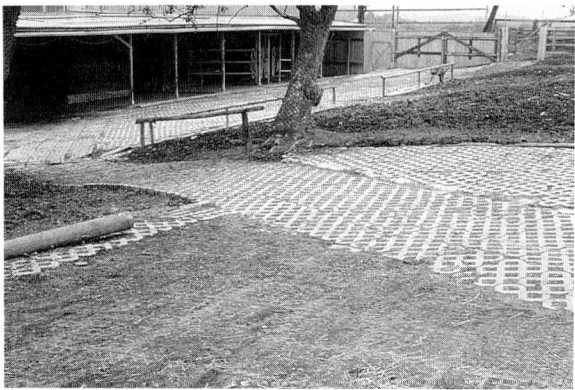

Abb. 123.
Perforierte Regeneratplatten
und Rasengittersteine zur
Laufhofbefestigung.

des Pferdehalters in Übereinstimmung gebracht werden können. Die derart gehaltenen Pferde zeichnen sich aufgrund des Lebens im Herdenverbund durch ein ausgeglichenes Wesen aus. Deutlich kommt hier zum Ausdruck, daß die bei den heutigen veränderten Nutzungsgewohnheiten mangelnde Beschäftigung des Menschen mit dem Pferd zu einem hohen Anteil durch die sozialen Kontakte in der Gruppe ersetzt werden können. Die Gruppengröße ist dabei von untergeordneter Bedeutung, wenn ausreichender Raum zur Verfügung steht. Durch die im System geforderte Bewegung – die Tiere legen mehrere Kilometer pro Tag zurück – ist eine gute Konditionierung der Muskeln, Sehnen und Gelenke gegeben.

Durch den häufigen Aufenthalt im Freien und die damit verbundenen Klimareize wird der Gesundheitszustand der Tiere sehr gefördert. Die stetige Gewöhnung an Temperaturschwankungen macht auch gegen niedrige Temperaturen im Winter unempfindlich und hält in Verbindung mit einer bedarfsgerechten Fütterung die Entwicklung eines langhaarigen Winterfells in Grenzen. Das häufig befürchtete Verletzungsrisiko ist nach langjährigen Erfahrungen bei sachgerechter Ausführung der Stallanlage nicht höher als in anderen Haltungsformen. Deutlich geringer sind die heute in der Pferdehaltung schwerwiegenden Erkrankungen der Atmungsorgane.

Wichtig für eine erfolgreiche Pferdehaltung im Laufstall ist jedoch die Überwachung durch einen fachkundigen Pferdewirt. Vor allem bei Pferdeneuzugängen ist für die Integrierung in den Herdenverbund, die bis zur Stabilisierung der neuen Rangordnung immer mit einer erhöhten Zahl von Auseinandersetzungen einhergeht, ein behutsames Vorgehen gefordert. Generell sind vom Betreuungspersonal eine hohe Qualifikation in der Kenntnis des Tierverhaltens und ein erhöhtes Maß an sorgfältigen und regelmäßigen Kontrollen der Tiere zu erwarten. Unter diesen Voraussetzungen kann der Laufstall unter den heutigen Zielsetzungen und Nutzungsansprüchen bei vertretbarem Kapital und Arbeitsaufwand einen wesentlichen Beitrag zu einer artgerechteren Pferdehaltung leisten.

C Bau von Pferdeställen, Reithallen und Anlagen

Mit der zunehmenden Bedeutung des Pferdes für Zucht-, Sport-, Freizeit-, Therapie- und Erholungszwecke, als Zugkraft im ökologischen Land-und Waldbau sowie zur Erzeugung hochwertiger Milch- und Fleischprodukte wurden auch Fragen zu baulichen Aspekten der Pferdehaltung sehr aktuell.

Während der Bau von Ställen für Rinder, Schweine, Schafe und Geflügel weitgehend erforscht, optimiert und standardisiert ist, gibt es in der Pferdehaltung erfreulicherweise noch einen größeren Spielraum für individuelle Anschauungen und Wünsche. Dies kommt der Vielfalt der Rassen und Haltungsformen entgegen.

Aus diesem Grund werden nachfolgend auch keine Standardempfehlungen für bestimmte Bauweisen und Materialien gegeben. Vielmehr wird versucht, soviel Wissen über Grundlagen, praktische Erfahrungen sowie Vor- und Nachteile zu vermitteln, daß der Leser eigene Entscheidungen treffen kann.

Wenn Pferdehalter bauen wollen, stehen sie oft vor großen bautechnischen Problemen:

- Wie kann man möglichst billig, aber dennoch zweckmäßig, zukunftsicher, erweiterungsfähig und tiergerecht bauen?
- Kann man vorhandene Altgebäude nutzen?
- Welche Bauweisen, Konstruktionen und Materialien kommen in Frage?
- Soll man konventionell, mit Fertigteilen oder in Selbsthilfe bauen?
- Welche baulichen Vorschriften müssen beachtet werden?
- Wo kann man sich beraten lassen?
- Mit welchen Kosten ist in etwa zu rechnen?

Diese und viele andere Fragen sind zu klären, bevor überhaupt mit dem Bauen begonnen werden kann.

Erfreulicherweise gibt es inzwischen aber verschiedene Stellen, bei denen sich bauwillige Pferdehalter beraten lassen können. Hier sind einmal die Deutsche Reiterliche Vereinigung (FN), die Pferdezuchtverbände, das Kuratorium für Technik und Bauen in der Landwirtschaft (KTBL), die Arbeitsgemeinschaften Landwirtschaftliches Bauen der Bundesländer, die Landtechnik- und Bauberater der Landwirtschaftskammern, Regierungen und Landwirtschaftsämter sowie auch Forschungseinrichtungen wie das Institut für landwirtschaftliche Bauforschung der FAL-Völkenrode und die Landtechnik Weihenstephan zu nennen.

Grundsätzlich ist es außerdem empfehlenswert, daß man sich schon vor der Planung vorbildliche Baulösungen anschaut, um möglichst viel von den vorliegenden Erfahrungen zu lernen. Entsprechende Anschriften können die oben erwähnten Stellen vermitteln. Bauliche Probleme werden weiterhin in zunehmendem Umfang in den Pferdefachzeitschriften diskutiert. Spezielles und ergänzendes Schrifttum ist im Literaturverzeichnis aufgeführt.

1   Planung und Genehmigung

1.1   Gesetzliche Vorschriften

Die Durchführung jeder Baumaßnahme ist gesetzlich geregelt. Die wichtigsten Bestimmungen sind im *Bundesbaugesetz* und in der *Bauordnung* der einzelnen Länder enthalten.

Schon vor der Planung sollten bei der zuständigen Baubehörde (in der Regel Stadt- oder Kreisbauamt) folgende Fragen geklärt werden:

- Ist das vorgesehene Grundstück überhaupt bebauungsfähig?
- Muß ein Baugenehmigungsverfahren eingeleitet werden?
- Welche Auflagen sind zu beachten?

Die für die Pferdehaltung in Frage kommenden Neu-, Um- oder Erweiterungsbauten sind von der Nutzung und Größe des Vorhabens abhängig und meist genehmigungspflichtig. Lediglich in Bayern sind nach Artikel 66 der Bayerischen Bauordnung von 1988 u. a. folgende Gebäude genehmigungsfrei: „Freistehende landwirtschaftliche, forstwirtschaftliche und erwerbsgärtnerische Betriebsgebäude, ohne Feuerstätten, erdgeschossig, nicht unterkellert, zur Unterbringung von Sachen oder zum vorübergehenden Schutz von Tieren mit höchstens 70 m² Grundfläche und höchstens 120 m² überdachte Fläche." Dabei ist jedoch zu beachten, daß die Pferdehaltung nur dann als *landwirtschaftlicher Betriebszweig* gilt, wenn es sich um eine mit der Bodenertragsnutzung verbundene Tierhaltung handelt, bei der das Futter (Hafer, Gras, Heu usw.) für Stuten, Hengste und aufzuziehende Fohlen und Jungpferde verwertet wird. Die alleinige Pensionspferdehaltung, selbst auf eigener Futtergrundlage, wird hingegen nicht als Landwirtschaft angesehen, da sie weitgehend den Charakter eines Dienstleistungsunternehmens annimmt und die Futterverwertung gegenüber der Dienstleistung in den Hintergrund tritt.

In den anderen Bundesländern liegt die Grenze für die Genehmigungspflicht wesentlich niedriger, meist unter 30 m³ umbauten Raumes. Aber auch wenn man glaubt, daß das vorgesehene Bauobjekt unter die Genehmigungsfreiheit fällt, sollte man es sicherheitshalber bei der zuständigen Baubehörde anmelden, denn schon mehrfach wurden derartige Bauten unwissentlich in Landschaftsschutzgebieten oder mit unzulässigen Grenzabständen gebaut und mußten wieder abgerissen werden!

Wegen der Unsicherheit vieler Pferdehalter gegenüber dem Baurecht hat das Bundeslandwirtschaftsministerium eine Schrift „Pferdehaltung und Baurecht" herausgegeben (HAGEMANN, 1987).

1.2   Baugenehmigungsverfahren

In der Regel sind folgende Unterlagen erforderlich:

- Lageplan im Maßstab 1:500 mit Angabe vorhandener und geplanter Gebäude sowie der Grenzen zu Nachbargrundstücken
- Baubeschreibung auf einem bei der Baubehörde erhältlichen Formblatt
- Bauzeichnungen, und zwar Grundrisse, Schnitte und Ansichten im Maßstab 1:200 oder 1:100, je nach Größe des Objekts
- Standsicherheitsnachweis (Statik) mit detaillierten Konstruktionszeichnungen im

Maßstab 1:50, die evtl. auch als Werkpläne dienen. Wichtige Details werden im Maßstab 1:20 oder gar 1:10 dargestellt
– evtl. Nachweise des Wärme-, Schall- und Brandschutzes
– Angaben über Grundstücksentwässerung und Wasserversorgung.

Weitere Nachweise kann die Baubehörde im Einzelfall verlangen, z. B. in Verbindung mit umweltrelevanten Fragen wie Geruchsemissionen aus Ställen, Lagerung und Ausbringung von Jauche und Mist.

Zur *Planfertigung* und Beschaffung der sonstigen Unterlagen für das Baugenehmigungsverfahren wird meist ein örtlicher *Planfertiger* (Architekt, Maurer- oder Zimmermeister) beauftragt. Bei größeren Projekten empfiehlt sich die Zusammenarbeit mit einem Architekten, der Erfahrung in der Pferdehaltung hat und auch gestalterisches Geschick besitzt, um die geplanten Gebäude in die Landschaft einzufügen oder der vorhandenen Bausubstanz anzupassen.

Für die sachgemäße *Ausführung* des Baues ist ein *Bauleiter* bzw. nach den Bestimmungen mancher Bundesländer auch ein verantwortlicher Bauleiter zu bestellen. Er muß ein ausgebildeter und von der zuständigen Bauaufsichtsbehörde anerkannter Fachmann (Architekt, Maurermeister, Zimmermeister) sein und darauf achten, daß nach den anerkannten Regeln der Baukunst sowie nach den Bestimmungen des Arbeitsschutzes (Unfallverhütung) gebaut wird. Bei Vergabe des Bauvorhabens an einen Unternehmer stellt dieser meist den Bauleiter, aber auch bei Ausführung in Selbsthilfe ist er unbedingt erforderlich.

1.3   Gebühren und Versicherungen

Für das Baugenehmigungsverfahren und die eventuell erforderliche Überprüfung des statischen Nachweises werden *Gebühren* erhoben, die sich nach Umfang und Qualität des Bauprojektes richten. Für das Projekt werden bestimmte *Baukostensätze* unterstellt, die nicht immer realistisch sind und insbesondere bei Ausführung in Selbsthilfe zu hoch angesetzt werden. In diesem Falle könnte es sich lohnen, der Baubehörde mögliche Baukostenersparnisse nachzuweisen, um eine Gebührensenkung zu erreichen. Ähnliche Probleme gibt es auch bei den *Architektengebühren*, die in der GOA festgelegt sind und sich einmal nach dem Umfang der Leistungen, zum anderen aber auch nach der Höhe der Baukosten richten. Verantwortungsbewußte Architekten versuchen dennoch, die Baukosten möglichst niedrig zu halten und sie nicht in die Höhe zu treiben, um die Gebühren zu erhöhen.

In die Vorplanung sind auch schon versicherungstechnische Gesichtspunkte einzubeziehen. So richtet sich die Höhe der *Brandversicherung* u. a. nach der Nutzung und Ausführung des Gebäudes sowie den Abständen zu benachbarten Bauten. Wesentlichen Einfluß auf die Prämienhöhe hat auch die Brennbarkeit der verwendeten Baustoffe. In geschlossenen Ortschaften können daher aus brandschutztechnischen Gründen bestimmte Materialien für Dach- und Wandausbildung vorgeschrieben werden.

Auch von seiten des Landschaftsschutzes, der Denkmalpflege und der Bauästhetik werden oftmals einschneidende *Auflagen* gemacht, die beispielsweise verlangen, daß in bestimmten Regionen nur noch mit ganz spezifischen Dacheindeckungsmaterialien, Dachneigungen oder Fensterausführungen gebaut werden darf.

Rechtzeitige Kontaktaufnahme mit der in Frage kommenden Brandversicherungsgesellschaft und auch Rücksprache mit der zuständigen Baubehörde sind daher anzuraten. Für die Bauzeit sollte sich der Bauherr weiterhin um eine ausreichende *Unfall-*

und Haftpflichtversicherung bemühen, insbesondere, wenn Eigenleistungen erbracht werden. Mitglieder landwirtschaftlicher Berufsgenossenschaften sind für einen Unfall abgedeckt, wenn ihre Bauvorhaben kleinere landwirtschaftliche Projekte sind, die den „Rahmen des Wirtschaftsbetriebes" nicht übersteigen. Größere müssen bei der Bauberufsgenossenschaft angemeldet werden. Tritt der Bauherr als *Eigenbauunternehmer* auf, muß er nicht nur sich und seine Ehefrau, sondern auch alle anderen am Bau beteiligten Arbeitskräfte bei der Bauberufsgenossenschaft versichern und gegebenenfalls Unfälle anzeigen. Nicht Pflicht, aber empfehlenswert ist eine *Bauherrnhaftpflichtversicherung*, die gegen baubedingte Schadens- und Regreßansprüche absichert. Schutz gegen alle unvorhergesehenen Schäden an bereits ordnungsgemäß erstellten Bauteilen bietet eine *Bauwesenversicherung*, die für die ganze Bauzeit gilt.

Grundlegende Bauvorschriften und Empfehlungen sind in den DIN-Blättern zusammengefaßt (Beuth-Verlag, Köln, Kamekestraße). Für Planung und Ausführung von Pferdeställen kommen für den Baufachmann vor allem folgende DIN-Blätter in Frage:

DIN 1045	Beton- und Stahlbetonbau
DIN 1052	Holzbauwerke
DIN 1053	Mauerwerk
DIN 1055	Lastennahmen für Bauten
DIN 4070	Nadelholz
DIN 4071	Abmessungen ungehobelter Bretter und Bohlen
DIN 4073	Abmessungen gehobelter Bretter und Bohlen
DIN 4074	Gütebedingungen für Bauschnittholz
DIN 4102	Brandverhalten von Baustoffen und Bauteilen
DIN 4108	Wärmeschutz im Hochbau
DIN 18907	Fußböden für Stallanlagen
DIN 68705	Sperrholz
DIN 68800	Holzschutz im Hochbau
DIN 18900	Holzmastenbauart
DIN 18910	Klima in geschlossenen Ställen (Neuauflage ist in Vorbereitung: „Wärmeschutz geschlossener Ställe")

2 Bauverfahren

Hier sollen drei typische Bauverfahren mit ihren Vor- und Nachteilen gegenübergestellt werden. In der Praxis ist es allerdings oft so, daß diese Verfahren miteinander kombiniert werden.

2.1 Konventionelles Bauverfahren

Die Bauausführung erfolgt beim konventionellen Bauverfahren vorwiegend durch örtliche Unternehmer. Es wird meist mit Mauerwerk und Zimmermannskonstruktion gearbeitet. Vorteilhaft ist die Verwendung bewährter, langlebiger Baustoffe und die Möglichkeit der weitgehend individuellen Planung, Ausführung und Anpassung an das jeweilige Orts- und Landschaftsbild. Schwierigkeiten ergeben sich aber oft, weil örtliche Handwerker heute kaum noch mit den Problemen und neuzeitlichen Anforderun-

Abb. 124. Pferdestall in einem Gestüt in konventioneller Bauweise mit Mauerwerk, Zimmermannsdachstuhl und deckenlastiger Lagerung von Heu und Stroh.

gen der Pferdehaltung vertraut sind. Nachteilig ist außerdem die schwierige Vorauskalkulation der Baukosten. Erfahrungsgemäß werden gerade beim konventionellen Bauverfahren die Angebote oftmals erheblich überschritten.

2.2   Vorfertigung (Fertigbauweise)

Eigentlich müßte es „Bauen mit weitgehend vorgefertigten Teilen" heißen, denn meist ist der Vorfertigungsgrad noch nicht so groß, daß man auf örtliche Handwerker verzichten kann. Vom Fertigbau darf man in der Pferdehaltung keine spürbare Baukostensenkung erhoffen, denn die erreichten Stückzahlen liegen noch zu niedrig. Für diese Baumethode spricht aber, daß Bauzeit und Baukosten meist leichter zu überschauen sind und daß manche Fertigstallhersteller Spezialerfahrungen auf dem Pferdesektor besitzen.

Fertigställe einheimischer Hersteller werden meist mit Bauteilen und Konstruktionen aus Programmen für andere Tierarten oder auch aus dem Industriebau zusammengestellt und der Pferdehaltung angepaßt. Demgegenüber sind die Fertigställe englischer Hersteller meist speziell für die Pferdehaltung konzipiert. Hierbei ist jedoch zu prüfen, ob Wärmedämmung und Statik den hiesigen Anforderungen genügen. Dies gilt besonders für Gebiete mit rauhem Klima und hohen Schneelasten. Beim Bauen mit Fertigteilen lassen sich gegenüber dem konventionellen Bauverfahren individuelle Wünsche naturgemäß nur bis zu einem bestimmten Grad verwirklichen. Man sollte den Hersteller nicht zu sehr drängen, von seinen Standardabmessungen und -ausführungen abzuweichen, denn dies verursacht meist zusätzliche Kosten.

2.3   Selbstbauverfahren

Es gibt heute Möglichkeiten, alle für die Pferdehaltung in Frage kommenden Bauprojekte in Selbsthilfe zu erstellen. Dabei müssen sich aber sowohl private Pferdehalter

Abb. 125. Selbstgebauter Starrahmen-Pferdestall.

als auch Vereine darüber im klaren sein, daß die möglichen Baukosteneinsparungen von ca. 30 bis 50% nur durch einen entsprechenden Einsatz bei Organisation und Durchführung des Bauvorhabens erzielt werden können.

Da der Selbstbau von Pferdeställen, Nebengebäuden, Reithallen und kompletten Reitanlagen eine zunehmende Bedeutung gewinnt, sollen hier die Möglichkeiten und Voraussetzungen ausführlicher als bei den anderen Bauverfahren geschildert werden. Es kommen verschiedene Stufen der Eigenleistung in Betracht:

Bei der *tätigen Mithilfe* wird das Bauprojekt von einem Unternehmer organisiert und geführt. Die Eigenleistung ist auf Hilfsdienste beschränkt, so daß man auch bestenfalls einen Hilfsarbeiterlohn als Baukostenersparnis erwarten kann.

Bei einer *Eigenregie bei Organisation und Durchführung* werden neben eigenen Arbeitskräften noch Handwerker und Fremdarbeitskräfte beschäftigt. Die Abrechnung erfolgt nach geleisteten Stunden oder nach Teilbereichen wie Fundamentierung, Verputz, Dachdecken usw. Diese Form der Selbsthilfe wird in der Pferdehaltung besonders häufig praktiziert, und es gibt inzwischen zahlreiche Beispiele für eine gute Zusammenarbeit zwischen „Eigenbauunternehmern" wie privaten Pferdehalten oder Reitvereinen sowie örtlichen Handwerkern und Maschinenringbauhelfern. Auf diese Weise sind schon beachtliche Bauprojekte zum Nutzen aller Beteiligten entstanden, die sonst mangels Finanzierung überhaupt nicht zum Tragen gekommen wären.

Beim *vollständigen Selbstbau* übernimmt der Bauherr im Rahmen der bestehenden Vorschriften und in Eigenverantwortung alle Arbeiten mit eigenen sowie auch stundenweise entlohnten Kräften. Die Mithilfe von Unternehmern, Architekten oder Handwerkern beschränkt sich dabei auf die Planfertigung, Bauleitung, Materiallieferung und fachliche Betreuung – natürlich gegen ein angemessenes Honorar. Diese Form der Selbsthilfe, für die ebenfalls zahlreiche gute Beispiele existieren, verlangt

Abb. 126. Typische Konstruktionen aus dem Bauprogramm der Landtechnik Weihenstephan, die für Pferdeställe, Reithallen und Nebengebäuden geeignet sind: a Wärmegedämmter Stall, b Offenlaufstall, c Berge- und Unterstellraum, d mittelgroße Reithalle, e große Reithalle (Maße in m).

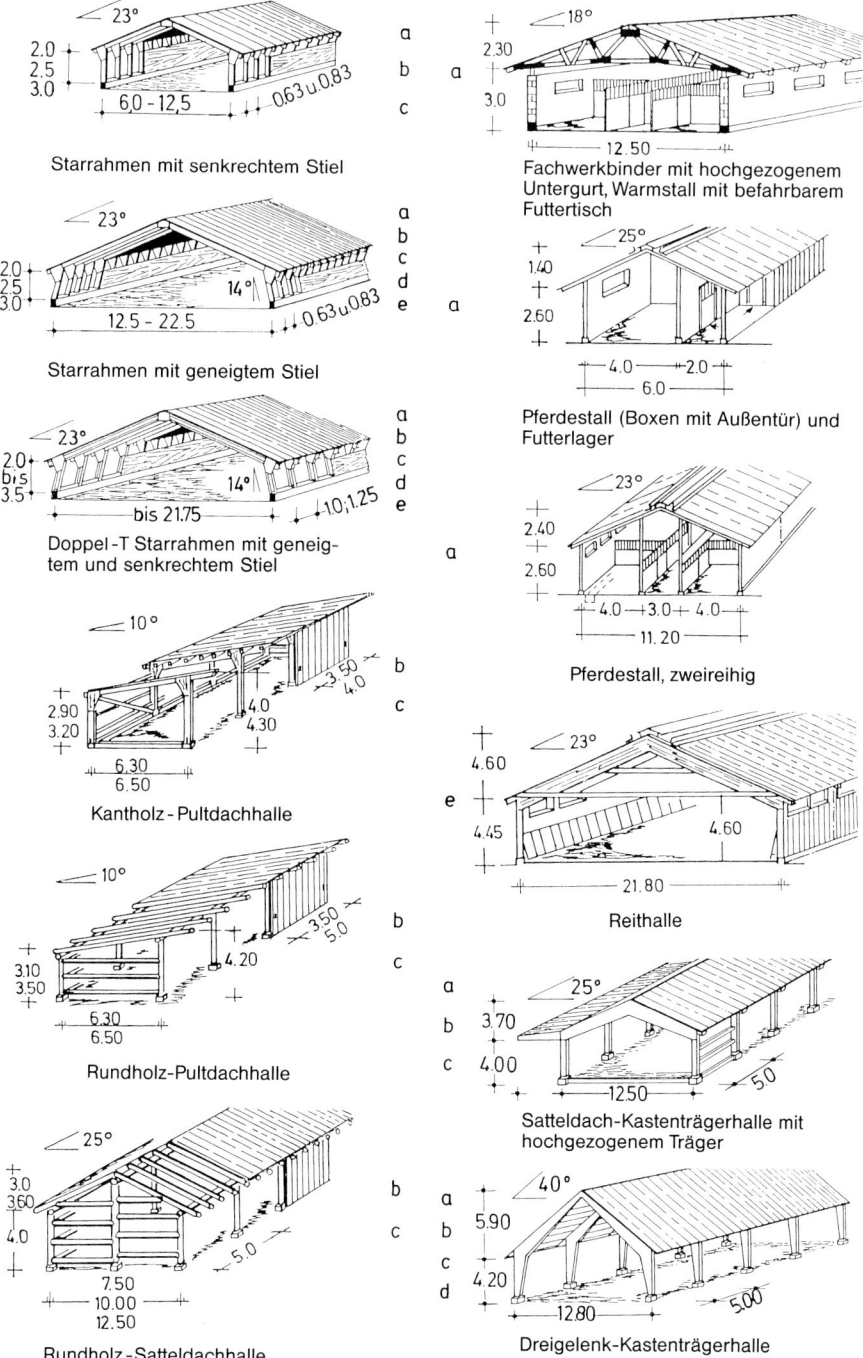

Starrahmen mit senkrechtem Stiel

Starrahmen mit geneigtem Stiel

Doppel-T Starrahmen mit geneigtem und senkrechtem Stiel

Kantholz-Pultdachhalle

Rundholz-Pultdachhalle

Rundholz-Satteldachhalle

Fachwerkbinder mit hochgezogenem Untergurt, Warmstall mit befahrbarem Futtertisch

Pferdestall (Boxen mit Außentür) und Futterlager

Pferdestall, zweireihig

Reithalle

Satteldach-Kastenträgerhalle mit hochgezogenem Träger

Dreigelenk-Kastenträgerhalle

vom Bauherrn gewisse bautechnische Fachkenntnisse, ein gutes Organisationstalent, entsprechende Werkzeuge und viel Engagement, das aber auch durch hohe Baukostenersparnisse honoriert wird. Es hat sich gezeigt, daß diese höchste Stufe der baulichen Selbsthilfe vor allem von pferdehaltenden Landwirten, weniger von Reitvereinen und privaten Pferdehaltern ausgeübt wird.

Selbstbauwilligen Pferdefreunden werden heute zahlreiche *Unterstützungen* angeboten. So hat z. B. die Landtechnik Weihenstephan ein umfangreiches Selbstbauprogramm für landwirtschaftliche Betriebsgebäude entwickelt, von dem die meisten Bauweisen auch für die Pferdehaltung in Betracht kommen. Hierzu gibt es Statiken, Konstruktionszeichnungen, Stücklisten und teilweise auch Bauanleitungen zum Selbstkostenpreis. Außerdem werden günstige Bezugsquellen nachgewiesen und Anschriften geeigneter Besichtigungsobjekte genannt.

Die Möglichkeiten der baulichen Selbsthilfe sind weniger durch behördliche Vorschriften begrenzt als durch mangelndes Fachwissen, zu wenig Mut und Risikobereitschaft. Auch die verfügbare Arbeitszeit ist oft ein begrenzender Faktor. Allerdings sind manche Tätigkeiten nach der Bauordnung für Selbsthilfe nicht zugelassen. So vor allem genehmigungspflichtige Abbrucharbeiten, Schweißverbindungen an tragenden Bauteilen sowie Elektroinstallationen und -reparaturen.

3   Bauweisen, Konstruktionen und Bauausführung

3.1   Wärmegedämmte Ställe für die Haltung in Boxen und Ständen

3.1.1   Allgemeine bautechnische Anforderungen

Zum Bau wärmegedämmter Pferdeställe müssen die in Frage kommenden Bauweisen und Konstruktionen folgende Anforderungen erfüllen:

Eine *ausreichende Dimensionierung der Wärmedämmschicht* je nach Klimazone, Belegdichte und Lüftungsart muß gegeben sein. Eine genaue Berechnung der Wärmedämmung kann nur der Fachmann für den Einzelfall vornehmen, doch können die in Tab. 5 angegebenen Werte als Anhaltspunkte gelten, um Kondenswasserbildung an Wand- und Deckenflächen zu vermeiden.

Die zur Erreichung dieser Mindest-Dämmwerte notwendigen Baumaterial-Stärken sind aus Tab. 6, Kap. 7.2.3, zu entnehmen. Auch Tore, Türen und Luken sind wärmegedämmt einzubauen.

Durch eine *ausreichende Bauhöhe* müssen die Mindestforderungen hinsichtlich des notwendigen Luftraumes erfüllt sein (s. Teil A, Kap. 2.3.2). Bei Pferdeställen mit erdlastiger Lagerung von Einstreu und Futter verzichtet man daher bei geeigneten Konstruktionen immer mehr auf eine waagerechte Zwischendecke, sondern bezieht auch noch den je nach Dachneigung mehr oder weniger großen Dachraum in den Stall ein.

Eine *Erweiterungsmöglichkeit* ist ratsam, entweder in Richtung der Gebäudeachse oder in der Form, daß man an ein zunächst schmales Gebäude mit Pultdach später noch ein zweites, aber um 180° gedrehtes anfügen kann, wodurch ein doppelt breiter Baukörper mit Satteldach entsteht.

Die *Stützenfreiheit der Konstruktion* muß bereits bei der Planung berücksichtigt werden, wenn man für die Zukunft sowohl in der Nutzung des Gebäudes als auch in

Tab. 5: Mindestwärmeschutz zur Verhinderung von Tauwasserniederschlag für Konstruktionen mit einer Masse von $\leqq 150$ kg/m^2 (nach ENGLERT 1975)

		Zuchtpferde	Reit- und Rennpferde
Rechenwert für das Stallklima im Winter	Temperatur	12 °C	16 °C*
	Rel. Luftfeuchte	80%	80%
Wärmedurchlaßwiderstand D in m^2 K/W	Klimazone I	1,02	1,18
	Klimazone II	1,18	1,32
	Klimazone III	1,33	1,48
Wärmdedurchgangszahl k in W/m^2 K	Klimazone I	0,81	0,72
	Klimazone II	0,72	0,65
	Klimazone III	0,65	0,59

* Wird bei der Neuauflage der DIN 18910 auf 14 °C reduziert.

der Art der Aufstallung flexibel bleiben möchte. Stützen verringern bei größeren Gebäudebreiten und höheren Schneelasten den Materialaufwand für die Konstruktion, und man kann sie gegebenenfalls zur Befestigung der Inneneinrichtung heranziehen. Sie schränken aber später eine schwer vorhersehbare anderweitige Nutzung oder einen Umbau stark ein. Deshalb müssen Ständerkonstruktionen in der Regel kurzzeitiger abgeschrieben und damit erheblich billiger sein als stützenfreie.

Auf die *Anpassung an das Landschafts-, Orts- und Hofbild* ist zu achten. Hier ist vor allem das Gebäudeprofil, und zwar speziell die Dachneigung bei Satteldachkonstruktionen, angesprochen. Während aus funktionellen und optischen Gründen oft eine steilere Dachneigung von 20° und mehr erwünscht wäre, haben moderne Konstruktionen, speziell wenn sie für Industriezwecke entwickelt wurden, meist eine Dachneigung von 15° und weniger, die man auch nicht beliebig verändern kann, ohne das statische System zu durchbrechen. Einige Bauweisen, insbesondere konventionelle Zimmermannskonstruktionen und Zwei- oder Dreigelenkrahmen, sind hier anpassungsfähiger als beispielsweise Fachwerkbinder und Biegeträger, doch man muß sich darüber im klaren sein, daß jedes Abweichen vom jeweiligen „Normprofil" zusätzliche Kosten – zumindest in Form einer speziellen Statik – verursacht.

3.1.2 Massivbauweisen

Früher wurden Pferdeställe fast ausschließlich in Massivbauweise errichtet. Man mauerte die Wände mit ortsüblichen Ziegeln oder Bruchsteinen. Die Decke wurde ebenfalls möglichst massiv ausgeführt: als reines Ziegelgewölbe *(Böhmisches Gewölbe)*, später mit Stahlträgern und Ausmauerung, in neuerer Zeit in Betonausführung. Sofern in waldreichen Gebieten mit Holzbalkendecke gebaut wurde, versuchte man auch diese durch Verputz und Lehmschlag möglichst schwer und massiv zu machen. Über das Ganze setzte der Zimmermann einen Dachstuhl zur Unterbringung von Heu und Stroh, der meist mit Ziegeln abgedeckt wurde. Ohne Zweifel eine bewährte, bei richtiger Ausführung sehr dauerhafte und architektonisch gut zu gestaltende Baumethode, allerdings gerade im Pferdestallbau nicht ganz unproblematisch. Das dicke Mauerwerk kann durch seine große Masse zwar Wärme und Feuchtigkeit speichern und wirkt ausgleichend auf das Stallklima, wird aber infolge der relativ geringen

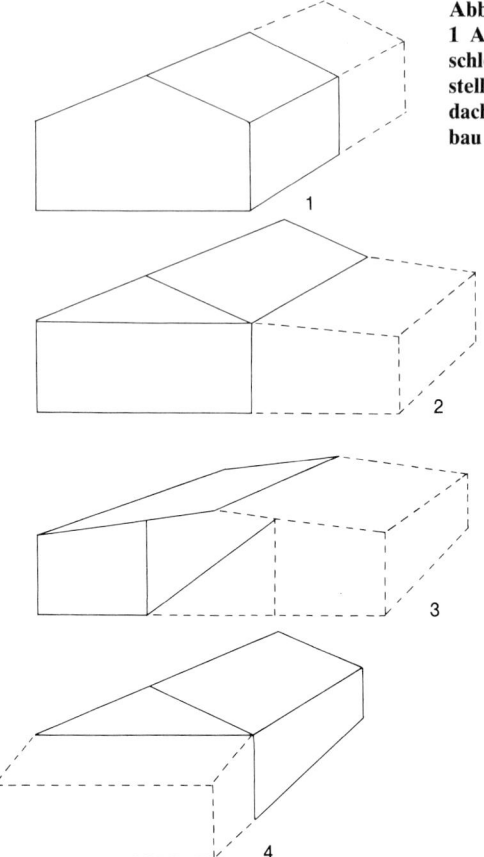

Abb. 127. Erweiterung von Gebäuden.
1 Anbau in Gebäudelängsachse; 2 Abschleppen eines Satteldaches; 3 Gegenüberstellen von 2 Pultdächern zu einem Satteldachbau mit Mittelstützen; 4 Pultdachanbau an einer Giebelwand.

Belegungsdichte durch die Pferde nur schwer aufgeheizt. Niedrige Oberflächentemperaturen der Wände zur Stallseite machen sich als Kältestrahlung bemerkbar. Der Laie sagt: „Die Mauer fühlt sich kalt an".

Typisch für alte Pferdeställe ist weiter der *Mauersalpeter,* das sind Ausblühungen an kalkhaltigen Bauteilen wie Verputz und Mörtelfuge, bedingt durch den hohen Ammoniakgehalt der Stalluft in Verbindung mit Kondenswasserniederschlag im zu kalten Mauerwerk. Der Ammoniak macht auch den Stahlträgerdecken zu schaffen, bei denen die offenliegenden oder auch verputzten Stahlprofile zu schnell durchrosten. Diese Zusammenhänge haben auch heute noch Bedeutung, weil oftmals Pferdeställe in vorhandene Altgebäude eingebaut werden, wobei die geschilderten Probleme auftreten können.

In den letzten Jahrzehnten hat man versucht, die Massivbauweise zu verbessern. Großformatigere, leichtere Bauelemente sollen eine bessere Wärmedämmung auch bei geringeren Wandstärken und vor allem eine leichtere und schnellere Verarbeitung eventuell auch durch Nichtfachleute erbringen. So entstanden Leichtziegel, Hohlblocksteine und Holzbetonschalungssteine für das Mauerwerk und verschiedene Dek-

kensysteme: Stahlbetondecken mit stallseitiger Dämmschicht und Decken aus Stahl-
betonträgern mit Hohlkammersteinen.

Für wärmegedämmte Pferdeställe kommen heute zwei Massivbauweisen in Frage:
Eingeschossige Ställe mit erdlastiger Lagerung oder zweigeschossige Ställe mit deckenlastiger Lagerung von Futter und Einstreu.

3.1.2.1 Eingeschossige Ställe mit erdlastigem Lagerraum

Wenn die Platzverhältnisse es zulassen, sollte die eingeschossige Lösung aus arbeitswirtschaftlichen und kostenmäßigen Gründen bevorzugt werden. Auf die Oberkante
des Mauerwerks aus Ziegeln, Hohlblock- oder Holzbetonschalungssteinen kommt
meist ein Kantholzfachwerkbinder, der vom Zimmermann nach Maß hergestellt oder
in Normmaßen vorgefertigt bezogen, aber auch in Selbsthilfe zusammengenagelt werden kann.

Neuerdings kommen auch enggestellte Bohlenbinder zum Einsatz, die mit Hilfe
von eingepreßten Nagel-Stahlplatten serienmäßig hergestellt werden. Derartige Fachwerkbinder für Satteldächer haben meist 15° und mehr Dachneigung und stehen bei
75 kg/m^2 Schneelast auf 1,25 m Abstand, bei höheren Schneelasten oder schweren
Dachlasten (Ziegel) auch enger. Sie können bis 20 m frei tragen und damit auch
größere, mehrreihige Pferdeställe frei überspannen. Es gibt derartige Fachwerkbinder
mit waagerechtem und auch mit hochgezogenem Untergurt. Bei letzterem gewinnt
man in der Mitte etwa 80 bis 100 cm Höhe. Dies ist von Vorteil, wenn man den
mittleren Stallgang mit hohen Wagen durchfahren möchte.

Am Untergurt des Fachwerkbinders wird die wärmegedämmte Zwischendecke befestigt. Dazu werden vielfach Holzverschalungen mit Dampfbremse und Mineralfasermatten zur Wärmedämmung verwendet. Bei Fachwerkbindern mit waagerechtem Untergurt kann man zur Wärmedämmung auch lose Schüttungen aus Blähtonkugeln oder
Perlite einsetzen, die im Gegensatz zu mattenartigen Materialien nicht von Mäusen
aufgesucht werden. Bewährt haben sich auch extrudierte Polystyrol-Schaumstoffplat-

**Abb. 128. Rohbau eines Pfer-
destalles in Massivbauweise
mit erdlastiger Lagerung und
einem Fachwerk-Bohlenbin-
der mit hochgezogenem Un-
tergurt.**

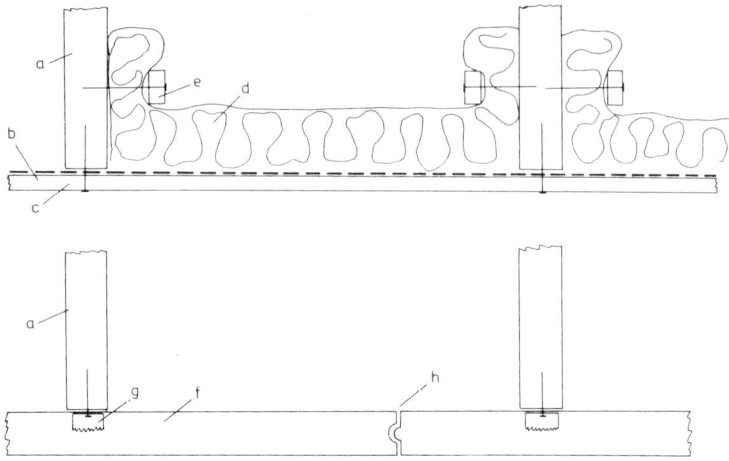

Abb. 129. Aufbau einer wärmegedämmten Zwischendecke unter Fachwerkbindern.
Oben: mit Holzschalung und Mineralfasermatten. Unten: mit dampfdichten Schaumstoffplatten.
a Binderuntergurt; b Dampfsperre; c Holzschalung; d Mineralfasermatte; e Befestigungs-
leiste; f Styrofoam- oder Styrodurplatte; g Staba-Klammer; h Stoß mit Nut und Feder.

ten. Manche Pferdehalter wünschen eine dampfdurchlässige, atmungsaktive Decke, verzichten bewußt auf eine Dampfbremse und bringen auf die Holzverschalung eine 20 bis 30 cm dicke Schicht aus trockenem Sägemehl oder Häckselstroh; diese ist jedoch nach 10 bis 15 Jahren auszuwechseln, da es sich nicht vermeiden läßt, daß an der Oberfläche einer nicht mit Dampfbremse geschützten Isolierschicht Kondenswasser anfällt, das bei organischen Materialien zur Verrottung führt.

Der Raum zwischen Dachhaut und Stalldecke wird als sog. *Kaltdach* nicht genutzt, muß aber gut belüftet und für Kontroll- und Reparaturarbeiten begehbar gehalten werden. Eventuell kann man hier die Kanäle für die Stallüftung verlegen.

Abb. 130. Extrudierte Poly-
styrolschaumstoffplatten sind
leicht zu verlegen, verrot-
tungs- und feuchtigkeitsbe-
ständig.

3.1.2.2 Zweigeschossige Ställe mit deckenlastigem Lagerraum

Zweigeschossige Ställe kommen dann in Betracht, wenn man aus Platzgründen in die Höhe bauen muß. Auf das Mauerwerk, das wie bei den zuvor bechriebenen ebenerdigen Massivställen aus Ziegeln, Hohlblock- oder Schalungssteinen erstellt wird, legt man eine Zwischendecke auf. Sie kann massiv in Stahlbeton gegossen, mit Stahlbetonfertigteilen oder auch als Holzbalkendecke ausgeführt werden. In allen Fällen werden bei Ställen, die mehr als 6 m breit sind, Unterzüge und Stützen notwendig, um das Gewicht des auf der Decke lagernden Gutes auf wirtschaftlich tragbare Weise abzufangen. Eine freie Überspannung breiter Ställe wäre nur mit sehr hohem Materialaufwand möglich. Man wird die Stützen so stellen, daß sie gleich zur Befestigung der Stalleinrichtung dienen können; dies erfordert eine sehr sorgfältige und genaue Vorplanung.

Früher wurden deckenlastige Ställe häufig ohne zusätzliche Wärmedämmung der Decke gebaut mit dem Argument, das über dem Stall lagernde Heu und Stroh würde genügend isolieren. Dies erscheint heute nicht mehr tragbar, denn es läßt sich aus arbeitswirtschaftlichen Gründen nur selten realisieren, daß die Stalldecke im Winter ständig mit einer ca. 50 cm dicken Heu- und Strohschicht bedeckt ist. Deshalb ist die Stalldecke zusätzlich zu dämmen. Bei Stahlbetondecken kann dies durch anbetonierte Holzwolleleichtbauplatten, bei Holzbalkendecken durch Mineralfasermatten geschehen. Die Dämmstoffe müssen aber auch durch entsprechende Sperrschichten zur Stallseite hin gegen eindringende Feuchtigkeit geschützt werden.

Der *Dachstuhl* wird bei deckenlastigen Ställen fast ausschließlich in Holzkonstruktion ausgeführt. Unproblematisch ist ein ortsüblicher Zimmermannsdachstuhl, bei dem die Dachneigung und Kniestockhöhe den individuellen Wünschen leicht angepaßt werden kann. Auch ein oftmals gewünschtes Vordach ist möglich. Nachteilig ist aber die Tatsache, daß Zimmermannsdachstühle durch eine mehr oder weniger große Zahl von Zangen, Streben oder gar Stützen in ihrer Raumausstattung eingeschränkt sind und daß die Arbeiten zur Ein- und Auslagerung dadurch behindert werden.

Diese Nachteile umgeht der Starrahmendachstuhl, bei dem der umbaute Raum völlig frei zu nutzen ist (s. Kap. 3.1.3.2). Die Eigenschaften der Starrahmenbauweise kommen auch beim Einsatz als Dachstuhl voll zum Tragen. Der Seitenschub, den die Binder am Fußpunkt hervorrufen, muß hier durch die tragende Zwischendecke, die als Zugband wirkt, aufgefangen werden. Das heißt im Falle einer Holzbalkendecke, daß die Balken von Wand zu Wand durchlaufen müssen bzw. daß man Stöße zugfest ausbildet. Bei einer Stahlbetondecke muß die Bewehrung ebenfalls durchlaufen, um Zugkräfte aufzunehmen. Auch für eine gute Verankerung der Starrahmen mit der Decke ist zu sorgen; diese erfolgt am besten durch eine mit der Decke verschraubte Holzschwelle. Wie alle Starrahmenbauten lassen sich auch derartige Dachstühle leicht in Eigenleistung errichten, wobei allerdings das Aufrichten der Rahmen etwas schwieriger ist als zu ebener Erde.

Bei allen Pferdeställen, deren Seitenwände in Mauerwerk ausgeführt werden, muß das Problem der *Ableitung der Windkräfte* beachtet werden. Während nämlich die früheren dicken Mauern aus Vollziegeln oder Bruchsteinen durch ihr Eigengewicht den auf Mauerwerk und Dach treffenden Winddruck aufnehmen konnten, müssen die heutigen, meist nur 35 cm und weniger dicken Mauern aus leichten Bausteinen zusätzlich ausgesteift werden. Dies kann wie im Wohnbau durch Querwände geschehen. Kleinere Pferdeställe bis zu 18 m Länge lassen sich so durch die Giebelwände aussteifen. Bei größeren Wandlängen werden Mauerpfeiler, Stahlbetonstützen und Ringanker in der Mauerkrone angeordnet. Letztere sind zur Vermeidung von Kältebrücken wär-

Abb. 131. Pferdestall in Massivbauweise mit deckenlastiger Lagerung. Der untere Teil besteht aus Holzbetonschalungssteinen mit Holzbalkendecke, auf die ein Starrahmendachstuhl errichtet wurde.

megedämmt auszuführen. Bei Verwendung von Holzbetonschalungssteinen entfallen diese Maßnahmen, da das Mauerwerk durch Stahleinlagen in den Betonkernen senkrecht und waagerecht bewehrt und mit dem Fundament verankert werden kann.

Der *Verputz der inneren Stallwände* ist ein weiteres Problem bei allen Pferdeställen, in denen Tiere direkt mit der Wand in Berührung kommen. Ein weicher dampfdurchlässiger und atmungsaktiver Kalkputz, wie er aus stallklimatischen Gründen wünschenswert wäre, wird von den Pferden stark beschädigt, insbesondere wenn sie Hufeisen tragen. Widerstandsfähiger Zementputz oder gar Spaltklinker überstehen mechanische Beschädigungen besser und lassen sich auch leichter säubern, sperren aber die Wand luft- und dampfdicht ab. Wenn man sich hierfür entscheidet, sollte man das Mauerwerk nur in 1,20 bis 1,50 m Höhe je nach Größe der Pferde damit schützen und wenigstens den oberen Wandteil mit weichem Verputz und dampfdurchlässigem Anstrich belassen.

Auch durch Holzverkleidung kann man Mauerwerk gegen Hufschlag schützen und notwendigenfalls die Wärmedämmung verbessern. Wichtig ist aber, daß die Bretter auf senkrechten Leisten verlegt und gut hinterlüftet werden.

Neuentwickelte, großformatige Platten aus Kunststoff-Regenerat kommen ebenfalls zur Verkleidung von Außenwand-Mauerwerk in Frage. Sie lassen sich bei ausreichend ebenem Untergrund direkt auf das Mauerwerk andübeln, sind leicht zu reinigen und verrottungsfest. Allerdings muß die starke Temperaturdehnung berücksichtigt werden.

3.1.3   Leichtbauweisen

Leichtbauweisen finden bei ebenerdigen Pferdeställen Anwendung. Hierzu werden vor allem *Holz-* und *Stahlkonstruktionen* eingesetzt. Der Baustoff Holz erfreut sich neuerdings wieder einer stärkeren Beliebtheit. Einmal wegen seiner einfachen Bearbeitung und Eignung für Vorfertigung und Selbsthilfe, aber auch hinsichtlich seiner bautechnischen Eigenschaften. Holz ist im Verhältnis zu seinem Gewicht sehr tragfähig. Die Atmungsaktivität, Feuchtigkeitsregulierung und Beständigkeit gegenüber der aggressiven Stalluft sind Eigenschaften, die auch im Pferdestallbau immer mehr geschätzt werden. Zu beachten ist allerdings die Anfälligkeit des Holzes gegenüber Fäulnis und Insektenbefall sowie das Brandverhalten.

3.1.3.1 Vollholzbauweise

Bei Vollholzbauten werden die Wände durch profilierte Kanthölzer gebildet, die durch Nut- und Federverbindung oder elastische Kunststoffstreifen gegeneinander abgedichtet werden. Die Tragkonstruktion besteht aus Holz- oder Stahlstützen und Dachbindern, die meist als Dreieck-Fachwerkbinder ausgeführt werden. Von Bedeutung ist die Ausführung der Stützen, die im Abstand von 4 bis 5 m gestellt werden. Holzstützen werden meist als sog. *Pendelstützen* ausgeführt, d. h. sie sind im Fundament- und Dachbereich gelenkig befestigt und nicht biegesteif eingespannt. Seitlich auf das Gebäude treffende Windkräfte müssen daher von einem Windverband, der in Ebene der Stalldecke liegt, auf die Giebelwände übertragen werden. Das geht bis maximal 40 m Gebäudelänge. Außerdem müssen die Giebelwände als steife Scheibe ausgebildet werden, um die Seitenwindkräfte aufzunehmen. Türen und Tore können im Giebel daher nur an bestimmten Stellen und nicht in beliebiger Größe angeordnet werden; dies gilt insbesondere für spätere Umbauten. Bei einer Erweiterung des Stalles dürfen diese tragenden Giebelwände nicht einfach herausgenommen werden.

Diese Einschränkungen gelten bei eingespannten Stützen nicht. Meist werden Profilstahlstützen verwendet, die man ins Fundament einbetoniert. Die Seitenwindkräfte werden direkt ins Fundament abgeleitet, das deshalb entsprechend breit ausgeführt werden muß. Gebäudelänge und Giebelausführung können beliebig sein. Bei Verwendung von Breitflanschträgern als Stahlstützen liegt es nahe, die Holzbalken direkt zwischen die Flansche des Profils einzuschieben. Hierbei entsteht jedoch durch das Stahlprofil eine Kältebrücke, die abgedämmt werden muß. Es ist ratsam, nur verzinkte

Abb. 132. Unterschiedliche Verbindung von Stütze und Vollholzwand. a Vollholzwand, Horizontalschnitt; b Holzstütze; c Deckbrett; d Dichtung; e Stahlstütze; f Leiste; g Wärmedämmung; h Stahlklammer (nach Mittrach).

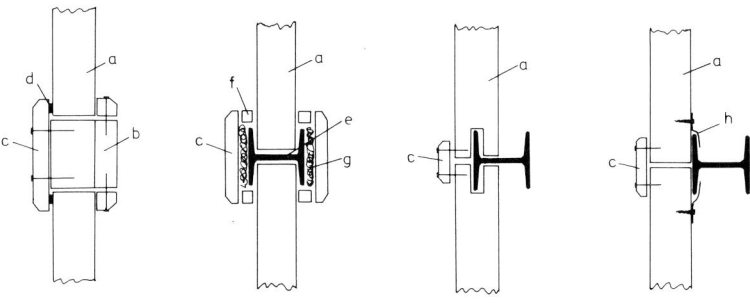

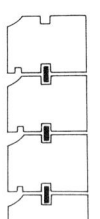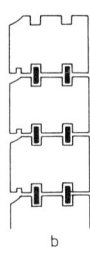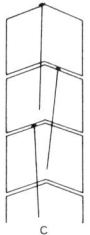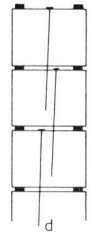

a   b   c   d

Abb. 133. Querschnitt durch verleimte Vollholzwand. a Profilbalken mit einfacher Nut; b Profilbalken mit Doppelnut; c Schweinsrückenprofil; d Normalbalken mit Dichtungsstreifen (nach Mittrach)

Stahlstützen zu verwenden, die der korrosiven Stalluft hinreichend widerstehen. Nur durch Anstrich geschützte Stahlstützen sollte man frei vor die Holzbalkenwand stellen, so daß man sie auf Rostbefall kontrollieren und gegebenenfalls nachstreichen kann. Die Holzbalkenwand wird dabei von innen so gegen die Stahlstütze geschraubt, daß keine Kältebrücke entsteht. Anstelle der Stahlprofile werden teilweise auch Stahlbetonstützen eingesetzt, bei denen es keine Korrosionsprobleme gibt.

Vollholzställe werden meist von eingeführten Holzbaufirmen geliefert und montiert. Dabei wird Wert gelegt auf kernfreies und damit gegen Rißbildung und Verziehen gesichertes, imprägniertes Holz, das mit einer Tropfkante zum Ableiten des Schlagregens versehen ist. Als Alternative hierzu wurde von der Bayerischen Landesanstalt für Tierzucht, Grub, eine einfachere Vollholzkonstruktion entwickelt, bei der rechteckige, nicht profilierte Balken, die jedes Sägewerk liefern kann, verwendet werden. Die Balken werden unter Beilage von Dichtungsstreifen stumpf aufeinander gelegt und miteinander vernagelt. Da auf kernfreies Holz bewußt verzichtet und die Bildung radialer Risse in Kauf genommen wird, können auch schwächere Bäume zum Einschneiden der Balken verwendet werden.

Sehr gut bewährt haben sich auch Vollholzwände, bei denen die Balken aus schwächeren, miteinander verleimten Bohlen bestehen. Dadurch wird das Arbeiten des Holzes stark eingeschränkt.

Für die Pferdehaltung sind Vollholzställe gut geeignet, da die Wände sehr widerstandsfähig gegen mechanische Belastungen sind. Allerdings ist Wert auf eine gute Wärmedämmung der Stalldecke zu legen, da die Wände bei 12 bis 14 cm Holzstärke nur die Anforderungen des Mindestwärmeschutzes erfüllen. Auch muß auf eine sorgfältige Fugenabdichtung geachtet werden, weil sonst die Wände nicht winddicht sind.

3.1.3.2 Starrahmenbauweise

Diese Holzkonstruktion ist besonders gut für Selbsthilfe geeignet, weil die einzelnen Holzteile nicht durch Verzapfen, Verleimen, Verschrauben oder andere schwierige Techniken miteinander verbunden werden, sondern durch Aufnageln von wetterfest verleimtem Sperrholz und verzinkten Holzverbindern. Dazu werden die Hölzer einfach stumpf gestoßen, und auf die Verbindungsstelle nagelt man von beiden Seiten sog. *Sperrholz-Knotenplatten* mit verzinkten Nägeln von Hand oder mit Druckluftnaglern auf. Alle Arbeiten können unter fachlicher Aufsicht in Eigenleistung durchgeführt werden, aber auch die Vorfertigung der Starrahmen in einem Zimmereibetrieb ist möglich.

Die Sperrholz-Knotenplatten an der Traufe werden meist nach außen angeordnet, damit der umbaute Raum voll nutzbar ist. In besonderen Fällen, wenn das Gebäude ein konventionelles Aussehen haben soll, können sie aber auch nach innen verlegt werden, wenn sie dort bei der Gebäudenutzung nicht stören.

Die relativ leichten Starrahmenbinder werden in engem Abstand von 60 bis 125 cm auf ein Streifenfundament gestellt. Dieses ist meist als Stiefelfundament ausgeführt, um den Seitenschub der Konstruktion aufzufangen. Die Verbindung der Starrahmen mit dem Fundament erfolgt über eine aufgeschraubte Holzschwelle und verzinkte Winkelverbinder. Derartige verzinkte Holzverbinder gibt es in verschiedenen Ausführungen; sie haben sich auch bei anderen Holzkonstruktionen bewährt.

Zur *Längsaussteifung* des Gebäudes werden Windverbände im Wand- und Dachbereich angebracht. Sie können aus diagonal angeordneten verzinkten Flachstahlbändern oder Holzbohlen bestehen; im Wandbereich wird oft auch Sperrholz zur Aussteifung eingesetzt. Die Aufnahme der seitlichen Windkräfte erfolgt über die biegesteifen Traufknotenpunkte. Dadurch haben die Giebelwände keinerlei tragende Funktion, und es können sowohl beliebige Gebäudelängen als auch Tore in den Giebeln vorgesehen werden.

Mit der Starrahmenbauweise sind Spannweiten von 6 bis 22,50 m möglich, wodurch sich Pferdeställe unterschiedlichster Größe bauen lassen. Auch können verschiedene Dachlasten (Schneelast, Gewicht der Dacheindeckung) berücksichtigt werden, und zwar durch unterschiedliche Stärke der Rahmenhölzer. Ställe bis zu 12,50 m Spannweite baut man mit senkrechten Seitenwänden, bei größeren Spannweiten und höheren Schneelasten werden die Seitenwände leicht schräg gestellt, weil das Starrahmenprofil mit geneigtem Stiel statisch günstiger ist. Falls die Beschaffung der relativ breiten Starrahmenhölzer auf Schwierigkeiten stößt, kann man mit dem *Doppel-T-Starrahmen* arbeiten. Hierbei werden schwächere Hölzer so zusammengenagelt, daß ein Doppel-T-Profil entsteht. Gegenüber dem normalen Starrahmen ist auch eine etwa 30%ige Holzersparnis zu verzeichnen, da die Rahmen infolge größerer Festigkeit auf weiterem Abstand gestellt werden können. Allerdings muß die zusätzliche Nagelarbeit in Kauf genommen werden. Ein sehr gutes Beispiel zum Bau einer kompletten Reitanlage in

Abb. 134. Verleimte Vollholzwand mit außenstehenden, verzinkten Stahlprofilstützen.

Abb. 135. Aufnageln von Sperrholzknotenplatten an Starrahmen mit Druckluftnagler.

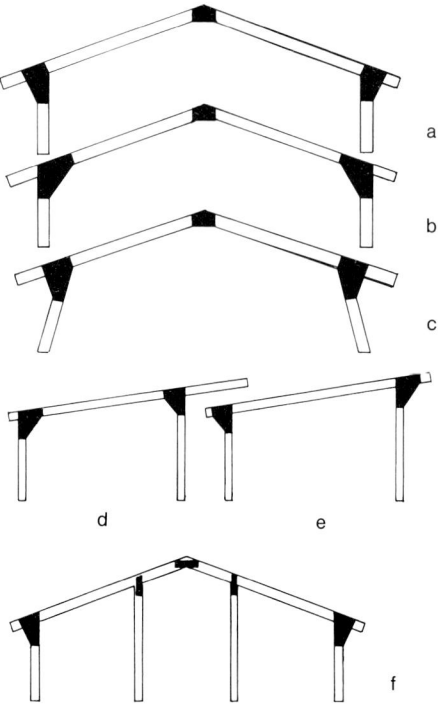

Abb. 136. Verschiedene Starrahmen-profile.
a Satteldach-Starrahmen mit außenliegenden Traufknotenplatten; b Satteldach-Starrahmen mit innenliegenden Traufknotenplatten; c Satteldach-Starrahmen mit geneigtem Stiel; d Pultdach-Starrahmen mit innenliegenden Knotenplatten und Vordach; e Pultdach-Starrahmen mit außenliegenden Knotenplatten; f Stützen-Stall.

Abb. 137. Aufstellen eines Starrahmengebäudes mit Schlepper und Seilzug auf vorbereitete Streifenfundamente.

Abb. 138. Befestigung mit Starrahmen an der Fundamentschwelle mit verzinkten Winkelverbindern und Ankernägeln.

Doppel-T-Starrahmenbauweise hat der Reitverein Steigerwald gegeben. Hier wurden Reithalle, Clubheim und Pferdestall mit Stallkammer, Futterlager und Einstreulager in dieser holzsparenden und zweckmäßigen Konstruktion in organisierter Selbsthilfe durch Vereinsmitglieder, Maschinenringbauhelfer und örtliche Handwerker erstellt.

Eine weitere Möglichkeit der Holzeinsparung besteht darin, auf die freitragende Überspannung zu verzichten und Stützen anzuordnen. Im Pferdestallbau erscheint dies aber nur dann sinnvoll, wenn man den Rahmenabstand auf das Maß einer Boxenbreite abstimmen kann, damit die Stützen gleich zur Anbringung der Boxentrennwände ausgenutzt werden.

Wärmegedämmte Starrahmen-Pferdeställe werden zweischalig ausgeführt. Dazu werden als innere Wandverkleidung mindestens 12,5 mm starke wetterfeste verleimte Sperrholzplatten oder mindestens 24 mm starke Nut-und-Feder-Bretter direkt an die Binderinnenkante genagelt. In die Rahmenfelder kommen Glasfasermatten mit ange-

Abb. 139. Doppel-T-Starrahmen, bei dem Stiel und Riegel aus jeweils drei schwächeren, miteinander vernagelten Hölzern bestehen, so daß ein statisch sehr günstiger und tragfähiger, aber holzsparender Doppel-T-Querschnitt entsteht.

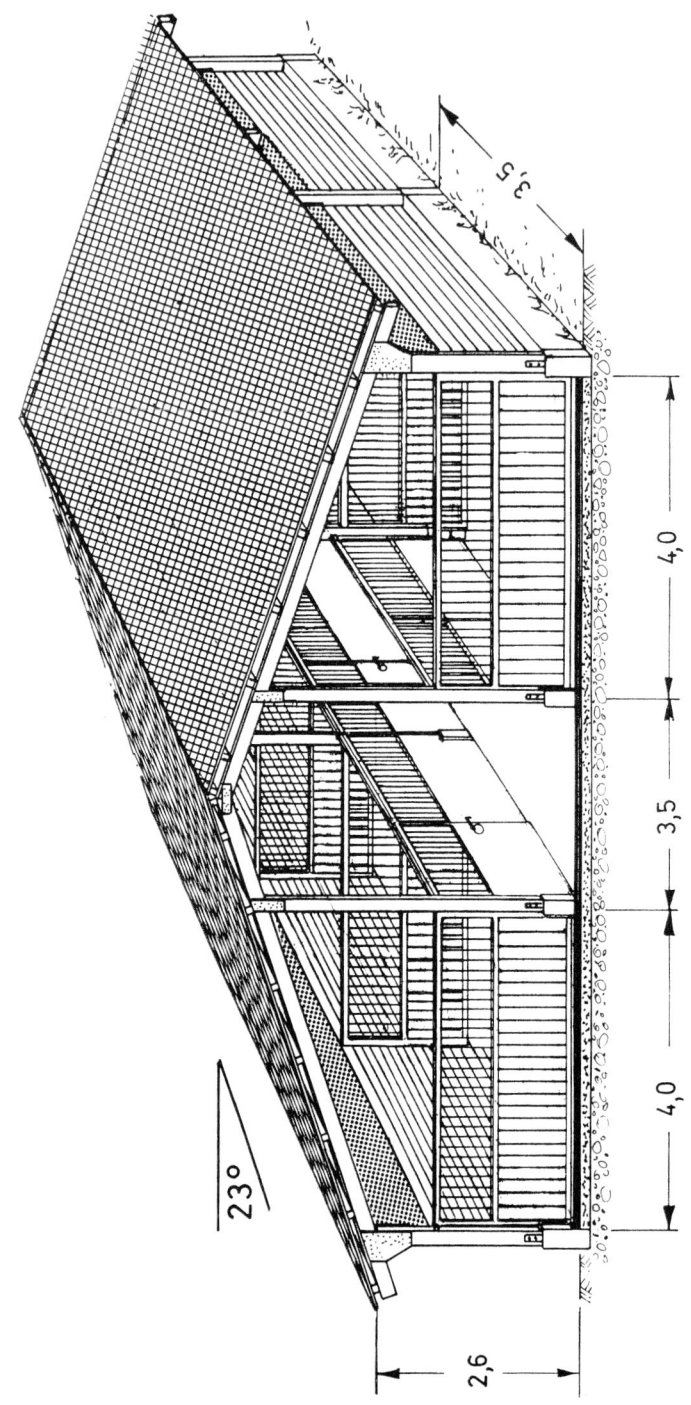

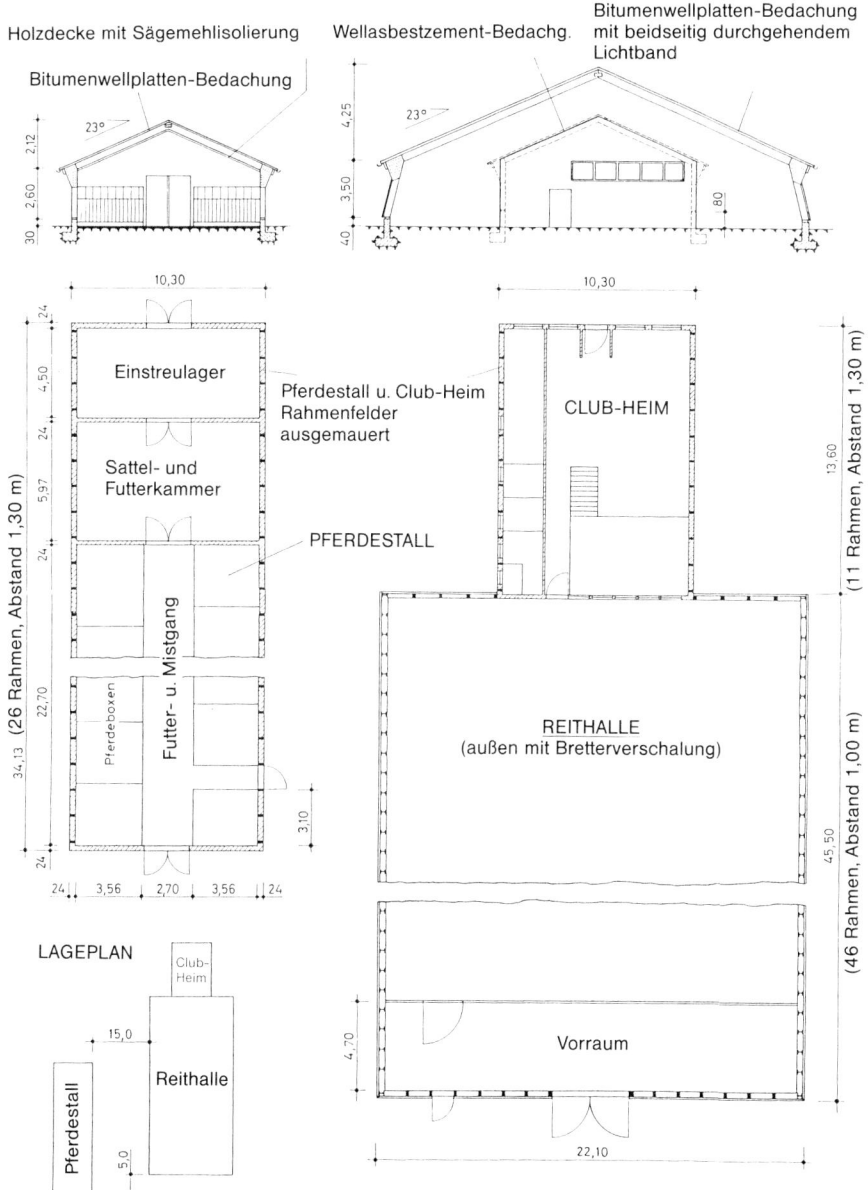

Holzdecke mit Sägemehlisolierung

Bitumenwellplatten-Bedachung

Wellasbestzement-Bedachg.

Bitumenwellplatten-Bedachung mit beidseitig durchgehendem Lichtband

Einstreulager

Pferdestall u. Club-Heim Rahmenfelder ausgemauert

CLUB-HEIM

Sattel- und Futterkammer

PFERDESTALL

Pferdeboxen

Futter- u. Mistgang

REITHALLE (außen mit Bretterverschalung)

LAGEPLAN

Club-Heim

Reithalle

Pferdestall

Vorraum

Abb. 141. Reitanlage des Reitvereins Steigerwald, Markt Bibart in Doppel-T-Starrrahmenbauweise.

◄ **Abb. 140. Zweireihiger Pferdestall in Starrahmenbauweise mit zwei Mittelstützenreihen.**

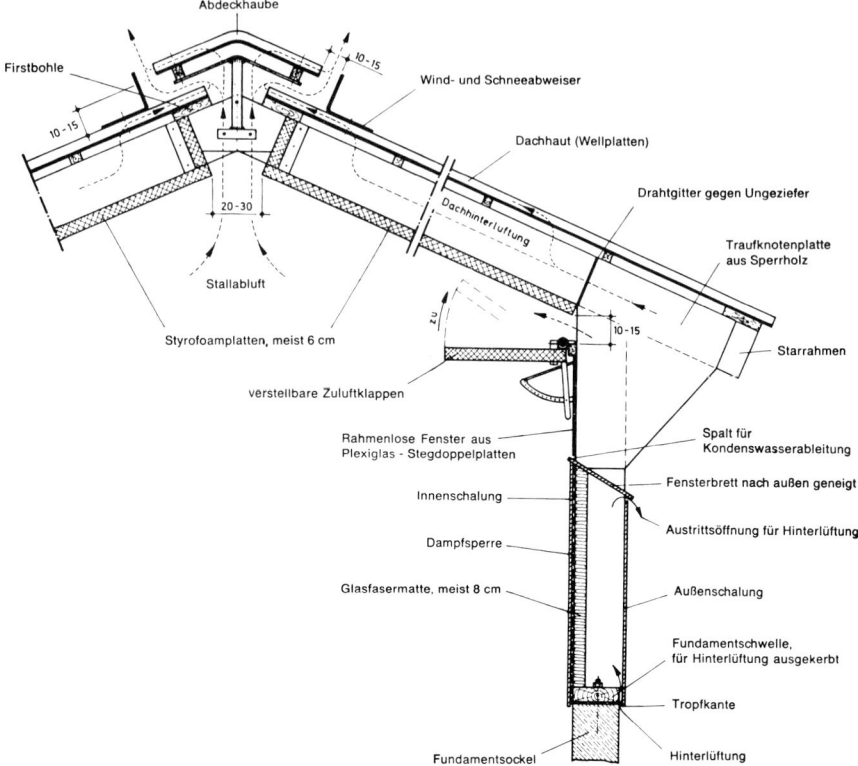

Abb. 142. Aufbau eines zweischaligen, wärmegedämmten Starrahmenstalles mit Traufen-First-Lüftung.

arbeiteter Dampfsperre, die zur Stallinnenseite zeigen muß. Der Raum zwischen Dämmschicht und Außenverschalung bleibt frei und dient zur Hinterlüftung. Als Außenverschalung können vorzugsweise stoßfeste Sperrholz- oder Bretterverschalungen eingesetzt werden. Auch das Ausmauern der Rahmenfelder ist möglich, aber arbeitsaufwendig.

Wenn die Außenverkleidung nicht Holzcharakter haben, sondern weiß oder farbig gestrichen werden soll, kann man auch Zementspanplatten (Isopanel, Duripanel) als Verschalung verwenden, die aber nicht so stoßfest wie Sperrholz und Bretter sind. Bei allen zweischaligen Ausführungen muß die Außenverschalung einen mindestens 1 cm breiten Luftschlitz an Fundamentschwelle und unterm Fensterbrett freigeben, damit die Hinterlüftung gesichert ist.

Auch die geneigte Stalldecke, die bei der Starrahmenbauweise bis zum First reicht, wird mit Hinterlüftung ausgeführt. Sie kann aus Brettern und mindestens 8 cm starken Mineralfasermatten mit Dampfsperre oder aus direkt unter die Binder genagelten extrudierten Polystyrol-Schaumstoffplatten hergestellt werden. Die Dacheindeckung kann mit allen bekannten Materialien erfolgen, wobei jedoch bei größeren Spannweiten leichte Profilplatten zu bevorzugen sind. Fenster ordnet man im Bereich der

Traufenknotenplatten oder in den Giebeln an. Bewährt hat sich auch eine kombinierte Belichtungs- und Entlüftungshaube im First.

Durch den zusätzlichen Luftraum im Dachbereich ist die Starrahmenbauweise speziell auch für die Bedürfnisse in der Pferdehaltung gut geeignet. Im Gegensatz zu Gebäuden mit waagerechter Zwischendecke kann man hier die Seitenwandhöhe auf 2,50 bis 3 m verringern, ohne den verfügbaren Luftraum zu sehr einzuschränken. Nachteilig ist hingegen die durch den engen Rahmenabstand bedingte schlechte Erschließung der Längsseiten durch größere Toröffnungen. Querdurchfahrten lassen sich nur durch besondere konstruktive Maßnahmen anordnen.

Für den Bau von Starrahmenställen gibt es heute detaillierte Unterlagen in Form standardisierter Statiken, Konstruktionszeichnungen und Bauanleitungen. Dabei muß man sich allerdings auf bestimmte Maße wie Spannweite, Seitenwandhöhe und Dachneigung festlegen. Darüber hinaus sind verschiedene Holzbaustatiker in der Lage, Starrahmenstatiken nach individuellen Wünschen anzufertigen.

3.1.3.3 Kastenträgerbauweise

Die Kastenträgerbauweise kommt mit überall erhältlichen, im Vergleich zum Starrahmen relativ geringen Holzquerschnitten zurecht. Zwei parallel gelegte Kanthölzer werden beidseitig mit wetterfest verleimten Sperrholzplatten benagelt, so daß ein *hohler Träger* entsteht. Dieser ist im Verhältnis zu seinem Gewicht sehr tragfähig. Kurze mitvernagelte Kantholzstücke an den Stoßstellen der Sperrholzplatten und den Auflagestellen dienen zur Aussteifung und Verstärkung.

Kastenträger können auf Mauerwerk, Holz- und Stahlbetonstützen gesetzt werden,

Abb. 143. Zusammennageln von Kastenträgern aus Holzriegeln und wetterfest verleimten Sperrholzplatten.

die meist im Abstand von 5 m in Punktfundamente eingespannt sind. Man kann sie mit und ohne Vordach wählen. Die Herstellung der Kastenträger kann ohne aufwendiges Werkzeug auf der Baustelle erfolgen. Deshalb ist diese Bauweise gut für Eigenleistungen geeignet.

Bei *wärmegedämmten* Pferdeställen kann die Wandausfachung zwischen den Stützen neben Mauerwerk auch durch Vollholzbalken oder Bretter auf waagerechten Riegeln erfolgen. Die Deckenverschalung mit einer entsprechenden Isolierung wird unter der Pfettenkonstruktion befestigt, so daß die Kastenträger sichtbar bleiben und der Stalluft ausgesetzt sind. Daher dürfen zum Aufnageln der Sperrholzplatten nur feuerverzinkte Nägel verwendet werden.

Gegenüber dem Starrahmen hat der Kastenträger den Vorteil, daß die Gebäude, wegen des weiten Binderabstandes, von allen Seiten her erschlossen werden können. Nachteilig ist es allerdings, daß zum Auflegen der Träger ein landwirtschaftlicher Frontladerschlepper meist nicht ausreicht, sondern ein Kran erforderlich wird.

3.1.3.4 Fertigställe
Neben den bisher beschriebenen Bauweisen werden auch weitgehend vorgefertigte Pferdeställe verwendet. Es sind vorwiegend leichte *Holz-* oder *Stahlkonstruktionen,* aber auch massive *Stahlbetonteile,* die im Baukastensystem nach bestimmten Rastermaßen zusammengesetzt werden. Eine Demontage und auch Erweiterung ist bei den meisten Systemen möglich. Fundamentierung und Installation müssen in der Regel bauseits vorgenommen werden. Die Vielzahl der verschiedenen Fertigstalltypen läßt sich auf drei Grundbauarten zurückzuführen: auf eine *Trennung, Teilkombination* oder *Vollkombination* von tragender Konstruktion und Inneneinrichtung.

Bei der *Trennung der tragenden Konstruktion von der Inneneinrichtung* wird eine freitragende Holz- oder Stahlkonstruktion errichtet, die wie bei der Starrahmenbauweise mit verschiedenen Materialien verschalt und eingedeckt werden kann. Die Inneneinrichtung, wie vor allem Boxentrennwände, wird nur mit dem Boden und

Abb. 144. Fertigstall mit freitragender Gebäudehülle in verzinkter Stahlträgerkonstruktion und zweischaliger, innen mit Holzbrettern verkleideter Dachdecke.

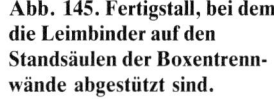

Abb. 145. Fertigstall, bei dem die Leimbinder auf den Standsäulen der Boxentrennwände abgestützt sind.

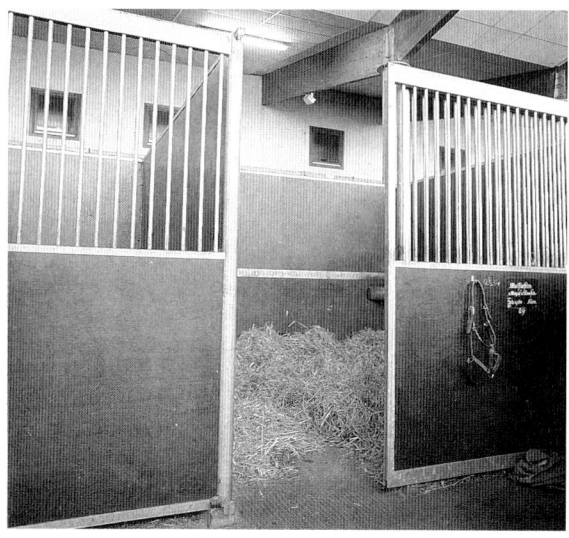

eventuell der Wand, nicht aber mit der Dachkonstruktion verankert und übernimmt keine tragende Funktion. Dieses Bausystem hat den Vorteil, daß die Abmessungen und Anordnungen der Inneneinrichtung individuell geplant und ausgeführt werden können. Ein späterer Umbau oder gar eine Nutzung des Gebäudes für Zwecke außerhalb der Pferdehaltung ist leicht möglich. Durch diese oftmals entscheidenden Vorteile entsteht ein höherer Materialaufwand für die freitragende Konstruktion. Dies muß sich aber nicht unbedingt durch einen unannehmbar hohen Preis auswirken, wenn der Hersteller die Teile für die Gebäudehülle aus einer größeren Serie für andere Bauprogramme entnehmen kann.

Bei einer *Teilkombination der tragenden Holz- oder Stahlkonstruktion mit der Inneneinrichtung* werden die Standsäulen für die Boxentrennwände mit der Dachkonstruktion so verbunden, daß sie als Stützen wirken und senkrechte Dachlasten aufnehmen. Die Längs- und Queraussteifung des Bauwerks wird aber nicht auf die Inneneinrichtung übertragen, sondern von üblichen Diagonalverbänden im Wand- und Deckenbereich übernommen. Bei diesen Fertigställen ist noch eine gewisse Freizügigkeit in Anordnung und Umbau möglich. Beispielsweise können Boxentrennwände herausgelassen oder auch später herausgenommen werden, um größere Laufboxen einzurichten. Auch das Schwenken bzw. Herausziehen der Trennwände zur Frontladerentmistung ist möglich. Nicht entfernt werden dürfen aber tragende Stützen, was im Falle eines radikalen Umbaues oder einer anderweitigen Nutzung natürlich stört. Insgesamt stellt diese Lösung einen Kompromiß zwischen einer gewissen Materialersparnis und freizügiger Nutzung dar.

Die *volle Kombination der Gebäudehülle mit der Inneneinrichtung* wird auch „Fertigboxenstall" genannt. Diese Bausysteme sind zunächst durch englische Fabrikate bekannt geworden, werden aber zunehmend auch durch einheimische Hersteller angeboten. Die Boxenwände werden voll in das statische System der tragenden Konstruktion einbezogen, nehmen Dachlasten auf und dienen auch zur Längs- und Queraussteifung des Gebäudes. Dadurch ist die Verwendung geringster Materialstärken

Abb. 146. Einreihiger englischer Fertig-Boxenstall mit Vordach und Außengang.

möglich, wodurch derartige Bauten außerordentlich leicht sind und unter viel Holz-verwendung konstruiert werden können. Außerdem sind sie einfach zu transportieren und zu montieren. Dieses Bauprinzip läßt sich sowohl bei Ställen mit außenliegender als auch solchen mit innenliegender Stallgasse anwenden. Bei der Raumaufteilung sind naturgemäß die vom Hersteller festgelegten Boxen-Rastermaße bindend. Spätere Umbauten oder Änderungen in der Nutzung stoßen auf Schwierigkeiten, beispiels-weise ist das Herausnehmen von Boxentrennwänden nicht ohne weiteres möglich.

Containerställe nehmen eine besondere Stellung in dieser Fertigstallgruppe ein. Sie werden nicht in Einzelelementen geliefert, sondern schon im Werk komplett zusam-mengebaut, mit Lkw auf die Baustelle transportiert und von einem Kran auf vorberei-tete Streifenfundamente oder Betonplatten gesetzt. Wird der Stall stehend transpor-tiert, ist seine Tiefe wegen der Beschränkungen der Transportbreite auf maximal 2,45 m begrenzt, so daß die Boxentiefe nach Abzug der Wandstärke nur ca. 2,25 m beträgt. Dies stellt keine optimale Lösung für Großpferde dar (s. Teil A, Kap. 2.2.1). Ein Hersteller hat daher einen Containerstall mit einklappbarer Pultdachkonstruk-tion entwickelt, der auf der Rückwand liegend transportiert wird, so daß eine Boxen-tiefe von ca. 3 m möglich wird. Hier ist dann allerdings die Stallhöhe auf 2,45 m begrenzt. Wie aus Abb. 147 zu ersehen ist, kann man solche Containerställe mit Vordach einreihig oder doppelreihig aufstellen. Bei letzterer Lösung entsteht eine überdachte Stallgasse mit Firstentlüftungs-Schlitz.

Mit Fertigställen liegen in der Pferdehaltung sehr unterschiedliche Erfahrungen vor. Positiv zu bewerten ist die schnelle Montage, wobei teilweise auch Eigenleistung erbracht werden kann. Auch die leichte Vorauskalkulation der Baupreise und die meist einfache Erweiterungsmöglichkeit sind günstig. Schwierigkeiten treten aber oft dann auf, wenn für maritimes Klima konzipierte leichte Fertigställe in Gegenden mit ungünstigeren Bedingungen errichtet werden sollen. Hier reicht dann die Wärmedämmung und Wärmespeicherung nicht aus, um Kondenswasserbildung, das Einfrieren der Tränkebecken im Winter oder Hitzestau im Sommer zu vermeiden.

Unter mitteleuropäischen Klimaverhältnissen erscheint es daher zweckmäßig, bei geschlossenen Pferdeställen mit Dachdecke diese zweischalig und mit voller Wärmedämmung sowie mit hinterlüftetem Hohlraum zwischen Dachhaut und Deckenverkleidung auszuführen. Wird hingegen nur der Wandbereich wärmegedämmt und die Dachdecke einschalig belassen, so ist mit Kondenswasserbildung bei kalter Witterung und zu starker Erwärmung der Stalluft bei Sonnenstrahlung zu rechnen. Nur ein sehr hoher Luftaustausch, wie er beispielsweise in Offenställen gegeben ist, kann diese Probleme mildern. Deshalb ist bei Fertigställen mit einschaliger Dachdecke unbedingt eine durchgehende und ausreichend groß dimensionierte Firstlüftung mit entsprechenden Zuluftöffnungen zu fordern. Auch beheizbare Tränkebecken sind unter diesen Voraussetzungen vorteilhaft.

Abb. 147. Vollständig vorgefertigter Containerstall, bei dem das Dach zum Transport eingeklappt werden kann (nach Marten).

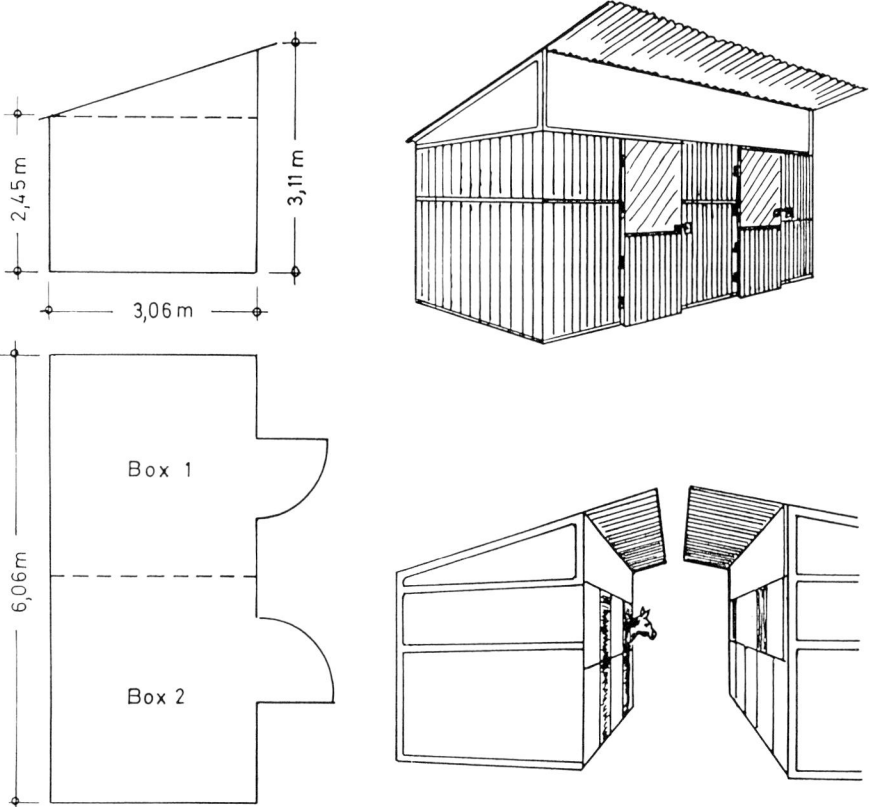

3.2   Nicht wärmegedämmte und teilgedämmte Ställe für Offenstallhaltung und Weidehütten

Die Offenstallhaltung erfreut sich bei Züchtern und Freizeitreitern einer wachsenden Beliebtheit. Man kann die Pferde artgemäß halten, und es fallen weniger zeitgebundene Arbeiten an. Die Baukosten lassen sich auf ein Minimum senken.

3.2.1   Allgemeine bautechnische Anforderungen

Die Offenstallhaltung stellt eine Reihe wichtiger Anforderungen an die Bauausführung, die leider aus Unkenntnis und zum Schaden für Mensch, Tier, Bauwerk und Landschaftsbild oft nicht erfüllt werden. Es reicht auch für Robustpferde nicht aus, einfach vier Pfosten in den Boden zu graben und ein Wellblechdach darauf zu setzen. Offenlaufstall heißt nicht, daß der Stall auf allen Seiten offen und ohne Wände ist, sondern es bedeutet, daß er den Tieren zum beliebigen Ein- und Ausgehen geöffnet ist. Folgende Voraussetzungen sollten beim Bau von Offenlaufställen erfüllt werden: um *ausreichenden Schutz gegen Sonneneinstrahlung, Wind, Schlagregen und Flugschnee* zu bieten, muß das Bauwerk auf drei Seiten mit weitgehend winddichten Wänden geschlossen sein. Die offene Seite wird entgegen der Hauptwindrichtung, also meist nach Süden bis Südosten angeordnet. Nur bei kleineren Offenlaufställen kann man diese Seite ganz auflassen, bei größeren läßt man nur zwei oder drei möglichst entfernt voneinander liegende Eingangsöffnungen frei. Ein Eingang allein reicht bei mehreren Tieren mit ausgeprägter Rangordnung nicht, weil dann die rangniederen Tiere mangels ausreichender Fluchtwege nicht genügend ausweichen können und leicht in tote Ecken gedrängt werden. Durch Kunststoff- oder Gummivorhänge können die Öffnungen gegen Zugluft abgedichtet werden und sind dennoch für die Pferde durchgängig. Eine *Überdachung der offenen Seite* in Form eines mindestens 2,50 m breiten Vordaches soll den Boden an den Eingängen vor Regen und Schnee schützen, ihn trocken und rutschfest halten. Unter dem Vordach können sich auch solche Pferde aufhalten und eventuell gefüttert werden, die sich nicht in den Stallraum wagen, wenn dort ranghöhere Tiere sind.

Nur durch ein *Vermeiden von Hitzestau* bei starker Sonneneinstrahlung auf die Dachfläche bleibt im Sommer die Schutzfunktion des Stalles erhalten. Falls das Bauwerk nicht durch Bäume beschattet werden kann, sollten die meist nicht wärmegedämmten Dachflächen so entlüftet werden, daß die warme Luft nach oben entweichen kann. Dies ist um so wichtiger, je niedriger das Gebäude ist. Erfahrungsgemäß suchen die Pferde gerade bei schönem Wetter den Offenstall auf, um Schutz vor Sonne und Fliegen zu finden, und stehen dann schwitzend in der Hitze, die von schlecht belüfteten Dach- und Wandflächen strahlt.

Ausreichende Stabilität der Bauteile muß gewährleistet sein. Pferde reiben sich zur Fellpflege gern an Türpfosten, rauhen Wandverschalungen, Wandecken und vorspringenden Elementen der tragenden Konstruktion. Dabei können Kräfte bis in Höhe der Eigengewichte der Tiere auftreten. Außerdem dürfen diese exponierten Teile keine Möglichkeiten für Verletzungen bieten.

Für die *Befahrbarkeit mit Schlepper und Frontlader,* die die arbeitswirtschaftlich sehr zweckmäßige Mistmatratze und Frontladerentmistung ermöglicht, sind genügend große Toröffnungen und eine möglichst freitragende Konstruktion notwendig. Sind Stützen aus statischen Gründen notwendig, so sollten sie mindestens 5, besser 6 m Abstand haben, es sei denn, es werden wendige Stallschlepper eingesetzt. Da die

Mistmatratze auf 60 bis 80 cm Höhe anwachsen kann, sollte der Stall auf einem mindestens gleich hohen Betonsockel stehen, um die Bauteile gegen Korrosion und Fäulnis zu schützen. Ist dies nicht möglich, kann man die Mistmatratze durch leicht auswechselbare Rundholzstangen von der Stallwand trennen. Rundholzschwellen sind auch an den Eingängen angebracht, um das Herausziehen von Einstreu zu verringern.

Die *Ableitung des Regenwassers* und das *Trockenhalten der Flächen* zwischen Stall und Weide sind ein grundsätzliches und noch nicht befriedigend gelöstes Problem, das übrigens auch die Paddocks und Auslaufflächen bei der Haltung von Pferden in geschlossenen Ställen betrifft.

Zunächst einmal muß man dafür sorgen, daß Regenwasser von den Dachflächen abgeleitet wird. Dennoch kann es in frostarmen Wintern oder bei langen Regenperioden zu knietiefem Schlamm vor dem Stall kommen, der zwar die Gesundheit und das Wohlbefinden der Pferde keinesfalls beeinträchtigt, aber optisch und auch arbeitswirtschaftlich (Mist entfernen) nicht befriedigt.

Chemische Bodenfestiger haben sich nicht durchgesetzt. Auch das Betonieren und Asphaltieren der offenen Lauffläche ist wegen der großen Verletzungsgefahr vor allem bei Frost und Glatteis problematisch. Besser ist die Befestigung mit Betonverbundsteinen. Man sollte hier Formen mit abgeschrägten Kanten wählen, bei denen ausgeprägte Fugen entstehen, welche die Rutschsicherheit verbessern.

Rasengittersteine von 40×60×10 cm, deren Hohlräume mit Sand gefüllt werden, haben eine ausreichend gute Rutschsicherheit, aber leider sehr scharfe Kanten, wodurch sich die Hufe stark abnutzen. Sie können daher nur empfohlen werden, wenn die Pferde beschlagen sind oder man sowieso einen stärkeren Hufabrieb wünscht wie bei unbeschlagenen Zuchtpferden, die nicht geritten werden. Andernfalls muß man die Fläche mit einer 5 bis 10 cm dicken Sandschicht bedecken.

Noch besser wäre eine Schicht aus Rindenschälspänen oder feinen Holzhackschnitzeln aus Ästen und Zweigen von Komposthäckslern, wie sie Straßenbauämter und Kommunen einsetzen. Im Gegensatz zu Sand können diese Materialien später nutzbringend kompostiert werden.

Sehr gut bewährt haben sich Lochplatten aus Kunststoff-Regenerat zur Befestigung solcher Problemflächen. Sie sind trittelastisch, wasserdurchlässig, rutschfest und einfach zu verlegen, notfalls auch ohne Unterbau. Es gibt sie mit gegenseitiger Verzahnung im Format 50×50 cm in 5 cm Dicke für starke Belastung und in 2,5 cm Dicke für schwächere Belastung. Außerdem kommen noch mobile Befestigungsplatten im Format 120×80×1,5 cm mit länglichen Löchern in Frage, die jedoch keine gegenseitige Verzahnung besitzen, so daß das Abschieben solcher Flächen mit Frontlader oder Heckschild problematisch erscheint. Leider sind diese Regenerat-Platten zur Befestigung größerer Flächen noch zu teuer, doch ist zu hoffen, daß solche Produkte preiswerter in Massen produziert werden können, wenn die Verfahren des Kunststoff-Recyclings sich stärker durchsetzen.

Versuche, beanspruchte Flächen mit Kies und Sand zu befestigen, verliefen unbefriedigend, weil es durch den intensiven Tritt der Pferde bei Regenwetter doch zur Verschlammung kommt und die Schichten sehr stark mit Mist, Futterresten und Stroh belastet werden und häufig ausgewechselt werden müssen. Auch eingelegte Geotextilien wie Gewebe, Matten und Vliese aus Kunstfasern brachten nur bedingt Abhilfe und erwiesen sich beim Reinigen der Flächen mit Frontladerschaufel als hinderlich.

Eine *Erweiterungsmöglichkeit von Stall- und Bergeräumen* sollte bestehen. Gerade bei der Offenlaufstallhaltung beginnen viele Pferdehalter zunächst nur mit einem

Abb. 148. Lochplatten aus Kunststoff-Regenerat haben sich gut bewährt zur Befestigung von Auslaufflächen oder Fahrwegen.

kleinen Pferdebestand und möchten später aufstocken, weil eine größere Pferdezahl im Laufstall nur relativ wenig Mehrarbeit verursacht. Vom Platzbedarf und der Gebäudekonstruktion her sollte eine derartige Erweiterung möglichst berücksichtigt werden, damit nicht ein völlig neuer Baukörper errichtet werden muß, oder unzweckmäßige und unschöne Anbauten als Notlösung entstehen; zu den Möglichkeiten für Erweiterungen siehe auch Abb. 127.

Ein *ausreichender Luftaustausch* ist von großer Bedeutung. Offenlaufställe werden als Kaltstall betrieben, wobei nur geringe Unterschiede zwischen Stalltemperatur und Außenlufttemperatur auftreten sollen. Dazu muß ein möglichst ungehinderter Luftaustausch zwischen innen und außen möglich sein, andernfalls kommt es im Winter zu Kondenswasserbildung an den raumumschließenden Bauteilen. Bei kleinen Laufställen reicht der Luftaustausch durch die Türöffnungen aus, bei größeren ist eine Firstentlüftung zweckmäßig. Günstig ist es, wenn die Luft auch unter der Dachfläche entlang streichen kann, da sich der warme Atem der Tiere dort am leichtesten als Kondensat niederschlägt und abtropfen oder gar Bauschäden hervorrufen kann. Die sich durch die Wellung der Dachplatten an der Traufe ergebenden Öffnungen sollten daher nicht verschlossen werden. Da die Pferde im Offenlaufstall häufiger Schutz vor Sonne und Hitze als vor schlechter Witterung suchen, sollte man bei schwülem Wetter auch einmal für Durchzug sorgen, also gegenüberliegende Tore oder Klappen öffnen können. Dies ist auch beim Entfernen der Mistmatratze zweckmäßig. Andererseits muß bei schlechtem Wetter die Möglichkeit bestehen, die Eingangsöffnungen und Luftklappen weitgehend zu verschließen, um naßgeschwitzte Pferde nach der Arbeit stundenweise vor Zug geschützt abtrocknen zu lassen.

Die *Verwendung korrosionsbeständiger Metallteile und Verbindungsmittel* ist in Offenställen besonders zu beachten. Mehr noch als in wärmegedämmten Ställen, wo die konstruktiven Teile meist durch die Innenverschalung gegen aggressiven Stalldunst geschützt sind, sollten zum Bau von Offenlaufställen wichtige tragende Bauteile unbedingt korrosionsgeschützt sein. Man verwende nur verzinkte Nägel, Schrauben oder sonstige Verbindungsmittel, wenn eine lange Lebensdauer erwartet wird.

3.2.2   Rundholzkonstruktionen

Neu zu errichtende Offenlaufställe und Weidehütten wird man aus Kostengründen vorzugsweise in einfachster Holzkonstruktion bauen, weil die notwendigen Spannweiten in der Regel gering sind. Sehr niedrig ist hierbei der Materialaufwand, wenn man Rundholz für die tragende Konstruktion verwendet. Weniger geeignet sind Rundholzbauweisen für wärmegedämmte Ställe und Bauten, von denen eine zentimetergenaue Ausführung erwartet wird. Rundholz hat sehr günstige Festigkeitseigenschaften, die in der DIN 1052 festgelegt sind. Welche Ersparnisse im Rundholz stecken, zeigt dieser Zusammenhang: Um aus einem Baumstamm ein Kantholz mit dem gleichen Widerstandsmoment wie bei einem Rundholz zu schneiden, braucht man den doppelt so großen Holzquerschnitt, ganz abgesehen vom zusätzlichen Schnittlohn. Oftmals kann man auch sehr preiswert gebrauchte Rundhölzer in Form von Hopfensäulen oder Telefonmasten bekommen.

Die verwendeten Rundhölzer sollten gesund, möglichst gerade und gleichmäßig gewachsen sein. Der verdickte Wurzelhals am unteren Ende ist entweder abzuschneiden oder auf den richtigen Durchmesser beizuputzen. Hierzu und auch zum Säubern der Aststümpfe eignet sich sehr gut ein elektrischer Handhobel oder ein Schälvorsatz an der Motorkettensäge.

Bei einigen Maschinenringen und Schafhalter-Vereinigungen gibt es stationäre Rundholzfräsmaschinen, welche die Hölzer außerordentlich exakt auf bestimmte Durchmesser fräsen. Aber auch gebrauchte, noch gut erhaltene Telefon-, Hopfen- und Freileitungsmasten kann man verwenden. Wenn man eigenes Holz schlägt oder das Rundholz ab Wald kauft, sollte man schon bei der Auswahl auf guten Wuchs achten, um so exakter wird nachher die fertige Arbeit.

Bei der *Mastenbauweise* werden imprägnierte Rundholz-Masten ohne Fundamente direkt ca. 1,20 m tief in den Boden eingegraben, eventuell mit Hinterfüllung der Bohrlöcher durch Magerbeton. Da die auf das Bauwerk wirkenden Windkräfte und Dachlasten direkt vom Baugrund aufgenommen werden, muß dieser genügend tragfähig sein; leichte Moor- und Sandböden scheiden aus. Da gesundes, nicht vorbehandeltes Rundholz nach 10 bis 15 Jahren im Erd-/Luftbereich durchfault, wird bei der Mastenbauweise meist tiefdruckimprägniertes Holz verwendet, das ca. 30 Jahre Lebensdauer erwarten läßt. Die Mastenfüße müssen zur Kontrolle zugänglich sein.

Auf die Masten, die im Abstand von maximal 5 bis 6 m stehen, kommen Querträger und Sparren, die eventuell auch in Rundholz ausgeführt werden können. Auf Windverbände kann man bei ausreichender Einspannung der Masten im Boden meist verzichten.

Die Mastenbauweise ist inzwischen genormt und bauaufsichtlich zugelassen *(DIN 18900 Holzmastenbauart),* so daß man auch genehmigungspflichtige Bauprojekte damit erstellen kann.

Früher wurden Rundholzkonstruktionen vielfach mit zimmermannsmäßiger Verbindungstechnik wie Schlitz und Zapfen, Überblattung oder Verschraubung zusammengefügt. Diese Technik ist jedoch heute zu arbeitsaufwendig, zu wenig selbsthilfefreundlich und läßt auch nicht die Ausnutzung der vollen Holzfestigkeit zu, da die Materialquerschnitte geschwächt werden.

Es wurde daher ein *Rundholzverbinder-System* entwickelt, das sich vielfach, speziell auch in der Pferdehaltung, bewährt hat. Hierbei können Stangen, Stämme und Masten auf einfachste Weise kraftschlüssig und hochbelastbar zusammengefügt werden. Das System eignet sich insbesondere für die Selbsthilfe.

Die Rundhölzer werden stumpf gestoßen; nur bei größeren Durchmessern sattelt
man das anzuschließende Stirnholz etwas ein. Auf beide, seltener auf nur eine Seite,
nagelt man dann die vorgefertigten Rundholzverbinder auf. Für lösbare Verbindungen
kann man auch Holzschrauben verwenden.

Die Verbinder umfassen das Holz schalenartig, aber nicht über den ganzen Um-
fang, so daß es noch arbeiten, also quellen und schwinden kann. Bei Belastungsversu-
chen hat es sich gezeigt, daß Holz und Verbinder sich gegenseitig stabilisieren. Die
Verbindung kann auf Zug, Druck, Abscheren, Verdrehen und bei entsprechender
Dimensionierung auch auf Biegung beansprucht werden. Sie ist nach DIN 1052 als
Blech-Nagelverbindung statisch berechenbar.

Rundholzverbinder werden aus verzinktem Tiefzieh-Stahlblech St 37 für verschiedene Holzdurchmesser und Anschlußformen gepreßt und schon verarbeitungsfertig
mit Löchern von 4,5 mm Durchmesser geliefert. Je nach Belastung kann die Material-
dicke des Verbinders 1,5; 2,0; 2,5 mm oder in Sonderfällen auch stärker sein. Reicht
die Festigkeit eines Verbinders ausnahmsweise nicht aus, kann man auch zwei übereinander verwenden.

Beim Aufnageln läßt sich das Blech noch in einem gewissen Bereich verformen, so
daß mit einer Verbindergröße Hölzer mit verschiedenem Durchmesser verbunden
werden können. Das muß auch so sein, da ja Rundholz durch den natürlichen Wuchs
leicht konisch ist. Die Verformbarkeit beträgt je nach Blechstärke und Durchmesser
±10 bis 20%. Ein 1,5 mm starker Verbinder mit 10 cm Durchmesser paßt sich beispielsweise ohne weiteres einem Holzdurchmesser von 8 bis 12 cm an. So kommt man
mit wenigen Verbindergrößen aus.

An der Stoßstelle sollten aber beide Hölzer möglichst den gleichen Durchmesser
haben. Ein dichtes Anliegen des Verbinders an das Holz wird erreicht, wenn man mit
den mittleren Nagelreihen beginnt und dann immer weiter nach außen nagelt. So
kann sich der Verbinder ohne zu stauchen an das Holz heranziehen.

Dies geht besonders gut bei Verwendung von Rillen- oder Schraubnägeln mit hohem Ausziehwiderstand, die deshalb vom Verbinderhersteller gleich in verzinkter Ausführung mitgeliefert werden. Bei nicht extrem belasteten Verbindungen müssen nicht alle vorhandenen Löcher ausgenagelt werden.

Folgende Verbinder werden serienmäßig hergestellt:

– T-Stücke 90° in fünf Größen für Holzdurchmesser von 7 bis 30 cm zum rechtwinkeligen Verbinden von Hölzern.
– T-Stücke 15° rechts und links in zwei Größen für 13 bis 22 cm ⌀ zum Bau von Pultdachgebäuden.

Abb. 150. Zusammenfügen von Rundhölzern durch Aufnageln verzinkter Rundholzverbinder.

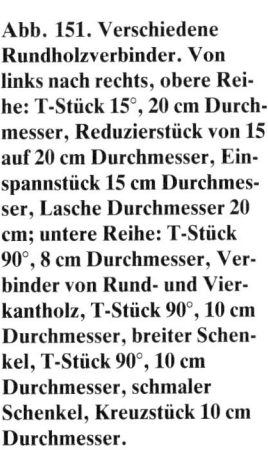

Abb. 151. Verschiedene Rundholzverbinder. Von links nach rechts, obere Reihe: T-Stück 15°, 20 cm Durchmesser, Reduzierstück von 15 auf 20 cm Durchmesser, Einspannstück 15 cm Durchmesser, Lasche Durchmesser 20 cm; untere Reihe: T-Stück 90°, 8 cm Durchmesser, Verbinder von Rund- und Vierkantholz, T-Stück 90°, 10 cm Durchmesser, breiter Schenkel, T-Stück 90°, 10 cm Durchmesser, schmaler Schenkel, Kreuzstück 10 cm Durchmesser.

- Laschen in drei Größen für 8 bis 22 cm ⌀ zum Verbinden von zwei Hölzern in Längsrichtung.
- Einspannstücke in drei Größen für 8 bis 22 cm ⌀ zum Verbinden von Rundholzpfosten mit einem Betonfundament.
- Kreuzstücke in drei Größen für 7 bis 17 cm ⌀ zum Einpassen von Wandriegeln oder Mittelstangen bei Koppelzäunen und Toren.
- Reduzierstücke 90° von 20 auf 15 und 10 cm ⌀ zur Verbindung von Hölzern mit unterschiedlichen Durchmessern.
- Verbinder von Rund- und Vierkantholz in drei Größen von 8 bis 22 cm ⌀.
- Pfettenverbinder für beliebige Durchmesser zur Verbindung von Rundholzpfetten quer zur Tragkonstruktion.
- Scharnierverbinder für 8 bis 12 cm ⌀ zum Bau von Türen und Toren.
- Strebenverbinder 45° links und rechts in zwei Größen von 8 bis 17 cm ⌀ zum Anschluß von Diagonalstreben für Aussteifungen.
- Wandanschlußstücke in zwei Größen von 8 bis 17 cm ⌀, um Pfosten und Riegel mit Wandflächen zu verbinden.

Mit Hilfe der Rundholzverbinder kann man einfache Einrichtungen, aber auch ingenieursmäßige Konstruktionen ausführen, die bisher überhaupt nicht oder zumindest nicht so unkompliziert und stabil möglich waren wie etwa dauerhafte Koppelzäune, Laufstallabtrennungen, Freßgitter, Boxen oder Hindernisse für den Reitsport. Aber auch tragende Konstruktionen für Weidehütten, Maschinenschuppen, Heu- und Strohlager, einfache Laufställe und ähnliche Verwendungszwecke sind erprobt. Findige Praktiker werden eine Fülle weiterer Anwendungsgebiete finden, wenn sie erst einmal mit diesem System gearbeitet haben.

Für die Offenstallhaltung von Pferden kommen Rundholzkonstruktionen mit Pultdach-, Sattel- oder Ganzdach in Frage, wie sie in Abb. 153, 154 und 155 dargestellt sind.

Weitere für die Pferdehaltung geeignete Rundholzbauweisen sind von der Bayerwald-Rundholz GmbH entwickelt worden, die der Schafhaltervereinigung Bayerischer Wald angeschlossen ist. Es werden freitragende Satteldach-Binder mit 6,50 bis 12 m sowie 17 m Spannweite aus nur 12 und 14 cm starken Rundhölzern gefertigt. Dabei werden bei größeren Spannweiten und Schneelasten zwei bis drei übereinander gelegte Rundhölzer eingesetzt, um große und teure Holzstärken zu sparen.

Außerdem werden zylindrisch gefräste volle oder halbierte Rundholzprofile mit und ohne Verbindungsprofil für Wand- und Deckenverschalungen hergestellt, die sich gerade in der Pferdehaltung sehr vielseitig und zweckmäßig einsetzen lassen. Auch komplette Rundholz-Boxenpferdeställe und Koppelzäune sind lieferbar. Eine andere interessante Entwicklung zur Verwendung schwachen Rundholzes ist in Österreich in Zusammenarbeit mit dem Schafhalterring Salzkammergut erarbeitet worden, die sog. *Sattelblocksäge.* Hierbei werden zylindrisch gefräste Rundhölzer in einem Arbeitsgang von einer Spezialkreissäge mit vier schräggestellten Blättern so bearbeitet, daß ein sattelförmiges Profil entsteht. Vorteilhaft ist dabei, daß der Kern des Rundholzes angeschnitten wird, so daß das Holz weniger arbeiten und reißen kann. Außerdem lassen sich die herausgeschnittenen Teilstücke für einfache Stülpschalungen weiterverwenden.

Zu beachten ist, daß man mit diesen meist unter 10 cm starken Rundholzprofilen nur teilgedämmte Wandkonstruktionen erhält. Diese reichen für die Offenstall- und Kalthaltung von Pferden aus, nicht aber für die Warmhaltung. Hier müßte mit zusätzlicher Wärmedämmung auf der Innenseite gearbeitet werden.

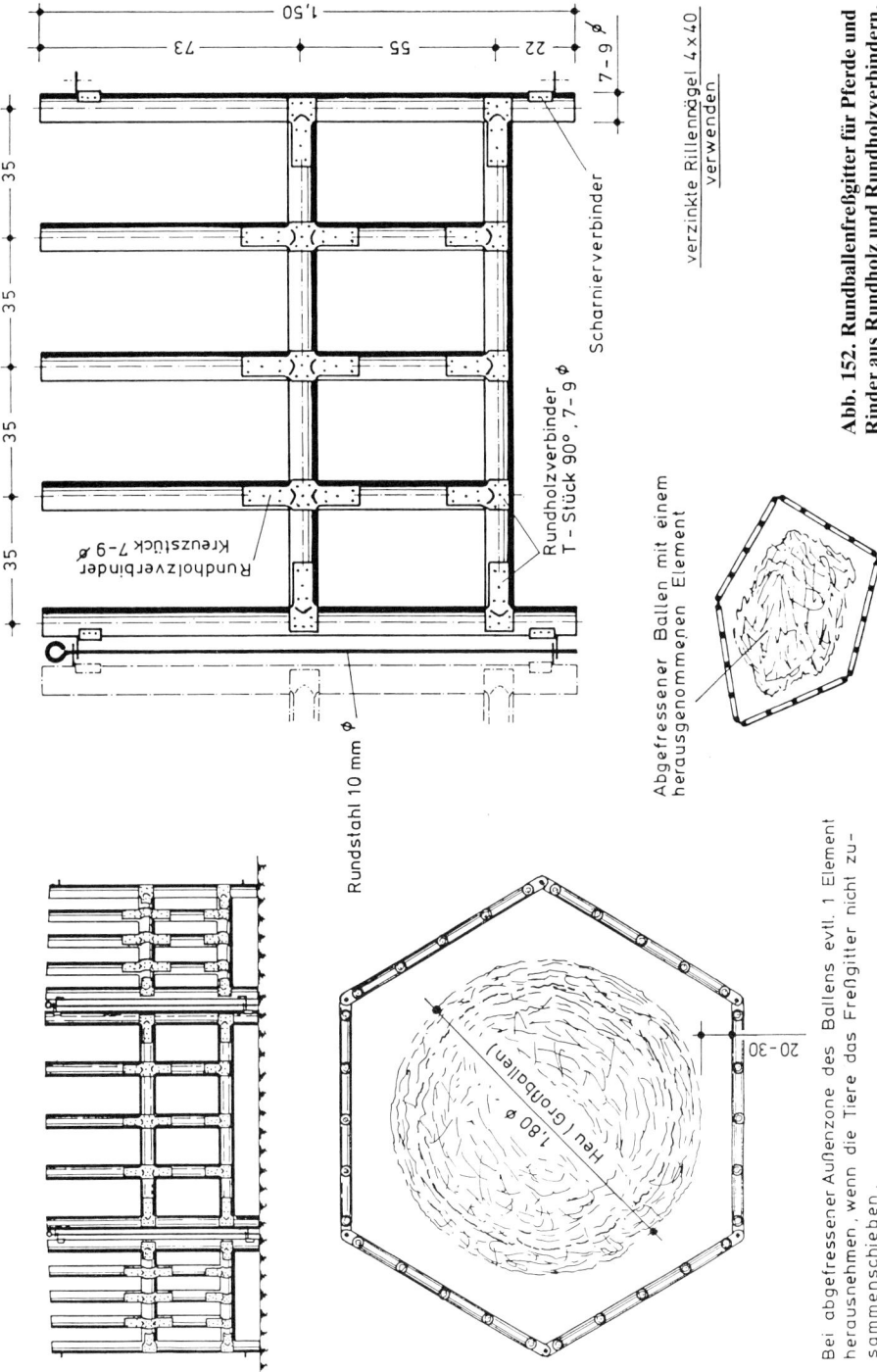

verzinkte Rillennägel 4×40 verwenden

Scharnierverbinder

Rundholzverbinder T – Stück 90°, 7 – 9 ⌀

Rundholzverbinder Kreuzstück 7 – 9 ⌀

Rundstahl 10 mm ⌀

Abgefressener Ballen mit einem herausgenommenen Element

Heu (Großballen)

⌀ 1,80

20 – 30

Abb. 152. Rundballenfreßgitter für Pferde und Rinder aus Rundholz und Rundholzverbindern.

Bei abgefressener Außenzone des Ballens evtl. 1 Element herausnehmen, wenn die Tiere das Freßgitter nicht zusammenschieben.

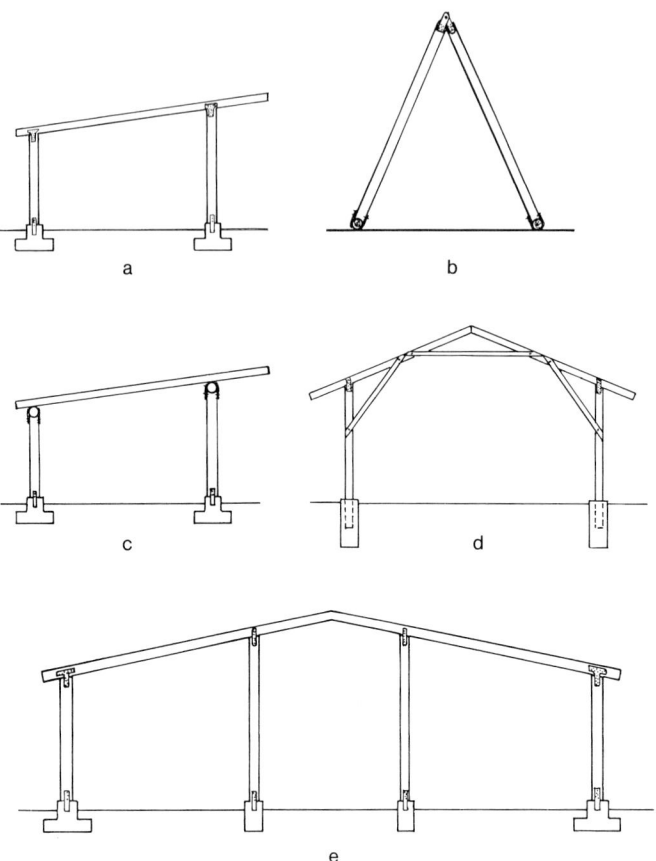

Abb. 153. Konstruktion für Offenställe, Bergeräume und Maschinenschuppen aus Rundholz und Rundholzverbindern. a Pultdachrahmen mit Pfettendach, b Ganzdachhütte, c Pultdachrahmen für freitragende Stahlblechprofile, d Satteldachrahmen Bayerwald-Rundholz, e Ständerkonstruktion mit Pfettendach.

3.2.3   Kantholzkonstruktionen

Während die beschriebenen Rundholzbauweisen vor allem Bedeutung für Gegenden haben, wo Rundholzfräsmaschinen arbeiten oder Schwachholz aus eigenem Wald genutzt werden kann, kommen Kantholzkonstruktionen überregional zum Einsatz, sofern handelsübliche Holzstärken verwendet werden.

Überträgt man das Bauvorhaben einem Unternehmer, so wird dieser den Stall wohl in *Zimmermannskonstruktion* erstellen. Bei kleineren Projekten mit ca. 4 bis 8 m Tiefe sollte man dazu die Pultdachform wählen, bei größeren mit mehr als 8 m Breite ein Satteldach. Einfache Ausführungen haben den Vorteil, daß man in der Regel keine statische Berechnung dafür benötigt, da die verwendeten Holzstärken und Verbindungen auf jahrhundertelangen Erfahrungen beruhen. Außerdem werden relativ geringe Holzstärken verwendet, wie sie jedes Sägewerk kurzfristig liefern kann. Nachteilig ist hingegen für Offenställe, in denen mit Schleppern gearbeitet werden soll, daß Zimmermannskonstruktionen durch Streben, Büge, Zangen oder gar Stützen die arbeitswirtschaftliche Gerätenutzung einschränken. In diesen Fällen ist es günstiger, mit einer neuzeitlichen, stützen- und strebenfreien Konstruktion zu arbeiten und lieber etwas größere Holzstärken in Kauf zu nehmen.

Derartige Ingenieurkonstruktionen wurden u. a. auch für die bauliche Selbsthilfe entwickelt. Dabei werden alle Hölzer nur mit Nagelverbindungen, meist unter Verwendung von wetterfest verleimten Sperrholz-Knotenplatten oder verzinkten Kantholzverbindern zusammengefügt.

Ein typisches Beispiel für derartige Selbstbaukonstruktionen, die wegen ihrer vielseitigen Einsatzmöglichkeiten in letzter Zeit aber auch zunehmend von Handwerkern angewendet werden, ist die *Starrahmenbauweise mit Satteldach.* Sie wurde schon auf Seite 88 und 89 für wärmegedämmte Ställe beschrieben. Hier genügt daher der Hin-

Abb. 154. Bau einer Weidehütte in Ganzdachbauweise aus gefrästen Rundhölzern und Rundholzverbindern.

Abb. 155. Rohbau eines Pultdachgebäudes mit frei auskragendem Vordach aus ausgefrästen Rundhölzern mit Rundholzverbindern.

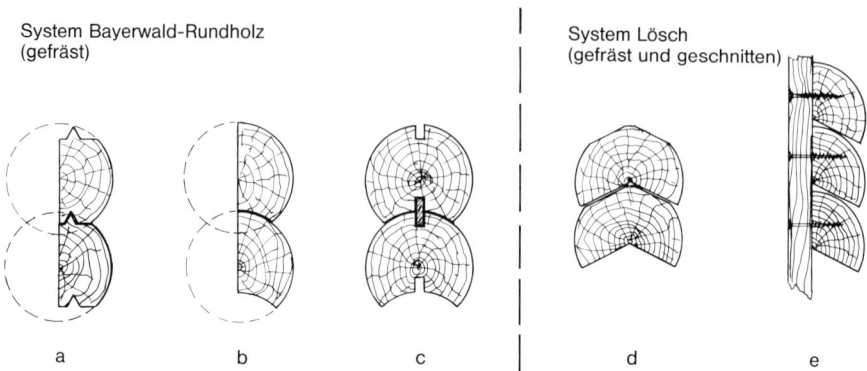

System Bayerwald-Rundholz (gefräst)

System Lösch (gefräst und geschnitten)

a   b   c   d   e

Abb. 156. Querschnitt von typischen Rundholzprofilen für Blockbauweisen.
a Halbling mit Verbindungsprofil; b Halbling mit Kehlung; c Rundling mit Kehlung und fal-
scher Feder; d Sattelblockprofil; e Reststücke als Stülpschalung.

Abb. 157. Rundholz-Pferdestall der Bayerwald-Rundholz.

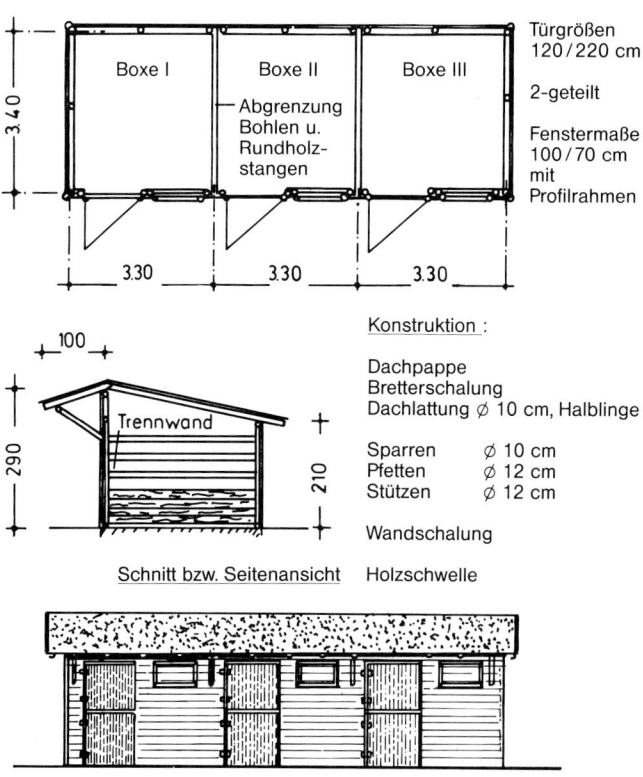

Boxe I   Boxe II   Boxe III

3.40

Abgrenzung
Bohlen u.
Rundholz-
stangen

3.30   3.30   3.30

Türgrößen
120 / 220 cm

2-geteilt

Fenstermaße
100 / 70 cm
mit
Profilrahmen

Konstruktion :

Dachpappe
Bretterschalung
Dachlattung ⌀ 10 cm, Halblinge

Sparren   ⌀ 10 cm
Pfetten   ⌀ 12 cm
Stützen   ⌀ 12 cm

Wandschalung

Holzschwelle

100

290

210

Trennwand

Schnitt bzw. Seitenansicht

Vorderansicht

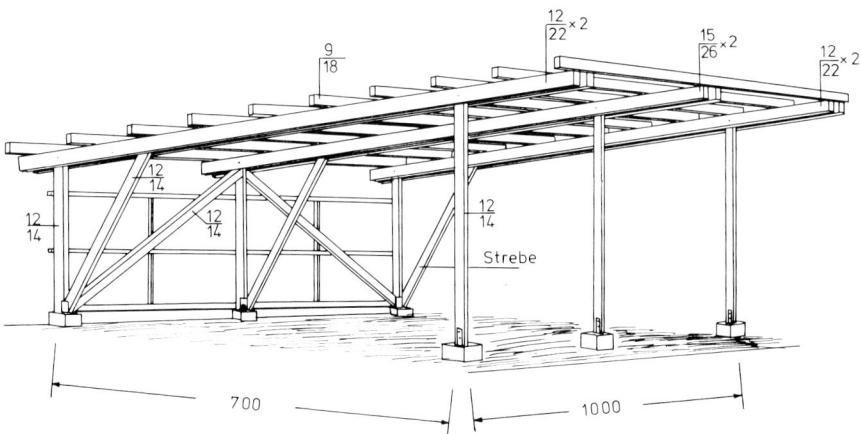

Abb. 158. Pultdach-Gebäude aus Kantholz in Zimmermannskonstruktion.

weis, daß sie in einschaliger Ausführung für Offenlaufställe jeder Größe, die man von der Giebelseite her erschließen kann, gut geeignet ist: wegen ihres großen Luftraumes, der sich durch die Dachneigung ergibt, wegen der durchlaufenden Streifenfundamente, die bei Matratzeneinstreu günstig sind und wegen des engen Binderabstandes von maximal 1,25 m, der eine schlagfeste und winddichte Verschalung mit Sperrholz oder Brettern leicht ermöglicht. Vorteilhaft ist weiterhin, daß man das Dach an der Traufe auf einfache Weise abschleppen und damit zu einer billigen und zweckmäßigen vordachähnlichen Erweiterung von bis zu 6 m Tiefe kommen kann, die zur Unterbringung von Geräten, Heu oder auch als zusätzlicher Stallraum dienen kann.

Für Laufställe, die von der Längsseite her erschlossen und auch von dort mit Frontlader ausgemistet werden sollen, ist eine *Pultdach-Ausführung* mit größerem Rahmenabstand günstiger als ein Satteldach. Auch hierbei werden aber die Kanthölzer, bestehend aus Stiel und Riegel, mit wetterfest verleimten Sperrholz-Knotenplatten zusammengenagelt, wobei keinerlei Streben oder Zangen nötig sind. Die Rahmen werden am Boden zusammengefügt, mit einem Frontlader auf Punktfundamente gestellt und mit diesen durch einbetonierte Flacheisen verankert. Es gibt Unterlagen für diese Pultdachhallen mit innenliegenden Knotenplatten, 2 m Vordach mit 6,50 m Tiefe und 4 m Rahmenabstand. Beide Konstruktionen können dreiseitig verschalt und vorne offen gelassen oder mit Schiebetoren verschlossen werden. Die verwendeten Hölzer sind so stabil, daß sie durchaus den Beanspruchungen durch Pferde und Schlepper standhalten, auch lassen sich Abtrennungen oder Freßgitter an den Rahmenstielen befestigen. Der Raum zwischen den Punktfundamenten muß allerdings ausgemauert werden, damit die Wandverschalung unten dicht abgeschlossen und vor dem Mist geschützt wird.

3.3   Bautechnische Lösungen zur Förderung eines geeigneten Stallklimas

3.3.1   Belichtung

Ställe können durch *Fenster* oder *Lichtplatten* in Seitenwänden, Giebelwänden, Dachflächen oder im First mit Tageslicht versorgt werden.

Abb. 159. Starrahmengebäude mit Pultdach sind gut geeignet für Offenlaufställe, Bergeräume und Maschinenschuppen, die von der Längsseite her erschlossen werden sollen.

Auch bei Konstruktionen mit schrägen Wänden sollten *Fensteröffnungen* in den Seitenwänden möglichst senkrecht angeordnet werden, da sie sonst sehr leicht verstauben. Wichtig ist es, daß Schwitzwasser, das sich auch bei bester Lüftung im Winter an den Fensterinnenflächen von Warmställen leicht bildet, nicht in die Bauteile dringen kann, sondern nach außen abgeleitet wird. Hierzu dient ein schmaler Schlitz unter der Fensterfläche, durch den das Schwitzwasser auf das nach außen geneigte und mit einer vorstehenden Tropfkante versehene Fensterblech dringt. Die Fensterrahmen sollten aus korrosionsbeständigem Material bestehen, wenn man nicht überhaupt rahmenlose Fenster vorzieht.

Wärmeverluste und Schwitzwasserbildung an den Fensterflächen lassen sich durch Isolierverglasung reduzieren. Die im Wohnungsbau verwendeten Doppelscheiben aus hochwertigem Glas sind jedoch für Ställe zu teuer. Deshalb wurden in letzter Zeit für Gewächshäuser und Stallfenster preiswertere Doppelscheiben aus Glas entwickelt, die

Abb. 160. Rahmenlose, mit Zentralantrieb schwenkbare Fenster aus Plexiglas-Stegdoppelplatten.

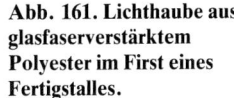

Abb. 161. Lichthaube aus glasfaserverstärktem Polyester im First eines Fertigstalles.

optische Fehler (Schlieren, Blasen) haben. Die Lichtdurchlässigkeit wird dadurch nicht vermindert. Sehr gut bewährt haben sich auch Plexiglassteg-Doppelplatten, die zwar undurchsichtig, aber ausreichend lichtdurchlässig sind. Man muß sie nicht wie Isolierglas in bestimmten Abmessungen bestellen, sondern kann sie auf der Baustelle aus größeren Platten zuschneiden und auch ohne Rahmen verlegen.

In wärmegedämmten Ställen haben sich *Lichtplatten* in den Dachflächen nicht bewährt, weil sie unlösbare Kondenswasserprobleme mit sich bringen. Sie kommen nur für gut belüftete Offenlaufställe in Frage, aber auch nicht als einzige Lichtquelle, da sie bei einer dickeren Schneeschicht kaum noch Licht durchlassen.

Demgegenüber haben sich bei neuzeitlichen Ställen mit Dachdecke sog. *Lichthauben* im First besser bewährt, wenn sie gleichzeitig zur Stallentlüftung dienen. Die warme und konzentriert aus dem First entweichende Stalluft taut nämlich Schnee sofort ab, und das sich an der Innenfläche bildende Kondenswasser kann bei richtiger Ausführung auf die Dachfläche tropfen. Ställe bis zu etwa 12 m Breite kann man mit einer derartigen Firsthaube allein gut belichten, bei noch breiteren Ställen werden zusätzliche Seitenfenster nötig. Diese sind auch dann zu empfehlen, wenn man Wert darauf legt, daß im Winter die tiefstehende Sonne direkt in den Stall scheint, denn dann läßt eine Firsthaube nur diffuses Tageslicht hinein.

3.3.2 Belüftung

Bei der Lüftung von Pferdeställen sollte man möglichst versuchen, mit einfachen und funktionssicheren Systemen auszukommen. Dies ist relativ leicht, weil das Pferd weniger Ansprüche an die exakte Einhaltung einer bestimmten Stalltemperatur stellt als andere Haustiere. Außerdem kann das große Luftvolumen in Pferdeställen viel eher Schwankungen in der Luftzufuhr ausgleichen als in dichter belegten Stallungen. Deshalb werden Pferdeställe im Gegensatz zu Rinder-, Schweine- und Geflügelställen meist mit natürlicher Be- und Entlüftung, auch *Schwerkraft-Lüftung* genannt, betrieben.

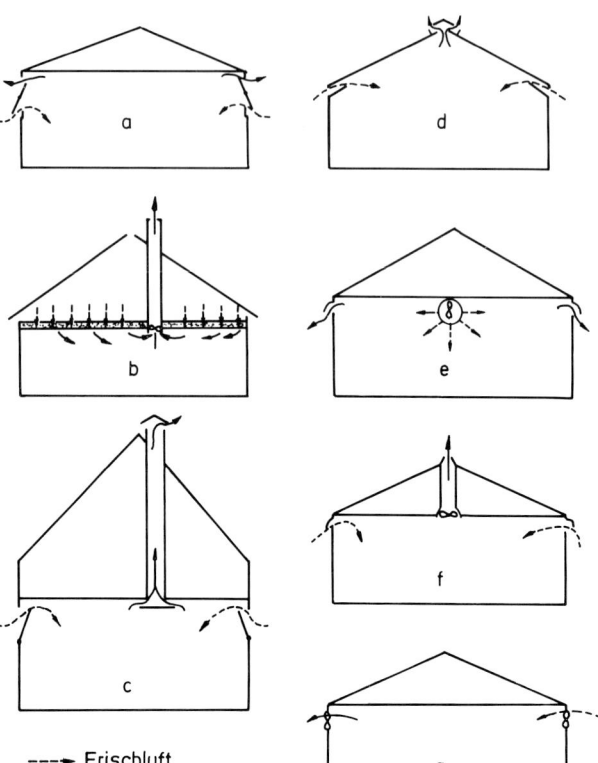

Abb. 162. Funktionsprinzip verschiedener Lüftungssysteme. Schwerkraftlüftung: a Fensterlüftung, b Porenlüftung, c Kaminlüftung, d Traufen-Firstlüftung. Mechanische Lüftung: e Überdrucklüftung, f Unterdrucklüftung, g Gleichdrucklüftung.

- - - → Frischluft
———→ Abluft

Natürliche oder Schwerkraft-Lüftung

Bei der *Fensterlüftung* als der einfachsten Form der Schwerkraftlüftung erfolgt der Luftaustausch dadurch, daß die warme verbrauchte Luft durch ihr geringeres Gewicht im oberen Teil des Fensters nach außen strömt, während im unteren Teil kalte und schwerere Außenluft nach innen dringt. Diese Erscheinung läßt sich bei windstillem Wetter leicht mit einem brennenden Streichholz nachweisen. Durch die geringe Höhendifferenz zwischen Fensterober- und -unterkante funktioniert dieses Prinzip aber nur bei großen Temperaturgegensätzen zwischen Außen- und Innenluft, also im Winter, genügend gut. Im Sommer ist die Fensterlüftung daher auf Luftbewegung durch Wind angewiesen. Bei windstillem, schwülem Wetter muß man zusätzlich Möglichkeiten des Gasaustausches schaffen und Türen und Tore öffnen. Die besten Voraussetzungen für die Fensterlüftung sind dann gegeben, wenn es sich um einen freistehenden Stall mit Fenstern an beiden Längsseiten handelt und das Fensteröffnen von einem schmalen oberen und unteren Spalt bis zur vollen Öffnung reguliert werden kann. Nachteilig ist der Arbeitsaufwand für das Öffnen und Schließen der Fenster je nach Wetterlage, vor allem bei großen Stallungen. Abhilfe verspricht eine zentral zu betätigende Anlage zum Drehen eines Fensterbandes um eine waagerechte Achse.

Die *Schwerkraft-Lüftung mit Abluftkamin* kann in Pferdeställen mit hohem deckenlastigen Bergeraum verwirklicht werden. Auch hier nutzt man den natürlichen Auftrieb der warmen Abluft aus; die Zuluft strömt meist über Kippfenster herein. Für einen ausreichenden Kaminzug ist es erforderlich, daß die wirksame Kaminhöhe mindestens das 2fache der Stallhöhe beträgt. Ställe mit Flachdach ohne deckenlastige Lagerung scheiden daher aus. Auch sollte der Kamin gut wärmegedämmt sein, damit die Abluft nicht zu sehr abgekühlt wird, was einen mangelnden Auftrieb und Kondenswasserbildung zur Folge hätte. Da die Abluftkamine meist in Gebäudemitte angeordnet werden, stören sie leicht bei der Ein- und Auslagerung des deckenlastig gelagerten Heues.

Da die fachgerechte Erstellung von Abluftkaminen in handwerklicher Ausführung große Schwierigkeiten bereitet, werden heute fast ausschließlich vorgefertigte Kamine in Meterstücken aus Kunstschaumstoff eingesetzt. Die Hersteller liefern auch Planungsdaten für die Dimensionierung.

Die *Traufen-Firstlüftung* wird als modernste Form der Schwerkraftlüftung bei neuen, ebenerdigen Ställen mit Dachdecke immer häufiger angewendet. Man läßt die Frischluft durch seitliche, durchlaufende Schlitze im Traufenbereich herein. Die Schlitze sind mit verstellbaren Luftleitklappen versehen und sollten soviel cm breit sein, wie die Stallbreite in m beträgt. Bei einem zweireihigen, etwa 10 m breiten Pferdestall müßten beiderseits 10 cm breite Schlitze die ganze Gebäudelänge entlanglaufen, nur durch die Binderstiele der Tragkonstruktion unterbrochen.

Im Sommer ist die Klappe ganz offen, im Winter kann sie mit einem Hebel an der Giebelseite geschlossen werden. Die Klappe ist in Abschnitte unterteilt, die sich einzeln noch verstellen lassen, so daß man in einen Stallteil mehr, in den anderen weniger Luft hereinlassen kann. Die Abluft läßt man durch einen im First durchlaufenden Schlitz entweichen, der so breit sein soll wie beide Seitenschlitze zusammen; bei einem 10 m breiten Stall also 20 cm. Um Schlagregen und Schnee abzuhalten, wird der Firstschlitz mit einer Abdeckhaube und seitlichen Windabweisern versehen, wobei aber der freie Querschnitt für die Luftströmung nicht verengt werden darf. Die Abdeckhaube kann auch aus durchsichtigem Kunststoff bestehen, der quer zum Stall gebogen wird, so daß die schon erwähnte Lichthaube entsteht. Dabei sollte man den Schlitz jedoch etwa 1 m breit machen und den Luftstrom durch die Öffnung zwischen Windabweiser und Abdeckhaubenkante begrenzen. Die Kanten der Abdeckhaube müssen einschließlich der seitlichen Befestigungslatte die Dachhaut so weit überragen, daß abtropfendes Kondenswasser aufs Dach und nicht in den Stall gelangt. Es hat sich bewährt, auch diese Firsthaube verstellbar zu machen, um besonders im Sommer den Luftdurchsatz stark vergrößern zu können. Dies kann durch Zahnstangensteuerung geschehen, indem man die Kanten der Kunststoffhaube einfach nach oben oder unten biegt. So kann man auch bei Sturm die Windseite ganz schließen und nur die abgekehrte Seite öffnen.

Für die Kunststoffhauben verwendet man entweder handelsübliche, 8 mm dicke Polykarbonat-Hohlkammerprofilplatten oder speziell für diesen Zweck hergestellte Profilplatten.

Mechanische Lüftungsanlagen

Unter ungünstigen baulichen Voraussetzungen oder bei sehr hohen Ansprüchen an das Raumklima sind auch in der Pferdehaltung *mechanische Lüftungsanlagen* in Betracht zu ziehen, so etwa bei sehr niedrigen oder breiten Ställen mit nur einer Fensterfront. Auch bei Umbaulösungen kann der Einbau einer mechanischen Lüftungsanlage eventuell günstiger sein als umfangreiche Gebäudeänderungen, die für die Schaffung günstiger Voraussetzungen für die Schwerkraftlüftung nötig würden.

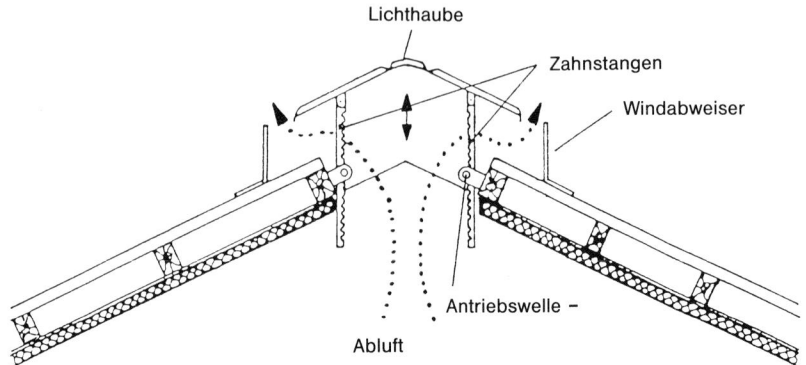

Abb. 163. Verstellbare Lichthaube aus Kunststoff-Profilplatten für Traufen-First-Lüftung, die von der Stallgasse aus mit auf die Zahnstangen wirkendem Kurbelantrieb gehoben und gesenkt werden kann.

Die mechanische Lüftung mit Ventilatoren, auch *Zwangslüftung* genannt, kann als *Überdruck-, Unterdruck-* oder *Gleichdrucklüftung* ausgeführt werden. In allen Fällen muß durch entsprechende Einrichtungen wie Kanäle oder Prallplatten für eine gleichmäßige Verteilung gesorgt werden, wobei die Luftgeschwindigkeit im Tierbereich unter 0,1 m/s liegen soll. Außerdem muß der Luftaustausch reguliert werden können, was am besten über die Veränderung der Ventilatorendrehzahl geschieht. Das kann von Hand, aber auch automatisch durch ein Steuergerät erfolgen, das sich meist nach einer vorwählbaren Temperatur, seltener nach einer bestimmten Luftfeuchtigkeit richtet. Zu- und Abluftöffnungen müssen so angeordnet werden, daß kein Kurzschluß in der Luftumwälzung erfolgt, das heißt, die verbrauchte Luft darf nicht wieder neu angesaugt werden.

Bei der *Überdrucklüftung* schaffen Ventilatoren Frischluft in den Stall, wobei ein geringer Überdruck entsteht. Die Abluft wird durch gleichmäßig verteilte und genau dimensionierte Öffnungen nach außen gedrückt. Die Überdrucklüftung ist einfach zu installieren und funktionssicher, da die Ventilatoren im Frischluftstrom liegen und nicht durch Feuchtigkeit, Gase und Staub der Stalluft beeinträchtigt werden. Die Luftverteilung funktioniert auch dann noch, wenn Stallwände und -decke undicht sind oder Fenster und Türen offen stehen. Diesen Vorteilen steht allerdings ein sehr schwerwiegender Nachteil gegenüber: korrosionsfördernde Stallgase und Feuchtigkeit werden in die Baustoffe und Bauteile gedrückt, wenn diese nicht absolut luft- und dampfdicht zum Stallinneren abgeschlossen werden, was nur selten möglich ist.

Die *Unterdrucklüftung* sollte in der Regel bevorzugt werden. Oben genannter Nachteil der Baustoffbeeinflussung entfällt. Hier saugen die Ventilatoren, die auch umweltfreundlich zur Abführung der Stallgerüche in höhere Luftschichten (Siedlungsgebiete) im Gebäudefirst angeordnet werden können, die verbrauchte Luft ab. Frischluft wird durch Schächte oder Kanäle zugeführt und verteilt. Unterdruckanlagen arbeiten nur dann richtig, wenn keine Falschluft, z. B. durch geöffnete Fenster oder Türen, eindringen kann.

Bei der *Gleichdrucklüftung* versucht man, die Vorteile der vorgenannten Systeme dadurch zu kombinieren, daß Ventilatoren sowohl zur Förderung der Zuluft als auch der Abluft verwendet werden. Dieses Lüftungssystem bleibt auch unter sehr schwierigen Bedingungen funktionssicher, ist aber durch die doppelte Zahl der Ventilatoren teuer in Anschaffung und Unterhalt.

Die *Porenlüftung* wurde entwickelt, um eine möglichst gleichmäßige Luftverteilung im Stall ohne Zuglufterscheinungen zu erreichen. Es ist eine Unterdrucklüftung, bei der die Zuluft durch eine poröse Decke aus Mineralwolle, Holzwolleleichtbauplatten, Rohrmatten oder Kunstfasergewebe strömt. Nach neueren Erkenntnissen muß nicht die ganze Stalldeckenfläche porös ausgeführt werden, sondern es genügt ein Teilbereich, z. B. über den Pferdeboxen, während die Fläche über der Stallgasse dicht sein kann. Die Zuluft läßt sich bei Ställen mit deckenlastiger Lagerung auch über Stichkanäle von den Traufseiten des Gebäudes zuführen.

Der Luftaustausch in Pferdeställen mit Boxenaufstallung wird durch dichte Trennwände stark eingeschränkt, insbesondere sammeln sich leicht schwere Stallgase in Bodennähe. Man hat daher spezielle Lüftungsanlagen entwickelt, die über ein Kanalsystem die Luft aus jeder Boxe ansaugen. Da der technische Aufwand hierfür jedoch sehr hoch ist und die bodennah angebrachten Ansaugöffnungen leicht durch Einstreu und Staub verstopfen, erscheinen derartige Anlagen nur sinnvoll, wenn aus hygienischen Gründen die Pferde in dichtgeschlossenen Boxen stehen müssen, z. B. in Pferdekliniken und Pferdesportzentren. Ansonsten sollte man die Boxenwände möglichst luftdurchlässig gestalten, um den Gasaustausch zu erleichtern.

Alle mechanischen Lüftungsanlagen sollten nur von versierten Fachleuten berechnet und geplant werden. Da in der Praxis dennoch immer Schwierigkeiten auftreten, sollte man die Ausführung erfahrenen und seriösen Firmen übertragen, die Mängel auch wirksam beheben. Bei der Auswahl der Ventilatoren muß u. a. auch auf leisen Lauf geachtet werden. Viele installierte Lüftungsanlagen werden nämlich überhaupt nicht mehr oder nur noch zeitweise in Betrieb gesetzt, weil das Geräusch untragbar ist. Für DLG-geprüfte Ventilatoren liegen detaillierte Prüfberichte vor, aus denen die wichtigsten Kenndaten zu entnehmen sind.

3.3.3 Heizungsanlagen

Die Beheizung von Pferdeställen widerspricht zwar den Grundsätzen einer artgemäßen Haltung, sie wird aber dennoch in Einzelfällen bei Renn- und Turnierpferden angewandt, um auch im Winter ein extrem kurzes und glattes Fell und damit eine geringere Neigung zum Schwitzen zu haben. Die Heizung kann durch separate ölbefeuerte Lufterhitzer oder durch Anschluß an eine zentrale Warmwasserheizung erfolgen. Bei letzterer werden im Stall an geeigneter Stelle, meist an den Außenwänden der Boxen, flache Heizkörper installiert. Bei einer Überdrucklüftung läßt sich auch ein Wärmetauscher in den Zuluftkanal installieren, wobei jedoch der dadurch entstehende höhere Luftwiderstand schon bei der Berechnung der Ventilatorleistung berücksichtigt werden muß. Bei ölbefeuerten Lufterhitzern dürfen die Rauchgase nicht in den Stall gelangen, da Pferde gegenüber Luftverunreinigungen sehr empfindlich sind.

3.3.4 Wärmerückgewinnung

Mit Hilfe neuentwickelter *Luft/Luft-Wärmetauscher* kann bei mechanischen Lüftungsanlagen ein Teil der in der Stallabluft enthaltenen Wärme zurückgewonnen werden, um die Zuluft anzuwärmen. Diese einfache und funktionssichere Technik zur Heizenergieeinsparung und Stallklimaverbesserung hat sich in der Schweine-, Rinder- und Geflügelhaltung sehr rasch durchgesetzt, ist aber in der Pferdehaltung noch wenig

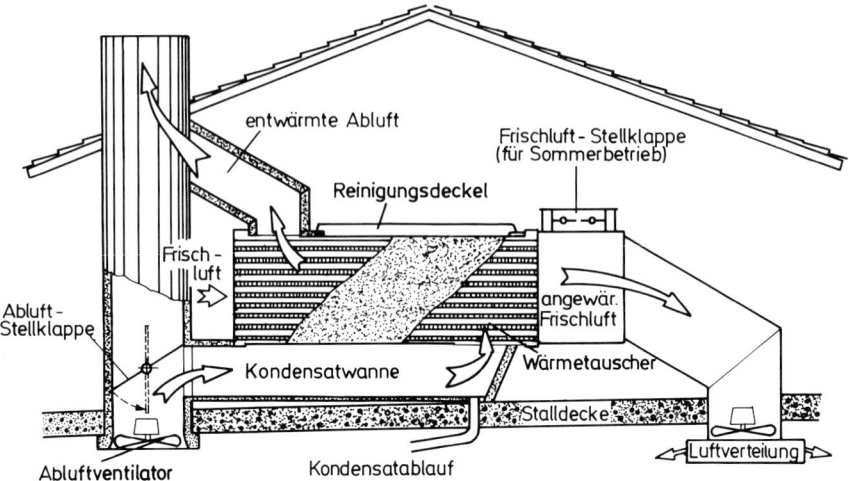

Abb. 164. Luft/Luft-Wärmetauscher mit eingebautem Zu- und Abluftventilator, über der Stalldecke angeordnet.

bekannt. Gerade hier wäre sie aber ein sehr wirksames Mittel, die relative Luftfeuchte im Stall zu senken.

Derartige Luft/Luft-Wärmetauscher bestehen aus korrosionsbeständigen Platten, Rohren oder Folien (Kunststoff, Edelstahl), die in einem Gehäuse so angebracht sind, daß die hindurchgeleiteten Ab- und Zuluftströme nicht miteinander in Berührung, sondern nur in Wärmetausch kommen. Dadurch wird die warme Abluft abgekühlt und die kalte Zuluft erwärmt. Der Austauschgrad kann bis zu 60% betragen. Durch Kondenswasserbildung wird in der Stalluft enthaltener Staub, der sich an den Tauscherflächen niederschlägt, automatisch abgewaschen, so daß eine ein- bis zweimalige jährliche Reinigung mit Wasserschlauch oder Hochdruckreiniger ausreicht. Da die relative Luftfeuchte je Kelvin Temperaturerhöhung um 5% sinkt, läßt sich in der Praxis die Feuchte der Stalluft um 15 bis 20% senken, ein für die Tiergesundheit und Haltbarkeit der Bauteile sehr wichtiger Effekt.

Die Wärmetauscher können allerdings nur funktionieren, wenn die Stalluft wesentlich wärmer ist als die Zuluft, wie es der Fall ist bei einer Warmhaltung der Pferde in Ställen mit guter Wärmedämmung und dichtschließenden Türen und Fenstern, bei der der Luftwechsel ausschließlich über die Lüftungsanlage erfolgt.

Stalluft-Entfeuchtungsgeräte verfolgen ebenfalls das Ziel, die relative Luftfeuchte zu senken, allerdings mit wesentlich höherem technischen Aufwand und höherem Stromverbrauch als bei Luft/Luft-Wärmetauschern. Sie arbeiten nach dem Prinzip der Wärmepumpe und werden nicht mit Lüftungsanlagen kombiniert, sondern saugen mit eigenem Ventilator Stalluft an. Entfeuchtungsgeräte ersetzen keine Schwerkraft- oder mechanische Lüftung, können aber unter ungünstigen baulichen und stallklimatischen Verhältnissen die Luftfeuchte auf ein tragbares Maß senken.

Wärmepumpen zur Brauchwasserbereitung und Hausheizung könnten ähnlich wie in Rinder- und Schweineställen auch in größeren, wärmegedämmten Pferdeställen mit mehr als 30 Großpferden eingesetzt werden. Wegen des in der Pferdehaltung meist niedrigen Temperaturniveaus wird allerdings die Energieausbeute geringer bzw. der

Antriebsleistungsbedarf höher sein als bei den dichtbelegten Nutztierställen. Man arbeitet entweder mit speziellen Stalluft-Wärmepumpen, bei denen die Stalluft direkt durch den korrosionsbeständigen Verdampfer entwärmt wird, oder mit üblichen Sole/Wasser-Wärmepumpen in Verbindung mit Kunststoffabsorbern. Mit einem richtig betriebenen Wärmepumpeneinsatz ist eine Verbesserung des Stallklimas verbunden, die durch RUDE (1987) nachgewiesen werden konnte. Durch den Wärmeentzug kommt es nämlich am Verdampfer oder Absorber nicht nur zur Kondenswasserbildung, sondern auch zum Abscheiden von Staub, Ammoniak, Schwefelwasserstoff und anderen Schadstoffen.

3.4   Nebengebäude und bauliche Anlagen

3.4.1   Bergeräume und Unterstellschuppen

Ebenerdige Bergeräume zur Unterbringung von Heu, Kraftfutter und Einstreu sowie Unterstellschuppen sollten möglichst für eine vielseitige und flexible Nutzung vorgesehen werden. Auch der Einsatz unterschiedlicher Fördergeräte muß möglich sein. Mit Ausnahme sehr kleiner Bergeräume für die Zwischenlagerung von Heu sollte im allgemeinen die Befahrbarkeit mit Schlepper und Wagen möglich sein. Das setzt Durchfahrhöhen von mindestens 3, besser 3,50 m voraus. Freitragende Konstruktionen verdienen den Vorzug, weil man leichter rangieren, die Ein- und Auslagerung ohne störende Stützen vornehmen und den umbauten Raum besser ausnutzen kann. Von der Vielzahl geeigneter Bauweisen können hier nur einige typische und besonders preiswerte angeführt werden:

Fachwerkbinder werden auf seitliches Mauerwerk oder eine Ständerkonstruktion gelegt. Sie benötigen nur geringe Holzstärken und überspannen den Raum ohne Stüt-

Abb. 165. Aus handelsüblichen Materialien selbst gebauter Luft/Luft-Wärmetauscher, bei dem die Tauscherflächen aus Kunststoff-Rippenrohren bestehen.

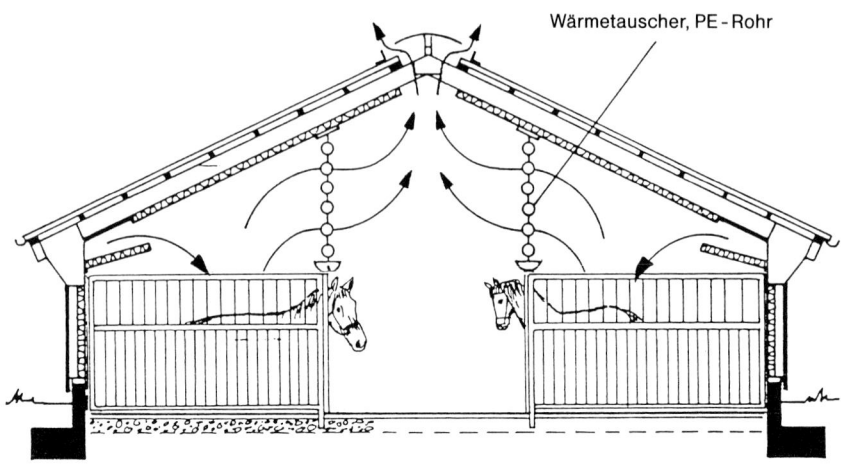

Wärmetauscher, PE - Rohr

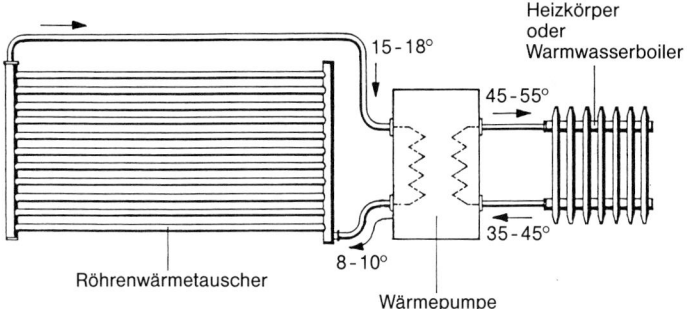

Heizkörper
oder
Warmwasserboiler

15 - 18°

45 - 55°

35 - 45°

8 - 10°

Röhrenwärmetauscher

Wärmepumpe

Abb. 166. Wärmerückgewinnung aus Stallabluft mit Kunststoffrohr-Wärmetauschern und Wärmepumpe bei Ställen mit Traufenfirstlüftung.

zen. Fachwerk-Bohlenbinder werden auf relativ engem Abstand von ca. 1,25 m gestellt (bei höheren Schneelasten auch noch enger), so daß der Dachraum nicht zur Lagerung ausgenutzt werden kann. Fachwerk-Kantholzbinder stehen demgegenüber auf 4 bis 5 m Abstand, so daß der Dachbereich zwischen den Bindern notfalls auch noch genutzt werden kann. Standardisierte Statiken sind beim Bruderverlag in Karlsruhe und beim Landtechnischen Verein Weihenstephan erhältlich.

Kastenträger werden aus Schnittholz und wetterfest verleimtem Sperrholz zusammengenagelt; dies kann auch im Eigenbau geschehen. Kastenträger sind sehr leicht, tragfähig, vielseitig einsetzbar und eignen sich für größere Bergehallen mit etwa 5 m Binderabstand. Sie werden vorgefertigt, mit einem Kran auf vorher montierte Holzstiele gesetzt und mit diesen durch angenagelte Holz- oder Sperrholzlaschen verbunden. Die Holzstiele werden durch Flachstahlprofile in den Punktfundamenten biegesteif eingespannt. Dadurch entfallen Windverbände im Wandbereich, so daß sich derartige Hallen in Längs- und Querrichtung befahren lassen. Sie können ringsum offen bleiben oder auch verschalt und mit Schiebetoren versehen werden. Mit Kastenträgern kann man Pultdach- und Satteldachkonstruktionen mit und ohne Vordach ausführen.

Die *Starrahmenbauweise* (s. Kap. 3.1.3.2) ist auch für Bergehallen geeignet, die von den Giebelseiten her erschlossen werden können. Für Lagerhallen sollte ein Profil mit möglichst großer Stielhöhe gewählt werden. Bei Hallen mit mehr als 12 m Breite kann man eine mittlere Durchfahrt anlegen und das Lagergut beidseitig davon stapeln. Bei schmäleren Gebäuden ist eine seitliche Durchfahrt zur besseren Raumausnutzung günstiger. Kleinere bis mittelgroße Bergehallen, aber auch Unterstellschuppen für Maschinen und Geräte, Wagen und Kutschen werden zweckmäßig in Pultdachform mit

Abb. 167. Bergehalle für Heurundballen mit Fachwerk-Bohlenbindern.

Abb. 168. Selbstgebaute Dreigelenk-Kastenträger-Maschinenhalle mit 18 m Spannweite. Koppelpfetten, Konterlatten, Dachlatten und Ziegel bilden das Dach.

Erschließung von der Längsseite gebaut. Es kommen hier die gleichen Bauweisen aus Kant- und Rundholz in Frage, die schon für Offenlaufställe erläutert wurden.

Bergeräume für Heu, Einstreu und Kraftfutter sollten eine befestigte und gegen aufsteigende Feuchtigkeit abgesperrte Oberfläche besitzen. Halmgut, das auf gewachsenem Boden gelagert wird, ist im untersten Bereich durch Schimmelbildung sehr gefährdet. Auch durch Betonplatten oder Betonpflaster dringt aufsteigende Feuchtigkeit, wenn sie nicht durch eine darunterliegende Isolierschicht aus Bitumenpappe oder Polyaethylen-Folie abgesperrt wird. Lediglich bei dichten Asphaltbelägen kann diese Feuchtigkeitssperre entfallen. Will man den Boden unter Heustöcken aus Kostengründen nicht befestigen, so kann man mit einem Holzrost oder einer Schicht Strohballen das Schimmeln der unteren Heuzone vermeiden.

3.4.2 Silobehälter für Kraftfutter

Silobehälter für die lose Lagerung von Hafer und anderem rieselfähigen Kraftfutter setzen sich in größeren Pferdehaltungen immer stärker durch. Man kann derartige Behälter in vorhandene Gebäude einbauen oder auch teurere, witterungsbeständige und geschlossene Silos neben dem Stall im Freien aufstellen. Ebenerdig aufgestellte Silos sind billiger, müssen aber im unteren Teil von Hand entleert werden, während aufwendigere hochgestellte Behälter mit Auslauftrichter direkt in einen Futterwagen entleeren können. Neben diesen fest installierten Silos gibt es noch die sogenannten Sacksilos, das sind aufgehängte flexible Behälter aus luftdurchlässigem oder beschichtetem Chemiefasergewebe. Rundbehälter aus Holz lassen sich aus Nut- und Federbrettern und Spannringen auf einfachste Weise selbst fertigen.

Für viereckige Futtermittel-Lagerbehälter aus Holz mit Schrägauslauf sind Konstruktionszeichnungen, statische Berechnungen und Materiallisten beim Landtechnischen Verein in Weihenstephan erhältlich, ebenso auch Unterlagen für größere Getreide-Lagerbehälter.

3.4.3 Koppelzäune

Zäune für Koppeln und Ausläufe werden vorwiegend in Holz, bei erwünschter längerer Haltbarkeit aber auch in Stahlrohr oder Stahlbeton ausgeführt. Stacheldrahtzäune, wie sie in der Rinderhaltung meist gebaut werden, sind für Pferde ungeeignet.

Stangenzaun
Der Stangenzaun, die übliche Standardlösung, besteht aus senkrechten, im Abstand von etwa 4 m stehenden Pfosten und zwei bis drei waagerechten Stangen. Die Zaunhöhe liegt zwischen 1 und 1,50 m, je nach Stockmaß, Springvermögen und Ausbruchbestreben der Pferde.

Als *Pfosten* werden meist Rundhölzer von etwa 15 cm Durchmesser verwendet, die 70 bis 80 cm tief im Boden stehen sollten. In leichten und feuchten Böden können gut angespitzte Pfosten mit 8 bis 10 kg schweren Holzschlägeln eingetrieben werden, oft müssen jedoch Löcher mit Brecheisen und Spaten gemacht werden. Schneller und leichter geht die Arbeit mit Erdbohrern, die es in verschiedenen Durchmessern gibt. Für kleinere Koppelanlagen und Ausbesserungsarbeiten reicht ein handbetätigter Erdbohrer, für umfangreichere lohnt sich die Miete oder Eigenanschaffung eines motorbetriebenen, der allerdings von zwei Personen geführt werden muß. Noch schneller und leichter arbeitet ein Bohrgerät für Schlepperanbau, das oftmals über örtliche Ma-

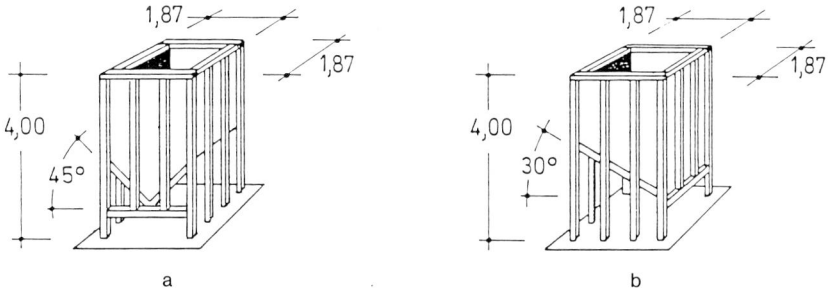

Abb. 169. Futtermittelbehälter mit mittleren (a) und einseitigem (b) Auslauf aus Holz zum Selbstbau.

schinenringe oder Lohnunternehmer beschafft werden kann. In steinigen und tonigen Böden arbeiten alle Erdbohrer wesentlich leichter, wenn der Boden nicht zu trocken, sondern feucht ist; notfalls muß eine entsprechende Witterung abgewartet werden. Ist das nicht möglich, bohrt man zunächst nur 20 bis 30 cm tiefe Löcher und füllt diese über Nacht mit Wasser. Vereinzelt werden auch neuentwickelte Pfahlrammen überbetrieblich eingesetzt, die in der Heckhydraulik des Schleppers angebaut werden. Geschlagene Pfähle haben einen festeren Sitz als solche, die in Bohrlöchern mit Erdhinterfüllung stehen.

Die *Haltbarkeit* der Pfosten ist abhängig von Material und Verarbeitung. Nicht imprägnierte, aber geschälte und frische Fichtenholzpfosten halten bei nicht zu starker mechanischer Belastung etwa 10 Jahre, dann sind sie im Erd-Luft-Bereich durchgefault. Durch ausreichend lange Tauchimprägnierung mit geeigneten Holzschutzmitteln kann die Lebensdauer auf 15 Jahre verlängert werden. Tiefdruckimprägnierte Pfosten sollen etwa 30 Jahre halten. Fast unbegrenzte Haltbarkeit haben gebrauchte Eisenbahnschwellen, die aber nur sehr schwer erhältlich sind. Tiefdruckimprägnierte Eisenbahnschwellen stehen neuerdings im Verdacht, PCB (Polychloriertes Biphenyl) zu enthalten, das hochgiftig ist.

Will man aus ökologischen Gründen auf Holzschutzmittel oder den Einsatz fäulnisbeständiger tropischer Hölzer verzichten, kommen für langlebige Zaunpfosten von den einheimischen Holzarten nur Eiche, Robinie und Lärche in Frage.

Als absolut witterungs- und fäulnisbeständig haben sich Zaunpfosten aus Kunststoffregenerat (Recycling-Material) erwiesen. Sie lassen sich wie Holz nageln und schrauben, sind aber wegen ihrer Biegsamkeit weniger für schwere Stangenzäune, sondern mehr für leichte Knotengitter- und Elektrozäune geeignet.

Als *waagerechte Abtrennung* kommen 8 bis 12 cm starke, möglichst geschälte Rundstangen in Frage. Die unteren können etwas schwächer sein als die oberen und werden an den Stellen, wo sie sich mit den Pfosten kreuzen, etwas eingeschnitten und abgeflacht, damit der Nagel besser hält. Problematisch ist die Befestigung der obersten Stange, weil hier ins Hirnholz des Pfostens genagelt werden muß, die Nägel sich aber leicht herausziehen, wenn die Pferde sich an der Stange scheuern. Verzinkte Rundholzverbinder, wie sie auf Seite 195 geschildert wurden, können hier Abhilfe bringen. Damit kann man auch stabile Koppeltore herstellen.

Auch gefräste und halbierte, tauchimprägnierte Rundhölzer werden für Stangenzäune verwendet. Anstelle der waagerechten Holzstangen werden zum Teil auch straff gespannte, 7 bis 8 cm breite Streifen aus ehemaligen *Gummiförderbändern* eingesetzt,

Abb. 170. Stabiles und leicht schwenkbares Koppeltor aus geschälten Stangen und Rundholzverbindern.

die jedoch nur begrenzt verfügbar sind. Deshalb werden neuerdings breite PVC-Bänder mit Stahleinlagen für diese Zaunart hergestellt, die allerdings teurer sind.

Manche Pferdehalter legen Wert auf einen weißen Anstrich der Koppelzäune. Kalk- und Lackfarben sind hierzu ungeeignet, weil sie in kurzer Zeit abblättern. Besser geeignet, weil elastischer, sind weiße Holzschutz-Dispersionen, die allerdings nicht auf ganz frisches oder soeben imprägniertes Holz gestrichen werden sollen.

Als Alternative zum Holzzaun werden neuerdings auch vorgefertigte Massivzäune aus Kunststoff (Polycarbonat und PVC) oder Metall (verzinkter Stahl, Aluminium) angeboten. Sie brauchen wesentlich weniger Pflege als Holzzäune, sind aber fast doppelt so teuer (vgl. Kap. 8).

Elektrozaun
Gut bewährt hat sich in der Pferdehaltung auch der richtig eingesetzte *Elektrozaun.* Man kann mit einem Elektrodraht die Pferde davon abhalten, sich an den Stangenzäunen zu scheuern und diese in kurzer Zeit zu zerstören. Allerdings muß man ihnen dann geeignete Scheuerpfähle anbieten. Ausgezeichnet wirkt ein Elektrodraht weiterhin, wenn bei einer gemeinsamen Haltung von Pferden und Schafen wegen letzterer ein *Knotengitterzaun* verwendet wird. Hier verhindert der Elektrodraht, daß die Pferde über das Knotengitter hinweg fressen und es niederdrücken oder mit den Hufen hineinsteigen, und sich beispielsweise die Hufeisen abreißen. Allerdings muß der Elektrodraht auf langstieligen Isolatoren angebracht werden, um Kurzschluß mit dem Knotengitter zu vermeiden.

Allein dient der Elektrozaun dagegen mehr als *Koppelunterteilung.* In wenigen Fällen werden ruhige Pferde ausschließlich hinter Elektrozäunen gehalten; hierzu muß man ihnen aber zumindest anfangs eine Sichthilfe durch am Draht befestigte Plastikstreifen geben. Außerdem ist die Funktion des Elektrozaunes regelmäßig zu prüfen, denn nach einigen Tagen merken es die Pferde, wenn der Zaun keinen Strom führt und respektieren dann den dünnen Draht nicht mehr. Sensible Pferde müssen vorsichtig an den Elektrodraht gewöhnt werden. Dies kann am besten durch Reduzierung der Schlagstärke am Elektrozaungerät geschehen.

Um gegenüber dem normalen verzinkten Stahldraht eine bessere Sichtwirkung zu erhalten, sind in den letzten Jahren Elektro-Bänder und -Litzen auf Kunststoffbasis speziell auch im Hinblick auf den Einsatz in der Pferdehaltung entwickelt worden. Mit einer dünnen, glänzenden Aluminiumschicht versehene Polyester-Folienbänder sind sehr auffallend und werden von den Pferden gut respektiert. Sie haben sich aber nicht als ausreichend witterungsbeständig, reißfest, stromleitend und sturmsicher erwiesen und sollten daher als Dauerlösung nicht allein verlegt werden, sondern auf einen verzinkten Draht, der die Stromführung und Festigkeit übernimmt, gewickelt werden. Demgegenüber sind weiße oder farbige Litzen und 10 bis 40 mm breite Bänder aus UV-stabilisierten Polyaethylen- oder Polypropylenfäden auch ohne Stahldraht genügend sturmsicher und für mehrjährige Nutzung geeignet. Die Stromführung wird bei ihnen durch eingeflochtene oder eingewebte Kupfer- oder Edelstahldrähte erreicht. Zu beachten ist allerdings, daß bei einer starken Dehnung die dünnen Metalldrähte reißen können, während das Kunststoffmaterial unversehrt bleibt. So kann es geschehen, daß ein einwandfrei aussehendes Band keinen Strom führt, weil die Metalleinlagen an einer Stelle gebrochen sind, was nur bei genauer Kontrolle zu sehen ist. Ein einfaches Prüfgerät zur Kontrolle der Zaunfunktion ist daher bei diesen Materialien besonders zu empfehlen. Es gibt auch schon Fabrikate mit DLG-Prüfzeichen.

Da ausgebrochene Pferde eine große Gefahr für den öffentlichen Verkehr darstellen, sind die Zaunanlagen möglichst sicher zu erstellen und häufig zu kontrollieren. Dies gilt insbesondere in Nähe von Autobahnen, Schnellstraßen und Bahnlinien.

Es hat sich herausgestellt, daß die Abneigung mancher Pferdehalter gegenüber dem Elektrozaun unbegründet ist. Pferde gewöhnen sich außerordentlich schnell an diese Einrichtung, halten einen ausreichenden Abstand ein und werden durch gelegentliche Stromstöße keinesfalls verdorben oder scheu. Deshalb werden in zunehmendem Um-

Abb. 171. 150 cm hoher Koppelzaun aus Stangen, der aus optischen Gründen mit Dispersionsfarbe weiß angestrichen wurde.

fang auch Massivzäune mit ein oder zwei Elektrozaundrähten, -litzen oder -bändern ausgerüstet, um eine zusätzliche Sicherheit zu haben und den Massivzaun vor Benagen, Durchfressen oder Belastungen durch Scheuern zu schützen.

Seit einigen Jahren wird aus Neuseeland ein Zaunsystem importiert, das auch zunehmend bei der Haltung von Fleischrindern und Schafen eingesetzt wird: der *insultimber Zaun*. Die Zaunpfähle bestehen aus vierkantigen Pfählen aus elektrisch isolierendem und fäulnisbeständigem Eukalyptusholz, an dem die Elektrodrähte direkt ohne Isolator befestigt werden können. Es gibt Erdpfähle, die in den Boden geschlagen werden und dazwischen angeordnete Abstandpfähle, die lose auf dem Boden stehen. An den Ecken wird ein stabiler Tragpfahl gesetzt, der die Drahtspannung aufnimmt. Die 2,5 mm dicken, verzinkten Spezialdrähte oder entsprechend zugfeste Kunststoffbänder werden nämlich so straff gespannt, daß sich die Erd- und Abstandpfähle daran abstützen können. Dieses Zaunsystem wird vor allem von ökologisch denkenden Pferdehaltern bevorzugt, weil keine Holzschutzmittel nötig sind.

Da Bau und Unterhaltung der Koppelzäune ein großes Problem für die Pferdehal-

Abb. 172. Leichter Holzzaun aus imprägnierten Pfosten und halbierten Stangen mit zwei unterschiedlich breiten Elektrobändern (oben 2 cm, unten 4 cm). Während schmale Bänder mit üblichen Isolatoren befestigt werden können, müssen die breiten mit speziell hierfür entwickelten Isolatoren gehalten werden. Da Bänder im Wind flattern, besteht die Gefahr, daß die eingewebten Drähte an den üblichen Isolatoren durchscheuern.

tung darstellen, ist auf diesem Gebiet mit ständigen Neuentwicklungen zu rechnen. So hat die Industrie kürzlich einen neuen, 5 mm dicken Kunststoffdraht mit einer Reißfestigkeit von 3000 kg auf den Markt gebracht. Er ist nicht stromführend und soll in Verbindung mit stabilen Pfählen allein durch seine Zugfestigkeit wirken. Dennoch erscheint ein zusätzliches, gut sichtbares Elektroband zweckmäßig, um die Pferde vom Durchfressen und Scheuern abzuhalten.

4. Reithallen

4.1 Allgemeine bautechnische Anforderungen

Der Bau einer Reithalle stellt hohe Anforderungen an die verwendeten Konstruktionen und Materialien. Einmal ist es schwierig, einen derart großen Baukörper harmonisch mit den anderen Bauwerken abzustimmen oder gar in die Landschaft einzufügen, zum anderen verlangt die Überbrückung der großen Spannweiten den Einsatz hochwertiger Ingenieurkonstruktionen und leichter, aber tragfähiger Baustoffe. Unabhängig von der jeweiligen Bauweise müssen an Reithallen folgende bautechnische Anforderungen gestellt werden:
Unterbringung der geforderten Hufschlagmaße (nach SCHNITZER 1970):

12,50×25 m als kleinste Größe und Notlösung für Privatställe
15×30 m für Privatställe sowie kleinere Vereinsställe und als Zweithalle
20×40 m Hallennormmaß für Turniere und Prüfungen
20×60 m für größere Betriebe mit Schwerpunkt auf Dressurarbeit
25×66 m für große Betriebe mit internationalen Dressurprüfungen

Die Hallenspannweite ist keinesfalls mit Hufschlag- oder Bandenmaß (gemessen am Bandenfuß) identisch. Da die Spannweite von Mitte zu Mitte des Binderfußes angegeben und die Bande meist um 20° schräggestellt wird, ist die Hufschlagbreite um 1,5 bis 2 m geringer als die Spannweite. Bei Konstruktionen mit sehr breiten Binderstielen kann diese Differenz noch größer sein. Reithallen für eine Hufschlagbreite von 20 m müssen daher je nach Konstruktion eine Spannweite von 21,5 bis 22,5 m haben.
  Die *Mindestseitenhöhe* (Kopfhöhe) beträgt 4 m ab Hallenbodenoberkante. Bei Konstruktionen mit waagerechtem oder flach geneigtem Binderuntergurt sollte die Höhe auf 4,5 m erhöht werden, bei enggestellten Rahmen (Starrahmen, Bogenbinder) kann sie evtl. auf 3,75 m verringert werden.
  Die *Befahrbarkeit* mit Schlepper und Wagen, evtl. auch mit Lkw, ist notwendig, um den Reitbahnbelag einbringen und auswechseln sowie Pflegearbeiten durchführen zu können. Hierzu ist eine mindestens 3 m breite und 4 m hohe Einfahrt nötig.
  Eine problemlose *Erweiterungsmöglichkeit* in Gebäudelängsachse sollte gegeben sein. Dies setzt einen voll tragfähigen Binder an einer Giebelseite voraus anstelle des sonst üblichen, materialsparenden tragenden Giebelfachwerkes.
  Die *Korrosionsbeständigkeit* aller Materialien und Verbindungsmittel ist wichtig, da durch den Atem der Pferde und das Sprengen des Reitbahnbelages zeitweise hohe Luftfeuchtigkeit und Kondenswasserniederschlag unvermeidbar ist. Verzinkte Metallteile sind gestrichenen vorzuziehen.
  Eine ausreichende *Be- und Entlüftung* kann am wirksamsten mit einem etwa 20 cm breiten, durchlaufenden, aber mit Abdeckhaube und Windabweisern versehenen

Abb. 173. Zweckmäßige, blend- und schlagschattenfreie Belichtung einer Reithalle durch Polyester-Wellplatten in der Dachhaut und Spezial-Quarzlampen zwischen den Doppel-T-Starrahmen im First.

Firstschlitz und etwa 10 cm breiten, ebenfalls durchlaufenden Zuluftöffnungen an der Traufe erreicht werden. Nur so ist eine zu starke Erwärmung der Halle im Sommer zu vermeiden.

Für eine *Belichtung ohne Schlagschattenbildung* ist durchsichtiges Fensterglas ungünstiger als transparente, gewellte Kunststoffplatten. Lichtbänder in den Seiten- und Giebelwänden blenden stärker als solche in der Dachhaut, die aber bei Schneeauflage ihre Wirkung verlieren. Am besten ist eine Kombination von jeweils etwa 1 m breiten, durchlaufenden Lichtbändern in Seitenwänden und Dachflächen. Werden anstelle durchlaufender Bänder einzelne größere Lichtplatten verwendet, sollen sie in der Mitte der Binderfelder eingebaut werden. Für die künstliche Beleuchtung wird eine Lichtstärke von 200 Lux empfohlen. Es sollten blendfreie Lampen verwendet werden.

Eine *Wärmedämmschicht* insbesondere unter der Dachhaut wäre sehr zu empfehlen, um eine zu starke Erwärmung des Halleninneren im Sommer zu vermeiden und auch das starke und den Reitbetrieb störende Geräusch von Regen und Hagel bei harten Bedachungen (Faserzement, Leichtmetall) zu dämpfen. Aus Kostengründen wird auf eine derartige Dämmschicht meist vorerst verzichtet, doch sollte ein späterer Einbau ohne aufwendige Änderung an der Konstruktion möglich sein.

Weitere funktionelle Anforderungen an Reithallen sind den Orientierungshilfen für die Planung und den Bau von Reitanlagen der Deutschen Reiterlichen Vereinigung Warendorf zu entnehmen.

4.2   Aufbau und Fundamentierung

Für den Reithallenbau kommen zahlreiche Konstruktionen aus Holz, Stahl und Stahlbeton in Frage, von denen einige charakteristische behandelt werden sollen.

Aufbau

Dreieck-Fachwerkbinder, die aus Bohlen oder Kanthölzern, seltener aus Stahlprofilen gefertigt sind, werden auf einer seitlichen Wandkonstruktion aus Mauerwerk oder eingespannten Stützen befestigt. Bohlenbinder, die durch Nagelung oder eingepreßte Metallplatten zusammengesetzt werden, stehen auf 1,25 m Abstand und weniger. Dadurch entsteht im Dachbereich ein sehr unruhiges Bild, so daß derartige Reithallen aus optischen Gründen meist eine Zwischendecke erhalten. Verschraubte oder ebenfalls mit Metallblechen zusammengesetzte Kantholzbinder können auf weiterem Abstand bis maximal 5 m gestellt werden, aber auch hierbei befriedigt die optische Wirkung des Halleninneren wenig. Fachwerkbinder sind meist für 15° Dachneigung konzipiert, können in Sonderfällen aber auch steiler ausgeführt werden. Bei Fachwerkbindern muß im Laufe der Zeit mit starken Staubablagerungen auf den waagerechten und schrägen Flächen gerechnet werden.

Rahmenkonstruktionen werden im Reithallenbau am meisten eingesetzt. Zweigelenkrahmen sind an den Traufenecken und im First biegesteif ausgebildet und an den zwei Fundamentpunkten gelenkig befestigt; bei Dreigelenkrahmen wird auch die

Abb. 174. Typische Reithallenkonstruktion. a Fachwerkbinder auf eingespannten Stützen, **b** Dreigelenkrahmen mit innenliegender Rahmenecke, **c** Dreigelenkrahmen mit außenliegender Rahmenecke, **d** Zweigelenkrahmen, **e** Starrahmen, **f** Biegeträger auf eingespannten Stützen, **g** Dreigelenkrahmen, asymmetrische Sonderkonstruktion, **h** Kastenträger mit Zugband.

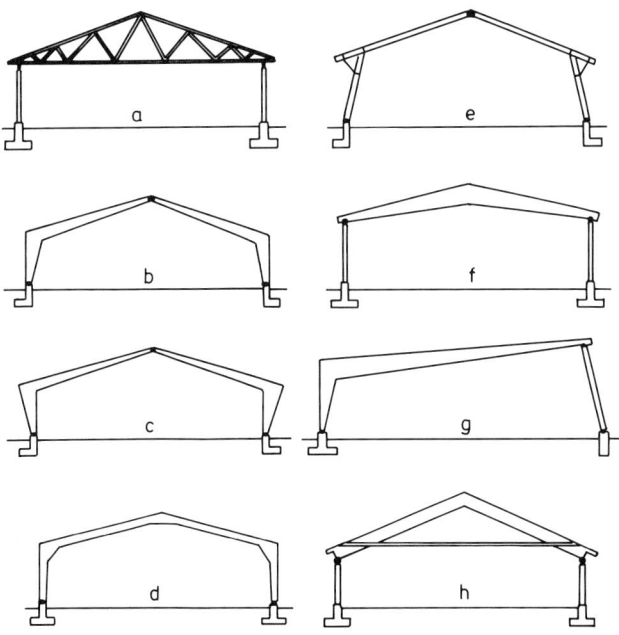

Firstecke im statischen Sinne als Gelenk ausgebildet. Beide Rahmenkonstruktionen haben bei Reithallen den Vorteil, daß der Dachraum keine optisch störenden Bauteile enthält; sie wirken sehr leicht und elegant. Prinzipiell kann man mit Rahmenkonstruktionen jede Dachneigung ausführen und sich damit gut den örtlichen Verhältnissen anpassen.

Stahlrahmen werden im Reithallenbau zumeist in Form genormter Profile aus dem Industriebau verwendet. Zu bedenken ist bei Reithallen der Korrosionsschutz der Stahlbinder: Feuerverzinkung ist sehr teuer, und grundiert gelieferte Binder müssen nach der Montage einen zweimaligen Deckanstrich erhalten und später eventuell nachgestrichen werden.

Leimbinder für die im Reithallenbau notwendigen Spannweiten werden nur von Firmen hergestellt, die eine sog. „Große Leimkonzession" besitzen. Heute werden fast ausschließlich brettschichtverleimte Binder mit vollem Querschnitt (Hetzerprofil) verwendet. Auf feuchtfeste Verleimung mit Resorcin- oder Phenolharzleim ist zu achten.

Vollwandbinder können auch von örtlichen Zimmereibetrieben gefertigt werden. Schnittholzgurte werden dabei von beiden Seiten mit aufgenagelten, diagonal über Kreuz angeordneten Brettern verschalt, so daß ein hohler Träger entsteht. Wichtig ist, daß nur trockene Bretter verwendet werden, da sich die Binder sonst beim Schwinden der Verschalung etwas setzen, wodurch eine unebene Firstfläche entstehen kann. Besser wird daher für die Verschalung wetterfest verleimtes Sperrholz eingesetzt.

Der *Starrahmen* hat sich als wichtigste Selbstbaukonstruktion für Reithallen eingeführt; hier sind Spannweiten bis zu 22,5 m möglich (s. auch Kap. 3.1.3.2). Durch den engen Binderabstand von etwa 60 bis 80 cm, wie er für größere Spannweiten nötig ist, wirkt das Innere einer Starrahmenreithalle optisch sehr ansprechend, da Dachhaut, Dachlatten und Windverbände nicht störend in Erscheinung treten. Wegen des engen Binderabstandes können für die Dacheindeckung normale Dachlatten und damit auch Bitumenwellplatten, kurze Faserzementplatten (Berliner Welle) und lichte Ziegeleindeckungen wirtschaftlich eingesetzt werden, während diese bei weitstehenden Bindern und stärkeren Pfettenhölzern weniger sinnvoll sind. Nachteilig sind bei der Starrahmenbauweise die für große Spannweiten erforderlichen Holzstärken, die sich nur aus starken Baumstämmen schneiden lassen. Einen guten Ausweg bietet der

Abb. 175. Reithalle in Zweigelenk-Stahlrahmenkonstruktion mit Kunstharzanstrich als Rostschutz.

Abb. 176. Dreigelenk-Leimbinder bilden hier die Hallenkonstruktion. Koppelpfetten mit Vollschalung und Ziegeleindeckung wurden als Bedachung gewählt.

Doppel-T-Starrahmen, mit dem auch bei Spannweiten über 20 m überall erhältliche und preiswerte Holzquerschnitte verwendet werden können.

Auch durch die im Kap. 7.2.2 beschriebene Mobilsäge ließe sich zukünftig an Holz sparen, weil hiermit konische Bohlen entsprechend dem natürlichen Wuchs des Holzes geschnitten werden können. Die breiten Stellen der Bohlen würden dann die statisch hochbeanspruchten Rahmenecken bilden, die schmalen Stellen kämen an Fundamentauflager und First, ähnlich wie dies ja auch bei Dreigelenkrahmen in Leim- und Vollwandbauweise praktiziert wird.

Da die Stielhöhe der für Reithallen in Betracht kommenden Starrahmenprofile mit bereits verfügbarer Statik nur 3 oder 3,5 m beträgt, muß das Streifenfundament auf 0,50 bis 1 m erhöht werden, um eine Seitenhöhe von etwa 3,75 bis 4 m zu erhalten. Diese reicht aber im Gegensatz zu Konstruktionen mit flacherer Dachneigung oder waagerechten Untergurten völlig aus, da die Schrägstellung der Bande in Verbindung mit der Dachneigung von 23° im Reitbereich ausreichende Kopffreiheit ergibt.

Kastenträger, die schon in den Kap. 3.4.1 und 3.1.3.3 beschrieben sind, eignen sich auch zum Selbstbau von Reithallen. So kann man mit Dreigelenkkastenträgern Reithallen mit 15 m Spannweite und 40° Dachneigung bauen. Bis zu 20 m Spannweite bei 10° Dachneigung reicht das Programm für Satteldach-Kastenträger auf eingespannten Holzstützen mit und ohne Vordach. Speziell für Reithallen mit 20 m Bandenbreite, 21,50 m Spannweite und 23° Dachneigung wurde ein Zweigelenk-Kastenträger mit Zugband aus Holzbohlen entwickelt.

Biegeträger in Brettschichtverleimung oder Stahlbetonausführung werden auf einbetonierte Stützen gestellt. Konstruktionsbedingt haben sie eine sehr flache Dachneigung von etwa 10°. Zur Montage wird ein schwerer Autokran benötigt, während Rahmenkonstruktionen auch mit Seilzug aufgestellt werden können. Eine Biegeträgerkonstruktion auf eingespannten Stahlstützen hat den Vorteil, daß die Umfassungs-

Abb. 177. Reithalle aus Vollwandbindern, die von einem örtlichen Zimmereibetrieb gefertigt wurden.

wände glattflächig und ohne äußere und innere Vorsprünge wie bei Rahmenbindern ausgeführt werden können. Die Differenz zwischen Außenbreite der Halle und nutzbarer Bandenbreite ist nur gering, eine Eigenschaft, die besonders zählt, wenn nur eine begrenzte Grundstücksbreite zur Verfügung steht. Durch die geringe Dachneigung und den großen Querschnitt der Biegeträger wirkt das Innere derartiger Hallen aber gedrückter und nicht so frei wie bei den schlankeren und steileren Rahmenkonstruktionen.

Schnellbausysteme wie Bogenbinder- und Traglufthallen wurden zwar vereinzelt für Reithallen eingesetzt, konnten sich aber vor allem aus optischen Gründen nicht stärker durchsetzen.

Auch durch den *Umbau vorhandener Gebäude,* insbesondere großer Scheunen, können Reithallen entstehen. Am einfachsten ist es, wenn auf noch gut erhaltenes Mauerwerk anstelle des erneuerungsbedürftigen Dachstuhles ein Fachwerkbinder gesetzt werden kann. Mit einem Ringanker, der auf die Mauerkrone betoniert wird, ist dies relativ leicht möglich. Schwieriger ist es, wenn bei einer Zimmermannskonstruktion zahlreiche Stützen entfernt werden müssen. Falls nicht durch Anordnen von Zugbändern eine freitragende Konstruktion geschaffen werden kann, sollte überlegt werden, ob man nicht notfalls auf eine freie Überspannung des Raumes verzichtet und senkrechte Lasten durch ein oder zwei stabile Säulen in Hallenmitte und einen darüberlaufenden Träger abfängt. Die Säulen müssen natürlich gut gepolstert und vor allem mit ringförmigen Banden umgeben werden. Für derartige Umbaulösungen ist unbedingt ein erfahrener Holzbaustatiker einzuschalten, zumal solche Vorhaben genehmigungspflichtig sind und ein Standsicherheitsnachweis erbracht werden muß.

**Abb. 178. Aufstellen einer
Satteldach-Kastenträgerhalle
mit beidseitig auskragendem
Vordach.**

Fundamentierung

Beim Reithallenbau ist die Fundamentierung ein wesentlicher Kostenfaktor, der bei Vorplanung und Einholen von Angeboten oftmals zu wenig berücksichtigt wird. Die einzelnen Hallenkonstruktionen erfordern unterschiedliche Fundamente. Es gilt die Regel, daß einfache und materialsparende Konstruktionen eine aufwendige Fundamentierung benötigen und umgekehrt. Zweigelenkrahmen, bei denen die Fundamente nur senkrechte Lasten aus Eigengewicht und Schnee sowie als Horizontallast im wesentlichen nur den Winddruck aufnehmen müssen, kommen mit einfachen *Punktfundamenten* aus. Bei Dreigelenkrahmen muß noch ein zusätzlicher Seitenschub von den Fundamenten aufgenommen werden, was eine entsprechende stiefelförmige Verbreiterung bei Punkt- und Streifenfundamenten voraussetzt. Am aufwendigsten ist die Fundamentierung bei Biegeträgern und Fachwerkbindern auf eingespannten Stahl- oder Stahlbetonstützen, weil die Windlasten hier Kippmomente im Fundament hervorrufen, die nur durch sehr breite und schwere Ausführung des Fundamentblokkes aufgefangen werden können. *Streifenfundamente,* wie sie bei Starrahmen und anderen engstehenden Bindern üblich sind, brauchen keine zusätzliche Maßnahme zur Abdichtung der Hallenlängsseiten. Demgegenüber müssen zwischen Punktfundamenten noch Wandsockel betoniert oder aufgemauert werden, damit die Wandverschalung nach unten abgedichtet ist.

4.3   Einrichtungen für Reithallen

Bei kleineren und mittleren Reithallen werden *Zuschauertribünen* an einer Giebelseite, bei größeren an einer Längsseite angeordnet. Sie sollten erhöht (Tribünenboden mind. 1 m über Reithallenboden) und nach vorn mit einem Geländer abgeschlossen sein. Breitere Tribünen werden stufenförmig angelegt. *Richterplätze* sind bei Reithallen, in denen häufig Turnierveranstaltungen stattfinden, in der Mitte der kurzen Seite notwendig.

Zur Eigenkontrolle des Reiters werden *Spiegel* in der Mitte einer Längsseite und an der Ecke einer Giebelseite angebracht. Schwierigkeiten bereitet die Anbringung an der Längsseite bei Reithallenkonstruktionen mit engstehenden, nach innen geneigten Binderstielen.

Eingangsschleusen erleichtern es, Pferde in die Reitbahn zu führen. Hierzu ordnet man an einer Giebelseite zwischen Hallentor und Bande einen mindestens 2,50 m breiten Vorraum an. Die Flächen daneben können für die Tribüne und zur Unterbringung von Hindernissen ausgenutzt werden.

Die *Bande* verhindert, daß Pferde zu dicht an die Umfassungswände der Reithalle treten und sich selbst und den Reiter verletzen. Hierzu wird die Bande aus einer 1,50 bis 2 m hohen, um 20° nach außen geneigten Holzwand erstellt. Als Material kommen bei Unterstützung im Abstand von höchstens 1 m 24 mm starke Nut- und Federbretter oder 30 mm starke gesäumte Bretter in Frage. Bei größeren Stützweiten ist die Materialstärke zu erhöhen. Die Verlegung der Bretter in waagerechter oder senkrechter Form richtet sich hauptsächlich nach der Unterkonstruktion. Anstelle der Bretter kommen auch mindestens 16 mm starke, wetterfest verleimte Sperrholztafeln oder mindestens 19 mm starke, feuchtfest verleimte Spanplatten (V 100) in Frage. Es sollten Spanplatten der Emissionsklasse E 1 eingesetzt werden, um ein Ausgasen von Formaldehyd einzuschränken (s. auch Kap. 7.2.2). Auch sie sollten im Abstand von 2 m unterstützt werden. Die Platten dürfen nicht dicht gestoßen werden, sondern müssen offene Fugen von 3 mm (bei Sperrholz) und 10 mm (bei Spanplatten) haben, damit sie sich bei Feuchtigkeitseinwirkung ausdehnen können. Sehr trockene Bretter sollten deshalb nicht zu dicht gestoßen werden. Den unteren Abschluß der Bande bildet eine angeschraubte und leicht auswechselbare Bohle, weil dieser Teil besonders fäulnisgefährdet ist.

Um Material einzusparen, werden vereinzelt auch nicht zum Boden reichende

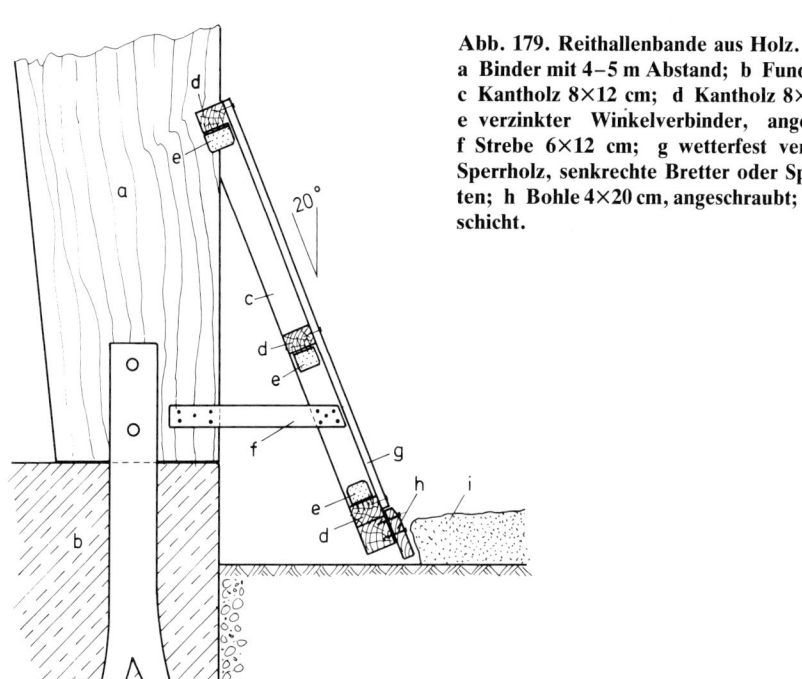

Abb. 179. Reithallenbande aus Holz.
a Binder mit 4–5 m Abstand; **b** Fundament;
c Kantholz 8×12 cm; **d** Kantholz 8×12 cm;
e verzinkter Winkelverbinder, angenagelt;
f Strebe 6×12 cm; **g** wetterfest verleimtes
Sperrholz, senkrechte Bretter oder Spanplatten; **h** Bohle 4×20 cm, angeschraubt; **i** Tretschicht.

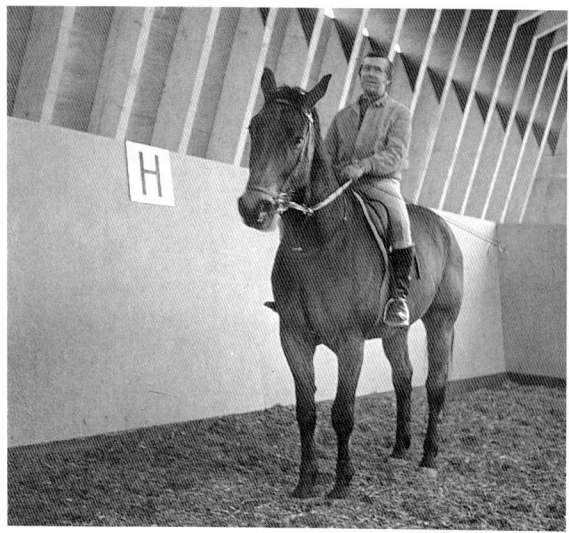

Abb. 180. Reithallenbande aus wasserfest verleimten Spanplatten mit einer leicht auswechselbaren Bohle am unteren Rand.

Bandenprofile *(Sparbanden)* eingesetzt. Hier ist jedoch große Sorgfalt auf die Ausbildung der unteren Kante zu legen, die genügend stabil, abgerundet (halbiertes Rundholz) und eventuell gepolstert sein muß, um Verletzungen der Pferdebeine zu vermeiden.

Bandentore sollen das gleiche Profil wie die Bande selbst haben und nach außen aufschlagen. Die Beschläge sind so anzubringen, daß das Bandentor beim Öffnen nicht schräg angehoben werden muß.

Reithallenböden müssen rutschfest, elastisch, oberflächenlocker und möglichst staubfrei sein. Man unterscheidet zwischen der oberen 8 bis 10 cm starken *Tretschicht* und dem tragfähigen *Unterbau*. Letzterer kann aus dem verdichteten gewachsenen Naturboden bestehen, wenn er genügend lehmige Bestandteile enthält. Auf zu lockere Sand-, Kies- und Moorböden wird meist eine Lehmschicht aufgebracht und verdichtet, die je nach Festigkeit des Untergrundes 10 bis 20 cm stark ist.

Als *Tretschicht* wurde früher gern Eichenlohe verwendet, sie ist heute aber nur noch bei wenigen Gerbereien erhältlich. Von der FN wird eine Tretschicht aus 5 Volumenteilen gewaschenem Quarzsand mit 0 bis 3 mm Korngröße und 4 Volumenteilen Nadelholz-Gatterspänen empfohlen. Anstelle der Sägespäne werden in der Praxis auch Gummi- und Lederspäne sowie Torf eingesetzt. Schaumstoff-Flocken haben sich zum Auflockern einer Tretschichtmischung nicht bewährt, da sie infolge ihres geringen Gewichtes zum Entmischen neigen, an die Oberfläche gelangen, dort vom kleinsten Luftzug umhergewirbelt werden und empfindliche Pferde erschrecken.

Sehr gut bewährt haben sich Rindenschälspäne und Rundholzfrässpäne als obere Tretschicht. Sie fallen beim mechanischen Entrinden von Bäumen und bei der Herstellung von Rundholzprofilen in großen Mengen an und sind oft kostenlos oder zumindest sehr preiswert zu erhalten. Bei Einsatz mechanischer Geräte zur Pflege des Reithallenbodens ist darauf zu achten, daß die Schälspäne nicht zu langfaserig sind, weil die Geräte sonst verstopfen.

Neuerdings werden auch Produkte aus der Verwertung alter Kabelumhüllungen als

Reitbahnbelag angeboten. So sehr die Verwertung gebrauchter Materialien zu befürworten ist, sind hier doch Bedenken anzumelden. Denn einmal bestehen diese Materialien vorwiegend aus weichmacherhaltigem PVC unkontrollierbarer Herkunft, das hinsichtlich von Emissionen in Luft und Grundwasser nicht unbedenklich ist, und zum anderen ist noch nicht bekannt, wie man nach einigen Jahren Benutzung eine mit Pferdemist und -urin durchsetzte Tretschicht entsorgen soll. In dieser Hinsicht sind auch Gummischnitzel und Lederschälspäne kritisch zu betrachten. Deshalb sollen hier in erster Linie verrottbare Materialien empfohlen werden, die mit Mist und Jauche kompostiert und zur Düngung verwendet werden können.

Speziell für die Verwendung als Reitbahn-Tretschicht hergestellt werden neuerdings feine Hackschnitzel aus Eichen-Restholz. Durch ihren Gerbsäuregehalt haben sie sicherlich eine gute Verrottungsbeständigkeit auch bei ständig feuchtgehaltenen Reithallenbelägen. Zumindest versuchsweise sollte man auch einmal die beim Häckseln von Baumschnitt (Obst- und Straßenbäume) anfallenden Schnitzel einsetzen, sofern sie von einem Häcksler stammen, der genügend kurzes, gleichmäßiges und aufgefasertes Material erzeugt, wie es auch zum Kompostieren geeignet ist.

Alle Tretschichten müssen regelmäßig eingeebnet, angefeuchtet und bei Bedarf ausgewechselt werden. Die Staubbildung kann durch Einmischen von 100 bis 250g/m² Magnesiumchlorid verringert werden, wobei aber auch die Frage hinsichtlich der Entsorgung zu stellen ist. Zur notwendigen *Befeuchtung* des Reithallenbodens werden zunehmend Beregnungsanlagen eingesetzt, da das Besprengen mit einem Gartenschlauch zu arbeitsaufwendig ist. Preiswert und funktionssicher sind die von der Beregnung von Garten- und Grünflächen her bekannten mobilen Kreis- und Viereckregner, die mit Schnellkupplungen an ebenfalls mobile Schlauchstränge angeschlossen und wieder entfernt werden. Arbeitswirtschaftlich noch zweckmäßiger ist die Installation einer stationären Regneranlage, die entweder an der Hallendecke oder optisch kaum sichtbar in mit Klappen verschließbaren Nischen der Bande angebracht wird und bei Einschalten des Wasserdrucks automatisch ausfährt. Bei allen Beregnungsarten ist aber darauf zu achten, daß die hölzerne Bande nicht ständig mit durchnäßt wird, weil dadurch ihre Lebensdauer leidet.

4.4   Longierhallen

Longierhallen mit 12 bis 14 m Durchmesser können in freitragender Bauweise mit Dreigelenkrahmen erstellt werden. Derartige Hallen haben einen polygonen Grundriß mit mindestens acht Ecken. Die Rahmenriegel stoßen im First zusammen, doch sollte hier eine Entlüftungsöffnung von 0,80 bis 1 m Durchmesser vorhanden sein, die ähnlich wie bei Reithallen mit einer Abdeckhaube und Windabweisern versehen wird. Für Banden- und Bodenausbildung gilt dasselbe wie für Reithallen.

Der Selbstbau von Longierhallen ist mit den schon beschriebenen Kant- und Rundholzkonstruktionen möglich.

Bei Pferden, die schon sicher an der Longe gehen, kann man auf die freitragende Bauweise verzichten und eine stabile Mittelsäule anordnen, an der sich auch die Lagerung für eine Pferdeführanlage anbringen läßt. Eine derartige Konstruktion kann man in billigster Ausführung mit Rundhölzern und Rundholzverbindern fertigen.

5 Inneneinrichtungen

5.1 Boxenabtrennungen

Boxentrennwände sollen schlag- und verbißfest, elastisch, feuchtigkeits- und korrosionsbeständig, leicht zu reinigen und gegebenenfalls zu desinfizieren, auswechselbar und in der Regel auch luftdurchlässig sein. Deshalb werden Trennwände kaum noch gemauert oder gar betoniert, sondern mit Holz, Holzwerkstoffen, Kunststoffen und Stahlprofilen ausgeführt. Letztere sind in feuerverzinkter Ausführung zu verwenden, wenn Wert auf lange Haltbarkeit und wenig Pflege gelegt wird.

Standardbauweise für Boxentrennwände ist zur Zeit die *Verbretterung* des unteren Teils auf eine Höhe von 1,20 bis 1,40 m und die Ausführung des oberen, 60 bis 80 cm hohen Teils als durchsichtiges *Gitter*. Beide Teile können eine konstruktive Einheit bilden, aber bei etwas höherem Materialaufwand auch getrennt werden. Dies hat den Vorteil, daß man das Gitter bei verträglichen Pferden abnehmen kann, was den Kontakt fördert und auch den Bewegungsraum vergrößert. Stehen aber sehr aggressive und unverträgliche Pferde nebeneinander, kann man durch Aufsetzen eines geschlossenen Oberteils Ruhe schaffen.

Einbaufertig gelieferte Trennwände werden von Stalleinrichtungsfirmen im Unterteil vorwiegend mit senkrechten Brettern ausgeführt, die in einem verschweißten U-Stahlrahmen eingeschoben sind. Die 30 bis 40 mm starken Bretter werden mit Nut- und Federprofil versehen oder auch nur mit gesäumten Kanten verlegt. Die Nut- und Federausführung hat den Vorteil, daß sich die einzelnen Bretter bei punktförmiger Belastung gegeneinander abstützen und gemeinsam tragen können. Die Brettstärke kann dadurch gering gehalten werden. Nachteilig erscheint der verminderte Luftaustausch. Dieser ist bei gesäumten Brettern besser, besonders wenn sie bewußt mit einigen Millimetern Zwischenabstand verlegt werden. Sie müssen aber um 5 bis 10 mm stärker sein als Nut- und Federbretter, weil sie sich nicht gegenseitig stabilisieren. Man achte darauf, daß die Bretter frei von Flügelästen sind, die die Tragfähigkeit stark mindern. Um einzelne Bretter auswechseln zu können, werden an einer Seite der U-Stahlprofile Aussparungen angebracht, die mit aufgeschraubten Flacheisen

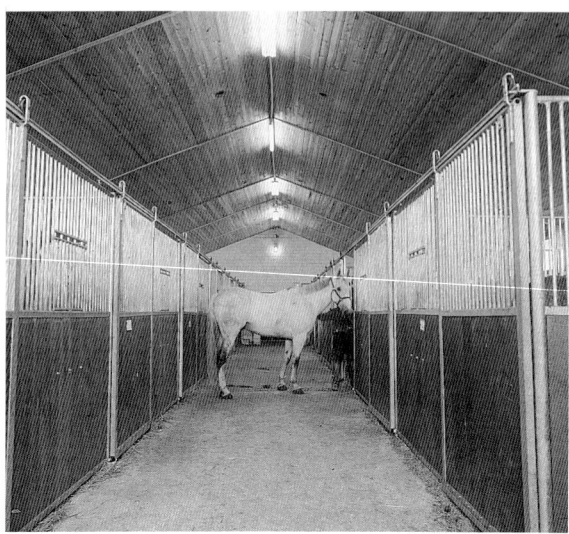

verschlossen sind. In Sonderfällen, z. B. wenn die Boxen häufig gereinigt und desinfiziert werden sollen, werden anstelle von Brettern auch mindestens 25 mm starke vielschichtig verleimte und oberflächenvergütete Sperrholzplatten verwendet.

Um die oben geschilderten, hohen Anforderungen vor allem auch an die Verbißfestigkeit der Boxentrennwände zu erfüllen, sind in letzter Zeit vermehrt *tropische Harthölzer,* wie z. B. Bongossi, Sipo oder Teak für diesen Zweck eingesetzt worden. In Zusammenhang mit dem Abholzen der tropischen Regenwälder und den damit verbundenen negativen Auswirkungen auf die Entwicklungsländer selbst (Erosionen, Überschwemmungen) und auch auf das weltweite Klimageschehen sollte der verantwortungsbewußte Pferdehalter und Stallbauer möglichst auf diese Holzarten verzichten und nach Ausweichmöglichkeiten suchen.

Hier bieten sich neuentwickelte Platten und Bauelemente aus *Kunststoff-Regenerat* an. So kann man beispielsweise die Holzfüllung der Trenn- und Vorderwände sowie der Türen durch 15 mm dicke Remaplan-Platten ersetzen, die es in den Abmessungen 100×120 cm und 130×250 cm gibt. Die Platten können auch gelocht geliefert werden, wenn eine bessere Durchlüftung gewünscht wird.

Als Grundstoff dieser Platten dienen Kunststoffabfälle auf der Basis von Polyaethylen und Polypropylen. Dadurch sind sie weichmacherfrei und geben nach gegenwärtigen Erkenntnissen keine Schadstoffe ab. Die Platten sind sehr elastisch und stoßdämpfend, korrosions- und fäulnisfest und lassen sich mit den in der Holzverarbeitung üblichen Werkzeugen (bei Dauereinsatz möglichst mit Hartmetallbestückung) sägen, bohren und fräsen. Wichtig ist, daß sie mit der Rahmenkonstruktion ringsum fest verschraubt und nicht nur lose in Schlitze geschoben werden, weil sie dann nicht nur auf Durchbiegung, sondern auch auf Zug belastet werden (Trommelfelleffekt). Unbrauchbar gewordene Platten können wieder eingeschmolzen werden und den Recycling-Prozeß mehrfach durchlaufen.

Ein weiterer Ausweg auf Tropenhölzer zu verzichten, besteht in der Verwendung südosteuropäischen Akazienholzes. Durch die Entwicklung der in Kap. 3.2.2 beschrie-

Abb. 183. Auskleidung der Boxentrennwände und Frontseiten mit kunststoffbeschichtetem Sperrholz.

benen Rundholzverbinder ist es auch möglich geworden, Boxentrennwände aus *Rundholz* vorzufertigen. Sie können entweder fest eingebaut oder auch als sogenannte *Mobilbox* freistehend verwendet werden, z. B. für Ausstellungen, Turniere und andere Veranstaltungen. Außerdem werden leicht und schnell zu montierende sowie platzsparend zu transportierende Mobilboxen mit und ohne Bedachung in Stahlrohrkonstruktion und Bespannung aus PVC-beschichtetem Chemiefasergewebe hergestellt.

Von Handwerkern oder in Selbsthilfe erstellte Boxentrennwände werden meist mit waagerechten Bohlen oder Rundhölzern gebaut, die man in senkrechte U-Stahlprofile einschiebt, oder in Nuten, die durch aufgenagelte Holzleisten entstehen.

Wenn diese Hölzer über die ganze Boxentiefe von 3 bis 3,50 m tragen müssen, sind größere Materialstärken als bei der senkrechten Verbretterung nötig, und zwar etwa 50

Abb. 184. Remaplan-Platten aus Kunststoff-Regenerat als Ersatz für tropische Hölzer sind verbißfest, fäulnisbeständig, elastisch und wiederverwertbar.

Abb. 185. Freistehende Boxen aus Rundholz und Rundholzverbindern können leicht in bestehende Gebäude eingebaut oder auch bei Veranstaltungen verwendet werden.

bis 60 mm bei 200 mm breiten Bohlen und etwa 80 bis 100 mm bei Rundhölzern. Diese Stärken können um etwa 20% reduziert werden, wenn man Bohlen und Stangen in der Mitte so miteinander verbindet, daß punktförmige Belastungen verteilt werden. Dies kann bei Rundstangen durch senkrechtes Vernageln oder Einschieben von Rundeisen in entsprechende Bohrungen geschehen. Es ist jedoch darauf zu achten, daß jede Stange mit beiden benachbarten verbunden wird, weil nur so eine flächenhafte Aussteifung erfolgt. Bohlen lassen sich in Trennwandmitte durch beidseitig aufgenagelte oder aufgeschraubte und an den Kanten abgerundete Holzleisten oder halbierte Rundstangen verbinden. Manche Fachleute sind jedoch der Meinung, daß waagerechte Nägel oder Schrauben in einer Boxentrennwand ungünstig sind, da sie bei Belastung aus dem Holz heraustreten und die Pferde verletzen könnten. Hier ließe sich mit schmalen Streifen eines H-Stahlprofils Abhilfe schaffen, die nur mit einem senkrechten Nagel fixiert werden und die einzelnen Bohlen so miteinander verbinden, daß sie sich nicht mehr einzeln durchbiegen können. Wenn diese Profile nicht vorstehen sollen, kann man sie um das Maß ihrer Materialstärke ins Holz einlassen. Die vorderen Boxenwände werden in der Regel in gleicher Ausführung wie die seitlichen Trennwände erstellt, als Rückwand dient zumeist die Gebäudewand.

Auch die zuvor schon beschriebenen Bauweisen mit Sperrholzplatten, Kunststoff-Regeneratplatten, Rundholz und Rundholzverbindern eignen sich natürlich für die Herstellung der Boxen vor Ort.

Standsäulen sind zur Befestigung der Trennwände und Türen notwendig. Hierzu werden entweder Stahlrohre von 100 bis 120 mm Durchmesser und 3 bis 4 mm Wandstärke, Kanthölzer mit 14 bis 16 cm Querschnitt oder Rundhölzer mit etwa 15 cm

Durchmesser verwendet. Stahlrohre und Eichenhölzer können in den Boden einbetoniert und damit biegesteif eingespannt und freistehend belastet werden. Nicht einge-
spannte Standsäulen führt man meist bis zur Deckenkonstruktion hoch.

Bei den *oberen Gittern* sollte der Zwischenabstand der Stäbe oder Profile nicht
mehr als 50 bis 60 mm betragen, damit die Pferde beim Ausschlagen nicht mit den
Hufen dazwischen hängen bleiben. Senkrechte Stäbe werden entweder in Stahlprofile
eingeschweißt oder in Bohrungen an Kant- oder Rundhölzern eingelassen. Sie können
je nach Länge aus Rundstahl mit 12 bis 15 mm Durchmesser oder besser aus ½ oder ¾
Zoll starken Rohren bestehen. Letztere haben ein größeres Widerstandsmoment und
biegen sich nicht so leicht durch. Teilweise wird das obere Gitter auch mit waagerechten Rohren gefertigt, die 1½ bis 1¾ Zoll stark sein müssen, wenn sie über die ganze
Boxenbreite tragen.

Um ein käfigartiges Aussehen der Pferdeboxen zu vermeiden, wird neuerdings gern
mit waagerecht angeordneten Rohren für die Gitter gearbeitet, wobei zur Stallgasse
hin bewußt größere als die oben angegebenen Abstände eingehalten werden, damit die
Boxen möglichst leicht erscheinen und gut eingesehen werden können.

Boxentüren können als Schiebe- oder Drehtür ausgebildet werden. Drehtüren lassen
sich in der Höhe teilen, so daß die Pferde bei geöffnetem oberen Teil die Köpfe auf die
Stallgasse stecken können. Bei geschlossenem oberen und geöffnetem unteren Teil
kann ausgemistet werden, ohne daß das Pferd die Boxe verläßt. Schiebetüren sind
besonders bei zweireihigen Ställen mit schmaler Stallgasse geeignet, da sie zum Öffnen
keinen Platz benötigen. Nachteilig ist die obere Torschiene, die bei zu niedriger Anbringung eine Verletzungsgefahr bedeutet. Um der frei über die Türöffnung spannen-
den Torschiene genügend Stabilität zu geben, ist sie aus Winkelstahl anstelle des sonst
üblichen Flachstahles auszuführen. Schiebetorrollen aus Kunststoff rosten nicht und
brauchen keine Schmierung, benötigen aber eine Schienenstärke von mindestens
6 mm, weil sie sonst zu stark verschleißen. Rollen-Schiebetore sollten möglichst zwei
untere Führungen haben, falls sie nicht durch den Türverschluß hinreichend gegen

Abb. 186. Preiswerte und stabile Boxen aus Rundhölzern,
die an den Enden angeschäftet
und in U-Stahlprofile eingeschoben sind. Nur die Standsäulen und Torrahmen sind
aus Kantholz. Zu beachten
sind auch die waagerechten
Rohre der Frontgitter.

Abheben gesichert werden. Außerdem müssen Sicherungen gegen das Herausspringen der Rollen und Endanschläge vorhanden sein.

Beide Türarten können in der gleichen Konstruktion wie die Trennwände mit unterer Verbretterung und oberem Gitter gebaut werden, wobei jedoch bei der Flügeltür auf ausreichende Diagonalsteifigkeit zu achten ist. Für den Selbstbau wurde eine Bauweise entwickelt, bei der die 6×8 cm starken Rahmenhölzer stumpf gestoßen und mit beidseitig aufgenagelten, 12,5 oder besser 16 mm starken, wetterfest verleimten Sperrholzplatten verbunden werden. Der untere, mit einer Mittelstrebe verstärkte Teil wird voll verschalt, die oberen Ecken werden dagegen nur mit dreieckigen Knotenplatten zusammengefügt. Die Gitterstäbe schiebt man in Bohrungen in den Querhölzern ein.

Das *Annagen der Holzteile* bereitet vielen Pferdehaltern großen Kummer. Es hat mehrere Ursachen, die leider viel zu wenig beachtet werden. Hauptsächlich kommt hier ein unterdrückter Bewegungs- und Betätigungsdrang zum Ausdruck, und es spielt wohl auch Rohfaserarmut in der Ernährung mit. Pferde, die naturnah im Offenlaufstall gehalten werden und ausreichend Ballastfutter bekommen, nagen nämlich kein Holz an, mit Ausnahme von Fohlen, die morsche Holzteile beim Zahnen anknabbern. Es wäre nun vom Standpunkt eines Pferdehalters, der auf das Wohl seiner Pferde mehr bedacht ist als auf das unbeschädigte Aussehen seiner Boxen, völlig falsch, die den Zähnen der Pferde ausgesetzten Holzteile mit Blech zu beschlagen oder mit Chemikalien zu bestreichen. Damit nimmt man den Pferden nämlich noch die letzte Möglichkeit, einen natürlichen Drang zu befriedigen, und handelt sich dafür andere Haltungsneurosen ein. Besser und tiergerechter ist es, den Pferden etwas Geeignetes zum Nagen und Spielen anzubieten. Dies können Weichholzklötze sein, die man in einer Ecke aufhängt oder frische, nicht entrindete halbierte Stangen, die an die Boxentrennwände geschraubt und bei Bedarf ausgewechselt werden. Kurzfaserige Holzarten sind hierzu besser geeignet als langfaserige, die zum Splittern neigen.

Abb. 187. Selbstbau-Schiebetür aus Kanthölzern und beidseitig aufgenagelten, wetterfest verleimten Sperrholzplatten. Die Schiebetorrollen laufen auf einer Winkelstahlschiene und sind aus Polyamid.

5.2   Laufstallabtrennungen

Laufstallabtrennungen müssen stabil, aber möglichst auch leicht entfernbar gebaut werden. Hier haben sich Gatter aus Rundstangen bewährt, die maximal 5 m lang und je nach Größe und Temperament der Pferde 90 bis 120 cm hoch sind. Ein derartiges Gatter, das von zwei Personen noch bewegt werden kann, besteht aus drei senkrechten 10 bis 12 cm starken Rundhölzern und drei bis vier waagerechten 8 bis 10 cm starken Stangen. Die oberste Stange soll stärker, die unteren können schwächer sein. An den Kreuzungsstellen werden die Stangen etwas abgeflacht und verschraubt oder vernagelt. Zur Aussteifung müssen Diagonalstreben aus 4 bis 5 cm starken Stangen angebracht werden. Sie haben den Nachteil, daß Pferde, die dazu neigen, ihre Hufe durch Öffnungen zu stecken, an den Kreuzungspunkten von waagerechten und diagonalen Stangen leicht hängenbleiben und sich gegebenenfalls auch dort die Hufeisen abziehen können. Mit Hilfe von Rundholzverbindern (s. Kap. 3.2.2) kann man jetzt derartige Gatter auch ohne Diagonalaussteifung hinreichend stabil ausführen. Werden Gatter verwendet, um Abfohlboxen zu bauen, müssen sie in der unteren Hälfte ganzflächig geschlossen werden. Das kann durch Annageln von Sperrholzstreifen oder halbierten Rundstangen geschehen. Man kann diese Gatter auch aus Kanthölzern herstellen, aber dann werden sie bei gleicher Stabilität wesentlich schwerer und teurer.

Auf Flächen, wo man Laufstallgatter nicht an vorhandenen Bauteilen befestigen kann, gräbt man Zementrohre mit 15 cm Innendurchmesser in den Boden ein und stellt gut passende Pfosten hinein. Hieran werden die Gatter mit weichem Bindedraht befestigt; Schnüre ziehen Fohlen leicht auf. So kann man die Abtrennungen wieder entfernen, falls dies beim Durchfahren mit Schleppern und Wagen nötig ist. Ähnlich wie Koppelzäune können derartige Laufstallabtrennungen durch einen Elektrozaun gesichert werden. Dabei muß jedoch ein größerer Platzbedarf einkalkuliert werden, da die Pferde einen Sicherheitsabstand von etwa 50 cm zum Draht einhalten.

5.3   Stallböden

Lehmboden
Der Stallboden besteht in einfachster, aber für das Pferd sehr zweckmäßiger Ausführung aus *verdichtetem Lehm*. Er ist rutschfest, trittelastisch, feuchtigkeitsausgleichend und luftdurchlässig. In richtigem Feuchtigkeitszustand – nicht staubtrocken, aber auch nicht schlammig-naß – verdichten die Pferde ihn von selbst. Ansonsten wird er mit dem Schlepper festgefahren oder mit einer Rüttelplatte gestampft. Bevor man einen Pferdestall mit aufwendigen Böden ausrüstet, sollte man erst einmal versuchen, ob man nicht mit dem Lehmboden, der ja sowieso in den meisten Fällen als natürlicher Untergrund vorhanden ist, zurechtkommt. In allen Laufställen mit Matratzeneinstreu und auch in gut eingestreuten Boxen dürfte das der Fall sein. Wird nur wenig eingestreut und haben die Pferde Stollen an den Hufeisen, besteht die Gefahr, daß sich tiefe Löcher im Lehm bilden.

Offen ist allerdings die Frage, ob Lehmböden in Ställen nach der Bauordnung erlaubt sind. Es wird dort nämlich gefordert, daß Stallfußböden „dicht" sein müssen, und zwar um Verunreinigungen des Grundwassers zu vermeiden. Man könnte nun, um dieser Vorschrift zu genügen, eine Sperrschicht in Form von Bitumenpappe oder Folie 20 bis 30 cm unter dem Lehmboden einbauen. Aber dann verliert der Lehm sicherlich einen Teil seiner guten Eigenschaften, weil keine Luft und Feuchtigkeit mehr aus dem Untergrund nach oben dringen und den Lehmboden im gewünschten halbtrockenen Zustand halten können. Der Verfasser ist jedoch der Ansicht, daß genügend schwere und stark verdichtete Lehmböden als „dicht" im Sinne der Bauordnung gelten können. Zwischen Lehm und Einstreu bildet sich nämlich eine in trockenem Zustand zwar luftdurchlässige, aber bei Feuchtigkeitseinwirkung wasserdichte *Schmierschicht* aus abgebauten Pflanzenresten und Exkrementen. Gräbt man beispielsweise den Lehm unter einer Mistmatratze auf, so findet man wenige Zentimeter unter dieser Schmierschicht normal gefärbtes, gut riechendes und offenbar biologisch aktives Bodenmaterial. Lediglich auf lehmfreien Sand-, Kies- oder Moorböden ist daher ein Versickern von Jauche zu befürchten, doch wird niemand diese Böden als Stallfußboden benutzen, weil sie zu wenig tragfähig und haltbar sind.

Auch in gesundheitlicher Hinsicht liegen mit Lehmböden gute Erfahrungen beim Verfasser vor. Seit 20 Jahren werden in einem Offenlaufstall auf naturbelassenem Boden als Vorplatz und gut mit Stroh eingestreuter Mistmatratze als geschützter Stallfläche die besten Ergebnisse hinsichtlich Gesundheit, Fruchtbarkeit und Aufzuchtleistung erzielt, und zwar nicht nur bei den als robust geltenden Haflingern, sondern auch bei den gegenüber Infektionen und Parasiten wesentlich anfälligeren Schafen.

Muß man Lehm-Stallböden stellenweise ausbessern, so ist zunächst die erwähnte Schmierschicht abzuheben, der Lehm anzufeuchten und aufzulockern und dann erst der neue Lehm im richtigen Feuchtigkeitszustand einzubringen. Nur so kommt eine haltbare Verbindung zustande.

Künstliche Böden

Gegenüber einem guten Lehmboden sind alle künstlichen Bodenausbildungen für Laufställe oder Boxen wesentlich problematischer und teurer. Sie sind ursprünglich auch mehr für die Pferdehaltung in Anbindeständen entwickelt worden, wo es hauptsächlich auf Verschleißfestigkeit ankommt. Auch glaubte man bislang, daß es notwendig sei, den Boden wärmegedämmt auszuführen, eine Ansicht, die nach neueren Erkenntnissen in der Pferdehaltung und teilweise auch in der Rindviehhaltung nicht mehr aufrecht erhalten werden kann.

Noch am ehesten kommt dem Lehmboden in der Funktion ein *Ziegelboden* nahe, der aber aus den normalen Vollziegeln und nicht aus den früher bei Pferdeständen verwendeten Hartbrandziegeln bestehen soll. Die Ziegel sind hochkant in Sand zu verlegen, mit Sand zu verfugen und fest zu stampfen. *Holzfußboden,* in Form flachliegender Bohlen oder senkrecht stehendes Hirnholzpflaster muß mit für Mensch und Tier weitgehend ungiftigen, lösemittelfreien Holzschutzmitteln, die für Innenräume zugelassen sind, wie z. B. Borsalzen, getränkt werden. Bei Lärchen- und splintfreiem Eichenholz kann auf Holzschutzmittel verzichtet werden. Die Hölzer sind mit Fugenabstand zu verlegen. Die Fugen werden mit Sand gefüllt oder mit säurefestem und physiologisch unbedenklichem Bitumen (nicht mit Teer) ausgegossen. Auch *Gußasphalt* mit möglichst grober Körnung, *Betonverbundsteinpflaster* und rauh abgezogener *Ortbeton* kommt in Frage. Alle diese Böden befriedigen aber in bezug auf Trockenheit, Rutschsicherheit und Elastizität nur, wenn gut eingestreut wird. Es wird daher der Einsatz *elastischer Stallmatten* aus Gummi, Weich-PVC und Polyurethan diskutiert und auch schon in Sonderfällen praktiziert, wo man auf Einstreu völlig oder teilweise verzichten möchte. Nach den bisherigen Erfahrungen befriedigen diese Materialien aber nur in Verbindung mit gewissen Einstreumengen. Auch ist die Frage immer noch offen, ob es besser ist, derartige Stallmatten fest und auf welche Weise mit dem Boden zu verbinden, oder lose zu verlegen. Bei letzterer Möglichkeit muß unbedingt dafür gesorgt werden, daß die Matten auf der Unterseite sowie die Auflagefläche regelmäßig gesäubert werden, da sonst intensive Fäulnisvorgänge unter den Matten ablaufen.

Neuerdings versucht man, einstreuarme Stallbodensysteme für Pferdeställe zu entwickeln, bei denen der Harn der Tiere durch gelochte Platten oder poröse Matten nach unten auf den geneigten Estrich und von da in eine Jauchegrube laufen kann. In einzelnen Fällen wurden gute Erfahrungen gemacht mit den auf Seite 230 beschriebenen ebenen Platten aus Kunststoff-Regenerat, die in 20 mm Dicke mit Löchern von 8 mm ∅ bei 5 cm Abstand versehen und auf Hartholzleisten geschraubt werden. Mit 80×120 cm großen Elementen wird die Boxe so ausgelegt, daß der Harn und Spülwasser in Längsrichtung der Holzleisten ablaufen kann. Die Stroherversparnis und Sauberkeit der Tiere wird sehr positiv beurteilt, allerdings müssen die Elemente zweimal jährlich hochgenommen werden, um den Hohlraum gründlich zu säubern.

Als Material für die *Stallgasse* kann *Betonverbundsteinpflaster* empfohlen werden. Es ist wegen der hohen und mit Ortbeton nicht zu erreichenden Betonqualität sehr verschleißfest, aber infolge des großen Fugenanteils auch rutschsicher. Es erfüllt die von SCHNITZER (1970) aufgestellte Forderung nach einem luftdurchlässigen Stallgassenbelag und läßt sich vor allem später wieder ganz oder stellenweise öffnen, um Wasserleitungen oder Kabel zu verlegen. Wird die Stallgasse mit Schleppern und schweren Wagen befahren, so ist das Betonverbundsteinpflaster auf einem vorschriftsmäßigen Unterbau sehr gut mechanisch einzurütteln, weil sonst Fahrrinnen entstehen.

Gute Erfahrungen wurden auch mit Gußasphalt und Bitumenkies bei Stallgassen gemacht. Er ist hinreichend rutsch- und verschleißfest, aber naturgemäß nicht luftdurchlässig. Wenn sehr hohe Anforderungen an Geräuschdämpfung (häufiges Hereinund Herausführen beschlagener Pferde) gestellt werden, kann man die Stallgasse mit Gummi- oder Kunststoffmatten belegen.

Abb. 188. Beton-Verbundsteine, die leicht und schnell zu verlegen sind, haben sich als Stallgassenbelag gut bewährt.

6   Einsatz regenerativer Energien in der Pferdehaltung

Nicht nur die Sorge um die begrenzten Vorräte fossiler Energieträger, sondern auch die immer deutlicher werdenden Umweltschäden und Klimaveränderungen, zu denen unsere bisherigen Energietechniken beitragen, zwingen zur Suche und verstärkten Anwendung erneuerbarer und umweltfreundlicher Quellen.

Pferdezüchter und -halter haben durch ihre Naturverbundenheit eine besondere Aufgeschlossenheit zur Alternativenergie und stellen in zunehmendem Umfang Fragen in diese Richtung. Aber auch wirtschaftliche und praktische Gründe können ausschlaggebend sein. Man denke nur an die Wasser- und Stromversorgung netzferner Pferdeställe oder die hohen Gewerbestromtarife in kommerziellen Reitbetrieben. Hier kann nur ein grober Überblick darüber gegeben werden, welche Möglichkeiten dem Pferdehalter unter geeigneten Voraussetzungen zur Verfügung stehen; die Entwicklung ist noch im Fluß.

6.1   Pferdemist

Die Energiegewinnung aus Pferdemist erscheint vielen Pferdehaltern besonders interessant, vor allem dann, wenn sie als Nichtlandwirte Entsorgungsprobleme mit Mist haben.

Die *Verbrennung* getrockneten und brikettierten Pferdemistes erscheint mit heutiger Technologie zwar möglich, sollte aber aus ökologischen Gründen nicht mehr diskutiert werden.

Die *Biogasgewinnung* bringt den Vorteil, daß neben der umweltfreundlichen Erzeugung eines hochwertigen und vielseitig verwendbaren Energieträgers auch noch ein Restsubstrat mit günstigen Eigenschaften zur Düngung anfällt. Es ist leider noch keine moderne Biogasanlage bekannt geworden, die ausschließlich mit Pferdemist betrieben wird.

Demgegenüber gibt es aber einige Anlagen, bei denen Pferdemist nach ausreichender Zerkleinerung und Vermischung mit Rinder- und Schweinegülle verarbeitet wird. Auch arbeitet eine Speicherbiogasanlage mit leistungsfähigem und verstopfungssicherem Spezial-Rührwerk, bei der langstrohiger Pferde- und Rindermist mit Strohmehleinstreu unter Zusatz von Jauche und Wasser vergoren wird, mit sehr gutem Ergebnis.

Zur *Wärmegewinnung bei der Festmistkompostierung* sind verschiedene Versuche durchgeführt und Praxisanlagen erstellt worden. Mit Mistkollektoren, der Mistspinne oder auch durch Umluftverfahren läßt sich unter besonderen Voraussetzungen (Lagerdichte, Feuchtigkeitsgehalt) Wasser für Heizzwecke oder Brauchwasserversorgung erwärmen. In Zeiten hoher Ölpreise sind solche Lösungen auch wirtschaftlich interessant.

In Pferdeställen, in denen keine konventionellen Heizmöglichkeiten bestehen, kann man mit Mistwärme zumindest die Tränkebecken frostfrei oder die Sattelkammer trocken halten.

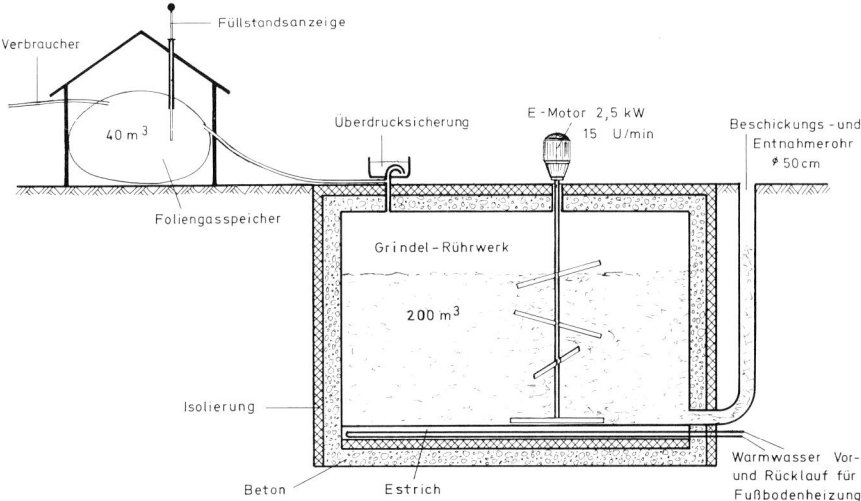

Abb. 189. Biogasanlage Martin/Attlesee für Festmist in Flüssigphase von 40 GV Rindern und 5 Pferden.

Abb. 190. Einfache Lösungen zur Wärmegewinnung bei der Festmistkompostierung.

Mistkollektor, hochklappbar

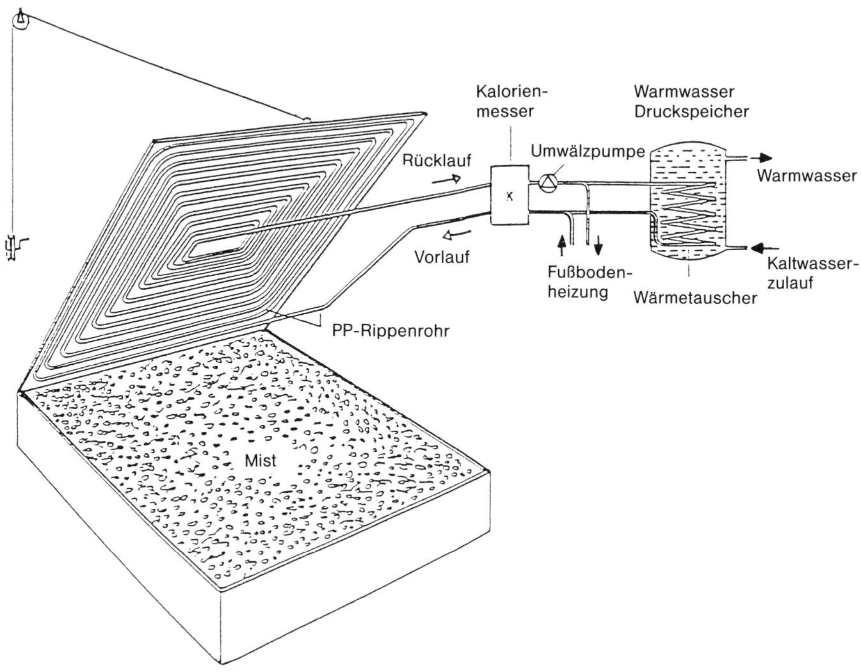

6.2 Stromerzeugung und Wasserpumpen

Die Stromversorgung netzferner Ställe ist ein besonders aktuelles Thema, denn die bisher angewandten Lösungen mit Notstromaggregat oder ständigem Transport aufgeladener und entladener Batterien sind unbefriedigend.

Kleinstwasserkraftanlagen gibt es heute ab 50 Watt Nennleistung bis in den KW-Bereich. Wasserkraft ist wegen ihrer relativ gleichmäßigen Verfügbarkeit eine gute, aber leider nur selten vorhandene Energiequelle.

Windkraftanlagen sind in den letzten Jahren intensiv in bezug auf Leistungsfähigkeit, Langlebigkeit und Sturmsicherheit verbessert worden. Es gibt erprobte Bausätze ab 60 Watt Nennleistung sowie Anleitungen zum Selbstbau. Mit kleinen Windkraftanlagen kann man Wasser pumpen oder Batterien laden. Größere eignen sich auch zur Erzeugung von Netz- oder Heizstrom. In windgünstigen Lagen können moderne Windkraftanlagen zur Stromerzeugung für größere, gewerbliche Pferdehaltungen preislich durchaus interessant sein. Der Verfasser hat in seinem eigenen Betrieb zahlreiche Windkraftanlagen unterschiedlicher Konstruktion getestet und festgestellt, daß die Pferde weder durch die auftretenden Geräusche noch durch Reflexe oder Schatten der Flügel gestört werden. Windkraft gehört zu den wenigen verbrennungs-

Abb. 191. Windkraftanlage mit vertikaler Welle (Durchströmmotor) zur Gleichstromerzeugung, an deren Anblick und Geräusch sich die Pferde sehr schnell gewöhnt haben.

und schadstofffreien und damit umweltfreundlichen Energietechniken, die der Menschheit zur Verfügung stehen. Da das Energieangebot des Windes aber sehr großen jahreszeitlichen und örtlichen Schwankungen unterliegt, muß entweder eine entsprechende Speicherkapazität (Wasserreservoir, Batterien, Wärmespeicher) oder die Kombination mit anderen Energiequellen vorgesehen werden.

Die *Photovoltaik,* also die Gleichstromerzeugung aus Sonnenlicht mit Solarzellen, kann eine besondere Rolle bei der Stromversorgung netzferner Pferdeställe und Elektrozaunanlagen spielen. Solargeneratoren mit mono- oder polykristallinen Siliziumzellen haben heute einen so hohen Qualitätsstandard erreicht, daß man mit mehr als 25jähriger Haltbarkeit rechnen kann.

Die Preise für durch Solarzellen erzeugten Strom liegen gegenwärtig deutlich höher als für Netzstrom im Normaltarif, liegen aber in gleicher Größenordnung wie im Gewerbetarif und deutlich niedriger als Strom aus kleinen benzin- oder dieselkraftgetriebenen Aggregaten ohne Abwärmenutzung (Stand 1990). Da die Preise für Solargeneratoren langsam aber stetig fallen, werden sich zukünftig noch wirtschaftlichere Einsatzmöglichkeiten ergeben.

Die Energie aus Solargeneratoren fließt zwar gleichmäßiger als Windkraft, aber es ergeben sich starke witterungs- und jahreszeitlich bedingte Schwankungen. Mit Ausnahme der Wasserförderung für Tränke und Brauchwasser sowie evtl. der Grünlandbewässerung in trockenen Lagen wird man daher eine stationäre Batterie benötigen, die es neuerdings in speziell für die Solargeneratoren geeigneter Ausführung gibt. Damit läßt sich ein 12-Volt- oder 24-Volt-Gleichstromnetz für die Beleuchtung des Stalles und der Nebenräume sowie für den Anschluß batteriebetriebener Geräte aufbauen. Bei ausreichender Solarzellenfläche können z. B. Kühlboxen oder Kühlschränke zur Lagerung von Tierarzneimitteln, Getränken und Lebensmitteln angeschlossen werden. Auch solarzellenbetriebene Weidezaungeräte sind verfügbar.

Abb. 192. Solargenerator mit monokristallinen Zellen beim Aufladen einer stationären Batterie.

6.3   Solarwärme

Die *Wärmegewinnung mit Sonnenkollektoren* ist vor allem für die Brauchwasserversorgung in der Sommer- und Übergangszeit zur Einsparung konventioneller Heizenergie sowie zur Trocknung von Heu und Hafer interessant. Mit guten, handelsüblichen, aber auch im Selbstbau zu erstellenden Warmwasserkollektoren und -speichern kann man im Sommer bis zu 90%, in Sonderfällen auch bis zu 100% des Brauchwassers erzeugen. In den Übergangszeiten sind es bis zu 60% und im Winter bis zu 30%. Bei größeren Anlagen ist auch der Anschluß von Niedertemperaturheizungen, z. B. für Aufenthaltsräume und Sattelkammer, möglich.

Außerordentlich gut hat sich die *Solartrocknung* von feuchtem Heu und Getreide mit einfachen, preiswerten und leistungsfähigen Luftkollektoren bewährt, die meist aus handelsüblichen Materialien selbst gebaut werden. Damit läßt sich auf umweltfreundliche, arbeitssparende und preiswerte Weise Warmluft bis ca. 50 °C erzeugen. Die Solartrocknung mit Luftkollektoren eignet sich besonders gut für loses und rundballengepreßtes Heu. Für Hochdruckballen wurde eine Mietentrocknung mit Abdeckung durch eine transparente Folie entwickelt, bei der das Heu selbst die Umwandlung der Sonnenstrahlen in Wärme vornimmt. Zur Förderung der Warmluft durch das feuchte Heu oder Getreide werden übliche Axial- oder Radialgebläse eingesetzt, die mit Elektro- oder Dieselmotoren (mit Abwärmenutzung) angetrieben werden. Am Gebläseantrieb mit Solargeneratoren für kleinere, netzferne Heutrocknungen wird gearbeitet.

Mit der Solartrocknung ist eine deutliche Verbesserung der Heuqualität bei vermindertem Schimmelbesatz gegenüber der üblichen Bodenheuwerbung möglich. Da die Feldtrocknungsphase von bis zu vier Tagen auf eineinhalb bis zwei Tage verkürzt wird, sind außerdem die Bröckelverluste, die gerade die wertvollen Blatt-, Kräuter- und Kleeteile betreffen, stark verringert. Für die Nachtrocknung von Hafer, der nur in seltenen Fällen mit so niedriger Feuchte gedroschen werden kann, daß eine Lagerung ohne Schimmelbildung möglich ist, gelten ähnliche Gesichtspunkte.

Mit *Erdwärmespeichern* gelingt es, überschüssige Wärme vom Sommer bis in den Winter oder auch Kälte vom Winter bis in den Sommer zu speichern. Obwohl sich Erdspeicher zur Raumheizung und Stallklimatisierung grundsätzlich bewährt haben, laufen solche Anlagen speziell in der Pferdehaltung noch nicht. Denkbar ist aber ein Einsatz zur Klimatisierung von Ställen für Hochleistungspferde.

Wird nämlich – wie in der Schweinehaltung schon mit gutem Erfolg praktiziert – die Frischluft ständig durch ein im Erdboden verlegtes System aus Kunststoffrippenrohren angesaugt, so kann der Stall im Sommer vor Überhitzung und im Winter vor zu starker Abkühlung und Durchfeuchtung geschützt werden.

Bei Reithallen ließen sich ebenfalls extreme Temperaturschwankungen ausgleichen, wenn der Boden unter der Halle im Sommer mit der Stauhitze vom Dach aufgeheizt wird und die Wärme im Winter langsam abgibt.

Über die kurz vorgestellten Alternativenergien gibt es weiterführende Literatur und Bauanleitungen. Schriftenverzeichnisse hierzu sind beim Landtechnischen Verein, 8050 Freising-Weihenstephan, und beim Ökobuchverlag, 7813 Staufen, anzufordern.

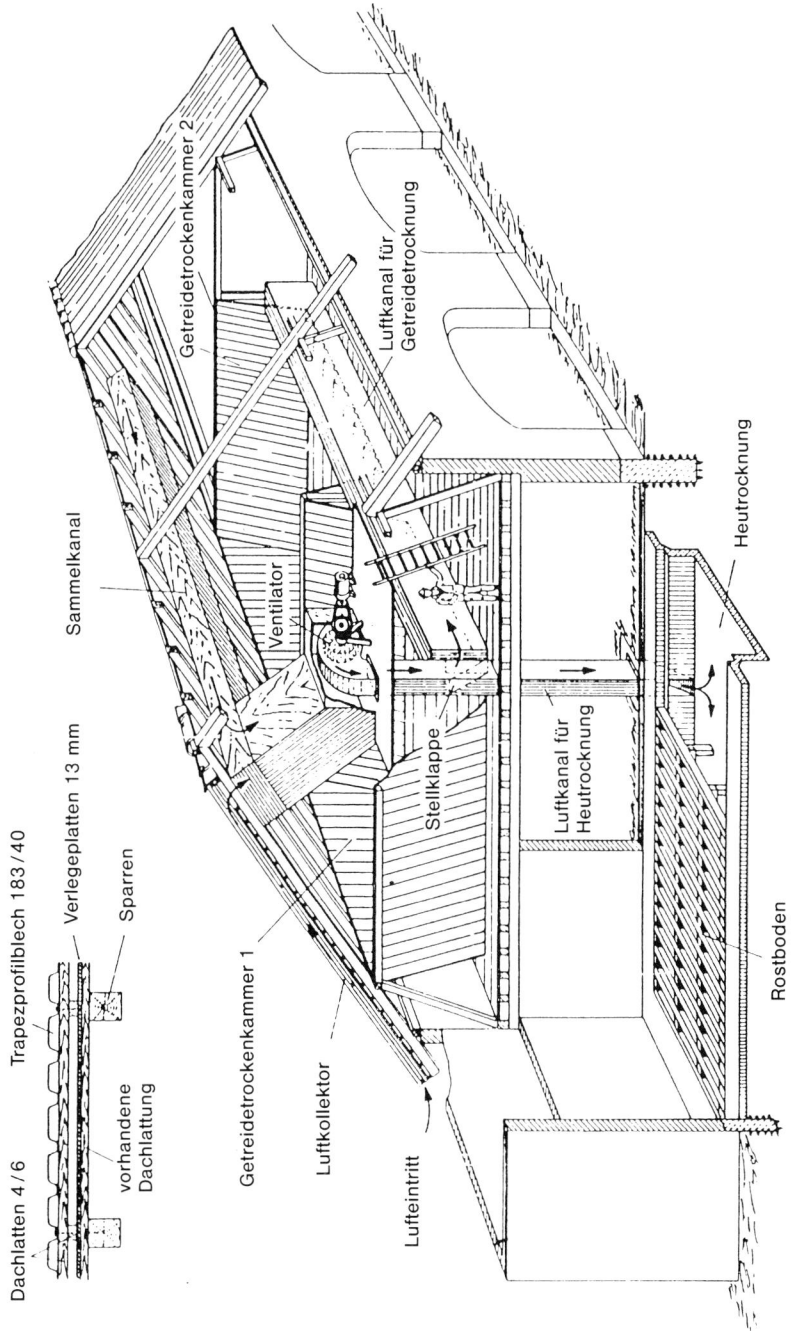

Abb. 193. Anlage zur Solartrocknung von Heu und Getreide.

7   Baumaterialien

Hier sollen in erster Linie solche Materialien behandelt werden, die für die Pferdehaltung gut geeignet oder noch wenig bekannt sind.

7.1   Grundsätzliche Unterschiede

Die Auswahl des geeigneten Baumaterials wirft große Probleme auf. Nicht nur Haltbarkeit, Preiswürdigkeit, Aussehen oder Verarbeitung, auch bautechnische Zusammenhänge und die besonderen Ansprüche des Pferdes müssen berücksichtigt werden. Erkenntnisse aus den Bereichen anderer Tierarten sind zwar oft aufschlußreich, aber nicht ohne weiteres auf Pferde übertragbar. Eine große Rolle bei der Materialwahl spielt auch die Einstellung des Bauherrn, der entweder das Wohlbefinden seiner Tiere im Auge haben kann oder aber seine eigenen Ansprüche in bezug auf Bequemlichkeit und Prestigedenken erfüllt haben möchte. Manche Pferdebesitzer können sich schlecht vorstellen, daß Pferde etwas ganz anderes als gut und angenehm empfinden als Menschen.

Bei der Verwendung der verschiedenen Baustoffe sind folgende Fragen zu stellen:

- Welche Schadstoffe setzen die Materialien bei Herstellung und Einsatz frei, die Mensch und Tier, Boden, Wasser und Luft belasten können?
- Wie hoch ist der Energieverbrauch bei Herstellung und Verarbeitung?
- Handelt es sich bei den verwendeten Rohstoffen um aussterbende Vorräte, die geschont werden müssen, oder um weitgehend unerschöpfliche oder gar nachwachsende Quellen?
- Was geschieht mit den Stoffen, wenn sie ausgedient haben? Müssen sie deponiert werden, oder eignen sie sich für die Weiterverwendung bzw. können sie in Recycling-Prozesse eingeschleust werden?
- Welche elektrostatischen Eigenschaften hat der Baustoff? Beeinflußt er das natürliche Strahlungsfeld zwischen Erde und Kosmos?
- Sind neue Materialien ausreichend erprobt, oder lassen sie sich bei Versagen problemlos austauschen? Man denke an die enormen Schäden bei durchgerosteten Spannbetondecken!

Zu beachten ist aber auch bei der Auswahl der Baustoffe, wie sehr Pferde und Menschen möglichen schädlichen Einflüssen ausgesetzt sind. Es ist schon ein Unterschied, ob ein Pferd 24 Stunden pro Tag in einem geschlossenen Stall Lösungsmittel von Holzschutzmitteln einatmen muß oder kurze Zeit in einem gut durchlüfteten Offenstall Schutz vor der Sonne sucht! Alle Baustoffe müssen in ihren Einflüssen auf das Pferd daher um so kritischer betrachtet werden, je länger und je intensiver das Pferd mit ihnen in Berührung kommt. Wegen solcher die richtige Baustoffwahl betreffenden Fragen und Probleme sollte man daher auch bei der Planung und Ausführung von Pferdeställen und Reitanlagen die neuen und alten Erkenntnisse des ökologischen Hausbaues mit einbeziehen (LOTZ 1986, KÖNIG 1985).

Die für den Pferdestallbau geeigneten Baumaterialien lassen sich aus stallklimatischer Sicht in drei Gruppen einteilen. Auf der einen Seite stehen die schweren Baustoffe wie Ziegel und andere künstliche poröse Steine. Sie können durch ihre große Masse Wärme speichern und damit temperaturausgleichend wirken. Zudem lassen sie einen Gas- und Feuchtigkeitsaustausch zu, wenn zwischen außen und innen eine ausreichende Partialdruckdifferenz besteht. Aus einem Raum mit höherer Luftfeuchtigkeit oder höherem CO_2-Gehalt kann beispielsweise durch eine Ziegelmauer ein Austausch in einen Raum mit niedrigeren Werten erfolgen, ohne daß gleich die ganze Luft gewechselt und gemischt werden müßte. Landläufig nennt man dies die Atmungsaktivität der Wand, die bei schlecht gelüfteten Pferdeställen durchaus zur Wirkung kommt. Außerdem können diese Materialien auch tropfbar flüssiges Wasser, etwa in Form von Kondenswasser, in begrenztem Umfang aufnehmen, weiterleiten und an trockenere Luft abgeben. Diese Eigenschaften bleiben sehr lange erhalten, weil es sich um anorganische Materialien handelt. Allerdings vermutet man, daß auf Dauer auch eine Alterung stattfindet, die man sich als ein Verstopfen der Poren vorstellen kann. Mit alten, also toten Ziegeln sollte man daher keinen Pferdestall bauen.

Manche Wissenschaftler bezweifeln allerdings, daß die Atmungsaktivität von Wand- und Deckenaufbauten einen nennenswerten Beitrag zum Gas- und Feuchtigkeitsaustausch leisten kann. Sie stehen mit ihrer Auffassung im Widerspruch zu den Forderungen der Baubiologen nach möglichst porösen, aber luftdurchlässigen und feuchtigkeitsleitenden Materialien.

Sicherlich ist es richtig, daß man mit einem atmungsaktiven Baustoff allein nicht den Luftaustausch in einem Pferdestall bewerkstelligen kann. Andererseits kann man durch ausschließliche Zwangslüftung den Luftaustausch auch nicht voll regulieren, wie die negativen Erfahrungen mit Klimaanlagen in „Wohnsilos" zeigen.

Der Autor steht daher auf dem Standpunkt, daß ein gutes Klima in Pferdeställen nur zu erreichen ist, wenn Lüftung und Baustoffe zusammenwirken. Zumindest liegt man mit dieser Einstellung auf der sicheren Seite im Interesse des Pferdes. Und diese Sicherheit ist nicht nur notwendig aus Sicht des Tierschutzes, sondern liegt auch in der Tatsache begründet, daß Pferde im Durchschnitt ein Mehrfaches des Lebensalters von Milchkühen, Mastbullen oder Schweinen erreichen.

Den schweren Wand- und Deckenbaustoffen gegenüber stehen die neuzeitlichen Leichtbaustoffe wie Metallbleche, Kunststoffe, Mineralfasern sowie zement- und bitumengebundene Platten. Sie sind leicht und schnell zu verarbeiten, lassen spätere Änderungen zu und können meist einfach gereinigt und desinfiziert werden. Sie schließen jedoch oft gas- und dampfdicht ab. Wenn sie Feuchtigkeit aufnehmen, geben sie diese nur schlecht weiter. Außerdem besitzen sie infolge ihrer geringen Masse keine nennenswerte Wärmespeicherung. Baut man ausschließlich mit diesen leichten Materialien, muß man daher die sich rein rechnerisch ergebende Dicke der Wärmedämmschicht erhöhen, damit es im Sommer nicht zu dem gefürchteten „Barackenklima" kommt, also zu starken Gegensätzen zwischen Tag- und Nachttemperatur der Innenräume.

Zwischen diesen beiden Materialien liegen Holz- und Holzwerkstoffe sowie Teile aus pflanzlichen Rückständen wie etwa Strohplatten, Korkplatten oder Kokosfasermatten. Sie sind in hohem Maße dampf- und gasdurchlässig, sofern die Oberflächen nicht dicht beschichtet sind. Sie können Feuchtigkeit speichern, aber auch wieder abgeben und sind doch noch so leicht, daß man sie gut verarbeiten und später einmal etwas verändern kann. Auch in der Wärmespeicherung liegen sie zwischen den beiden Extremen. Dies ist der Grund, weshalb Holz als Baumaterial für Pferdeställe eine gute Kompromißlösung ist und immer mehr Anwendung findet, wobei man allerdings bei einer Reihe von Bauteilen auf andere Materialien nicht verzichten kann.

7.2 Einzelne Stoffe und Materialien

7.2.1 Mauerziegel und künstliche Steine

Mauerziegel

Auf Grund ihrer besonderen Eigenschaften – auf Atmungsaktivität, Feuchtigkeits- und Wärmespeicherung wurde schon hingewiesen – zählen *Mauerziegel* noch immer zu den wichtigsten Wandbaustoffen.

Früher wurde auschließlich mit *Vollziegeln* gemauert. Sie haben eine sehr hohe Druckfestigkeit und Wärmespeicherung, sind aber wegen des hohen Gewichts nur in kleinen Formaten zu handhaben und damit arbeitsaufwendig. Außerdem ist die Wärmedämmung so gering, daß man nur mit Mauerstärken von 50 cm und mehr die heute im Stallbau geforderten k-Zahlen erreichen kann. Deshalb werden für Außenmauern fast nur noch *Hochlochziegel* verwendet, die durch den hohen Luftanteil leichter sind und auch eine bessere Wärmedämmung haben. Bei ihnen kommt man mit 30 cm aus. Leichthochlochziegel wie Poroton und Klimaton haben neben den durchgehenden Löchern noch kleinste Luftporen. Sie entstehen durch Beimischen von Styroporkügelchen bzw. Sägemehl, die beim Brennen der Ziegel vergasen. Formate, Rohdichte und Druckfestigkeit der Mauerziegel sind genormt. Es gilt die Regel, daß mit abnehmender Rohdichte die Druckfestigkeit und Wärmespeicherung sinkt, während die Wärmedämmung steigt.

Im Pferdestallbau sollte man grundsätzlich versuchen, die notwendige Wärmedämmung durch einschalige Mauern zu erreichen. Zweischaliges, kerngedämmtes Mauerwerk ist zu vermeiden, weil die Gefahr besteht, daß die verwendeten Dämmstoffe sich durch Kernkondensation voll Wasser saugen oder die Atmungsfähigkeit der Wand verringern.

Zum Mauern von Pferdeställen sollten nur die zementarmen Mörtelgruppen I und II mit hohem Kalkanteil als Bindemittel verwendet werden. Die Mörtelgruppe III mit reiner Zementbindung verringert die Atmungsaktivität der Wand und vergrößert die Kältebrückenwirkung der Mörtelfugen. Die gleichen Gesichtspunkte gelten auch für den Verputz: Zement ist nur als Bindemittel für den Spritzwurf zu verwenden, die weiteren Putzschichten sollen auf Kalkbasis aufgebaut sein.

Abb. 194. Leichthochlochziegel für Mauerwerk mit guter Wärmedämmung.

Wird beim Innenputz eine Beschädigung durch die Pferde befürchtet, so kann man anstelle des lufthärtenden Kalkes den hydraulisch bindenden verwenden, der einen widerstandsfähigeren, aber noch ausreichend porösen Verputz ergibt. Auf den Mauerschutz durch Holzverkleidung wurde schon in Kap. 3.1.2.2 hingewiesen.

Künstliche Steine

Als weitere Materialien für Mauerwerk kommen *künstliche Steine* in Frage. *Kalksandsteine* verwendet man wegen ihrer exakten Abmessungen und der weißen Farbe gern für unverputztes Sichtmauerwerk, das nur geschlämmt wird. *Hohlblocksteine* aus zementgebundenem Bimskies, Ziegelsplitt und Blähton sind meist billiger und wegen ihres größeren Formats schneller zu verarbeiten als Ziegel. Frische Steine „schwinden" jedoch noch, was zu Putzrissen führen kann. Deshalb sollte man einen Rohbau aus diesen Materialien nicht sofort verputzen.

Schalungssteine haben sich besonders gut für den Selbstbau von Pferdeställen in Massivbauweise bewährt. Sie werden in zwei bis drei Schichten ohne Mörtel übereinander gesetzt und mit Beton ausgefüllt. Dabei kann man den Beton bei Bedarf durch waagerechte und senkrechte Stahleinlagen verstärken und so zu einer hoch belastbaren Wand kommen. *Schwerbetonschalungssteine* sind für nicht wärmegedämmtes Mauerwerk geeignet, also für Fundamente, Umfassungswände von Miststätten und Lagerbehälter.

Für wärmegedämmte Stallwände eignen sich *Holzbetonschalungssteine.* Besonders empfehlenswert sind die 30 cm starken Dickwandsteine, die einen k-Wert von 0,58 bringen und damit in der Wärmedämmung besser liegen als eine 36 cm starke Ziegelwand.

Das Verputzen der Holzbetonschalungssteine muß sorgfältig nach Vorschrift des Steinherstellers erfolgen, damit es nicht zu Putzrissen kommt. Auch hier hat es sich bewährt, den Rohbau einige Monate unverputzt stehen zu lassen. Da sich Holzbeton gut nageln und schrauben läßt, kann man die Wände anstelle des Verputzes auch mit geeigneten Plattenmaterialien verkleiden, wobei allerdings auf gute Hinterlüftung zu achten ist.

Lehm

Das *Bauen mit Lehm* ist in den letzten Jahren wiederentdeckt worden und könnte zukünftig auch beim Bau von Pferdeställen eine Rolle spielen. Bei der Gewinnung und Verarbeitung von Lehmbaustoffen wird nur wenig Energie benötigt, und es treten kaum Umweltbelastungen auf. Lehmwände und -decken sollen noch bessere baubiologische Eigenschaften als solche aus Ziegeln haben. Allerdings ist Lehm durch Holzverschalung, einen entsprechenden Verputz oder Anstrich vor zu starker Durchfeuchtung vor allem durch Schlagregen zu schützen. Zur Herstellung der Wände in Lehmziegel- oder Stampfbauweise, teilweise auch mit Strohbeimischung, sind verschiedene Techniken neu- und weiterentwickelt worden (MINKE 1984–87).

7.2.2   Holz und Holzwerkstoffe

Holz läßt sich von allen Baumaterialien am vielseitigsten zum Pferdestallbau einsetzen: für tragende Konstruktionen, als Wand- und Deckenverschalung, zum Bau von Inneneinrichtungen, Fenstern, Türen und Toren. Holz kann seine Aufgabe auf Dauer aber nur erfüllen, wenn es richtig verbaut wird, also nicht ständiger Nässe ausgesetzt ist, sondern möglichst von mehreren Seiten, mindestens aber an einer Fläche von

Abb. 195. Fundamentsockel aus Schwerbeton-Schalungs-steinen.

Abb. 196. Verschiedene Aus-führungen von Holzbeton-Schalungssteinen.

trockener Luft umstrichen werden kann. Wandverschalungen, Deckenkonstruktionen und Dachstühle sind daher so auszubilden, daß Luft durch entsprechende Öffnungen heran- und wieder abgeführt wird. Besonders gefährdete Teile sind mit Holzschutzmitteln zu behandeln (s. Kap. 7.2.6).

Bauholz

Als Bauholz für Pferdeställe und Nebengebäude finden in erster Linie unsere heimischen Nadelhölzer wie Fichte, Lärche, Tanne und Kiefer Verwendung. Buchenholz ist wegen seiner starken Feuchtigkeitsempfindlichkeit (Pilzbefall) für diese Zwecke nicht geeignet. Eichenholz ist dagegen sehr feuchtigkeitsbeständig und wird daher für Bauteile verwendet, bei denen eine ständige Nässeeinwirkung nicht zu vermeiden ist. Hierzu zählen einbetonierte Pfosten und Säulen sowie Schwellhölzer in Boxen. Für schwer entflammbare Luken und Türen ist Eichenholz ebenfalls geeignet. Zu bestimmten Zwecken werden auch ausländische Holzarten mit Vorteil verwendet, so zum Beispiel Mahagoni und Oregon Pine für hochwertige Fensterrahmen oder Türverschalungen und Bongossi oder Teak für Boxentrennwände. Auf die Problematik der Verwendung von Hölzern aus tropischen Regenwäldern wurde schon in Kap. 5.1 hingewiesen.

Bauholz wird nach Güteklasse I bis III eingeschnitten und gehandelt. Dabei spielen Anzahl und Größe von Ästen, der Faserverlauf, die Scharfkantigkeit und etwaige Fehler eine Rolle. Für die meisten Zwecke der Pferdehaltung kommt man mit Güteklasse II aus, lediglich für höchste Ansprüche an Aussehen oder Festigkeit ist Güteklasse I nötig.

Kanthölzer sind quadratische oder rechteckige Schnitthölzer mit mehr als 6×6 cm Querschnitt; schwächere werden als Latten bezeichnet. *Bohlen* sind rechteckige Schnitthölzer mit 40 bis 100 mm Stärke, die mindestens dreimal so breit sind wie dick. *Bretter* rechnen von 10 bis 40 mm. *Schwarten* sind die äußersten Seitenbretter eines Stammes mit einer abgerundeten Fläche; sie können für billigste Verschalungen eingesetzt werden. *Profilbretter* werden dort verwendet, wo es auf geringes Gewicht, gutes Aussehen und weitgehende Dichtigkeit ankommt, wie etwa bei Tür- und Torverkleidungen oder winddichten Wand- und Deckenverschalungen. Am gebräuchlichsten ist das Nut- und Federprofil und die waagerecht zu verlegende Wasserschlagschalung.

Durch die Entwicklung von *Mobil-* oder *Wandersägen* wird das Bauen mit Holz im ländlichen Raum zukünftig sicherlich noch mehr positiv beeinflußt werden. Derartige, bisher aus Kanada importierte, jetzt aber auch bei uns produzierte Einrichtungen können mit Pkw-Anhängerkupplung transportiert werden und vor Ort Rundstämme mit bis zu 1 m ∅ und 1 bis 13 m Länge zu Kantholz, Bohlen, Brettern, Latten und Furnieren beliebiger Abmessung schneiden. Durch überbetrieblichen Einsatz lassen sich derartige Sägen gut auslasten. Gegenüber üblichen Gattersägen können die Schnittkosten gesenkt werden, vor allem wenn es sich wie beim Stallbau um sehr unterschiedliche Holzquerschnitte handelt. Im Gegensatz zu Gattersägen sind nicht nur parallele Schnitte, sondern auch konische, dem Wuchs des Holzes entsprechende möglich.

Rundhölzer und *Stangen* sind sehr preiswert, tragfähig und vielseitig verwendbar. Nicht nur Koppelzäune, Laufstallgatter und Boxentrennwände, sondern auch tragende Konstruktionen lassen sich damit errichten.

Von Rundholz im eigentlichen Sinne spricht man bei Stämmen, deren Durchmesser 1 m oberhalb des stärkeren Endes mehr als 14 cm mit Rinde beträgt. Schwächere Rundhölzer werden als Stangen bezeichnet. Rundhölzer und Stangen sollten in möglichst sauber entrindetem Zustand verwendet werden, weil dann der Schädlingsbefall geringer und die Haltbarkeit größer ist. Beim Entrinden sind auch vorspringende Aststümpfe zu entfernen, an denen sich die Pferde leicht verletzen können. Wichtig ist, daß nur gesundes Holz verwendet wird; Rundhölzer und Stangen mit braunem Kern von schon abgestorbenen Bäumen, wie sie oft beim Einschlag mit anfallen, sind auszusortieren.

Halbierte Stangen haben nur etwa ¼ der Tragfähigkeit des vollen Querschnittes. Sie brechen daher bei der geringsten Belastung und sollten nur für Zwecke eingesetzt werden, bei denen es nicht auf höchste Stabilität ankommt.

Von geschälten Stangen sollte der Pferdehalter immer einen gewissen Vorrat zum Reparieren der Koppelzäune, Gatter und Einrichtungen haben. Können sie nicht unter Dach gelagert werden, sollte man sie keinesfalls waagerecht legen, sondern senkrecht an einen Baum stellen, da so Regenwasser besser abläuft und die Stangen länger gesund bleiben.

Sperrholz

Wetterfest verleimtes Sperrholz, das der Verleimungsart AW 100 (Phenolharz- oder Resorcinharzverleimung) entspricht, hat sich in der Pferdehaltung sehr gut bewährt. Es ist vielseitig einsetzbar und besonders selbsthilfefreundlich. Man kann es für hoch-

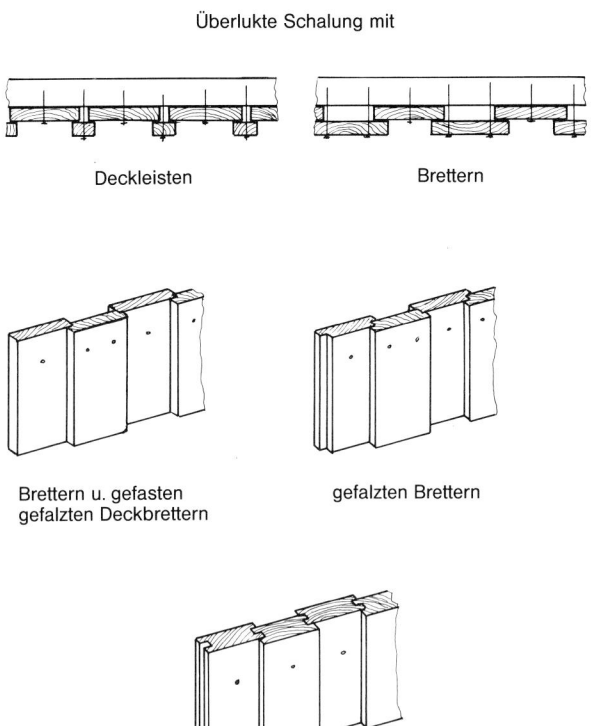

Überlukte Schalung mit

Deckleisten   Brettern

Brettern u. gefasten gefalzten Deckbrettern   gefalzten Brettern

genuteten Brettern

Abb. 197. Senkrechte Bretterschalungen für Außenverkleidungen.

Abb. 198. Waagerechte Bretterschalungen für Außenverkleidungen.

Wasserschlagschalungen

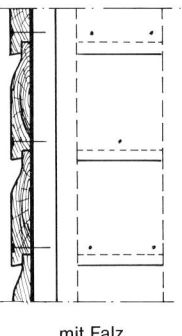 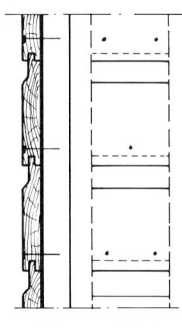

mit Falz   mit Nut und Feder

Stülpschalungen

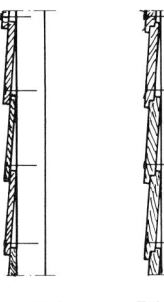 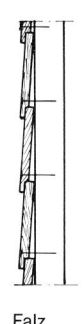 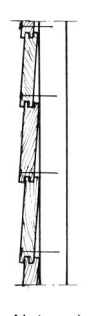

besäumt   Falz   Falz   Nut und
                 zweiseitig   einseitig   Feder

beanspruchte Nagelverbindungen wie Knotenplatten und Kastenträgerverschalungen, aber auch für Außenwandverschalungen sowie zum Bau von Türen, Toren und Inneneinrichtungen verwenden. Sehr gute, über 20jährige Erfahrungen liegen mit kanadischem und amerikanischem *Douglas-Fir-Sperrholz* vor: einmal wegen der guten Verleimung, zum anderen aber auch wegen der hohen Witterungs- und Feuchtigkeitsbeständigkeit des Holzes selbst.

Andere Bausperrhölzer aus asiatischem Keruing, französischer Seekiefer, afrikanischem Gabun, deutscher, schwedischer, polnischer oder tschechischer Fichte konnten sich aus Preis- und Qualitätsgründen nicht so stark durchsetzen.

Die einfachen *Bausperrhölzer* gibt es in zahlreichen Qualitäten mit geschliffener und ungeschliffener Oberfläche und mehr oder weniger großen Fehlern in den Deckfurnieren, wodurch die Festigkeit aber kaum beeinträchtigt wird. Die Furnierzahl liegt zwischen drei und sieben, für tragende Bauteile sind mindestens fünf Schichten vorgeschrieben. Gebräuchliche Stärken sind 8, 10, 13, 16, 19 und 21 mm, am häufigsten werden 13 bzw. 12,5 mm starke Platten eingesetzt. Die Platten sind meist 122×244 cm (internationales Raster), seltener 125×250 cm (deutsches Raster) groß, teilweise sind auch Sonderabmessungen erhältlich.

Hauptmerkmal der Sperrholzplatten ist ihre im Verhältnis zum geringen Gewicht sehr hohe Zug- und Scherfestigkeit. Bauelemente, die ein- oder zweiseitig mit aufgenagelten Sperrholzplatten verschalt werden, sind im Gegensatz zu Bretterverschalungen durch die Sperrholzscheibe meist ausreichend ausgesteift. Türen und Tore mit Sperrholzfüllung brauchen daher keine Diagonalstreben gegen das Durchhängen. Allerdings sollte Sperrholz immer nur auf genügend tragfähigen Rahmen mit nicht zu großen Unterstützungsabständen (maximal das 100fache der Sperrholzstärke) verlegt und ringsum mit engem Nagelabstand befestigt werden. Für sich allein trägt eine Sperrholzplatte nicht und kann sich dann auch verziehen. Nicht beschichtetes Sperrholz ist winddicht, aber noch geringfügig dampf- und gasdurchlässig. Für die meisten Zwecke der Pferdehaltung reichen die einfachen Qualitäten wie C/C, C+/C oder B/C aus, da die Fehler in den Oberflächen den Gebrauchswert der Platten nicht herabsetzen.

Neben diesen Sperrholzarten wird noch hochwertiges, *kunststoffbeschichtetes* Material aus finnischer Birke und afrikanischem Gabun in Stärken von 8 bis 27 mm eingesetzt, wenn glatte, leicht zu reinigende Oberflächen gewünscht werden. Die stärkeren, vielfach verleimten Qualitäten *(Multiplexplatten)* kennt der Pferdehalter als Boxentrennwände und Pferdetransporter-Wände. Anstelle der dauerhaften, aber teuren, ausschließlich aus Furnieren bestehenden Qualitäten werden in letzter Zeit auch Platten mit verleimten Stäben oder Stäbchen aus einheimischem Nadelholz als Mittellage eingesetzt. Es gibt sie in großen Formaten bis 200×510 cm. In 21 und 24 mm Dicke sind diese Platten recht gut zum Bau von rahmenlosen Türen und Toren für Ställe und Hallen geeignet.

Abb. 199. Flügeltor aus Kantholz und wetterfest verleimtem Sperrholz, nur mit verzinkten Nägeln zusammengefügt.

Abb. 200. Rahmenloses Schiebetor aus wetterfest verleimten Stäbchenplatten mit strukturierter, kunststoffbeschichteter Oberfläche.

Spanplatten

Spanplatten dürfen nicht mit Sperrholz verwechselt werden. Sie werden aus verleimten Holzspänen gepreßt und sind schwerer, aber weniger tragfähig als Sperrholzplatten. Sie kommen für großflächige Verschalungen, bei denen es nicht auf geringes Gewicht und höchste Festigkeit ankommt, zum Einsatz. Für tragende Bauteile sind sie nicht geeignet.

Spanplatten werden mit *Kunstharz-* oder *Zementbindung* hergestellt. Bei kunstharzgebundenen Platten ist sehr sorgfältig auf die Verleimungsart und die Emissionsklasse zu achten, denn manche Platten geben so große Mengen an Formaldehyd ab, daß in Innenräumen Gesundheitsschäden auftreten können. Platten der Verleimungsart V 20 mit Harnstoffharzbindung können nur in Räumen mit niedriger Luftfeuchte eingesetzt werden und sind nicht witterungsbeständig. Für die Zwecke der Pferdehaltung kommen daher mehr die Typen mit V 100-Verleimung in Frage, die in Räumen mit hoher Luftfeuchte eingesetzt werden können und witterungsbeständig sind. V 100 G-Platten sind zusätzlich mit Holzschutzmittel versehen.

Zur Bindung werden Harze auf Basis von Phenol, Resorzin und Isocyanat eingesetzt, wobei nur das letztere in bezug auf Formalin-Emissionen unbedenklich ist. Deshalb sollten im Stall- und Reithallenbau nur phenol- und resorzinharzverleimte Platten der Emissionsklasse EI verwendet werden, sofern nicht überhaupt auf andere Materialien wie Bretter oder Sperrholz übergegangen werden kann. Wegen ihres niedrigen Preises, der Großflächigkeit (max. 185×410 cm) und des großen Angebotes unterschiedlicher Dicken (8 bis 38 mm) werden V 100-verleimte Spanplatten aber immer noch gern für Dachverschalungen, Fußböden auf Holzbalkendecken, Luftkanäle für Lüftungsanlagen und Heutrocknungen sowie für Reithallenbanden und Kraftfutterbehälter eingesetzt.

Beim Verlegen großflächiger Spanplatten ist auf die große Längsausdehnung bei Feuchtigkeitseinwirkung zu achten: Fugenstöße bei Verschalungen sollten möglichst breit und offen ausgeführt werden; bei Fußböden ist eine Dehnungsfuge zur Wand nötig.

Zementgebundene Spanplatten sind wesentlich feuchtigkeits- und witterungsbeständiger, aber auch spröder als kunstharzgebundene. Sie sind auch ohne Holzschutzmittelzusatz weitgehend beständig gegen Fäulnis- und Insektenbefall und sind schwer entflammbar. Sie sind etwa doppelt so schwer wie kunstharzgebundene Materialien und auch schwieriger zu sägen, bohren und nageln. Durch ihre hellgraue Farbe und die dichten, geschlossenen Oberflächen sind Zementspanplatten leicht von kunstharzgebundenen zu unterscheiden. Die Dicken reichen von 8 bis 40 mm, die Längen von 260 bis 310 cm bei einer Breite von 125 cm. Im Pferdestallbau kommen diese Platten vor allem für Außenverkleidungen von mehrschaligen Wandkonstruktionen sowie für Innenwandverschalungen an Stellen ohne Schlag- und Stoßbelastung in Frage.

7.2.3 Dämmstoffe

Zur Wärme- und teilweise auch zur Schalldämmung von Wand- und Deckenflächen werden leichte Stoffe verwendet, die ein möglichst hohes Luftvolumen enthalten und auch selbst schlechte Wärmeleiter sind. Die früher für diese Zwecke gebräuchlichen organischen Materialien wie Stroh, Torf und Sägemehl wurden immer mehr durch Mineralfasern und Schaumstoffe ersetzt, die weniger fäulnisgefährdet und arbeitsaufwendig sind. Leider besitzen diese anorganischen Stoffe nicht die wertvolle Eigenschaft der Pflanzenfaser, größere Mengen Wasser in dampfförmiger oder flüssiger Pha-

Abb. 201. Zementgebundene Spanplatten sind sehr witterungs- und brandbeständig, aber schwer und spröde. Beim Nageln sollten sie möglichst vorgebohrt werden.

se zu speichern und auch schnell wieder abzugeben, ohne dabei stark an Dämmwert zu verlieren. Sie müssen daher durch an der Stallinnenseite angebrachte Dampfsperren bzw. Dampfbremsen vor feuchter Luft und Kondenswasser geschützt und auf der Außenseite hinterlüftet werden. Durch die Dampfsperre wird gleichzeitig aber auch ein gewünschter Gasaustausch verhindert, so daß derartige Ställe besonders sorgfältig be- und entlüftet werden müssen.

Lose Schüttungen aus körnigen Dämmstoffen wie Blähton, Styropor-Flocken, Abfällen aus der Leichtbauplattenherstellung, Perlite und ähnliche Materialien kommen hauptsächlich für die Isolierung waagerechter Zwischendecken in Betracht. Bei senkrechten oder geneigten Flächen dagegen besteht die Gefahr, daß die Schüttungen sich setzen und Kältebrücken entstehen. Ein Hauptvorteil loser Schüttungen im Vergleich zu Matten oder Platten besteht darin, daß Mäuse sich ungern darin aufhalten, weil ihre Gänge sofort wieder zufallen. Allerdings sind lose Füllungen unangenehmer und arbeitsaufwendiger einzubringen. Eine 0,15 bis 0,2 mm starke Polyäthylenfolie zur Unterlage dient als Dampfsperre und verhindert, daß Staub aus der Schüttung durch die Decke in den Stall dringt.

Mineralfasermatten sind der gebräuchlichste flexible Dämmstoff. Sie haben die lose Glaswolle fast ganz verdrängt, weil sie schneller und angenehmer zu verlegen sind. In gesteppter oder kaschierter Form können sie auch an senkrechten Flächen mit aufgenagelten Randleisten befestigt und gegen Abrutschen gesichert werden. Sie sollten immer breiter sein als das zu dämmende Wand- oder Deckenfeld, damit man sie am Rande des Balkens oder Binders hochziehen und annageln kann, um Kältebrücken zu vermeiden. Für Stallbauzwecke empfehlen sich Matten mit aufkaschierter Dampfsperre.

Ähnlich wie bei Deckenisolierungen aus Asbestfaser-Materialien (Asbestose) befürchtet man neuerdings auch bei Mineralfasern eine Feinstaubabgabe an die Raumluft (KÖNIG 1985). Wenn Bedenken in dieser Richtung bestehen, sollte man allseitig kaschierte Mineralfasermatten verwenden. Alternativen zu Mineralfasermatten, die

Abb. 202. Mineralfasermatten mit aufkaschierter Aluminiumfolie als Dampfsperre werden häufig zur Wärmedämmung mehrschaliger Wände und Decken eingesetzt, obwohl Baubiologen Bedenken hinsichtlich Feinstaubabgabe und Beeinflussung der natürlichen Strahlung äußern.

ähnlich flexibel, brandbeständig, verrottungsfest und preiswert sind, lassen sich kaum finden. Kokosfasermatten haben zwar gute Eigenschaften, sind aber nur begrenzt verfügbar und wesentlich teurer. In jüngster Zeit laufen Bestrebungen und Versuche, unverkäufliche Schafwolle aufzuarbeiten und für Wärmedämmzwecke im Bauwesen einzuweben. Seit April 1991 sind Schafwollmatten unter dem Namen Isowoll erhältlich.

Kunstschaumstoffplatten sind noch einfacher und angenehmer zu verarbeiten als Mineralfasermatten, aber nicht so feuerbeständig. Während die einfachen, blockgeschäumten Polystyrolschaumplatten wie z. B. Styropor im Stallbau nur auf Unterschalung und mit Dampfsperre verlegt werden können, lassen sich die wesentlich steiferen, glatten und weitgehend dampfdichten extrudierten Polystyrolschaumstoffplatten, bekannt unter den Namen Styrofoam und Styrodur, auch direkt als Sichtplatten an entstehenden Bindern oder Balken ohne zusätzliche Unterkonstruktion und Dampfsperre befestigen. Dabei erfolgt die Verbindung der Platten untereinander durch Nut und Feder. Ihre Oberflächenfestigkeit reicht für Reinigungsarbeiten, nicht aber für mechanische Belastungen durch Tiere aus, weshalb diese Materialien im Pferdestallbau vor allem für Stalldecken, Lüftungskanäle und Lüftungsklappen, nicht aber zur Wandverschalung ohne zusätzliche Schutzverkleidung in Betracht kommen. Außerdem werden noch beschichtete oder aluminiumkaschierte Stalldeckenplatten aus Polystyrol- und Polyurethanschaum eingesetzt.

Holzwolleleichtbauplatten, wie sie unter dem Namen Heraklith bekannt geworden sind, zählen zu den altbewährten Dämmstoffen. Wegen ihrer besonderen Eigenschaften wie Atmungsaktivität, Schalldämmung, relativ hohes Gewicht und Speichervermögen sowie vor allem fehlende Emissionen an Gasen und Feinstaub werden sie heute wieder vermehrt eingesetzt. Verglichen mit den Mineralfaser- und Schaumstoffprodukten ist allerdings die Wärmedämmwirkung nur etwa halb so hoch (s. auch Tab. 6), so daß mit etwa doppelter Dicke gearbeitet werden muß.

Die wichtigsten Kennzahlen für die Wärmedämmung tpyischer Baustoffe für Pferdeställe sind in Tab. 6 zusammengestellt.

Tab. 6: Kennzahlen für die Wärmedämmung typischer Baustoffe für Pferdeställe

Baustoffe	Rohdichte	Wärme-leit-fähigkeit	notwendige Baustoffdicke in cm für verschiedene k-Werte				
	kg/m^3	kcal/mh°C	k = 0,6	k = 0,65	k = 0,7	k = 0,75	k = 0,8
Mineralfasermatten und Kunststoffschaumplatten	15–40	0,035	5,2	4,7	4,3	4,0	3,7
Holzwolleleichtbauplatten und Holzspanbeton	300	0,07	10,3	9,4	8,7	8,0	7,4
Vollholz (Fichte, Kiefer, Tanne)	550	0,12	17,7	16,2	14,9	13,7	12,7
Leichhochlochziegelmauerwerk	800	0,35	51,7	47,2	43,3	40,0	37,1
Hochlochziegelmauerwerk	1400	0,52	76,8	70,1	64,4	59,5	55,1
Vollziegelmauerwerk	1600	0,60	88,6	80,9	74,3	68,6	63,6
Schwerbeton	2200–2600	2,00	295,3	269,7	247,7	228,7	212,0

7.2.4   Bedachungsmaterialien

Bedachungsmaterialien stehen in sehr großer Auswahl zur Verfügung und erlauben eine Anpassung an das Landschafts- und Ortsbild, die jeweilige Dachneigung und die Tragfähigkeit der Unterkonstruktion. Die plattenartigen Bedachungsmaterialien wie Faserzementplatten, Bitumenwellplatten und Metallprofilbleche können auch zur Außenwandverkleidung verwendet werden. Gebäude, deren Dachhaut und Wandverkleidung aus dem gleichen Material besteht, wirken jedoch optisch nicht sehr ansprechend. Außerdem sind die leichten Dachplatten wesentlich stoßempfindlicher als Holzschalungen, man sollte sie daher als Außenverkleidung nur verwenden, wenn Pferde damit nicht in Berührung kommen können. Von seiten der Brandversicherung her werden die Bedachungsmaterialien in „harte" oder „weiche" Eindeckungen eingeteilt, was Einfluß auf die Höhe der Versicherungsprämie hat.

Dachziegel und *Betondachsteine* sind ohne Zweifel das ansprechendste, weil am meisten vertraute Dachmaterial. Die Beständigkeit gegenüber Witterungseinflüssen und chemischen Bestandteilen der Luft gewährleisten bei richtiger Verlegung eine sehr hohe Haltbarkeit und Pflegefreiheit. Von Preis und Haltbarkeit her gesehen sind diese Materialien kaum zu unterbieten. Leider sind ihrem Einsatz im neuzeitlichen Stall- und Hallenbau Grenzen gesetzt. Die notwendige Dachlattung verlangt enge Binder-, Rahmen- oder Sparrenabstände von weniger als 1 m oder zusätzliche Konterlattungen bei Pfettendachstühlen. Die Dachneigung darf je nach Ziegelart nicht flacher sein als 18 bis 30°, und das hohe Gewicht von 40 bis 60 kg/m^2 verteuert die Unterkonstruktion bei großen Spannweiten.

Leichtere Bedachungsmaterialien setzen sich daher auch für die Gebäude der Pferdehaltung stärker durch. Sehr flache Dachneigungen unter 10°, wie sie bei den meisten Pultdächern üblich sind, lassen sich durch *Dachpappe* auf Vollschalung beherrschen. Es sollten nur schwere, besandete Bitumenpappen verwendet werden, die möglichst heiß verklebt werden. Ein gutes Pappdach hält etwa zehn Jahre, dann werden Ausbesserungsarbeiten fällig.

Bitumen- und *Asphaltschindeln* werden häufig zum Decken vorgefertigter Pferdeställe verwendet, weil sie bei geringem Gewicht auf Vollschalung leicht und unproblematisch durch Annageln verlegt werden können, in Verbindung mit einer untergelegten Bitumenpappe auch bei flacher Dachneigung dicht sind und vor allem gut und rustikal aussehen. Außerdem puffert die Vollschalung Kondenswasser, wenn die Wärmedämmung der Dachdecke eingespart wird.

Bitumenwellplatten sind leicht, flexibel, einfach durch Nagelung zu verlegen und preiswert. Bei Reithallen haben sie sich wegen der Geräuschdämmung bei Regen und Hagel gut bewährt. Die Grundfarbe ist schwarz-grau, gegen Aufpreis sind auch grün, rot und silbrig beschichtete Platten erhältlich, außerdem gibt es granulatbeschichtete Platten, die von den Brandversicherungen als Hartbedachung (widerstandsfähig gegen Flugfeuer und strahlende Wärme) zugelassen sind. Die Farbbeschichtung ist jedoch dünn, leicht verletzlich und hält nicht so lange wie die Platte selbst, so daß normalerweise die Grundfarbe zu bevorzugen ist. Bitumenwellplatten brauchen je nach Dachneigung und Schneelast einen Unterstützungsabstand von 40 bis 60 cm, bei extrem flachen Dächern mit 5 bis 10° Neigung ist eine 50%ige Sparschalung angebracht. Durch den relativ engen Unterstützungsabstand eignen sie sich vor allem für Dächer, bei denen Dachlatten verwendet werden können und die ebenfalls die engen Binder- oder Sparrenabstände bis zu 1,25 aufweisen. Bei weiten Binderabständen von 4 bis 5 m wird dagegen ein hoher Holzaufwand für die Pfetten erforderlich.

Abb. 203. Bitumenwellplatten sind besonders gut für Konstruktionen mit engem Binder- oder Sparrenabstand auf Dachplatten oder Sparschalung geeignet.

Kunststoffwellplatten (Wikunit) werden als relativ neues, aber angeblich langjährig erprobtes Material aus ABS (schlagzähes Polystyrol) mit wetterfester farbiger Acrylbeschichtung in Längen bis 12 m hergestellt. Sie sind leicht und elastisch, aber steifer als Bitumenwellplatten, so daß Pfettenabstände bis 80 cm möglich sind.

Wellasbestzementplatten, früher das Standardmaterial für leichte Bedachungen, werden wegen der Gesundheitsrisiken bei der Herstellung und Verarbeitung ab 1990 durch asbestfreie Materialien im Hochbau ersetzt. Dabei treten Kunstfasern (Polyacrylnitril) und Zellstoffe an die Stelle des Asbests. Kurzwellige Faserzementplatten (Berliner Welle) sind bereits bauaufsichtlich zugelassen, für Platten mit 2,50 m Länge läuft noch das Verfahren, soll aber bis Ende 1990 abgeschlossen sein.

Wellasbestzement- und Faserzementplatten sind steifer als die bisher beschriebenen Wellplatten. Dadurch sind Stützabstände bis 1,10 m möglich. Allerdings muß die Unterkonstruktion möglichst eben sein, und die Platten sind sorgfältig zu verlegen.

Profilbleche aus Leichtmetall, verzinktem oder kunststoffbeschichtetem Stahlblech sind ein sehr leichtes, witterungsbeständiges und tragfähiges Bedachungsmaterial, das auch für geringe Dachneigungen geeignet ist. Unter Platten mit metallisch reflektierender Oberfläche bleibt es auch bei starker Sonneneinstrahlung relativ kühl und die Pferde suchen gern Schutz darunter. Allerdings ist zu bedenken, daß Metalleindeckungen oft starke Geräusche abgeben, was insbesondere bei Reithallen stören kann. So ist bei Regen und Hagel ein Prasseln und bei Temperaturänderungen ein Knacken zu hören. Zu beachten ist auch, daß sich unter diesen Materialien leicht Kondenswasser und Reif bilden; bei manchen Wetterlagen so stark, daß es zum Abtropfen kommt. Durch eine feuchtigkeitsspeichernde Holz-Unterschalung oder durch Kunstfaserfliese kann man Abhilfe schaffen. Es gibt aber auch Metallprofilplatten mit einer werkseitig angebrachten Flies- oder Polyurethanschicht.

Baubiologen äußern gegenüber Metalldächern Bedenken, weil sie ähnlich wie Stahl-

betondecken das natürliche Strahlungsfeld zwischen Erde und Kosmos negativ beeinflussen sollen. Bei einem Weideunterstand oder einem Offenlaufstall wird man dies
sicherlich eher in Kauf nehmen können als bei einem Boxenstall, in dem die Pferde
die meiste Zeit ihres Lebens eingesperrt sind.

Metallprofilbleche gibt es in zahlreichen Profilquerschnitten mit Well- und Trapez-
form. Flache Profile werden mit Unterstützungsabständen von 0,50 m bis 1,20 m auf
Holzunterkonstruktion verlegt. Sehr hohe Stahlprofilbleche, die es in Längen bis zu
12 m gibt, können Stützweiten bis zu 9 m überspannen, so daß sehr einfache Unterkon-
struktionen möglich sind.

Leider werden dem Einsatz von Bitumenwellplatten, Faserzementplatten und Metallprofilplatten in manchen Gegenden durch die Baubehörden große Schwierigkeiten
bereitet, indem selbst für einfache Weidehütten, Maschinenschuppen und Offenställe
nur Ziegel mit bestimmter Form und Farbe zugelassen werden.

Alle Bedachungsmaterialien sind so einzubauen, daß sie auf der Unterseite gut
belüftet werden (Hinterlüftung) und Kondenswasser abführen.

7.2.5   Materialien für Fenster und Lichtbänder

Normales *Fensterglas* sollte im Pferdestallbau nicht verwendet werden: es ist zu
bruchgefährdet, neigt zu Schwitzwasserbildung und bringt zu hohe Wärmeverluste.
Auch im Reithallenbau ist es wegen zu harter Schlagschatten und Blendwirkung
ungeeignet. Wenn Glas bei Pferdeställen verwendet wird, dann nur als Drahtglas oder
besser als Doppelscheibenisolierglas mit zusätzlicher Sicherung durch ein Drahtgitter.

Kunststoff-Lichtplatten sind für Pferdeställe besser geeignet. In Form der Plexiglas-
und Polycarbonat-Stegdoppelplatte haben sich wärmedämmende, zweischalige Platten
gut bewährt. Sie haben bei hoher Bruchsicherheit eine Lichtdurchlässigkeit von 83%,
einen k-Wert von 2,7, wiegen nur max. 5 kg/m², können leicht gesägt und gebohrt
werden und sind im Gegensatz zu anderen Kunststoffen äußerst witterungsbeständig.

**Abb. 204. Stegdoppelplatten
aus PVC (links) und Plexiglas
(rechts) kommen vor allem für
rahmenlose und bruchsichere
Fenster von Pferdeställen in
Frage.**

Ihr Hauptvorteil ist aber, daß sie sich infolge ihrer Steifigkeit ohne aufwendige Rahmen verlegen lassen; bei nicht schwenkbarer Anordnung genügt die Befestigung mit Holzleisten. Zu beachten ist dabei aber die allen Kunststoffen eigene hohe Temperaturdehnung. Profilierte Kunststoff-Lichtplatten kommen vor allem für Offenställe, Reithallen und Bergeräume in Frage. Sie werden aus PVC, glasfaserverstärktem Polyester, Plexiglas und Polycarbonat hergestellt. Am preiswertesten sind PVC und Polyester, aber in der Haltbarkeit begrenzt (ca. 10 Jahre), während die hochwertigen Plexiglas- und Polycarbonatplatten über 20 Jahre halten können, wenn sie nicht durch außergewöhnliche Hagelschläge mechanisch beschädigt werden.

Kunststoff-Lichtplatten gibt es auch passend zu den verschiedenen Bedachungsmaterialien, so daß man problemlos Gebäude von der Dachfläche her belichten kann.

7.2.6 Holzschutz und Holzschutzmittel

Dieses Thema ist für den Pferdehalter von so großer Bedeutung, daß es hier ausführlicher behandelt werden muß. Durch die zunehmenden Probleme mit Wohn- und Umweltgiften sind auch Holzschutzmittel in die öffentliche Diskussion geraten und man sucht nach Produkten, die möglichst ungiftig sind und die Umwelt wenig belasten. Auch viele Pferdehalter sind vorsichtig geworden und wenden Holzschutzmittel nicht mehr so bedenkenlos an wie früher. Wenn im folgenden von Holzschutzmitteln die Rede ist, ist an solche chemischen Produkte gedacht, die durch Streichen, Tauchen oder Druckimprägnierung Bauholz vor dem Befall durch Pilze, Fäulnis und Insekten schützen sollen. Nicht gemeint sind die Mittel auf Wachs-, Leinöl- oder Dispersionsbasis, die nur durch Oberflächenbehandlung die Feuchtigkeitsaufnahme des Holzes und mit Hilfe von Farbpigmenten und Lichtschutzzusätzen das Ausbleichen oder Nachdunkeln verhindern.

Die *schädlichen Auswirkungen* von Holzschutzmitteln können von verschiedener und sehr komplexer Art sein. Einmal wirken sie auf direkte Weise mehr oder weniger giftig auf Mensch und Tier, indem sie durch Nahrungsaufnahme in den Körper gelangen. So bei Pferden durch Benagen von Zaunpfosten, Stangen oder Boxenteilen, oder durch Lagerung von Heu und Kraftfutter an frisch mit Holzschutzmitteln behandelten Bauteilen. Hinweise über den Grad der Giftigkeit gab früher die Giftklasse. Sie reichte von I (höchste Stufe) über III (niedrigste Stufe) bis „ungiftig". Heute findet man auf den Packungen nur noch Gefahrensymbole für „giftig", „gesundheitsschädlich", „reizend" und „ätzend". Die außerdem in den Holzschutzmittelverzeichnissen angegebenen Gefährdungsklassen (GK) 1 bis 4 für vorbeugende Bekämpfung haben nichts mit der Gefährdung von Mensch und Tier zu tun, sondern beziehen sich auf die Holzgefährdung durch unterschiedliche Feuchtigkeitsbeanspruchung:

GK 1 = Hölzer im Innenbereich ohne Feuchtebeanspruchung. Holzfeuchte unter 20%

GK 2 = Hölzer im Innenbereich mit zeitweiligem Holzfeuchteanstieg über 20%, Hölzer im Außenbereich unter Dach ohne Erdkontakt

GK 3 = Hölzer im Außenbereich mit direkter Sonnenbestrahlung und Regenbelastung ohne Erdkontakt

GK 4 = Hölzer mit ständigem Erd-/Wasserkontakt

Da es nach WEISSENFELD (1988) gar keine ungiftigen Holzschutzmittel gibt, sondern nur mehr oder weniger giftige, ist bei der Anwendung aller Mittel Vorsicht geboten.

Weiterhin kann es bei der unsachgemäßen Verarbeitung der Holzschutzmittel zu

Belastungen kommen. Werden beispielsweise die schwach giftigen öligen Mittel in schlecht belüfteten Räumen verarbeitet oder gelangen größere Mengen an die Haut, kann es zu Atembeschwerden und Verätzungen kommen. Aber auch nach der Verarbeitung geben Holzschutzmittel in mehr oder weniger großem Umfang Schadstoffe an die Umwelt ab, wie etwa durch langsames Ausgasen oder Auswaschen von Lösungsmitteln oder gar Wirkstoffen. Besonders besorgniserregend waren die Krankheiten und Todesfälle durch das Fungicid PCP (Pentachlorphenol), das nach WEISSENFELD (1988) inzwischen aus allen Holzschutzmitteln verschwunden ist, während Lindan (alpha-Isomer des Hexachlorcyclohexan) in gereinigter Form noch verwendet, aber immer mehr durch die nach gegenwärtigen Erkenntnissen unbedenklicheren Pyrethroide ersetzt wird.

Wenig beachtet wurde bisher die Frage, was mit den Holzschutzmitteln geschieht, wenn das Holz nicht mehr verwendet, sondern verbrannt wird (Rückstände in Rauch und Asche).

Aufgrund der Umweltproblematik der Holzschutzmittel sollte sie der Pferdehalter möglichst meiden und nur gezielt als notwendiges Übel dann einsetzen, wenn es nicht anders geht.

Nichtchemischer Holzschutz

Zum Vermeiden chemischer Holzschutzmittel gehört zunächst einmal die Verwendung weitgehend *fäulnisresistenter Holzarten*. So halten Zaunpfähle aus Eiche, Robinie und Lärche mindestens solange wie imprägniertes Fichtenholz. Auch Douglasie und harzreiche Kiefer sind ohne Imprägnierung ausreichend haltbar. Durch die neuen Tendenzen im Waldbau, anstelle der bisherigen Fichten-Monokulturen mehr artenreiche Mischwälder zu kultivieren, werden diese Holzarten zukünftig leichter als bisher erhältlich sein.

Bei unbehandelten Fichtenpfosten läßt sich eine Haltbarkeit von 10 bis 15 Jahren erreichen, wenn man gesunde Stämme in der Saftruhe schlägt, sofort schält und noch naß in den Boden setzt. Dann bleibt die fäulnisgefährdete Erd/Luft-Zone feucht und frei von Trocknungsrissen. Läßt man die Stangen erst trocknen und reißen, ist die Haltbarkeit im Boden wesentlich geringer, da durch die Risse Fäulniserreger eindringen können.

Auch bei den waagerechten Stangen für Koppelzäune kann man auf Holzschutzmittel verzichten, wenn sie mit Nägeln, Schrauben oder Rundholzverbindern so angebracht werden, daß an den Verbindungsstellen das Regenwasser gut ablaufen und sich nicht stauen kann. Eingezapfte Stangen, wie sie neuerdings für vorgefertigte Koppelzäune geliefert werden, sollten tauch- oder tiefdruckimprägniert sein, zumal einzelne Stangen nur nach Demontage der Pfosten auswechselbar sind.

Aber auch beim übrigen Bau- und Schnittholz kann viel getan werden, um den Holzschutzmitteleinsatz einzuschränken oder zu vermeiden. Gesundes, richtig behandeltes und verbautes Holz kann Jahrhunderte ohne Imprägnierung halten, wie zahlreiche Beispiele zeigen.

Der wichtigste nichtchemische Holzschutz beginnt schon beim Termin zum Schlagen des Baums. Hierzu gab es früher Bauernregeln, die auf Jahrhunderte alten Erfahrungen beruhten wie etwa:

„Wenn man in den letzten Tagen des Christmond und in den ersten Tagen im Jänner ein Holz schlägt, dieses bleibt unverwesen, fressen die Würmer nicht und wie älter es wird, desto härter wird es."

Nicht zuletzt durch die Entwicklung chemischer Holzschutzmittel sind diese Kenntnisse fast ganz verlorengegangen, doch die Tiroler Jungbauernschaft hat sie gesammelt und aufgelistet (STRICKNER 1986).

Weiterhin muß das zum richtigen Termin geschlagene Holz sofort entrindet, möglichst bald eingeschnitten und bis zur Verwendung luftig gelagert werden. Auch gegen diese Erkenntnis wird heute oft verstoßen, meist allerdings aus arbeitswirtschaftlichen Gründen, denn durch den Zwang zur Rationalisierung können vor allem große Holzmengen nicht immer fachgerecht behandelt werden und kommen manchmal mit deutlichem Pilzbefall auf die Baustelle. Auch müssen oft kranke oder gar schon abgestorbene Bäume als Nutzholz mitverarbeitet werden, wobei chemische Holzschutzmittel unvermeidbar sind.

Durch *konstruktiven Holzschutz* kann gesundes Holz lange Zeit vor Schädlingsbefall geschützt werden. Dazu gehören vor allem folgende Maßnahmen:

– Dachflächen an den Giebel- und Längsseiten der Gebäude möglichst weit (mind. 50 bis 60 cm) überstehen lassen
– Hirnholzflächen gegen Eindringen von Regenwasser durch Deckbretter schützen
– Niederschlagswasser muß möglichst schnell und vollständig ablaufen können
– Tropfkanten an waagerechten Holzflächen wie Fensterstöcken, Türen und Verschalungen anbringen
– ausreichend breite Dehnungsfugen ohne Kapillarwirkung vorsehen
– Schutz der Schwellen und Pfosten vor aufsteigender Feuchtigkeit aus Fundamenten durch Sperrschichten aus Bitumenpappe oder PE-Folie
– ausreichende Hinterlüftung bei mehrschaligem Wand- und Deckenaufbau zur Abführung von Kondenswasser
– Balkenköpfe nicht in Mauerwerk einbinden, das der Stallfeuchtigkeit ausgesetzt ist
– Schutz der Holzteile an Dachstühlen vor Flugschnee durch atmungsaktive Unterspannbahnen bei nicht schneedichten Bedachungsmaterialien (manche Ziegelarten).

Chemische Holzschutzmittel

Hat man sich nach reiflicher Überlegung und trotz aller Bedenken doch dazu entschlossen, ein wirksames Holzschutzmittel zu verwenden oder imprägnierte Holzprodukte zu kaufen, dann fällt selbst einem Holzfachmann die Wahl unter der großen Zahl der Mittel schwer. Allein ca. 200 amtlich für tragende und aussteifende Bauteile zugelassene Mittel sind am Markt. Hinzu kommen ca. 75 nicht zugelassene, aber mit RAL-Gütezeichen versehene und für den vorbeugenden Schutz von statisch nicht beanspruchten Hölzern für Fassadenverkleidungen, Zäune, Fenstern und Türen geeignete Sorten sind am Markt, daneben noch zahlreiche weitere ohne Zulassung oder Gütezeichen.

Es gibt salzhaltige und ölige Produkte. Bei der Auswahl des Mittels sind folgende Gesichtspunkte zu berücksichtigen:

Die *Holzfeuchte* ist entscheidend. Frisches Holz mit mehr als 30% Wassergehalt, bei dem ein Strich mit einem Kopierstift verläuft, kann nur mit salzhaltigen Mitteln imprägniert werden. Ölige Mittel dringen nur in genügend trockenes Holz ein, bei dem ein Kopierstiftstrich nicht mehr verläuft.

Die *Giftigkeit* des Mittels ist zu beachten. Holzteile, mit denen die Pferde direkt in Kontakt kommen können, sollten nicht stark giftig sein. WEISSENFELD (1988) warnt vor Teerölpräparaten und Carbolineen und weist auf die lösemittelhaltigen Holzschutzmittel mit den wahrscheinlich relativ unbedenklichen Wirkstoffen Dichlorluanid, Carbendazin und Permethrin (synthetisches Pyrethroid) sowie auf Borsalze hin.

Einwirkungen auf andere Materialien sind möglich. Frische, ölige und lösungsmittel-haltige Produkte können Kunststoffe wie Folien, Lichtplatten oder Schaumstoffe an-greifen oder verfärben. Salzhaltige Mittel können Metalle, vor allem auch Zinkschich-ten, korrodieren, wenn gleichzeitig Feuchtigkeit einwirkt.

Eine *Geruchsbelästigung* ist auszuschließen. Für Bauteile in geschlossenen Räumen sollten nur schwach riechende Mittel oder solche mit kurzer Ablüftzeit verwendet werden, denn gerade Pferde sind für Luftverunreinigungen empfindlich.

Die *Lichtbeständigkeit* des Holzes kann erhöht werden. Hölzer, die dem Sonnenlicht ausgesetzt sind, sollten mit Holzschutzmitteln, die lichtechte Pigmente enthalten, behandelt werden, weil sie sonst stark ausbleichen und unansehnlich werden.

Die *Schutzwirkung* hängt ab von der Eindringtiefe und der Mittelart. Die Schutz-wirkung ist bei jedem geprüften oder mit RAL-Zeichen versehenen Mittel mit folgen-den Kennzeichen angegeben:

P   = wirksam gegen Pilze (Fäulnisschutz)
Iv = gegen Insekten vorbeugend wirksam
Ib = zum Streichen, Spritzen (Sprühen) von Bauholz geeignet
t   = zum Streichen und Tauchen von Bauholz geeignet sowie zum Spritzen (Sprü-hen) in stationären Anlagen
W   = auch für Holz, das der Witterung ausgesetzt ist, jedoch ohne Erdkontakt
E   = auch für Holz, das extremer Beanspruchung ausgesetzt ist (Erdkontakt, flie-ßendes Wasser o. ä.)
F   = wirksam zur Brandschutzausrüstung von Holz und Holzwerkstoffen

Das *Aufbringen* der Holzschutzmittel erfolgt durch Streichen, Spritzen (Sprühen), Tauchen oder Kesseldruck-Imprägnierung. Mit Streichen, Spritzen und Kurzzeittau-chen läßt sich nur ein Oberflächen- bzw. Randschutz erzielen. Mit Langzeittauchen (mehrere Tage) erreicht man einen Tiefschutz mit einer Eindringtiefe im Zentimeter-bereich. Vollschutz mit Durchtränkung des gesamten Holzquerschnittes bekommt man nur mit der industriell anwendbaren Kesseldruckimprägnierung. Vollschutz und Tiefschutz ist erforderlich, wenn die Hölzer in ständigem Kontakt mit dem Erdboden stehen wie Zaunpfähle, Masten oder Schwellhölzer.

Die *Sicherheits-* und *Verarbeitungshinweise* der Hersteller sind im Umgang mit Holzschutzmitteln dringend zu beachten. Dies gilt nicht nur während der Verarbei-tung, sondern auch danach. So sind Räume, in denen ölige Holzschutzmittel verarbei-tet wurden, ausreichend lange und intensiv zu lüften. Bei wasserlöslichen, salzhaltigen Produkten müssen die behandelten Hölzer einige Zeit vor Niederschlägen geschützt gelagert werden, bis sie trocken und die Salze im Holz fixiert sind. Bestimmte Salze dagegen fixieren nicht und bleiben auswaschgefährdet. Sie dürfen daher nur unter Dach angewendet werden.

Neben den bisher behandelten Holzschutzmitteln zur vorbeugenden oder bekäm-pfenden Behandlung gegen Pilze und Insekten werden noch Mittel eingesetzt, bei denen der Oberflächenschutz des Holzes vor *Verwitterung* im Vordergrund steht:

Imprägnierlasuren werden bei Außenverschalungen aus Holz und Sperrholz sowie bei Fenstern und Türen verwendet, um eine wasserabweisende, farbige und weitge-hend lichtechte Oberfläche zu erhalten. Sie enthalten Zusätze gegen Fäulnis- und Insektenbefall, deren Wirksamkeit allerdings wegen der geringen Eindringtiefe um-stritten ist. Neuerdings werden neben den lösungsmittelhaltigen Produkten vermehrt wasserlösliche *Dispersionslasuren* eingesetzt. Lasuren ohne fungizide und insektizide Zusätze werden sowohl auf der Basis synthetischer Grundstoffe als auch aus Naturprodukten (Naturfarben) hergestellt. Für Bauteile aus gesundem Holz reichen sie in der Regel aus.

Alternative Holzschutzmittel

Bei der Holzbehandlung werden alternative Mittel in letzter Zeit stärker eingesetzt und diskutiert. So gibt es Holzschutzmittel auf der Basis von Borax, Holzteer und Holzpech, Holzessig, aetherischen Pflanzenölen und Kräuterextrakten. Während inzwischen Borax-Produkte von zwei Naturfarbenherstellern die amtliche Zulassung erhalten haben, sind alle anderen alternativen Holzschutzmittel noch nicht amtlich geprüft. WEISSENFELD (1988) hat auch Bedenken, ob alle als „umweltfreundlich", „biologisch" oder „natürlich" bezeichneten Produkte auch ungiftig oder unschädlich sind. Holzteer und Holzessig seien sogar „alles andere als unbedenklich".

Als Alternative zum chemischen Holzschutz wird auch das Anbrennen von Zaunpfosten praktiziert. In einem offenen Feuer werden die Pfosten am gefährdeten unteren Ende unter häufigem Drehen solange angesengt, bis eine dünne Holzkohleschicht entstanden ist. Durch die Erhitzung des Holzes werden „Holzwürmer" und Pilze abgetötet und es tritt eine trockene Destillation mit Bildung von Holzgas und seinen fungiziden Destillationsprodukten wie Holzteer und Holzessig ein, die oben schon behandelt wurden. Nachteilig ist aber, daß das Holz beim Anbrennen reißt und die Schutzwirkung nicht genügend dauerhaft ist.

8 Baukosten

Allgemeingültige Angaben über Baukosten in der Pferdehaltung zu machen, ist nicht möglich. Unterschiedliche örtliche Geländeverhältnisse, wechselnde Preise für Baumaterialien und Arbeitsleistungen sowie vor allem individuelle Wünsche des Bauherrn an

Abb. 205. Mit farbiger, lichtechter und witterungsbeständiger Imprägnierlasur behandelte Sperrholzverschalung an einem Pferde-Offenlaufstall.

das Bauvolumen und die Bauausführung bedingen große Baukostenschwankungen. Sieht man aber einmal von extrem billigen oder teuren Lösungen ab, so kann man doch gewisse Richtwerte und Orientierungshilfen angeben, die aber nur mit Vorbehalten verglichen und für Baukostenvorausschätzungen verwendet werden können. Die folgenden Angaben gelten für das Preisniveau von 1988/89. Unterschieden werden muß zwischen Projekten, die von Unternehmern erstellt wurden, und solchen, die in Eigenleistung ausgeführt wurden, wobei Baukostenersparnisse zwischen 30 und 50% möglich sind, auch wenn man die Eigenarbeit nach Maschinenringsätzen bewertet. Bei der Bauausführung wurden weder Primitivlösungen noch Luxusprojekte, sondern nur voll funktionsfähige, aber sparsame Lösungen berücksichtigt. Bei den Gebäuden wurde eine Schneelast von 75 kp/m^2 zugrunde gelegt.

Tab. 7: Baukosten in der Pferdehaltung

	Richtpreise ohne MwSt. Ausführung	
	durch Unternehmer	in Selbsthilfe
Offenlaufstall für 5 Pferde mit erdlastigem Bergeraum für Heu und Stroh, mit Fundament	DM 4800–6100 je Pferdeplatz	DM 3200–4000 je Pferdeplatz
Eingeschossiger, wärmegedämmter, zweireihiger Pferdestall in freitragender Holzkonstruktion für 12 Boxen à 10,5 m^2, mit Sattel- und Futterkammer und Fundament, ohne Bergeraum	DM 8000–9600 je Pferdeplatz	DM 3850–4500 je Pferdeplatz
Wärmegedämmter, einreihiger, vorgefertigter Außenboxenstall für 3 Pferde, 10,5 m^2 Boxenfläche, ohne Nebenräume, Transport, Montage und Fundament	DM 5000–7000 je Pferdeplatz	
Teilgedämmter, einreihiger Außenboxenstall für 3 Pferde in Rundholzbauweise (nach Abb. 157), 10,5 m^2 Boxenfläche, ohne Nebenräume, Transport, Montage und Fundament	DM 3750 je Pferdeplatz	
b) Inneneinrichtungen		
Boxen 10,5 m^2, bestehend aus Standsäulen, Trennwänden und Tür, ohne Fütterungs- und Tränkeeinrichtung	DM 1700–2300 je Pferdeplatz	DM 700–1000 je Pferdeplatz
Mobilboxen für Ausstellungen und Turniere, aus Rohrrahmen mit Planenbespannung, 7,5 m^2	DM 1300–1700	
Holzpflaster für Boxenböden, 10 cm hoch, ohne Montage aus Fichtenrundholz 6–14 cm $\varnothing$, salzimprägniert	DM 40 je m^2	
aus Fichtenkantholz 12×12 cm, salzimprägniert	DM 100 je m^2	
aus Lärchen-Kantholz, 12×12 cm, ohne Imprägnierung	DM 135 je m^2	
Futtertrog	DM 100–150	
Selbsttränkebecken	DM 45– 80	
Selbsttränkebecken, beheizt, mit 24-V-Trafo	DM 400	

| | Richtpreise ohne MwSt. Ausführung | |
	durch Unternehmer	in Selbsthilfe
c) Nebengebäude und Anlagen		
Ebenerdige, freitragende Halle in Kantholzkonstruktion zur Lagerung von Heu und Stroh, mit Fundament, ohne Betonboden	DM 55–70 je m³ nutzbarer Raum	DM 40–45 je m³ nutzbarer Raum
Pultdach-Mastenbau aus Rundholz, Rundholzverbindern und freitragenden, verzinkten Stahlprofilblechen		DM 25–30 je m³ nutzbarer Raum
Koppelzäune vorgefertigter Massivzaun aus kesseldruckimprägniertem Fichten- oder Kiefernholz, 1,50 m hoch, 3 Querriegel, ohne Fracht und Montage		
Mit Rundholzpfosten 10–11 cm ∅, 2,80 m Abstand und Querriegeln aus halbiertem Rundholz	DM 16,–/lfm	
Mit Rundholzpfosten 14 cm ∅, 4 m Abstand und eingezapften Rundholzquerriegeln 8 und 10 cm ∅	DM 22,50/lfm	
Vorgefertigter Massivzaun aus Kunststoff oder Metall, ohne Fracht und Montage	DM 30–40/lfm	
Elektrozaun mit Eckpfosten aus kesseldruckimprägniertem Rundholz und Abstandpfosten aus Kunststoff mit 2 bis 3 Elektrobändern und Spezial-Isolatoren, ohne Montage	DM 5–6/lfm	
Elektroband 10 mm Breite	DM 0,25/lfm	
20 mm Breite	DM 0,40/lfm	
40 mm Breite	DM 0,75/lfm	
Weidezaungerät für Batterie- oder Netzbetrieb	DM 350–450	
für Solarbetrieb	DM 800–1000	
d) Reithallen		
Mit Fundament, Montage, Bande, Beleuchtung und Belag, Hufschlagmaß 20×40 m, Leichtbedachung		
Doppel-T-Starrahmen- oder Kastenträgerkonstruktion		DM 125000–135000
Leimbinderkonstruktion	DM 180000–200000	

D   Pferdefütterung

Das Pferd ist aufgrund des Aufbaues seiner Verdauungsorgane an eine ständige Aufnahme geringer Mengen strukturierten Pflanzenmaterials gebunden, bei einer ursprünglich großen Möglichkeit in der Auswahl der Pflanzen. Die heutige Haltung und Fütterung der Pferde ist in vielen Fällen weit entfernt von den Bedürfnissen, die ein Pferd an seinen Halter stellt. Verhaltensstörungen, ungenügende Leistungen bei Arbeit, Zucht und Wachstum und schließlich Krankheiten können ihre Ursache in Fütterungs- und Haltungsfehlern haben. So werden aus Unkenntnis Futtermittel verwendet, die entweder nicht geeignet oder von mangelhafter Qualität sind. Auch eine erhebliche Überversorgung mit Nährstoffen ist ein Faktor, der in der Praxis Probleme auslöst. Oft wird auch die Leistung der Pferde zu hoch eingeschätzt, und man glaubt, durch mehrfache Überversorgung mit den verschiedensten Nährstoffen Mängel in der genetischen Veranlagung der Pferde sowie Trainings- oder Haltungsfehler ausgleichen zu können.

Die ausgeglichene und richtige Ernährung des Pferdes ist in hohem Maße abhängig vom Einfühlungsvermögen des Menschen in die anatomischen und physiologischen Gegebenheiten des Pferdes, von einer Kenntnis der gebräuchlichen Futtermittel und deren Eigenschaften sowie von dem Bestreben, eine möglichst enge Beziehung zwischen dem Nährstoffbedarf des Pferdes und dem Nährstoffangebot über die verwendeten Futtermittel zu erstellen. Dabei sind die Nutzung des Pferdes sowie durch Rasse und Individuum bedingte Besonderheiten zu berücksichtigen.

1   Verdauung

Um den Nährstoffansprüchen gerecht zu werden, erhält das Pferd die notwendigen Substanzen als Bestandteile von den verschiedenen Futtermitteln. Erst durch den Verdauungsvorgang im Verdauungskanal werden diese auf physikalischem und chemischem Weg in eine für das Pferd verwertbare Form überführt. Der Verdauungskanal des Pferdes ist aufgrund seiner Größe, seiner Einengungen und Aussackungen, der langen Passagezeit des Futters von ca. zwei Tagen und der differenziert ablaufenden Verdauungsvorgänge ein kompliziertes und auch störanfälliges Gebilde. Die in Tab. 8 angegebenen Größen für das Volumen beziehen sich auf die maximale Füllung. Im normalen Ablauf der Verdauungsvorgänge liegt der Füllungsgrad wesentlich niedriger. Das Gewicht des Inhaltes von Magen- und Darmkanal wird das *tote Gewicht* genannt.

Tab. 8: Länge und maximales Volumen der Verdauungsorgane sowie Dauer der Nahrungspassage (500 kg Körpergewicht)

	Länge (m)	max. Volumen (l)	Dauer der Nahrungspassage
Schlund	bis 1,5		10–15 sek
Magen		18	1–5 h
Dünndarm	16–24	64	1,5 h
Blinddarm	1	34	15–20 h
Grimmdarm	6–8	96	18–24 h
Mastdarm	0,2–0,3		1–2 h
insgesamt	25–35 m	212 l	35–52 Stunden

nach BERGNER u. KETZ 1969, MEYER 1986

1.1   Aufbau und Funktion des Verdauungskanals

Maul und Zähne

Das Pferd nimmt die Nahrung mit Hilfe von Lippen, Zähnen und Zunge auf. Dabei besteht eine gute Möglichkeit der Selektion der Futtermittel. Nicht nur Ansprüche an Nährstoffzusammensetzung und Struktur, sondern auch an Geruch, Geschmack und die Konfektionierung eines Futtermittels werden gestellt. So gelingt es manchen Pferden mit Hilfe ihres Geruchssinns, gekörnte Wurmmittel zu selektieren, auch wenn sie die gleiche oder eine ähnliche Pelletgröße haben wie das mit ihnen zusammen gegebene Mischfutter.

Zerkleinert wird das Futter durch eine Seitwärts-Mahlbewegung der großen, schmelzhaltigen *Backenzähne*. Dabei wird das Futter abwechselnd von der Zunge zu der einen oder anderen Kieferseite zum Kauen geschoben. Es ist eine intensive und zeitlich ausreichende Kautätigkeit notwendig, um die Bildung von Zahnspitzen oder Zahnhaken zu verhindern. Durch eine nicht ausreichende Seitwärtsmahlbewegung werden die Außenseiten der Zähne des Oberkiefers und die Innenseiten der Zähne des Unterkiefers nicht genügend abgenutzt. Durch eine Hakenbildung schränkt sich die Möglichkeit einer Seitwärtsbewegung immer stärker ein, wodurch ein ungenügender Vermahlungsgrad des Futters entsteht; Rauhfutter wird oft nur noch zerfasert, nicht vermahlen, Haferkörner – nicht nur Schalen – findet man unverdaut im Kot. Das Abraspeln der Zahnhaken ist eine Methode, die zwar mehr Raum zur Mahlbewegung mit sich bringt, aber Kontrollen im Abstand eines halben Jahres notwendig macht. Weiterhin sollte durch vermehrte Gaben gut strukturierten Rauhfutters das Abschleifen der Zähne gefördert werden.

Während des Wechsels der Backenzähne, der im Alter von sechs bis neun Monaten, zwei bis zweieinhalb Jahren und dreieinhalb bis viereinhalb Jahren stattfindet, fressen und kauen Pferde häufig schlechter. Sobald aber die Kiefer wieder die volle Funktion aufnehmen können, sind die Probleme vorbei.

Die benötigte *Kauzeit* ist abhängig von der Struktur, dem Wassergehalt und dem Vorzerkleinerungsgrad des Futters (Tab. 9). Dabei kann man davon ausgehen, daß etwa 40 bis 80 Kauschläge pro Minute erfolgen, um das Futter zu zerkleinern. Die in Tab. 9 angegebenen Zeiten beziehen sich auf erwachsene Großpferde. Die Kauzeiten verlängern sich mit Abnahme der Kaufläche der Backenzähne, so daß Kleinpferde, Ponies und Fohlen, die pro Tag eine geringere Aufnahme an Futtertrockenmasse als Großpferde haben, im Endeffekt ähnliche Gesamtfutteraufnahmezeiten erreichen.

Es ist sehr wichtig, zu hastig fressende Pferde wieder zu einer langsameren Futteraufnahme umzuerziehen. Je jünger ein Pferd ist, um so größer ist die Chance für den Erfolg. Dabei ist zunächst wichtig, daß während der Futteraufnahme im Stall Ruhe herrscht. Neidsituationen zu Nachbarpferden sind durch Sichtschutz oder Umstellung in eine andere Boxe abzubauen. Weiterhin ist zu klären, ob die Futterration bislang reichte, eventuell erhöht werden muß, und ob die Zahl der Mahlzeiten von zwei- auf dreimal täglich angehoben werden sollte. Letzteres sollte in jedem Fall erfolgen, wenn man den Eindruck hat, daß die Mehrheit der zu fütternden Pferde eines Stalles zu hastig frißt.

Pferde nehmen das Krippenfutter weniger rasch auf, wenn ihnen vorher eine kleine Portion Heu (ca. 1 kg) vorgelegt wird. Die früher übliche Methode, dem Krippenfutter Häcksel beizumengen, um die Aufnahmezeiten zu verlängern, ist heute mangels Häcksel so gut wie nicht mehr möglich.

Besonders für nervöse Pferde sollte man versuchen, möglichst lange Futteraufnahmezeiten zu erreichen, um sie im Stall etwas ruhiger zu bekommen. Anzustreben ist eine Mindestaufnahmezeit für die gesamte Ration eines Tages von wenigstens zweieinhalb Stunden, ganz gleich ob Groß- oder Kleinpferd. Dabei müssen individuelle Besonderheiten zusätzlich berücksichtigt werden. Bei Unterschreiten dieser Zeit machen sich rasch Untugenden wie Weben, Nagen, Lecken und Koppen bemerkbar (s. Teil A, Kap. 1.2.11).

Bei den Überlegungen zur Rationsgestaltung ist eine grobe Kalkulation über die Aufnahmedauer der Gesamtration mit anzustellen, da es hier große Unterschiede zwischen den Rationen trotz etwa gleichen Energiegehaltes geben kann.

Das Futter wird während des Kauens mit *Speichel* durchmischt und befeuchtet. Dabei ist das Sekret, welches man beim Blick in die Maulhöhle sehen kann, eine Mischung von dem aus dem Futter durch den Kauvorgang gepreßten Wasser und dem Speichelsekret. Beides vermischt sich und macht das Futter feucht und schlüpfrig zum Abschlucken. Die Speichelmenge, die produziert wird, ist abhängig von der Dauer der Futteraufnahme. Den Unterschieden in der Aufnahmezeit der verschiedenen

Tab. 9: Dauer der Futteraufnahme und Anzahl der Kauschläge pro kg Futtermittel (Großpferde 500–600 kg)

Futtermittel	Dauer (Minuten)	Kauschläge
Heu, lang	40	3250
Stroh, lang	45	3650
Maissilage	10	–
Hafer, heil	10	830
Hafer, gequetscht	9,5	–
Hafer + 20% Strohhäcksel	21	–
Mischfutter, lose	14	1380
Mischfutter, pell.	10	850
Alleinfutter (Briketts)	20	–

nach Meyer, Ahlswede und Reinhardt 1975

Futtermittel entsprechend ist auch die Speichelproduktion variabel. Sie liegt für 1 kg Heu mit 3 bis 4 l produziertem Speichel wesentlich höher als bei Hafer oder Grünfutter mit 1 l Speichel pro kg Futter. Speichel enthält neben Wasser auch noch Natrium, Kalium, Chlor, Calcium, Hydrogencarbonat und Hydrogenphosphat, die zur Abpufferung dienen sollen. Aus diesem Grunde sollte nach Möglichkeit die Speichelproduktion nicht durch Wasseraufnahme während der Futteraufnahme ersetzt werden. Im Maulbereich der Pferde wird der Futterbrei jeweils zu einem Bissen geformt und in sehr kurzen Abständen abgeschluckt.

Beim Verfüttern uneingeweichter Trockenschnitzel, die unter dem Einfluß des Speichels quellen, oder bei besonderer Gier und bei Futterneid kann es zu *Schlundverstopfungen* kommen (s. Teil E, Kap. 3.1).

Magen

Der Magen ist mit einer Fassungskapazität von 15 bis 20 l relativ klein; sein Volumen beträgt nicht einmal 10% des Gesamtvolumens des Magen-Darmkanals. Der Magen hat eine bohnenähnliche gekrümmte Form, wobei der Mageneingang und der Magenausgang im Bereich des eingezogenen Teiles dicht beieinander liegen. Hierdurch ergibt sich ein kurzer Weg für sehr flüssige Bestandteile, wohingegen die festen Bestandteile mehr in dem Bereich der großen Krümmung geschichtet werden können. Am Mageneingang, wo die Speiseröhre mündet, verhindert ein Schließmuskel bei erhöhtem Füllungsdruck die Möglichkeit des Erbrechens. Dieser Füllungsdruck kann entstehen durch eine Magenüberladung, indem das Pferd zuviel Futtertrockenmasse in kurzer Zeit aufgenommen hat, durch Gasbildung im Magen über Fehlgärungen des Mageninhaltes und durch erhöhten Rückfluß aus dem Dünndarm, wenn im Bereich des Darmes Passagestörungen bestehen.

Der Magen besitzt einen drüsenlosen und einen drüsenhaltigen Bereich. Im drüsenlosen Teil des Magens kommt es zu Umsetzungsvorgängen durch pflanzliche Enzyme und Mikroorganismen des Futterbreies, die hier optimale Temperatur- und Feuchtigkeitsverhältnisse vorfinden. Hierbei werden aus leicht verfügbaren Kohlenhydraten, Fetten und Eiweißen Milchsäure, kurzkettige Fettsäuren und Eiweißspaltprodukte (z. B. Ammoniak) gebildet. Dabei entstehen geringe Mengen an Gas. Im drüsenhaltigen Teil wird durch die Magenbewegung Magensaft dem Futterbrei zugemischt. Der Magensaft enthält Salzsäure und Pepsin. Mit der Durchmischung über die Magenbewegung kommt es durch die Salzsäure zu einer Senkung des pH-Wertes und einem Einhalten der Umsetzungsvorgänge der pflanzlichen Enzyme und Mikroorganismen. Das Pepsin dient der Eiweißspaltung.

Die beschriebenen Abläufe können gestört werden, indem durch verdorbenes, also zu stark keimbelastetes Futter die mikrobielle Aktivität zu groß wird und auch nicht mehr durch den Einfluß des Magensaftes herabgedrückt werden kann. Die hieraus resultierende verstärkte Gasbildung kann den Magendruck erheblich erhöhen und Kolikschmerz auslösen.

Auch stark verkleisternde Futtermittel wie Weizen- oder Roggenschrot, die dem Magensaft kaum Möglichkeit zur Durchtränkung und Durchmischung bieten, eine durch körperliche oder nervliche Belastung eingeschränkte Magensaftproduktion oder mangelnde Magenbewegungen, durch die der Futterbrei nicht genügend beeinflußt werden kann, sind mögliche Ursachen für eine erhöhte mikrobielle Tätigkeit im Magen mit vermehrter Gasbildung. Eine Einschränkung der Magenbewegung kann verursacht sein durch erhöhten Füllungsdruck, der aus zu großen Gaben von schnell zu fressenden Krippenfuttermitteln oder zu hastigem Fressen entstehen kann.

Unabhängig davon, ob die Erhöhung des Magendruckes durch eine zu große Futtermenge oder durch größere Gasmengen entstand, kommt es zur Kolikäußerung, und, wenn keine Abhilfe geschaffen werden kann, zum tödlichen *Magenriß*.

Während der Magen flüssige Bestandteile rasch passieren läßt und festere Bestandteile langsamer, aber ständig, in den Dünndarm abgibt, entleert er sich auch nach ein bis zwei Tagen des Hungerns nicht völlig. Wahrscheinlich soll hierdurch eine zu starke Absenkung der pH-Verhältnisse verhindert werden. Die Aufnahme einer größeren Menge Wasser bei gefülltem Magen würde die festeren Bestandteile des Mageninhaltes mit wegspülen, ohne daß es über die Salzsäure des Magensaftes zu einer Reduzierung der pflanzlichen Mikroorganismen gekommen wäre. Dieses könnte im späteren Ablauf der Verdauungsvorgänge eventuell Fehlgärungen fördern.

Für die Praxis ist wichtig, daß die Funktionsabläufe im Magen nicht gestört werden durch hastige Aufnahme wenig eingespeicherter Futtermittel, Trinken größerer Mengen während und nach der Fütterung, durch stark verkeimte, verdorbene Futtermittel, durch aufgrund des hohen Stärkeanteiles zur Verkleisterung neigende Futtermittel, zu hohe Krippenfuttermengen pro Mahlzeit (Obergrenze 0,5 kg/100 kg Körpergewicht) und quellende Futtermittel wie etwa uneingeweichte Trockenschnitzel. Ferner sollten Pferde während der Futteraufnahme und bis mindestens eine Stunde danach, also zu Zeiten der höchsten Magenbeanspruchung, weder nervlich noch körperlich beansprucht werden.

Darm

Der *Dünndarm* besteht anatomisch aus dem Zwölffingerdarm (Duodenum), dem Leerdarm (Jejunum) und dem Hüftdarm (Ileum). Im Dünndarm befinden sich Schleimhautanhängsel, die Zotten, die dem Darminnern ein samtartiges Aussehen geben und die Oberfläche ungemein vergrößern. Diese Zotten verringern sich im Hüftdarm an Größe und Anzahl.

Im *Zwölffingerdarm* werden durch ständigen Fluß die Enzyme der Bauspeicheldrüse und die Galle in den Nahrungsbrei abgegeben. Das Pferd produziert stündlich etwa 300 ml Gallenflüssigkeit und täglich 5 bis 10% seines Körpergewichtes an Sekret der Bauspeicheldrüse. Pferde haben keine Gallenblase; das Sekret wird direkt aus den Leberzellen über Gallengänge zum Zwölffingerdarm geleitet. Die Gallenflüssigkeit hat die Aufgabe, die Fette in eine Emulsion (Feinverteilung) zu bringen, um sie durch die Lipase in Glycerin und Fettsäure trennen zu können. Das Sekret der Bauspeicheldrüse enthält Enzyme, die eiweiß-, fett- und stärkespaltende Eigenschaften haben: das Trypsin, die Lipase und die Amylase. Aber es enthält auch Alkalien und Bicarbonat, um den vom Magen her niedrigen pH-Wert des Nahrungsbreies zu heben. Die Fermente setzen den im Magen begonnenen Stoffabbau fort. Weitere Fermente werden durch die darmeigenen Drüsen abgesondert. Nach Spaltung der Nährstoffe erfolgt das Aufsaugen (Absorption) durch die Darmzotten über pumpähnliche Bewegungen. Zwei Drittel der organischen Substanz des Futterbreies wie z. B. Zucker, Stärke, Eiweiß und Fett werden im Dünndarm abgebaut und absorbiert, aber auch Mineralstoffe, Spurenelemente und Vitamine. Völlig unverdaut bleibt die Rohfaser. Die Weiterleitung der Produkte aus dem Abbau von Kohlenhydraten und Eiweißen erfolgt über die Zotten und den Blutweg (Pfortaderkreislauf) zur Leber, die des Fettabbaues über den Lymphweg.

Der *Hüftdarm* hat eine schleusenartige Funktion, indem er den sehr wäßrigen Inhalt (92 bis 95% Wasser) jeweils sammelt und unter Druck drei- bis sechsmal pro Stunde in den Blinddarm befördert.

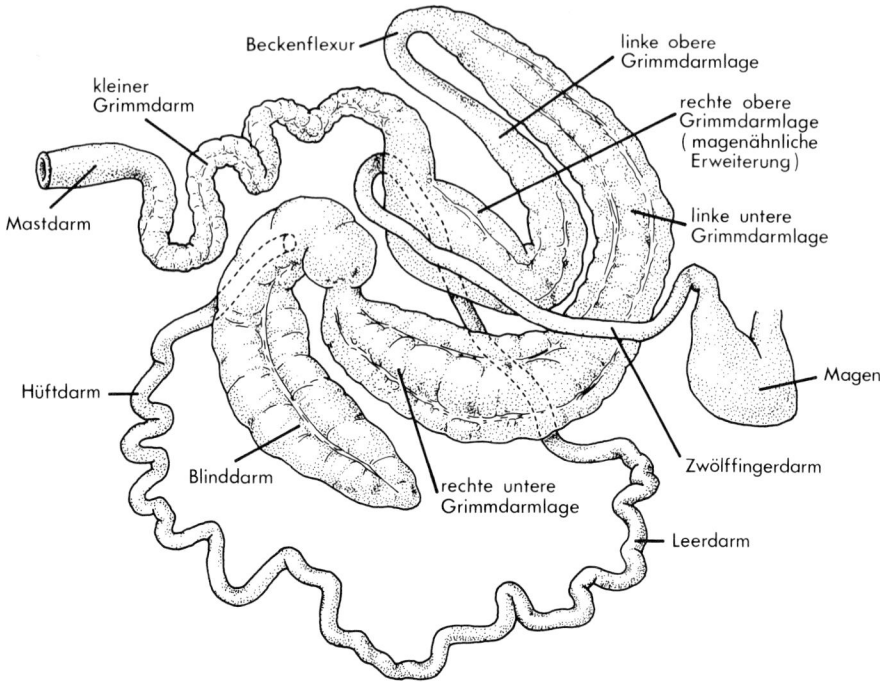

Abb. 206. Verdauungskanal des Pferdes (schematisch nach Hintz 1977).

Der *Dickdarm* beginnt mit dem Blinddarm. Dieser liegt auf der rechten Seite des Pferdes und reicht von der sog. *Hungergrube* (Blinddarmkopf) bis zum Bereich des Brustbeines (Blinddarmspitze). Dann folgt der Grimmdarm in Form eines doppelten Hufeisens mit der rechten und linken unteren Grimmdarmlage, der Beckenflexur, der linken oberen Grimmdarmlage und der rechten oberen Grimmdarmlage (magenähnliche Erweiterung), dem kleinen Grimmdarm und dem Mastdarm (Tab. 8).

Der *Blinddarm* und der größte Teil des *Grimmdarmes* können als Gärkammern bezeichnet werden, in denen unter optimalen Wärme- und Feuchtigkeitsverhältnissen eine unvorstellbare Zahl Bakterien und Protozoen (Einzeller) die rohfaserhaltigen Futterbestandteile zerlegen. Dabei sind im Blinddarm und Grimmdarm Bakterien, im Blinddarm auch Protozoen an den Abbauvorgängen beteiligt. Es kommt im Dickdarm zu einer erheblichen Vermehrung dieser die Zellulose abbauenden Bakterien, die im Blinddarm etwa ein 14faches und am Grimmdarmende noch ein etwa 10faches der Zahl der im Hüftdarm gefundenen Bakterien ausmachen kann. Zudem wurden im Blinddarm pro g Inhalt 567 Protozoen nachgewiesen (KERN u. a. 1974). Die aus dem Zelluloseabbau entstehenden flüchtigen Fettsäuren werden sofort von der Darmwand absorbiert. Nach dem Abbau der Zellulose werden auch noch bislang hiervon eingeschlossene Nährstoffe wie z. B. Eiweiß verwertbar. Hieraus, wie auch aus der späteren Verdauung der Mikroorganismen (Bakterien und Protozoen) nach deren Absterben entstehen Aminosäuren und Ammoniak.

Die Mikroorganismen sind in der Lage, die Vitamine des B-Komplexes und das Vitamin K zu bilden. Es kommt im Dickdarm z. T. zu erheblichen Anreicherungen mit diesen Vitaminen. Die Anzahl und die gewünschte Vermehrung der Mikroorganismen zum Verdauen der Rohfaser hängt sehr davon ab, ob sie in dem vorverdauten, schon durch Absorption mengenmäßig verminderten Futterbrei noch Nährstoffe für sich finden.

Bis zum kleinen Grimmdarm sind die Verdauungsabläufe im wesentlichen abgeschlossen. Jetzt ist der Gehalt an Trockenmasse des Darminhaltes von vorher 6 bis 10% im Blinddarm über 12 bis 15% im unteren Grimmdarm und über 15 bis 19% im oberen Grimmdarm auf 19 bis 25% angestiegen. Die Kotballen werden über die tiefen taschenartigen Ausbuchtungen des kleinen Grimmdarmes geformt und in den Mastdarm abgegeben.

Der Kotabsatz kann in Abhängigkeit von der Fütterung bis zu zwanzigmal am Tag erfolgen, die gesamte Kotmenge pro Tag macht 1 bis 3% des Körpergewichtes des Pferdes aus. Der Kot ist die Summe von nicht verwerteten Futterbestandteilen, Wasser, Verdauungssekreten und Resten von Bakterien. Aussehen und Beschaffenheit des Kotes geben wertvolle Hinweise auf Futterverwertung und Gesundheit des Pferdes. Zunächst kann man wenig zerkleinerte Futterbestandteile, z. B. unverdauten Hafer bei ungenügender Kautätigkeit, oder auch Parasiten bzw. Teile von ihnen erkennen. Dann geben Form, Farbe, Feuchtigkeitsgehalt und Geruch weitere Informationen. Erstrebenswert ist ein gut geformter, glänzender Kot von grünbraungelber Farbe mit nicht unangenehmem Geruch. Bei Abweichungen in der Form liegt in der Regel ein Anstieg des Feuchtigkeitsgehaltes vor, der Geruch wird unangenehm. Neben einer fehlerhaften Fütterung können Erkrankungen vorliegen. Heller, trockener, fester Kot deutet auf eine zu hohe Aufnahme von Stroh oder auf Wassermangel hin, der zu Verstopfungen führen kann.

1.2   Verdaulichkeit und ihre Berechnung

Wenn das, was das Pferd als nicht verdaut über den Kot wieder ausscheidet, das *Unverdauliche* ist, ist der Teil der Futterstoffe, der den Körper nicht verläßt, als der *verdauliche* Teil eines Futtermittels zu bezeichnen.

Die Verdaulichkeit eines jeden Futtermittels kann mit Hilfe von Verdauungsversuchen getestet werden, so daß auch die Verdaulichkeit seiner einzelnen Inhaltsstoffe bekannt wird. Unabhängig von bekannten Standardgrößen ist die Verdaulichkeit aber auch Schwankungen unterworfen. Grundsätzlich mag man selbst die Veränderung von der Norm erkennen, wenn man einzelne Pferde als *schwerfuttrig* oder als *leichtfuttrig* einstuft. Neben anderen Faktoren können hier individuell zu rasche, nervöse Futteraufnahme, mangelhafte Zerkleinerung des Futters durch Gebißschäden, geringe Kauintensität sowie eine verkürzte Passagezeit des Futterbreies durch den Magen-Darmkanal die Verdaulichkeit der Futtermittel herabsetzen.

Aber auch innerhalb eines Betriebes kann es bei mehreren oder allen Pferden zu einer herabgesetzten Verdaulichkeit der Futtermittel kommen, etwa durch ein Ansteigen der Gesamtfuttermenge oder wenn regelmäßig nach ausgiebiger Futteraufnahme gearbeitet werden muß. Ein starker Vermahlungsgrad der Futtermittel fördert die Passagegeschwindigkeit, auch wenn das Mehl wieder in Pellets gepreßt wurde.

Ein gutes Nervenkostüm des Pferdes, ein ruhiger, korrekter Umgang mit ihm und eine ständige ausgeglichene Bewegungsmöglichkeit fördert die Verdaulichkeit der Futtermittel. Zur Kenntnis über die Inhaltsstoffe eines Futtermittels kann zunächst die Information über die Rezeptur beitragen, falls es sich um eine Mischung handelt.

Grundsätzlich gibt es aber sowohl für Einzelfuttermittel als auch für Mischfuttermittel die Möglichkeit, die *Weender Analyse* erstellen zu lassen. Hierbei werden folgende Faktoren eines Futtermittels in % oder in g/kg Futtermittel bestimmt:

1. Rohwasser
2. Rohasche   = Mineralstoffe, Spurenelemente, Sand, Steine usw.
3. Rohfett   = Fette, Fettsäuren usw.
4. Rohprotein   = Eiweiß und stickstoffhaltige Verbindungen nicht eiweiß-
                       artiger Natur (z. B. Ammoniak)
5. Rohfaser   = unlösliche Teile von Zellulose, Lignin usw.
6. N-freie Extraktstoffe = Stärke, Zucker, lösliche Teile von Zellulose, Lignin usw.
   (NfE)

Zusätzlich sind weitere Analysen möglich, wie etwa die Bestimmung einzelner Mineralstoffe, Spurenelemente und Vitamine in einem Futtermittel.

Die Weender Analyse ermöglicht zunächst den *Rohfasergehalt* eines Futtermittels einzuschätzen. Der Rohfaseranteil hat für die Verdaulichkeit der gesamten organischen Substanz eines Futtermittels für Pferde Bedeutung. Die gesamte organische Substanz ist die Summe der Anteile von Rohfett, Rohprotein, Rohfaser und N-freien Extraktstoffen. So haben die Futtermittel mit einem hohen Rohfasergehalt wie z. B. Stroh und Heu eine vergleichsweise niedrigere Verdaulichkeit der organischen Substanz gegenüber Rüben, Melasse oder Zucker, sämtlich Futtermittel mit geringem Rohfaseranteil. Die Verdaulichkeit der gesamten organischen Substanz eines Futtermittels kann entsprechend dem analysierten Rohfasergehalt nach folgender Formel berechnet werden:

Verdaulichkeit der organischen Substanz = 93 − 1,26 × Rohfasergehalt (%).

Damit wäre eine Verdaulichkeit der organischen Substanz bei Hafer mit einem Rohfasergehalt von 10,2 % : 93 − (1,26 × 10,2) = 93 − 12,85 = 80,15 % erreicht. Die Verdaulichkeit der organischen Substanz des Hafers läge bei 80,15 %; das ist ein sehr hoher Wert. Man kalkuliert beim Hafer sonst niedrigere Werte der Verdaulichkeit der organischen Substanz; sie liegen bei 70 bis 75 %, wenn der Hafer höhere Schalenanteile enthält. Andere, rohfaserärmere Getreidearten liegen bei 80 % und höher. Eine niedrige Verdaulichkeit der organischen Substanz hat Stroh mit ca. 35 %. Heu liegt mit 50 % höher, Grünfutter je nach Vegetationsstadium bei 65 %.

Innerhalb der verdaulichen Futtersubstanz schwankt die Verdaulichkeit der Rohfaser mit 10 bis 60 % am meisten. Neben dem Gehalt an Rohfaser ist hier auch noch die verringerte Möglichkeit des Abbaues durch Mikroorganismen zu kalkulieren, die z. B. bei einem hohen Anteil von verholzten Pflanzenteilen gegeben ist. Die Verdaulichkeit der N-freien Extraktstoffe kann bei 80 bis 90 % liegen, die des Eiweißes bei etwa 80 % und die der Fette bei etwa 70 %.

Wenn man den Gehalt der einzelnen organischen Futtersubstanzen analysiert hat und mit der geschätzten Verdaulichkeit der jeweiligen organischen Substanz multipliziert, hat man die verdaulichen Inhaltsstoffe eines Futtermittels in Gramm. Aus ihnen kann man jetzt auch den *Energiewert* kalkulieren, wenn man die Kohlenhydrate (Rohfaser und N-freie Extraktstoffe) mit dem Faktor 17,2, das verdauliche Eiweiß mit dem Faktor 23,9 und das verdauliche Fett mit einem Faktor zwischen 38,9 und 39,8 multipliziert. Durch Addition erhält man den Energiegehalt des Futtermittels in Kilojoule (Tab. 10). Dividiert durch 1000 erhält man einen Energiegehalt wie in dem Beispiel dieses Mischfuttermittels von 11,03 Megajoule (MJ).

Tab. 10: Ergebnis der Weender Analyse und Möglichkeit zur Kalkulation von Verdaulichkeit der organischen Futtersubstanz und der verdaulichen Energie

Analyse	%	g	Verdaulich-keit %	verdauliche Inhaltsstoffe g × Faktor	insgesamt KJ
Rohwasser	12	120			
Rohasche	8,5	85			
Rohprotein	12	120	80	96×23,9	= 2294,4
Rohfett	2	20	70	14×39,3	= 550,2
Rohfaser	12	120	40	48×17,2	= 825,6
N-freie Extraktstoffe	53,5	535	80	428×17,2	= 7361,6
	100	1000			11031,8
					= 11,03 MJ
Verdaulichkeit der organischen Substanz: 93 − (1,26×12) = 93 − 15,12					= 77,88%

MEYER stellte 1986 Formeln vor, mit denen die verdauliche Energie in Mischfuttermitteln für Pferde kalkuliert werden kann. Dafür ist es notwendig, die Ergebnisse der Weender Analyse von der ursprünglichen Substanz in die Trockensubstanz umzurechnen, wie es in Tab. 11 mit dem Mischfutter aus Tab. 10 durchgeführt wird.

Die Formel, mit der die verdauliche Energie (MJ) in einem Kilo Trockensubstanz des Mischfutters berechnet werden kann, lautet:

$$10,88 + (0,014 \times \text{Rohprotein}) - (0,0254 \times \text{Rohfett})$$
$$- (0,0285 \times \text{Rohfaser}) + (0,0066 \times \text{NfE})$$
$$r = 0,94.$$

Unter Einsetzen der Werte aus dem Mischfutter in Tab. 10 würde dieses Beispiel lauten:

$$10,88 + (0,014 \times 136,4) - (0,0254 \times 22,7) - (0,0285 \times 136,4) + (0,0066 \times 607,9)$$
$$r = 11,97 \text{ MJ pro kg Trockenmasse}$$

Umgerechnet auf ursprüngliches Futter mit 12% Wasser ergibt sich ein Energiegehalt von 10,53 MJ, also 0,5 MJ weniger als in der Kalkulation der Tab. 10. Dabei dürfte der Wert aus der Formel von MEYER realistischer sein, da die Verdaulichkeitswerte in der Berechnung der Tab. 10 auf Schätzungen beruhen.

Tab. 11: Umrechnung der ursprünglichen Substanz in Futtertrockenmasse
(Inhaltsstoff urspr. Substanz: Trockensubstanzgehalt (88% = × : 100)

	ursprüngliche Substanz (g)	Trockensubstanz (g)
Rohwasser	120	–
Rohasche	85	96,6
Rohprotein	120	136,4
Rohfett	20	22,7
Rohfaser	120	136,4
N-freie Extraktstoffe	535	607,9
	1000	1000

MEYER hat noch weitere Formeln zur Energieberechnung entwickelt, die eine größere Genauigkeit ergeben; hier wird aber mehr Analytik notwendig als in der Weender Analyse vorgegeben. Statt der Rohfaser wird ADF (Acid detergent fiber) eingesetzt, und die Berechnung erfordert die Verwendung von Stärke, Zucker und dem organischen Rest (NfE minus Stärke plus Zucker). Dabei sind die Rohnährstoffe in g/kg Futtertrockenmasse in die Formeln einzusetzen.

Die weiteren Formeln lauten:

$$16{,}04 + (0{,}0024 \times \text{Rohprotein}) - (0{,}013 \times \text{Rohfett}) - (0{,}0251 \times \text{ADF}) + (0{,}0066 \times \text{NfE})$$
$$r = 0{,}96$$

oder

$$-30{,}3 + (0{,}0673 \times \text{Rohprotein}) + (0{,}1124 \times \text{Rohfett}) + (0{,}0398 \times \text{Stärke})$$
$$+ (0{,}058 \times \text{Zucker}) + (0{,}0292 \times \text{Rohfaser}) + (0{,}0411 \times \text{organ. Rest})$$
$$r = 0{,}98$$

oder

$$-20{,}87 + (0{,}0544 \times \text{Rohprotein}) + (0{,}0939 \times \text{Rohfett}) + (0{,}0318 \times \text{Stärke})$$
$$+ (0{,}0469 \times \text{Zucker}) + (0{,}0218 \times \text{ADF}) + (0{,}0312 \times \text{org. Rest})$$
$$r = 0{,}98$$

Die Verdaulichkeit der Mineralstoffe ist sehr unterschiedlich. Sie liegt bei Calcium um 60%, bei Phosphor und Magnesium um 40% bzw. 35% und bei Natrium und Kalium um 90% bzw. 80%. Dabei kann es noch Verringerungen geben durch Calciumoxalatverbindungen und Phytin-Phoshorverbindungen. Zudem hat der Organismus die Möglichkeit, wie z. B. beim β-Carotin, im Augenblick des Luxuskonsums die Absorptionsrate zu drosseln oder bei Mangel zu erhöhen.

Bei den in Kap. 2 angegebenen Bedarfszahlen wurde jeweils eine durchschnittliche Resorptionsrate berücksichtigt.

2 Bedeutung und Bedarf von strukturierter Rohfaser, Energie, Nährstoffen und Wasser

Die Kenntnis über die Bedeutung von und den Bedarf an strukturierter Rohfaser, Energie, Nährstoffen und Wasser in der Pferdeernährung unter Berücksichtigung der Nutzung und des Körpergewichtes ist für die Rationsgestaltung und darüber hinaus wichtig. Aus ihr ergeben sich nicht selten zusätzliche Hinweise für ein besseres Verständnis der biologischen Grundlagen, was besonders bei der Fütterung einzelner heikler Pferde sowie in Problemsituationen von entscheidender Bedeutung sein kann. Die augenblickliche Situation der Pferdefütterung ist geprägt durch Überversorgungen mit Energie und Nährstoffen, einmal aus Unkenntnis, zum anderen im Versuch, so mehr Leistung zu erhalten. Hier kann es keine Erfolge geben. Es hat lediglich zur Folge, daß ständig die Ration verändert wird, ohne Fehler wirklich zu erkennen und abzustellen. Dem Pferdehalter muß stärker zu Bewußtsein gelangen, daß die Wirkung der Zufuhr von Energie und Nährstoffen nur dann optimal sein kann, wenn diese unter Berücksichtigung der Nutzung in einem *bedarfsgerechten* Dosierungsrahmen dem Pferd über die Fütterung angeboten werden.

2.1   Strukturierte Rohfaser

Die Rohfaser besteht aus den vorwiegend in den Stengeln und Schalen enthaltenen schwer- oder unlöslichen Bestandteilen der Pflanzen, wie Zellulose, Lignin und Pentosane. Je fortgeschrittener der Vegetationsstand einer Pflanze ist, um so höher ist in der Regel der Rohfaseranteil. Rohfaserreiche Futtermittel für Pferde sind Stroh, Heu, überständiges Gras, Luzerne, Klee oder Apfeltrester. Äußerst niedrige Rohfasergehalte haben Futterzucker, Kleberfutter, Bierhefe, Magermilchpulver und Melasse.

Im allgemeinen wird ein Rohfasergehalt von 16 bis 20% der täglich aufgenommenen Futtertrockenmasse angestrebt. Bei extensiver Pferdehaltung können diese Werte durchaus auf 22 bis 25% ansteigen. Durch erhöhte Rohfasergehalte ist mit einer Verringerung der Verdaulichkeit der Gesamtration zu rechnen. Eine ausreichende Versorgung mit strukturierter Rohfaser hat die erwünschte verlängerte Nahrungsaufnahme zur Folge (Tab. 9). Einen ganz entscheidenden Effekt hat die Aufnahme strukturierter Rohfaser auf die Psyche der Pferde (s. Teil A, Kap. 1.2.1.1). Ein herabgesetztes Angebot an strukturierter Rohfaser kann zu Stalluntugenden führen (s. Teil A, Kap. 1.2.11) und fördert den Drang, bei nächster Gelegenheit gefährlich große Mengen rohfaserreichen Futters aufzunehmen.

Um diese Effekte zu vermeiden, sollte man einen *Mindestbedarf* an strukturierten Rohfaserträgern (Heu, Stroh) in täglichen Mengen von etwa 0,5 kg pro 100 kg Körpergewicht kalkulieren, auch bei ausschließlicher Verwendung pelletierter Alleinfuttermittel als Krippenfutter, bei denen ein Rohfasergehalt von 18% der Gesamtration bereits erreicht ist. Diese Dosierungsempfehlung verringert sich, wenn der Rohfaserträger des Krippenfutters aus weniger vorzerkleinertem Material besteht, wie z. B. Häcksel in Briketts, aber auch bei höheren Maissilage- und Grassilagegaben. In anderen Rationen wird man 0,8 bis 1 kg pro 100 kg Körpergewicht an strukturierten Rohfaserträgern einsetzen. Dabei werden Pferde mit hohen Kraftfutteranteilen der Gesamtration – insbesondere bei hoher Leistung – eher in den unteren Bereich einzustufen sein. Bei stärkerer Verwendung rohfaserarmer Futtermittel (junges Grünfutter, Schrote, Hackfrüchte) und bei der extensiven Ernährung bestimmter Rassen ist die obere Dosierungsempfehlung anzustreben.

Je häufiger strukturierte Rohfaserträger den Pferden in kleinen Mengen angeboten werden, um so bekömmlicher sind sie. Insgesamt wird man die Gabe strukturierter Rohfaserträger aber dosieren, um nicht die Verdaulichkeit der Gesamtration durch einen zu hohen Rohfasergehalt zu mindern, und um nicht die Trockensubstanzaufnahmekapazität und das tote Gewicht zu sehr zu strapazieren.

Die Rohfaser passiert den Magen und Dünndarm, um erst im Dickdarm Einfluß auf bestimmte Vorgänge zu nehmen. Hier spielt jetzt für die Verweildauer eine Rolle, ob die Struktur der Rohfaser vor der Aufnahme durch das Pferd, wie es etwa bei Grünmehlen der Fall ist, oder durch den Kauvorgang (z. B. Rauhfutter) zerkleinert wurde. Vorab vermahlene Grünmehle passieren den Dickdarm schneller als über die Zähne zerkleinerte, vorher strukturbelassene Rohfaserträger. Die Rohfaser dient im Bereich des Dickdarms zum einen als Nährsubstrat für die Dickdarmflora, zum anderen mehr mechanisch als Ballaststoff zur Förderung der Darmbewegungen, zur Volumenerweiterung und als Barometer für den Füllungsdruck.

Sowohl eine rohfaserreiche wie auch eine rohfaserarme Ernährung kann diese Vorgänge erheblich einschränken. Äußerst große Schübe schwer verdaulicher Rohfaser (Stroh) liefern selbst und mit dem, was sie umschließen, nicht genügend Nährsubstrat für die Dickdarmflora und können die Darmbewegungen lähmen.

Eine rohfaserarme Ernährung kann die Dickdarmflora und deren Funktion erheblich einschränken. Erste milde Anzeichen sind häufig verzögerte Futteraufnahme, glanzloses Fell, unbefriedigende Leistung und nicht selten die gierige Aufnahme von Kot. Letzteres ist ein Versuch, durch im warmen Kot vorhandene lebensfähige Mikroorganismen und Vitamine des B-Komplexes die Dickdarmflora wieder aufzufrischen bzw. Mangelsituationen zu mildern. Bedrohlichere Anzeichen für eine rohfaserarme Ration können überstürzte Abbauvorgänge des Darminhaltes sein. Hierbei laufen nicht nur die bereits beschriebenen Funktionen nicht mehr geregelt ab, sondern auch die Verweildauer des Futterbreies im Dickdarm ist verkürzt. Der Kot wird dünnbreiig, bis hin zum Durchfall. Durch die Wasser-, Natrium- und Kaliumverluste wird auch der Wasserhaushalt des Pferdes gestört. Nicht selten kommt es bei Imbalancen des Dickdarmes auch zu Fehlgärungen, die ihrerseits Ursache für eine Kolik werden können.

2.2 Energie

Das Pferd benötigt Energie (Bedarf s. Tab. 13) zur Gewebeneubildung, zur Aufrechterhaltung von Körper- und Organfunktionen und Körpertemperatur sowie für über die bloße Aufrechterhaltung von Funktionen hinausgehende Leistungen wie Bewegung, Wachstum, Fruchtentwicklung und Milchproduktion.

Der Energiebedarf und die Energieversorgung werden kalkuliert als *verdauliche Energie,* ausgedrückt in Kilojoule (KJ); 1000 KJ entsprechen einem Megajoule (MJ).

Das Pferd bezieht seine Energie aus den *Kohlenhydraten, Fetten* und *Eiweißen* der Futtermittel. Die Kohlenhydrate als Summe von Zucker, Stärke und Zellulose werden im Dünndarm rasch über Zucker und Stärke als Glukose dem Körper zur Verfügung gestellt; vorwiegend aus der Zellulose sind mittels bakteriellen Abbaus im Dickdarm dann die flüchtigen Fettsäuren verfügbar. Letztere können bei optimaler Rohfaserversorgung bis zu 25% und mehr des Energiebedarfs der Pferde im Erhaltungsstoffwechsel abdecken.

Die Zerlegung und Aufnahme der *Fette* erfolgt vorwiegend im Dünndarm. *Eiweiße* werden in Aminosäuren gespalten und gelangen nach der Spaltung in die Blutbahn.

Fette liefern gewichtsgleich 2,25mal mehr Energie als Kohlenhydrate oder Eiweiß. Ihre ungesättigten Fettsäuren verbessern den Glanz des Haarkleides und fördern den Fellwechsel. Zur Aufwertung des Energiegehaltes der Gesamtration kann z. B. durch Pflanzenöle der Fettgehalt der Ration von 2 bis 6% bis auf wenigstens 10% erhöht werden. Das Öl kann nach Bedarf untergemischt werden. Zudem bindet es den Staub einer Mischung, darf allerdings nicht ranzig werden. Da die maximale Trockensubstanzaufnahmekapazität bis 3% des Körpergewichtes des Pferdes beträgt, ist diese Empfehlung besonders für Hochleistungspferde interessant.

Die Glukose und Fette aus dem Dünndarm sind ein bis zwei Stunden nach der Fütterung die ersten Energielieferanten, die Energie aus den strukturierten Kohlenhydraten über den Dickdarm folgt frühestens nach vier bis sechs Stunden, so daß zwischen den Mahlzeiten ein kontinuierlicher Strom energieliefernder Substanzen in die Blutbahn besteht.

Energie kann in Form von Glykogen in Leber und Muskulatur gespeichert sein. Die Kapazität beträgt bei sehr gutem Trainingszustand 20 bis 35 MJ.

Fettdepots sind ebenfalls Energiespeicher. Der Abbau dauert jedoch länger als der von Glykogen. Sind keine anderen Quellen mehr vorhanden, wird auch Eiweiß zur

Energieversorgung abgebaut. Die Anlage von Fettdepots muß nicht immer ökonomisch sein. Bei Rennpferden mit kurzfristig hoher Leistung ist sie völlig abzulehnen.

Die Energieversorgung spiegelt sich in der Gewichtsentwicklung, der Leistungsbereitschaft und nicht zuletzt im äußeren Haarkleid wider. Bei Energieunterversorgung zeigen die Pferde Gewichtsverluste, Konditionsschwäche, ungenügendes Wachstum und Stuten Zyklusruhe. Eine ständige Energieüberversorgung fördert die Gewichtszunahme und kann außerdem rasch eine Leistungsdepression verursachen.

Der *Energiebedarf im Erhaltungsstoffwechsel*, also ohne Leistung an Arbeit, Milchproduktion, Fruchtansatz oder Wachstum, hängt linear ab vom Körpergewicht des Pferdes. Dabei gibt es aber auch Schwankungen, die individuell durch Haltung, Hautisolation, Rasse, Temperament oder Witterung bedingt sein können.

Ruhige Pferde mit guter Hautisolation bei milder Witterung haben einen niedrigeren Energiebedarf im Erhaltungsbedarf als nervöse Pferde ohne entsprechendes Unterhautfettgewebe und dichtes Haarkleid – insbesondere bei naßkalten Witterungseinflüssen – obgleich sie mit der anderen Gruppe im Körpergewicht vergleichbar wären.

Der erhöhte Energiebedarf durch Arbeit kann beeinflußt sein durch Faktoren wie Intensität und Dauer der Belastung (Tab. 12), Kondition und Trainingszustand des Pferdes, Reitereinfluß und Reitergewicht, Ermüdungsgrad und Umgebungstemperatur.

Die *mechanische Energie für die Muskelarbeit* entsteht, wenn in der Muskelzelle Zucker und Fettsäuren unter Sauerstoffeinfluß zu Wasser und Kohlensäure abgebaut werden. Dabei benötigen die Fettsäuren etwas mehr Sauerstoff (ca. 7%) als der Zucker.

Das Pferd kann die Muskelzelle kurzzeitig so stark überbelasten, daß der Sauerstofffluß in die Zelle ungenügend wird. Dann kann durch anaeroben (sauerstofffreien) Abbau von Glukose zu Milchsäure Energie entstehen.

Unter Praxisbedingungen werden aus der chemischen Energie der Kohlenhydrate und Fette nur ca. 25 bis 30% in mechanische Energie verwandelt, der Rest in Wärme. Die Ausbeute von Eiweiß als Energielieferant ist noch geringer. Die Wärme entsteht mit der Energieaufladung der Muskelzelle durch Bildung energiereicher Phosphate.

Das Training von Rennpferden mit dem jeweils einmal kurzfristigen Heranführen an die Leistungsgrenze soll nicht nur das Enzym- und Hormonsystem prägen, sondern auch die Umstellung des aeroben auf den anaeroben Muskelstoffwechsel proben.

Der Energiebedarf steigt immens bei hohen Geschwindigkeiten (Tab. 12). Dann verlieren die Fettsäuren an Bedeutung, die mehr bei mäßigen Geschwindigkeiten und Dauerbelastungen zur Verbrennung gelangen. Die im anaeroben Stoffwechsel produzierte Milchsäure wird in der Leber wieder zu Glykogen aufgearbeitet oder über die Niere ausgeschieden.

Die Trächtigkeit der Stute erfordert erst in den letzten drei bis vier Monaten eine allmähliche Steigerung der Energieversorgung von zunächst 5 bis später um 20%. Die Milchproduktion der Stute ist in den ersten zwei Monaten nach der Geburt hoch. Sie kann bei Ponys und einigen Kleinpferderassen 3 bis 4% des Körpergewichtes täglich betragen, bei Großpferden täglich 2 bis 3% des Körpergewichtes. Die Energieaufnahme der Stute hat keinen Einfluß auf das Wachstum der Fohlen, d. h. die Stute selbst kompensiert Über- oder Unterversorgungen, ohne sie an die Milchleistung weiterzugeben. Der Energiebedarf steigt bei voller Milchproduktion auf etwa das Doppelte gegenüber dem des Erhaltungsstoffwechsels.

Der Energiebedarf wachsender Pferde ist abhängig von der angestrebten Wachs-

Tab. 12: Teilbedarf an verdaulicher Energie für Bewegungsaktivitäten unterschiedlicher Geschwindigkeit von Sportpferden (mit Reiter) im Lebendmassebereich von 400–600 kg; Beispiel für ein Sportpferd von 500 kg Lebendmasse einschließlich Erhaltungsbedarf (= 63,6 MJ)

	Geschwindigkeit km/Std.	zusätzlicher Bedarf an verdaulicher Energie (KJ pro kg Lebendmasse)		Gesamtbedarf inkl. Erhaltung verdaulicher Energie (MJ bei 500 kg Lebendmasse)	
		pro km	pro Stunde	pro km	pro Stunde
Schritt	4	1,7	6,8	64,45	67,0
leichter Trab	10	2,1	21	64,65	74,1
mittlerer Trab	15	3,4	51	65,30	89,1
Galopp	25	4,2	105	65,70	116,1

nach: Empfehlungen zur Energie- und Nährstoffversorgung der Pferde (1982)

tumsrate. Die geringere Wachstumsintensität mit besserer Entwicklungsmöglichkeit der Organe und des Bewegungsapparates wird man immer wählen für Pferde, die für ein strapaziöses, langandauerndes „Berufsleben" vorgesehen sind. So werden sich auch die höheren Kosten einer langsameren Körperentwicklung rechtfertigen lassen. Eine starke Aufzuchtintensität bringt mehr Masse an Muskeln und Fett, die den Bewegungsapparat belastet. Bei einer höheren Energieversorgung sollte die Kalkulation der Nährstoffe besonders sorgfältig erfolgen.

2.3   Eiweiß

Dem Eiweiß (Bedarf s. Tab. 13) kommt beim Aufbau körpereigener Substanzen wie Muskelmasse, Skelett, Enzymen oder Fermenten eine Schlüsselposition zu; es hat aber auch große Bedeutung für das Wachstum, die Milchproduktion und die Fruchtentwicklung im letzten Trächtigkeitsdrittel.

Eiweiß wird als *verdauliches Eiweiß* kalkuliert und in Gramm berechnet. Damit wird keine Aussage über die Qualität der *Aminosäuren,* die die Bausteine des Eiweißes darstellen, getroffen. Man unterscheidet *nicht-essentielle* Aminosäuren, die vom Körper selbst produziert werden und *essentielle* Aminosäuren, die über die Nahrung bzw. aus der Bakterienproduktion im Dickdarm dem Körper zugeführt werden müssen.

Eiweiße weisen die verschiedensten Aminosäurenmuster auf; alle enthalten Stickstoff bei unterschiedlichster Verdaulichkeit. Nicht nur die angebotene Eiweißmenge, sondern die Verfügbarkeit und Verdaulichkeit der Aminosäuren ist von Bedeutung. Futtermittel mit hohem Gehalt essentieller Aminosäuren sind positiv einzustufen. Allerdings verliert beim erwachsenen Pferd die Qualität der über die Nahrung aufgenommenen Aminosäuren an Bedeutung; hier ist mit einer Quelle essentieller Aminosäuren über Mikroorganismen im Dickdarm zu rechnen.

Das verdauliche Eiweiß wird im Dünndarm durch Enzyme in die einzelnen Aminosäuren zerlegt, die dann dem Körper zur Verfügung stehen. Stickstoffhaltige Substanzen, die in den Dickdarm gelangen, werden durch Mikroorganismen in Ammoniak und Aminosäuren zerlegt bzw. für die Lebensvorgänge der Bakterien und Protozoen benötigt. Aus abgestorbenen Bakterien stehen dem Körper Aminosäuren zur Verfügung. Harnstoff als eine nicht eiweißhaltige Stickstoffverbindung und schlechte Eiweißqualitäten aus dem Futter dienen als Nahrungsgrundlage für die Protozoen. Durch abgestorbene Protozoen wird Ammoniak frei, das für die Bildung nicht-essentieller Aminosäuren in der Leber genutzt werden kann. Eine mangelhafte Eiweißernährung kann eine Herabsetzung von Futteraufnahme, Wachstum, Leistungsbereitschaft und Milchproduktion sowie Gewichtsverluste bewirken.

Sehr häufig liegen Eiweißüberversorgungen vor. Sie werden zu einer zusätzlichen Belastung für Leber, Niere und den Sauerstoffhaushalt und erhöhen unnötig die Futterkosten. Fehlgärungsvorgänge sind häufige Ursachen von Koliken oder Durchfällen. Weiterhin sind schlechte Futteraufnahme, rasche Ermüdung, Nachlassen der Leistungsbereitschaft (mehr Wasser, mehr Harn, mehr Schweiß) und Bildung von Gelenksgallen Anzeichen dafür, daß die Eiweißversorgung erheblich überhöht ist. Im Extremfall, aber auch individuell und rassebedingt, wird eine plötzliche hohe Eiweißüberversorgung Ursache für eine Hufrehe (s. Teil E, Kap. 7.2.1.3).

Für über den jeweiligen Bedarf hinaus angebotenes Eiweiß selbst gibt es keine direkte Speichermöglichkeit. Der Stickstoff wird in Form von Ammoniak abgespalten, der Rest der Aminosäure dient dem Energiehaushalt. Dabei wird für die Verbrennung wesentlich mehr Sauerstoff benötigt bei einer erheblich höheren Wärmeproduktion als beim Energiestoffwechsel über Kohlenhydrate und Fette. Energie aus Eiweiß kann um etwa ein Drittel schlechter genutzt weden als solche aus Kohlenhydraten. Nicht benötigte Energie aus Eiweiß kann aber auch in Form von Glykogen und Fett gespeichert werden.

Ammoniak wird in der Leber umgebaut zu Harnstoff und verläßt über die Niere mit dem Harn den Körper. Mit dem Ansteigen der auszuscheidenden Harnstoffmengen wird eine größere Harnabgabe notwendig. Die Boxen der Pferde sind feuchter und haben den typischen Ammoniakgeruch. Durch die erhöhte Wärmeproduktion bei der Energiegewinnung aus Eiweiß wird zudem eine vermehrte Abkühlung des Körpers mittels verstärkter Schweißproduktion notwendig. Die hieraus resultierenden Wasserverluste über Harn und Schweiß müssen durch ein höheres Trinkwasserangebot ausgeglichen werden.

Ein Eiweißüberangebot kann über einen Anstieg der Werte von Harnstoff, von den Leberenzymen SDH und GLDH im Blutplasma und von Phosphor im Harn diagnostiziert werden. Ein durch eine Eiweißüberversorgung erhöhter Stoffwechsel kostet Energie für Abbau, Umbau und Ausscheidungsvorgänge und geht eventuell zu Lasten anderer Aufgaben der Organe. Die Situation für Leber und Niere wird kritisch, wenn dort Entzündungsvorgänge anderer Ursachen bestehen, z. B. durch Infektionen.

Die Eiweißversorgung läßt sich nur selten dem tatsächlichen Bedarf anpassen. So wird man durchaus Versorgungsgrade von 200 bis 250% ohne Korrektur der Ration tolerieren, zeitweilig aber auch einen unteren Bereich von z. B. 90%. Man kann die Eiweiß- und Energieversorgung auch in ein rechnerisches Verhältnis zueinanderbringen:

verdauliches Eiweiß (g) zu verdaulicher Energie (MJ) wie X:1.

Im *Erhaltungsstoffwechsel* liegt der Bedarf bei 0,5 bis 1 g verdauliches Eiweiß pro kg Körpergewicht und Tag. Die Verluste über Kot und Gewebsabschilferungen sind gering. Das Verhältnis von verdaulichem Rohprotein zu verdaulicher Energie ist mit 5:1 anzustreben. Rationen mit einem Gesamtgehalt an Eiweiß von 8% der Trockenmasse sind ausreichend.

Eine *Arbeitsbelastung* bedingt einen etwas höheren Eiweißbedarf zur Bildung von Muskeln, Enzymen, Fermenten und Schweiß, was besonders in Phasen des Aufbaues von Muskulatur zu berücksichtigen ist. Weiterhin ist für die Anhebung der Energieversorgung eine erhöhte Gesamtnahrungsaufnahme notwendig, wodurch mehr Stickstoff für die mikrobielle Verdauung und höhere Stickstoffverluste über den Kot eine gegenüber dem Erhaltungsbedarf erhöhte Eiweißversorgung rechtfertigen. Die Versorgung mit verdaulichem Eiweiß sollte 1,5 g pro kg Körpergewicht und Tag möglichst nicht überschreiten, um keine Leistungseinbußen in Kauf nehmen zu müssen. Das Verhältnis von verdaulichem Eiweiß zu verdaulicher Energie liegt auch bei Arbeitspferden bei 5:1. Der Eiweißgehalt der Gesamtration der Trockenmasse kann 8 bis 10% betragen.

Zuchtstuten haben erst im letzten Drittel der Trächtigkeit einen höheren Eiweißbedarf, der zunächst um etwa ein Drittel, später um zwei Drittel gegenüber dem Erhaltungsbedarf erhöht ist. Das Verhältnis von verdaulichem Eiweiß zu verdaulicher Energie soll 6 bis 8:1, der Eiweißgehalt der Gesamtration 11 bis 12% betragen.

Bei der *Fohlenstute* erhöht sich mit Einsetzen der Milchproduktion der Eiweißbedarf bis um das Dreifache gegenüber dem Erhaltungsbedarf. Der Eiweißgehalt der Milch liegt in den ersten fünf Tagen nach der Geburt bei 3,1%, sinkt innerhalb von zwei Monaten auf 2,2%. Das Verhältnis von verdaulichem Rohprotein zu verdaulicher Energie soll 9:1 betragen, der Eiweißgehalt der Gesamtration bei 12 bis 14% der Trockenmasse liegen.

Es ist an eine Versorgung mit besseren Eiweißträgern wie z. B. Sojaschrot und Magermilchpulver während der reinen Stallperiode zu denken, um den Eiweißgehalt der Ration zu erhöhen und um auch die Lysinversorgung aufzuwerten.

Für das *Wachstum der Fohlen und Jungpferde* ist neben einer erhöhten Eiweißzufuhr auch eine Aussage über den Gehalt an essentiellen Aminosäuren notwendig. So muß für Saug- und Absatzfohlen ein Lysingehalt (essentielle Aminosäure) von 0,65 bis 0,7% der Gesamtration erreicht werden, um Wachstum und Entwicklung nicht zu hindern. Da die Qualität des Eiweißes (bzw. der Aminosäuren) für junge Pferde eine große Rolle spielt, sind die Gehaltsangaben an Lysin wichtig, um entsprechende Futtermittel vergleichen zu können. Für Absatzfohlen ist ein Verhältnis von verdaulichem Eiweiß zu verdaulicher Energie von 10:1 anzustreben. Eiweißgehalte der Gesamtration von 16% der Trockenmasse bei Fohlen im Alter von unter sechs Monaten und 14% bei Fohlen im Alter von sechs bis zwölf Monaten werden notwendig.

Jährlinge benötigen noch 0,4% Lysin in der Ration bei Verhältnissen von verdaulichem Eiweiß zu verdaulicher Energie von 6:1 und einen Gesamteiweißgehalt in der Ration von 12% der Trockenmasse. Jungpferde, die über dieses Alter hinaus sind, stellen wenig Ansprüche an die Eiweißqualität, ähnlich wie erwachsene Pferde. Der Eiweißbedarf liegt, dem Wachstum und Muskelaufbau entsprechend, noch über dem des Erhaltungsstoffwechsels.

2.4 Mengenelemente

Die Versorgung mit den *Mineralstoffen* Calcium (Ca), Phosphor (P), Magnesium (Mg), Natrium (Na) und Kalium (K) ist für das Pferd lebensnotwendig. Die Mineralstoffe haben eine Fülle der unterschiedlichsten Funktionen im Körper zu erfüllen. Dabei zeichnen sie sich in ihrer Aktivität durch eine große Beweglichkeit und Wanderbereitschaft aus. Bei der Kalkulation der Mineralstoffe sind nicht nur die reinen Mengenangaben von Bedeutung, sondern auch die Verwertbarkeit sowie Zusammen- und Gegenspiel entweder einzelner Mineralstoffe untereinander oder auch mit Spurenelementen (Bedarfszahlen, außer für Mg, siehe Tab. 13).

Calcium und Phosphor

Die Elemente Calcium und Phosphor werden zusammen behandelt, da ihre Funktionen teilweise, wie z. B. im Skelett, in Abhängigkeit voneinander zu sehen sind. Diese drücken sich auch darin aus, daß beide Mineralstoffe immer in einem bestimmten Verhältnis zueinander über die Nahrung angeboten werden müssen.

Rund 99% des im Pferdekörper vorhandenen *Calciums* sind im Skelett eingelagert. Dort, und im Bereich von Muskelaktivität, Blut und Enzymen, liegt die Funktion des Calciums.

Die Verwertung des angebotenen Calciums im Darmbereich ist abhängig von der Art der Calciumverbindung, dem Oxalatgehalt, dem Calcium-Phosphor-Verhältnis und dem Gesamtangebot an Calcium. Entscheidend für den Calciumtransport durch die Darmwand ist das Vorhandensein von Vitamin D.

Bei einer ungenügenden Calciumversorgung kommt es zu einer Mobilisierung aus dem Skelett. Eine Überflutung mit Calcium bewirkt ein Absenken der Absorption aus dem Verdauungskanal, vermehrte Calciumeinlagerung in das Skelett und vermehrte Calciumausscheidung über die Niere sowie eine herabgesetzte Verwertbarkeit von Phosphor, Magnesium, Mangan, Zink und Eisen.

Der *Calciumgehalt des Blutes* liegt bei 11 bis 15 mg/dl, ohne eine Abhängigkeit vom Alter der Pferde erkennen zu lassen. Dabei sind die Werte nicht in Verbindung mit der aktuellen Calciumversorgung zu sehen, da sie straff reguliert sind. So ist während des Transportes von Calcium aus dem Darm zum Knochen, der Calciumrückresorption in der Niere oder wenn durch das Parathormon Calcium aus dem Knochen freigesetzt wird, mit Werten im oberen Bereich zu rechnen. Wird der Calciumwert im Blut zu hoch, wird Calcitonin aktiviert, um ihn abzusenken.

Das im Körper der Pferde vorhandene *Phosphor* ist zu etwa 80% im Skelett eingelagert. Phosphor hat weitere vielfältige Funktionen, so z. B. als Puffer im Blut, im Energiestoffwechsel, bei der Zellteilung und beim Wachstum. Die Absorption von Phosphor erfolgt in Dünn- und Dickdarm, wobei im Dickdarm ein hoher Phosphorgehalt zur Pufferung flüchtiger Fettsäuren dient. Die Verwertung des über die Nahrung angebotenen Phosphor liegt höher, wenn er aus anorganischen statt aus organischen Verbindungen (z. B. Phytin) stammt. Die Verwertbarkeit von Phosphor nimmt mit dem Alter der Pferde zu. Phosphor wird ausgeschieden über Kot und Harn, ein erhöhtes Phosphorangebot vermehrt über den Harn.

Die *Konzentration von anorganischem Phosphor im Blutplasma* ist in hohem Maße durch das Alter und z. T. durch den Versorgungsgrad bestimmt. Altersbedingt sinken die hohen Werte der Fohlen von etwa 7,6 mg/dl auf Werte um 2,4 mg/dl beim erwachsenen älteren Pferd ab. Sehr hohe Phosphorkonzentrationen im Futter können einen altersunabhängigen Anstieg des Plasmaspiegels bewirken.

Insbesondere für die Stabilität des Knochengerüstes wichtige Konsequenzen können sich nicht nur aus einem Über- oder Unterangebot der Mineralstoffe Calcium oder Phosphor an sich ergeben, sondern ganz besondere Bedeutung ist dem über die Nahrung angebotenen Verhältnis dieser beiden Elemente zueinander zuzumessen. Als Optimum in der täglichen Versorgung durch die Gesamtration ist neben dem Erreichen der Bedarfswerte ein Calcium-Phosphor-Verhältnis zwischen 1,5:1 und 3:1 anzustreben. Über die Verwendung der meisten Einzelfuttermittel ist ein Verhältnis von 1,5:1 in der Regel nicht zu erreichen, so daß die Calciumversorgung über kohlensauren Futterkalk, Mineralfuttermittel oder Ergänzungsfuttermittel für Pferde aufgewertet werden muß. Nur so läßt sich eine optimale, ungestörte Verwertung der beiden Mineralstoffe erreichen. Calcium-Phosphor-Verhältnisse in der Gesamtration von 4:1

und weiter bieten keine Vorteile. Für Fohlen und Jungpferde wird man die obere Grenze eines weiten Calcium-Phosphor-Verhältnisses von 2 bis 3:1 in der Gesamtration anstreben. Calcium- Phosphor-Verhältnisse unter 1,5:1 haben in der Regel in einem knappen Angebot mit Calcium bei einem gleichzeitig erhöhten Phosphorangebot ihre Ursache. Letzteres verringert zusätzlich die Verwertbarkeit des Calciums.

Die *Bedarfsmengen* an Calcium und Phosphor, die über die tägliche Gesamtration zu decken sind, werden in Tab. 13 aufgeführt. Dabei ist nur ein geringer Erhaltungsbedarf notwendig, um die über Harn- und Kotabgaben entstandenen Verluste auszugleichen. Bei Verrichtung von Muskelarbeit ergibt sich eine Bedarfserhöhung infolge erhöhter Verluste über Kot (durch größere Futteraufnahme) und Schweiß.

Während der letzten 90 Tage der Trächtigkeit erhöht sich durch die dann hauptsächlich stattfindende Mineralisierung der Frucht der Bedarf an Calcium und Phosphor. Entsprechend der Höhe der Milchproduktion wird nach dem Abfohlen ein zusätzlicher Mehrbedarf an Calcium und Phosphor notwendig. Dabei sinkt der Gehalt in der Milch nach vier Wochen Leistung allmählich wieder ab.

Bei wachsenden Pferden sind die besonders im ersten Lebensjahr relativ hohen Bedarfswerte sorgfältig zu kalkulieren. Der Anteil an Calcium am Gesamtanteil der lufttrockenen Ration sollte bei Pferden im Erhaltungsstoffwechsel und Pferden, die Muskelarbeit verrichten, bei 0,4 bis 0,45% liegen. Er erhöht sich auf 0,5% während der Hochträchtigkeit und Milchproduktion, auf 0,6% für Jährlinge und auf 0,7% für Fohlen im ersten Lebensjahr. Der Phosphorgehalt ist dem anzustrebenden Verhältnis entsprechend zu kalkulieren.

Eine *Überversorgung* mit Calcium bewirkt eine höhere Wasseraufnahme, da mehr Harn für die erhöhte Ausscheidung von Calcium produziert wird. Überhöhte Calciumeinlagerungen in den Knochen können auch nachteilig sein, da der Knochen spröde wird. *Unterversorgungen* mit Calcium bzw. Phosphor und Vitamin D führen bei Jungtieren zur Rachitis (Knochenweiche) infolge mangelhafter Mineralisierung der Knochen, einhergehend mit Appetitlosigkeit, Verdauungsstörungen und verringertem Wachstum. Bei erwachsenen Pferden kommt es durch eine entsprechende mangelhafte Versorgung zur Entmineralisierung der Knochen (Osteomalazie) unter gleichzeitiger Verringerung anderer Leistungen wie Muskeltätigkeit oder Fruchtbarkeit.

Während voran beschriebene Störungen in der Praxis selten auftreten, gibt es in den letzten Jahren verstärkt das Bild des *sekundären ernährungsbedingten Hyperparathyreoidismus* (s. Kap. 5.4.2). Dabei wird das klinische Bild besonders bei Fohlen und Jährlingen auffällig; Überbeine, Entzündungen und Lahmheiten sind typisch. Ursache ist ein Calcium-Phosphor-Verhältnis deutlich unter 1,5:1 (1,2 bis 0,7:1) in der Gesamtration, wobei Calcium unter- und Phosphor überversorgt ist.

Durch länger andauernde mangelnde Bewegung, wie sie z. B. durch Krankheit oder Witterung bedingt sein kann, kommt es auch trotz ausgeglichener Zufuhr zu Abbauvorgängen im Knochen, so daß diese erst durch ein allmähliches Bewegungstraining bei optimaler Calcium- und Phosphorversorgung wieder stabilisiert werden müssen.

Bei der Korrektur des Calcium-Phosphor-Verhältnisses wird rasch eine Überversorgung mit beiden Elementen erreicht. Dabei sollte der Bedarf nicht mehr als um 200 bis 250% gedeckt werden. Wird dieser Bereich überschritten, ist durch Austausch von Futtermitteln der Phosphorgehalt der Grundration zu senken.

Magnesium

Das *Magnesium* erfüllt vorwiegend Funktionen im Bereich des Muskel- und Nervenstoffwechsels. Die Magnesiumversorgung des Pferdes dürfte insbesondere über die

Krippenfuttermittel sehr gut abgedeckt sein; allenfalls auf der Weide wäre ausnahmsweise an eine mangelhafte Versorgung zu denken (s. Kap. 3.1.2). Ausgesprochene Mangelerscheinungen äußern sich in Form von Erschöpfung, unsicherem Gang, Nervosität, Muskelzittern und Krämpfen.

Der *Magnesiumgehalt im Blutserum* gibt einen guten Hinweis auf die Versorgungslage. Mit 1,4 bis 2,5 mg/dl spricht er für eine normale Versorgung, mit 1,0 bis 1,4 mg/dl für einen leichten Mangel. Ob über den durch die Gesamtration bereits abgedeckten Magnesiumbedarf hinaus Effekte zu erzielen sind, ist wissenschaftlich nicht geklärt. Durch Gaben leicht verfügbaren Magnesiums (z. B. MgO) erhofft man sich ein vom Nervenkostüm her gelassen erscheinendes Sportpferd und die Verhinderung eines Leistungsabfalles im Energiehaushalt.

Der Bedarf an Magnesium läßt sich durch 0,2% der Trockenmasse der Gesamtration gut abdecken.

Natrium

Natrium erfüllt für die Praxis wichtige Funktionen im Wasser- und Wärmehaushalt. Es kann, abhängig von der Versorgungslage, in unterschiedlicher Menge mit Kot oder Harn ausgeschieden werden. Bei Arbeitsleistung können Natriumverluste mit 3 bis 4 g pro kg Schweiß je nach Höhe der Schweißabgabe erheblich werden.

Das Pferd verfügt mit dem Inhalt des Darmes über ein großes Natriumreservoir von etwa 170 g bei 500 kg Körpergewicht. Die angegebene Natriummenge ist allerdings auf optimale Darmverhältnisse angewiesen, wie sie bei einer guten Rauhfutterversorgung anzutreffen sind. Hierdurch wird erklärlich, warum Pferde äußerst selten deutlich auf kurz- oder langfristige Unterversorgungen mit Natrium reagieren. Erst wenn die Möglichkeiten des Ausgleichs über den Verdauungskanal erschöpft sind, kommt es zu einer Ausschleusung von Natrium aus den Knochen.

Der *Natriumgehalt im Blutserum* wird relativ konstant bei 330 mg/dl gehalten, erst nach stärkerem Mangel ist mit einem Absinken zu rechnen. Der *Natriumgehalt im Harn* gibt eine bessere Übersicht der Versorgung: Natriumwerte über 20 mg/dl sprechen für eine ausreichende Versorgung, bei Werten von unter 5 mg/dl ist von einer Natriummangelsituation auszugehen.

Der *Natriumbedarf* (s. Tab. 13) liegt im Erhaltungsstoffwechsel relativ niedrig. Bei Arbeitsbelastung erhöht sich der Bedarf je nach produzierter Schweißmenge. Dabei hängt die Schweißproduktion nicht nur von der geleisteten Arbeit, sondern auch von der Umgebungstemperatur und dem Trainingszustand ab. Eine Natriumunterversorgung bewirkt eine etwas verminderte Schweißproduktion. Der Mehrbedarf an Natrium während der Hochträchtigkeit ist gering. Über die Milchproduktion liegen die Verluste nur bei 0,15 g Natrium pro kg Milch. Das wachsende Pferd hat keinen sehr hohen Natriumbedarf. Trotz des relativ niedrig erscheinenden Natriumbedarfes von Pferden ohne Schweißverluste besteht über die geringen Natriumwerte der Grundfuttermittel kaum die Gelegenheit einer ausgeglichenen Versorgung. Die Situation verbessert sich erst bei der Verwendung von Ergänzungsfuttermitteln für Pferde, Mineralfutter für Pferde und Viehsalz, etwa in Form von Lecksteinen. Letzteres ist in der Lage, auch die höheren Natriumverluste über den Schweiß zu ergänzen.

Eine *Überversorgung* mit Natrium bewirkt eine vermehrte Wasseraufnahme und Harnabgabe, schließlich auch dünnbreiigen Kot und Durchfall. Dieses kann bei Fohlen nicht ungefährlich werden. *Natriumunterversorgungen* bis hin zur ausgesprochenen Mangelsituation können sich graduell unterschiedlich äußern. Durch den Verlust an Natrium und Wasser kann es zur Eindickung von Darminhalt und zur Abnahme der Pufferkapazität im Blinddarm kommen. Für Leistungspferde ist eine bedarfsgerechte Natriumversorgung besonders wichtig, um keine Funktionseinbußen im Verdauungskanal zu riskieren. Bei höheren Futteraufnahmen wäre dann die Gefahr von Verstopfungen oder Fehlgärungen im Dickdarm gegeben. Weitere Anzeichen für eine mangelhafte Natriumzufuhr sind Lecksucht, Aufnahme von Erde und Graswurzeln oder Symptome von Hitzestress und Hitzeerschöpfung. Stärkere Mangelsymptome sind Gewichtsverluste, rauhes Haarkleid, Apathie und herabgesetzter Hautturgor. Beim wachsenden Pferd sind Störungen in der Skelettentwicklung und eine erhöhte Knochenbrüchigkeit zu erwarten.

In Zuchtbetrieben, wo gehäuft Nachgeburtsverhaltungen bei Stuten und Darmpechverhalten bei Fohlen auftreten, ist die Natriumversorgung zu überprüfen. Im übrigen wird durch dünnbreiigen Kot der Natrium- und Wasserhaushalt stärker belastet, was schnell in eine Unterversorgung führen kann.

Kalium

Das *Kalium* ist an zahlreichen Stoffwechselvorgängen im Körper beteiligt. In der Praxis ist eher mit Kaliumüberversorgungen als mit Mangelsituationen zu rechnen. Die im Grün- und Rauhfutter enthaltenen hohen Kaliumanteile bewirken keine Veränderung am Pferd selbst, lediglich eine erhöhte Wasseraufnahme, da überschüssiges Kalium über eine gesteigerte Harnmenge ausgeschieden wird.

Kaliumverluste über den Schweiß betragen etwa 1,5 g pro kg Schweiß (LINDNER 1983). Im Zusammenhang mit hohen Schweißverlusten und einseitigen Kraftfutterrationen oder auch Durchfällen ist eine verminderte Kaliumversorgung denkbar. Hieraus können Leistungsschwäche, Müdigkeit und eine herabgesetzte Futteraufnahme resultieren, einhergehend mit einer Belastung des Wasser- und Wärmehaushaltes.

Der *Kaliumgehalt im Blutserum* kann einen Hinweis auf die Versorgungslage geben. Diese wird kritisch bei einem Wert unter 12 mg/dl. Die Probe muß allerdings vor der Arbeitsbelastung genommen werden, da der Kaliumgehalt nach Belastung für kurze Zeit abfällt. Der Kaliumbedarf der Pferde ist in Tab. 13 aufgeführt. Der Kaliumgehalt des Trockensubstanzanteiles der Gesamtration sollte wenigstens 0,4% betragen, bei Pferden mit erheblichen Schweißverlusten bis zu 0,9%.

2.5 Spurenelemente

Obgleich die Spurenelementgehalte der einzelnen Futtermittel größeren Schwankungen unterworfen sind, dürfte in der Fütterungspraxis eine ausreichende Versorgung gewährleistet sein. Bevor vermehrt Spurenelemente eingesetzt werden, sollte man zunächst klären, ob dies auch begründet ist. Die Bedarfswerte sind in Tab. 14 dargestellt.

Eisen

Eisen (Fe) wird zur Bildung des roten Blutfarbstoffes Hämoglobin und des Muskelfarbstoffes Myoglobin benötigt. Folglich spielt das Eisen eine wichtige Rolle für die Sauerstoffversorgung durch die roten Blutkörperchen und damit für die Bewegungsleistung.

Der *Eisenbedarf* ist abhängig von Eisenverlusten über Milch, Schweiß und Blutverluste infolge starken Parasitenbefalles oder Verletzungen. Eisenverluste über Schweiß können mit 20 mg Eisen pro kg Schweiß (SCHMIDT 1984) kalkuliert werden. Die

Tab. 13: Bedarf an verdaulicher Energie, verdaulichem Eiweiß, Calcium, Phosphor, Natrium und Kalium unter Berücksichtigung von Körpergewicht und Nutzung

Nutzungsgruppe	Körpergewicht kg	verdauliche Energie MJ	verdauliches Eiweiß g	Calcium g	Phosphor g	Natrium* g	Kalium* g
1. ausgewachsene	100	19	95				
Pferde ohne	200	31,9	160	8	5	5	7
Arbeits- oder	300	43,3	216				
Milchleistung	400	53,6	268	17	10	10	14
– Erhaltungs-	500	63,6	318				
bedarf –	600	72,6	363	25	15	15	22
	700	81,6	408				
	800	90,0	450	34	20	20	29
2. ausgewachsene	200	32– 40	160–200	9	5	7	10
Pferde mit	300	43– 54	215–270				
leichter Ar-	400	54– 67	270–335	17	10	14	18
beitsbelastung	500	64– 80	320–400				
	600	73– 91	365–455	26	16	21	32
	700	82–102	410–510				
	800	90–113	450–565	35	21	28	40
3. Ausgewachse-	200	40– 48	200–240	9	6	9	14
ne Pferde mit	300	54– 65	270–325				
mittlerer Ar-	400	67– 81	335–405	18	11	18	27
beitsbelastung	500	80– 96	400–480				
	600	91–109	455–545	26	16	28	43
	700	102–123	510–615				
	800	113–135	565–675	35	21	35	50
		mehr als:	mehr als:				
4. Ausgewachse-	200	48	240	9	6	12	18
ne Pferde mit	300	65	325				
mittlerer Ar-	400	81	405	18	12	24	36
beitsbelastung	500	96	480				
	600	109	545	27	17	36	53
	700	123	615				
	800	135	675	36	22	47	62
5. Hochtragende	100	24	160				
Stute (11.	200	40	260	14	10	5	8
Trächtigkeits-	300	54	350				
monat) ohne	400	67	440	29	19	11	15
zusätzliche Ar-	500	80	520				
beitsbelastung	600	91	590	44	29	16	23
	700	102	670				
	800	113	740	59	39	22	31

Fortsetzung Tab. 13:

Nutzungsgruppe	Körpergewicht kg	verdauliche Energie MJ	verdauliches Eiweiß g	Calcium g	Phosphor g	Natrium* g	Kalium* g
6. Fohlenstuten	100	36– 38– 32	320– 330– 250				
ohne zusätzli-	200	60– 64– 54	530– 560– 420	20	16	6	12
che Arbeitsbe-	300	82– 86– 73	720– 760– 560				
lastung (Werte	400	101–107– 91	890– 940– 700	37	29	12	23
mit Milchlei-	500	120–127–108	1060–1110– 830				
stung anstei-	600	137–145–123	1210–1270– 940	52	41	18	34
gend 1.–3. Mo-	700	154–163–138	1360–1430–1060				
nat, dann ab	800	170–180–152	1500–1570–1170	69	54	24	45
3.–5. Monat							
rückläufig)							
7. Fohlen	Endgewicht (kg)						
Alter:	100–200	17–29	110–255	12	8	2	4
3–6 Monate	300–400	40–51	365–470	23	17	4	7
	500–600	60–70	575–675	36	25	6	11
	700–800	79–88	775–870	50	34	8	15
7–12 Monate	100–200	18–30	120–210	10	6	3	5
	300–400	42–52	300–380	19	13	5	9
	500–600	62–72	460–540	29	19	9	14
	700–800	81–91	615–695	40	26	13	19
13–24 Monate	100–200	19–34	115–195	10	7	4	6
	300–400	44–58	285–340	19	13	8	12
	500–600	66–79	435–470	31	20	12	18
	700–800	86–98	575–595	42	26	16	25

*) stark abhängig von Schweißverlusten
nach Gesellschaft für Ernährungsphysiologie der Haustiere (1982), ergänzt

Abgabe über die Milch sinkt von zunächst 1 mg/kg Milch auf 0,9 mg/kg nach einer Woche und 0,6 mg/kg nach zwei Monaten. Der Eisenversorgung bei hochtragenden Stuten kommt besonders im letzten Trächtigkeitsmonat größere Bedeutung zu, da zu dieser Zeit die Frucht 45% des Eisens einlagert, bezogen auf die Gesamtmenge, die sie zum Geburtstermin im Gesamtkörper aufweist. Fohlen werden mit relativ niedrigen Eisendepots geboren, wodurch der anfänglich hohe Gehalt im Blutplasma rasch absinkt. Da die Stutenmilch zudem niedrige Eisengehalte aufweist, verbessert sich die Versorgungslage erst mit der Aufnahme von Beifutter.

Die *Verwertbarkeit* des angebotenen Eisens kann sehr unterschiedlich sein. Sie verringert sich z. B. in der Verbindung mit Phytin, das im Getreide vorkommt, und bei hoher Manganversorgung (z. B. Pflanzen auf sauren Böden).

Zur *Diagnose der Eisenversorgung* muß neben der Bestimmung des Eisengehaltes im Blutplasma auch der Hämoglobingehalt des Blutes herangezogen werden. Der

Eisengehalt in der Trockenmasse der Futtermittel sollte bei 80 bis 100 mg/kg liegen. Unterversorgungen mit Eisen äußern sich in Leistungsschwäche, Appetitlosigkeit, Blutarmut und Gewichtsverlusten. Eine gezielte Ergänzung mit Eisen kann notwendig werden bei stark verwurmten Pferden, Fohlen, die zwei Wochen und mehr zu früh geboren wurden, und zeitweilig bei Hochleistungspferden. Nach intramuskulären Injektionen von Eisendextran gab es Unverträglichkeiten. Bei frühgeborenen Fohlen und Fohlen, die sich nicht zufriedenstellend entwickelten, insbesondere mit Problemen im Sehnenbereich, hat sich die Gabe eines Komplexes von Eisen, Kupfer, Kobalt und den Vitaminen B 1, 2 und 12 bewährt. Gegen eine gezielte Eisenergänzung über ein Mineralfutter für Pferde ist nichts einzuwenden. Eine gewisse Eisenüberversorgung ist unproblematisch.

Kupfer

Kupfer ist für den Bereich der Blutbildung sowie die Stabilität von Blutgefäßen und Knochen wichtig. Eine Versorgung mit Kupfer über 10 mg pro kg Futtertrockensubstanz ist anzustreben, die auch geringfügig überschritten werden kann. Eine Überversorgung wird erst im Bereich des 20fachen dieses Wertes kritisch, Kupferverluste über Schweiß (4 mg/kg) und Milch (0,2 mg/kg) sind gering. Eine ständige Überversorgung mit Kupfer kann zu schweren Leberschäden und Vergiftungen führen.

Neugeborene weisen zunächst niedrige Kupferwerte im Serum auf, die dann durch Mobilisierung von Kupferreserven aus der Leber ansteigen. Der Kupfergehalt im Blutserum kann Aussagekraft bei einer mangelhaften Versorgung über einen längeren Zeitraum haben. Wechselwirkungen mit Calcium und Zink können die Kupferversorgung beeinflussen. Während der Weideperiode kann die Kupferversorgung durch verringerte Absorption geringer werden, vorwiegend auf kupferarmen Böden. Bei Saugfohlen, die während der Weidezeit schmerzhaft aufgetriebene Fesselköpfe haben, sollte die Kupferversorgung überprüft werden. Die beim Fohlen gefundenen Kupfergehalte im Blut können dem Einfluß von Alter und Rasse unterliegen, so daß bei Verdacht der Unterversorgung auch auf Hinweise für das Vorliegen einer Anämie geachtet werden sollte.

Zink

Zink hat neben Funktionen bei Fermentreaktionen im Kohlenhydrat- und Eiweißstoffwechsel besondere Bedeutung für die Haut. Die zu empfehlende tägliche Versorgung mit Zink liegt bei 50 mg pro kg Futtertrockensubstanz. Zinkverluste entstehen über Schweiß (10 mg/kg). Die Verfügbarkeit des Zinks wird vermindert durch hohe Phytingehalte (Getreide) sowie durch Überversorgungen mit Calcium und Kupfer.

Zur Verbesserung von Hautproblemen und zur Förderung der Heilung von Hautwunden hat sich eine tägliche Gabe von 2,5 g Zinkcarbonat (= 1300 mg Zink) über 20 Tage bewährt. Dabei muß allerdings dafür Sorge getragen werden, daß andere Ursachen wie der Druck von Sattel oder Geschirr, Milben oder bakterielle Infektionen abgestellt werden. Zinkmangel bei Fohlen wird durch eine herabgesetzte Entwicklung und Veränderungen der Haut und des Haarkleides sichtbar. Im Serum geht der Zinkgehalt zurück, die alkalische Phosphatase sinkt. Starke Überversorgungen mit Zink bewirken u. a. Steifheit und Lahmheit durch verdickte Epiphysen.

Mangan

Mangan beeinflußt den Knochenstoffwechsel und die Eierstocktätigkeit und spielt damit eine Rolle für Wachstum und Fortpflanzung. Der tägliche Bedarf wird mit 40 mg pro kg Futtertrockensubstanz kalkuliert. Engpässe in der Versorgung sind nicht zu erwarten. Eisen und Mangan im Überschuß angeboten behindern sich wechselseitig, so daß bei einer stark erhöhten Manganversorgung Anämien auftreten könnten; eine Unterversorgung könnte Ursache für Veränderungen der Knochenentwicklung sein.

Selen

Selen hat zusammen mit dem Vitamin E Bedeutung für den Muskelstoffwechsel. Der Selenbedarf wird mit 0,1 bis 0,2 mg pro kg Trockensubstanz veranschlagt. Allerdings kann der Bedarf bei Hochleistungspferden mit angestrengtem Muskelstoffwechsel noch höher liegen. Die Selengehalte der einzelnen Futtermittel variieren stark. So haben frisches und konserviertes Grünfutter einen niedrigeren Selengehalt als z. B. Getreide.

Durch eine Unterversorgung mit Selen über einen längeren Zeitraum sinkt der Selengehalt im Blut von mehr als 0,14 µg/ml auf 0,04 µg/ml und niedriger ab.

Eine Überversorgung mit Selen ist bei einer Zufuhr von täglich 3 bis 4 mg pro kg Futtertrockensubstanz gegeben. Den betroffenen Pferden fallen die Haare an Mähne und Schweif aus, es kommt zu Hufringen, zum Ausschuhen, zu Lahmheit und Blindheit.

In den letzten Jahren hat man vermehrt Muskelerkrankungen beobachtet, denen eine Unterversorgung mit Selen zugrunde liegen dürfte. Wenn bei erwachsenen Pferden Bewegungsstörungen, Steifbeinigkeit, Muskelschmerz und Leistungsminderung auftreten, könnte dieses für einen Vitamin E/Selenmangel sprechen. Bei Fohlen wird eine Muskeldegeneration auch in Deutschland inzwischen vermehrt beobachtet (s. Teil E, Kap. 6.4.5 Weißmuskelkrankheit). Wenn rasch erkannt wird, daß es sich um einen Selenmangel handelt, kann mit Selengaben, am besten im Zusammenhang mit Vitam E, das Fohlen gerettet werden. Dabei werden 750 bis 1000 mg Vitamin E-Acetat und 2,5 bis 5 mg Selen verabreicht (Wiederholungen nur in Form von Vitamin E).

Vorbeugend sollte in einem Zuchtbetrieb, in dem Selenmangel auftrat, den hochtragenden Stuten kurz vor der Geburt im Abstand von einer Woche zweimal die genannte Ergänzung gegeben werden, um die Selengehalte im Körper und in der Milch zu steigern.

Kobalt

Zur Erstellung von Vitamin B 12 wird *Kobalt* benötigt. Dies geschieht unter normalen Dickdarmverhältnissen und – soweit Kobalt vorhanden – durch die Mikroorganismen. Der Kobaltbedarf liegt bei 0,05 bis 0,1 mg pro kg Futtertrockensubstanz. Mängel in der Kobaltversorgung können Ursache von Blutarmut und Wachstumsstillstand sein.

Jod

Jod ist ein Baustein der Schilddrüsenhormone und hat somit Einfluß auf die verschiedensten Stoffwechselvorgänge. Der Jodbedarf der Pferde ist zwischen 0,1 und 0,3 mg pro kg Futtertrockensubstanz anzusiedeln.

Symptome für Jodmangel bei neugeborenen Fohlen sind Kropfbildung, Lebensschwäche und Wachstumsverzögerung, aber auch Haarlosigkeit und Wassersucht. Erwachsene Pferde zeigen verminderte Leistung, Kropfbildung, angelaufene bis dicke Beine (Ödeme), und sind teilnahmslos. Stuten können in der Fruchtbarkeit herabgesetzt sein und produzieren weniger Milch. Jod sollte in Maßen in den jodarmen Regionen (s. Kap. 3.1.2) ergänzt werden. Mineralfutter für Pferde und Lecksteine enthalten Jod. Für Leckschalen auf der Weide sollte das weniger flüchtige Jodat verwendet werden. Seetangmehl und andere Präparate mit Jodgehalten von mehr als 1 mg/g sind sehr vorsichtig einzusetzen, damit eine regelmäßige zusätzliche tägliche Gabe von 10 mg Jod pro Tag nicht wesentlich überschritten wird. Auch bei einer Überversorgung mit Jod ist bei neugeborenen Fohlen mit einer Kropfbildung zu rechnen.

2.6 Vitamine

Die Vitamine sind lebensnotwendige, sehr aktive Wirkstoffe, die die verschiedensten Funktionen im Körper wahrnehmen. Man unterscheidet *fettlösliche Vitamine* (A, D, E, K) und *wasserlösliche Vitamine* (B-Komplex, C). Es bestehen unterschiedliche Empfindlichkeiten der Vitamine gegenüber Feuchtigkeit, Wärme, Licht, Druck, Spurenelementen, pH-Veränderungen und Chemikalien, und auch der Zeitfaktor der Einwirkung spielt eine wichtige Rolle. Die Folge ist, daß Vitamine nach einer gewissen Zeit oder unter bestimmten Bedingungen nur noch begrenzt oder gar nicht mehr zur Verfügung stehen. Bei dem Gedanken, im Vitamingehalt entsprechender Präparationen „Sicherungszusätze" vorzusehen, mag die Empfindlichkeit der Vitamine eine Rolle gespielt haben. Leider führt diese Überlegung auch dazu, Vitamine aller Art in hohen und höchsten Dosierungen in die Mischungen einzubauen. Dabei wird für die Haltbarkeit der Vitamine in der Regel eine zeitlich begrenzte Garantie übernommen. Ein gezielterer, bedarfsgerechter Einsatz der Vitamine in der Pferdefütterung wäre für die Zukunft wünschenswert. Die Bedarfswerte für die einzelnen Vitamine sind in Tab. 14 aufgeführt.

Fettlösliche Vitamine

Das *Vitamin A* hat entscheidende Funktionen bei Aufbau, Schutz und Regeneration von Haut und Schleimhäuten. Es ist für den Sehvorgang wichtig und wirkt beim Knochenwachstum mit. Vitamin A erhöht die körperliche Widerstandsfähigkeit gegenüber Infektionskrankheiten. Die Schutzfunktion für die Schleimhäute macht sich besonders gegenüber der Magen-Darmschleimhaut, den Schleimhäuten von Harn- und Geschlechtsorganen und den Schleimhäuten der Atemwege bemerkbar.

Eine Unterversorgung mit Vitamin A fördert die Entzündungsbereitschaft der aufgeführten Schleimhäute. Im Bereich der Gebärmutter kann es durch Schleimhautveränderungen zu einer mangelhaften Versorgung der Frucht kommen, wodurch diese in jedem Stadium absterben kann. Eine Sterilität bei Stuten kann vorliegen; ebenso kann das Hodengewebe von Hengsten durch Vitamin A-Mangel geschädigt sein, so daß durch verringerte Samenqualität Einbußen in der Fruchtbarkeit entstehen. Neben Hautveränderungen wird auch eine ausgesprochene Brüchigkeit des Hufhornes verursacht, und die Möglichkeit der Bildung von Hornspalten ist gegeben. Durch eine Einschränkung der Hypophysentätigkeit kann es bei Jungtieren zu Wachstumsstörungen kommen. Tränenfluß und Sehstörungen sind weitere Symptome einer Unterversorgung mit Vitamin A.

In allen grünen Pflanzen sind unterschiedlich hohe Mengen von β-Carotin enthalten, das als Vorstufe des Vitamin A gilt und von den Pferden umgewandelt wird. Man schätzt, daß in der Darmschleimhaut aus 1 mg β-Carotin etwa 400 IE (Internationale Einheiten) Vitamin A erhalten werden können. Durch die Aufnahme von Grünfutter kommt es zu einem Luxuskonsum an β-Carotin, das dann in Form von Vitamin A in

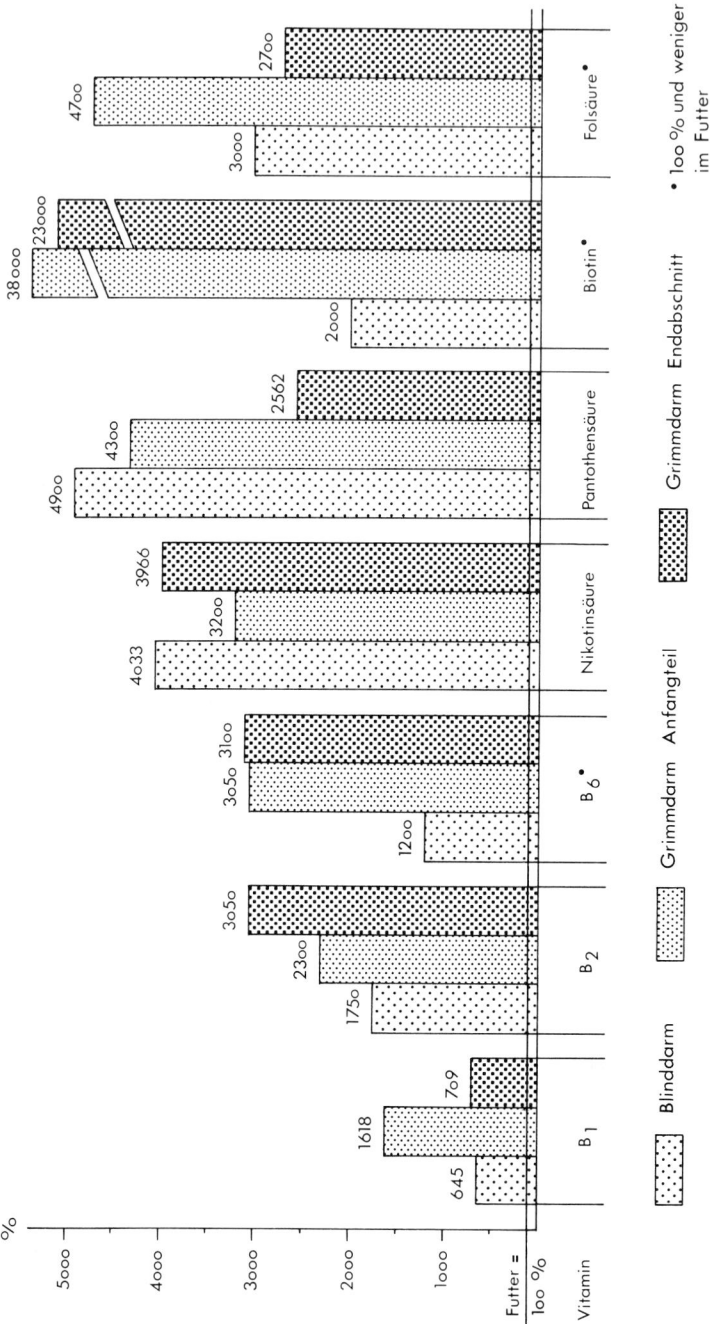

Abb. 207. Prozentualer Anstieg einiger B-Vitamine im Dickdarm des Pferdes mittels Synthese der Mikroorganismen.

der Leber gespeichert wird. Dieser Speicher leert sich nach drei bis sechs Monaten bei fehlender oder knapper Versorgung. Je mehr das β-Carotin im Überschuß aufgenommen wird, um so schlechter wird es ausgenutzt.

Im Grünfutter nimmt der β-Carotingehalt mit Fortschreiten der Vegetation ab. In Dürrejahren kann es sogar auf der Weide zu Engpässen in der β-Carotinversorgung kommen. Im Heu ist das β-Carotin instabil, baut sich durch Licht und Temperatur nach wenigen Wochen und Monaten in erheblichem Maß ab. Trockengrün kann optimale Gehalte an β-Carotin aufweisen, wenn sie sich nicht über zu hohe Trocknungstemperaturen oder zu lange Lagerung erheblich reduziert haben. In der Möhre gibt es kaum β-Carotinverluste. Der tägliche Bedarf an Vitamin A pro kg Körpergewicht ist bei erwachsenen Pferden mit 50 bis 75 IE, bei Zuchtpferden mit 100 bis 150 IE und bei Jungpferden mit 150 bis 200 IE zu kalkulieren. Die Arbeitsleistung braucht dabei nicht berücksichtigt zu werden. Es ist anzuraten, in den besonders infektionsgefährdeten Monaten (z. B. Pferdehusten) des Spätwinters und des Frühjahres diese Bedarfswerte zu verdoppeln, ebenfalls vor und während Streßsituationen wie Stallwechseln oder Transporten. Der überwiegende Teil der Vitamin A-Versorgung bei der Stallfütterung kommt aus mit Vitamin A angereicherten Mischfutterpräparationen, den Ergänzungsfuttermitteln für Pferde, Zuchtpferde und Fohlen und den Mineralfuttermitteln für Pferde. Je nach Höhe des Einbaues in die Gesamtration läßt sich hiermit die Vitamin A-Versorgung leicht abdecken, wobei der Bedarf häufig um ein Vielfaches überschritten wird. Vor dauerhaften großen Überversorgungen mit Vitamin A ist jedoch zu warnen. Besonders bei Jungpferden ist mit Schäden im Bereich der Knochen zu rechnen, die sich auch in einer erhöhten Knochenbrüchigkeit äußern können.

In den letzten Jahren wurde festgestellt, daß das β-Carotin über seine Funktion als Vorstufe für das Vitamin A hinaus eine eigene, zum Teil noch wenig erforschte Wirksamkeit hat. Dabei sind bislang nur Ergebnisse aus dem Gebiet der Zuchtpferdehaltung bekannt. Es ist aber auch zu vermuten, daß das β-Carotin Einfluß auf das Leistungsvermögen der Sportpferde und die körperliche Entwicklung der Jungpferde nehmen kann. Die Wirkung von β-Carotin ist vorwiegend durch eine höhere Anflutung über die Versorgung mit natürlichem β-Carotin bei Weidegang oder synthetischem β-Carotin (Menge zwischen 100 und 200 mg pro 100 kg Körpergewicht) zu erreichen. Der β-Carotinspiegel des Blutes reagiert nach vorheriger Unterversorgung mit einem entsprechenden Anstieg; er reagiert generell rasch auf entsprechende versorgungs- oder abflußbedingte Veränderungen, da so gut wie keine Speicherung von β-Carotin im Körper stattfindet.

Die Ausnutzbarkeit von β-Carotin scheint individuell unterschiedlich zu sein, so ist sie bei Fohlenstuten besser als bei güsten Stuten. In einem Versuch mit Fohlenstuten, in dem die Versuchsgruppe eine Zulage von 1000 mg β-Carotin am Tag erhielt, wurde nach der zweiten Rosse nach dem Abfohlen ein verbesserter Zyklusgelbkörper mittels Erstellung von Progesteronprofilen gefunden (ENBERGS und KLEMT 1987). Auch der Trächtigkeitsgelbkörper wies in dieser Hinsicht eine Verbesserung gegenüber den Vergleichsstuten auf. Die β-Carotinversorgung der Stuten kann also auf das hormonelle Geschehen und damit die Menge des in den Gelbkörpern gebildeten Progesterons Einfluß nehmen. Unter diesem Gesichtspunkt sind sicherlich auch andere Untersuchungen zu sehen, die nach β-Carotinzulagen Verbesserungen der Zyklen einschließlich der Follikelreifung, höhere Trächtigkeits- und Abfohlraten sowie eine Verrringerung des embryonalen Fruchttodes ergeben haben.

Man muß davor warnen, in β-Carotinzulagen für Zuchtstuten – sei es in synthetischer Form oder über Weidegang – die Lösung aller Fruchtbarkeitsprobleme zu sehen.

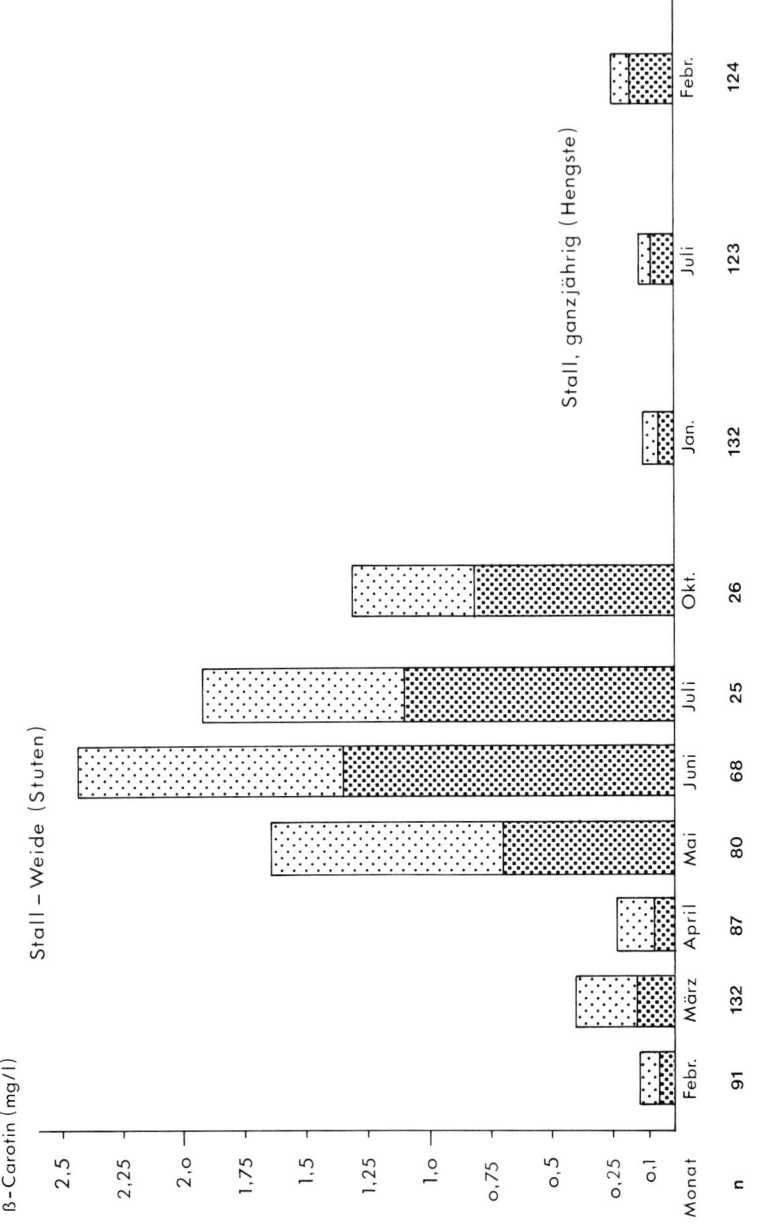

Abb. 208. β-Carotinspiegel im Plasma von Pferden mit unterschiedlicher Haltung.

Dazu ist das Arbeitsgebiet Fruchtbarkeit zu vielschichtig. Man kann und sollte sich aber sicherlich die positiven Effekte zunutze machen. Dabei kommt es nach meinen Erfahrungen darauf an, besonders bei güsten Stuten die Zulage von β-Carotin an eine Erhöhung der Energieversorgung zu koppeln. Die ersten Rossen nach diesen Maßnahmen sind nach Möglichkeit züchterisch zu nutzen, da nach einer gewissen Zeit die Wirksamkeit nachzulassen scheint.

Eine erhöhte Versorgung mit β-Carotin (100 mg pro 100 kg Körpergewicht) während der letzten vier Wochen der Trächtigkeit fördert eine Anreicherung in der Kolostralmilch und mindert somit die Infekt- und Durchfallanfälligkeit (bzw. die Dauer der Durchfälle) bei Saugfohlen. Zum Abfohlzeitpunkt kommt es zu einem Einbruch in der Höhe des β-Carotinspiegels des Blutes, der durch die Verluste über die Kolostralmilch bedingt ist.

Zur Förderung der Samenqualität des Hengstes ist ebenfalls eine β-Carotinversorgung von 100 bis 200 mg pro 100 kg Körpergewicht sieben Wochen vor und während der geschlechtlichen Hauptbelastungsphase zu empfehlen.

Das β-Carotin wird in den nächsten Jahren auch in seiner Bedeutung für das Pferd sicherlich noch vermehrt Grundlage wissenschaftlicher Forschung sein.

Das *Vitamin D* hat seine Bedeutung für die Verwertung von Calcium aus dem Darm und für die Einschleusung von Calcium und Phosphor in die Knochen. Der Bedarf an Vitamin D ist abhängig von der Menge des aufgenommenen Calciums und Phosphors sowie von dem Verhältnis dieser beiden Elemente zueinander.

Die wesentliche Versorgung mit dem Vitamin D geschieht durch die Vitamine D_2 und D_3.

Das Vitamin D_2 kommt nur in den natürlichen Futtermitteln für Pferde vor, so z. B. in sonnengetrocknetem Heu. Durch UV-Strahlen wird eine in der Haut vorhandene Vorstufe des Vitamin D in das Vitamin D_3 umgewandelt.

Vitamin D wird kaum im Körper gespeichert, so daß die Versorgung ständig gewährleistet sein muß. Während der Stallhaltung erfolgt dies zu einem oft erheblichen Teil über Mischfutterpräparationen. Den Bedarf von 5 bis 20 IE Vitamin D pro kg Körpergewicht und Tag sollte man in der Vitamin D-Versorgung nicht überschreiten, da es rasch zu Überversorgungen kommen kann. Während bei einem Vitamin D-Mangel eine reduzierte Knochenkalzifikation, geschwollene Gelenke, steifer Gang und herabgesetzte Serumwerte von Calcium und Phosphor auftreten, liegt die Gefahr einer Überversorgung vorwiegend in der Verkalkung der großen Blutgefäße, der Nieren und des Herzens. Dabei ist der Schaden rascher zu erwarten, je höher die Überdosierung ausfällt. Einmalige hohe Gaben, z. B. im Bereich des 700fachen des täglichen Bedarfes, oder länger andauernde Überversorgung im Bereich des 10fachen des täglichen Bedarfes können bald zu den beschriebenen Schäden führen. Dabei fallen insbesondere Fohlen zunächst durch Appetitlosigkeit, Gewichtsverluste, rauhes Fell und Lahmheiten auf.

Aufgrund der mangelnden Speichermöglichkeit von Vitamin D sind einmalige wie auch dauernde Überversorgungen nutzlos und ab einer gewissen Grenze schädlich.

Das *Vitamin E* hat vor allem im Muskelstoffwechsel seine Aufgabe, zum Teil auch im Zusammenhang mit Selen. Das Vitamin E schützt außerdem Vitamin A, β-Carotin und ungesättigte Fettsäuren vor Oxidation und erhält somit deren Wirksamkeit.

Die Vitamin E-Versorgung erfolgt vorwiegend über Grünfutter und gekeimte Getreidekörner oder während der Stallfütterung über mit Vitamin E angereicherte Mischfutterpräparationen, die vor allem bei vermehrter Fütterung von Kleie und Leinsamen den Vitamin E-Bedarf abdecken. Der Bedarf liegt mit 0,3 bis 0,5 mg pro kg Körpergewicht bei hochtragenden Stuten und Fohlenstuten höher als bei anderen Pferden, wo er um 0,25 mg pro kg Körpergewicht beträgt.

Bei Rennpferden werden gezielt während der Tage höchster Beanspruchung 1 bis 3 g Vitamin E pro Tag gegeben.

Bei der Weißmuskelkrankheit der Fohlen wird zusammen mit Selen die Vitamin E-Zufuhr erhöht (vgl. Teil E, Kap. 6.4.5).

Das „Tying up"-Syndrom bei Pferden kommt dem Kreuzverschlag (Lumbago) sehr nahe, tritt aber fast ausschließlich bei Rennpferden auf. Dabei sind sofort nach intensivem Training oder Rennen Steifheit und Nachschleifen der Hinterhand zu erkennen. Nervöse Pferde können erste Anzeichen bereits vor der Arbeit zeigen. Der Rücken bzw. die Rückenmuskulatur ist verspannt oder sogar etwas verkrümmt. Die Belastung der langen Rückenmuskeln, besonders in der Lendenregion, ist für das Pferd schmerzhaft. Auch hier wird ein Mangel an Vitamin E und Selen als ein Faktor für das Entstehen dieser Erkrankung vermutet und den erkrankten Tieren Vitamin E und Selen gegeben (750 mg Vitamin E-Acetat, 0,5 mg Selen pro 100 kg Körpergewicht), mit Wiederholung der Vitamin-E-Gabe nach einer Woche. Vorbeugend werden auch tägliche Gaben von 30 bis 50 g Natriumbicarbonat empfohlen, insbesondere für Pferde, die bereits einmal betroffen waren.

Ob das Vitamin E einen direkten Einfluß auf die Fruchtbarkeit der Pferde hat, konnte bislang nicht nachgewiesen werden.

Das *Vitamin K* erfüllt eine Funktion bei der Blutgerinnung. Es wird in ausreichendem Maß durch die Mikroorganismen im Dickdarm der Pferde hergestellt. In Fällen, in denen die Darmflora geschädigt oder die Blutgerinnung gehemmt ist, wie z. B. nach Warfaringaben bei Hufrollenentzündungen, sowie bei Blutungen (Nasenbluten, Blutungen im Scheidenvorhof) kann Vitamin K durch Injektion in einer Dosierung zwischen 20 und 50 mg pro kg Körpergewicht eingesetzt werden.

Tab. 14: Bedarf an Spurenelementen und Vitaminen unter Berücksichtigung der Nutzung

	Fohlen	Zuchtpferde	Pferde mit und ohne Arbeitsleistung
Spurenelemente (mg/kg Futtertrockenmasse):			
Eisen (Fe)	80–100	80–100	80
Kupfer (Cu)	10	10	10
Zink (Zn)	50	50	50
Mangan (Mn)	40	40	40
Kobalt (Co)	0,05–0,1	0,05–0,1	0,05–1
Selen (Se)	0,1 –0,2	0,1 –0,2	0,1 –0,2
Jod (J)	0,1 –0,3	0,1 –0,3	0,1 –0,3
Vitamine pro kg Körpergewicht:			
β-Carotin mg	1	1*	1
Vitamin A I E	150–200	100–150	50–75
Vitamin D I E	15– 20	15– 20	5–10
Vitamin E mg	0,3	0,5	0,25*

* bei Bedarf erhöhen (s. Text).
nach Gesellschaft für Ernährungsphysiologie der Haustiere (1982), ergänzt.

Wasserlösliche Vitamine

Die wasserlöslichen Vitamine des B-Komplexes wie auch das Vitamin C (Ascorbinsäure) werden im Dickdarm des Pferdes durch die Mikroorganismen in ausreichendem Maße gebildet. Bei Fohlen mit ihrer noch nicht voll ausgeprägten Dickdarmfunktion und bei Pferden mit Funktionsstörungen im Dickdarm (Durchfall, Verstopfung, Fehlgärungen) sind allerdings auch Zustände einer Unterversorgung möglich. Weiterhin läßt sich mit einer gezielten zusätzlichen Vitamingabe auch ein Effekt erzielen, z. B. durch eine überhöhte Gabe von Biotin, die sich positiv auf das Hornwachstum der Hufe auswirkt.

Gesundheitliche Probleme durch Überversorgungen mit Vitamin B und C sind nicht bekannt. Eine allgemeine Erhöhung der Vitamin B-Versorgung läßt sich über ständige Gaben einer schonend getrockneten Bierhefe erreichen.

Das *Vitamin B_1 (Thiamin, Aneurin)* hat wichtige Funktionen im Energiestoffwechsel zu erfüllen. Der Bedarf an Vitamin B_1 liegt bei 3 mg pro kg Futtertrockensubstanz und erhöht sich bei Arbeitsleistung bis zum Doppelten dieser Angabe. Als Zeichen eines Vitamin B_1-Mangels gelten Appetitlosigkeit, Gewichtsverluste, Nervosität, unkoordinierte Bewegungen der Hinterhand und allgemeine Schwäche. Pferde, die unabhängig von einer ausreichenden Vitamin B_1-Versorgung nervig bleiben, lassen sich durch vermehrte Vitamin B_1-Gaben nicht ruhig stellen. In Fällen, wo die Ration rohfaserarm oder stärker mit Schimmelpilzen belastet ist oder auch wenn Schachtelhalm und Adlerfarn durch ihre Thiaminasen das Vitamin B_1 unwirksam machen, wird eine erhöhte Vitamin B_1-Gabe notwendig.

Das *Vitamin B_2 (Riboflavin)* erfüllt vorwiegend Funktionen im Bereich des Auges. Es wird ein Bedarf von 2,2 mg pro kg Futtertrockensubstanz angenommen. Frühere Annahmen, daß ein Vitamin B_2-Mangel für die periodische Augenentzündung verantwortlich sei, haben sich nicht bestätigt.

Vitamin B_{12} hat im Zusammenhang mit Kobalt eine Bedeutung für die Blutbildung. Es wird immer genügend Vitamin B_{12} im Dickdarm gebildet, so daß Mangelsituationen nicht bekannt sind. Bei Anaemien kann man Vitamin B_{12} im Zusammenhang mit Eisen geben. Fohlen werden über die Kolostralmilch mit Vitamin B_{12} ausreichend versorgt.

Folsäure hat Funktionen bei der Blutbildung. Ein Mangel könnte Leistungsschwäche und Anaemie verursachen, so daß in Verdachtsfällen 20 mg Folsäure täglich an diese Pferde zusätzlich gegeben werden könnte.

Vitamin H (Biotin) hat zahlreiche Funktionen, vorwiegend als Faktor von Enzymen. Beim Pferd wird der Bedarf von bis zu 2 mg pro kg Futtertrockenmasse immer erreicht, so daß mit Mangelsymptomen nicht zu rechnen ist. In mehreren Versuchen an Pferden mit Mängeln im Bereich des Hufhornes konnte nachgewiesen werden, daß eine tägliche zusätzliche Gabe von – je nach Körpergewicht – mindestens 15 mg Biotin pro Tag über mehrere Monate eine Verbesserung der Hornqualität des nachwachsenden Hufhornes bewirkte. Daß eine über den normalen Bedarf hinausgehende Zulage von Biotin die Hornqualität bei problematischen Hufen fördert, kann viele positive Konsequenzen für die weitere Gebrauchsfähigkeit dieser Pferde haben. Ein derartiger Prozeß der Erneuerung am Huf dauert jedoch Monate, so daß die Biotinergänzung entsprechend lange aufrechterhalten werden muß. Die auch zum Vitamin B-Komplex gehörenden weiteren B-Vitamine *Vitamin B_6 (Pyridorin), Panthothensäure, Nicotinsäure* und *Cholinchlorid* werden über die Mikroorganismen in genügendem Maße hergestellt und benötigen keine weitere Ergänzung.

Das *Vitamin C (Ascorbinsäure)* ist der Aktivator des gesamten Zellstoffwechsels.

Ein Mangel setzt die Arbeitsleistung der Muskulatur und die Resistenz gegenüber Infektionskrankheiten herab. Es gilt auch als „Antistreß-Vitamin" in jeder Situation. Verminderte Vitamin-C-Gehalte im Blut wurden festgestellt bei Wundinfektionen (nach Operationen und Verletzungen), Nasenbluten, dem Komplex „Pferdehusten" und dem Syndrom „Leistungsminderung". Hier empfiehlt sich eine gezielte Ascorbinsäurezulage von 3 bis 5 g pro Tag, um solchen Situationen – insbesondere der Leistungsminderung bei Hochleistungspferden – vorzubeugen.

2.7 Wasser

Das Pferd stellt beim Trinkwasser nicht nur Ansprüche an die Quantität, sondern auch an die Qualität; außerdem sollte Wasser möglichst ständig verfügbar sein. Der Bedarf an Trinkwasser ist von vielen Faktoren abhängig. So spielt der Wassergehalt der aufgenommenen Futtermittel eine wesentliche Rolle. Diese können einen hohen (Gras etwa 80%) oder niedrigen Wasseranteil (Heu etwa 14%) haben.

Weiterhin ist die Wasserabgabe über Schweiß, Milch, Harn, Kot und Atemluft von Bedeutung und hängt in hohem Maß von der entsprechenden Nutzung, Umgebungstemperatur und anderen Umständen ab. Besonders hohe Wasserverluste entstehen bei Durchfall, da der Wassergehalt des Kotes von normalerweise 75 bis 80% auf wenigstens 90% ansteigt. Hiermit gehen dann leicht gewisse Wasserreserven verloren, wie sie der Darminhalt darstellt.

Die Harnmenge ist mit abhängig von der Menge der anfallenden harnpflichtigen Substanzen. Diese erhöhen sich bei Überversorgungen mit Eiweiß, Kalium, Natrium und Calcium. Die Wasserabgabe über den Kot ist außerdem vom Rohfasergehalt der Ration abhängig. Mit steigendem Rohfasergehalt werden die Kotmengen und somit auch die Wasserverluste größer. Durch Arbeitsleistung kann sich der Wasserbedarf um 20% bis 30% erhöhen. Dieser ist dann abhängig von Höhe und Dauer der Leistung, den Außentemperaturen und der Höhe des Futterangebotes.

In den letzten drei Monaten der Trächtigkeit erhöht sich der Wasserbedarf um 8 bis 10%. Die Fohlenstute hat wegen des Wasserverlustes über die Milch einen Mehrbedarf von 50 bis 70%. Beim im Wachstum befindlichen Jungpferd wird neben einem Zuwachs an Gewebe auch ein höherer Wassergehalt im Vergleich zum erwachsenen Pferd registriert.

Den *Wasserbedarf* des Pferdes kann man mit ungefähr 3 bis 4 l pro aufgenommenes kg Futtertrockenmasse kalkulieren. Wird mehr Wasser aufgenommen, z. B. durch Grünfutter, besteht eine größere Tendenz zum Schwitzen, und es wird mehr Wasser über Harn und Kot abgegeben.

Wird dem Pferd Wasser entzogen, so kommt es zu einer Reduktion des Wassergehaltes im Darminhalt, die Ursache für eine Kolik werden könnte. Nach zwei Tagen beobachtet man eine verringerte Futteraufnahme bis hin zur Futterverweigerung.

Die Wasserzuteilung an erhitzte Pferde oder Pferde nach längerem Wasserentzug sollte vorsichtig, erst nach dem Abkühlen des Körpers und in kleinen Mengen erfolgen.

Stehen Selbsttränken zur Verfügung, wird das Pferd nach der Futteraufnahme häufiger kleinere Mengen Wasser aufnehmen. Zu diesem Zeitpunkt verliert der Körper viel Wasser über Speichel und andere Sekrete in den Magen-Darmkanal.

Die *Qualität des Wassers* sollte so sein, daß von ihm keine Gesundheitsgefährdung ausgeht und es vom Pferd geschmacklich akzeptiert wird. Die Akzeptanz wird gefördert durch eine angemessene Temperatur von 8 bis 12 °C und der Vermeidung von Verunreinigung durch Kot, Jauche oder Gülle (Gräben).

Die weiteren Beurteilungskriterien des Trinkwassers für Pferde ergeben sich aus Tab. 15.

Ein besonderes Risiko für die Gesundheit der Pferde stellen *Infektionen mit Salmonellen* über das Trinkwasser dar. Diese Gefahr ist gegeben, wenn Pferde aus infizierten Gräben, Tümpeln oder Teichen trinken. Als Infektionsquelle kann z. B. in größeren Mengen gehaltenes Wassergeflügel gelten. Die Infektion selbst macht sich meistens erst im Herbst bemerkbar, indem vorwiegend Jungpferde auf der Weide abmagern und plötzlich sterben. Für die betroffenen Betriebe kann die Erkrankung größte Probleme mit sich bringen und sich zudem wiederholen, wenn nicht die Ursache abgestellt und die Wasserversorgung optimiert wird.

Weiterhin ist aus feuchten Gräben eine *Infektion mit Leberegeln* möglich.

Tab. 15: Beurteilung des Tränkwassers für Pferde

Beurteilungskriterium	geeignet	ungeeignet	bei Abweichungen Hinweis auf:
pH	6–8,5	unter 2 u. über 11	industrielle Verunreinigungen
Schwefelwasserstoff	wenn negativ	wenn positiv	bakterielle Tätigkeit, Abbau organischer Substanzen
Ammonium	unter 2 mg/l	über 3 mg/l	bakterielle Tätigkeit, Abbau organischer Substanzen
Nitrat		über 200 mg/l	Verunreinigung durch organisches Material
Nitrit		über 0,5 mg/l	
Eisen	unter 0,2 mg/l	über 0,3 mg/l	
Calcium		über 500 mg/l	
Chloride		über 3 g/l	
Kupfer		über 1 mg/l	
Blei		über 0,1 mg/l	
Magnesium		über 125 mg/l	
Gesamtlösliche Salze		über 6,5 g/l	
Salz (NaCl)	unter 2 g/l	über 8 g/l	Verunreinigung durch Oberflächenwasser
Sulfate		über 250 mg/l	
faekale Coli-Keime, faekale Streptokokken, Salmonellen	nur wenn negativ		Verunreinigung durch Faekalien

nach „Leitfaden zur Beurteilung der Mineralstoffversorgung des Rindes in der Praxis" (1973) und Lewis (1982)

3   Futtermittel und ihre Einsatzmöglichkeiten

Die Auswahl der hier zur Vorstellung und Beurteilung gelangenden Futtermittel ist nach dem Gesichtspunkt getroffen worden, daß sie in der Pferdefütterung grundsätzlich üblich und geeignet sind. Der mit der Fütterung betraute Mensch sollte diese Futtermittel unterscheiden können und in der Beurteilung der Qualität so sicher sein, daß er für die Gesundheit des Pferdes gefährliche Qualitätsabweichungen bemerkt; zudem muß er über Höchstmengen und besondere Vor- und Nachteile im Energie-, Nährstoff- und Ballaststoffbereich informiert sein.

Aus diesen Eigenschaften ergeben sich die Einsatzmöglichkeiten eines Futtermittels. Die Höchstmengen verschiedener Futtermittel in der täglichen Aufnahme sind in Tab. 16 aufgeführt. Dabei ist zu bedenken, daß sich die wirkliche Einsatzmöglichkeit nach Energie- und Nährstoffbedarf und nach der Gesamtkomposition einer Ration richtet. Energie- und Nährstoffgehalte der für Pferde gebräuchlichsten Futtermittel (pro kg ursprüngliche Substanz) sind in Tab. 17 zu finden. Von einigen für Pferde gebräuchlichen Futtermittel ist der Spurenelementgehalt (mg pro kg Futtertrockensubstanz) in Tab. 18 angegeben. In einigen Fällen interessiert die Versorgung mit β-Carotin, Vitamin D, Vitamin E oder Lysin über die Einzelfuttermittel. Futtermittel, die hier besonders hohe natürliche Gehalte aufweisen, sind in Tab. 19 angeführt.

Tab. 16: Höchstmengen verschiedener Futtermittel für Pferde mit einem Körpergewicht von 500–600 kg

	kg
Weidegras: Jährlinge	20–40
Zweijährige	40
ausgewachsene Pferde	50–70
Klee- und Luzernegrünfutter	15–25
Grassilage angewelkt	6–12
Maissilage	12–18
Wiesenheu	15 und mehr
Klee-, Luzerneheu	3– 5
Futterstroh, gut	3– 4
Futterrüben	25
Futtermöhren	10
Zuckerrüben	15
Trockenschnitzel	bis 3
Futterzucker	1
Hafer	8–10
Gerste	4– 6
Maiskörner	4
Weizenkleie	1

nach HELFFERICH u. GÜTTE 1972, verändert

Tab. 17: Die Energie- und Nährstoffgehalte der für Pferde gebräuchlichsten Futtermittel, Angaben bezogen auf kg ursprüngliche Substanz

	Trockensubstanz %	Rohfaser g	verdauliche Energie MJ	verdauliches Eiweiß g	Calcium g	Phosphor g	Natrium g	Kalium g
Grünfutter								
Weide, extensiv								
im Ähren-/Rispenschieben	18,5	44	2,1	16	2,0	0,2	0,1	6,0
Beginn bis Mitte Blüte	22	60	2,2	17	2,4	0,4	0,2	6,1
Ende Blüte	24	75	1,9	16				
Weide, intensiv								
im Ähren-/Rispenschieben	17,5	41	2,0	25	0,8	0,9	0,1	4
Beginn bis Mitte Blüte	22	58	2,2	29	1,1	0,8	0,2	5
Ende Blüte	24	76	2,0	26				
Rotklee								
Beginn bis Mitte Blüte	22	55	2,3	24	3,4	0,5	0,1	5
Luzerne								
Beginn bis Mitte Blüte	21	60	2,0	26	4,0	0,6	0,2	6
Heu								
Weide, extensiv								
Beginn bis Mitte Blüte	86	267	8,0	29	7	1,6	0,3	12
nach Blüte	86	300	6,8	38				
Weide, intensiv								
Beginn bis Mitte Blüte	86	265	8,0	60	3,9	3,4	0,4	21
nach Blüte	86	297	6,9	46	5,2	2,2		
Wiese, grasreich								
Beginn bis Mitte Blüte	86	266	8,0	60	5,4	2,3	0,7	21
nach Blüte	86	302	6,8	44	5,4	2,2	0,5	18
2. Schnitt 4–6 Wochen	86	251	8,2	72	15,3	2,2	0,3	20

Forts. Tab. 17: Die Energie- und Nährstoffgehalte der für Pferde gebräuchlichsten Futtermittel, Angaben bezogen auf kg ursprüngliche Substanz

	Trocken-substanz %	Roh-faser g	verdau-liche Energie MJ	verdau-liches Eiweiß g	Calcium g	Phospor g	Na-trium g	Kalium g
Lieschgrasheu, 1. Schnitt Beginn bis Mitte Blüte	86	290	8,1	40	3,5	2,2	0,4	30
Luzerneheu, 1. Schnitt Beginn bis Mitte Blüte	86	283	8,1	94	13,7	2,2	0,4	24
Rotkleeheu, 1. Schnitt Beginn bis Mitte Blüte	86	253	8,0	73	12,8	2,0	0,3	19
Grünmehl								
Grasgrünmehl	91	230	9,2	94	4,5	2,7	0,4	27
Luzernegrünmehl	89	262	8,6	92	11,3	2,5	1,7	25
Stroh								
Gerstenstroh	86	377	4,9	7	4,0	0,7	1,6	12
Roggenstroh	86	419	5,9	10	2,7	0,9	1,3	9
Weizenstroh	86	388	4,6	7	2,7	0,6	1,3	9
Haferstroh	86	384	5,5	10	3,5	1,2	2,0	19
Stroh, aufgeschlossen mit Ammoniak								
Gerstenstroh	86	350	7	28	4,0	0,7	1,6	7
Weizenstroh	86	368	6,2	27	3,0	1,0	1,3	9
Haferstroh	86	364	6,2	30	3,5	1,2	2,0	19
Silagen								
Grassilage, angewelkt 1. Schnitt, Ähren-/Rispenschieben	35	90	3,5	40	3,4	1,3	0,8	12
Maissilage, Teigreife	27	61	3,0	14	0,9	0,7	0,01	3,6

Forts. Tab. 17: Die Energie- und Nährstoffgehalte der für Pferde gebräuchlichsten Futtermittel, Angaben bezogen auf kg ursprüngliche Substanz

	Trocken-substanz %	Roh-faser g	verdau-liche Energie MJ	verdau-liches Eiweiß g	Calcium g	Phospor g	Na-trium g	Kalium g
Wurzeln und Knollen								
Gehaltsrüben	15	10	2,0	8	0,4	0,3	0,6	4
Massenrüben	11	9	1,5	7	0,3	0,3	0,3	4
Zuckerrüben	23	12	3,3	10	0,5	0,4	0,2	2
Möhren	12	10	1,8	9	0,5	0,4	0,3	3
Trockenschnitzel	90	183	12,3	48	8,5	1,0	2,2	8
Melasseschnitzel	90	140	10,8	56	7,9	0,9	2,4	12
Futterzucker	97	4	14,0	12	0,4	0,1	1	0,1
Melasse	77	0	11,0	80	4,7	0,2	6	36
Körner incl. Samen								
Hafer	88	102	11,6	86	1,1	3,1	0,3	4
Gerste	87	46	12,6	75	0,7	3,4	0,4	3
Weizen	88	26	13,4	85	0,7	3,2	0,1	4
Mais	88	23	13,7	67	0,4	2,9	0,2	3
Ackerbohne	87	79	13,5	217	1,5	4,1	0,1	12
Leinsamen	91	66	14,5	172	2,5	3,6	0,8	7
Nebenerzeugnisse Getreideverarbeitung								
Haferschälkleie	91	243	7,1	45	1,5	2,5	0,4	8
Weizenkleber	90	2	18,8	756	0,8	2,3	–	–
Weizenkleie	88	108	9,4	107	1,6	11,5	0,5	10
Roggenkleie	88	70	10,7	113	1,5	10,0	0,7	12
Malzkeime, getrocknet	92	146	11,4	141	2,6	7,4	0,6	20
Biertreber, getrocknet	90	155	8,7	161	3,9	6,2	0,6	1
Bierhefe, getrocknet	89	19	14,1	413	2,9	13,5	0,2	22

Forts. Tab. 17: Die Energie- und Nährstoffgehalte der für Pferde gebräuchlichsten Futtermittel, Angaben bezogen auf kg ursprüngliche Substanz

	Trockensubstanz %	Rohfaser g	verdauliche Energie MJ	verdauliches Eiweiß g	Calcium g	Phospor g	Natrium g	Kalium g
Nebenerzeugnisse Ölgewinnung								
Leinextraktionsschrot	89	91	11,3	284	4	8,4	1,0	11
Leinexpeller, 4–7,9% Fett	90	97	11,4	278	3,7	7,5	1,0	11
Sojaextraktionsschrot, 48% Rp	89	33	15,1	456	2,8	6,9	0,3	21
Sonnenblumenextraktionsschrot, entschält	89	135	11,3	297	3,8	11,0	0,1	12
Sonstige								
Pflanzenöl	99	–	35,4	–	2,2	6,0	–	–
Magermilchpulver	94	1	14,0	284	13,2	10,1	5,1	13
Apfeltrester	91	277	8,35	33	2,3	1,6	0,5	4,3
kohlensaurer Futterkalk	99,7	–	–	–	381,4	0,4	–	–
phosphorsaurer Futterkalk	99,7	–	–	–	247,3	180,3	–	–
Viehsalz	99	–	–	–	2,5	–	365,1	–
Ergänzungsfuttermittel für Pferde (häufige Durchschnittswerte)								
zum Haferersatz	88	80–120	11–11,5	70–100	8–15	4–6	2	10–14
zur Haferergänzung*	88	70–120	11,5–12,5	100–140	10–25	4–8	2–8	10–14
sog. Alleinfutter zu Stroh	88	160–180	10,5	70–100	8–15	3–6	1–2	10–14
Fohlenaufzuchtfutter	88	50–100	12–13	120–160	10–18	6–8	2	10–12
Mineralfutter**	90	–	–	–	120–240	40–80	40–60	–

* eiweißreich, ähnlich zusammengesetzt wie „Ergänzungsfuttermittel für Zuchtpferde"
** je kg mind. 500 mg Eisen
aus: DLG-Futterwerttabelle für Pferde 1984, DLG-Futterwerttabellen: Mineralstoffgehalte in Futtermitteln, 1973, ergänzt

Tab. 18: Spurenelementgehalt einiger für Pferde gebräuchlicher Futtermittel (mg/kg Futtertrockensubstanz)

	Eisen	Kupfer	Mangan	Zink	Kobalt	Jod
Gras, Heu, Anwelksilage	180–300	7–10	60–160	25–35	0,1–0,2	0,3–0,5
Heu, Stroh	150–420	3–7	65– 80	20–80	0,05–0,2	0,3–0,7
Maissilage	200	7	45	32	0,09	–
Möhren	60	6	23	33	0,16	0,3
Hafer	65	4,7	48	36	0,07	0,1
Mais	32	3,8	9	31	0,1	0,4
Weizenkleie	168	15	134	87	0,09	0,3
Bierhefe	560	64	60	92	0,4	–

Tab. 19: Für Pferde gebräuchliche Futtermittel als Träger natürlich hoher Gehalte an β-Carotin, Vitamin D, Vitamin E und Lysin; jeweils bezogen auf kg ursprüngliche Futtersubstanz

β-Carotin	Grünmehl	100–180 mg, auch weniger
	Grünfutter	50– 80 mg, später 30–50 mg
	Möhren (rot)	50– 65 mg
	Grassilage angewelkt	20– 40 mg
Vitamin D	Heu	500–1000 IE bei Sonnentrocknung, sonst weniger
	Grünmehl	200– 250 IE
	Grassilage angewelkt	60– 80 IE
	Grünfutter	50 IE
Vitamin E	Grünmehl	50– 150 mg
	Heu	10– 100 mg bei Sonnentrocknung, sonst weniger
	Grünfutter	20– 80 mg, später weniger
	Haferkörner	5– 35 mg
Lysin	Bierhefe	32 g
	Sojaextraktionsschrot	28,9 g
	Magermilchpulver	25,3 g

3.1   Grünfutter

Grünfutter wächst auf Wiesen, Weiden oder auf dem Acker. Es wird entweder von den Pferden selbst abgegrast oder gemäht und den Pferden zur Aufnahme vorgelegt. Grünfutter kann aber auch in Form von Heu, Silage oder Trockengrün konserviert werden.

3.1.1   Grünfutter von Wiesen und Weiden

Grünfutter auf Weiden und Wiesen besteht vorwiegend aus Gräsern, kleeartigen Pflanzen und Kräutern. Die botanische Zusammensetzung, Bodenqualität, Düngung, Klima, Weidepflege und Besatzdichte von Pferden, Rindern oder Schafen sind Faktoren, die Qualität und Quantität des Aufwuchses in hohem Maße beeinflussen.

Die *Weideperiode* gibt dem Pferdehalter nicht selten das Gefühl, seinem Tier durch die Weide einen optimalen Lebensraum gegeben zu haben und während dieser Zeit aller Verantwortung der Rationsgestaltung enthoben zu sein. In der Tat kommt die Weide der ursprünglichen Heimat des Pferdes, der Steppe, sehr nahe, da hier Bewegungsmöglichkeit und Selektion des Futters unter Einhaltung bestimmter Grasungszeiten gegeben sind.

Schwierigkeiten, die insbesondere in der Ernährung der Pferde auf der Weide auftreten können, sind durch Bodenart, botanische Zusammensetzung der Pflanzen, Weidepflege, Düngung, Weideführung, Pferdebesatz und besonders durch einen schwankenden Gehalt an Struktur, Energie und Nährstoffen bedingt. Hinzu kommt, daß häufig jeder nur mögliche Standort zur Pferdeweide erklärt wird und Besatzstärken mit einseitiger Nutzung auftreten, die keine Weide verkraften kann. Daraus resultieren zwangsläufig Kompromisse, und Pferde werden während der Weideperiode auf der Weide zugefüttert oder je nach Witterung tags oder nachts aufgestallt. Hier erfolgt dann eine Zufütterung von Krippenfutter und Stroh.

Wird *geschnittenes Gras* oder anderes frisches Grünfutter im Stall vorgelegt, so ist darauf zu achten, daß das Futter sich nicht erwärmt, wodurch dann eine Erhöhung des Keimgehaltes Durchfälle oder Koliken verursachen könnte. Geschnittenes Gras wird doppelt so schnell aufgenommen wie bei der Grasung, wobei einzelne Pferde rasch zu große Mengen wenig selektiert fressen. So werden auch Giftpflanzen, wie z. B. der Hahnenfuß, der sonst gemieden wird, akzeptiert. Wenn Grünfutter an Stallpferde verfüttert wird, muß dieses in kleinen Mengen geschehen und anfänglich nach einer vorausgehenden kleinen Heugabe.

3.1.2   Weidebewirtschaftung

Pflege
Die Weide soll neben der Bewegungsmöglichkeit ein Futter liefern, das sättigend, nährstoffreich, schmackhaft und bekömmlich ist. Aus diesem Grund ist die *Weidepflege* von großer Bedeutung. Sie dient dem Zweck, den Pflanzenbestand, der zu ca. zwei Dritteln aus Gräsern und ca. einem Drittel aus kleeartigen Pflanzen und Kräutern besteht, in seinem Gleichgewicht zu erhalten. Im Frühjahr ist durch Kontrolle von Vorflutern, Gräben und Drainagen Sorge zu tragen, die Staunässe zu beseitigen. Nasse Böden sind kälter; durch späteres Einsetzen des Wachstums käme es zu Ertragseinbußen.

Die Vegetationszeit beginnt bei einem Temperaturmittel von 5 °C. Für die weiteren Pflegearbeiten, das *Schleppen* und *Walzen* der Weiden, sollte der Boden abgetrocknet sein. Das *Walzen* der Weiden ist vor allem bei leichten und moorigen Böden angeraten, die sich bei Frost leicht auflockern. Durch den Druck, der nur bei geringer Fahrgeschwindigkeit ausreichend ist, erhalten die Pflanzenwurzeln wieder Anschluß an die Wasserführung der tieferen Bodenschichten. Auch werden das Wachstum der Untergräser, Bestockung und Narbendichte gefördert. Das Walzen geschieht zwei bis drei Wochen vor Vegetationsbeginn.

Beim anschließenden *Schleppen* der Weiden werden Maulwurfshügel geebnet und Verfilzungen der Grasnarbe verhindert. Stark strapazierte Weiden, insbesondere, wenn sie im Spätherbst oder während des gesamten Winters Auslaufszwecken gedient haben, müssen nachgesät werden. Dabei wird nach dem Einebnen – falls notwendig – die Weide leicht geeggt. Als Saat kann Deutsches Weidelgras oder eine Mischung aus Rotschwingel (5 kg/ha), Wiesenrispe (5 kg/ha), Weidelgras (2 kg/ha) und weißem

Straußgras (1 kg/ha) Verwendung finden. Anschließend sollten leichte Böden gewalzt werden.

Düngung

Die Intensität der Düngung richtet sich vorwiegend nach der Nutzung und den Ergebnissen einer vorausgegangenen *Bodenuntersuchung*. Die Düngung mit stickstoffhaltigen Düngemitteln (N) fördert das Wachstum der Pflanzen. Sie sollte je nach Bedarf mehrfach im Jahr erfolgen, und bei Abnahme des Futterzuwachses auf stark verbissenen Weiden auch noch im Oktober, damit das Gras mit ca. 10 cm Länge in den Winter geht und nicht auswintert. Viele Pferdehalter sind gegenüber jeglicher Stickstoffdüngung auf Pferdeweiden zurückhaltend eingestellt, können sich diese Einstellung aber eigentlich nur bei extensiver Weideführung, also sehr geringer Besatzdichte, leisten.

Hauptkriterium für die Dosierung der *Stickstoffdüngung* ist der *Intensitätsgrad der Weidenutzung*. Man kann zwischen 50 und 100 kg Stickstoff pro Hektar, auf mehrere Gaben verteilt, auf Pferdeweiden ausbringen. Stickstoffdünger wirken unterschiedlich. Kalkstickstoff liefert nicht nur Stickstoff und Kalk, sondern vernichtet auch einen Teil der Samenunkräuter, Erreger von Pflanzenkrankheiten und tierische Schädlinge. Dies ist besonders wichtig nach milden Wintern zur Reduzierung infektionsfähiger parasitärer Gebilde. Kalkammonsalpeter muß vor der Vegetationszeit ausgebracht werden. Die Düngung zeigt langsame Wirkung. Sie ist nicht als Zwischendünger während der Weidezeit geeignet, weil sie gesundheitliche Risiken für die Pferde birgt. Kalkammonsalpeter enthält einen Teil rasch und einen Teil verzögert wirkenden Stickstoff. Zur Zwischendüngung ist der schnell wirkende Chilesalpeter zu empfehlen. Stickstoff kann auch über *Volldünger* (N-P-K) als Zwischendüngung gestreut werden.

Die *Grunddüngung* mit Phosphor (P), Kalium (K), Magnesium (Mg) und Calcium (Ca) gilt als Vorratsdünger und wird einmalig pro Jahr (Mg und Ca oft seltener) ausgebracht. Durch Bodenuntersuchungen, von jeder Weide im Abstand von drei Jahren durchgeführt, wird der Versorgungsgrad kontrolliert. Im Ergebnis wird der Versorgungsgrad des Bodens mit Nährstoffen angegeben. Dabei ist die Frage, ob gekalkt werden muß, vom pH-Wert des Bodens abhängig. Normale pH-Werte auf Moorböden liegen bei 4,5, auf Sandböden zwischen 5 und 5,5 und auf Lehm- und Tonböden zwischen 6 und 6,5.

Gekalkt wird im Herbst oder Frühwinter mit Düngekalk oder Magnesiumbrannkalk. Auf sauren Böden werden alle drei bis vier Jahre 10 bis 15 dz/ha notwendig, auf schwach-sauren Böden reichen kalkhaltige N- oder P-Dünger. Eine Phosphordüngung wird notwendig, wenn in der Bodenprobe nicht mehr als 30 mg P_2O_5 pro 100 g Boden gefunden wurden. Die durchschnittlichen Phosphorgaben auf Pferdeweiden liegen zwischen 40 und 80 kg Reinphosphat je ha, ausgebracht im Spätherbst oder Frühjahr. Der normale Versorgungsgrad mit Kalium wird mit 15 bis 25 mg K_2O pro 100 g Boden angegeben. Je nach Versorgungslage werden 40 bis 80 kg Reinkali je ha pro Jahr im Frühjahr ausgebracht.

Die Dünger kann man auch kombiniert erhalten: N-P-K, auch in Kombination mit Magnesium, das auf leichten Böden fehlen kann. Bei Bedarf kann eine gezielte Düngung mit Spurenelementen (z. B. Kupfer, Mangan, Bor) notwendig werden.

Zur Förderung der *Schmackhaftigkeit* des Aufwuchses hat sich auf Pferdeweiden die Düngung mit Magnesiumkainit (11% K_2O, 5% MgO, 30% Na_2O) besonders bewährt.

Mit der Dauer der Anwendung von Kainit erhöht sich der Natriumgehalt im Grünland, besonders im Weidelgras, Knaulgras und in den Kleearten. Der angehobene

Natriumgehalt begünstigt die Natriumversorgung auf der Weide und erhöht die Akzeptanz des Futters, wodurch sich die Geilstellen verringern. Es werden im Herbst nach Abtrieb oder im Frühjahr vor Vegetationsbeginn pro ha Weidefläche 5 bis 10 dt Magnesiumkainit gestreut.

Das Ergebnis der Bodenuntersuchung sagt nichts aus über den Gehalt an Calcium und Phosphor im Aufwuchs, so daß sich zusätzliche Analysen der Pflanzen empfehlen.

Die Düngung kann Einfluß auf die botanische Zusammensetzung des Aufwuchses nehmen. So wird der Wuchs der Gräser durch Stickstoff gefördert, in Kombination mit Kaligaben, wie in Gülle und Jauche, auch der Wuchs der Kräuter. Isolierte oder kombinierte Gaben von Phosphor und Kali fördern die Kleeartigen, verdrängen jedoch die Kräuter.

Jauche und Gülle können auf Pferdeweiden nur sehr begrenzt eingesetzt werden. Sie sind sehr reich an Stickstoff und Kali. Stallmist bietet sich an, um gezielt stark verbissene Teile der Weide zu schützen oder in trockenen Sommern die Pflanzen am zu starken Austrocknen zu hindern. Grünland mag keine stauende Nässe, ist aber zur Produktion von Trockenmasse auf sehr viel Wasser angewiesen. Stammt der Stallmist von Pferden, sollte er durch gute Kompostierung Innentemperaturen von mehr als 70 °C erreicht haben, um die Eier des Spulwurmes zu vernichten. Hierzu muß der Mist locker gelagert werden, und durch Umschichtung muß gewährleistet sein, daß auch ehemalige Außenschichten diesen Temperaturen ausgesetzt worden sind. Mist sollte allerdings nicht häufiger als jedes dritte Jahr ausgebracht werden.

Nutzung

Der Geschmack der einzelnen Pflanzen des Grünlandes ist abhängig von Faktoren wie Art, Sorte, Alter usw. Die schmackhaftesten Pflanzen werden bevorzugt gefressen, die anderen bleiben stehen und werden erst aufgenommen, wenn die schmackhafteren nicht mehr vorhanden sind. So sind Pferdeweiden auf Flächen rasch überanstrengt durch starken *Verbiß* der Narbe und *Trittschäden;* andererseits sind *Geilstellen* auffällig, die zum Abkoten benutzt werden. Hier entstehen Flächen düngerdankbarer Gräser, Kräuter und Unkräuter, die aber gemieden werden. Daher können Standweiden rasch sehr unterschiedlich aussehen. Auf Standweiden empfiehlt sich ein häufigeres Ausmähen der Geilstellen in einer Schnitthöhe von 10 cm. Das ausgemähte Grünfutter wird mit dem Abtrocknen von den Pferden in den darauffolgenden Tagen noch zum Teil gefressen. Die Ansteckungsgefahr mit Parasiten ist hier aber sehr groß, so daß insbesondere die Abkotstellen besser durch einen Feldhäcksler mit Ladewagen gereinigt werden sollten.

Für eine gleichmäßigere und schonendere Nutzung der Standweide spräche ein *Mischbesatz* mit Rindvieh. Ein Verhältnis von zwei Dritteln Rindvieh und mehr zu einem Drittel Pferde auf einer Weide wäre ideal, ist aber leider nur in entsprechenden landwirtschaftlichen Betrieben zu realisieren.

Bessere Erträge lassen sich mit *Wechselweiden* erzielen: wenn sich der Grünlandaufwuchs erschöpft, erhält die Weide drei bis sechs Wochen Ruhe. Die Geilstellen werden ausgemäht, und nötigenfalls wird mit Stickstoff zwischengedüngt.

Um die Ansteckungsgefahr der Pferde durch Parasiten in der Weide möglichst gering zu halten, sind Wurmkuren vor und während der Weidezeit im Abstand von ca. zwei Monaten notwendig. Andere Maßnahmen sind arbeits- und auch kostenaufwendig und teilweise im Erfolg fraglich, so z. B. das tägliche Sammeln des Kotes.

Zur Reduzierung der Wurmbelastung auf der Weide bieten sich folgende Möglichkeiten an:

1. Misch- oder Wechselbeweidung mit Rindern oder Schafen
2. Regelmäßiges Aushäckseln vorwiegend von Geilstellen bei Tau auf einen Wagen und Abtransport aus der Weide
3. Drainage feuchter Weiden
4. Reduzierung der Grasungszeiten der Pferde durch Meidung taunassen Grases

Die beiden ersten Maßnahmen können hierbei als die wirkungsvollsten angesehen werden.

Über die geeignete *Besatzdichte* einer Weide können kaum pauschale Angaben gemacht werden, weil hier besonders viele Standortfaktoren wie Bodenqualität, Düngung und Witterung, aber auch Herdenverhalten, Nutzung und Typ der Pferde selbst eine Rolle spielen. Grob kann man davon ausgehen, auf Standweiden drei bis vier Kleinpferde pro ha oder zwei Großpferde pro ha weiden zu lassen. Bei extensiver Weideführung wäre für eine Fohlenstute ein Hektar zu kalkulieren, dann aber besser unter Mitbeweidung von Rindern.

Die *Grasungszeiten* der Pferde liegen normalerweise zwischen 10 und 15 Stunden täglich; Schwerpunkte sind die frühen Morgen- und späten Abendstunden. Dieser Rhythmus wird gestört durch Herdenkämpfe, ständiges Herein- und Herausnehmen von einzelnen Pferden sowie durch eine starke Belästigung von Insekten an heißen Tagen. Letzteres kann, trotz guter Weide, ein Abmagern der Pferde zur Folge haben, wenn über Tage und manchmal Wochen ein ruhiges Grasen verhindert wird.

Pferde, die z. B. in der saisonalen Übergangsphase, aufgrund häufiger Nutzung, mangels Weidefläche oder aus anderen Gründen in einer Kombination aus Stall- und Weidehaltung leben, sollten nach Möglichkeit tagsüber Weidegang haben; nur an heißen Tagen wird nächtlicher Weidegang angeraten.

Bei dieser kombinierten Haltungsform wird Rauhfutter vor dem Weidegang und Kraftfutter – nötigenfalls in mehreren Portionen – nach dem Weidegang vorgelegt. Grasungszeiten und -rhythmus verschieben sich. Das zusätzliche Angebot von Rauh- und Krippenfutter richtet sich nach Nutzungsart und Ernährungszustand. Die Grünfutterversorgung bei eingeschränktem Weidegang läßt sich kaum abschätzen. Bei uneingeschränktem Weidegang kann man davon ausgehen, daß ein Großpferd wenigstens 50 kg Grünfutter am Tag aufnimmt.

Energie- und Nährstoffversorgung

Besteht die Möglichkeit, pro 100 kg Körpergewicht 2 kg Trockenmasse Grünfutter aufzunehmen, ist der Energiebedarf der Pferde i. d. R. abgedeckt; grundsätzlich spiegelt das Aussehen der Pferde ihre Energieversorgung wider und gibt Hinweise auf die Weidequalität. Im Verlauf der Vegetationsperiode nimmt der Rohfasergehalt der Weidepflanzen zu, der Eiweißgehalt ab. Bei Wechsel- und Mähweiden ist nach Aufstockung und nach Regenperioden, die auf längere Trockenzeiten folgen, wieder eiweißreiches, rohfaserarmes Grünfutter vorhanden.

Die Obergräser enthalten mehr Rohfaser als die Untergräser, die Kleeartigen sind hochverdaulich mit hohen Anteilen an Eiweiß, Calcium und Magnesium. Die Kräuter nutzen mehr dem Aroma (z. B. im Heu) und der Schmackhaftigkeit, weniger dem Ertrag; sie können auch giftig sein und werden dann im Normalfall gemieden.

Während der sehr langen, manchmal von Anfang Mai bis in den November andauernden Weideperiode kann es individuelle und nutzungsbedingte Engpässe in der Nährstoffversorgung geben. Um gesundheitlichen Schäden oder Leistungseinbußen etwa hinsichtlich Fruchtbarkeit oder Wachstum vorzubeugen, müssen diese Situationen frühzeitig erkannt und abgestellt werden.

Engpässe in der Versorgung mit *strukturierter Rohfaser* gibt es im Frühjahr durch das junge, rohfaserarme Weidegras. Während einer Phase von zwei bis drei Wochen sollte den Pferden vor dem Austrieb oder in der Weide grobes Heu oder Futterstroh angeboten werden. Ganz besonders bei jahreszeitlich früh geborenen Fohlen ist für eine Aufnahme von Heu zu sorgen. Ohne diese Maßnahme kann dünnbreiiger Kot bis hin zu starken Durchfällen die Futterausnutzung verringern und somit die Körperentwicklung hemmen.

Bei normalerweise extensiv zu haltenden Pferderassen oder individuell mastigen Pferden führt ein energiereiches Grünfutter rasch zu einer entsprechend schnellen Versorgung mit Nährstoffen.

In der Folge entstehen Unterbeschäftigung und Langeweile, die zum Benagen von Holz und zu anderen Untugenden (s. Teil A, Kap. 1.2.11) führen können. Gaben von Rauhfutter, auch in Verbindung mit einer zeitlichen Einschränkung der Weidezeit, können diesem Übel abhelfen.

Der anfänglich hohe *Eiweißgehalt* im Grünfutter ist nur für Fohlenstuten, Fohlen und Jährlinge von Vorteil. Andere Nutzungs- und Altersgruppen tolerieren die Eiweißüberversorgung weitgehend, allerdings ist besonders bei ausgewachsenen Ponies und Kleinpferden die Gefahr einer Rehe (s. Teil E, Kap. 7.2.1.3) in den Monaten Mai und Juni sehr groß. Wenn extensiv zu haltende Pferde auf einer Weide hoffnungslos zu verfetten drohen (s. Kap. 5.3), ist die Grasungsmöglichkeit einzuschränken, und Gaben von Futterstroh sind angebracht. Bei anderen Pferden kann man davon ausgehen, daß sich ein Teil des Speckes im Spätsommer und Herbst wieder verliert.

Für Jährlinge, Fohlenstuten und besonders für Fohlen kann die Eiweißversorgung auf der Weide ab Juli bereits so knapp werden, daß sie über eine entsprechende Zufütterung ergänzt werden muß. Wenn vorwiegend die Fohlen betroffen sind, so kann dieses über einen „Fohlenschlupf" auf der Weide erfolgen.

Verlieren Pferde auf der Weide Gewicht, so ist an eine Wurmkur, eine Verringerung der Besatzstärke und an bessere Weidepflege zu denken. Bei Dürre oder im Herbst kann man auf der Weide auch Hafer oder Ergänzungsfutter zufüttern. Es ist aber mit Rangeleien und daraus resultierend mit Schlundverstopfungen zu rechnen (s. Teil E, Kap. 3.1); der Schwächste, der das Beifutter am nötigsten hätte, wird kaum genügend erhalten, wenn keine Möglichkeit des Anbindens während der Futteraufnahme besteht. Ähnlich wie die Eiweißergänzung kann für die Fohlen grundsätzlich auch eine Energieergänzung sinnvoll sein.

Je intensiver eine Grünlandwirtschaft ausschließlich mit Pferden betrieben wird, um so mehr werden die Kleeartigen und Kräuter von den Gräsern verdrängt. Dies bedingt einen Calciumverlust, wodurch das Calcium-Phosphor-Verhältnis wesentlich enger als 1,5 : 1 werden kann. Liegt das Verhältnis bei 1,2 : 1 und enger, drohen besonders den Fohlen und Jährlingen Wachstumsstörungen, so daß rasch mit einer gezielten Gabe von kohlensaurem Futterkalk oder Mineralfutter für Pferde reagiert werden muß. Eine Korrektur über die Düngung ist anzustreben, aber sehr langwierig.

Die Gefahr einer *Phosphorunterversorgung* auf der Weide ist selten; sie ist lediglich auf sauren Weiden oder eventuell im Herbst bei einem hohen Anteil von strohigem, verblühtem Pflanzenmaterial zu erwarten. Während im jungen eiweißreichen Futter der Phosphorgehalt auch für Fohlenstuten stets ausreichend ist, sollte eine Ergänzung bei Abfohlungen im Juli oder später erfolgen.

Die *Magnesiumversorgung* auf stickstoff- und kaliumüberdüngten Weiden könnte für wachsende und säugende Tiere im ersten Viertel der Weideperiode kritisch werden.

Während bei Weidegang mit einem *Kaliummangel* nicht zu rechnen ist, liegt hier die

Natriumversorgung oft im argen. Die Situation wird weiter verschärft, wenn eine übermäßige Kaliumdüngung des Grünlandes vorliegt, wodurch das Kalium-Natrium-Verhältnis des Aufwuchses immer weiter wird, zumal einige Gräser in der Aufnahme das Kalium dem Natrium vorziehen. Kaliumüberdüngte Weiden sind gut am gehäuften Auftreten des Wiesenkerbels zu erkennen. Man muß bei jeder Weideführung eine zusätzliche Natriumquelle fordern, besonders für Fohlenstuten und bei intensiver Weidenutzung. Diese Natriumzufuhr kann durch die Bereitstellung von Leckschalen oder durch die tägliche Gabe von Viehsalz, ergänzt durch Mineralfutter oder Ergänzungsfutter, erfolgen. Problematisch ist es, Fohlen von Leckstein und Viehsalz fernzuhalten. Weiterhin kann die Natriumversorgung durch Drosselung der Kaliumdüngung unter gleichzeitiger Ausbringung von natriumhaltigem Dünger, z. B. Kainit, Chilesalpeter, verbessert werden. Das Scharren der Pferde in der Grasnarbe, um die natriumhaltigen Wurzeln fressen zu können, kann Hinweis auf einen Natriummangel sein.

Auf See- und Flußmarschen und auf Weiden mit hohen Molybdängehalten ist mit einer *Kupferunterversorgung* zu rechnen, der häufig mit entsprechender Düngung begegnet wird. Die Kupferversorgung ist i. d. R. im Stall durch das Kraftfutter besser als während der Weideperiode. Jahreszeitlich spät geborene Fohlen zeigen einen rascheren Kupferanstieg im Blut als früh geborene, evtl. bedingt durch mehr Auslauf und eine längere Kraftfutterperiode der Mutterstute.

Die Versorgungslage auf der Weide mit *Mangan* ist weitgehend standortbedingt. Mit einer Unterversorgung ist auf Kalkböden und leichten aufgekalkten Sandböden zu rechnen, da durch Kalkung saurer Böden der pH-Wert angehoben und so von der Pflanze weniger Mangan aufgenommen wird. Viel Weißklee auf der Weide kann auf einen geringen Mangangehalt im Aufwuchs hindeuten; hoch dagegen ist die Versorgung bei Besatz mit Binsen und Seggen.

Mängel in der *Kobaltversorgung* können auf ausgewaschenen Sand- bzw. Granit- und Gneisverwitterungsböden auftreten.

Die *Jodversorgung* unterliegt geographischen Einflüssen: in küstennahen Gebieten ist der Jodgehalt mehr als ausreichend. In Süddeutschland, den Mittelgebirgen und den Alpen dagegen ist durch niedrige Jodgehalte in Futterpflanzen und Trinkwasser eher mit knapper Versorgung zu rechnen.

Für einen *Selenmangel* während der Weideperiode gibt es derzeit keine Hinweise. Die Vitaminversorgung während der Weideperiode kann als problemlos bezeichnet werden.

Zu einer Unterversorgung mit β-*Carotin* und *Vitamin E* kann es lediglich im Spätherbst auf extrem vertrockneten Weiden kommen, was jedoch in unseren Klimazonen selten der Fall ist. Durch Futterumstellung bedingte Durchfälle im Frühjahr können eine Depression der Bildung von *B-Vitaminen* im Dickdarm der betroffenen Pferde auslösen.

Während der Weideperiode können gesundheitliche Risiken durch hohe Nitrat- oder Amidgehalte im Grünfutter, Giftpflanzen, Düngemittelmißbrauch, Fehlanwendung von Pflanzenschutzmitteln und Schwermetallvergiftungen auftreten.

3.1.3 Grünfutter vom Acker

Grünfuttermittel vom Acker wie *Leguminosen,* zu denen z. B. Rotklee, Luzerne und Esparsette gehören, sind reich an Eiweiß und Calcium. In Kombination mit Stroh oder anderen eiweißarmen und rohfaserreichen Futtermitteln sind sie nur begrenzt in Mengen bis zu 20 kg pro Tag und Großpferd einzusetzen. Langstielige, wenig verholzte Leguminosen sind vor Verfütterung zu häckseln. Schwedenklee ist nicht geeignet für Pferde, da Lebererkrankungen auftreten können.

Besser geeignet als ein reines Leguminosenangebot ist die Verfütterung eines *Gemisches von Klee und Gräsern* (z. B. Landsberger Gemenge), auch in Kombination mit Rohfaserträgern, ebenso wie Grünmais, Grünroggen und Grünhafer. Letztere werden in jungem, wenig verholztem Zustand gern genommen. Sie sollten auf mehrere Mahlzeiten verteilt werden und pro Tag 10 kg je Großpferd nicht überschreiten. Weniger oder nicht geeignet für die Verfütterung an Pferde sind Lupinen, Senf, Raps, Stoppelrüben und Markstammkohl.

In landwirtschaftlichen Betrieben mit Mangel an Grünfutter im Herbst wird, besonders in Hofnähe, nach Gerste ein einjähriges tetraploides Weidegras gesät. Häufig werden diese Flächen nur durch Elektrozäune begrenzt. Nach dem Walzen und einer geringen Stickstoffgabe erreicht das Gras nach sechs bis sieben Wochen bereits eine Länge von bis zu 20 cm. Es hat dann eine gute Struktur und wird von den Pferden gern aufgenommen. Während der ersten Tage sollte allerdings noch Futterstroh angeboten werden, bis dieses nicht mehr gefragt ist. Das einjährige Weidegras bietet bis in den Winter Futter und entlastet die eigentlichen Weiden zum Herbst erheblich.

3.1.4   Trockengrün

Trockengrün kann durch Trocknung über Warmluft aus Gras, Luzerne oder – seltener – aus Klee hergestellt werden. Die Nährstoffverluste, insbesondere die Verluste von Vitaminen, sind gering. Allerdings kann es hier erhebliche Schwankungen geben, z. B. beim β-Carotin, die vom Ausgangsmaterial und der Trocknungstemperatur, aber auch aus Lagerverlusten herrühren.

Je nach Zerkleinerungsgrad entstehen *Briketts* mit einer Häcksellänge von 4 bis 8 cm, *Cobs* mit einer Häcksellänge von 1 bis 2,5 cm oder *Mehle* bzw. später *Pellets*, bei denen das Material vollständig vermahlen wird.

Grünmehle sollten Pferden immer in pelletierter Form angeboten werden zwecks besserer Aufnahme und geringerer Staubentwicklung. Luzernegrünmehlpellets werden anfänglich schlecht aufgenommen, da sie bitter schmecken. Mengen von 1 kg pro Tag sollten wegen der fein vermahlenen Struktur nicht überschritten werden. Sie erhöhen die Eiweiß- und Calciumversorgung. Unter den Grasgrünmehlen bestehen Schwankungen in Qualität und Nährstoffzusammensetzung.

Heucobs und *Heubriketts* sind staubarm und gelten als Alternative bei schlechtem, staubigem Heu; sie können zur Vermeidung oder Linderung des Hustens der Pferde beitragen. Die Heucobs können so hart gepreßt sein, daß die Pferde versuchen, sie am Krippenrand zu brechen, so daß es zu Bröckelverlusten in die Einstreu kommen kann. Vorteilhafter – wegen der stärker erhaltenen Struktur – sind Heubriketts zu beurteilen. Sie dürfen allerdings weder zu hart („verbrannt") noch zu weich gepreßt sein. Bei letzterem kommt es dann durch erhebliches Bröckeln zu Strukturverlusten, wodurch sich der erwünschte durch die Struktur bewirkte Effekt verringert.

3.2   Rauhfuttermittel

Rauhfuttermittel haben einen geringen Wassergehalt und sind in ihrer Struktur weitgehend dem Ausgangsmaterial ähnlich geblieben. Lediglich durch den Preßvorgang zu Ballen kommt es hier zu Veränderungen. Einerseits muß dem Bedürfnis der Pferde nach strukturiertem Futter und Ballaststoffen Rechnung getragen werden, andererseits jedoch greift der allergische Husten unter den Pferden immer mehr um sich, dessen Hauptursache in die Atemluft der Pferde gelangende Staubpartikel aus Heu und Stroh sein dürften.

3.2.1 Heu

Die für die Werbung des Heues gebräuchlichste Trocknungsart ist die Bodentrocknung; der Wassergehalt sollte beim Einfahren nur 18 bis 20% betragen. Auch bei günstigem Wetter ist mit Verlusten des Materials durch Veratmung zu rechnen, wobei es durch Einwirkung von Regen zusätzlich zu Auswaschungen von Kohlenhydraten und Mineralien kommt. Das Heu darf erst nach Ablauf von acht bis zwölf Wochen, also nach der sog. *Schwitzphase,* verfüttert werden, nach der die Aromastoffe und die Verdaulichkeit zunehmen und die Gifte des Hahnenfuß abgebaut sind. Frisches Heu sollte sofort an seinen Lagerplatz verbracht werden und dort mindestens acht Wochen lagern, um die Schwitzphase nicht zu unterbrechen. Beim Zukauf von Heu wird dieser Forderung oft nicht Rechnung getragen, so daß die Schwitzphase nicht oder nur ungenügend abläuft. Magen- und Darmkatarrhe sowie Hufrehe können nach Verfütterung von ungenügend abgelagertem Heu auftreten.

Für Pferdeheu empfiehlt sich ein späterer Schnittzeitpunkt als für Rinderheu. Ende der Grasblüte kann man mit mehr Struktur, Masse, Rohfaser und Calcium rechnen bei gleichzeitig geringem Rückgang an Energie und Eiweiß. Die Nährstoffgehalte des Heues sind abhängig von Boden, Düngung, botanischer Zusammensetzung, Schnittzeitpunkt, Werbungsart und Lagerdauer.

Vor der Verfütterung und bei Ankauf einzelner Heuchargen sollte man eine Qualitätsbeurteilung durchführen, wobei auch Ballen zu öffnen sind, um Veränderungen in deren Zentrum zu erkennen. Erstes Kriterium ist die *Farbe:* Je mehr das Heu in dieser Hinsicht seinem Ausgangsmaterial, dem Gras, ähnelt, um so günstiger sind Werbung und Lagerung verlaufen. Die Verluste sind als niedrig einzustufen. Verregnetes oder zu lange gelagertes Heu verblaßt in der Farbe. Von brauner bis schwarzer Farbe ist Heu, das während der Schwitzphase zu hohen Temperaturen ausgesetzt war. Nährstoffverluste und eine geringe Eiweißverdaulichkeit sind die Folge. Eine grüne Farbe läßt auf einen ausreichenden Carotingehalt bis etwa zum Jahreswechsel schließen. Gutes Heu soll frisch und angenehm duften. Der Geruch wird aromatisch durch den Klee- und Kräuteranteil; Heu riecht brandig, wenn die oben erwähnte Überhitzung während der Schwitzphase stattgefunden hat. Riecht das Heu muffig-dumpf oder gar faulig, ist es gesundheitsgefährdend und nicht zu verwenden. Der Gehalt an Schimmelpilzen ist dann so hoch, daß mit Durchfällen, Koliken, Fruchtbarkeitsstörungen, Aborten oder chronischem Husten der Pferde gerechnet werden muß.

Weitere Hinweise auf Nährstoffgehalte liefern der *Griff* und die *botanische Zusammensetzung* des Heues. Das weniger geeignete, im Griff weiche und zarte Heu beinhaltet ein blattreiches, stengelarmes Material mit hohem Eiweiß- und geringem Rohfasergehalt, welches relativ arm an den Mineralstoffen Calcium, Magnesium und Natrium ist, sofern es sich vorwiegend um Gräser handelt. Klamm im Griff fühlt sich Heu mit einem Wassergehalt von über 20% an. Hier ist entweder die Schwitzphase noch nicht abgeschlossen oder die Lagerung zu feucht gewesen. Als ideal für Pferde ist das Heu zu bezeichnen, das sich rauh anfühlt und aus einem blattärmeren, stengelreichen Material besteht, da hier mit einem geringeren Eiweiß- und höherem Rohfaser- und Strukturanteil zu rechnen ist (s. Tab. 20). Sperriges Heu ist zu spät geschnitten,

Tab. 20: Heubeurteilung

optimales Heu	*Farbe:* frisch-grün
	Geruch: frisch, angenehm aromatisch
	Griff: rauh, trocken
	Verunreinigungen: kaum, insbesondere keine Staubentwicklung
	notwendige Ergänzung: mit Jahreswechsel β-Carotin oder Vitamin A
gutes Heu	*Farbe:* blaß grün oder beim 2. Schnitt frisch grün
	Geruch: kaum Aroma, aber nicht unangenehm; 2. Schnitt angenehmes Aroma
	Griff: rauh, trocken; oder 2. Schnitt: weich, trocken
	Verunreinigungen: kaum, zunächst keine Staubentwicklung, mit Fortschreiten der Lagerung etwas mehr; oder 2. Schnitt: keine Verunreinigungen
	notwendige Ergänzung: mit Jahreswechsel β-Carotin oder Vitamin A; insgesamt nicht mit optimalen Nährstoffgehalten rechnen; oder 2. Schnitt: vorzugsweise an Absatzfohlen, sonst mit Stroh ergänzen
mittelmäßiges Heu	*Farbe:* blaß bis grau-braun
	Geruch: ohne Aroma
	Griff: sperrig, trocken bis klamm
	Verunreinigungen: ständig geringer Staubanteil
	notwendige Ergänzung: β-Carotin oder Vitamin A, geringer Futterwert; hoher Rohfaseranteil. Nicht an Absetzer verfüttern, für andere Pferde gegebenenfalls einweichen
mangelhaftes Heu	*Farbe:* braun bis schwarz-braun
	Geruch: brandig, muffig, faulig
	Griff: je nach Schnittzeitpunkt weich, rauh oder sperrig, dabei aber klamm
	Verunreinigungen: hohe Staubbelastung, es darf nicht aufgeschüttelt und muß eingeweicht werden
	notwendige Ergänzung: der Futterwert ist gering einzuschätzen. Das Heu ist nur unter großen gesundheitlichen Risiken zu verfüttern. Da es von geringem Futterwert und gesundheitsgefährdend ist, sollte ein Austausch mit Stroh, evtl. in Kombination mit Grünmehlpellets oder Heucobs erfolgen. Gegebenenfalls auch mit gutem Heu verschneiden.
	Besser gar nicht Pferden anbieten.

die Verdaulichkeit wird durch einen zu hohen Stengel- und zu niedrigen Blattanteil herabgesetzt, wodurch es zur Blinddarmverstopfung kommen kann.

Nicht verfüttert werden darf Heu, das einen Befall mit Schimmelpilzen aufweist (Geruch muffig, faulig), sich im Griff klamm anfühlt oder starke Erd- und Staubbeimengungen hat. Weiterhin dürfen im Heu keine Giftpflanzen enthalten sein, wie z. B. Sumpfschachtelhalm, Adlerfarn, Adonisröschen, Herbstzeitlose oder Kreuzkraut.

Gutes Pferdeheu verfügt i. d. R. über ein Calcium-Phosphor-Verhältnis von 1,5:1 oder weiter. Früher war dieses Verhältnis infolge der geringeren Intensität der Grünlandbewirtschaftung und einem daraus resultierenden höheren Anteil an Kräutern günstiger.

Hinsichtlich eines Preisvergleiches darf gutes Heu, gemessen am Energiegehalt, 60% vom Preis des Hafers kosten. Bei niedrigeren Heupreisen lohnt es, größere Mengen einzusetzen, bei höheren Preisen kann man z. B. 2 kg Heu durch 1 kg Luzernegrünmehl und 1 kg Futterstroh ersetzen. Luzerne- und Kleeheu ist eiweiß- und calciumreicher als Wiesenheu und schwieriger zu beschaffen. Es kann gut in Mengen von 1 bis 2 kg (bis max. 5 kg) in Verbindung mit Wiesenheu oder Futterstroh Verwendung finden.

Ein Ärgernis ist immer wieder die *Staubentwicklung* durch das Heu. Der Staubgehalt steigt hier zwar mit sinkender Qualität des Heues, aber auch bei guten Qualitäten kann noch so viel Staub entstehen, daß die Pferde husten (s. Kap. 5.3).

Ein rigoroses Einweichen des gesamten Heues für alle Pferde eines Stalles ist ein sicheres Mittel zur Reduzierung des Staubes, bringt aber auch viel Feuchtigkeit in die Boxen und ist sehr arbeitsaufwendig.

Pferde ohne Arbeitsleistung können bis zur Sättigung mit Heu gefüttert werden. Allgemein gilt für die Heuration, ebenso wie für die Kraftfutterration, die Menge von 1 kg pro 100 kg Körpergewicht (KGW) pro Tag, bei Untergewicht und Extensivhaltung bis zu 1,5 kg pro 100 kg Körpergewicht.

3.2.2   Stroh

An Futterstroh sind die gleichen Qualitätsansprüche hinsichtlich gesunder Farbe, angenehmen Geruchs und einwandfreier hygienischer Beschaffenheit zu stellen wie an Heu. Hafer- und Weizenstroh eignen sich zur Aufnahme besser als Gersten- und Roggenstroh. Die Energiegehalte liegen 20 bis 30% niedriger als beim Heu, das Calcium-Phosphor-Verhältnis ist dem des Heues vergleichbar, der Eiweißgehalt ist dagegen minimal. Das Stroh zwingt die Pferde zu einer guten Kauarbeit. Als obere Grenze sind bei Großpferden 3 bis 4 kg pro Tag anzusehen, da es sonst durch das rohfaserreiche, sperrige, eiweißarme Futtermittel zu Verstopfungen im Dickdarm kommen kann. Man kalkuliert ohne Risiko 0,5 kg Stroh pro 100 kg Lebendgewicht des Pferdes. Wichtig bei der täglichen Gesamtstrohaufnahme ist, daß sie durch Kraftfuttermahlzeiten unterbrochen wird, also nicht 3 bis 4 kg und mehr zwischen der Abend- und Morgenfütterung aufgenommen werden sollen.

Die Strohaufnahme wirkt als ein Ventil für den Beschäftigungsdrang des Pferdes, das sich kaum kontrollieren läßt. Ein Pferd, das kein Stroh aufnimmt, wird entweder zu gut mit Heu versorgt oder hat Zahndefekte. Leichtfuttrigen Extensivrassen sollte man immer einen Teil des Rauhfutters in Form von Stroh anbieten, um dadurch die mechanische Sättigung zu erreichen und ein Verfetten zu vermeiden. Notorische „Matratzenfresser", die grundsätzlich zu viel Stroh aufnehmen und verfetten oder zu Koliken neigen, stellt man auf Späne oder Torf. Man kann aber auch versuchen, die Strohaufnahme etwas zu regulieren, indem dem Pferd nach ein bis zwei Stunden der Strohaufnahme ein Maulkorb aufgesetzt wird.

Strohhäcksel in genügend langer Form (über 3 cm) bewirkt zwar zusammen mit Hafer eine hervorragende Verlängerung der Aufnahmezeit des Futters, ist jedoch heute nicht mehr zu empfehlen aufgrund der unbefriedigenden Eignung von Hochdruckballen zur Häcfselung und als Futterstroh generell.

Dem kurz gespritzten *Weizenstroh* wird von den Pferdehaltern manchmal eine stärkere Kolikfrequenz innerhalb eines Betriebes angelastet. Dies ist bislang nicht nachgewiesen. Denkbar wäre sie nur, wenn man berücksichtigt, daß Weizenstroh wegen seiner Schmackhaftigkeit rascher aufgenommen würde und kurzgespritztes Stroh über einen höheren Anteil Gerüstsubstanzen verfügen könnte, die eine sorgsame Kauarbeit verlangen.

Durch Ammoniak- oder Natronbehandlung kann Stroh *aufgeschlossen* werden und somit einen höheren, dem Heu vergleichbaren Energiegehalt aufweisen. Ammoniak-aufgeschlossenes Stroh wird gut von Pferden aufgenommen. Diese Methode ist als Alternative bei Heuknappheit oder bei hustenden Pferden interessant. Neben den Kosten für Ammoniak und benötigte Folien ist allerdings noch ein erhöhter Arbeitsauf-wand für das Verfahren zu kalkulieren. In nassen Jahren kann der erhöhte Pilzbefall im Stroh durch die Begasung reduziert werden, wodurch das gesundheitliche Risiko für die Pferde gemindert wird. Da der Aufschluß von Stroh durch Ammoniak in der Praxis bislang noch kaum Verbreitung gefunden hat, soll die Methode nachfolgend beschrieben werden:

Für die Ammoniak-Begasung wird ein Strohstapel an einer windgeschützten Stelle im Freien errichtet. Alle Stroharten sind geeignet. Die Größe des Stapels richtet sich nach dem Bedarf an aufgeschlossenem Stroh, wobei 15 bis 20 t das Maximum pro Stapel darstellen. Die Grundmaße für den Stapel rechnet man nach den im Handel erhältlichen Siloplanen aus. Die Maße der Bodenfläche des Stapels müssen so ausge-richtet sein, daß an allen vier Seiten die Plane noch gut einen Meter herausragt, um sie mit den Enden der Abdeckfolien einrollen zu können. So entsteht ein gasdichter Raum. Die Folien können z. B. mit Autoreifen, die man auf das Dach legt, beschwert werden, wenn nicht die Giebelform gewählt wurde, oder man läßt die Reifen an den Seiten herabhängen.

Mit der Ammoniak-Begasung betraut man am besten einen Lohnunternehmer. Pro Doppelzentner Stroh werden etwa 3 kg Ammoniak benötigt. Das Ammoniak wird über eine lange Lanze, die durch die Folie gestochen und in das Stroh gebohrt wird, vergast. Nach dem Vorgang müssen die Löcher rasch sorgfältig verklebt werden.

Der eigentliche Aufschluß dauert etwa zwei Monate. Nach Entfernung der Folie muß das Stroh, das sich jetzt bräunlich verfärbt hat, wenigstens einen Tag auslüften, bevor mit der Verfütterung begonnen werden kann. Das aufgeschlossene Stroh kann in gleichen Mengen wie üblicherweise Heu verfüttert werden.

3.3   Silagen

Die Erstellung von *Silagen* ist vorwiegend in bäuerlichen Betrieben üblich. Hier ist auch mit der größten Erfahrung in der Herstellung, dem Vorhandensein von Siloeinrichtungen und der umweltgerechten Ableitung von Sickersäften zu rechnen. Die Verwendung von Silagen in der Pferdefütterung bietet sich nur in Betrieben an, in denen eine hohe Entnahmefrequenz aus dem Silo besteht, etwa durch die Verfütterung an mehr als 15 Pferde oder im Zusammenhang mit der Verfütterung an andere Tierarten wie Rind und Schwein. Die Verfütterung von Silagen an Pferde in Kombination mit anderen Tierarten hat den Vorteil, daß von der Qualität geringer einzuschätzende Teile eines Silos wie Randschichten, stark mit Sickersaft durchsetzte Teile sowie hinsichtlich ihres Qualitätsgrades nicht einwandfrei einzustufende Partien nicht den Pferden zugeteilt werden müssen.

Bei gutem Silierverlauf sind die Nährstoffverluste gering. Bezogen auf die Trockenmasse ist mit einer ähnlichen Nährstoffzusammensetzung wie im Ausgangsmaterial zu rechnen.

Gute Silage muß frucht- bzw. brotartig riechen, Farbe und Struktur sollen dem Ausgangsmaterial entsprechen (Tab. 21). Fauliger Geruch, Schimmelbildung oder starke Verschmutzung sowie wesentliche Veränderungen in der Farbe des Materials sind Zeichen einer verdorbenen Silage. So bedeuten Nachgärungen, z. B. an den

Tab. 21: Beurteilung von Silagen

	Bewertung
1. Geruch	
a) buttersäurefrei, leicht säuerlich, brotartig	optimal
b) Buttersäure nur in Spuren (Verreiben auf der Handfläche erleichtert die Beurteilung), sauer stechend oder schwacher Röstgeruch	mäßige Minderung der Qualität
c) mittlerer Buttersäuregeruch, deutlicher Röstgeruch, muffiger Geruch	erhebliche Minderung der Qualität
d) starker Buttersäuregeruch, Ammoniakgeruch oder fader, nur sehr schwacher Säuregeruch	Wert erheblich eingeschränkt
e) faulig, starker Schimmelgeruch	wertlos, gefährlich
2. Struktur	
a) Struktur der Blätter und Stengel gut erhalten	optimal
b) Blätter und Stengel „matschig", verrottet oder stark verschmutzt	Wert erheblich eingeschränkt
3. Farbe	
a) wie Ausgangsmaterial, bei Anwelksilage auch leicht bräunlich	optimal
b) entfärbt oder sehr dunkel	Wert erheblich eingeschränkt
4. pH-Wert	
a) unter 4	optimal
b) unter 5	befriedigend
c) über 5	Mängel

Anschnittflächen, immer eine starke Anreicherung von Hefen. Die Verfütterung verdorbener wie auch gefrorener Silage führt zu starken Durchfällen, Koliken oder Hufrehen.

Grassilage angewelkt

Langgehäckseltes Material von mind. 5 cm Häcksellänge mit einem Trockensubstanzanteil von wenigstens 25%, besser 30%, eignet sich bei guter Qualität hervorragend für die Verfütterung an Pferde. Der Einsatz empfiehlt sich besonders in Problembetrieben mit Atemwegserkrankungen der Pferde. Der Staubgehalt der Stalluft wird drastisch heruntergesetzt, wenn Heu durch Anwelksilage ersetzt wird. Unter Berücksichtigung des Wassergehaltes der Silage können durchaus 10 bis 12 kg Anwelksilage pro Großpferd täglich zum Einsatz kommen, d. h. man kalkuliert 2 kg pro 100 kg Körpergewicht. Weiterhin sollte Futterstroh zur Aufnahme zur Verfügung stehen. Die restliche Kraftfutter-, Mineralstoff- und Vitaminergänzung ist wie bei einer Heu-Kraftfutterration zu handhaben. Die Anwelksilage verfügt in optimalen Fällen über einen mit 20 bis 40 mg pro kg ursprüngliche Substanz sehr günstigen Gehalt an β-Carotin, wodurch bei einer Verwendung von 10 bis 12 kg Silage täglich nahezu eine optimale β-Carotinversorgung von etwa 300 bis 400 mg erfolgen kann.

Rübenblattsilage

Die Anwendung von Rübenblattsilagen in der Pferdefütterung ist selten; sie kann in der Höchstmenge von 10 kg pro Tag bei erwachsenen Großpferden seitens des Energiegehaltes 2 kg Hafer ersetzen. Gefährlich sind Sandbeimengungen, die bei entsprechender Anhäufung Ursache von Sandkoliken sein können.

Maissilage

Die Maissilage findet aufgrund ihrer Schmackhaftigkeit und des günstigen Energiegehaltes immer stärker Eingang in die Pferdefütterung. Da der Eiweißbedarf ausgewachsener Pferde relativ niedrig und somit leicht zu decken ist, ist der geringe Eiweißgehalt der Silage nicht nachteilig. Der geringe Gehalt an Mineralstoffen und Vitaminen muß jeweils ergänzt werden, hier kommt es vorwiegend auf eine Optimierung der Calcium-, Natrium- und β-Carotinversorgung an. Die in der Teigreife geschnittene Maissilage hat mindestens 25%, aber bei Schnitt in der Vollreife auch 30% und mehr Trockenmasse und sollte nicht zu kurz gehäckselt sein. Da die Maissilage von den Pferden relativ schnell aufgenommen wird (je kg ca. 10 Minuten), werden größere tägliche Gaben von 12 kg und mehr besser auf drei Mahlzeiten verteilt. Im Gegensatz zur Grassilage wird die Maissilage aus der Krippe gefüttert, weshalb die Krippe und auch benachbarte Tränken häufiger gesäubert werden müssen.

Der Rohfasergehalt der Maissilage, der in der ursprünglichen Substanz bei 5 bis 8% liegt, in der Trockensubstanz aber etwa 25% erreicht, macht deutlich, daß es sich um ein Futtermittel mit einem hohen Anteil an schwerverdaulichem Material handelt. Folglich ist die Verwendung von Maissilage für Leistungspferde aufgrund ihrer Voluminität eingeschränkt, da hier eine starke Ausdehnung und Füllung des Verdauungskanals unerwünscht ist. Bedingt durch den relativ hohen Rohfasergehalt der Maissilage lassen sich z. B. durch den Einsatz von 6 bis 7 kg Maissilage 2 kg Heu einsparen. Bei einem konsequenten Einsatz von Maissilage kann man auch statt Heu Futterstroh anbieten (Tab. 22). Der Einbau von Maissilage in die Futterration erfordert in jedem Fall einen Abzug von Heu (für 2 bis 2,5 kg Maissilage Abzug von 1 kg Heu) und Kraftfutter (für 3,5 bis 4 kg Maissilage Abzug von 1 kg Hafer). Auch nach der Reduktion von Heu und Kraftfutter ist die Gewichtsentwicklung der Pferde genau zu beobachten, um die Ration bei eintretender unerwünschter Gewichtszunahme korrigieren zu können.

Die Maissilage eignet sich nur unter Vorbehalt und in begrenztem Umfang zur Verfütterung an folgende Gruppen: Fohlen unter 18 Monaten sowie bestimmte Pferdetypen wie z. B. Ponies, Kleinpferde und Kaltblüter und Einzelpferde aller Rassen, die leicht zur Verfettung neigen.

In der Tab. 22 sind sieben Rationen für verschiedene Nutzungs- und Altersgruppen im Zuchtbetrieb aufgeführt. Hier werden statt Heu *Maissilage und Futterstroh* angeboten. Defizite in der Mineralstoff- und Vitaminversorgung werden durch das Ergänzungsfutter für Pferde aufgefangen, für welches Richtwerte pro kg ursprünglicher Substanz angenommen werden: Energiegehalt 11,3 MJ; verdauliches Rohprotein 100 g; Calcium 10 g; Phosphor 3 g; Natrium 3 g; Vitamin A 30 000 IE; β-Carotin kann je nach Bedarf separat ergänzt werden.

Neben dem β-Carotin fehlt es der Maissilage auch an Calcium und Natrium. Das Calcium-Phosphor-Verhältnis kann bei später Ernte unter 1:1 liegen. Der Natriumgehalt ist minimal, wohingegen der Kaliumgehalt bei Düngung des Mais mit Gülle, besonders bei Geflügel- und Schweinegülle, unerwünscht hoch sein kann. Das Kalium kann eine leicht abführende Wirkung zeigen und wird bei hohem Angebot auch eine vermehrte Natriumausscheidung zur Folge haben.

Bei einer *Heu-Maissilage-Ration* wird zur Ergänzung von Calcium, Vitamin A und Natrium der Einsatz eines Ergänzungsfutters bzw. eines Mineralfutters für Pferde mit

Tab. 22: Maissilage und Futterstroh ersetzen Heu in einem Zuchtbetrieb

	Maissilage kg	Stroh kg	Ergänzungs- futter kg	Sojaschrot kg
1. güste und niedertragende Stuten	10	3	3	–
2. güste und niedertragende Stuten	15	3	2	–
3. hochtragende Stuten (letzter Monat)	10	3	4–4,5	–
4. Stuten mit Fohlen bei Fuß	10	3	7	0,5
5. Stuten mit Fohlen bei Fuß	15	3	6	0,5
6. Absatzfohlen bis 18. Monat	7	2*	2	0,8
7. Jungpferde 19.–36. Monat	7	3	3–4	–

* zunächst als 1–2 kg Heu anbieten

Es wird dabei von einem Körpergewicht bzw. Endgewicht von 600 kg bei optimalen Auslaufmöglichkeiten ausgegangen.

einem Calcium-Phosphor-Verhältnis von mindestens 4:1 notwendig. Das Mineralfutter wird sicherheitshalber noch zum Ergänzungsfutter in Mengen von 50 g täglich gegeben.

Bei Verfütterung von *Heu, Maissilage und Hafer* oder anderen Einzelfuttermitteln mit einem Ca/P-Verhältnis unter 1,5:1 wird die tägliche Mineralfuttergabe je nach Nutzungsgruppe auf 100, 150 oder 200 g erhöht. Eine Natriumergänzung ist über den Leckstein oder die Leckschale möglich.

Corncobmix
Corncobmix (CCM) ist eine Silage der Maiskolben mit Trockensubstanzanteilen zwischen 40 und 70%, im Mittel bei 55%. Der Eiweißgehalt liegt durchschnittlich bei etwa 10%. Das Calcium-Phosphor-Verhältnis ist mit 0,5:1 einzukalkulieren. Die kaum vorhandene Rohfaser ist vermahlen, und es wird angestrebt, den Rohfasergehalt durch geringere Spindelanteile weiter abzusenken. Bei guter Silagequalität und anschließenden Rauhfuttergaben können Großpferde pro Mahlzeit etwa 1 bis 1,5 kg CCM erhalten. Mit 1 kg CCM, bezogen auf Trockenmasse, wird energetisch etwa eine Versorgung wie mit 1 kg Körnermais erreicht.

3.4   Wurzel- und Knollenfrüchte

Die Wurzeln und Knollen sind charakterisiert durch einen hohen Wasser- und Energiegehalt und einen geringen Rohfaser-, Eiweiß- und Calciumanteil. Bis auf die Rückstände der Zuckerrübenverarbeitung (Trockenschnitzel, Melasse) sind sie in der Haltbarkeit eingeschränkt. Als Massenträger einer Pferderation haben sie keine Bedeutung mehr, der Verwendungszweck geht heute eher dahin, Rationen abwechslungsreicher und schmackhafter zu gestalten oder eine Ergänzung mit β-Carotin zu erreichen, etwa durch rote Möhren. Wichtig ist die sorgfältige Reinigung der Wurzeln und Knollen vor der Verfütterung. Weiterhin sind sie trocken zu lagern und vor Frost zu schützen.

Zuckerrüben (Betarüben)

Die Höchstmenge von 15 kg Zuckerrüben pro Tag kann 4,5 kg Hafer ersetzen. Der hohe Einsatz wäre denkbar bei schwer arbeitenden Zugpferden neben sorgfältiger Rauhfutterzufuhr. Bei Sportpferden kann man mit 5 kg Zuckerrüben 1,5 kg Kraftfutter ersetzen.

Futterrüben

Der Energiegehalt gehaltreicher Futterrüben ist nur halb so hoch wie der der Zuckerrüben. Die Höchstmenge beträgt etwa 25 kg pro Tag bei Arbeitspferden. Ab Oktober/November ist, bis der Vorrat verbraucht ist, in vielen Betrieben die Verfütterung von 1 bis 2 kg, gelegentlich auch bis 5 kg täglich, an alle Nutzungsgruppen durchaus üblich, um die Ration abwechslungsreicher zu gestalten.

Rote Bete

Rote Bete werden im Spätherbst ebenfalls häufig gefüttert. Als β-Carotinlieferant haben sie jedoch keine Bedeutung, wie fälschlicherweise oft gedacht wird.

Möhren

Rote Möhren weisen mit etwa 60 mg pro kg ursprünglicher Substanz einen dreifach höheren Gehalt an β-Carotin auf als die gelben Möhren mit 20 mg. Um den Mindestbedarf von β-Carotin von etwa 300 mg bei einer Zuchtstute von 600 kg Körpergewicht über Möhren abzudecken, müßten somit 5 kg rote Möhren täglich verfüttert werden. Hierdurch könnten 1,3 kg Hafer oder andere Futtermittel entsprechend ihrem Energiegehalt abgezogen werden. Eine Wirkung der Möhren hinsichtlich einer Reduktion der Wurmbelastung der Pferde ist zu bezweifeln, allerdings dürfte die allgemeine Infektionsabwehr der konsequent mit Möhren gefütterten Pferde erhöht werden. Insbesondere für tragende Stuten müssen die grünen Köpfe der Möhren abgeschnitten werden.

Maniokmehl

Maniokmehl, bekannt als *Tapiokamehl,* wird in der Pferdefütterung selten eingesetzt, höchstens in geringem Anteil im Ergänzungsfutter (max. 5%), da die Qualität chargenweise unterschiedlich hinsichtlich Rohfaser- und Blausäuregehalt sein kann und Sandbeimengungen weitere Risikofaktoren darstellen können.

Trockenschnitzel und Melasse

Trockenschnitzel und Melasse sind Rückstände der Zuckerrübenverarbeitung. *Trockenschnitzel* sind melassiert und unmelassiert im Handel. Melassiert haben sie einen dem Hafer ähnlichen, unmelassiert einen höheren Energiegehalt. Je nach Nutzungsart können täglich 1 bis 3 kg Trockenschnitzel verfüttert werden, an Kaltblutpferde bei entsprechender Arbeitsleistung auch 5 kg. Um Schlundverstopfungen und Magenrisse zu verhindern, müssen Trockenschnitzel unbedingt vor dem Verfüttern mit vier Teilen Wasser eingeweicht worden sein. Dabei muß den hart pelletierten Trockenschnitzeln eine längere Einweichzeit zukommen als den unpelletierten.

Melasse ist sirupartig und besteht zu 50% aus Zucker. Sie verbessert die Akzeptanz einer Futtermischung und wirkt als Hilfsmittel bei der Pelletierung, so daß sie in den meisten Mischfuttermitteln für Pferde mit Anteilen von 3 bis 5% vertreten ist. Durch den hohen Wassergehalt der Melasse von 22% wird bei höheren Beimengungen die Verderbnisgefahr vergrößert, so daß z. B. in einem mit 25% Melasse versetzten

Quetschhafer der Zusatz eines Konservierungsmittels notwendig ist. Dem hohen Gehalt an Kalium (3,5%) und Natrium (0,57%) in der Melasse wird eine leicht abführende Wirkung zugeschrieben, wodurch die Häufigkeit von Koliken gesenkt werden kann.

3.5   Getreidekörner

Getreidekörner, außer Roggen und Weizen, sind in der Lage, einen hohen Anteil des Krippenfutters zu decken. Sie haben eine mittlere bis hohe Verdaulichkeit. Die Rohfasergehalte schwanken zwischen 2,5% (Roggen, Weizen, Mais), 4,7% (Gerste) und 10,2% (Hafer). Die Eiweißgehalte steigern sich von 9,4% bei Roggen und Mais über Gerste und Hafer auf 11,5% beim Weizen. Die Energiegehalte liegen beim Hafer am niedrigsten mit 11,5 MJ, es folgen Roggen, Weizen und Gerste mit 12,7 bzw. 12,9 MJ und schließlich Mais mit 13,6 MJ. Der Fettgehalt liegt bei Hafer und Mais mit 4 bis 5% gegenüber den anderen Getreidekörnern relativ hoch.

Die Calciumgehalte sind in allen Getreidekörnern mit 0,1% bis 0,03% ausgesprochen niedrig. Bei normalen Phosphorgehalten um 0,35% kommt es natürlicherweise zu Calcium-Phosphor-Verhältnissen der Getreidekörner von 0,18 bis 0,34 zu 1. Der Magnesiumgehalt kann mit etwa 0,1% durchaus zufriedenstellen. Der Natriumgehalt ist sehr gering. Von den fettlöslichen Vitaminen ist das Vitamin E im Getreidekeim vorhanden, an wasserlöslichen Vitaminen enthalten die Getreidekörner bis auf Vitamin B_{12} vorwiegend die Vitamine des B-Komplexes.

Die Lagerung von ganzen Getreidekörnern ist relativ problemlos, sofern ihr Wassergehalt bei 14% und niedriger liegt. Nicht nur in bäuerlichen Betrieben ist eine Bevorratung von Getreidekörnern durch eigene Ernte und Zukauf während dieser Zeit üblich, da dann die Preise am günstigsten sind. Allerdings muß man zu den Anschaffungspreisen noch Kosten für die Verzinsung des Kapitals und auch für die Lagerung selbst berücksichtigen. Bei Fremdlagerung sind etwa 0,30 DM pro 100 kg Getreidekörner und Monat zu kalkulieren; bei Einlagerung im eigenen Silo sind diese Kosten ebenfalls mit zu berücksichtigen. Wichtig ist, das Getreide reinigen zu lassen, selbst wenn man später vor der direkten Verfütterung noch einmal die Möglichkeit zur Entstaubung hat. Die Reinigungskosten betragen 2,– DM pro 100 kg Getreidekörner. Bei der Nachtrocknung von Getreide sollen 40 °C nicht überschritten werden, um die Eiweißqualität des Getreides nicht negativ zu beeinflussen.

Die Lagerung von Getreidekörnern ist in den ersten vier bis sechs Wochen nach der Ernte problematisch, wenn an Teilen des Kornes, wie z. B. in den Spelzfalten des Hafers, noch Feuchtigkeitsgehalte von mehr als 14% bestehen (s. Teil B, Kap. 1.6). Das Getreidekorn kann jedoch nicht nur durch Feuchtigkeit verderben, sondern auch durch den Befall mit tierischen Schädlingen wie z. B. Milben oder Kornkäfer, die gern in den Resten alter Partien übrigbleiben. Deshalb ist vor der neuen Ernte bzw. vor jeder neuen Beschickung die sorgfältige Reinigung des Getreidelagers, gerade auch der Silos, wichtig. Zur Dezimierung der Getreideschädlinge kann die Verwendung von Insektiziden notwendig werden.

3.5.1   Hafer

Hafer ist neben Heu das bekannteste Futtermittel für Pferde und ist auch in der modernen Pferdeernährung auf Grund hoher Verträglichkeit und Diätetik (ungesättigte

Fettsäuren und Schleimstoffe) als Einzelfuttermittel oder als Komponente innerhalb eines Mischfuttermittels nicht wegzudenken. Der Hafer verfügt über einen für das Pferd günstigen Rohfaser- und Energieanteil, wobei letzterer für das Hochleistungspferd ungenügend sein kann. Eiweißmenge und -qualität sind für alle Nutzungsgruppen ausreichend, außer für Fohlen bis zum 12. Lebensmonat, die u. a. eine Lysinergänzung benötigen, und für Fohlenstuten hinsichtlich der Menge. Das ungünstige Calcium-Phosphor-Verhältnis kann bei hohen Hafermengen nicht mehr durch das Heu ausgeglichen werden. Natrium und β-Carotin fehlen im Hafer nahezu völlig. Da die Pferde mit einem Volumenmaß und nicht mit Gewichtsmaß gefüttert werden, sollte vor Verfütterung jeder neuen Charge die Bestimmung des Litergewichtes erfolgen, um so auch ggf. die Volumendosierung zu verändern. Zum anderen dient dies auch als Qualitätskontrolle, indem z. B. über eine Küchenwaage 1 Liter Hafer (Litermaß) ausgewogen wird. Selten findet man sehr gute Qualitäten mit Litergewichten über 600 g; die guten, schweren Sorten sind zum Teil Importhafer und nach dem Importland benannt wie z. B. der Schwedenhafer. Je geringer das Litergewicht, um so geringer wird der Energiegehalt, wohingegen Rohfaseranteil (durch Spelzen) und Eiweißgehalt ansteigen. Wenn man bei schwerem Hafer mit Litergewichten von 600 g und mehr von Energiegehalten um 11,5 MJ pro kg ausgehen kann, sinkt der Energiegehalt auf 10 bis 10,5 MJ bei Hafer mit hohem Spelzenanteil und Litergewichten von 500 g und weniger. Wenn keine wesentlichen Veränderungen hinsichtlich Farbe, Querschnitt, Geruch und Verunreinigungen auftreten, ist der Qualitätsminderung durch Gaben größerer, dem Litergewicht entsprechender Volumina zu begegnen.

Nicht verfüttert werden sollte Hafer mit farblichen Veränderungen (grau, schwarz, blaß, rötlich = Beizung, blau = Denaturierung), Veränderungen im Geruch (dumpf, muffig, ranzig, sonstiger Fremdgeruch) oder starken Verunreinigungen z. B. mit Fremdgetreide, Spelzen, Unkrautsamen (Konrade), Pilzen (Mutterkorn, Brandbutten), Staub oder Insekten. Ebenso ist mit von Schimmelpilz befallenem Hafer zu verfahren; er hat grüne, graue und dunkle Körner mit grauem oder dunklem Querschnitt. Gesunder *Schwarzhafer* ist im Querschnitt hell und riecht dumpf. Guter Schwarzhafer kann ohne Risiko angewendet werden (s. Tab. 23).

Die Verfütterung von *Quetschhafer* ist für Pferde im Zahnwechsel gerechtfertigt, wobei vorrangig an den Wechsel und Aufwuchs der Backenzähne gedacht wird, der nach viereinhalb Lebensjahren abgeschlossen ist. Aber auch Pferden, die das Krippenfutter zu gierig aufnehmen, oder mit angeborenen oder erworbenen Gebißfehlern wie Zahnhaken und -spitzenbildung wird man Quetschhafer anbieten. Unter dem Begriff *Quetschen* versteht man landläufig die breite Palette vom *Anreißen* des Kornes bis zur schrotähnlichen Vermahlung. Für die Pferdefütterung genügt das kleinstmögliche Quetschen des Kornes vollauf. Unabhängig vom Zerkleinerungsgrad ist gequetschtes oder geschrotetes Getreide hinsichtlich seiner Lagerfähigkeit sehr eingeschränkt (s. Teil B, Kap. 2.2). Zu klein vermahlenes Getreide, z. B. Haferschrot, kann von den Pferden schwer aufgenommen werden, ohne angefeuchtet zu sein. Außer im Mash und für Pferde mit Problemen im Bereich der Maulhöhle, z. B. nach Unterkieferbruch, oder bei sehr alten Tieren, gibt es kaum eine begründete Einsatzmöglichkeit für Schrote in der Pferdefütterung.

Es ist eine Unsitte, Quetschhafer in geschlossenen Plastiksäcken zu transportieren, insbesondere aber zu lagern, wo es sehr schnell unter Luftabschluß zur Erwärmung und Kondenswasserbildung mit beginnenden Verderbnisvorgängen kommt. Diese Säcke sind unmittelbar nach Transport zu öffnen und bald in andere Gefäße umzufüllen, in denen es nicht zu Temperaturstauungen kommen kann.

Tab. 23: Haferbeurteilung

Voraussetzungen	Korngröße	Farbe, Spelze Querschnitt	Geruch	Geschmack	Verun- reinigung	Futter- wert	Urteil
Günstige Ernte *und* Lagerung, gute Reinigung	vollrund, über 600 g/l	Spelzenfarbe sortenbedingt: weiß, gelb, schwarz Querschnitt: hellweiß	–	mehlnuß- artig wird süßlich	Fremd- besatz bis 2%	sehr hoch	sehr gut
	500–600 g/l	dito	–	dito	dito	mittel	gut
ungünstige Ernte, gute Reinigung	unter 500 g/l	dito	–	dito	dito	mäßig	mäßig
günstige Ernte oder ungünstige Ernte, ungünstige Lagerung, ungenügende Lagerung	gleich- gültig	grüne Körner, dunkle Beläge durch Schimmelbelag, Querschnitt grau oder dunkel	dumpf, muffig- sauer, ranzig	fade, alt, bitter (Pilze)	Erde, Staub, Un- krautsamen, Mäusekot, Milben u. a.	mäßig	gesund- heitsge- fähr- dend

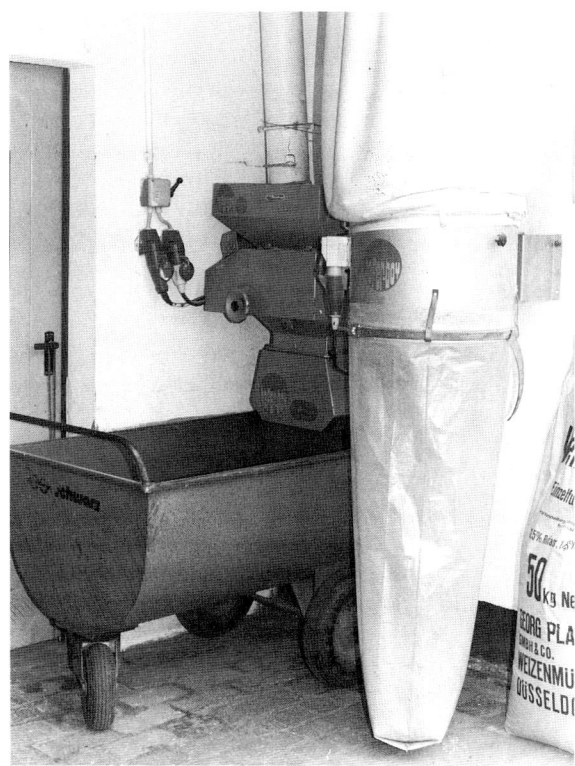

Abb. 209. Entstaubung von Hafer nach dem Quetschen.

3.5.2 Gerste

Gerste gilt im Orient als das klassische Krippenfutter für Pferde. Das Litergewicht der Gerste ist mit 660 g optimal, sinkt bei 600 g/l in einen mittleren und unter 600 g/l in einen mäßigen Qualitätsbereich. Gerste sollte grundsätzlich in gequetschter Form an Pferde verfüttert werden. Sie besitzt im Vergleich zum Hafer etwas mehr Energie und weniger Eiweiß. 0,9 kg Gerste können 1 kg Hafer ersetzen, wobei durchaus 50% des Krippenfutters aus gequetschter oder grob geschroteter Gerste bestehen können.

3.5.3 Roggen und Weizen

Roggen und Weizen sind Futtermittel, durch deren geringen Rohfaser- und hohen Kleberanteil die große Gefahr von *Verkleisterungen* im Magen gegeben ist. Deren Folgen können tödliche Magenrisse sein oder Magenschleimhautentzündungen mit nachfolgenden Hufrehen. Beide Futtermittel sollen oft für Pferde Verwendung finden, wenn sie nicht als Brotgetreide mit entsprechendem Preis verkauft werden konnten oder wenn sie als Futtergetreide mangels anderer Tierarten auf dem Betrieb nicht anders einsetzbar sind. Roggen und Weizen können zu ca. 10% als Schrot z. B. Quetschhafer untergemischt werden, wobei es oft nur schwer gelingt, Pferde an Roggen zu gewöhnen, da er bitter ist. Weizen kann bis zu 1 kg pro Tag an Großpferde verfüttert werden, aber verteilt wird diese Gesamtmenge auf drei Mahlzeiten. Im Zusammenhang mit der Roggen- oder Weizengabe sollte immer etwas gut strukturiertes Rauhfutter angeboten werden.

3.5.4 Mais

Mais in Körnerform besitzt im Vergleich zum Hafer weniger Rohfaser und Eiweiß, aber mehr Energie, so daß in dieser Hinsicht 0,8 kg Körnermais 1 kg Hafer oder im Energiegehalt dem Hafer vergleichbares Kraftfutter ersetzen. Bei Leistungspferden können bei gutem Rauhfutterangebot 30% des Krippenfutters durch den energiereichen Mais ausgetauscht werden, um bei gleichbleibender Futtermenge eine höhere Energieversorgung zu erreichen. Mit rückläufiger Arbeitsbelastung muß die Maismenge entsprechend gekürzt werden bzw. wegfallen. Mais kann – je nach Gewöhnung – in geschroteter, gebrochener, aber auch in natürlicher Körnerform angeboten werden. Letztere wird allerdings von vielen Pferden ungenügend zerkleinert, so daß grundsätzlich Mais in vorzerkleinerter Form zu empfehlen ist. Hinsichtlich der Ergänzung von Mineralstoffen und Vitaminen werden ähnliche Ergänzungen notwendig wie beim Hafer und den anderen Getreidekörnern.

3.6 Getreidenachprodukte

Die Getreidenachprodukte bestehen aus den Rückständen der Müllerei und der Brauerei. Außer den Kleien sind sie meist mehlförmig und werden – außer der Weizenkleie und der Bierhefe – in der Regel nur als Komponente einer Mischfutterrezeptur über die offene Deklaration augenfällig.

Rückstände der Müllerei und der Stärkefabrikation

Kleien entstehen bei allen Getreidekörnern, wenn vorwiegend der Mehlkörper des jeweiligen Kornes abgetrennt wird, so daß Kleien gegenüber dem Korn einen höheren

Rohfaseranteil aufweisen. Liegt der Rohfaseranteil besonders hoch, so handelt es sich jeweils um Schälkleien. Die bekannteste der Kleien ist die *Weizenkleie*. Sie wird gern aufgenommen, wird bei Verfütterung angefeuchtet, und hat in jeder Mashrezeptur ihren Stammplatz auf Grund einer leicht abführenden Wirkung. Letzteres wäre aber auch durch ein stärker melassiertes Futtermittel zu erreichen. Die Weizenkleie als Einzelfuttermittel mit dem sehr ungünstigen Calcium-Phosphor-Verhältnis muß erheblich mit Calcium aufgewertet werden. Ihr Wert als Einzelfuttermittel außerhalb der Mashgaben ist daher in Frage zu stellen.

Mash besteht aus 0,5 bis 1 kg Weizenkleie, Leinsamen und evtl. auch Haferschrot. Liegt der Leinsamenanteil unter 100 bis 150 g, muß er nicht vorher aufgekocht sein. Das Gemisch wird mit 3 bis 5 Litern kochendem Wasser überbrüht, 20 bis 50 g Viehsalz kommen hinzu und alles wird umgerührt. Der Eimer wird bis zum Verfüttern abgedeckt. Den Pferden wird Mash mit einer Temperatur von 30 bis 40 °C angeboten. Insbesondere Hochleistungspferde sind an dieses hochverdauliche und durch das Salz besonders schmackhafte Futter zu gewöhnen, um sicher zu sein, daß sie es auch in Streßsituationen aufnehmen. Der Phantasie hinsichtlich der Rezeptur von Mash sind keine Grenzen gesetzt. In dem Moment aber, wo Mash mit Traubenzucker oder Honig gesüßt wird, sollte man die Salzgabe auf ein Minimum von ca. 10 g reduzieren, um dem süßen gegenüber dem salzigen Geschmack den Vorrang zu geben.

Haferfutterflocken bestehen aus reinen Haferkeimen und sind deshalb besonders hochwertig.

Nachmehle – mit höheren Schalengehalten sind es *Futtermehle* und dann *Bollmehle* – haben gegenüber den Kleien einen wesentlich geringeren Rohfasergehalt. Sie ähneln in ihrer Zusammensetzung dem Ausgangskorn. Wenn sie in der Pferdefütterung Verwendung finden, dann fast ausschließlich in geringem Anteil in Mischfuttermitteln.

Weizengrießkleie ist ein Nebenerzeugnis der Mehlherstellung und wird dem Mischfutter beigemengt. Sie besteht überwiegend aus Schalen, im übrigen aus Kornteilen, die vom Mehlkörper nicht so weitgehend befreit sind wie bei der Weizenkleie.

Kleberfutter sind die eiweißreichen Rückstände der Stärkegewinnung aus Mais, Milocorn, Reis oder Weizen. Kleber findet auch im Mischfutter für Pferde Verwendung.

Rückstände der Brauerei

Aus der Brauerei kommen *Malzkeime, Treber* und *Hefe* als Futtermittel zurück; zur Lagerung eignen sie sich nur in getrockneter Form.

Malzkeime haben in Relation zum Ausgangsmaterial (Gerste oder Weizen) einen höheren Fett- und Eiweißanteil. Sie müssen trocken sein (unter 11% Wasser) und trocken gelagert werden, da sie sehr leicht aus der Luft und der Umgebung wieder Feuchtigkeit aufnehmen. Die hellen Malzkeime sind die besseren, die dunklen sind oft wegen mangelnder Haltbarkeit nachgetrocknet. Malzkeime sind zwar sehr schmackhaft, sollten aber nur unverdorben und ohne längere Zwischenlagerung verfüttert werden. Ungeeignet sind sie für Jung- und Zuchtpferde, da diese Gruppen bereits gegenüber leichtesten Verderbnisvorgängen empfindlich reagieren können. Die Verfütterung von Malzkeimen direkt oder über ein Mischfutter an Sportpferde ist fragwürdig, da Malzkeime Hordenin enthalten, das als Dopingmittel angesehen werden kann.

Biertreber, ein Nebenerzeugnis aus Brauereien, fällt bei der Herstellung der Würze als unlöslicher Bestandteil des Malzes an. Treber ist rohfaser- und eiweißreich, weil der Gerste der Schalenanteil und der Eiweißanteil des Mehlkörpers geblieben sind. Treber verderben naß sehr rasch, in getrockneter Form kann dieser an Großpferde in

Mengen von 0,5 bis 1 kg täglich problemlos verfüttert werden. Der Eiweißgehalt pro kg liegt doppelt so hoch wie der des Hafers, im Energiegehalt ist Treber dem Hafer jedoch um ca. 20% unterlegen. Das Calcium-Phosphor-Verhältnis liegt bei etwa 0,6:1.

Bierhefe wird fast ausschließlich in getrockneter Form gehandelt; sie ist energie- (14 MJ/kg) und eiweißreich (413 g verdauliches Rohprotein/kg). Nicht nur der Gehalt an vielen hochwertigen Vitaminen (z. B. Vit. B-Komplex), Aminosäuren (z. B. Lysin) und Spurenelementen (z. B. Eisen, Kupfer, Kobalt) ist hier hervorzuheben, sondern auch eine verbesserte Nährstoffverwertung durch die hochwertigen Wirkstoffe der Bierhefe. Calcium muß allerdings ergänzt werden, denn das Calcium-Phosphor-Verhältnis der Bierhefe liegt bei 0,15:1. Beim Pferd wirkt die Bierhefe vor allem auf die Darmflora im Dickdarmbereich; ihr Hauptnutzen liegt in einer Förderung des biologischen Gleichgewichtes der Bakterienkulturen. Mittelbar über die Darmflora oder unmittelbar über die in der Bierhefe in hohem Maß enthaltenen B-Vitamine, die verschiedenen schwefelhaltigen Stoffe und insbesondere die Nucleinsäuren wird der Bierhefe eine Sonderwirkung bei der natürlichen Regulation des Hautstoffwechsels zugeschrieben. Während der leistungsdepressiven Phase des Haarwechsels der Pferde ist eine tägliche Bierhefegabe immer zu empfehlen.

Bei Hochleistungspferden sollte Bierhefe ständig verfüttert werden, bei anderen Nutzungsgruppen wird die Verfütterung nur zeitweilig über die Dauer von vier bis acht Wochen notwendig, um den Stoffwechsel anzuregen und die Dickdarmverdauung zu optimieren. Während und nach Durchfällen, mit und nach Anwendung von Antibiotika über das Futter, Futterverweigerung, Futterumstellung, strukturarmer Fütterung, aber auch strukturreicher Fütterung (Folge: Verstopfungskoliken), Verdauungsstörungen verschiedener Ursachen und evtl. zum Abbau bestehender nervöser Störungen ist eine regelmäßige tägliche Bierhefegabe anzuraten. Weiterhin dient sie auch der Stabilisierung des Energiehaushaltes, welcher im Zuchtgeschehen eine wichtige Rolle spielt.

Der biologische Wert einer Bierhefe ist in höchstem Maße abhängig von einem schonenden Trocknungsverfahren bei niedrigen Temperaturen. Um dies zu erreichen, wird die Bierhefe häufig an einen Trägerstoff wie z. B. Treber oder Weizenkleie gebunden, der eine ausreichende Verteilung des zu trocknenden wäßrigen Gemisches zuläßt.

Bierhefe ist in einigen Ergänzungsfuttermitteln für Pferde enthalten. Sie kann an Großpferde in Mengen von 250 bis 500 g pro Tag und an Großpferdefohlen in Mengen von 100 g pro Tag verfüttert werden. Für kleinere Rassen verringert sich die Dosis entsprechend dem Körpergewicht.

3.7   Ölsamen und Ölsamenrückstände

Fetthaltige Pflanzen werden zur Gewinnung pflanzlicher Öle herangezogen. Hieraus ergeben sich Rückstände, die sich auch zur Verfütterung an Pferde eignen. Ölsamen haben einen besonders hohen, Ölsamenrückstände einen hohen Energiegehalt, bedingt durch den jeweiligen Fettanteil. Der Eiweißgehalt liegt hoch, der Mineralstoffgehalt ist dem der Getreidekörner vergleichbar. Von den Vitaminen sind die der B-Gruppe reichlich vorhanden, fettlösliche dagegen nicht.

Leinsamen ist der bekannteste Ölsamen, weil er in der Lage ist, unter Zugabe von Wasser Schleimstoffe zu bilden und freizusetzen. Von diesen erwartet man, daß sie einen Schutzfilm auf der Magen-Darmschleimhaut bilden können, durch den Magen-Darmerkrankungen verhütet oder bekämpft werden können. Dieser Effekt kann nur erreicht werden, wenn pro Mahlzeit wenigstens 100 bis 200 g Leinsamen angeboten werden, was selten der Fall ist. Leinsamen ist nur in unzerkleinerter Form lagerfähig, in geschroteter Form besteht aufgrund des hohen Fettanteiles rasch die Gefahr des Ranzigwerdens. An Großpferde können täglich etwa 100 g geschroteter Leinsamen verfüttert werden, an kleinere Pferde und Fohlen entsprechend weniger. Beabsichtigt man, größere Mengen täglich zu verfüttern, muß Leinsamen etwa 10 Minuten aufgekocht werden, um ein Enzym zu zerstören, welches sonst die im Leinsamen enthaltene und an einen Komplex gebundene Blausäure freisetzen würde. Leinsamen, der aufgekocht wird, muß nicht geschroten oder gequetscht sein. Unaufgekochter Leinsamen in den angegebenen eingeschränkten Mengen ist immer trocken zu verfüttern, weil so nicht mit einem Freisetzen der Blausäure im Darm zu rechnen ist. Bei Mash darf nur aufgekochter Leinsamen Verwendung finden. Auch bei der trockenen Verfütterung bilden sich die Schleimstoffe des Leinsamens, weil jetzt das Wasser im Darm zur Quellung und Schleimbildung herangezogen wird. Der hohe Fettanteil mit einem günstigen Anteil ungesättigter Fettsäuren bewirkt bei mit Leinsamen gefütterten Pferden ein glänzendes Fell.

Leinextraktionsschrot, Leinkuchen oder *-Expeller* sind Nebenerzeugnisse der Ölgewinnung, die Mischfuttermitteln für Pferde beigemengt werden.

Das gleiche gilt für *Sonnenblumenextraktionsschrot* und *Sonnenblumenkuchen* oder *-Expeller,* die allerdings rohfaserreicher und energieärmer sind. Die genannten Nebenerzeugnisse haben einen hohen Eiweißanteil bei einer sehr guten Eiweißqualität (Lysingehalt). Weiterhin besteht eine diätische Wirkung wie beim Leinsamen. Diese Nebenerzeugnisse der Ölgewinnung sind oft Ergänzungsfuttermitteln für Fohlen (Fohlenstarter) und Ergänzungsfuttermitteln für Zuchtpferde in Größenordnungen von 5 bis 15% zugemischt. Separat verfüttert könnte man pro Tag bei trockener Verfütterung Mengen von 300 g an Jungpferde und 500 bis 700 g an ältere Pferde füttern.

Sojabohnenextraktionsschrot (Sojaschrot) bietet sich aufgrund seines hohen Anteiles verdaulichen Rohproteins (42%) und seines Gehaltes wichtiger Aminosäuren (Lysin) besonders zur Eiweißergänzung von Rationen für Absatzfohlen und Fohlenstuten an. Während die Nachteile hinsichtlich des Gehaltes an Mineralstoffen und Vitaminen denen von Getreidekörnern ähneln, liegt der Energiegehalt wesentlich höher.

3.8   Sonstige Einzelfuttermittel

Apfeltrester als Abfälle der Obstverarbeitung können in getrockneter Form in geringem Maße Mischfuttermitteln zugemischt werden. Sie sind rohfaserreich, mäßig im Energiegehalt und eiweißarm, haben jedoch ein günstiges Calcium-Phosphor-Verhältnis.

Ackerbohnenschrot und *Erbsenschrot* fallen manchmal in landwirtschaftlichen Betrieben an und werden dann auch an Pferde verfüttert. Diese Schrote sind im Energiegehalt mit dem Mais bzw. der Gerste vergleichbar, haben aber einen hohen Eiweißgehalt bei geringer biologischer Wertigkeit, weshalb sie sich für die Verfütterung an Jungpferde und evtl. auch Fohlenstuten zur Eiweißergänzung nicht eignen. Für die anderen Nutzungsgruppen bringen sie einen unerwünschten Eiweißüberhang in die Ration. Mehr als 0,5 bis 1 kg täglich sollte an Großpferde nicht verfüttert werden.

Die *Platterbse* enthält einen Inhaltsstoff, der über eine Nervenschädigung Kehlkopfpfeifen beim Pferd verursachen kann, weswegen sich die Verfütterung an Pferde verbietet.

Magermilch ist in getrockneter Form als Pulver im Handel oder aber in Mischfutter-mitteln wie z. B. dem Ergänzungsfuttermittel für Fohlen enthalten. Die Nährstoffzu-sammensetzung gleicht der Vollmilch, abzüglich Fett und fettlöslicher Vitamine. Der Eiweißgehalt ist hoch und von ausgezeichneter Qualität (Lysin). Magermilchpulver bietet sich in der Ergänzung an für Fohlen, deren Mütter nicht genügend Milch liefern, aber insbesondere nach dem Absetzen. Man kann das Magermilchpulver mit etwas stärker gequetschtem Hafer vermischen und je nach Bedarf 100 bis 300 g an Fohlen verfüttern. In Stutenmilchersatzpräparaten ist u. a. auch Magermilchpulver enthalten. Separat verfüttertes Magermilchpulver sollte immer mit Calcium und Vitaminen er-gänzt werden. Die Tröge der Fohlen verschmieren leicht bei dieser Fütterung, so daß sie häufiger gereinigt werden müssen. Stuten, die nach der Geburt wenig Milch produ-zieren, bei denen die Ursache aber nicht in einer Euter- oder Gebärmutterentzündung zu suchen ist, reagieren häufig mit einer Steigerung der Milchleistung, wenn man der Ration 0,5 kg Magermilchpulver pro Tag (Großpferd) zufügt. Stuten, von denen be-kannt ist, daß sie in dieser Hinsicht Probleme haben, sollten zwei bis drei Wochen vor der zu erwartenden Geburt bereits 100 bis 200 g Magermilchpulver erhalten.

Pflanzenöle haben pro kg einen etwa dreifach höheren Energiegehalt als der Hafer. Sie sind in Mengen von 200 bis 300 g täglich einzusetzen für Hochleistungspferde, die weitere Energie benötigen, deren Trockensubstanzaufnahmekapazität aber keine wei-tere Steigerung der Ration mehr zuläßt. Das Öl wird bei jeder Mahlzeit unter das Krippenfutter gemischt. Pferde ohne stärkste Arbeitsbelastung sollten kein Pflanzenöl erhalten, außer evtl. eine Tasse täglich bei Fell- und Hautproblemen.

3.9   Mineralische Einzelfuttermittel

Kohlensaurer Futterkalk enthält 38% Calcium. Bei einem großen Teil der hier aufge-führten Einzelfuttermittel fehlt es jeweils an Calcium; das Calcium-Phosphor-Verhält-nis liegt häufig unter 1:1. Durch etwa 15 g kohlensauren Futterkalk pro kg Einzelfut-termittel kann das in Getreidekörnern enge Calcium-Phosphor-Verhältnis aufgewertet werden. Da der Kalk leicht, staubig und geschmacklos ist, muß er in gequetschte Körner oder Schrote eingearbeitet werden. Kalk ist eingemischt in Ergänzungsfutter-mittel, insbesondere Mineralfuttermittel für Pferde und Leckschalen.

Viehsalz enthält 37% Natrium. Die Natriumversorgung ist selten über Einzel- oder auch Mischfuttermittel abgesichert, da der Bedarf stark abhängig ist von Natriumver-lusten über Schweiß oder Milch. Natrium, über den Bedarf hinaus angeboten, würde zu vermehrter Wasseraufnahme und dünnbreiigem Kot bis hin zu Durchfällen führen. Kleinere Natriummengen lassen sich über Lecksteine oder -schalen ergänzen. Viehsalz können Fohlenstuten in Mengen von 10 bis 30 g pro Tag und Leistungspferde nach starkem Schweißverlust im Extremfall von 30 bis 60 g pro Tag erhalten. Es empfiehlt sich, kleinere Lecksteine ganz, größere halbiert in die Krippe zu legen, da auf diese Weise die Pferde bei jeder Futteraufnahme aus der Krippe die Steine mit Speichel feucht und sauber halten. Nur so bleiben sie für die Pferde attraktiv und werden benutzt. Diese Empfehlung gilt nicht, wenn die Tränke in unmittelbarer Nähe der Krippe liegt, da dann die Gefahr besteht, daß der in der Krippe liegende Stein eine Salzlake bildet. Für neue Steine wie auch für ältere, die insgesamt oder nur von einer Seite länger nicht benutzt wurden, wird die Attraktivität und somit die Akzeptanz erhöht, wenn man sie an der neu zu benutzenden Stelle säubert und anfeuchtet.

Keinesfalls dürfen Saugfohlen Lecksteine erreichen können und Viehsalz aufnehmen, da sie sehr rasch mit heftigen Durchfällen reagieren. Bei Jungpferden kann es ebenfalls Probleme mit Lecksteinen geben, wenn sie freien Zugang zur Selbsttränke haben. In diesem Fall wird trotz des geringen Natriumbedarfs der Jungpferde mehr Salz geleckt und der provozierte Durst an der Tränke gestillt. Hierdurch lernen Jungpferde das Spielen mit der Selbsttränke, was nur schwer wieder abzugewöhnen ist. Außerdem treten durch die höhere Salzaufnahme Durchfälle auf.

Pferden, die keinen Leckstein kennen und sich wahrscheinlich im Natriummangel befinden, sollte man zunächst den Leckstein nur stundenweise überlassen. Es kann sonst passieren, daß innerhalb weniger Tage mehrere 100 g Salz aufgenommen werden, was bei den Pferden zu Durchfällen und starken Gewichtsverlusten führt.

3.10   Mischfuttermittel

Die Mischfutterindustrie hat hinsichtlich ihres Absatzes von Pferdefutter von Jahr zu Jahr erhebliche Steigerungen zu melden. Es wird eine große, für den Verbraucher fast unübersehbare Produktpalette angeboten. Die einst etwas kontroverse Diskussion um das pelletierte sog. *Alleinfutter* ist verebbt, da eine sachgemäße Verbraucheraufklärung stärker Fuß gefaßt hat. Zu der positiven Entwicklung auf dem Pferdemischfuttersektor dürften der Abbau von Vorurteilen und eine gleichbleibend gute Qualität der Fertigfuttermittel beigetragen haben, weshalb bei sachgerechter und kontinuierlicher Anwendung schließlich auch das Vertrauen der Pferdehalter wuchs. Die Mischfuttermittel sind hinsichtlich ihrer Hauptnährstoffe an eine in der Typenliste für Mischfuttermittel angegebene Zusammensetzung und Kennzeichnung gebunden. Weiterhin wird häufig durch die Firmen Informationsmaterial ausgegeben, das wertvolle Hinweise für die Anwendung bringen kann.

Ergänzungsfuttermittel werden brikettiert, pelletiert und unpelletiert hergestellt. Unpelletierte Erzeugnisse müssen staubfrei und von möglichst grober Zusammensetzung sein. Mit einem höheren Melasseanteil (bis 25%) werden sie vorzugsweise für Pferde eingesetzt, bei denen man die Futteraufnahme verbessern möchte. Pellets werden in Korngrößen bis 12 mm angeboten. Für Ponys, Kleinpferde und Fohlen wird man kaum Größen über 6 mm auswählen, da es diesen Pferden wegen der Größenverhältnisse in der Maulhöhle schwerfallen dürfte, größere Pellets zügig in den Mahlmechanismus der Backenzähne einzuschieben. Für Großpferde besteht die Qual der Wahl zwischen verschiedenen Pelletgrößen von Ergänzungsfuttermitteln mit ähnlicher Zusammensetzung der Nährstoffe. Die Futteraufnahmezeit pro kg ist bei den verschiedenen Korngrößen nahezu identisch. Kleinere Korngrößen können härter gepreßt sein, so daß daraus eine stärkere Mahlarbeit resultieren würde. Nachfolgend sollen die einzelnen Mischfuttertypen hinsichtlich der Bezeichnung und Hauptanwendung aufgeführt werden. Unter Bezeichnung *(Deklaration)* versteht man die Erläuterung der Zusammensetzung des jeweiligen Mischfutters. Es ist zwischen der *offenen* und *geschlossenen* Deklaration zu unterscheiden. Die offene Deklaration gibt im einzelnen an, aus welchen Komponenten sich das Mischfutter prozentual zusammensetzt, bei der geschlossenen Deklaration muß hier keine Angabe gemacht werden.

Seit Juni 1988 wird *halb offen* deklariert. Danach sind die zugemischten Einzelfuttermittel in absteigender Reihenfolge ihrer Gewichtsanteile anzugeben; d. h., die Komponente mit dem höchsten Anteil steht oben in der Skala auf dem Sackanhänger oder dem Begleitpapier und die Komponente mit dem geringsten Anteil ganz unten. Allerdings darf der Hersteller freiwillig auch weiterhin offen deklarieren.

In einer Typenliste (Futtermittelrecht) sind Beschreibungen bzw. Bezeichnungen von Einzel- und Mischfuttermitteln aufgeführt sowie ggf. Anforderungen an dieselben. Weiterhin wird dort der Normtyp von Futtermitteln definiert durch Angabe des prozentualen Hundertsatzes aufgeführter Inhaltsstoffe (z.B. Rohprotein, Calcium, Phosphor) oder durch die Dosis bestimmter Zusatzstoffe pro kg (z.B. Vit. A, D, E). Auch sind hier die je Futtermittel zu deklarierenden Inhaltsstoffe (z.B. Rohprotein, Rohfett, Rohfaser, Rohasche, Calcium, Phosphor) zu finden.

Sämtliche vorgeschriebenen Angaben stehen auf der Vorderseite des Sackanhängers, der an jedem Mischfuttersack angebracht sein muß. Zusätzliche Angaben des Herstellers über weitere Zusatzstoffe, Hinweise für die Verwendung usw. stehen auf der Rückseite des Sackanhängers. Die Aufschriften der Sackanhänger sind folgendermaßen zu gliedern.
Beispiel:

1. Handelsname:	Schwarzgold Pferdesuper
2. Typ:	Ergänzungsfutter für Pferde
3. Inhaltsstoffe in %:	Rohprotein, Rohfaser, Rohasche, Rohfett, Calcium, Phosphor.
4. Zusatzstoffe in kg:	Vit.A, Vit.D, Vit.E
5. Weitere Hinweise:	Gehaltsgarantie für Vitamine, Herstellungsmonat, Gewichtsangabe
6. Adresse Herstellerwerk	

Neben der Beachtung von Typ und Gehalt an Inhaltsstoffen ist der Herstellungsmonat von Bedeutung, weniger die Gehaltsgarantie für die Vitamine. Da man nicht in jedem Fall beim Käufer – wie auch beim Verkäufer – von einer optimalen und sachgerechten Lagerung (z.B. auf isolierender Grundlage in trockenen Räumen) ausgehen kann, sollte das Mischfutter noch vor Ablauf der Gehaltsgarantie für die Vitamine verfüttert werden.

Die Angaben auf der Rückseite des Sackanhängers oder Prospektmaterials sind vor Kauf und Anwendung gründlich durchzulesen, um weitere, allgemein verständliche Informationen zu erhalten.

Beispiel für eine geschlossene Deklaration:
Ergänzungsfutter für Pferde, Normtyp

Gehalt an Inhaltsstoffen:

Rohprotein	12,00%
Rohfett	3,00%
Rohfaser	10,00%
Rohasche	7,00%
Calcium	1,10%
Phosphor	0,45%
Ca/P-Verhältnis	2,4:1

Zusatzstoffe je kg Hochleistungsfutter für Pferde:
32000 IE Vitamin A
4000 IE Vitamin D_3
70 mg Vitamin E
Gehaltsgarantie für Vitamine bis 3 Monate nach Herstellung.
Herstellungsmonat: siehe Stempel.
Bei gesackter Auslieferung Nettogewicht 50 kg.

Beispiel für eine offene Deklaration

Zusammensetzung: 32% Hafer
8% Gerste
10% Mais
10% Grünmehl
8% Trockenschnitzel, melassiert
2% Calciumcarbonat
0,6% Natriumchlorid
0,3% Spurenelementvormischung
0,3% Vitaminvormischung.

Wird Mischfutter lose in Silofahrzeugen angeliefert, ist die Sendung jeweils verplombt. An der Plombe ist i. d. R. ein Sackanhänger des gelieferten Futters befestigt. Für den Fall von Reklamationen sollte eine Warenprobe des gelieferten Futters bei der Verkaufsfirma liegen. Nur so kann später, wenn das Futter auf Grund z. B. einer Pilz- oder Milbeninfektion reklamiert wird, auch geklärt werden, ob diese Infektion bereits bei Lieferung bestand oder – wie in den meisten Fällen – im Silo des Käufers stattfand. Eine Kontrolle von Sackanhänger und Futter durch den Käufer ist bei lose angeliefertem Futter zu empfehlen.

Mischfutter, das warm in Silos geblasen wurde, muß erst erkalten, bevor es verfüttert wird, da sonst bei einzelnen Pferden Koliken auftreten können. Je nach Rezeptur, Temperatur und Matrizenbeschaffenheit sowie anderen Faktoren können Pellets unterschiedlich in ihrer Härte sein. Es kann im Extremfall Chargen mit sehr hohem Abrieb und Chargen, die nahezu verbrannt aussehen, geben. Durch die Lagerung im Silo und trotz geringen Feuchtigkeitseinflusses kann es weiter Neigung zum Abrieb beim jeweiligen Ablassen aus dem Silo geben, so daß es auch durch Pellets während der Befüllung des Futterwagens und beim Füttern selbst zu einer Staubentwicklung kommen kann. Dieser wiederum kann man begegnen, wenn Pellets während des Ablassens aus dem Silo entstaubt werden.

Mischfuttertypen
A. Ergänzungsfuttermittel für Pferde

Inhaltsstoffe in %	a) Calcium:	mind. 0,6%
	Phosphor:	max. 0,6%
	Ca/P-Verhältnis:	1,5–3:1
Zusatzstoffe je kg:	b) Vit.A: mind. 15000 IE	
	Vit.D: mind. 1500 IE	
	Vit.E: mind. 50 mg	
anzugebende Inhaltsstoffe:	Rohprotein, Rohfett, Rohfaser,	
	Rohasche, Calcium, Phosphor.	

Durch die über den Normtyp gegebene breite Variationsmöglichkeit hinsichtlich der Energie-, Eiweiß- und Rohfasergehalte kann man zum besseren Verständnis des Verbrauchers dieses Ergänzungsfuttermittel in drei Typen aufteilen; beim Typ 3, dem Alleinfuttermittel, ist eine Aufteilung nach Konfektionierungsart sinnvoll.

Typ 1 enthält bis 12,5% Rohprotein und bis 12,5% Rohfaser. Bei mittlerem Energiegehalt hat dieser Typ eine ähnliche Zusammensetzung wie der Hafer, jedoch eine Aufwertung an Mineralstoffen, Spurenelementen und Vitaminen erfahren. Als Ergänzung der Rauhfutter- und Einzelfuttermittel sollten mindestens 20 bis 50% des

Krippenfutters durch dieses Mischfutter in der Heu-/Kraftfutterration ersetzt werden. Es besteht aber auch die Möglichkeit, die Gesamtkraftfuttermenge durch dieses Ergänzungsfuttermittel zu bestreiten, so daß es einen Haferersatz darstellt. Bei angegebenen höheren Energiegehalten kann dieser Typ auch als ausgesprochenes *Leistungsfutter* gelten, das bei einem Energiegehalt von wenigstens 12,5 MJ/kg ca. ⅓ des Krippenfutters ausmachen kann. Bei geringerer Arbeitsbeanspruchung der Pferde muß ein derartiges Futtermittel sofort zurückgenommen werden, um nicht Kreuzverschlag (Teil E, Kap. 7.1.1) zu provozieren.

Typ 2 mit über 12,5% Rohprotein ist durch seinen höheren Rohproteinanteil bei unterschiedlichem Rohfaseranteil geeignet, bei Nutzungsgruppen mit erhöhtem Eiweißbedarf einen Teil der Kraftfutterration (30 bis 50%) zu ersetzen. Dies trifft zu für Fohlen bis zum 18. Lebensmonat und Pferde, die zu Beginn des Trainings Muskelmasse aufbauen, in geringem Maße für Hengste während der Decksaison sowie für Stuten im letzten Trächtigkeitsmonat. Besonders notwendig wird jedoch eine Eiweißergänzung während der Säugeperiode. Weiterhin kann allgemein der Einsatz eines Mischfutters notwendig werden, wenn z. B. das Heu sehr nährstoffarm (sperrig), ausgelaugt oder überlagert ist.

Typ 3 enthält bis 12,5% Rohprotein und über 15% Rohfaser. Dieses Mischfuttermittel ist als *Alleinfuttermittel* im Handel. Durch den niedrigen Energie- und Eiweißgehalt ist es besonders für Ponys und Kleinpferde geeignet, um das gesamte oder einen Teil des Krippenfutters auszumachen.

Die Futtermittelindustrie ist mit der Produktion des Alleinfutters für Pferde einer Forderung der Pferdehalter nachgekommen, denn mit der Verlagerung vorwiegend der Hobby- und Sportpferdehaltung aus dem bäuerlichen Betrieb ergaben sich neue Wünsche. Man möchte nicht mehr Rationen kalkulieren, Heu oder Hafer bei Zukauf auf Qualität überprüfen müssen, sondern sucht Möglichkeiten der Vereinfachung hinsichtlich des Futtertransportes, der Lagerung und der Zuteilung (z. B. automatische Fütterung). Weitere Gesichtspunkte, die gegen das Heu in der Pferdefütterung sprechen, sind die witterungsbedingten Risiken bei der Heuwerbung, der benötigte Heulagerraum und vor allem das vermehrte Auftreten allergisch bedingter Atemwegserkrankungen der Pferde durch Pollen und Schimmelpilze und durch Staubbildung beim Aufschütteln und Zuteilen des Heues.

Die auf dem Markt befindlichen Alleinfuttermittel für Pferde unterscheiden sich weniger im Nährstoffgehalt als in der Konfektionierung: Sie werden in Form von Pellets oder Briketts angeboten. Pelletiertes Alleinfutter hat seit Jahren eine ständig zunehmende Verbreitung erfahren, während Alleinfutter in Form von Briketts in Deutschland noch nicht sehr lange hergestellt wird. Für Briketts sind innerhalb eines Mischfutterbetriebes aufwendige und z. T. nur für dieses System verwendbare Anlagen notwendig.

Die tägliche *Futteraufnahmezeit* beim Großpferd im Erhaltungsstoffwechsel beträgt bei der Heu-Hafer-Fütterung oder Heu-Pellet-Fütterung ca. 200 Minuten, bei Alleinfutter in Form von Briketts ca. 120 Minuten, und bei pelletiertem Alleinfutter ca. 60 Minuten. Die durch die Strukturierung der Rohfaser bedingten Unterschiede in der täglichen Futteraufnahmezeit der verschiedenen Rationssysteme sind besonders im Erhaltungsstoffwechsel und bei geringer Arbeitsleistung sehr erheblich. Bei höherem Energiebedarf kommt es bei der Heu- Kraftfutterration zu einer Erhöhung der Kraftfutterdosierung, die hinsichtlich der Futteraufnahmezeit gleichzusetzen ist mit dem pelletierten Alleinfutter. Die anzustrebende Futteraufnahmezeit von zweieinhalb Stunden (s. Kap. 1.1) wird immer erreicht mit der Heu- Kraftfutterration, ab leichter

Arbeitsbelastung mit der Alleinfutter-Ration in Form von Briketts und nur bei schwerer Arbeitsbelastung mit pelletiertem Alleinfutter.

Aus dem Strukturverlust des Rauhfutters resultiert eine kürzere Passagezeit durch den Magen-Darmkanal. Im strengen Sinn des Wortes dürfte besonders das pelletierte Mischfutter den Namen „Alleinfutter" nicht tragen, da es ohne die Ergänzung mit Futterstroh oder Heu nur selten eingesetzt werden darf. Das Wort „Alleinfutter" kann hier nur bedeuten, daß der Pferdehalter den Bedarf einiger Nutzungsgruppen an allen Nähr- und Wirkstoffen (außer Natrium) mit einem einzigen Mischfutter erfüllen kann.

In der Praxis findet das Alleinfuttersystem bei Fohlen, Jungpferden und Mutterstuten kaum Verwendung, so daß deren erhöhter Eiweißbedarf unberücksichtigt bleiben kann; Alleinfuttermittel sind zu kalkulieren mit durchschnittlichen verdaulichen Energiegehalten von etwa 10,5 MJ und einem verdaulichen Eiweißgehalt von 60 bis 100 g pro kg ursprünglicher Substanz. Hinsichtlich der Mineralstoff-, Spurenelement- und Vitaminversorgung kann man bei Alleinfuttermitteln i. d. R. von einer Optimierung der Versorgung ausgehen. Lediglich Natrium muß – entsprechend den Verlusten über die Schweißproduktion – ergänzt werden.

Der regelmäßig vorhandene Eiweißüberhang ist tolerierbar. Bei Verwendung der Alleinfuttersysteme sind alle Grundregeln der Pferdefütterung ganz besonders zu beachten. Die Trinkwasserversorgung muß ständig über Selbsttränken gewährleistet sein. Nur in Ausnahmefällen ist tränken per Hand vor der Futterzuteilung beim Alleinfuttersystem zu akzeptieren.

Vergleicht man die beiden hinsichtlich ihrer Konfektionierung unterschiedlichen Alleinfuttermittel, so gibt es hier jeweils Vor- und Nachteile.

Das *Alleinfutter für Pferde in pelletierter Form* – gleich welcher Pelletdurchmesser gewählt wird – läßt sich in Silos blasen und kann auch über automatische Fütterungsanlagen zugeteilt werden. Da die Rauhfutterkomponente bereits zerkleinert ist, wird zur Deckung des Strukturbedarfes Stroh aufgenommen; eine Menge von 0,5 bis 1 kg pro 100 kg Körpergewicht muß zur Verfügung stehen. Probleme entstehen, wenn die tägliche Menge mehr als ca. 1 kg pro 100 kg Körpergewicht beträgt. Für die Kopfdarmverdauung und die Beschäftigung des Pferdes wäre dies sicherlich zu begrüßen, dafür treten jedoch andere Probleme auf. Neben einer Erhöhung des sog. *toten Gewichtes* (Gewicht des Inhaltes des Magen-Darmkanales) ist durch eine überhöhte Rohfaserversorgung – der Rohfaserbedarf ist durch die zerkleinerte Rauhfutterkomponente im Alleinfutter bereits gedeckt – an eine Herabsetzung der Verdaulichkeit anderer Nährstoffe zu denken. Eine Depression der Leistungsfähigkeit könnte die Folge sein. Weiterhin ist die Gefahr einer Erhöhung der Frequenz von Obstipationskoliken (Verstopfungskolik, s. Tab. 34) innerhalb eines Betriebes vergrößert. Hier läßt sich fütterungstechnisch vorbeugen, indem pelletiertes Alleinfutter grundsätzlich in mindestens drei Mahlzeiten und Futterstroh in zwei Mahlzeiten zuzuteilen ist. Pferde, die dennoch anfällig gegenüber einer zu hohen Strohaufnahme bleiben, sollen täglich eine Minimalmenge von 2 kg Heu oder ca. 250 g Bierhefe erhalten, um den mikrobiellen Abbau der Rohfaserüberversorgung im Dickdarm zu fördern.

Pferde, die beim Einsatz von pelletiertem Alleinfutter kein Stroh angeboten bekommen oder Stroh wegen Gebißschwierigkeiten nicht aufnehmen, können dünnbreiigen Kot, Leistungsschwäche und Untugenden aufweisen. Auch hier wird eine Heugabe von mindestens 2 kg täglich empfohlen.

Das *Alleinfutter für Pferde in Form von Briketts* enthält die Rauhfutterkomponente als Häcksel, der möglichst bis zum Verzehr in seiner Struktur erhalten bleiben muß.

Daher lassen sich die Briketts nur als Sackware oder in Kartons transportieren. Hinsichtlich einer verlängerten Futteraufnahmezeit dürfte bei entsprechender Länge der Häckselkomponenten gegenüber dem pelletierten Alleinfutter ein Fortschritt zum echten, pferdegerechten Alleinfutter erreicht sein. Eine überhöhte Futterstrohaufnahme und die damit verbundenen Risiken sind nicht zu erwarten.

Als Nachteile sind anzuführen, daß die Häckselkomponente mit ca. 30 mm Länge die Pferdekrippe erreichen sollte, um ihre Funktion als Struktur zu erfüllen. Die Briketts müssen so gepreßt sein, daß sie mit nur geringen Strukturverlusten den Transport bis zur Krippe überstehen und dort erst durch das Hin- und Herschieben in Häcksel und Mischfutter zerfallen. Das Vermischen von strukturierter Rohfaser in Form von Häcksel mit den Mischfutterkomponenten gestaltet sich technologisch erheblich schwieriger als bei vermahlener Rohfaser, die beim pelletierten Alleinfutter verwendet wird.

B: Ergänzungsfuttermittel für hochtragende und laktierende Stuten
Anforderungen an den Normtyp:

Inhaltsstoffe in %:	a) Rohprotein	mind. 15%
	Calcium	mind. 0,8%
	Phosphor	max. 0,6%
	Ca/P-Verhältnis	1,5–3:1
Zusatzstoffe je kg:	b) Vit. A	mind. 16 000 IE
	Vit. D	mind. 2 000 IE
	Vit. E	mind. 75 mg
anzugebende Inhaltsstoffe:	Rohprotein, Rohfett, Rohfaser, Rohasche, Calcium, Phosphor	

Dieses Mischfutter ist besonders mit Eiweiß, aber auch mit Mineralstoffen, Spurenelementen und Vitaminen angereichert. Durch den sehr hohen Eiweißanteil kann es bis zu 50% der Kraftfutterration von säugenden Stuten darstellen. Für andere Zuchtpferde, wie tragende Stuten oder Deckhengste, wird ein derartig hoher Eiweißanteil nur in Ausnahmefällen benötigt (s. Tab. 30); der Bedarf nach noch höheren Dosierungen ist auch bei säugenden Stuten selten.

C: Ergänzungsfuttermittel für Fohlen (Fohlenstarter)
Anforderungen an den Normtyp:

Inhaltsstoffe in %:	a) Rohprotein	mind. 15%
	Rohfaser	max. 10%
	Calcium	mind. 1,2%
	Phosphor	max. 1,0%
	Ca/P-Verhältnis	1,5–3:1
Zusatzstoffe je kg:	b) Vit. A	mind. 20 000 IE
	Vit. D	mind. 2 500 IE
	Vit. E	mind. 100 mg
anzugebende Inhaltsstoffe:	Rohprotein, Rohfett, Rohfaser, Rohasche, Calcium, Phosphor	

In diesem Ergänzungsfutter ist die Aminosäurequalität besonders hervorzuheben, da der Eiweißträger mit hoher biologischer Wertigkeit von den Fohlen mindestens bis zum 12. Lebensmonat benötigt wird. Nach dem Absetzen kann ein derartiges Mischfutter mit hohem Milchpulveranteil zu konzentriert sein, so daß es mit Quetschhafer verschnitten wird. Ergänzungsfuttermittel für Fohlen mit niedrigem Eiweißgehalt (15%) können als alleiniges Krippenfutter zum Heu eingesetzt werden.

D: Mineralfuttermittel für Pferde
Anforderungen an den Normtyp:

Inhaltsstoffe in %:	a) Calcium	mind. 12%
	Phosphor	4–8%
	Natrium	mind. 6%
Zusatzstoffe je kg:	b) Eisen	mind. 500 mg
	Vit. A	mind. 300 000 IE
	Vit. D	mind. 37 500 IE
	Vit. E	mind. 1 500 mg
anzugebende Inhaltsstoffe:	Calcium, Phosphor, Natrium	
Hinweis für sachgerechte Anwendung:	Täglich bis 200 g je Tier verfüttern.	

Mineralfutter für Pferde kann in allen Bereichen als Aufwertung der Mineralstoff-, Spurenelement- und Vitaminversorgung eingesetzt werden. Es soll in unpelletierter, pelletierter, perlierter oder brikettierter Form den Pferden regelmäßig angeboten werden, sowohl während der Stall- wie auch der Weideperiode. Eine zusätzliche Natriumversorgung durch Lecksteine wird insbesondere für Pferde mit Schweißverlusten über die Mineralfuttergabe hinaus noch notwendig.

Machen Ergänzungsfuttermittel 50% und mehr des Krippenfutters aus, wird die Gabe von Mineralstoffen meistens nicht mehr notwendig sein. Besonders wichtig ist die regelmäßige tägliche Anwendung von einem Mineralfuttermittel für Pferde, wenn Einzelfuttermittel, etwa Hafer, Gerste, Mais, Sojaschrot oder Maissilage, gegeben werden. Bei der Auswahl eines Mineralfuttermittels für Pferde ist besonders auf eine gute Schmackhaftigkeit und ein Calcium-Phosphor-Verhältnis von mindestens 4:1 zu achten. Mineralfutter für andere Tierarten dürfen nicht an Pferde verfüttert werden!

Wünschenswert wäre im Bereich der Mischfuttermittel eine freiwillige Energieangabe pro kg ursprünglicher Substanz, ausgedrückt in MJ, wodurch die Einordnung der Mischfuttermittel und der Preisvergleich erleichtert würden.

4   Praktische Rationsgestaltung

Für die praktische Rationsgestaltung sind unzählige Variationsmöglichkeiten denkbar, so daß zunächst einige Grundvoraussetzungen vorangestellt werden müssen. Die Rationsgestaltung wird sich im wesentlichen nach dem Standort des Betriebes richten, wobei z. B. im ländlich-bäuerlichen Bereich Heu, Silagen, Rüben, Hafer, Gerste oder andere wirtschaftseigene Futtermittel für eine Ration bevorzugt Verwendung finden. Des weiteren spielt der Nährstoffbedarf der jeweiligen Nutzungsgruppe eine große Rolle. Bei der Zusammenstellung einer Futterration für Pferde sollten vier Kriterien gelten:

1. Die *Gesundheit* des Pferdes darf durch die Futterration nicht gefährdet werden.
   Die Gründe für eine Gefährdung der Gesundheit können sehr vielfältig sein. Es sollten auch Risiken durch Fehler in der Fütterungs- und Tränketechnik mit einbezogen werden. Folgende Punkte wären hier zu beachten:

- Meiden von Giftpflanzen, verunreinigtem Wasser sowie Futter, welches mit Tierkadavern (z. B. Ratten, Katzen) in Berührung gekommen ist
- Meiden von verdorbenen Futtermitteln, bei Leistungspferden, Fohlenstuten und Fohlen auch Meiden von Futtermitteln minderer Qualität; notwendig ist Kenntnis der Futtermittelbeurteilung
- Kenntnis über Risiken, die von Einzelfuttermitteln ausgehen können (z. B. Trockenschnitzel uneingeweicht: Schlundverstopfungen; Weizen in größeren Mengen: Verkleisterungen im Magen, Magenriß); aus einer einseitigen Zusammensetzung oder dem Gehalt von Inhaltsstoffen bestimmter Futtermittel resultieren Empfehlungen für die einzusetzenden Höchstmengen (s. Tab. 16, Kap. 3)
- Berücksichtigung des speziellen Bedürfnisses der Pferde hinsichtlich einer strukturierten Rohfaserversorgung; Kenntnis über Risiken, die durch Fehler in der Lagerung der Futtermittel sowie der Fütterungs- und Tränketechnik entstehen können.

2. Die *Akzeptanz* durch das Pferd muß gegeben sein, d. h. die in der Futterration aufgeführten Futtermittel müssen vom Pferd auch aufgenommen werden. Die Zuteilung muß so erfolgen, daß die Futtermittel entsprechend kontinuierlich aufgenommen werden, das Pferd sich also nicht von der vollen Krippe abwendet. Einzelne Futtermittel wie z. B. Futterkalk werden weniger gern aufgenommen, andere, z. B. Melasse, vorgezogen. Bei einigen Produkten, wie etwa den Mineralstoffen, kann man zunächst eine gewisse Eingewöhnungsphase tolerieren.

Das Futter muß von der Struktur her pferdegerecht sein, also nicht zu stark vermahlen und ohne größeren Staubanteil. Weiterhin muß die Ration von der angebotenen Gesamtfuttertrockenmasse her aufnehmbar sein. In % des Körpergewichtes werden bei Warmblutpferden folgende Mengen an Futtertrockensubstanz aufgenommen (nach DLG Futterwerttabellen für Pferde 1984):

1,9% bei Absatzfohlen; 1,8% bei Jährlingen; 1,5% bei Zweijährigen; 1,4% bei erwachsenen Pferden mit leichter Arbeit sowie bei tragenden Stuten; 1,6% bei mittlerer Arbeit, 1,8% bei schwerer Arbeit und 2,2% bei Fohlenstuten.

3. Dem *Nährstoffbedarf* des Tieres muß durch den Nährstoffgehalt der vom Pferd aufgenommenen Futtermittel Rechnung getragen werden.

4. Es kann eine *Kostenkalkulation* durchgeführt werden, wobei die Ration mit anderen Varianten im Vergleich kalkuliert wird. Ein Faktor hierbei ist der Preis für die verdauliche Energie eines Futtermittels (Tab. 24).

In diese Kalkulation sollten auch unterschiedliche Arbeits- und Lageraufwendungen mit einfließen. Geringere Futterkosten sollte man nie mit höherem gesundheitlichem Risiko der Pferde bezahlen wollen.

4.1   Rationsberechnung

Für die Rationsberechnung ist der Bedarf des Pferdes bzw. der Nutzungsgruppe zu Grunde zu legen. Des weiteren sind in Frage kommende Futtermittel hinsichtlich ihrer Eignung zu überprüfen. Bei wirtschaftseigenen Futtermitteln wird man mittels der Qualitätsbeurteilung noch versuchen, einen weiteren Hinweis über evtl. bestehende erhebliche Abweichungen von der Norm des Energie- und Nährstoffgehaltes zu finden. Da wirtschaftseigene Futtermittel, z. B. Gras- und Maissilage, u. a. düngungsbedingt erhebliche Schwankungen z. B. im Calcium- und Phosphorgehalt aufweisen können, kann man hier von Zeit zu Zeit eigene Analysenwerte erstellen lassen. Bei

Tab. 24: Kostenkalkulation bei Einkauf von Futtermitteln im Vergleich der Preise für 1 MJ verdauliche Energie

Futtermittel	Kaufpreis DM/100 kg	Kaufpreis Pfennig/MJ verdauliche Energie
Heu (sehr gut)	28,–	3,5
Stroh	12,–	2,4
Maissilage	8,–	2,7
Hafer	50,–	4,3
Gerste	51,–	4,1
Maiskörner	55,–	4,0
Ergänzungsfutter für Pferde		
Kraftfutter zum Heu	51,–*	4,4*
Alleinfutter	46,–*	4,4*

* Ergänzung mit Mineralstoffen, Spurenelementen und Vitaminen enthalten.

Kalkulationen vorhandener Rationen sollte immer die Wägung der einzelnen Futtermittel durchgeführt werden, da zwischen den Angaben und den tatsächlichen Dosierungen oftmals beträchtliche Differenzen bestehen können.

Routinemäßig wird man sich bei allen Rationsberechnungen vorwiegend auf die Erfassung der Versorgung mit Energie, Eiweiß, Rohfaser, Calcium, Phosphor, Natrium und Vitamin A bzw. β-Carotin beschränken. Nur in begründeten Verdachtsfällen wird die Kalkulation erweitert auf z. B. Magnesium, Eisen, Kupfer und Vitamin D.

Nicht nur der Energie- und Nährstoffgehalt der Futtermittel kann schwanken und von Tabellenwerten abweichen, auch die Bedarfszahlen der einzelnen Nutzungsgruppen sind nicht als feste Größen anzunehmen. Insbesondere im Bereich des Energiebedarfes kann es rasse- oder individuell bedingt zu Abweichungen kommen, z. B. durch unterschiedlich ausgeprägtes Unterhautfettgewebe (Isolation), Temperament oder Haltungsform. Neben der Berücksichtigung der Gaben strukturierter Rohfaser, der begrenzten Trockensubstanzaufnahme und der Eignung der Futtermittel steht an erster Stelle die Energiekalkulation. Mit ihr an Bedeutung gleichzusetzen ist nur die Eiweißversorgung und -qualität bei Fohlenstuten und Fohlen bis zum 12. Lebensmonat. Alle anderen Nutzungsgruppen müssen bei den meisten Rationsmöglichkeiten bei Abdeckung des Energiebedarfes auch eine z. T. erhebliche Überversorgung mit Eiweiß in Kauf nehmen. Diese kann zur Hufrehe führen – besonders gefährdet sind Kleinpferde und Ponys – oder auch nur unnötig die Kosten der Gesamtration erhöhen. In diesen Fällen wird man bemüht sein, durch Austausch von Futtermitteln die Überversorgung einzuschränken.

Nach der Kalkulation von Energie und Eiweiß folgt die von Calcium und Phosphor. Hier ist einmal das Gesamtverhältnis der Ration von wenigstens 1,5 bis 2:1 anzustreben, andererseits ist eine häufig anzutreffende Gesamtversorgung von 250% und mehr zu vermeiden, wobei Einzelfuttermittel mit einem besonders ungünstigen Calcium-Phosphor-Verhältnis wie z. B. Weizenkleie reduziert oder aus der Ration genommen werden.

Bei der Einschätzung der Natriumversorgung ist bei Pferden mit Arbeitsleistung, und verschärft bei hohen Umgebungstemperaturen immer mit einem z. T. erheblichen

Defizit zu rechnen. Je geringer oder je höher der zusätzliche Bedarf an Natrium ist, um so mehr wird man die Benutzung von Lecksteinen oder -schalen beobachten, um Über- oder Unterversorgungen zu vermeiden.

Die Vitamin A- bzw. β-Carotinkalkulation steht auf sehr schwachen Fundamenten, es sei denn, man richtet sich nach Gehaltsangaben, deren Haltbarkeit für den Verwendungszeitraum garantiert wird. Mit β-Carotingehalten aus Grünmehlen oder Heu kann nicht ernsthaft kalkuliert werden. Für Zuchtpferde, Absatzfohlen und Hochleistungspferde sollte immer ein eigenständiger Vitamincharakter des β-Carotin berücksichtigt werden. Hierbei ist das β-Carotin dem Vitamin A vorzuziehen.

Eine Rationsberechnung ist in jedem Betrieb bei Futterwechsel für die einzelnen Nutzungsgruppen durchzuführen, um grundsätzlich mit einer korrekten Fütterung zu arbeiten. Diese Kalkulation ist bei jeder Veränderung der Ration zu wiederholen. Durch das hohe Angebot der zusätzlichen Ergänzungen von Mineralstoffen, Spurenelementen und Vitaminen besteht nicht selten die Gefahr von erheblichen Überversorgungen, welche der Gesundheit der Pferde und dem Geldbeutel des Besitzers recht abträglich sein können.

Zur Rationsberechnung gehört schließlich auch noch die Preiskalkulation. Die Preiswürdigkeit eines Futtermittels richtet sich jeweils nach dem Energiegehalt des Futtermittels und dem Kaufpreis (Tab. 24); die hier angeführten Preise erheben keinen Anspruch auf Übereinstimmung mit der aktuellen Marktlage. Beim Einsatz von Ergänzungsfuttermitteln für Pferde ist zu bedenken, daß hier bereits Mineralstoffe, Spurenelemente und Vitamine eingearbeitet sind. Machen diese Futtermittel wenigstens 50 % der Krippenfutterration aus, werden eine besondere Mineralstoffgabe und somit auch die Kosten hierfür wegfallen. Weiterhin muß bei den Kosten auch der Aufwand für die Lagerung, Verderbnisrisiko, Kapitaldienst u. a. mit einbezogen werden.

4.2   Zuteilung von Futtermitteln und Wasser

Die Zuteilung von Futtermitteln erfolgt üblicherweise über Krippen, Tröge, Raufen oder vom Boden, die von Wasser aus Eimern oder Selbsttränken. Dabei ist eine selbstverständliche Voraussetzung, daß Futtermittel und Wasser aus *sauberen Fütterungseinrichtungen* aufgenommen werden. Alte Futterreste, Kot, Harn, Haare oder ähnliches sind vor der Fütterung aus Krippen, Trögen usw. zu entfernen. Selbsttränken sollten wenigstens einmal täglich auf Sauberkeit und Funktionstüchtigkeit überprüft werden.

Werden Silage oder Heu vom Boden gefüttert, werden diese Futtermittel keinesfalls auf eine nicht eingestreute Matratze gegeben, sondern entweder auf einen sauberen Bereich des direkten Stallbodens oder auf einen Teil der mit Stroh frisch eingestreuten Matratze.

Die *Fütterungszeiten* sind jeweils pünktlich einzuhalten. Diese Forderung ist um so wichtiger, je höher die täglichen Kraftfutterzuteilungen für die zu versorgenden Pferde ausfallen. Hierdurch, wie auch durch absolute Ruhe während der Fütterung bis wenigstens eine Stunde nach Beendigung der Aufnahme der zugeteilten Futtermittel, ist mit einer besseren Futterverwertung und einem herabgesetzten Kolikrisiko zu rechnen.

Silagen und Rauhfuttermittel werden in der Regel zweimal täglich zugeteilt. Für Leistungspferde wäre eine dreimalige Rauhfuttergabe am Tag zu empfehlen. Bei zweimaliger Rauhfuttergabe kann die eine Hälfte morgens, die andere abends vorgelegt werden. Besteht zwischen der abendlichen Fütterung und der am nächsten Morgen eine Zeitspanne von mehr als 12 Stunden, so sollte die abendliche Rauhfuttergabe auf ⅔ der Tagesmenge erhöht, die Rauhfuttermenge am Morgen ausgleichend auf ⅓ reduziert werden.

Die Häufigkeit der Zuteilung von Krippenfuttermitteln hängt vorwiegend von der zu verabreichenden Gesamtmenge ab. Insbesondere Pferde mit hoher Arbeits-, Milch- und Wachstumsleistung sollten das Krippenfutter in drei bis vier Mahlzeiten zugeteilt bekommen. Es sollten pro Mahlzeit niemals mehr als 0,3 bis 0,5 kg Krippenfuttermittel pro 100 kg Körpergewicht des Pferdes zugeteilt werden, um nicht ein erhöhtes Kolikrisiko zu provozieren. Aus dieser Rechnung heraus ist dann leicht die für den Betrieb notwendige Zuteilungshäufigkeit der Krippenfuttermittel ersichtlich, wobei man sich vorwiegend nach den am stärksten belasteten Pferden ausrichtet.

Fütterungstechnische Probleme gibt es besonders in den Betrieben, wo unmittelbar auf die Futteraufnahme die Hauptarbeitsbelastung des Tages folgt, zumal, wenn zwischen der abendlichen und morgendlichen Fütterung wenigstens 14 Stunden liegen. In Betrieben, wo gegen 16 oder 17 Uhr die abendliche Fütterung mit einer Zuteilung von ⅔ der täglichen Rauhfuttergabe erfolgt, aber die tägliche reiterliche Belastung der Pferde nach 19 oder 20 Uhr beginnt, wird besonders häufig über mangelnde Leistungsbereitschaft, Magenüberladungen und Gaskoliken geklagt. Bei diesen betroffenen Pferden ist den Problemen dadurch vorzubeugen, daß die Reiter den Pferden das Gros der für den Abend zugedachten Rauhfuttermenge nach dem Reiten vorlegen.

Die Empfehlung, bei schlecht oder zu hastig fressenden Pferden und bei Hochleistungspferden schlechthin vor der Krippenfutterzuteilung zunächst ein gutes Pfund Heu zu verfüttern, hat sich in der Praxis gut bewährt. Die Pferde scheinen hiernach ihr Krippenfutter wesentlich besser zu kauen und dürften über eine günstigere Nährstoffverwertung verfügen.

Besteht das täglich zugeteilte Krippenfutter aus Futtermitteln verschiedener Konsistenz oder Konfektionierung, so sind zur Förderung der besseren Futteraufnahme pro Mahlzeit möglichst nur Futtermittel gleicher oder ähnlicher Konsistenz oder Konfektionierung zu verwenden. Besteht z. B. das Krippenfutter aus Pellets und Quetschhafer, so werden zu einer Mahlzeit Pellets, zu einer anderen Mahlzeit Quetschhafer verfüttert.

Eine *automatische Fütterung* in Großbetrieben hat den Vorteil, daß ohne größeren Arbeitsaufwand eine möglichst hohe und gleichmäßig verteilte Fütterungsfrequenz eingehalten werden kann. Allerdings wird der Mensch hierdurch nicht von der wenigstens täglich durchzuführenden Kontrolle von Tränken und Trögen entbunden.

Die *Wasserzuteilung* erfolgt in der Regel über Selbsttränken. Auf die Notwendigkeit der Kontrolle der Funktionsfähigkeit der Selbsttränken ist bereits hingewiesen worden. Einige Betriebe stellen über Nacht oder individuell für das einzelne Pferd Tränken ab, um eine übermäßige Benutzung oder nächtliche Überschwemmungen infolge Undichtigkeiten zu verhindern. Manchmal wird vergessen, die Tränken wieder anzustellen, so daß es hier, wie auch nach starker körperlicher Belastung, zu erheblichen Wasseraufnahmen mit nachfolgenden Kolikerscheinungen kommen kann. In diesen Fällen sollte per Hand getränkt werden, wobei in Abständen von 30 Minuten jeweils nur 5 l Wasser im Eimer angeboten werden, welches bei niedrigen Außentemperaturen sogar etwas angewärmt („verschlagen") sein könnte.

Bei Fohlen und Jungpferden besteht leicht die Gefahr, mit der Tränke zu spielen, wobei nicht nur die hohe Feuchtigkeit in der Einstreu lästig wird, sondern es bei erhöhter Wasseraufnahme auch zu Durchfällen kommen kann. Hier muß durch gezieltes Tränken per Hand rasch für die Beseitigung der Unart gesorgt werden. Wird nur aus dem Eimer getränkt, so erfolgt das Wasserangebot sowohl vor der Futterzuteilung als auch etwa eine Stunde nach Beendigung der Futteraufnahme. Das Wasser sollte mehrere Stunden in dem für jedes Pferd extra bereitgehaltenen Eimer stehen, um verschlagen zu sein. Einem erwachsenen Großpferd dürfen pro Tränke nie mehr als 10 l angeboten werden. Standeimer in der Boxe sind schnell verunreinigt und erfüllen ihren Zweck nur selten.

Die Selbsttränke sollte innerhalb der Boxe möglichst weit von der Krippe entfernt angebracht sein, um ein ständiges Befeuchten des Futters zu vermeiden, wodurch Kautätigkeit und Speichelproduktion herabgesetzt werden, die Freßgeschwindigkeit hingegen sich in unerwünschtem Maße erhöht. Zudem wird Futter durch Hinauswerfen verschwendet. Pferde, die mit jedem Maul voll Krippenfutter zur Tränke gehen, kann man dies dadurch abgewöhnen, daß man sie während der Futteraufnahme anbindet. Wird Heu grundsätzlich quer durch die Boxe transportiert, um auch „eingetippt" zu werden, ist dies ernährungsphysiologisch nicht so bedenklich einzustufen wie beim Krippenfutter. Hier kann man dann die Heugabe auch gleich unter der Selbsttränke plazieren.

4.3 Fütterung ausgewachsener Pferde ohne Leistungsanforderung

Viele erwachsene Pferde stehen ständig oder zeitweilig im *Erhaltungsstoffwechsel;* es besteht an sie keine Leistungsanforderung. Die gesamte Energie- und Nährstoffversorgung richtet sich nach dem Körpergewicht. Allerdings können die Haltung und das vorhandene Unterhautfettgewebe sowie das Haarkleid der Pferde eine Variation der Energiezufuhr notwendig machen.

Bei Boxenhaltung dürfte der Energiebedarf am niedrigsten sein, bei Weidegang entsprechend Witterung und Bewegungsaktivität höher liegen. Die Offenstallhaltung im Winter bringt für Pferde mit gut ausgebildetem Unterhautfettgewebe wenig Energieverluste über die äußere Haut bei Minustemperaturen. Pferde im Erhaltungsstoffwechsel können bei Ergänzung durch ein Mineralfutter mit Anwelksilage oder Heu gefüttert werden. Individuell oder durch rauhe Klimaeinflüsse bedingt können geringe Mengen an Krippenfutter manchmal in Kombination mit Stroh notwendig werden. Ebenso ist der Erhaltungsbedarf durch Gras auf der Weide abzudecken.

4.4 Fütterung von Sportpferden

Sportpferde, ganz gleich, ob sie für den Dressur-, Spring-, Vielseitigkeits- oder Fahrsport, oder als Voltigier-, Freizeit-, Schul- oder Polopferd eingesetzt werden, verrichten *Muskelarbeit.* Dabei ist der Wettbewerb- bzw. Turniererfolg schließlich und endlich als Erfolg oder Mißerfolg eines vorausgegangenen Trainings einzustufen. Der Reiter ist leicht geneigt, bestimmte Lern- und Ausbildungsschritte seines Pferdes und letztlich seiner selbst als Training anzusehen. Training bedeutet aber auch Aufbau von Muskelmasse, Stabilisierung von Knochen, Bändern und Sehnen, Förderung der Funktionsfähigkeit des Kreislaufsystems, der für Muskelarbeit wichtigen Transportsysteme einschließlich des Abtransportes von Abbauprodukten sowie Abkühlung des Körperkernes durch eine angemessene Schweißproduktion.

Die zweckmäßige Fütterung vermag die Leistungsfähigkeit und -dauer eines Pferdes zu fördern, ist jedoch außerstande, nicht vorhandene Anlagen eines Pferdes auszugleichen. Ebenso sind bei groben Trainings- und Haltungsfehlern Erfolge allein über die Ernährung nicht wettzumachen.

Das Training eines jungen Pferdes hat damit zu beginnen, durch ein sinnvolles, sich allmählich steigerndes Arbeitspensum Muskelmasse aufzubauen, sowie Sehnen, Bänder, Knochen und Organsysteme an eine Belastung zu gewöhnen. Das gilt nicht nur für das junge Pferd, sondern auch für Pferde, die längere Ruhepausen hinter sich haben oder von einer allgemeinen auf eine spezielle Aufgabe vorbereitet werden sollen. Für die Aufbauphase ebenso wie für die spätere Leistungsphase müssen Nährstoffe zur Verfügung stehen, um zur Überbrückung von Engpässen gespeichert zu werden.

Zu Trainingsbeginn muß besonders das junge Pferd unter höherer Eiweißzufuhr Muskelmasse aufbauen. Zur Verrichtung der Arbeitsleistung wird die Energiezufuhr gesteigert. Natriumverluste über den Schweiß müssen ersetzt werden. Selbstverständlich werden auch die übrigen Mineralstoffe, Spurenelemente und Vitamine benötigt (s. Kap. 2), jedoch ist zusätzlicher Bedarf durch die Belastung im Vergleich zur Ruhephase nicht so hoch, wie allgemein vermutet wird. Die Leistungsfähigkeit und das Aussehen des Pferdes können als Spiegel der Energiezufuhr gelten.

Um das „tote" Gewicht nicht zu erhöhen und andererseits bei höherer Leistung auch größere Mengen konzentrierter Energieträger einsetzen zu können, wird man bestrebt sein, die Rauhfuttergabe möglichst niedrig zu halten. Hier muß jedoch eine Mindestmenge eingehalten werden, die etwa 4 kg pro Großpferd am Tag beträgt.

Auf folgende Punkte ist daher bei der Rationsgestaltung grundsätzlich zu achten:
1. Die Energiezufuhr muß dem Trainingsstand entsprechend angeglichen sein.
2. Eine Eiweißüberversorgung ist nur zu Trainingsbeginn zum Aufbau der Muskulatur sinnvoll, andernfalls belastet sie Leber und Niere.
3. Die Zufuhr von Calcium und Phosphor ist wichtig für die Knochen, Sehnen und Bänder, die von Natrium hat Bedeutung für den Wasserhaushalt. Calcium und Phosphor sollten nach Ruhepausen oder zu Trainingsbeginn zunächst in mäßigem Überschuß gegeben werden, um eine Einschleusung in die Knochen zu fördern.
4. Günstige Verdauungsvorgänge im Dickdarm erhalten die Vitamin-B- und Vitamin-C-Produktion. Die Kotballen sind gut ausgeformt.

Um konkret die Rationsgestaltung für ein Sportpferd durchführen zu können, muß man neben der Einschätzung des Körpergewichts auch die Leistungsbeanspruchung kalkulieren. Die Leistungsbeanspruchung eines Sportpferdes durch die Definition nach leichter Arbeit, mittlerer Arbeit und schwerer Arbeit kann nur als subjektiv und vage gelten, da bei der Arbeitsbelastung das Individuum Pferd, sein Charakter, seine Leistungsbereitschaft, sein Trainingszustand, seine Nerven und Routine, wie auch das Individuum Reiter und sein Talent, Einfühlungsvermögen, Ausbildungsstand und Ehrgeiz sowie die Einschätzung der vom Pferd erbrachten Arbeitsleistung durch den Reiter eine nicht unwesentliche Rolle spielen. Der über den Erhaltungsbedarf notwendige Energiebedarf ist vorwiegend abhängig von der Dauer der Arbeit, der Arbeitsgeschwindigkeit und dem Reitergewicht. Durch eine höhere Arbeitsleistung wird vorrangig der Energie- und Natriumbedarf erhöht. Ein Hinweis darauf, ob die Energiezufuhr dem Energiebedarf entspricht, kann die Beobachtung der Leistungsbereitschaft und die Konstanz des Körpergewichtes sein. Beispiele für die Rationsgestaltung sind in Tab. 25 aufgeführt.

Bei *leichter Arbeit* liegt der Energiebedarf bis zu 25% über dem des Erhaltungsbedarfes. Die Arbeit besteht aus Longenarbeit und Arbeit unter dem Reiter vorwiegend in den langsameren Gangarten Schritt, leichter Trab und mittlerer Trab; die Arbeitsbeanspruchung insgesamt ist mäßig, bis zu einer Stunde.

Bei *mittlerer Arbeit* liegt der Energiebedarf 25 bis 50% höher als beim Erhaltungsstoffwechsel. Die Pferde werden gegenüber der leichten Arbeit länger oder vermehrt in schnelleren Gangarten beansprucht.

Bei *schwerer Arbeit* ist der Energiebedarf gegenüber dem des Erhaltungsbedarfes um über 50% erhöht. Die trainierten Pferde werden sehr lange und/oder kurzfristig bis zur Leistungsgrenze beansprucht.

Bekanntlich gibt es sehr viele Möglichkeiten eine Futterration zu gestalten (s. Tab. 25), von denen hier einige grundsätzliche Zusammensetzungen aufgeführt werden sollen; weitere Hinweise und Angaben zu möglichen Rationsgestaltungen finden sich jeweils bei der Beschreibung des Einzelfuttermittels (s. Kap. 3).

In der *Kombination Heu/Hafer* werden durch Mängel in der Mineralstoff- und Vitaminversorgung regelmäßige tägliche Gaben eines Mineralfuttermittels für Pferde (Ca/P mind. 3:1 und weiter) notwendig. Die Energieversorgung reicht für leichte und mittlere Arbeitsbelastung, bei schwerer Arbeitsbelastung ist sie begrenzt. Der Eiweißüberschuß ist bei leichter und mittlerer Arbeitsbelastung tolerierbar, erreicht bei schwerer Arbeitsbelastung jedoch Werte, die man durch einen Umbau der Ration mindern sollte.

Durch ein *Ergänzungsfuttermittel für Pferde des Typ 1* mit einem Rohproteingehalt bis 12,5% und einem Rohfasergehalt bis 12,5% kann ein Teil, aber auch der ganze

Tab. 25: Praktische Beispiele für die Dosierung von Futtermitteln (in kg) einer Ration für Sportpferde mit leichter, mittlerer und schwerer Arbeitsbelastung. Gewicht: 500–600 kg

Rationsbeispiel	leichte Arbeit				mittlere Arbeit				schwere Arbeit			
	A	B	C	D	A	B	C	D	A	B	C	D
Heu, Beginn bis Mitte Blüte	5	5			5	2,5			4	4	1	1
Stroh			2–4	2		2		2–4	0,5	0,5		2–3
Stroh aufgeschlossen mit Ammoniak							4				3	
Grünmehl pell.				1	1							
Maissilage Teigreife				12								
Möhren							2			1		
Hafer	3,5			2,5	3	5			2,5	4,5		
Gerste					2				2	2		
Maiskörner									2	1		2
Bierhefe getrocknet			0,3					0,2			0,2	0,2
Ergänzungsfutter zum Haferersatz		3,5					5,5			5		
Ergänzungsfutter sog. Alleinfutter			6					8,5				6,5
Mineralfutter für Pferde*	0,15			0,1	0,15	0,15			0,15	0,15		

* Ca/P mind. 4:1; Natriumversorgung separat beachten

Hafer aus der Ration verdrängt werden. Hat das Ergänzungsfutter einen Anteil unter 50% vom Krippenfutter, wird die Mineralfuttergabe beibehalten, wenngleich auch in geringeren Mengen. Hinsichtlich der Energie- und Eiweißversorgung gilt das gleiche, was über den Hafer gesagt wurde, es sei denn, das gesamte oder ein größerer Teil des Ergänzungsfutters wäre ein *Leistungsfutter,* das im Energiegehalt über und im Eiweißgehalt unter den Werten des Hafers liegt (s. Kap. 3).

Ergänzungsfuttermittel für Pferde des Typ 2 mit Rohproteingehalten über 14% können anteilig mit 10 bis 30% im Krippenfutter eines Sportpferdes vorhanden sein, aber nur während der Aufbauphase der Muskulatur, bei ausgesprochenen Leistungspferden, bei allgemein sehr rauher, strohiger Heuqualität oder als Träger eiweißreicher, diätetischer Komponenten (wie Leinsamen und Bierhefe).

Bei *Ergänzungsfuttermitteln für Pferde des Typ 3* mit einem Rohproteingehalt von 12,5% und einem Rohfasergehalt über 15% *(Alleinfuttermittel)* in Kombination mit jeweiligen Gaben von Futterstroh reicht die Energieversorgung für leichte und mittlere Arbeitsbelastung. Bei schwerer Arbeitsbelastung ist der Rückgriff auf ein energiereicheres, eiweißärmeres Futter sinnvoll, welches dann anteilig bis ca. 30% im Krippenfutter vertreten sein könnte. Weitere Mineralstoffgaben (bis auf Viehsalz bzw. Leckstein) erübrigen sich.

Eine *Aufwertung der Ration* erfolgt grundsätzlich durch energiereichere, eiweißärmere Futtermittel im Vergleich zu Hafer. Diese Aufwertung wird notwendig bei Pferden mit schwerer Arbeitsbelastung. Abgesehen vom Einsatz eines entsprechenden Leistungsfutters besteht die Möglichkeit über Gerste, Trockenschnitzel, Körnermais und Fett bzw. Öle, dieses Ziel zu erreichen. In dieser Kombination muß aber immer auf eine Aufwertung der Mineralstoff-, Spurenelement- und Vitaminversorgung geachtet werden.

Für Pferde mit mittlerer bis schwerer Arbeitsbelastung bietet sich an, als Haferersatz bis zu 50% geschrotene Gerste einzusetzen oder 2 bis 3 kg Trockenschnitzel pro Tag, die allerdings den Nachteil haben, daß sie vorher immer genügend lange mit vier Teilen Wasser eingeweicht werden müssen.

Für Pferde mit schwerer und schwerster Arbeitsbelastung sowie zur energetischen Aufwertung von Rationen aus Alleinfuttermitteln mit Strohgabe empfehlen sich Kombinationen aus Körnermais (geschroten oder gebrochen), Fetten und Ölen. Körnermais kann in Rationen, die mit Heu kombiniert sind, bis zu 30%, manchmal sogar 40% des Hafers bzw. Kraftfutters ersetzen. Pflanzenöle, z. B. Mais-, Soja- oder Erdnußöl, haben einen dreifach höheren Energiegehalt als der Hafer und enthalten kein Eiweiß. Sie können wenigstens bis 5% anteilig Hafer ersetzen. In den Alleinfutterrationen mit Stroh kann der Anteil des Körnermais 15 bis 20%, der der Öle bis 3% des Krippenfutters betragen, sofern wirklich eine schwere Arbeitsbelastung vorliegt und die Dosierung des Alleinfutters über 1,5 kg pro 100 kg Lebendmasse Pferd pro Tag liegt.

Der Einbau folgender Einzelfuttermittel in eine Ration für Sportpferde ist denkbar und üblich in Mengen bis 0,5 kg pro Tag: Leinsamen, Bierhefe, Weizenkleie; bis 1 kg pro Tag: Grünmehle; über 1 kg: Möhren, Rüben. Sportpferde mit leichter Arbeitsbelastung können auch Weidegang erhalten, wobei bei optimaler Weidequalität die Energieversorgung ausreichend sein dürfte.

Sportpferde mit leichter bis mittlerer Arbeitsbelastung können auch Rationen erhalten, die mit Maissilage in Mengen bis zu 15 kg am Tag kombiniert sind. Wenn möglich kann für Sportpferde mit dieser Arbeitsanforderung das Heu durch Anwelksilage guter Qualität ersetzt werden.

4.5   Fütterung von Hochleistungspferden

Gegenüber der Fütterung von Sportpferden kommt der Ernährung von Hochleistungs-pferden eine weitere besondere Bedeutung zu, da man im sportlichen Wettbewerb ganz besonders auf die optimale Arbeit des Körpers und seiner Organsysteme ange-wiesen ist. Dabei kann es manchmal nicht nur um Platz oder Sieg gehen, sondern auch um ein weiteres Aufrechterhalten von Leistungsfähigkeit und Gesundheit des Pferdes.

Unterteilt man die Hochleistungspferde, so sind hier zunächst die Rennpferde des Turfs, die Galopper und Traber zu nennen, die in höchstem Tempo Rennen bis 2600 m und mehr zu absolvieren haben. Der zusätzlich benötigte Energiebedarf bei Rennpferden, der besonders von den Spitzengeschwindigkeiten abhängig ist, wird noch einmal in Tab. 26 dargestellt. Rationsbeispiele sind in Tab. 27 aufgeführt.

Springpferde haben mit Qualifikationsprüfungen und Stechen den Parcours inner-halb kurzer Zeit mehrfach zu absolvieren, wobei neben dem Springvermögen auch der Zeitfaktor eine wichtige Rolle spielt.

Militarypferde sind vor allem durch den Geländeritt gefordert, Energie und ausdau-ernde Leistung sind hier gefragt.

Bei Wander- und Distanzritten mit Entfernungen von mehr als 100 km entsteht eine erhebliche Dauerbelastung.

Für die Ernährung der Hochleistungspferde werden häufig „Geheimrezepte" gehan-delt, denen jedoch oftmals jegliche biologische Basis fehlt. Im Gegenteil, man muß sich wundern, daß Hochleistungspferde, obwohl sie z. T. schweren Fütterungsfehlern wie z. B. überhöhtem „totem" Gewicht, stärksten Überversorgungen mit Eiweiß; Mi-neralstoffen, Spurenelementen und Vitaminen sowie Fehlern in der Fütterungs- und Tränketechnik ausgesetzt sind, noch Leistungen zeigen.

Eine sehr wichtige Voraussetzung für den Erhalt der Leistungsfähigkeit des Hochlei-stungspferdes ist, daß trotz Transportstreß, anderer Umgebung, Nervosität usw. die Bereitschaft des Pferdes erhalten bleibt, das ihm zugedachte Futter und Wasser vor und nach den Wettbewerben auch aufzunehmen. Die besten Ratschläge bleiben Theo-rie, wenn das Pferd die Aufnahme verweigert. Hier bleibt Spielraum für das Pflege-personal, durch Schaffen von Vertrauen und Fingerspitzengefühl dem Pferd zur Seite zu stehen. In der Futteraufnahme heikle oder erschöpfte Pferde sind oftmals durch das Angebot von Mash zu erfrischen.

Für *Rennpferde* sind seitens der Fütterung sechs spezielle Erfordernisse von ent-scheidender Bedeutung:

Tab. 26: Teilbedarf an verdaulicher Energie in Abhängigkeit von der Geschwindigkeit des Renn-pferdes (ohne Erhaltungsbedarf)

	Geschwindigkeit	benötigte Energie (MJ) pro km
Wegestrecke	240 m/min. = 14,4 km/h	8,4
Querfeldeinstrecke	450 m/min. = 27 km/h	12,6
Rennbahnstrecke	600 m/min. = 36 km/h	21,0
Traber	750 m/min. = 45 km/h	25,1
Galopprennpferde	1000 m/min. = 60 km/h	46,1

nach BORMANN 1978, verändert

Tab. 27: Rationen für Rennpferde (Traber und Galopper) ca. 450 kg Körpergewicht im starken Training und für Militarypferde ca. 550 kg Körpergewicht im starken Training, Futtermittel in kg

Rationsbeispiel	Rennpferde		Militarypferde	
	A	B	A	B
Heu, sehr gute Qualität	4	4	6–7	6–7
Hafer, sehr gute Qualität	3	4	4,5	2
Maiskörner	2		2	
Mischfutter, energiereich		2		5
Bierhefe, Leinsamen-Weizenkleie-gemisch	1	1	1	1
Möhren	2		2	
Pflanzenöl	0,1	0,1	0,3	0,3
Mineralfutter*	0,1	0,05	0,1	–

* Ca/P mind. 4:1; Natriumversorgung separat beachten

1. Binnen Minuten bzw. Sekunden muß das Rennpferd, je nach Körpergewicht und Distanz, 25 bis 60 MJ verdauliche Energie im wesentlichen in Form von Glykogen aus Leber und Muskulatur abrufen, die über die Vorbereitung durch Fütterung und Training dort eingelagert wurden.
2. Eiweißüberschüsse von mehr als 100% über den Bedarf sind zu vermeiden; sie sind leistungsmindernd.
3. Das „tote" Gewicht im Magen-Darmkanal muß wenigstens zwei Tage vor dem Rennen niedrig gehalten werden, ohne daß die Biologie des Dickdarmes (insbesondere Vitaminherstellung und Wasserreservoir) beeinträchtigt wird. In der Praxis hat sich immer wieder gezeigt, daß regelmäßige Bierhefegaben von 200 bis 300 g pro Tag diese Gefahr mindern und zudem die für die Blutbildung und den Energieumsatz im Muskel wichtige Vitamin-B-Versorgung erheblich aufwerten.
Die Menge an hochwertigem, eiweißarmen Rauhfutter sollte 3,5 bis 4 kg am Tag nicht unterschreiten.
4. Eisen, Kupfer und B-Vitamine sind für die Bildung roter Blutkörperchen als Verantwortliche für den Sauerstofftransport in den Muskeln wichtig, Vitamin E für den Aufbau und den Funktionsablauf der Muskeln. Vitamin C gilt als leistungsfördernd. Im starken Training und am Renntag haben sich tägliche Gaben von 1 bis 3 g Vit. E und 3 bis 5 g Ascorbinsäure (Vitamin C) bewährt.
5. Zwecks Abkühlung des Körperkernes wird eine Schweißproduktion unterschiedlicher Quantität erfolgen. Da Schweißverluste auch während des Trainings stattgefunden haben, ist auf eine ungestörte Wasser-, Natrium- und Kaliumversorgung zu achten.
6. Die Fütterungstechnik vor und nach dem Rennen ist zu beachten. Die letzte Fütterung sollte ca. vier bis fünf Stunden vor dem Rennen liegen, wobei geringe Mengen Heu bis ca. zwei Stunden davor geknabbert werden können. Insgesamt sollten zumindest mit Reduzierung des Rauhfutters ca. zwei Tage vor dem Rennen fünf Mahlzeiten mit Kraftfutter und Heu angeboten werden. Nach dem Rennen wird Mash gefüttert, anschließend Heu. Wasser kann vor dem Rennen – wenn gewohnt – zur freien Verfügung stehen bzw. dosiert in kleinen Gaben. Letzteres erfolgt auch nach dem Rennen.

Springpferde greifen ebenfalls auf in Leber und Muskeln gespeichertes Glykogen zurück. Für mehrere Wettbewerbe an mehreren Tagen bzw. an einem Tag fließt kontinuierlich Energie aus der Dickdarmverdauung nach. Pferde, die während mehrtägiger Turniere schlecht fressen, greifen auch auf (hoffentlich nur gering angelegte) Fettspeicher zurück. Hinsichtlich Eiweißüberschuß, „totem" Gewicht, Muskelversorgung, Schweißproduktion und Fütterungstechnik gilt im wesentlichen auch das, was für die Rennpferde empfohlen wurde.

Militarypferde sind in der Geländeprüfung ähnlichen Höchstleistungen wie Rennpferde unterworfen, wenngleich die Belastung zeitlich wesentlich länger andauert. Hierdurch ergeben sich folgende zusätzlich zu beachtende Punkte:

1. Die Energieversorgung kommt nicht allein aus Glykogenreserven, sondern auch aus der Verbrennung von Fettsäuren, also Fett aus der Nahrung und Depotfett.
2. Die Eiweißreduzierung der Ration über Trockenschnitzel, Mais, Öle oder Fette ist besonders wichtig.
3. Das Militarypferd ist auf eine längere Schweißproduktion zur Reduzierung der durch die Arbeitsbelastung ansteigenden Körpertemperatur angewiesen. Hierdurch kommt es zu Verlusten an Wasser, Natrium, Kalium und Chlorid. Im Gegensatz zum Rennpferd wird man die Heugaben bei 5 bis 6 kg täglich belassen, um durch eine gewisse Füllung des Dickdarmes über ein Natrium- und Wasserreservoir als Reserve zu verfügen. Gleichzeitig erlangt der Dickdarm beim Militarypferd auch eine größere Bedeutung für den Nachschub an Energie.
4. Im starken Training und an den Wettbewerbstagen sollten 2 bis 3 g Vitamin E täglich gegeben werden.
5. An den letzten zwei Tagen vor der Geländeprüfung wird die Anzahl der Zuteilungen von Krippenfutter und Heu auf fünf, besser noch sechs erhöht. Etwa vier bis fünf Stunden vor dem Wettbewerb sollte das Pferd nur noch etwas Heu zum Knabbern erhalten. Für die Tränke gilt dasselbe wie bei den Rennpferden.

Bei *Wander-* und *Distanzritten* sind die Pferde in der Energieversorgung auf einen guten „Nachschub" aus der Dickdarmproduktion und auf das Verbrennen von Depotfett angewiesen. Wasser- und Elektrolytverluste können in Pausen durch entsprechendes Tränken ausgeglichen werden. Die Rauhfuttergaben (50%) erfolgen vorwiegend nach Beendigung des Tagespensums.

4.6   Fütterung von Freizeitpferden und Arbeitspferden

Für die Gruppe der Freizeit- und Arbeitspferde ist charakteristisch, daß sie hinsichtlich ihrer Arbeitsbelastung sehr unterschiedlich und selten regelmäßig genutzt werden. Die Freizeitpferde werden in Abhängigkeit der Zeit und der Passion des Menschen, die Arbeitspferde je nach Anfall von Arbeit in Land- und Forstwirtschaft recht variabel genutzt. Es gibt für beide einen gemeinsamen Feind: den Kreuzverschlag oder *Lumbago* (s. Teil E, Kap. 7.1.1). Die Auswahl der Futtermittel ist im Bereich der Arbeitspferde davon abhängig, ob man auf im landwirtschaftlichen Betrieb produzierte wirtschaftseigene Futtermittel wie Silagen, Rüben, Heu und Stroh usw. zurückgreifen will. Rationsbeispiele sind in Tab. 28 aufgeführt.

Freizeitpferde leben immer häufiger in Offenställen bzw. in der Pferdegruppen-Auslaufhaltung. Da sie ein Schmelztiegel der verschiedensten Pferderassen vom Minipony über Isländer, Araber, Vollblüter und Haflinger bis hin zum Kaltblüter sein

Tab. 28: Rationen für Freizeitpferde, wie z. B. Isländer (350 kg KGW), Reitponys (350 kg KGW) und Kaltblutpferde (800 kg KGW) bei leichter Arbeitsbelastung, Futtermittel in kg

Rationsbeispiel	Isländer			Reitponys			Kaltblüter		
	A	B	C	A	B	C	A	B	C
Heu, mittlere Qualität	2	6	4	4	3	1	5	6	6
Stroh					1	2	2	2	2
Hafer				2			4,5	2,5	
Trockenschnitzel									3
Gehaltsrüben								10	
Ergänzungsfutter zum Haferersatz					2				1
sog. Alleinfutter			1,5			3,5			
Mineralfutter*	0,05	0,05		0,1			0,1	0,1	0,05
Weidegras, mäßig	15								

* Ca/P mind. 4:1; Natriumversorgung separat beachten

können, spielt neben der Einschätzung von Körpergewicht und Arbeitsbelastung in unserem feucht-kalten Klima der Hautisolationstyp noch eine große Rolle. Unterhautfettgewebe und Haarkleid schützen den Körperkern vor Auskühlung und können, je nach Ausprägung und witterungsbedingter Notwendigkeit, den Energiebedarf geringer halten. Die gute Isolation kann aber auch – wenngleich seltener – bei heißem Wetter leistungsmindernd sein, weil die Abkühlung des Körpers verzögert wird.

Englische und arabische Vollblutpferde verfügen rassetypisch bedingt kaum über Unterhautfettgewebe, stark vorhanden ist es jedoch beim Shetty, Isländer, Norweger und Kaltblut. Im übrigen können die Übergänge – z. B. beim Warmblut – fließend sein. Unterhautfettgewebe läßt sich aber auch „anfuttern" und „abhungern".

Bei der Auslaufhaltung fällt ein erhöhter Energiebedarf an durch die Bewegungsleistung und die Auskühlung je nach Isolationstyp und Außentemperatur. Mit einer höheren Energieversorgung ist i. d. R. auch eine höhere Eiweißversorgung verbunden, die zur Belastung des Stoffwechsels bis hin zur Hufrehe führen kann. In diesen Fällen sind eiweißarme Komponenten zu wählen, etwa mehr Heu, Silagen oder eiweißarme Kraftfuttermittel wie gequetschte Gerste oder Körnermais. In Abhängigkeit von der Arbeitsbelastung der Freizeit- und Arbeitspferde gelten auch die bereits bei den Sportpferden behandelten Fütterungsgrundregeln.

4.7   Fütterung von Kleinpferden und Ponys

Die Halter der verschiedensten Kleinpferde- und Ponyrassen akzeptieren nur ungern, wenn „ihre" Rasse hinsichtlich der Fütterung nicht speziell behandelt wird. Dabei gibt es, unter Berücksichtigung des Körpergewichtes, grundsätzlich kaum Unterschiede zur Fütterung des Großpferdes. Gegenüber fehlerhafter Ernährung scheinen einige Kleinpferde- und Ponyrassen toleranter zu reagieren als die Großpferderassen. Größter Feind der Kleinpferde und Ponys sind Verfettung und Hufrehe (s. Kap. 5.3 und Teil E, Kap. 7.2.1.3).

Wenngleich nicht auf die Fütterung der einzelnen Rassen eingegangen werden soll, so muß doch die Rassenvielfalt in Gruppen aufgeteilt werden, wobei die Übergänge individuell auch fließend sein können. Anhand der in Tab. 13 angegebenen Bedarfs-zahlen und der Gehaltszahlen der Futtermittel in Tab. 17 läßt sich individuell eine Ration kalkulieren.

Während man im Prinzip je nach Nutzung unter Berücksichtigung des Körperge-wichtes ähnliche Maßstäbe an die Fütterung der Kleinpferde und Ponys anlegen kann wie an die der Großpferde, wird man insbesondere bei der Energieversorgung dem Typ des Pferdes stärker Rechnung tragen müssen.

Rassen mit dichtem Fell und stark ausgeprägtem Unterhautfettgewebe wie Shet-land, Island und Fjord liegen i. d. R. bei Berücksichtigung unterschiedlicher Körperge-wichte 10 bis 20% unter dem Energiebedarf von Rassen mit geringerer Hautisolie-rung wie Welsh, Reitponys und Araber. Der Haflinger nimmt eine Mittelstellung ein. Der Energieabzug müßte von den in Tab. 13 aufgeführten Energiebedarfszahlen erfol-gen. Einige Rationsbeispiele sind in Tab. 29 zu finden.

Rassen mit guter Hautisolation zeichnen sich auch durch ihr ruhiges Temperament aus. Sie sind auf eine extensive Fütterung angewiesen, verfetten bereits auf für unsere Begriffe normalen Weiden. Haben sie durch nährstoffreiches Futter rasch ihr Soll gedeckt, versuchen sie, ihren noch ungedeckten Bedarf an Ballaststoffen z. B. durch Nagen an Holz zu befriedigen. Sie sollten auf wenig gedüngten Weiden mit überalter-tem Gras weiden und evtl. Stroh zur Verfügung haben. Im frühen Frühjahr bei jungem Gras müssen sie notfalls zeitweilig aufgestallt werden, um Stroh zu fressen. Gefährlich für nahezu alle Kleinpferde- und Ponyrassen sind junge, intensiv gedüngte Weideflä-chen, da es durch den hohen Eiweißgehalt im Gras nach wenigen Tagen der Aufnah-me zu schwersten Hufrehen kommen kann.

Kleinpferde und Ponys mit guter Hautisolation eignen sich sehr gut für die Robust-haltung. Bei der Rationsgestaltung für diese Pferde wie auch für die der anderen Rassen wird man – für letztere nur, wenn von ihnen keine Leistung in Form von Arbeit, Zucht oder Wachstum verlangt wird – immer auf der Suche nach eiweißarmen Futtermitteln sein, z. B. Stroh, Heu, Anwelksilage, Rüben, Kleien usw. In der Ro-busthaltung kann man während Kälteperioden die Energieversorgung mit Maissilage oder Trockenschnitzeln verbessern, wobei beide Futtermittel auf Grund ihres hohen Wassergehaltes bei Kälte den Nachteil des Gefrierens haben, so daß schließlich Hafer, Gerste oder Mischfutter (z. B. Alleinfuttermittel) eingesetzt werden.

Der Einbau energie- und eiweißarmer Komponenten in die Ration ist notwendig, um nicht aus Angst vor erheblicher Überversorgung die Gesamtration so zu kürzen, daß es zu Engpässen in der Mineralstoff-, Spurenelement- und Vitaminversorgung kommt.

Mäßiges Weidegras kann für Kleinpferde und Ponys den Bedarf im Erhaltungsstoff-wechsel decken, gutes Weidegras den Bedarf für leichte Arbeitsbeanspruchung, Träch-tigkeit, Milchproduktion und Wachstum. Werden Kleinpferde und Ponys zur Arbeit herangezogen, sollte die Energieversorgung erst angepaßt werden, wenn eine regel-mäßige und tatsächliche Beanspruchung erfolgt.

Reitponys und Araber als Reitpferde und Haflinger als Fahrpferde melden bei regelmäßiger Arbeitsbelastung relativ rasch einen erhöhten Bedarf, vorwiegend an Energie, an, der ausgeglichen werden muß.

Im Bereich von Sport, Zucht und Aufzucht gelten grundsätzlich dieselben Fütte-rungsprinzipien wie für Großpferde.

Bei Rassen wie Shetland, Island oder Fjordpferd wird man zunächst immer eine extensive Haltung und Fütterung zur Grundlage machen, wobei auch der Bedarf an Mineralstoffen, Spurenelementen und Vitaminen mit abgedeckt sein muß. Erst unter

Tab. 29: Rationen für leichtere Pferde im Erhaltungsstoffwechsel, Futtermittel in kg

Rationsbeispiel	Shetlandpony 150–200 kg		Reitpony 250–350 kg		Traber 400–450 kg		Haflinger 300–350 kg		Fjordpferd 300–400 kg	
	A	B	A	B	A	B	A	B	A	B
Heu, mittlere Qualität	4	3	3–4		4,5		2,5	1,5		2
Stroh						2–3	1	1		2
Stroh, Ammoniak aufgeschlossen				4					4	
Hafer			1				0,5		2	
Gehaltsrüben			5				8			5
Ergänzungsfutter zum Haferersatz				2	2,5					1
sog. Alleinfutter		0,8		1		5		2,5		
Mineralfutter*	0,03		0,08					0,1	0,1	0,05

* Ca/P mind. 4:1, Natriumversorgung separat ergänzen

extremen Haltungsbedingungen wie etwa starkem Frost wird man tragende Stuten und Jungpferde gezielt und begrenzt mit Kraftfutter füttern oder Reit- und Fahrpferde gezielt entsprechend einer stärkeren Arbeitsleistung zufüttern. Grundsätzlich sollte man Abfälle aus Haus und Garten kritisch betrachten, bevor man sie verfüttert. Rasenmähergras, verschimmelte Nahrungsmittel, gekeimte Kartoffeln oder ähnliches sind keine Futtermittel. Bäckereiabfälle – in einwandfreiem hygienischen Zustand – sind mengenmäßig zu begrenzen und in mehreren Mahlzeiten zu verfüttern.

4.8 Fütterung von Zuchtpferden

Die Ernährung von Stute und Hengst kann einer von vielen Faktoren sein, die die Fruchtbarkeitsleistung positiv oder negativ beeinflussen. Bei den Überlegungen der Futterrationsgestaltung spielt der Status einer Zuchtstute – bedingt durch den differenzierten Nährstoffbedarf – eine wichtige Rolle. Man kann hier eine Einteilung vornehmen in Maidenstuten, güste Stuten, Fohlenstuten sowie Stuten in der Frühträchtigkeit, d. h. bis zur achten Trächtigkeitswoche, und in der Hochträchtigkeit ab dem neunten Trächtigkeitsmonat.

Sowohl für die Stuten als auch die Hengste muß man Probleme und deren mögliche Beeinflussung über die Fütterung auch sehr rassespezifisch sehen: während es in der Kleinpferdezucht vergleichsweise wenig Probleme gibt, können sie andererseits in der Vollblut- und Traberzucht bei Stute und Hengst wieder anders gelagert sein als in der Warmblutzucht, wo sich die Zuchtpferde nicht in dem Maße zunächst über eine Eigenleistung für die Zucht haben qualifizieren müssen und dadurch jünger in die Zucht gelangen.

4.8.1 Stuten

Güste Stuten

Ein großes Problem stellt eine viel zu üppige Verfassung, die sog. *Mastkondition*, bei güsten Stuten dar. Das Abspecken der Stute durch größere Arbeitsleistung oder eine gedrosselte Futtermenge sollte jedoch zum Jahreswechsel bereits abgeschlossen sein, weil anschließend die Eierstöcke durch eine stärkere Energieanflutung zur Tätigkeit angeregt werden sollen.

Ist es versäumt worden, die Stuten schlank und rank in die Vorbereitung auf die neue Decksaison zu bringen, so ist es während der Decksaison zu spät, dies nachzuholen. Die güste Zuchtstute, die nicht abgespeckt hat, sollte dann nicht mehr auf Schonkost gesetzt werden, weil sie erfahrungsgemäß nicht zu einem ausgeprägten, regelmäßigen Zyklus kommen kann, wenn sie ihre Fettreserven mobilisieren muß. Der Züchter kann also bereits mit Jahreswechsel – ähnlich wie beim Weideaustrieb – über eine verstärkte Energiezufuhr, aber auch durch andere Nähr- und Wirkstoffe die Eierstockfunktion seiner Stute vermehrt unterstützen. Wird die Rosse nicht über eine entsprechende Fütterung und Haltung gefördert, sind die Chancen vieler güster Stuten für eine Trächtigkeit oft erst bei Bedeckung nach Weideaustrieb gegeben.

Der *aktuelle Energiehaushalt* spielt eine wichtige Rolle; darunter versteht man die tägliche Energiezufuhr – ohne Einbeziehung von Reserven wie z. B. Fett – im Verhältnis zum Energiebedarf, bei dessen Ermittlung Körpergewicht und Nutzung der Stute, aber auch Streßsituationen und Wärmeverluste über die Haut berücksichtigt werden müssen. Solche Streßsituationen, die den aktuellen Energiehaushalt aus dem Gleichgewicht bringen können, sind z. B. lange Transporte, Stallwechsel, Weideauftrieb, Futterumstellungen oder ungewohnte Arbeitsbelastungen.

Eine länger andauernde herabgesetzte Energieversorgung führt zur Zyklusruhe (z. B. Herbst/Winter), eine plötzliche Imbalance im aktuellen Energiehaushalt kann bei Stuten, die sich im Zyklus bzw. in der Rosse befinden, zu stillen Rossen oder zu Verzögerungen und Ausbleiben des Follikelsprunges führen. Bei Stuten in der Frühträchtigkeit erhöht sich das Risiko der Fruchtresorption. Mit einer um 10 bis 20% über dem aktuellen Bedarf liegenden Energiezufuhr kann man bei güsten Stuten und Maidenstuten die Funktionstätigkeit der Eierstöcke und somit auch die Zyklustätigkeit

Abb. 210. Förderung der Zyklustätigkeit.

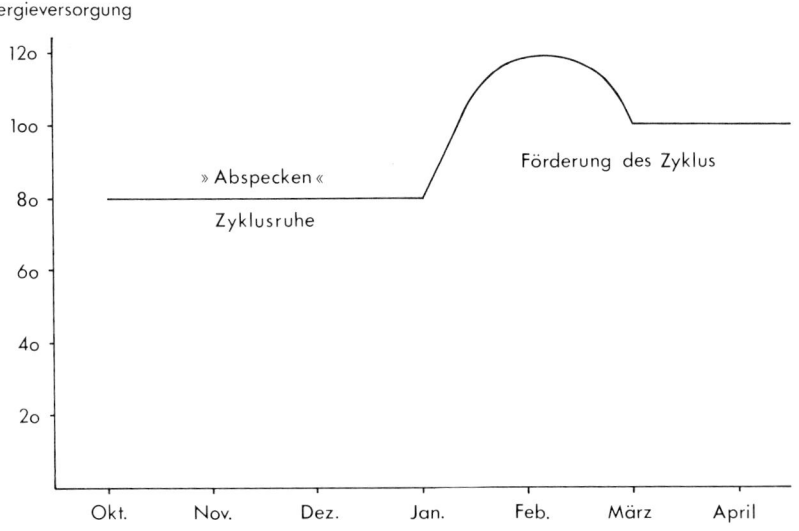

positiv beeinflussen. Dies kann in der Praxis durch die Aufstockung der Kraftfutterration um 1 kg täglich oder den Austausch energiearmer durch energiereiche Kraftfuttermittel erfolgen.

Die Wirkung einer aufgestockten Energieversorgung auf die Bildung und Ausbildung von Follikeln, deren Reifungsdauer, den Follikelsprung, die spätere Progesteronphase, die äußere Rosse und die Rosselänge kann sicherlich durch eine entsprechend einhergehende β-Carotinversorgung wesentlich verstärkt werden. Dabei kann hier auch mit einer *flushing-Methode* gearbeitet werden, indem mit einem unteren Grundbedarf von beispielsweise 300 mg täglich gearbeitet wird, der dann vor den zu provozierenden Rossen auf 500 mg gesteigert wird, über zwei Wochen evtl. sogar auf 1000 mg täglich. Eine zusätzliche tägliche Vitamin E-Gabe kann man während der Stallperiode in Mengen von ca. 200 mg an Großpferde geben, um die Wirksamkeit des β-Carotins zu unterstützen. Diese Fütterungsmaßnahmen sollten zeitlich aber so getroffen werden, daß die zu erwartenden ersten Rossen hiernach auch züchterisch genutzt werden (s. Kap. 2.6).

Erste Rossen können häufig von mehreren Follikelreifungen begleitet sein, so daß insbesondere bei Überversorgung mit Energie und β-Carotin die Gefahr einer Zwillingsträchtigkeit bestehen kann. Dieses Phänomen ist jedoch nicht einseitig dem vorgestellten Fütterungssystem anzulasten; es ist auch bei Stuten zu beobachten, bei denen etwa zu Beginn der Weidesaison die ersten gut ausgeprägten Rossen ablaufen. Bei diagnostizierter Zwillingsträchtigkeit hat man in der dritten bis vierten Trächtigkeitswoche gute Chancen, über die Fütterung eine Frucht – oft allerdings beide Früchte – zum Resorbieren zu provozieren: durch Energieabzug über das Futter. Es gibt nur Heu und Stroh für die Fohlenstute über zwei Wochen, die Stute ohne Milchproduktion, insbesondere die Maidenstute, muß zusätzlich Energieabfluß über eine erhebliche Arbeitsbelastung erhalten.

Bei güsten Stuten kann man manchmal übergroße, funktionslose Eierstöcke finden, wohingegen das Scheidenbild dem einer Rosse entspricht. Hier liegt häufig das Calcium-Phosphor-Verhältnis in der Ration unter 1,2:1. Nach einer Korrektur des Verhältnisses auf 1,5 bis 2:1 ist mit einer Normalisierung des gynäkologischen Befundes innerhalb von zwei bis vier Wochen zu rechnen.

Bei der Zusammenstellung von Einzelfuttermitteln durch den Züchter werden häufig bewährte Komponenten oder Produkte von bekannten Herstellern gewählt, eine Korrektur so eingehandelter Unter- oder Überversorgungen wird jedoch nicht durchgeführt. Starke Eiweißbelastungen wie auch Calcium-Phosphor-Verhältnisse unter 1:1 in der Tagesration dürften Ursache vieler Zyklusstörungen sein. Als Beispiel einer ausgesprochen falschen Rationsgestaltung für güste Stuten ohne Arbeitsleistung kann man folgendes nennen:

5,0 kg Heu   0,5 kg Sojaschrot
1,5 kg Hafer   0,5 kg Weizenkleie

Fehler bestehen darin, daß das Calcium-Phosphor-Verhältnis mit 0,5:1 viel zu eng ist, daß mit Soja ein zu eiweißreiches Kraftfutter eingesetzt wird und daß mit der Weizenkleie (in anderen Fällen auch durch phosphorreiche Mineralfutter für Rinder) zusätzlich das schon reichlich vorhandene Phosphorangebot erhöht wird. Darüber hinaus wird die Vitamin A- und Carotinversorgung nicht sichergestellt. Verwendbare Rationsbeispiele sind in Tab. 31 zu finden.

Eine Stute sollte immer im „Hochzeitskleid" dem Hengst zugeführt werden. Das äußere Erscheinungsbild der Stute spiegelt häufig den gynäkologischen Befund wider. Insbesondere ein rasch und vollständig durchgeführter Haarwechsel spielt hierbei eine große Rolle. Zur Förderung des Haarwechsels und auch zur Optimierung der Funktionsvorgänge im Dickdarm haben sich Komponenten wie Leinsamen und Bierhefe in der Ration bewährt.

Spezielle, energiereiche Mischfutter mit β-Carotin, Leinsamen und Bierhefe können an Großpferde im Winter zur Energieanflutung in Mengen von 1 kg zusätzlich täglich gegeben werden, im Frühjahr wird das Kraftfutter um diese Menge gewichtsgleich reduziert. Es wurde häufig beobachtet, daß Stuten, die sich zu Beginn des Einsatzes eines solchen Mischfutters noch in Zyklusruhe befanden, bereits nach ein bis zwei Wochen erste Rosseerscheinungen zeigten, wobei die nachfolgenden Rossen kürzer, aber intensiver verliefen; Stuten mit unausgeprägter Rosse und solche mit Langrosse normalisierten sich im Zyklus. Für güste Stuten sollte das Mischfutter bereits im Januar eingesetzt werden, so daß die Stuten bis zum Beginn der Decksaison bzw. bis zum vorgesehenen Decktermin ein bis zwei Rossen gezeigt haben können. Vier Wochen lang wird 1 kg verfüttert, dann wird die Menge auf ½ kg reduziert und bis zur festgestellten Trächtigkeit beibehalten.

Ursache für Fruchtresorptionen kann auch ein Energie-Unterangebot sein. Daher empfiehlt es sich, zur Verminderung der Gefahr der Fruchtresorption bis zur achten Trächtigkeitswoche energiereich zu füttern, und zur Vermeidung von Energieverlusten in der Übergangsphase von der Stall- zur Weideperiode die Stuten in der Frühträchtigkeit nachts aufzustallen bei einer abendlichen Kraftfuttergabe.

Die letztgenannten Empfehlungen entfallen bei diagnostizierten Zwillingsträchtigkeiten.

Hochtragende Stuten
Als hochtragend gelten Stuten in den letzten drei Trächtigkeitsmonaten. Zum besseren Verständnis für die Stutenfütterung muß man sich das Heranwachsen der Frucht in der Tab. 30 verdeutlichen. Entscheidend ist die Tatsache, daß erst in den letzten zwei Monaten nahezu 50% des Geburtsgewichtes gebildet werden. Im letzten Trächtigkeitsmonat verläuft die Gewichtsentwicklung so stark, daß bei Warmblutfohlen mit täglichen Zunahmen der Früchte zwischen 500 und 1000 g gerechnet werden kann. Gleichzeitig macht die Tabelle aber auch deutlich, daß ein zusätzlicher Nährstoffbedarf zur Förderung der Fruchtentwicklung erst in den letzten Monaten der Trächtigkeit notwendig ist. Inwieweit eine stärkere Fütterung das Geburtsgewicht des Fohlens beeinflußt, ist bisher nicht genau bekannt. Es besteht allerdings die Beobachtung, daß schlecht versorgte Stuten eine längere Trächtigkeitsdauer haben, die Fohlen also eine längere Reifezeit benötigen.

Fohlen mit überdurchschnittlichem Geburtsgewicht haben einen besonders hohen Fettanteil, d. h. sie werden mit größeren Energiereserven geboren. Einen ungünstigen Einfluß auf das Geburtsgewicht und damit auf die für die Neugeborenenphase wichtigen Energiereserven hat mit Sicherheit ein zu früher Geburtstermin; wenn also die Stuten wesentlich vor Ablauf einer Trächtigkeitsdauer von 335 Tagen fohlen.

In Betrieben, die über warme Ställe verfügen und ihren hochtragenden Stuten wenig Auslaufmöglichkeit bieten, kann es zur Einschränkung der Futteraufnahme oder gehäuft zu Abfohlungen der Stuten im Bereich von 320 bis 335 Tagen Trächtigkeitsdauer kommen. Hier sollte man in der Energieversorgung etwa 10% unter den empfohlenen Bedarfsnormen bleiben.

Eine um mehr als zwei Wochen verkürzte oder verlängerte Trächtigkeitsdauer kann einen Einfluß auf die Rückbildungsvorgänge im Bereich der Gebärmutter haben, ein erhöhtes Geburtsgewicht der Fohlen kann die Häufigkeit von Verletzungen im Bereich

Tab. 30: Fruchtentwicklung im Verlauf der Trächtigkeit

Trächtigkeitsmonat	Fruchtentwicklung in dem Monat %	Fruchtentwicklung insgesamt %
bis 7.	17	17
im 8.	15	32
im 9.	19	51
im 10.	23	74
im 11.	23	100

nach MEYER u. AHLSWEDE 1976

von Muttermund und Scham fördern. Der Calcium- und Phosphorbedarf ist im zehnten Trächtigkeitsmonat nahezu doppelt so hoch wie bei nicht tragenden Stuten. Dahingegen benötigt die Frucht nur geringe Mengen an Magnesium, Natrium und Kalium. Dennoch sollte man eine optimale Natriumversorgung durch Lecksteine oder Mineralfutter sicherstellen, da hier ein Einfluß auf die Ausbildung des Euters, die Lösung der Nachgeburt und das Abgehen des Darmpechs bei den Neugeborenen zu bestehen scheint. Der Mehrbedarf tragender Stuten an Spurenelementen ist verhältnismäßig gering. Die Einlagerung von Eisen in die Frucht geschieht im wesentlichen im elften Monat, die von Kupfer, Zink und Mangan vermehrt im zehnten Monat.

In der praktischen Fütterung geht es zunächst darum, dem vom achten Trächtigkeitsmonat an steigenden Bedarf der Stute gerecht zu werden. Von dieser Zeit an wird der zusätzliche Energiebedarf durch monatlich zu steigernde Gaben von Kraftfutter abgedeckt. Automatisch wird hiermit auch dem erhöhten Eiweißbedarf Rechnung getragen.

Zum Ausgleich des erhöhten Bedarfs an Calcium und Phosphor empfiehlt sich der Einsatz eines Ergänzungsfutter für Pferde mit weniger als 12% Rohprotein oder von Mineralfutter für Pferde in Mengen von 50 bis 100 g pro Tag. Damit wäre auch die Natrium- und Eisenversorgung aufgewertet. Mit dem Beginn des Aufeuterns der Stute sollte das β-Carotinangebot täglich 100 mg pro 100 kg Körpergewicht betragen. Dieses kann über die β-Carotinträger Gras, Grassilage, Grünmehl und Möhren oder synthetisches β-Carotin erreicht werden. Man will damit eine möglichst hohe β-Carotinanreicherung in der Biestmilch sicherstellen, so daß das Fohlen mit der ersten Milchaufnahme einen kräftigen Vitaminstoß erhält.

Den hochtragenden Stuten sollte möglichst viel Auslauf gewährt werden. Sie müssen jedoch vor naßkaltem Wind geschützt sein, da sonst große Energieverluste auftreten können. Eine Aufnahme von gefrorenem oder mit Rauhreif überzogenem Gras durch tragende Stuten ist unbedingt zu vermeiden.

Wenn sich kurz vor der Geburt die Stuten etwas schwer mit der Futteraufnahme tun, kann man die Rauhfuttergabe um 0,5 bis 1 kg kürzen und statt dessen die leicht abführende Melasse einsetzen (z. B. über hiermit angereicherten Quetschhafer in Menge von 0,5 bis 1 kg täglich), um den Darmkanal etwas zu entlasten. Dies wirkt außerdem appetitanregend, ebenso wie Gaben von sauberen Rüben oder Möhren.

Ziel der Fütterung und Haltung einer Zuchtstute in der Hochträchtigkeit ist es, sie weder über- noch untergewichtig in die Geburt gehen zu lassen.

Säugende Stuten

Säugende Stuten verlangen gegenüber den hochtragenden Stuten eine veränderte Rationsgestaltung. Falsch wäre natürlich, insgesamt auf andere Futtermittel zurückzugreifen, die Ration also völlig umzustellen. Die Ration hat sich lediglich in ihrer Menge zu verändern, wobei man allerdings bis etwa 3 Tage nach der Geburt noch die Ration gewichtsgleich aus der Hochträchtigkeit beibehält.

Nach der Geburt steigt mit dem Einsetzen der Milchproduktion der Bedarf an Nährstoffen bei der Mutterstute erheblich an. Die tägliche Milchmenge eines Großpferdes kann 15 bis 20 l betragen; Kleinpferde und Ponies können ähnlich hohe Milchmengen produzieren. Gegenüber einem Pferd im Erhaltungsstoffwechsel wächst bei den Fohlenstuten der Bedarf an Energie, Calcium und Natrium um das Zweifache, der an Eiweiß und Phosphor sogar um das Dreifache. Das bedeutet eine notwendige Steigerung der Nährstoffzufuhr. Da es aber Grenzen in der Futteraufnahmekapazität gibt, muß der Konzentration und der Qualität der Futtermittel besondere Beachtung geschenkt werden. Größere Futtermengen erfordern mehrere Mahlzeiten. Wenn es üblich ist, die Zuchtpferde dreimal täglich zu versorgen, so genießt die Fohlenstute den Vorzug, bis zur Gewöhnung an die neue Situation über einige Tage sechsmal täglich und häufiger Futter zugeteilt zu bekommen.

Wenn die Geburt des Fohlens normal verlaufen ist und insbesondere der Nachgeburtsabgang zügig und vollständig war, wird der Züchter alsbald eine neue Trächtigkeit der Stute anstreben. In vielen Fällen wird dies bereits durch Ausnutzen der Fohlenrosse geschehen. Die Milchproduktion für das Fohlen kann aber in Konkurrenz zur Funktion der Eierstöcke treten. Deshalb sollte man die Aufstockung der Futterration zwischen dem dritten und siebten Tag nach der Geburt vollständig durchführen. So wird durch ein hohes Energie- und Nährstoffangebot gewährleistet, damit nicht nur die Milchproduktion, sondern auch der einsetzende Zyklus stimuliert wird. Es gibt allerdings einzelne Stuten, bei denen sich nur die Milchproduktion steigern läßt bis hin zu Größenordnungen, bei denen das Fohlen durch zu große Milchmengen Durchfall bekommt. In diesen Fällen muß man sich mit der Fütterung zurückhalten und in Kauf nehmen, daß Rossen undeutlich sein können und schließlich ausbleiben. Dies ist auch meistens der Fall, wenn die Ration nicht oder mit starker zeitlicher Verzögerung dem erhöhten Bedarf angeglichen wird, oder wenn insbesondere der Mehrbedarf an Eiweiß unberücksichtigt bleibt. Es gibt Stuten, die nur ungenügend mit der Milchproduktion einsetzen. Man kann dieses daran erkennen, daß die Fohlen ständig saugen und sich selten hinlegen, eher neben dem Euter stehend schlafen. Wenn man eine Gebärmutterentzündung der Stute als Ursache ausschließen kann, empfiehlt sich die Gabe von hochwertigem Eiweiß mit einem hohen Lysingehalt, z. B. in Form von 100 g Magermilchpulver. Bevor man das Fohlen zutränkt, sollte zunächst dieser Versuch bei der Stute gemacht werden.

Gefährlich können hochverdauliche Futtermittel, auch Magermilchpulver, für Fohlenstuten werden, wenn insgesamt die Gabe der Kraftfuttermittel relativ hoch ist, wenig Rauhfutter aufgenommen wird und zudem noch durch befristeten Weidegang das erste eiweißreiche, rohfaserarme Gras gierig aufgenommen wird. Schwerste Koliken durch Fehlgärungen im Dickdarm können die Folge sein, die sehr häufig auch zum Verlust der Fohlenstute führen. Ab Ende Juni kann man an Stuten mit jungen Fohlen tierisches Eiweiß zur Steigerung der Milchproduktion etwas risikoloser verfüttern, da sie jetzt auf der Weide hartes, eiweißärmeres Gras antreffen.

Die Fohlenrosse wird häufig aus Angst vor der Fruchtresorption nicht ausgenutzt. Dabei läuft man Gefahr, daß ohne Einsatz von Hormonen eine spätere Rosse nicht auftritt oder nicht erkannt wird. Nach vielen Beobachtungen dürften die Fruchtre-sorption begünstigende Faktoren ein Unterangebot von Energie und/oder β-Carotin inbesondere vor und in der dritten bis siebten Trächtigkeitswoche sein. Durch eine Frühträchtigkeitsuntersuchung sollte man sich eine Information über eine bestehende Zwillingsträchtigkeit einholen und im positiven Falle wie bei der güsten Stute beschrie-ben verfahren.

Eine Fohlenstute, die intensiv über die Fütterung auf die Fohlenrosse vorbereitet wurde, sollte diese ausgebaute Futterration bis zur siebten Trächtigkeitswoche erhal-ten. Hiernach wird die Fütterung etwas abgebaut, da sich ab diesem Zeitpunkt die Gefahr des Fruchtverlustes erheblich vermindert. Generell darf die Säugezeit aber nicht dazu benutzt werden, um mit fetten Stuten eine Abmagerungskur vorzuneh-men. Hierzu bietet sich – wenn nötig – die Zeit nach dem Absetzen des Fohlens bis zum achten Monat der neuen Trächtigkeit an.

Die Übergangsphase vom Stall zur Frühjahrsweide birgt in verstärktem Maße das Risiko der Resorption. Das gilt auch für jegliche andere Streßsituation (z. B. Trans-porte, Stallwechsel). Bei kurzem Weidegang von ein bis drei Stunden wird die Futter-ration kaum verändert, es wird allerdings vor und nach dem Weidegang Heu vorge-legt. Bei ganztägigem Weidegang ist eine Halbierung der Kraftfutterration gerechtfer-tigt. Ausschließlicher Weidegang kann bei geringem oder überaltertem Aufwuchs oder zu hoher Besatzdichte bei säugenden Stuten zu Engpässen in der Nährstoffversor-gung führen. In diesen Fällen wird eine gezielte Beifütterung notwendig. Natrium muß während des Weideganges immer ergänzt werden (für Fohlen unzugänglich!), Calcium häufig ebenfalls.

Der Nährstoffbedarf der Fohlenstute sinkt etwa 5 Monate nach dem Abfohlen.

Tab. 31: Rationen für Zuchtstuten, 600 kg Körpergewicht; güst, im letzten Monat tragend und 1–2 Monate abgefohlt. Futtermittel in kg

Rationsbeispiele	güste Stuten zur Decksaison				hochtragende Stuten 11. Monat				Fohlenstuten			
	A	B	C	D	A	B	C	D	A	B	C	D
Heu, Ende Blüte	5	4		2	5	5	5	5	6	6	6	3***
Stroh		1	2–4	2								
Hafer	2,5			1	4,5		2		3	6,5		
Sojaschrot										0,7		
Bierhefe-, Leinsamen-Weizenkleiegemisch**		1	1	1	0,5	0,5		0,5		1	1	
Möhren	3						4		3			
sog. Alleinfutter			5	2,5								
Ergänzungsfutter zum Haferersatz		2,5				4	1,5	3,5			3	5
Ergänzungsfutter für Zuchtpferde								1	3,5	3		
Mineralstoffe*	0,1				0,1		0,05		0,05	0,1		

  * Ca/P mind. 4:1, Natriumversorgung separat
 ** pro kg 500 mg β-Carotin, oder 500 mg β-Carotin separat
*** tagsüber Weidegang (ca. 20 kg Gras)

Zum Absetzen der Fohlen wird die Nährstoffzufuhr der Stute kurz vorher bereits drastisch gekürzt, um ihre Milchproduktion zu drosseln.

Im letzten Monat der Trächtigkeit bis hin zur neuen siebten Trächtigkeitswoche hat sich in der Praxis der „Schrotschuß" bewährt, wie er auch für güste Stuten zu empfehlen ist. So wird die Energie-, β-Carotin-, Calcium- und bei Bedarf die Spurenelemente- und Vitaminversorgung angehoben und durch Komponenten wie Bierhefe und Leinsamen eine Verbesserung des Gesamtstoffwechsels erreicht.

4.8.2   Deckhengste

Hengste sind hinsichtlich der Wirkung von Nährstoffen auf Libido oder Spermaqualität kaum untersucht worden, und eine wissenschaftlich untermauerte Empfehlung zwecks Förderung der beiden Merkmale über die Fütterung gibt es nicht.

Bei der Fütterung der Deckhengste muß man die *Marstallzeit* und die *Deckperiode* unterscheiden. Bei der Deckperiode muß man weiterhin zwischen *Vor-* und *Nachsaison* mit i. d. R. geringerer geschlechtlicher Beanspruchung und der *Hauptsaison,* die meistens im April/Mai liegt, differenzieren. Während der Marstallzeit wird der Hengst wie ein Reitpferd entsprechend seiner Arbeitsleistung versorgt.

Die Ration sollte entsprechend dem Nährstoffbedarf durch das Nährstoffangebot ausgeglichen sein. In der Zeit der Deckruhe sollten übergewichtige Hengste abspekken, da das Übergewicht zu einer unnötigen Belastung insbesondere auch des Kreislaufes in der Decksaison führen könnte und dann die etwas libidofördernde leichte Energieüberversorgung verbieten würde.

Spätestens mit Beginn der Decksaison empfiehlt sich eine β-Carotin-Versorgung von wenigstens 300 bis 500 mg pro Tag bei Großpferdehengsten, wobei die Energie- wie auch die β-Carotin-Versorgung mit der sexuellen Belastung in der Hauptsaison gesteigert werden sollte, um in der Nachsaison und außerhalb der Decksaison einen Grundwert von 300 mg β-Carotin täglich zu erreichen.

Der Bedarf an Energie ist auch davon abhängig, wie intensiv der Hengst noch gearbeitet wird und wie hoch die Bewegungsaktivität durch den Deckakt wird. Ältere Hengste werden vielfach gar nicht mehr gearbeitet, jüngere aus Zeitgründen wenig, so daß dieser Faktor oft zu vernachlässigen ist. Der Bedarf des Deckhengstes in der Saison an Energie, Eiweiß, Mineralstoffen, Spurenelementen und Vitaminen ist mit dem der hochtragenden Stute vergleichbar. Lediglich bei stärkerer Arbeitsbelastung entsteht ein weiterer Energiebedarf.

Der Eiweißbedarf ist längst nicht so hoch wie allgemein angenommen wird. So werden z. B. für zwei Sprünge pro Tag nur etwa 40 g verdauliches Eiweiß zusätzlich benötigt, eine Menge, die kaum in der Lage ist, die ständig vorhandene Eiweißüberversorgung abzubauen. Man wird immer bemüht sein, diese Eiweißüberversorgung so niedrig wie möglich zu halten, denn sie, wie auch erhebliches Übergewicht eines Hengstes, ist negativ zu beurteilen, ebenso auch stärkere Gewichtsverluste. Da die Deckhengste eine ganzjährige Stallhaltung erfahren, sollte die Futterration vielseitig zusammengesetzt sein, den Hengst aber nicht zum Feinschmecker machen. Während der Decksaison kommt es nicht selten zur verzögerten oder verringerten Futteraufnahme. Vielfach ist eine Überfütterung die Ursache. Einige Hengste, insbesondere Junghengste, sind durch die Umstellung oder geschlechtliche Belastung überfordert, andere Hengste befinden sich durch den Kontakt mit Stuten in einer ständigen sexuellen Erregung, wodurch sie in ihrem Futteraufnahmeverhalten gestört sind.

In der Regel wird diesen Komplikationen durch häufigere kleinere Mahlzeiten erfolgreich begegnet. Auch das gewohnte Anbinden der Hengste während der Futter-aufnahme kann hier helfen.

Die erfahrenen Züchter berichten über verbesserte Zuchterfolge nach Gaben von tierischem Eiweiß (Eier, Fischmehl, Vollmilch, Magermilch) an Hengste. Wenn es hier eine Wirkung gibt, so mag sie bedingt sein durch die Qualität der Aminosäuren. So liegt der Gehalt der hier möglicherweise wichtigen Aminosäuren Lysin, Methionin und Cystin im Fischmehl etwa zehnmal, in der Bierhefe etwa fünfmal höher als in Heu oder Hafer. Die tägliche Verfütterung von 300 bis 500 g Bierhefe an Deckhengste und somit die Verbesserung der Aminosäurenqualität auch in Kombination mit einer β-Carotingabe kann in vielen Fällen Ursache für eine verbesserte Beweglichkeit des Samens von Hengsten gewesen sein. Hengsten in der Decksaison sollte Lysin in Mengen von 50 bis 60 g und Methionin/Cystin in Mengen von 30 bis 40 g täglich angeboten werden, bei Hengsten mit unbefriedigender Samenbeweglichkeit sind die-se Werte versuchsweise zusätzlich um etwa 20% anzuheben.

4.9   Fütterung von Jungpferden

Der Fütterung von Fohlen und Jungpferden kommt eine besondere Bedeutung zu, weil von der Jugendentwicklung Nutzungsdauer und Leistungsfähigkeit des später erwachsenen Pferdes abhängen können.

4.9.1   Saugfohlen

Saugfohlen können innerhalb einer Pferderasse sehr große Differenzen hinsichtlich des Geburtsgewichtes aufweisen. Geht man von einer durchschnittlichen Trächtig-keitsdauer von etwa 335 Tagen aus, so können Fohlen als Frühgeburten Probleme machen, wenn sie nach einer Tragezeit von weniger als 320 Tagen geboren werden. Sie haben aufgrund der Körperentwicklung – insbesondere des Knochengerüstes – aber durchaus eine Aufzuchtchance. Auch die Organe sind jetzt bereits genügend ausgebildet, um alle Funktionen übernehmen zu können. Neben einer zusätzlichen Eisen-, manchmal auch Kupfer- und Vitamin-B-Versorgung muß bei Frühgeburten besonders auf den Infektionsschutz geachtet werden. Nach Frühgeburten wird man sehr sorgfältig das Säugeverhalten beobachten. Hier gibt es oft Schwierigkeiten durch Schwäche. Bei übergewichtigen Fohlen dagegen sind Energiereserven vorhanden, so daß sie aus diesem Grund nicht sofort Nahrung benötigen. Diese Fohlen können aber häufig auch schlechter aufstehen und kommen somit weniger leicht ans Euter. Grund-sätzlich ist bei allen Fohlen das Wichtigste, in den ersten Lebensstunden mit der *Biestmilch* der Mutter versorgt zu werden, die stark mit Antikörpern und – je nach Versorgungsgrad über die Fütterung – mit β-Carotin als Infektionsschutzvitamin ange-reichert ist. Diese „Schluckimpfung" über die Muttermilch stellt den wirksamsten Schutz gegen die meisten Neugeborenenerkrankungen dar. Auf die rasche Antikör-perversorgung kommt es an, weil der Gehalt in der Milch bereits nach einem Tag erheblich abgesunken ist. Jedes Milchtröpfeln vor und nach der Geburt ist ein Verlust. Eine optimale Versorgung mit den Antikörpern und dem β-Carotin kann gewährleistet sein, wenn man die Stute bereits eine halbe bis eine Sunde nach der Geburt abmelkt und dem Fohlen die Milch noch im Liegen verabreicht. In eine saubere Babyflasche – zum Aufwärmen bleibt bis zuletzt heißes Waser in der Flasche – melkt man aus beiden Euterhälften je 50 ml, also insgesamt 100 ml, die das Fohlen angeboten bekommt.

Diese Maßnahme kann man im Abstand von einer Stunde jeweils wiederholen, bis das Fohlen selbständig bei der Stute saugt. Solche Hilfe ist erheblich besser als die Versuche eines Anlegens der Fohlen. Die Angst, Infektionen zu verursachen, ist unbegründet, wenn sauber gearbeitet und die Milch nicht zu kalt angeboten wird. Gerade für Frühgeburten und unbeholfene Fohlen kann dieses Vorgehen lebensrettend sein.

Wesentlich problematischer wird es, wenn die Stute die Milch bereits über Tage oder gar Wochen hat „tröpfeln" lassen. In diesem Fall ist damit zu rechnen, daß der Antikörpergehalt der Milch, die das Fohlen nach der Geburt erhält, äußerst gering ist. Für diese Fälle wie auch für den Notfall, daß ein Fohlen bereits vom ersten Tag an mutterlos aufgezogen werden muß, empfiehlt sich das Anlegen einer Biestmilchreserve in der Tiefkühltruhe. Dazu melkt man von möglichst der ältesten Stute des Betriebes mehrfach am ersten und zweiten Tag nach dem Abfohlen Milch und friert sie in Portionen von je 100 ml ein. Der Gehalt an β-Carotin in dieser Milch dürfte besonders hoch sein, wenn die Stute vor dem Abfohlen wenigstens zwei Wochen Weidegang hatte. Beim Auftauen der Milch aus der Gefriertruhe sollte die Temperatur 38 °C nicht überschreiten. Die Biestmilchreserve kann nach zwei Jahren Einlagerung an Wert verlieren, so daß dann nach Möglichkeit eine neue Reserve angelegt werden sollte. Vom Wiedereinfrieren übrig gebliebener Reste ist unbedingt abzuraten. Der Empfehlung zum Anlegen von Biestmilchreserven kommt in der Züchterschaft leider kaum jemand nach; oft besteht im Bedarfsfall fälschlicherweise die Meinung, Biestmilch im Handel erwerben zu können.

Antikörper als Infektionsschutz in der Biestmilch können gegenüber dem Keimmilieu einer Boxe aber nur gebildet werden, wenn die Stute wenigstens drei bis vier Wochen vor der Geburt in dieser Boxe gehalten wurde. Hier kann es mit der Terminierung Probleme geben, wenn Stuten vor dem errechneten Termin fohlen oder mehr Stuten gleichzeitig zum Abfohlen anstehen als Abfohlboxen vorhanden sind, so daß ein genügend langes Verbleiben vor und nach dem Abfohlen in der Abfohlbox nicht möglich ist. Die rasche Aufnahme von Biestmilch ist förderlich für den Abgang des Darmpeches, das sechs bis acht Stunden nach der Geburt vollständig abgegangen sein sollte. Ein übertrieben starkes Einsetzen der Milchproduktion der Stute gerade in den ersten Lebenstagen des Fohlens kann zu erheblichen Durchfällen beim Fohlen führen.

Normalerweise hat das neugeborene Fohlen rund 10% seines späteren Endgewichtes und bereits 60 bis 65% der Widerristhöhe erreicht. Bei guter Milchproduktion der Stute können tägliche Gewichtszunahmen des Fohlens von 800 bis 1000 g erreicht werden, so daß ein Warmblutfohlen nach zwei Monaten sein Geburtsgewicht verdoppelt haben kann. Dabei ist aber nicht die Mast eines Fohlens das Ziel, sondern eine konstante durchschnittliche Gewichtsentwicklung, die am wenigsten mit gesundheitlichen Nachteilen verbunden ist.

Den nächsten, wichtigen Abschnitt im Leben des jungen Fohlens stellt die Aufnahme von frischem, noch körperwarmen Kot der Mutter dar, was individuell sehr unterschiedlich im Alter von zwei bis sechs Wochen zu beobachten ist. Dieser Vorgang beeinflußt die weitere Entwicklung des Fohlens sehr positiv, da er eine Verbesserung der Vitamin B-Versorgung und Besiedlung des noch wenig ausgeprägten Dickdarmes mit Mikroorganismen bewirkt. Eine Ansteckung des Fohlens mit Parasiten kann zu diesem Zeitpunkt nicht erfolgen, da die Parasiteneier und -larven erst nach einigen Tagen infektionsfähig sind.

Nach der Besiedlung des Dickdarmes mit Mikroorganismen ist das Fohlen dann auch eher in der Lage, zunächst mehr spielerisch aufgenommene Futtermittel zu vertragen bzw. teilweise zu verdauen.

Fohlen, die sich in den ersten Wochen schlecht entwickeln, viel an den Wänden lecken oder gar immer oder immer wieder unter Durchfällen leiden, hatten oftmals keine Gelegenheit zur Aufnahme von warmem Kot, weil dieser zu dünnbreiig war, von der Stute immer gleich zertreten wurde etc. In solchen Fällen konnte man häufig positive Wirkung sehen, wenn man den Fohlen mehrfach über etwa drei Tage einen Teil eines warmen Pferdeapfels in das Maul schob. Selbst wenn dieser teilweise wieder ausgespuckt wird, reichen jeweils wenige Gramm. Bei der mutterlosen Aufzucht sollte diese Maßnahme mit knapp zwei Wochen bereits angewandt werden.

Etwa vier Wochen nach der Geburt kann der Energiebedarf eines Fohlens über die Muttermilch allein nicht mehr voll gedeckt werden. Während der Stallperiode wird das Fohlen in der kurzen Zeit, in der die Mutter ihren Trog leert, kaum genügend Krippenfutter aufnehmen, sondern nur Heu, jedoch bei Weidegang kann ein Fohlen dieser Situation bereits etwas durch Grasaufnahme begegnen. Während der Stallperiode und bei schlechter Weidequalität sollte also das Fohlen separat und gezielt zugefüttert werden. Der Züchter muß sich aber darüber im klaren sein, daß jetzt für die Festsetzung des Maßes der Energieergänzung über eine Kraftfutterzulage sein Augenmaß höher einzuschätzen ist als alle theoretischen Empfehlungen und Tabellenwerte; wichtiger als die Verfolgung der direkten Gewichtsentwicklung durch Wägung der Fohlen, die sich in der Praxis kaum durchsetzen wird, scheint mir die Beobachtung der Gesamtentwicklung des Fohlens durch den Züchter zu sein. Dabei sollte allerdings auch immer wieder die Entwicklung des Körpers im Verhältnis zur Beschaffenheit des Fundamentes gesehen werden.

Ziel einer Jungpferdeaufzucht darf nicht das Bestreben sein, ein Jungpferd ständig in Ausstellungs- oder Verkaufskondition – und somit Mastkondition – zu haben. Insbesondere Pferde, für die eine lange Nutzungsdauer angestrebt wird, z. B. im Dressur- oder Springsport, sollten als Fohlen eine durchschnittliche und gleichmäßige Entwicklung durchlaufen. Im Gegenteil können Fohlen mit leichtem oder unkorrektem Fundament sogar vom Körper her etwas untergewichtig aussehen, um das noch schwache oder unkorrekte Fundament bis zur Korrektur nicht allzu stark zu belasten.

Zum Zufüttern der Fohlen empfiehlt sich *Fohlenstarter* oder eine Kombination aus Fohlenstarter (mit Milchpulver) und Quetschhafer, in einem Verhältnis von 1:1 angeboten. Kann man nicht jeweils frischgequetschten Hafer (Alter ein bis drei Tage) in so kleinen Mengen erhalten, wird man eher Verdaulichkeitsverluste durch Gaben von heilem Hafer in Kauf nehmen, der dann ungenügend zerkaut wird, als andere gesundheitliche Störungen wie angelaufene Beine, Durchfall oder Kolik infolge Verwendung von überaltertem Quetschhafer. Das Futter wird dem Fohlen für den ganzen Tag, bei täglichem Weidegang für die Nacht, zur freien Aufnahme in einer Krippe, die der Stute nicht zugänglich ist, zur Verfügung gestellt (s. Teil B, Kap. 3.2). Die zugeteilte Menge sollte so bemessen sein, daß das Futter nicht länger als für den zugedachten Zeitraum in der Krippe liegen bleibt. Eventuell verbliebene Restmengen bietet man der Stute an. Insbesondere bei Weidegang mit jungem, rohfaserarmen Gras ist neben der Kraftfuttergabe auch die Aufnahme von etwas Heu anzustreben.

Für Großpferdefohlen kann das Energiedefizit über die Milchzufuhr vom ersten bis zum dritten Monat zwischen 8 und 12 MJ pro Tag betragen, im vierten und fünften Monat sogar 16 bis 21 MJ; das entspricht einer Menge von 0,5 bis 2 kg Kraftfutter täglich. Dabei wird man zunächst mit 200 bis 300 g Kraftfutter täglich beginnen. Entscheidend für die Dosierung ist die vorausgeschickte Argumentation, aber auch die

Auslaufintensität. Beim Verzehr von Heu und Kraftfutter wird der Wasserbedarf ansteigen, was bedeutet, daß für eine Tränkmöglichkeit zu sorgen ist.

Technisch sehr viel problematischer wird das Zufüttern während des reinen Weideganges, wenn Fütterungseinrichtungen wie z. B. ein *Fohlenschlupf* fehlen. Hier wird in den meisten Fällen eine Calciumergänzung über ein Mineralfutter für Pferde notwendig, wenn das Weidegras ein Calcium-Phosphor-Verhältnis von weniger als 1,5:1 aufweist. Sind allerdings bereits klinische Veränderungen bei den Fohlen, wie Lahmheiten, Knochenaufreibungen, Sehnenstelzfüßigkeit oder Bockhufe, festzustellen, wird empfohlen, die Fohlen tagsüber aufzustallen, um die Vitamin D-Synthese über das Sonnenlicht zu verhindern, wodurch jetzt auch die separate Futterzuteilung erleichtert wird.

Als praktikable Möglichkeit der separaten Zufütterung von Fohlen hat sich der sog. *Fohlenschlupf* bewährt. In der Weide, besetzt mit mehreren Fohlenstuten, wird im Zentrum ein kleines Gatter installiert, dessen Größe sich nach Anzahl der Fohlen richtet, wobei die Stangen bei Großpferden in 1,30 bis 1,35 m Höhe liegen. So können die Fohlen nach Belieben in das Gatter hineingehen, um das dort angebotene Futter aufzunehmen. Steht dort ständig Futter zur Verfügung, gibt es seitens der Stuten weniger Unruhe und Drang, auch an das Futter zu gelangen, als wenn gezielt in Mahlzeiten gefüttert würde.

Allerdings hat diese Methode den Nachteil, daß in vielen Fällen starke Fohlen durch die unbegrenzte Möglichkeit der Fütterung *(ad libitum-Fütterung)* unerwünscht hohe Mengen aufnehmen, schwache Fohlen hingegen enttäuschend wenig von dem System Gebrauch machen.

Mutterlose Aufzucht von Saugfohlen

Eine Anwendung von Milchpräparaten kann notwendig werden beim Verlust der Mutterstute sowie bei zu geringer, nicht zu beeinflussender Milchproduktion der Mutterstute oder wegen einer Antikörper-Reaktion der Fohlen auf Grund einer Unverträglichkeit gegenüber mütterlichen Blutgruppenantigenen in der Biestmilch (neonatale Gelbsucht der Fohlen) bis zum dritten oder fünften Lebenstag. In letzterem Fall muß die Stute gemolken werden; die Milch ist zu verwerfen. So bleibt die Milchleistung erhalten, um anschließend vom Fohlen wieder ausgenutzt zu werden.

Als Stutenmilchersatz ist die auf dem Markt befindliche *Fohlenmilch* zu empfehlen. Bis zur Beschaffung von Fohlenmilch kann man sich nur in Ausnahmefällen mit einer eigenen Mischung aus 64% frischer Kuhmilch, 32% Wasser und 4% Traubenzucker oder einem Milchaustauscher für Zuchtkälber (100 g/l, dazu 10 g Traubenzucker/l) behelfen. Milchersatz wird zunächst körperwarm angeboten, wobei die Mengen und Tränkfrequenzen stark abhängig von der Größe und dem Zustand des Fohlens sind. Je unterentwickelter das Fohlen, um so häufiger muß in kleinen Mengen getränkt werden. In den ersten zwei bis drei Tagen der mutterlosen Aufzucht sollten die Mahlzeiten häufiger und in kleineren Mengen verabreicht werden als von den Herstellern der Fohlenmilch angegeben. Normalerweise trinkt ein Fohlen bei der Stute bis zu 60mal 100 bis 250 ml innerhalb von 24 Stunden. Milchersatz sollte zunächst in Abständen von ein bis zwei Stunden angeboten werden, mit einer nächtlichen Pause von fünf Stunden. Nur bei großen, kräftigen Fohlen wird man die Tränkmengen und die zeitlichen Abstände erhöhen können, so daß dann die Belastung für den Züchter auch nicht so groß ist. Daß bei der Tränke peinlichste Sauberkeit herrschen muß, ist selbstverständlich.

Um dem Fohlen die Fremdkotaufnahme zu ermöglichen, streicht man ihm etwas warmen Kot eines anderen gesunden Pferdes ins Maul. Nach der zweiten Lebenswoche kann man Fohlenstarter, Quetschhafer und Heu anbieten. Vor Gaben zusätzlicher Vitamine sollte zunächst eine Gesamtkalkulation angestellt werden, da die Industrieprodukte bereits hoch vitaminisiert sind und es leicht zu Überdosierungen, z. B. von Vitamin D, kommen könnte. Ein mutterlos aufgezogenes Fohlen sollte in keinem Fall zu mastig werden.

Wenn es sich einrichten läßt, empfiehlt sich für mutterlose Fohlen das Beschaffen einer Amme. Falls es zunächst Schwierigkeiten hinsichtlich der Annahme des Fohlens durch die Amme geben sollte, können diese vielfach beseitigt werden, indem man Hals, Rücken und Hinterschenkel des Fohlens mit dem frischen Kot der Amme bestreicht.

4.9.2 Absatzfohlen, Jährlinge und Zweijährige

Mit dem Absetzen des Fohlens übernimmt man insbesondere in der ersten Stallperiode die Regie für die Wachstumsgeschwindigkeit durch die zugeteilten Futtermengen und deren Qualität. Mit Wachstum ist dabei weniger das Größenwachstum gemeint, das sich wenig beeinflussen läßt, sondern mehr der Zuwachs an Körpermasse, also die Gewichtszunahme.

Hinsichtlich der Methode des Absetzens ist das allmähliche Absetzen mit bereits beobachteter guter Futteraufnahme dem plötzlichen Absetzen von Fohlen, die noch ungenügend Kraftfutter und Heu aufnehmen, vorzuziehen. In Fällen, wo letztere Methode sich einmal aus irgendwelchen Gründen nicht vermeiden läßt, kann man den Fohlen dosiert wenig Wasser anbieten und sie an eine Tränke mit Fohlenmilch gewöhnen.

Gerade für Absatzfohlen und Jährlinge ist es äußerst schwierig, eine theoretische Fütterungsempfehlung hinsichtlich der Energieversorgung zu geben, weil diese in hohem Maße abhängig ist von der angestrebten und genetisch möglichen Reife und der Haltung, wobei hier die Auslaufmöglichkeit und -intensität eine besondere Rolle spielt.

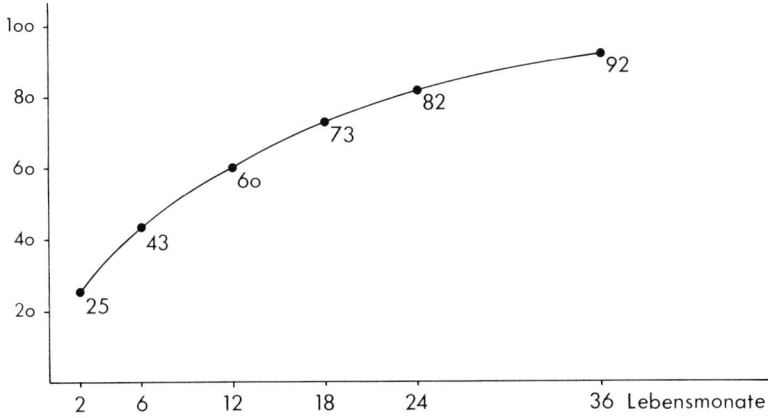

Abb. 211. Prozentuale Gewichtsentwicklung von Fohlen und Jungpferden.

Intensiv aufgezogene Jungpferde mit einem hohen Energieangebot ohne entsprechenden Energieabfluß in Form von Bewegungsmöglichkeit und stärkere Wärmeverluste über die äußere Haut nehmen bei intensiver Aufzucht infolge stärkerer Einlagerung von Wasser und Fett an Gewicht zu. Ihr endgültiges Skelettwachstum und auch ein Muskelansatz werden jedoch hierdurch nicht positiv beeinflußt. Hinsichtlich des Skelettwachstums sind intensiv aufgezogene Fohlen früher an der oberen Grenze ihres Höhenmaßes angelangt als extensiv aufgezogene Fohlen. Die Jungpferde mögen auf Grund höheren Körpergewichtes jeweils wüchsiger und entwickelter aussehen, ein höheres Endmaß nach Abschluß des Wachstums in Form des Widerristmaßes ist durch diese Aufzucht mit Sicherheit nicht zu erwarten.

Die intensive Aufzuchtform birgt das größte gesundheitliche Risiko für Knochen und Sehnen. Entsprechende aufzuchtbedingte Schäden können kurzfristig sichtbar werden, aber auch zunächst verborgen bleiben und später eine längere Nutzung der Pferde verhindern. Sehr besorgniserregend kann bei intensiver Aufzucht der durch einen schweren Druck infolge hohen Körpergewichtes entstandene Schaden an den Gelenkknorpeln besonders der Vorderbeine sein. Die frühe Nutzung der Vollblüter und Traber im Sport fordert eine intensive Aufzucht. Hier wird mit viel Bewegung in der Aufzucht und einer genetischen Selektion versucht, diese Risiken zu mindern.

Die *extensive Aufzuchtform* bedeutet langsames Wachstum bei späterer Nutzung und hierdurch bedingt einen höheren Fütterungs- und somit Kostenaufwand. Ein langsames Wachstum, das kontinuierlich besteht, ist aber nicht mit Stillständen wie z. B. bei Verwurmungen, chronischen Durchfällen o. ä. zu verwechseln.

Für beide Aufzuchtformen, die intensive als auch die extensive, ist für Absatzfohlen und Jährlinge die *Gruppenauslaufhaltung* aus gesundheitlicher Sicht besonders zu empfehlen. Dabei werden die Aufzuchtkosten infolge höheren Energiebedarfes durch ständige Bewegungsleistung in der Gruppe und Wärmeverluste über die äußere Haut besonders hoch sein, die gesundheitlichen Risiken hinsichtlich aufzuchtbedingter Schäden am Kreislauf- und Bewegungsapparat können jedoch als minimal betrachtet werden. Eine extensive Aufzucht mit Gruppenauslaufhaltung ist insbesondere für das künftige Sportpferd zu fordern, bei dem man sich nach langer Ausbildung auch lange Nutzung erhofft. In milderen Klimazonen ist ein ganzjähriger Weidegang nahezu ideal, wobei intensiv zugefüttert werden kann, bei kalter Witterung sogar muß.

Solange Käufer und Musterungskommissionen bei Jungpferden die entsprechenden Vorteile nicht genügend erkennen und vor allen Dingen würdigen, wird sich die extensive Aufzucht mit Gruppenauslaufhaltung nur langsam in die Praxis einführen lassen. Betrachtet man noch einmal die Entwicklung des Körpergewichtes als Maß, so können extensiv aufgezogene Fohlen mit 12 Monaten 40% ihres Endgewichtes erreicht haben (z. B. Araber), intensiv „getriebene" dagegen bis zu 70% (z. B. Vollblüter). Für die Warmblutzucht empfiehlt es sich, die 60%-Grenze auf keinen Fall zu überschreiten.

Ein grober Fehler wird gemacht, wenn die Fohlen wenige Tage nach dem Absetzen ausschließlichen Weidegang ohne Beifutter erhalten. Das Weidegras entspricht insbesondere in Eiweißgehalt und -qualität nicht den Bedürfnissen des Fohlens, abgesehen von weiteren Mängeln in der Energie-, Mineralstoff-, Spurenelement- und Vitaminversorgung.

Absatzfohlen benötigen gutes Heu und ein Krippenfutter mit einem erhöhten Eiweißgehalt bei hoher biologischer Wertigkeit. Früher wurde hier eine Magermilchtränke eingesetzt, jedoch fehlte dabei ein Ausgleich an Mineralstoffen, Spurenelementen und Vitaminen. Hier eignen sich die Ergänzungsfuttermittel für Fohlen besser. Absatzfohlen mit einem Endgewicht von 500 bis 600 kg werden zunächst nicht mehr als 1 bis

1,5 kg Heu aufnehmen; erst mit einem Jahr fressen sie die Menge von etwa 2,5 bis 3 kg/Tag. Die obere Aufnahmekapazität an Futtertrockenmasse beträgt 1,9% des Körpergewichtes. Saugfohlen und Absatzfohlen haben nicht nur einen erhöhten Bedarf an Eiweiß für den Körperaufbau, sondern stellen zudem besondere Ansprüche an die Eiweißqualität. In der Futtertrockenmasse der Gesamtration für Saugfohlen und Absetzer sollte 0,7% Lysin enthalten sein. Rationsvorschläge ergeben sich aus Tab. 32, wobei die Auslaufmöglichkeit mit berücksichtigt wurde.

Das *Kotfressen* von Absetzern und Jährlingen ist meistens ein Hinweis auf ein zu hohes Angebot an Kraftfuttermitteln, wodurch die Trockensubstanzaufnahmekapazität nahezu erreicht ist und zu wenig Heu aufgenommen werden kann. Durch Rücknahme des Kraftfutterangebotes wird die Kotaufnahme eingestellt und wieder vermehrt Heu gefressen.

Die Jährlinge haben mit 18 Monaten ihr Hauptwachstum abgeschlossen, zu einer Zeit, zu der die erste Weideperiode ohne Mutterstute zu Ende geht. Der erste Weideaustrieb sollte zunächst nur stündlich stattfinden, wobei noch an eine ständige gute Rohfaserergänzung gedacht werden muß. Für die Weideperiode stellt genügender Auslauf bei guter Grasnarbe und gerader Anzahl möglichst gleich entwickelter Fohlen die günstigste Voraussetzung dar. Mit Nachlassen der Weidequalität kann die Zufütterung von Kraftfuttermitteln notwendig werden, insbesondere und in erheblichem Maß (ca. 3 bis 5 kg täglich) für die früh in die Nutzung gehenden Rassen wie Vollblüter und Traber.

In der zweiten Winterperiode ist der Eiweißqualität keine besondere Bedeutung mehr zuzumessen. Bei nicht mehr so starker Körperentwicklung sind den Pferden jetzt größere Rauhfuttergaben zur Verfügung zu stellen. Im übrigen sind die zweijährigen Jungpferde jetzt bis zum Anreiten zu füttern wie erwachsene Pferde ohne Arbeitsleistung.

Oft wird nach einer speziellen Ration gefragt, mit der junge Hengste zur Körung

Tab. 32: Rationen für Jungpferde, Endgewicht 600 kg, Futtermittel in kg

Rationsbeispiele	1. Stallperiode ca. 6–15 Monate			2. Stallperiode ca. 18–26 Monate		3. Stallperiode ca. 30–39 Monate	
	A**	B***	C***	A	B	A	B
Heu, Ende Blüte	3	3,5	3,5	4	4	4	4
Hafer			3,5	3		3	1,5
Sojaextraktionsschrot			0,5				
Bierhefe, getrocknet	0,2	0,2	0,2				
Ergänzungsfutter als Haferersatz	2	2		3			1,5
Fohlenaufzuchtfutter (15–18% Rohprotein)	0,8	1,5					
Möhren			1–2				
Mineralfutter*			0,1	0,1		0,1	0,05
Stroh				1	1	1–2	1–2

* Ca/P mind. 4:1
** wenig Auslaufmöglichkeit
*** viel Auslaufmöglichkeit

optimal herauszubringen sind. Die Frage ist mit der Hoffnung verbunden, durch die Fütterung in den letzten Wochen die Erfolgschancen erheblich erhöhen zu können. Hier muß man insoweit enttäuschen, als daß eine auf die Körung ausgerichtete Fütterung bereits beim Saugfohlen beginnt. Langsam und solide soll sie sein; hierüber ist bereits viel gesagt worden. Wenn es zuletzt schließlich etwas um die „Augenwischerei", den Glanz und den Lack der Jacke geht, kann man z. B. mit 100 ml Pflanzenöl (ungesättigte Festtsäuren), Leinsamen und Bierhefe nachhelfen. Von der Anwendung von Hormonen und den häufig üblichen Vitaminüberdosierungen größten Ausmaßes ist dringend abzuraten.

5   Fütterungsbedingte Probleme

Fütterungsbedingte Probleme führen nicht nur zu Leistungsminderung, Krankheit oder Tod der betroffenen Pferde, sondern verhindern auch häufig die angestrebte Nutzung. Und schließlich können sie dem Pferdehalter viel Kummer, zusätzliche Mühen und Kosten verursachen.

Man muß sicherlich differenzieren, ob auftauchende Probleme der Fütterung nur in Form von Vermutungen angelastet werden, oder ob eine aufklärende Diagnose Gewißheit geben konnte. Da es sehr schwierig sein kann, zu dieser Diagnose zu kommen, darf man sich nicht nur auf Vermutungen oder subjektive Eindrücke verlassen, sondern muß versuchen, objektive Tatsachen zu erkennen, biologisch einzuordnen und in einen Zusammenhang zu bringen.

5.1   Diagnostik und Analytik fütterungsbedingter Probleme

Die individuell stark unterschiedliche Toleranz von Pferden gegenüber Fehlern in der Nährstoffzufuhr durch Futtermittel herabgesetzter Qualität, Fehler in der Fütterungs- und Tränketechnik, fehlerhaft dosierte Futtermittel usw. erschwert oft die rasche Erkenntnis, daß das beobachtete Problem bei den Pferden in einem Zusammenhang mit der Fütterung stehen könnte. Wenn beispielsweise zwanzig Pferde eines Betriebes mit leicht verdorbenem Quetschhafer gefüttert werden, reagieren sicherlich nicht alle zwanzig Pferde gleichzeitig und gleichartig. Einige Pferde werden etwas schlechter fressen oder in der Leistung herabgesetzt sein, andere Pferde haben angelaufene Beine, manche dünnbreiigen Kot, und vereinzelt mag eine Kolik auftreten. Dieses Bild ist typisch bei fütterungsbedingten Problemen: man meint, daß eine Veränderung bei den Tieren eingetreten ist, kann aber die vielen Mosaiksteinchen an Symptomen, die auch zeitlich verzögert auftreten, nicht zu einem Bild ordnen. Hierfür wäre eine systematische Untersuchung notwendig, für die allerdings Schwerpunkte zu setzen sind, um die Kosten in Grenzen zu halten.

Wenn die Diagnose der Veränderung am Pferd mit dem Fehler über die Fütterung in Einklang gebracht werden soll, so nicht nur, um akute Probleme zu beseitigen, sondern auch, um Erkenntnisse für die Zukunft zu sammeln.

Am Pferd selbst ist die genaue *klinische Diagnose* von Bedeutung: einmal, um dem Pferd aus tierärztlicher Sicht helfen zu können, zum anderen, um besonders im zeitlichen Zusammenhang mit einer möglichen Futterumstellung einen Hinweis für die

Fehlersuche zu erhalten. Dabei reicht eine Diagnose wie „Kolik" nicht aus. Man muß schon wissen, welcher Art die Kolik war und in welchem Abschnitt des Magen-Darmkanals sie sich abspielte.

Beim Tod eines Pferdes kann durch die Sektion oder nach der Schlachtung durch Besichtigung von Organen und Schlachtkörper noch versucht werden, Hinweise für die Diagnose oder die Ursache der Krankheit zu erhalten. Gerade in Fällen, bei denen Rechtsstreitigkeiten zu erwarten sind, können objektive Dokumentationen durch Fotos, feingewebliche Untersuchungen, Analysen vom Inhalt des Magen-Darmkanals und Konservierung veränderter Teile die Aufklärung und gutachterliche Tätigkeit erleichtern.

Imbalancen in der Nährstoffversorgung lassen sich am Pferd direkt nicht in jedem Fall nachweisen. Werden Blutproben genommen und untersucht, kann man durch das Ergebnis des Blutbildes beispielsweise Anämien oder Infekte feststellen. Weiterhin sind durch die *Analytik* Aussagen über Funktionen von Organen wie Leber und Niere möglich. Die Versorgung des Pferdes mit Energie und den einzelnen Nährstoffen kann nur zum Teil über Analysen des Blutes beurteilt werden. Die Werte können auch beeinflußt werden vom Zeitpunkt der Probeentnahme (vor oder nach Fütterung oder Arbeit), der Lagertemperatur, der Dauer zwischen Entnahme und Untersuchung, von der Verwendung eines Gerinnungshemmungsmittels und vielem mehr. Um die Nährstoffversorgung mittels Blutanalytik besser interpretieren zu können, ist die Einsendung von Blutproben mehrerer Pferde zu empfehlen, denen die gleiche Fütterung zuteil wird, auch wenn unter ihnen Pferde sind, bei denen keine Probleme beobachtet werden. In der Jungpferdezucht erhält man Informationen, wenn im Abstand von sechs Monaten Blutproben ein- und desselben Tieres untersucht werden und man somit Verlaufswerte eines Pferdes bzw. eines Jahrganges innerhalb des Betriebes erhält.

Für die *Rohfaser- und Energieversorgung* gibt es keine Möglichkeit zur Bestimmung des Versorgungsgrades über die Blutanalytik.

Die *Eiweißversorgung* ist über den im Blut befindlichen Harnstoff zu erfassen. Die Normalwerte liegen zwischen 20 und 40 mg/dl im Serum oder Plasma. Werte darunter deuten auf eine Unterversorgung, Werte darüber auf eine Überversorgung mit Eiweiß. Der Gesamtproteingehalt im Blutserum von normalerweise 6 bis 7,5 mg/dl ist erniedrigt bei Eiweißverlusten oder gestörter Eiweißabsorption. Eine Erhöhung dieses Wertes hat in der Regel nichts mit einer Eiweißüberversorgung zu tun, sondern ist Zeichen eines Wasserentzuges. Dabei müßte gleichzeitig der *Hämatokritwert* (normal 30 bis 45%) erhöht sein. Bei mangelhafter Wasserversorgung oder nach starken Schweißverlusten steigen also der Gesamtproteingehalt und der Hämatokritwert im Blut an.

Die *Mineralstoffe Calcium und Phosphor* muß man im Zusammenhang sehen. Während der Calciumspiegel im Blutplasma und -serum straff reguliert ist und zwischen 11 und 15 mg/dl liegt, muß bei der Beurteilung des anorganischen Phosphorwertes im Blutplasma und -serum das Alter des betreffenden Pferdes berücksichtigt werden. Hier kann man bei Pferden im Alter von zwei Tagen bis sechs Monaten mit Normalwerten von 7,6 bis 5,5 mg/dl, von sechs Monaten bis zu drei Jahren mit Werten von 5,0 bis 3,5 mg/dl und im Alter über drei Jahren mit Normalwerten zwischen 4,8 und 2,4 mg/dl rechnen. Hohe Phosphorgehalte im Futter können einen Anstieg des Spiegels von anorganischem Phosphor im Blut bewirken. Bei der *Osteomalazie* (Mangel an Calcium bzw. Phosphor und Vitamin D) kann der anorganische Phosphorspiegel im Blut vermindert sein. Bei dem *ernährungsbedingten sekundären*

Hyperparathyreoidismus (s. Kap. 5.4.3) ist der Calciumgehalt im Blut leicht erniedrigt und der Gehalt von anorganischem Phosphor gering erhöht. In diesem Zusammenhang gibt auch die Höhe der alkalischen Phosphatase eine Information. Normalerweise liegt sie im Serum oder Plasma bei Werten bis zu 220 U/l; sie kann darüber liegen, wenn noch eine starke Osteoblastentätigkeit vorhanden ist, wie es bei Fohlen im Alter von unter einem Jahr der Fall ist. Die alkalische Phosphatase bleibt bei einem Calcium-Phosphor-Verhältnis, das enger ist als 1,2:1, wegen der sekundären Überfunktion der Nebenschilddrüse erhöht. Die Gehalte von Calcium, anorganischem Phosphor und der alkalischen Phosphatase im Blut sollten bei Jungpferden verfolgt werden, wenn Wachstumsstörungen beobachtet werden.

Der *Magnesiumgehalt* im Blutplasma oder -serum ist ein Spiegel für die Versorgung. Er liegt normal zwischen 1,4 und 2,5 mg/dl. Ein leichter Magnesiummangel liegt bei Blutwerten zwischen 1 und 1,4 mg/dl vor. Der *Natriumgehalt* im Blutplasma und -serum läßt keine Aussage über die Natriumversorgung zu. Der *Kaliumgehalt* im Blutplasma und -serum liegt normalerweise zwischen 13 und 20 mg/dl. Werte unter 12 mg/dl deuten auf eine Unterversorgung mit Kalium, wenn die Probe nicht nach einer Arbeitsbelastung genommen wurde.

Zur Klärung von Anämien sollte man den *Hämoglobinwert* (normal 10 bis 17 g/dl), den Eisengehalt im Blutplasma oder -serum (normal 80 bis 140 µg/dl) und den Kupfergehalt im Blutserum (normal 145 bis 195 µg/dl) heranziehen. Liegt der Hämoglobingehalt im Zusammenhang mit einem verringerten Eisengehalt im Blut zu niedrig, ist die Eisenversorgung zu überprüfen, andererseits die Kupferversorgung, wenn der Kupfergehalt im Serum und der Hämoglobinwert erniedrigt sind. Erhöhte Eisengehalte im Blutplasma von mehr als 260 µg/dl sind bei Vollblütern nach Arbeitsbelastung gefunden worden, wohingegen in der Ruhephase die Gehalte um 160 µg/dl lagen (Hintz 1977).

Die *Zinkversorgung* spiegelt sich auch im Blutgehalt wieder. Allerdings sind die Untersuchungen noch relativ spärlich, so daß hier nur angegeben werden soll, daß Zinkwerte im Blutplasma von mehr als 100 µg/dl für eine ausreichende Versorgung sprechen. Wo der Grenzwert bei einer Unterversorgung liegt, möchte ich noch offenlassen, zumal eine Empfindlichkeit der Haut auch farben- und rassespezifisch ist und hier nähere Untersuchungen des Zinkeinflusses fehlen.

Der *Selengehalt* im Blutplasma oder -serum dürfte mit Werten zwischen 10 und 15 µg/dl für eine ausreichende Selenversorgung sprechen.

Auch die Vitaminversorgung kann sich im Blutbild spiegeln: Der *Vitamin A*-Spiegel im Blut hat keine unbedingte Aussagekraft für die aktuelle Versorgungslage, da er durch Reserven aus der Leber über lange Zeit aufgefüllt werden kann. Der normale Vitamin A-Blutspiegel liegt bei 60 bis 100 IE/dl. Die β-*Carotinversorung* schlägt sich direkter im Blutspiegel nieder. Man kann davon ausgehen, daß das β-Carotin seine spezifischen Eigenschaften erfüllt, wenn der Blutplasmagehalt an β-Carotin beim Pferd über 0,03 mg/dl beträgt. Der *Vitamin E*-Gehalt im Blutplasma kann zwischen 0,08 und 0,3 mg/dl liegen, der *Ascorbinsäuregehalt* im Blutplasma zwischen 0,75 und 1,1 µg/dl.

Für die Beurteilung der Calcium-, Natrium- und Kaliumversorgung können weiterhin *Harnanalysen* herangezogen werden.

In einem Betrieb mit fütterungsbedingten Problemen wird man auch die Pferde während der Futteraufnahme beobachten, die Boxen, Krippen und Tränken inspizieren und die Lagerräume für die einzelnen Futtermittel. Bei Verdacht auf Fehler in der Energie- und Nährstoffversorgung sollte man die Futtermittel einer Tagesration auswiegen und rechnerisch kalkulieren. Eventuell wird hier gerade bei wirtschaftseigenen Futtermitteln wie Gras, Heu und Silagen eine Weender Analyse und eine Bestimmung der Mineralstoffe Calcium, Phosphor und Natrium erforderlich. Die Notwendigkeit, die Analytik auf weitere Mineralstoffe oder Spurenelemente, Vitamine und Aminosäuren auszudehnen, besteht selten.

Eine weitere Möglichkeit bei der Betriebsbesichtigung besteht in der grobsinnlichen Beurteilung der Futtermittel (vgl. Tab. 20, 21 und 23). Besteht Anlaß zu weiteren Untersuchungen, können entsprechende Futterproben entnommen und an die Untersuchungsstellen geleitet werden. In Fällen, bei denen Rechtsstreitigkeiten zu erwarten sind, sollten die Probeentnahmen gleich durch einen vereidigten Probenehmer erfolgen. Es können aber auch Erwerber und Veräußerer oder einer von beiden und ein Zeuge die Probe nehmen. Der sachverständige vereidigte Probenehmer wird mit mehr Routine die Probeentnahmen durchführen, Protokolle anfertigen und die notwendige Anzahl der Probeentnahmen wissen.

Die Untersuchungsstelle sollte vorberichtlich informiert werden, in welcher Richtung untersucht werden sollte, besonders auch, um Kosten zu sparen. Es kann einmal die Weender Analyse und die Bestimmung von Gehalten an Mineralstoffen, Spurenelementen, Vitaminen oder Aminosäuren durchgeführt werden und/oder eine Schadwirkung durch Futtermittel (s. Kap. 5.2) untersucht werden. Die Schadwirkung durch Futtermittel kann entstanden sein durch schädliche Inhaltsstoffe, Beimischung von giftigen Komponenten, Berührung mit Schadstoffen, Futterverderb, fehlerhafte Verarbeitung und Zubereitung von Futtermitteln und durch falsche Futterwahl. Anhand der Fülle diesbezüglich möglicher Untersuchungen wird klar, daß man aufgrund des Vorberichtes oder von Verdachtsmomenten bemüht sein wird, zuerst mit Untersuchungen zu beginnen, von denen man sich Klärung verspricht.

Beimischungen von giftigen Komponenten können die Giftpflanzen bzw. Teile davon sein oder auch Samen mit giftigen Inhaltsstoffen. Gift- und Schadpflanzen werden von Pferden instinktiv abgelehnt. Verhaltensstörungen, Nervosität oder aber Rauhfuttermangel veranlassen Pferde jedoch zur gelegentlichen Aufnahme dieser Pflanzen. Gefahr droht insbesondere bei Ruhepausen während eines Ausritts im Gelände und in Parkanlagen. Hauptgefährdungen entstehen durch die sog. Giftpflanzen (s. Kapitel E9).

5.2   Schadstoffhaltige und verdorbene Futtermittel

Wenn Futtermittel mit *Schadstoffen* in Berührung gekommen sind, stellen sie eine gesundheitliche Gefahr dar. Als Schadstoffe kommen in Betracht: Erde, Sand, Staub (z. B. Zement), Zink, Blei, Kupfer, Arsen, Quecksilber, Pflanzenschutzmittel, Pilze, parasitäre Gebilde und Bakterien. Zu Infektionen mit Leptospiren kann es kommen, wenn Pferde Futtermittel wie Gras oder Heu aufnehmen, die durch den Harn infizierter Mäuse verschmutzt sind. Ähnlich wie über das Wasser sind Salmonelleninfektionen auch über infizierte Futtermittel möglich. Eine Listeriose als Schmutzinfektion über den Boden oder Nagetiere benötigt für die Infektion große Erregermengen, wie sie sich z. B. in den Randzonen von Silagen sammeln können. Kadaver, z. B. von Katzen oder Ratten, in einem Heu- oder Strohstapel, in Preßballensilagen oder im Wasser sowie auch große Mengen von Hühnerkot können ihre Umgebung mit Clostridien infizieren. Pferde, die hierdurch an Botulismus erkranken, zeigen Lähmungserscheinungen und Koliken und vermögen nicht aufzustehen.

Schädliche Inhaltsstoffe in Futtermitteln sind etwa die blausäurebildenden Glykoside im Leinsamen, die durch Aufkochen inaktiviert werden, oder hohe Nitratgehalte in Gräsern.

Futterverderb kann die vielfältigsten Ursachen haben. Hauptursache ist aber eine feuchte, warme Lagerung trockener Futtermittel, wodurch es zu einer Vermehrung von Bakterien, Pilzen und Hefen kommt. Die Feuchtigkeit kann Kondenswasser in oberen Schichten sein, z. B. in Silos nach warmer Beschickung mit Pellets oder durch Einwirkung von starken Temperaturschwankungen des Tag-Nacht-Rhythmus. Weiterhin können sich die Futtermittel die Feuchtigkeit aus der Stalluft oder aus feuchtigkeitsführenden Boden- und Wandflächen ziehen. Je nach Einfluß von Wärme und Feuchtigkeit und abhängig von dem Nährboden kann es zu rasanten Vermehrungen von Bakterien, Pilzen und Hefen kommen.

Die Veränderungen der Futtermittel kann man z. T. mit dem bloßen Auge sehen und auch riechen (vgl. Tab. 20, 21 und 23). Kommt es für die Mikroorganismen zu einer Veränderung der Lebensbedingungen durch fehlende Wärme oder mangelnden Nährboden, wird die äußere Infektion nicht mehr so leicht sichtbar sein. Wo bislang die Pilzrasen waren, ist jetzt nur noch eine Farbveränderung zu finden. Das Toxin der Pilze und Bakterien ist dann aber noch im Futtermittel vorhanden und kann bei Aufnahme durch das Pferd gesundheitsschädigend wirken. Bei einer Untersuchung des Futtermittels wird pro Gramm Futtermittel die Zahl der koloniebildenden Einheiten der Bakterien, Pilze und Hefen ermittelt. Der Gehalt an grammnegativen Bakterien wird durch die Menge der Lipopolysaccharide (μg/g) angegeben. Die Bedeutung der mikrobiologisch-hygienischen Beschaffenheit wird nach MEYER (1986) in Tab. 33 wiedergegeben. Für einen Toxinnachweis werden andere Verfahren notwendig.

Bei *Pilzbefall* handelt es sich meistens um Schimmelpilze. Deren Sporen reichern die Atemluft der Pferde an und können Allergien auslösen. Die Toxine der Pilze verursachen – je nach Stärke und Dauer der Einwirkung – Störungen im Darmbereich, der Fruchtbarkeit und der Trächtigkeit (Aborte) bis hin zu Schäden an Darm, Leber, Nieren oder Nerven, die dann über Kolikerscheinungen zum Tod der Pferde führen können. Die *Hefen* verursachen Gasbildungen im Magen-Darmkanal und damit die Ursache für Koliken.

Die *Bakterien* (außer besondere Erkrankungen nach: Listerien, Salmonellen, Leptospiren und das Toxin der Clostridien) nehmen negativen Einfluß auf die Verdauungsabläufe und belasten den Leberstoffwechsel.

Tab. 33: Beurteilung der mikrobiologisch-hygienischen Beschaffenheit von Krippenfuttermitteln (Zahl kolonienbildender Einheiten pro g)

	im allgemeinen unbedenklich	im allgemeinen erhöht	überhöht
Bakterien	unter 10^6	über 10^6	über 5×10^6
Pilze	unter 10^3	über 10^3	über 10^4
Hefen	unter 10^2	über 10^2	über 10^3
Lipopolysaccharide μg/g	unter 10	über 10	über 25

nach MEYER 1986

Die Infektion eines Futtermittels mit *Milben* ist nach Verfütterung oft Ursache unterschiedlichster Reaktionen der Pferde. Bei Leistungspferden reicht häufig schon ein geringgradiger Befall, um mit heftigem Kolikschmerz zu reagieren. Andere Pferde zeigen nur angelaufene Beine und verringerten Appetit, Anzeichen, wie sie auch nach Verfütterung stärker keimbelasteter Futtermittel beobachtet werden. Vermilbte Futtermittel sollten nicht an Pferde verfüttert werden, da die Neigung zu Entgleisungen der Verdauungsabläufe der Pferde lebensbedrohliche Koliken nach sich ziehen kann.

Eine *fehlerhafte Verarbeitung und Zubereitung von Futtermitteln* kann beispielsweise bestehen in einer unvollkommenen Toastung von Sojaschrot oder einem zu hohen Staubanteil eines Futtermittels, der die Aufnahme erschwert und die Atemwege belastet. Bei strukturierten Futtermitteln für Pferde, die gehäckselt werden, muß eine Mindestlänge von drei Zentimetern erhalten bleiben, um keine Verstopfung im Blinddarm zu verursachen. Beim Mischen darf es nicht zu Fehlmischungen (z. B. statt 0,1% kohlensaurer Futterkalk 10%) oder zu Entmischungen (z. B. Mehlanteile, Schalenanteile) kommen.

Wenn für andere Tierarten bestimmte Restmischungen mit für Pferde unverträglichen Zusatzstoffen, z. B. Monensin-Natrium, in eine Futtermischung für Pferde geraten, kann diese zu einer großen Gefahr für die Pferde werden.

Eine falsche Futterwahl kann nicht nur zu Problemen in der Nährstoffversorgung, sondern auch zu Störungen im Ablauf der Verdauungsvorgänge des Magen-Darmkanals führen.

5.3 Fütterungsbedingtes Auftreten von Koliken, Stauballergien und Stoffwechselstörungen

Kolik

Fütterungsbedingte Kolikdispositionen sind in Tab. 34 aufgeführt. Kolikerscheinungen im *Magen* und ihre auslösenden Faktoren sind im Kap. 1.1 behandelt. Ursachen für Kolikerscheinungen im *Dünndarm* sind in der Regel stark verkeimte oder verkleisternde Futtermittel, die vom Magensaft her nicht genügend beeinflußt werden konnten. Durch Gasbildung, veränderte Darmbewegung und entzündliche Vorgänge sind Verlegungen und Verschlüsse von Darmteilen leicht möglich. Pflanzenteile, die ungenügend zerkaut oder so stark vorzerkleinert wurden, daß sie im Zahnbereich nicht gekaut wurden (Stroh- oder Heuhäcksel unter 3 cm, Rasenmähergras) können an den Verengungen des Darmkanales den mechanischen Weitertransport des Darminhaltes verhindern.

Kritische Punkte sind der Übergang vom Hüftdarm in den Blinddarm, der Übergang vom Blinddarm in den Grimmdarm, die Beckenflexur und der Übergang von der magenähnlichen Erweiterung zum kleinen Grimmdarm. Verstopfungen in der magenähnlichen Erweiterung entstehen im Blinddarm und großen Grimmdarm bei unzulänglicher mikrobieller Tätigkeit, wenn dort zuviel Stroh ankommt. Der Blinddarm reagiert empfindlich mit Fehlgärungen nach Verfütterung von stark keimbelasteten oder hochverdaulichen Futtermitteln. Folgen sind rasch eine herabgesetzte Beweglichkeit dieses Darmteiles und Gasbildungen. Fehlgärungen sind auch in beiden Lagen des großen Grimmdarmes möglich durch junges, eiweißreiches, rohfaserarmes Gras.

Pferde nutzen oft die Gelegenheit zur Aufnahme von Erde oder Sand, wenn ihnen Bewegungsmöglichkeiten in Reithallen oder Ausläufen gegeben wird. Manchmal kann

Tab. 34: Fütterungsbedingte Kolikdispositionen

Symptome	Ursachen
Darmanschoppung (Obstipation)	Ungenügende Zerkleinerung schwer verdaulicher Pflanzen (z. B. Stroh, Klee in Blüte). Zu große Mengen schwer verdaulicher Rohfaser (Stroh). Eindickung (z. B. durch Wassermangel). Zu kurz geschnittenes Häcksel oder Gras (Rasenmähergras).
Fehlgärungen	Stark verkeimtes Futter (verdorben!). Schimmelpilze; ungenügend abgelagertes Heu; Gras im Haufen erwärmt. Stark verkleisterndes Futter (z. B. Weizen, Roggen). Zu rasche Futteraufnahme (geringe Speichel- und Magensaftbildung). Zu große Futtermengen pro Mahlzeit (pro 100 kg Körpergewicht max. 0,3–0,5 kg Kraftfutter pro Mahlzeit). Ungeeignete Futtermittel (z. B. Äpfel, Kohl, Klee, Brot). Junges eiweißreiches Gras.
Darmverlegungen (Obturation)	Darmsteine (zu viel Kleie), Plastikteile.
Magenüberladung	Zu große Futtermengen. Quellende Futtermittel (Trockenschnitzel uneingeweicht). Fehlgärungen (siehe oben). Sekundär durch Passagestörungen im Dünndarm.
Sandablagerung	Ungewaschene Möhren, Rüben, Graswurzeln, Sandauslauf.

eine Natriumergänzung den Appetit hierauf abstellen. In größeren Mengen aufgenommener Sand kann Ursache für Koliken werden. Ein Festsetzen von Fremdkörpern an den Engpässen des Darmkanales ist möglich durch Plastiktüten, aber auch durch Haar- und Pflanzenfaserteile.

Nahezu alle fütterungsbedingten Ursachen für Fehlgärungen im Darmkanal können auch Grund für *Durchfälle* sein (s. Teil E, Kap. 3.3). Neben der Korrektur der Fütterungsfehler kann man auf den die Darmflora stabilisierenden Effekt schonend getrockneter – und somit noch lebensfähiger – Bierhefe zurückgreifen.

Stauballergien

Stauballergien bei Pferden haben ein erschreckendes Ausmaß erreicht (s. Teil E, Kap. 2). Eine wirksame Hilfe für die gegenüber Staub allergischen Pferde ist die konsequente Elimination von Heu und Stroh aus dem Stall. Weiterhin sind die Stallverhältnisse hinsichtlich Frischluftzufuhr und Ammoniakgehalt zu überprüfen.

Um die allergiebedingten Beschwerden der Luftwege abzustellen, gibt es mehrere Möglichkeiten:

Die *Staubentwicklung aus dem Heu* kann abgestellt werden durch

– den Abwurf vom Heuboden in geschlossenen Heuschächten
– das Einweichen der Heuballen im Wasserbad (evtl. 0,1% Salzlösung) für ein bis zwei Stunden, dann abtropfen lassen und verfüttern
– die Verwendung eines anderen Futtermittels als Heuersatz wie z. B. Anwelksilage, eine Kombination von Maissilage und Stroh, die Verwendung eines Alleinfutters mit Stroh bzw. als Briketts oder die Vorlage von mit Ammoniak begastem Futterstroh.

Ein Abstellen der *Staubentwicklung aus Streustroh* ist grundsätzlich nicht möglich, da Stroh nicht angefeuchtet werden kann, ohne seine Funktion, die Bindung der Flüssigkeit aus Harn und Kot, zu verlieren.

Die *Staubentwicklung aus Futterstroh* kann unterbunden werden:

– Stroh nicht mehr vom Strohboden abwerfen außer in geschlossenen Strohschächten. Ballen im Wasserbad kurz eintauchen, abtropfen lassen, verfüttern
– Stroh verwenden, welches mit Ammoniak begast wurde
– Stroh zum Streuen ersetzen durch Späne, gerissenes Papier oder Torf.

Eine Verringerung der *Staubentwicklung im Stall* ist möglich durch

– Entstauben von Krippenfutter durch Luft oder Beimengung von Öl, Melasse oder Wasser
– Fegen der Stallgasse nur nach vorangegangenem Anfeuchten mit einer Gießkanne.

Eine *Verbesserung der Klimaverhältnisse des Stalles,* gegebenenfalls Veränderung der Haltungsform durch Wechsel in einen Offenstall, ist anzustreben.

Vorbeugend sollten die Vorschläge zur Verminderung des Staubgehaltes der Stalluft bereits in Fällen einer akuten Erkrankung der Atemwege durchgeführt werden, um eine Allergisierung nach Möglichkeit zu verhindern.

Stoffwechselstörungen

Die *Hyperlipidämie* ist eine Störung des Fettstoffwechsels. Hier kommt es unter anderem zu einer sehr hohen Konzentration fettartiger Stoffe im Blut. Betroffen sind fast nur Ponies (meist Shetlandponies), besonders Stuten im letzten Drittel der Trächtigkeit oder nach dem Abfohlen. Die Pferde sind apathisch, verweigern die Futteraufnahme und leiden unter starkem Durchfall. Die Erkrankung endet oft tödlich. Von ihr betroffen sind jeweils extrem verfettete Pferde, die in eine Situation geraten, in der Fett mobilisiert wird. Dieses kann im Zusammenhang mit der Trächtigkeit, Futterknappheit, anderen Erkrankungen, Stallwechsel usw. geschehen. Die Fette werden in dem Maße aber weder benötigt noch können sie unbegrenzt in die Leber eingelagert werden. Die Leber ist so hochgradig verfettet, daß sie in Wasser schwimmen würde.

Über die Ernährung muß dafür Sorge getragen werden, gerade Ponies nicht übermäßig verfetten zu lassen. Sind Ponies aber nun einmal verfettet, sind sie in Situationen der Belastung davor zu bewahren, Fettreserven angreifen zu müssen.

Weitere Stoffwechselstörungen, die auch fütterungsbedingt sind, sind der *Kreuzverschlag* (s. Teil E, Kap. 7.1.1) und die Hufrehe (s. Kap. 3.1.2 und Teil E, Kap. 7.2.1.3).

5.4   Aufzucht von Pferden

5.4.1   Fohlengelbsucht

Die *Fohlengelbsucht* (hämolytisches Syndrom der Fohlen s. Teil E, Kap. 6.4.1) beruht auf einer Unverträglichkeit der Blutgruppenfaktoren des Fohlen mit den Antikörpern der Stutenmilch. Aus einer Antigen-Antikörperreaktion resultiert beim Fohlen die Zerstörung der roten Blutkörperchen vorwiegend in Milz und Leber. Durch die großen Mengen an Bilirubin kommt es zur Gelbsucht. Gleichzeitig kann eine Anämie entstehen, wenn die roten Blutkörperchen nicht in gleichem Maße wieder aufgebaut werden können. Die betroffenen Fohlen erkranken mit der ersten Milchaufnahme. Acht Stunden bis drei Tage nach der Geburt zeigen sich Teilnahmslosigkeit, Nachlassen des Saugens und Verschlechterung des Allgemeinbefindens. Dabei ist typisch, daß sich die sichtbaren Schleimhäute zunehmend gelb und der Harn rot verfärben. In leichteren Fällen bleibt es bei einer Schwäche, von der sich die Fohlen wieder erholen. Sind die Fohlen stärker betroffen, kann der Tod nach einigen Stunden oder Tagen eintreten.

Ein rasches Erkennen dieser Erkrankung kann für das Fohlen lebensrettend sein, indem dann sofort der Zugang zur Muttermilch unterbunden werden muß. Das kann geschehen über einen Maulkorb für das Fohlen, das Anbringen eines Netzes um das Euter der Stute mit Halterung über Rücken und Schweifrübe oder im Trennen des Fohlens von der Mutter. Die Stute muß währenddessen gemolken werden, damit der Milchfluß nicht zum Versiegen kommt und er dem Fohlen nach zwei bis drei Tagen wieder zur Verfügung stehen kann, wenn sich die Darmschranke gegenüber den Antikörpern der Stutenmilch geschlossen hat. Während dieser Tage muß das Fohlen mit einem Fohlenmilchersatzpräparat ernährt werden.

5.4.2 Erkrankungen des Bewegungsapparates durch intensive Aufzucht

Die Zahl der Pferde, die aufgrund von Schäden im Bereich von Knochen, Bändern, Sehnen und Gelenken die ihnen zugedachte Nutzung nicht erreichen oder dieser nur kurzfristig nachkommen können, ist relativ groß. Wenngleich die Ursachen nicht nur auf dem Gebiet der Fütterung gesucht und gesehen werden dürfen, so spielt diese jedoch gerade in jenem Problemkreis für das junge Pferd eine besonders große Rolle.

Die während der Aufzucht begangenen Fehler werden nicht immer sofort als Lahmheit, Knochenauftreibung oder ähnliches auftauchen; bereits vorhandene Schäden können sich sofort klinisch offenbaren, sich nur über Röntgenaufnahmen sichtbar machen lassen oder klinisch erst nach bestimmten Belastungen manifest werden.

Nicht zuletzt im Sinne einer rentableren Pferdezucht und -haltung müssen alle Anstrengungen unternommen werden, um hier Abhilfe zu schaffen. Im Bereich der Fütterung liegt der Fehler vorwiegend in einer Überversorgung mit Energie, Eiweiß, Phosphor, Vitamin A und Vitamin D, einer Unterversorgung mit Calcium, evtl. Kupfer und Natrium und in einem zu engen Calcium-Phosphor-Verhältnis der Gesamtration. Aber auch mangelnde Bewegungsmöglichkeit, unzureichende Korrektur von Hufen und Gliedmaßenstellung sowie eine unzulängliche genetische Selektion sind einige Beispiele nichtfütterungsbedingter Ursachen, die mit Berücksichtigung finden müßten.

Bei der intensiven Aufzucht der Jungpferde kommt es vorwiegend durch einen erhöhten Zuwachs von Eiweiß und Fett zu Gewichtszunahmen. Die Körpermasse nimmt rascher zu als Knochen, Bänder, Sehnen und Gelenke sich stabilisieren können; dazu gibt es individuell auch eine besondere Neigung bei Zuchtlinien, die als besonders frohwüchsig gelten und in Fällen, wo ein gegenüber dem Körper knapp angelegtes Fundament vorhanden ist. Belastungsschäden machen sich zunächst auf der Vorhand bemerkbar, da sie mit etwa zwei Dritteln des Körpergewichtes belastet wird. Dabei entsteht ein erheblicher Druck auf die Knochenspalten, von denen das Wachstum ausgeht – die Epiphysenfugen – und auf die knorpeligen Teile der Gelenke. Die Epiphysenfugen schließen sich erst nach Beendigung des Wachstums, was bei den verschiedenen Gelenken mit unterschiedlichem Alter der Pferde erfolgt. Die Belastungsschäden verursachen Zerrungen, Quetschungen und verringerte Einlagerung von Mineralstoffen. Die Folgen sieht man vorwiegend zuerst an den Fesselköpfen der Pferde: diese sind verdickt, die Pferde zeigen häufig Lahmheiten und versuchen, die betroffenen Beine zu entlasten. Dadurch werden wieder andere Gliedmaßen und Gliedmaßenteile überbelastet und eventuell geschädigt. Oftmals sind auch zusätzlich Vorderfußwurzel-, Knie- und Sprunggelenke betroffen. Derartig aufgetriebene Gelenke beobachtet man besonders oft bei jahreszeitlich früh geborenen Fohlen aus Betrieben, die nicht über eine geschützte Auslaufmöglichkeit (z. B. Reithalle) im Winter für Stuten und Fohlen verfügen, aber auch bei Jährlingen, denen es bei guter Fütterung während der Stallperiode ebenfalls an Bewegung mangelte.

Es ist zu vermuten, daß durch ein ungünstiges Calcium-Phosphor-Verhältnis über die Gesamtration das Bild der degenerativen Veränderungen noch eher auftritt. In jedem Fall dürfte die Einlagerung dieser Elemente in den Knorpel gestört sein. Betroffene Jungpferde sollten Boxenruhe erhalten, jedoch ca. 15 Minuten täglich im Schritt auf nicht zu hartem Boden geführt werden. Sie müssen „abspecken" durch eine energiearme, rohfaserreiche Diät (viel Heu). Die Bedarfsnormen an Eiweiß, Calcium, Phosphor, Natrium, Vitamin A und D sind zu erfüllen, aber nicht zu überschreiten. Die Lysinversorgung muß berücksichtigt werden. Überversorgungen mit Calcium, Vitamin A oder Vitamin D sind in jedem Fall zu vermeiden. In Fällen mit schmerzhaften Schwellungen der Gelenke ist die Kupferversorgung zu überprüfen.

Betriebe, in denen Verluste durch *Ataxie* auftraten, sollten überprüfen, ob die Aufzucht nicht zu intensiv war und ob Fehler in der Calcium-, Phosphor-, Natrium-, Kupfer-, Vitamin A- oder Vitamin D-Versorgung vorlagen. Denn oft folgen weitere solcher Fälle innerhalb der gleichen Betriebe.

Weiterhin ist festzustellen, ob der Zuchtbetrieb auch mit dem *ernährungsbedingten sekundären Hyperparathyreoidismus* Probleme hat. Dabei kommt es aufgrund eines Calcium-Phosphor-Verhältnisses von deutlich unter 1,5:1 in der Gesamtration zu einer Entlagerung von Calcium aus den Knochen. Vielfach wird durch intensive Grünlandnutzung das Calcium-Phosphor-Verhältnis im Gras unter 1,2:1 liegen, besonders im Mai und Juni, aber auch Rationen mit calciumarmen Einzelfuttermitteln weisen häufig ein ungünstiges Calcium-Phosphor-Verhältnis auf. Jahreszeitlich früh geborene Fohlen nehmen auf der Weide schon größere Mengen dieses Grünfutters auf und zeigen vorwiegend unter der Knochenhaut schmerzhafte Prozesse durch Auslagerung von Calcium. Besonders an Stellen stärkerer mechanischer Belastung im Zusammenhang mit Bändern und Sehnen wird dies deutlich, am besten in Form der *Überbeine,* wo unter der Knochenhaut bindegewebiger Ersatz eingelagert wurde; außerdem kommt es zu Knochenauftreibungen an Ober- und Unterkiefer. In den betroffenen Betrieben muß das klinische Bild der Fohlen und Jährlinge nicht einheitlich sein. Einzelne Tiere scheinen nicht betroffen, andere zeigen eine Tendenz zur Bildung erworbener Bockhufe oder auch eines erworbenen Stelzfußes. Die erworbenen steilen Hufe, Bockhufe und Stelzfußbildungen treten gehäuft auf, wenn mit dem zu engen Calcium-Phosphor-Verhältnis eine starke Sonneneinstrahlung und ein harter, trockener oder scharf-sandiger Weideboden einhergehen. Vitamin D-Einwirkungen scheinen also den klinischen Verlauf noch zu verschärfen, so daß die betroffenen Pferde tagsüber dem Sonnenschein entzogen aufgestallt werden und nachts auf die Weide können. Neben der orthopädischen Pflege der Hufe wird eine Calciumergänzung notwendig. Dabei ist auch wieder vor übertriebenen Maßnahmen zu warnen. Solange, bis die Gliedmaßenstellung sich normalisiert hat und insbesondere die oberflächliche und die tiefe Beugesehne wieder locker geworden sind, bleibt eine nicht zu starke Gewichtsbelastung und eine minimale Vitamin D-Versorgung förderlich. Betriebe, in denen erworbene steile Hufe, Bockhufe oder Stelzfußbildungen auftreten, sollten ernsthaft nach dem Fütterungsfehler suchen, weil anzunehmen ist, daß scheinbar nicht betroffene Jungpferde auch einen Schaden genommen haben könnten, der vielleicht erst nach Jahren sichtbar wird, und um für künftige Fohlenjahrgänge Vorsorge zu tragen.

In jedem Fall sollten Grasproben von den Weideflächen auf ihren Gehalt an Calcium und Phosphor untersucht werden. Liegt das Calcium-Phosphor-Verhältnis unter 1,5:1, ist eine tägliche Calciumergänzung für die Weidepferde notwendig. Weiterhin müssen Maßnahmen über Düngung und Veränderung der botanischen Zusammensetzung des Aufwuchses getroffen werden, um langfristig den Calciumgehalt zu erhöhen und den Phosphorgehalt zu senken. Erhält man im Ergebnis ein Verhältnis von 2:1 und weiter, so sind erst nach frühestens fünf Jahren neue Kontrollen notwendig. Liegt das Verhältnis bei 1,5:1 und enger, sind alle zwei Jahre Untersuchungen des Grünlandaufwuchses in Pferdezucht- und Aufzuchtbetrieben notwendig, damit man seine Versorgungssituation kennt.

Bewährt hat sich in Problembetrieben eine ausgeglichene Mineralstoffversorgung von der Hochträchtigkeit an, abgestimmt auf die wirtschaftseigenen Grundfuttermittel wie Grünfutter, Heu und evtl. Anwelksilage oder Maissilage. Weiterhin sollte man bei allen Jungpferden über Blutproben die Entwicklung der Werte des anorganischen Phosphor und der alkalischen Phosphatase verfolgen. Besonders die alkalische Phosphatase bleibt noch über lange Zeit erhöht, wenn Pferde in ihrer Jugend Wachstumsstörungen im Bereich der Knochen, Bänder, Sehnen und Gelenke hatten.

5.5   Pferdefutter als Dopingmittel

Nach § 3 der Neufassung des Tierschutzgesetzes vom 18. 8. 1986 ist es verboten, an einem Tier bei sportlichen Wettkämpfen oder ähnlichen Veranstaltungen Dopingmittel anzuwenden.

Über eine ausgeglichene Nährstoffversorgung durch geeignete Futtermittel besteht die Möglichkeit, ein entsprechend geeignetes Pferd in seinen Leistungsmöglichkeiten zu fördern. Dies ist sicherlich nicht als Doping zu bezeichnen. Es gibt aber einige wenige Futtermittel, die Substanzen enthalten, die die natürliche Leistungsfähigkeit des Pferdes beeinflussen können.

In der *Luzerne* ist Salicylsäure enthalten. Die Luzernemengen sollte man für die in Frage kommenden Pferde begrenzen, um bei einer Harnprobe einen Wert von 750 µg/ml Salicylsäure nicht zu erreichen.

Für *Arsen* sind Grenzwerte von 300 µg/ml Harn festgelegt.

Kakaoschalen sollten Pferdefuttermitteln nicht zugesetzt werden, da sie Theobromin und geringe Spuren von Koffein und anderen Methylxanthinen enthalten.

Gerste, aber mehr noch *Malzkeime* enthalten das Hordenin, ein Phenylethylaminderivat. Die Phenylethylaminderivate besitzen eine stimulierende Eigenschaft. Es wird empfohlen, zwei Tage vor Wettkämpfen auf gerstenhaltige Futtermittel zu verzichten, bis über das Hordenin in Bezug auf Doping etwas mehr Klarheit herrscht.

Es gibt Doping auf Sieg und Doping auf Niederlage. Fehler in der Fütterungstechnik, der Nährstoffzufuhr usw. würde man sicherlich nicht als Doping auf Niederlage bezeichnen können; in den meisten Fällen geschieht dies unbeabsichtigt. Höhere Vitamingaben werden oftmals in der Absicht gegeben, der Leistungsbereitschaft förderlich zu sein. Man kann hier nicht vom Doping auf Sieg sprechen, da ein Effekt über die natürlichen Leistungsmöglichkeiten des Pferdes hinaus nicht zu erwarten ist. In einigen Fällen ist eher an gesundheitliche Nachteile zu denken, wenn ständig erhebliche Überversorgungen erfolgen.

5.6   Diätetische Maßnahmen

Diätetische Maßnahmen werden bei kranken Pferden notwendig, um über die Fütterung den Körper zu stärken. Natürlich muß die Nährstoffversorgung auch auf den Bedarf abgestimmt sein. Des weiteren wird man bemüht sein, die Ursache für den krankhaften Zustand zu erkennen und nach Möglichkeit abzustellen.

Das Abspecken der Pferde geschieht durch Gaben von nährstoffarmem Heu oder langem Weideaufenthalt im Spätherbst. Im Stall muß notfalls ein Maulkorb benutzt werden, um eine zu hohe Strohaufnahme zu verhindern. Die Versorgung mit Mineralstoffen und Vitaminen darf nicht vernachlässigt werden. Sehr günstig wäre die Kombination mit einer Arbeitsbelastung, die aber nicht ungewohnt sein darf. Während einer Trächtigkeit sollte vom Abspecken Abstand genommen werden.

Magere oder appetitlose Pferde werden mit vielen Mahlzeiten und mit Mengen gefüttert, die auch sofort aufgenommen werden. Besonders schmackhaft sind Möhren, Rüben, Gras, sehr aromatisches Heu und gutes Mash. Stärker melassierter Hafer wird gern gefressen. In ihn kann man Bierhefe in zunächst kleinen Mengen einmischen, um die Pferde daran zu gewöhnen.

Bei mageren oder appetitlosen Pferden, nach Koliken, bei Durchfällen und nach Problemen mit verdorbenen Futtermitteln bietet eine schonend getrocknete *Bierhefe* nicht nur Eiweiß (besonders Lysin) und den Vitamin B-Komplex. Sie ist zudem in der Lage, im Dickdarm regulierend auf die Keimflora einzuwirken. Bierhefe absorbiert bakterielle Toxine und setzt das Risiko einer Erkrankung herab durch Aufrechterhaltung eines Gleichgewichtes zwischen Wirt und seiner Mikroflora (GEDEK 1984). Gerade für die Abläufe im Dickdarm des Pferdes ist dies von größter Bedeutung.

Nach Koliken und einer hierdurch bedingten gewissen *Hungerphase* (Maulkorb) fängt man mit gutem Heu, Leinsamen, Bierhefe und Mash wieder an zu füttern. Bei Durchfällen ist sehr viel Heu, melassierter Hafer, Leinsamen und eine Natriumergänzung wichtig.

Älteren Pferden mit verringerter Möglichkeit der *Zerkleinerung* des Futters wird man Schrote und weiches Nachheu anbieten, wobei die Schrote energetisch mit Pflanzenöl aufgewertet werden können. Auch Mash ist hier zu empfehlen.

Bei Mängeln im *Haarkleid* ist eine Zinkzulage, Leinsamen oder Pflanzenöl (ungesättigte Fettsäuren) und eine Überprüfung von Eiweiß- und Futterqualität angebracht.

Obstessig hat eine bakterienabtötende Wirkung und kann im Magen der Pferde Fehlgärungen vorbeugen.

E   Pferdekrankheiten

1   Krankheiten an Kopf, Maul und Zähnen

1.1   Krankheiten der Zähne

Zahnprobleme sind beim Pferd nicht selten. Sie äußern sich oft in Störungen bei der Futteraufnahme wie langsamem Fressen, dem Liegenlassen von Heu usw. Besonders typisch ist das Fallenlassen von angekauten Futterbissen. Bei der Palpation sind nicht selten vergrößerte Mandibularlymphknoten spürbar. Eine Vielzahl von Ursachen kann zugrunde liegen; die wichtigsten werden im folgenden genannt:

Unregelmäßigkeiten im Zahnwechsel
Dies betrifft vor allem junge Pferde unter sechs Jahren, bei denen aus irgendeinem Grund die Milchzähne verspätet wechseln. Probleme werden vor allem bei den Schneidezähnen beobachtet, bei welchen ein Nachwachsen der Ersatzzähne behindert wird. Sie werden dann seitlich abgedrängt. Schwierigkeiten ergeben sich auch bei sitzengebliebenen Milchbackenzähnen (Kappen), die über das Niveau der anderen Zähne herausragen und mit ihren sehr scharfen Kanten das Kauen stören. Persistierende Milchzähne müssen entfernt werden. Kappen können die Maulschleimhaut verletzen und lassen sich meistens schon von Hand entfernen.

Spitzzähne
Die Entstehung von Spitzzähnen ist beim Pferd bis zu einem gewissen Grad physiologisch. Sie entstehen an den Backenzähnen, normalerweise infolge des speziellen Baus der Pflanzenfresserzähne und weil der Abstand der unteren Backenzahnreihen kleiner ist als der oberen. Spitzen entstehen deshalb am Oberkiefer außen und am Unterkiefer innen. Spitzzähne können zu recht erheblichen Verletzungen an der Backenschleimhaut und an der Zunge führen. Sie sind deshalb durch einen Fachmann in regelmäßigen Abständen, z. B. jährlich, abzuraspeln. Ein übermäßiges Abrunden der Zähne muß dabei vermieden werden, da dadurch auch die Kauflächen in Mitleidenschaft gezogen werden.

Viele „Maulprobleme" des Reitpferdes lassen sich auf ein fehlerhaftes Gebiß zurückführen. Regelmäßige Kontrollen sind deshalb immer notwendig.

Zahnabszesse (Alveolarperiostitis)
Die Alveolarperiostitis ist das wohl häufigste ernste Zahnproblem beim Pferd. Sie wird hervorgerufen durch das Eindringen von Eitererregern in den Zahnhalteapparat, meistens nach Frakturen oder nach Infektionen vom Gingivarand aus. Die Pferde zeigen oft Symptome von Zahnweh, was sich in einer gestörten Futteraufnahme äußert. Hauptsächlich betroffen sind die mittleren Backenzähne. Ist ein Oberkieferbackenzahn erkrankt, wird nicht selten eine Anschwellung im Zahnwurzelgebiet beobachtet. Typisch ist ein Zahneitergeruch in der Ausatmungsluft. Liegt die Störung am Unterkiefer, wird eine knöcherne Auftreibung mit einer Fistel zu beobachten sein.

Abb. 212. Die Entstehung von Spitzzähnen.

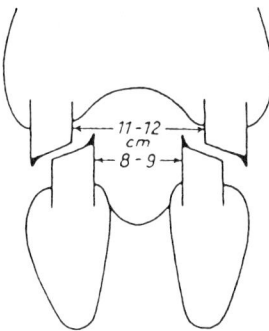

Als Komplikation, vor allem im Bereich des Oberkiefers, muß die Bildung einer Kieferhöhlenvereiterung in Betracht gezogen werden.

Die *Behandlung* einer Alveolarperiostitis beim Pferd ist einer gut ausgerüsteten Klinik vorbehalten. Die Therapie der Wahl ist nach wie vor eine Extraktion des betroffenen Zahnes mit einer entsprechenden Nachbehandlung. Vorbeugende Maßnahmen sind nicht möglich.

1.2   Nasenbluten

Nasenbluten kommt vor allem bei Verletzungen der gefäßreichen Nasenschleimhaut vor. Tritt Nasenbluten ohne erkenntlichen Grund einseitig auf, muß mit der Erkran-

Abb. 213. Eine knöcherne Auftreibung mit Fistel am Unterkiefer deutet auf einen Zahnabszeß hin.

kung des Luftsacks (s. Kap. 1.4) gerechnet werden. Daneben zeigen manche Rennpferde nach dem Rennen blutigen Nasenausfluß. Die Ursache dieser Blutung liegt meistens in der Lunge und wird hervorgerufen durch Anstrengung, Staub usw. Das Nasenbluten beim Rennpferd wird möglicherweise vererbt.

Kleinere Blutungen im Bereich der Nase oder der Lunge hören meistens von selbst auf. Bei nicht stillbaren, stärkeren Blutungen muß mit einer ursächlichen Erkrankung gerechnet werden, die in den weitaus meisten Fällen nicht heilbar ist (Tumor, Arrosion einer Arterie durch Pilze usw.). Stillt sich eine größere Blutung nicht von selbst, muß notfallmäßig der Tierarzt gerufen werden.

1.3   Kieferhöhlenvereiterung

Eine Kieferhöhlenvereiterung ist oft gekennzeichnet durch einseitigen, eitrigen Nasenausfluß, Schwellung der Kehlgangslymphdrüsen, eventuell leichter Auftreibung und deutlicher Druckempfindlichkeit. Als Ursache kommt eine verschleppte Infektion in Frage. Daneben treten Kieferhöhlenvereiterungen auch bei Alveolarperiostitis auf (Zahneitergeruch aus der Nase).

Eine *Behandlung* von Vereiterungen der Nebenhöhlen ist einer spezialisierten Klinik vorbehalten. Die Diagnose wird aufgrund von röntgenologischen Untersuchungen gestellt.

1.4   Erkrankung der Luftsäcke

Der Luftsack ist eine Ausstülpung des inneren Ohrs, der sich gelegentlich infiziert oder entzündet. Die Symptome bestehen, vor allem bei Vereiterung, in einer einseitigen Anschwellung der Ganaschengegend. Nicht selten siedeln sich in der Schleimhaut Schimmelpilze an, die dann durch Arrosion einer Arterie zu Nasenbluten führen können. Diese Komplikation ist äußerst schwerwiegend; die Pferde können innerhalb von kurzer Zeit verbluten.

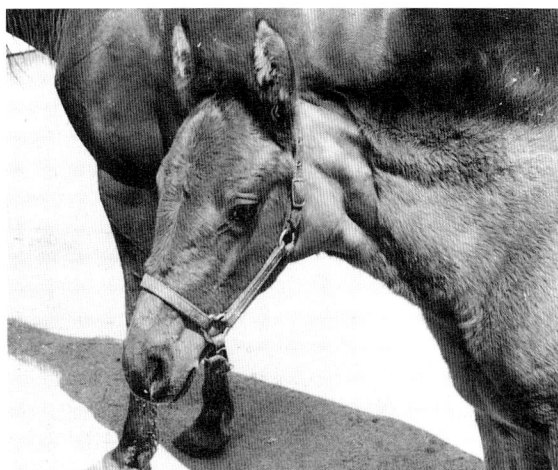

Abb. 214. Luftsackvereiterung. Einseitige Anschwellung der Ganaschengegend.

Die *Behandlung* einer Infektion des Luftsacks basiert auf einer lokalen Therapie nach endoskopischer Untersuchung, eventuell Röntgenuntersuchung, durch den Tierarzt. Eine gewisse *Vorbeugung* ist durch rechtzeitige Behandlung von Infektionen der oberen Luftwege möglich.

2   Erkrankungen der Atemwege

Atemwegserkrankungen sind hierzulande wohl die häufigsten Pferdekrankheiten. Es wird geschätzt, daß 80% unserer Pferdepopulation in dieser Hinsicht nicht als gesund betrachtet werden können. Als Ursache muß in erster Linie die für das Pferd unphysiologische Stallhaltung und Heufütterung angesehen werden (s. Teil D, Kap. 5.3). Daneben sind es vor allen die durch den häufigen Pferdeverkehr verschleppten Infektionserreger (Bakterien, Viren), die zu einer ständigen Reinfektion unserer Pferdepopulation führen.

Nasenausfluß
Nasenausfluß, meist nach verstärkter Arbeit, ist das sicherste Symptom für das Vorliegen eines Problems. Gesunde Pferde zeigen auch nach stärkeren Galoppaden nur wenig schleimigen, durchsichtigen Ausfluß, der mit Luftbläschen durchsetzt sein kann. Eine Vermehrung des Nasenausflusses, ob ein- oder beidseitig, meist gräulich oder gelblich verfärbt, deutet auf eine Erkrankung der Atemwege hin. Es ist prinzipiell dem Tierarzt vorbehalten, durch eine exakte Untersuchung die genaue Ursache und die Behandlungsmöglichkeiten abzuklären.

Husten
Der Husten wird beim Pferd als Folge einer Irritation der Schleimhäute im Atemtrakt beobachtet. In den weitaus meisten Fällen von chronischem Husten werden Hustenrezeptoren in den Lungen durch festsitzendes Sekret gereizt. Grundsätzlich ist das Symptom Husten durchaus erwünscht, um diese festsitzenden Sekretmassen nach außen zu befördern. Vor allem in Fällen einer chronischen Lungenerkrankung sind aber diese Sekrete dermaßen festsitzend und zäh, daß sie durch den Hustenmechanismus nicht mehr vollständig expektoriert werden können. Husten kann auch als Symptom einer Entzündung im Nasenrachenraum auftreten, dies vorwiegend bei akuten viral- oder bakteriell bedingten Erkrankungen im Bereich der oberen Luftwege (Larynx oder Pharynx). Ein Auseinanderhalten der Krankheitsbilder ist nur dem erfahrenen Tierarzt, eventuell nach laryngoskopischer oder bronchoskopischer Untersuchung, möglich.

2.1   Infektionen des Respirationstraktes

2.1.1   Viruserkrankungen

Infektiöse Erkrankungen der oberen und unteren Luftwege sind heute, infolge des regen internationalen Pferdeverkehrs, recht häufig. Als Erreger stehen Viren im Vordergrund (*Influenza-, Herpes-, Rhinoviren* usw.). Je nach Erreger und vorhandener Abwehr des Patienten tritt eine in den meisten Fällen ansteckende Erkrankung der

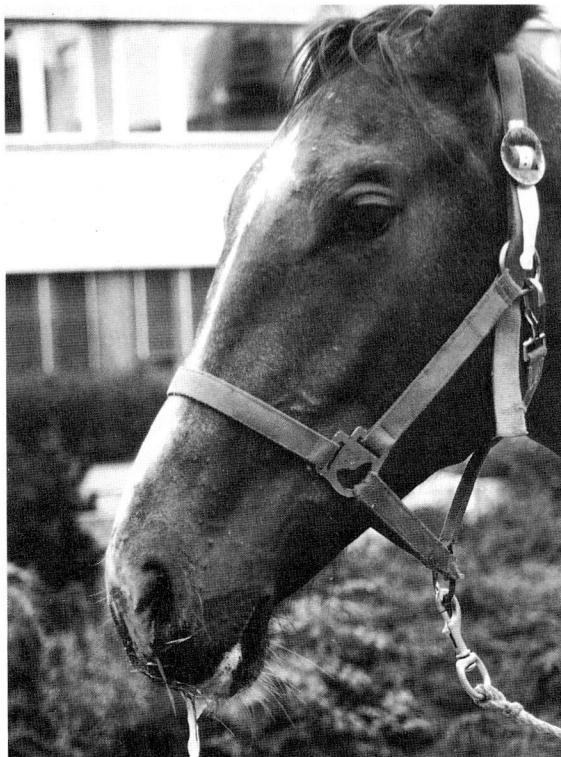

**Abb. 215. Speichel- und Na-
senausfluß bei Schlundverstopfung.**

Luftwege auf, die sich in Fieber, Husten und Nasenausfluß äußert. Die Symptome
sind unterschiedlich ausgeprägt. Herpesviren scheinen eher kurzfristige und mildver-
laufende Infektionen zu provozieren, während Influenzaerreger hochansteckende
Verlaufsformen mit hohem Fieber hervorrufen. Eine Bezeichnung der Erreger ist
schwierig und klinisch kaum möglich. Eine akute Viruserkrankung wird in den häufigsten Fällen bakteriell kompliziert; die geschädigte Schleimhaut wird hauptsächlich von
Streptokokken besiedelt, die dann ihrerseits für Sekundärinfektionen verantwortlich
sind.

Eine *Behandlung* einer akuten Virusinfektion ist nicht möglich und wird sich auf die
Bekämpfung der Sekundärerreger (hauptsächlich Streptokokken) beschränken müssen. Die Erfahrung hat aber gezeigt, daß Pferde gerade in dieser Zeit möglichst viel
frische und staubfreie Luft benötigen, da sich durch die geschädigte Schleimhaut Allergien gegen kleinste Partikel entwickeln, die dann später für die Chronizität von Lungenerkrankungen verantwortlich zu machen sind (s. Kap. 2.2.3). Daneben sind die
Pferde ruhig zu stellen. Inhalationsbehandlungen und wärmende Umschläge sind sinnvoll.

Zur *Vorbeugung* kann heute gegen einige virale Erreger von akuten Atemwegserkrankungen geimpft werden. Dies betrifft vor allem die Influenzaviren und, bis zu
einem gewissen Grad, auch die Herpesviren (Rhinopneumonitis). So ist die Vakzination gegen Influenza nach dem folgendem Impfplan heute auch national und interna-

tional obligatorisch. Die Impfung gegen Rhinopneumonitis und andere für Infektionen des Respirationstraktes verantwortliche Viren ist infolge der wesentlich schlechteren Abwehrkörperbildung schwieriger. Die Impfintervalle sind kürzer und der Schutz mit den heute erhältlichen Impfstoffen ist keineswegs absolut.

Impfplan gegen Influenzaviren:
– zwei Grundimmunisierungen innerhalb von 21 bis 92 Tagen
– eine Repetitionsimpfung zwischen 150 und 215 Tagen
– darauf jährliche Auffrischimpfungen innerhalb von 365 Tagen.

Eine gewisse Vorbeugung gegen Viruserkrankungen der Atemwege ist durch Isolation von Pferden möglich, da die Übertragung fast nur durch Tröpfcheninfektion von Pferd zu Pferd erfolgt.

2.1.2   Bakterielle Erkrankungen

Die weitaus häufigsten bakteriellen Infektionserreger des Pferdes sind *Streptokokken*. Sie sind verantwortlich für primäre oder sekundäre Infektionen des Atemapparates und führen, je nach Erreger oder Abwehrmöglichkeiten des Organismus, zu Infektionen des Kehlkopfs, zu Druseabszessen, zu Lungenentzündungen und zu anderen Problemen.

Die *Druse* ist eine Vereiterung der regionären Lymphknoten mit Abszedierungstendenz. Sie gilt als Kinderkrankheit und bietet, einmal durchgemacht, jahrelang Immunität. Streptokokkeninfektionen entwickeln sich meistens nach einer Inkubationszeit von drei bis sieben Tage und führen zu hohem Fieber mit Schluckweh, Lymphknotenschwellungen usw. Eine Abszeßbildung ist im Kehlgang oder in der Pharynxgegend am häufigsten. Als weitere Komplikationen können aber eitrige Entzündungen irgendwo im Körper auftreten. Siedeln sich Streptokokken im Respirationstrakt an, ist mit Husten, Fieber und stark eitrigem Nasenausfluß zu rechnen.

Die *Behandlung* einer akuten Infektion ist dem Tierarzt zu überlassen. Nur er kann entscheiden, ob ein sich anbildender Abszeß belassen werden muß, oder ob frühzeitig Antibiotika einzusetzen sind. Gleichzeitig ist darauf zu achten, daß die Tiere möglichst staubfrei gehalten werden, um allergische Komplikationen bei der Abheilung zu verhindern.

Eine Vakzination gegen Streptokokkeninfektionen ist heute noch nicht erfolgreich durchführbar. Als vordringliche Maßnahme sind akut erkrankte Tiere in größeren Beständen zu isolieren, um eine Verschleppung zu verhindern.

2.2   Chronische Erkrankungen der Atemwege

2.2.1   Chronische Laryngitis/Pharyngitis

Eine isolierte Entzündung der oberen Luftwege ohne Mitbeteiligung der Lunge ist selten. Sie wird bei ständigem mechanischen Reiz durch Staub (s. Teil D, Kap. 5.3), wiederholtem Husten und bei chronischer Besiedlung mit gewissen Viren (Rhinopneumonitis) beobachtet. Typisch ist ein häufiger Husten bei mechanischem Reiz (Staub, kaltes Wasser, kalte Luft). Der Husten ist durch Drücken auf den Kehlkopf leicht auslösbar, wobei diese Manipulation auch schmerzhaft erscheint. Die Diagnose ist mit Sicherheit nur durch Laryngoskopie zu stellen, wobei die Mitbeteiligung der Lunge durch weitere Untersuchungen durch den Tierarzt ausgeschlossen werden muß.

Die *Behandlung* einer chronischen Kehlkopfentzündung ist schwierig. Im Vordergrund steht eine reizarme Umgebung. Bewährt haben sich weiter eine Lokalbehandlung durch Spray oder eine Inhalation von desinfizierenden bzw. entzündungshemmenden Medikamenten.

2.2.2 Kehlkopflähmung (Kehlkopfpfeifen, Roaren, Haemiplegia Laryngis)

Ein typisches *Kehlkopfpfeifen* durch eine einseitige Lähmung der Stimmbänder bedingt. Sie tritt mit Vorliebe nach einer durchgemachten Infektionskrankheit (Druse, Influena, Rhinopneumonitis) auf. Große Pferde und Wallache scheinen besonders disponiert.

Eine *Kehlkopflähmung* führt in höheren Gangarten während der Einatmung zu einem Atemgeräusch, das in ausgeprägter Form Atemnot verursacht. Die Diagnose kann mit Sicherheit nur durch eine endoskopische Untersuchung durch den Tierarzt gestellt werden. Eine *Behandlung* ist chirurgisch möglich. Sie wird in spezialisierten Kliniken durchgeführt und hat zum Ziel, die Einengung der Luftwege mechanisch zu beheben. Die Prognose ist, je nach Grad der Lähmung und Verwendungszweck, als ziemlich günstig zu bezeichnen, wobei ein gewisser Rest der Atembehinderung meistens bestehen bleibt.

Eine Untersuchung auf Kehlkopfpfeifen ist vor allem beim Kauf eines Pferdes ratsam, da es in Deutschland zu den gesetzlichen Gewährsmängeln gehört.

2.2.3 Chronische Bronchiolitis/Bronchitis

Die chronische Bronchiolitis ist die weitaus häufigste Ursache von chronischem Husten und möglicherweise auch von Verlusten in unserem Pferdebestand. Sie entsteht nach akuten infektiösen Bronchitiden bei ungenügender Hygiene, respektive zu starker Staubexposition während der Rekonvaleszenz. Als Ursache müssen demnach chronische Reizzustände in den unteren Luftwegen, meistens nach Sensibilisierung der Bronchialepithelien gegenüber feinsten Partikeln im Heu oder durch liegengebliebenen Schleim, in Betracht gezogen werden. Eine Vererbung ist heute bewiesen.

Die Symptome einer chronischen Bronchitis/Bronchiolitis beschränken sich auf Husten, entweder im Stall oder beim Beginn der Arbeit, und auch Nasenausfluß, respektive auf einen gelegentlichen Auswurf von zähem Schleim. Befallene Pferde haben kein Fieber und sind in ihrer Leistungsfähigkeit, abgesehen von Höchstleistungen, auch nicht wesentlich beeinträchtigt. Der Krankheitszustand kann Jahre hindurch gleich bleiben, sich aber auch in sehr kurzer Zeit verschlechtern und zu einer chronisch-obstruktiven Lungenerkrankung (COPD) führen. Die Diagnose einer chronischen Bronchitis/Bronchiolitis wird vom Tierarzt aufgrund eines chronischen Hustens mit einem entsprechenden Lungenbefund bei der Auskultation gestellt. Durch spezialisierte Kliniken kann der Grad der Lungenstörung aufgrund von Messungen des Sauerstoffs im arteriellen Blut relativ einfach und exakt nachgewiesen werden.

Die Prognose einer chronischen Bronchitis/Bronchiolitis bleibt, vor allem bei schwereren Fällen, nach wie vor zweifelhaft. Die Erkrankung führt in diesen Fällen unweigerlich zu einem Lungenemphysem. Der Behandlungserfolg ist abhängig vom Verständnis und von der Geduld des Pferdebesitzers. Sie besteht im Schutz vor Staub in jeder Form, besonders von Heustaub. Die Pferde sind möglichst an der frischen Luft zu halten (Außenboxe oder Robusthaltung) und heulos zu füttern (s. Teil D, Kap. 5.3). Die Verabreichung von Stroh ist notwendig, sofern nicht andere Ballaststoffe wie Gras oder Heuwürfel in genügender Menge verabreicht werden können. Diese Therapie zielt darauf ab, die auslösenden und unterhaltenden Faktoren einer chronischen Bronchitis/Bronchiolitis zu eliminieren, sie ist bei sämtlichen entzündlichen Veränderungen im Respirationstrakt zumindest für eine gewisse Zeit wertvoll und angezeigt.

Weitere Behandlungsmöglichkeiten bestehen in Inhalationen und der Verabreichung von entzündungshemmenden Mitteln (Cortison). Erfahrungsgemäß wird dadurch aber nur eine temporäre Besserung ohne Heilungschance bewirkt.

Eine Hyperinfusionstherapie, wie sie in einigen Kliniken durchgeführt wird, zielt darauf ab, die in den unteren Luftwegen festsitzenden, zähen Sekrete zu verflüssigen, damit sie ausgehustet werden können. Den gleichen Zweck verfolgen verschiedene Hustensirups und Pulver.

2.2.4 Lungendampf, chronisch obstruktive Lungenerkrankung (COPD), Lungenemphysem

Eine chronische Bronchitis/Bronchiolitis führt in den meisten Fällen früher oder später zu Atembeschwerden, die sich in verminderter Leistungsfähigkeit durch stark erhöhte Atmung nach kurzer Bewegung oder gar bereits in Ruhe und angestrengter Atmung unterschiedlichen Grades äußern kann.

Dem Krankheitsbild liegt immer eine chronische Bronchitis/Bronchiolitis mit den oben beschriebenen Symptomen zu Grunde. Es ist, mit einigen Einschränkungen, dem chronischen Asthma bronchiale beim Menschen verwandt und führt nach einiger Zeit auch zur Ausbildung eines unheilbaren *Lungenemphysems*. Die Atemnot selber ist hervorgerufen durch Spasmen der Bronchialmuskulatur, durch Schwellungen der Schleimhäute im Bereich der unteren Luftwege sowie durch mit zähem Schleim verstopfte Luftwege. Als gemeinsame Symptome dieser Krankheitsbilder sind zu beobachten: ein sehr häufiger, unproduktiver, meist ächzender und kraftloser Husten in Ruhe und bei Arbeit, vor allem aber nachts, eine Erhöhung der Ruheatemfrequenz von normal acht bis zwölf Atemzügen bis auf 40 Atembewegungen pro Minute, eine durch die starken Atembewegungen deutlich sichtbare Dampfrinne und, in extremen Fällen, weit aufgesperrte Nüstern. Die Zuordnung der beschriebenen Symptome zu bestimmten Diagnosen ist nur dem Tierarzt möglich. Hilfsmittel dazu sind ein Ansprechen auf eine Allergenelimination (Heuentzug), Bronchoskopie, Messung des Sauerstoffgehalts im arteriellen Blut und eine gründliche klinische Untersuchung.

Es wurde in den letzten Jahren deutlich, daß alle Fälle von chronisch obstruktiven Lungenerkrankungen mit und ohne Lungenemphysem auf konsequente Allergenelimination ansprechen. Eine *Behandlung* wird deshalb in erster Linie darauf abzielen, das Pferd im Sommer und Winter möglichst im Freien zu halten und heulos zu füttern. Hinweise zu Alternativen in der Fütterung sind im Teil D in den Kap. 3.10 und 5.3 gegeben. Daneben sind die bei der chronischen Bronchitis beschriebenen Behandlungen (Cortison, Hyperinfusion, Inhalationen) besonders auch in diesen Fällen möglich. Eine Heilung dieser Krankheit gelingt aber nur in den wenigsten Fällen. Mit diesem Symptomenkomplex behaftete Tiere können mit dem nötigen Verständnis noch jahrelang zu mäßiger Arbeit herangezogen werden.

Als *vorbeugende Maßnahme* steht im Vordergrund die Impfung gegen virale Infekte des Respirationstraktes und eine staubfreie Haltung an der frischen Luft; die notwendige Ruhe während der Rekonvaleszenz nach Infektionen des Atemapparates muß gewährleistet sein.

3 Erkrankungen des Verdauungsapparates

Akute Störungen am Verdauungsapparat zeigen sich meistens in Symptomen von Futterverweigerung, von Kolik (Bauchweh) oder in Durchfall.

3.1 Futterverweigerung

Wenn ein Pferd sein gewohntes Futter an seinem angestammten Platz verweigert, kommen verschiedene Möglichkeiten in Betracht; die wichtigsten Ursachen werden nachfolgend beschrieben.

Verletzungen der Maulhöhle
Selbst kleinste Wunden an der Zunge, am Zungenuntergrund oder an den Backen können einem Pferd das Fressen unmöglich machen. Häufiger wird aber ein langsameres Kauen und das Stehenlassen von Kurzfutter beobachtet, während leichter kaubare Futtermittel wie z. B. Gras noch aufgenommen werden.

Als Ursache kommen Verletzungen durch das Gebiß, die durch grobe Einwirkung des Reiters oder fehlerhafte Gebisse entstehen können, in Betracht. Weit häufiger sind aber Verletzungen in der Maulhöhle bei Zahnwechsel (im Alter von 2½ bis 4½ Jahren) oder durch ungleichmäßige Abnützung der Zähne (s. Kap. 1.1). Verletzungen in der Maulhöhle heilen schnell und ohne weitere Behandlung, wenn die Ursache abgestellt wird.

Infektionen der oberen Luftwege
Infektionen der oberen Luftwege führen nicht selten zu Schluckweh und können zu einer Futterverweigerung Anlaß geben. Diese Erkrankungen gehen mit Fieber und starkem Nasenausfluß einher und sind häufig auch von Schwellungen im Bereich des Kehlgangs begleitet. Die Behandlung ist dem Tierarzt vorbehalten.

Verdauungsstörungen
Verdauungsstörungen irgendeiner Form können zu Futterverweigerung führen. Oft werden aber gleichzeitig auch Koliksymptome beobachtet. Neben den oben beschriebenen Ursachen können auch Aufregungen, Vergiftungen, ungewohntes Futter und viele weitere Faktoren zu einer Verweigerung der Nahrungsmittelaufnahme führen. Eine Diagnose ist oft nur dem erfahrenen Tierarzt unter Beizug von weiteren Untersuchungen (z. B. Labor) möglich.

Schlundverstopfung
Eine Schlundverstopfung ist beim Pferd nicht selten. Ihre Symptome sind immer relativ gleich. Im Vordergrund steht, je nach Temperament des Pferdes, ein Schwitzen, Würgen und evtl. ein starker Speichel- und Nasenausfluß, oft vermischt mit Futterbestandteilen. Das Pferd gerät dabei, je nach Temperament, in einen bedrohlichen Schockzustand.

Ursache ist eine Verstopfung der Speiseröhre, meist beginnend an ihrer engsten Stelle über dem Herzen. Schlundverstopfungen treten fast nur bei Würfelfütterung auf (Graswürfel, Maiswürfel und andere Futter), die vom Pferd allzu hastig hinuntergeschlungen werden. Die ganze Speiseröhre ist dabei mit hartgepreßten feinen Bestandteilen verstopft. Eine beim Rind oft beobachtete Verlegung der Speiseröhre durch Äpfel oder Rübenschnitzel ist beim Pferd kaum je zu befürchten, jedoch auch möglich.

Die *Behandlung* ist sofort einzuleiten und dem Tierarzt zu überlassen. Er versucht, nach medikamentöser Lösung des Speiseröhrenkrampfs, eventuell unter Sedation oder Narkose die angeschoppten Futterpartikel durch eine oder zwei Nasenschlundsonden von außen herauszuspülen.

3.2   Kolik

Eine *Kolik* ist keine Erkrankung, sondern ein Symptom, hinter dem sich eine große Zahl gänzlich verschiedener Krankheiten verbergen kann. Koliken sind symptomatische Bauchschmerzen, hervorgerufen durch Störungen im Verdauungstrakt wie Krämpfe, gasige Auftreibungen oder übermäßigen Zug am Aufhängeapparat des Darmes.

Die Symptome einer Kolik sind zunächst die Verweigerung der Futteraufnahme, dann Unruhe, eventuell häufiges Liegen, Schweifschlagen, Schlagen oder Schauen gegen den Bauch, Abliegen und Wiederaufstehen, Herumwandern, Scharren, Wälzen, Verharren in Rückenlage gegen eine Wand. Unter Umständen kann sich eine Kolik bis zur Raserei steigern. Der Grad der Koliksymptome ist nicht immer aussagekräftig für den Schweregrad der Erkrankung, sondern hängt wesentlich vom Temperament des Pferdes ab.

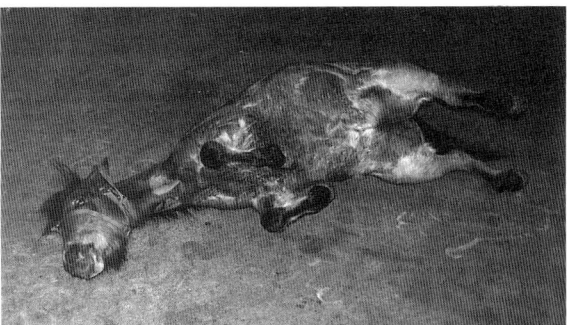

Abb. 216. Symptome von Kolik: Wälzen, Schwitzen.

Abb. 217. Symptome von Kolik: Rückenlage zur Verhinderung eines übermäßigen Zugs auf die Därme.

Die Ursachen einer Kolik sind vielgestaltig und reichen von leichten Krämpfen des Darmes bis zur Darmverwicklung. Man glaubt aber heute, daß die weitaus meisten Koliken beim Pferd von Darmschäden, verursacht durch Wanderung von Parasitenlarven, hervorgerufen werden. Diese Fälle lassen sich nie in unmittelbaren Zusammenhang mit Futterumstellung, verdorbenem oder ungeeignetem Futter, Witterungseinflüssen oder ähnlichen Faktoren bringen. Daneben ist aber der hochdifferenzierte Verdauungstrakt des Pferdes für Störungen weitaus anfälliger als derjenige anderer Pflanzenfresser (s. Teil D, Kap. 1.1 und 5.3).

Die *Behandlung* einer Kolik ist grundsätzlich dem Tierarzt zu überlassen. Nur er ist imstande, aufgrund von klinischen Symptomen und nach eingehender Untersuchung Anhaltspunkte über die Lokalisation und die Art der Erkrankung zu erhalten und die notwendige Therapie beziehungsweise die Einweisung in eine Spezialklinik durchzuführen bzw. zu veranlassen. Zu warnen ist vor allem vor wiederholten Injektionsbehandlungen durch den Pferdebesitzer selber, da dadurch wertvolle Zeit verloren geht. Viele Kolikerkrankungen können heute geheilt werden, wenn die Pferde frühzeitig in eine für Operationen eingerichtete Klinik gebracht werden.

Pferde mit Symptomen von Kolik sind zu führen, bis der Tierarzt eintrifft. Bei leichten Symptomen (Unruhe, scharren) kann oft etwas zugewartet werden, vor allem weil die weitaus meisten leichten Koliken beim Pferd innerhalb kurzer Zeit wieder von selber verschwinden.

Als *Vorbeugung* gegen Koliken ist eine regelmäßige, möglichst drei- bis viermalige Wurmbehandlung pro Jahr angezeigt. Daneben ist darauf zu achten, daß Pferde nur bestes und unverdorbenes Futter erhalten und notwendige Futterwechsel langsam durchgeführt werden. Eine tägliche Bewegung der Pferde verhilft zu normaler und ungestörter Darmtätigkeit.

3.3   Durchfall

Ein Durchfall kann akut oder auch chronisch auftreten. Akute Durchfälle sind vor allem nach Verabfolgung von ungeeigneten Futtermitteln oder bei übermäßiger Grasfütterung nicht allzu selten. Sie heilen aber meistens auch ohne Behandlung, bei entsprechendem Futterwechsel, wieder ab. Geht ein akuter Durchfall mit Fieber oder mit einer schweren Beeinträchtigung des Allgemeinzustandes einher, ist sofort der Tierarzt zu rufen. Nur er ist imstande, die eventuell notwendige intensive Behandlung sofort einzuleiten.

Chronische, nicht fieberhafte Durchfälle, treten beim Pferd oft bei reiner Grasfütterung auf. Sie können aber auch Folge von anderen Erkrankungen im Darmtrakt sein, wie z. B. des hochgradigen Befalls mit Parasiten. Daneben führen auch ständige Aufregungszustände bei der Arbeit bei nervösen Pferden zu chronischen Durchfällen.

Die *Behandlung* eines chronischen Darmkatarrhs ist nicht einfach. Im Vordergrund steht eine Schondiät (Trockenfutter), die über Monate einzuhalten ist. Eine Einschränkung des Wasserangebots ist nicht nur sinnlos, sondern tierquälerisch. Als Schondiät kommen gutes altes Heu, gutes Stroh und Hafer in Frage. Die erhältlichen Medikamente (Antidiarrhoika) können ausprobiert werden.

3.4   Parasitenbefall

Hierzulande ist jedes Pferd und jedes Fohlen mehr oder weniger stark verwurmt. Wenn auch stark verwurmte Pferde durchaus gesund und leistungsfähig scheinen, sind viele Probleme entweder direkt oder indirekt auf einen Parasitenbefall zurückführbar. Beim erwachsenen Pferd sind es vor allem Koliken, die durch die Wanderung von Parasitenlarven durch den Darm oder durch die Blutgefäße hervorgerufen werden. Beim jungen Pferd führt ein Befall mit Darmparasiten zu ungenügender Entwicklung sowie zu einer verminderten Abwehr gegen Infektionskrankheiten.

Ein Wurmbefall ist deshalb bei weitem die häufigste Ursache für Probleme in unserem Pferdebestand. Die hierzulande wichtigsten Magen-Darm-Parasiten sollen in der Folge mit ihrem Zyklus kurz vorgestellt werden.

Strongyliden (Blut- oder Palisadenwürmer)

Große Strongyliden, ca. 0,5 bis 3 cm groß, leben an der Schleimhaut des Dickdarms, ernähren sich vom Blut der Darmwand und legen ständig Eier ab, die mit dem Kot des Pferdes ausgeschieden werden. Aus diesen Eiern entwickeln sich dann innerhalb einer Woche ansteckungsfähige Larven, die in Pferdeboxen oder auf der Weide leben. Sie bevorzugen die Feuchtigkeit, verbergen sich tagsüber am Boden und steigen nachts oder im Regen an den Gräsern empor und werden so vom Pferd gefressen. Im Stall werden sie von den Wänden oder aus dem Stroh aufgenommen. Im Körper des Pferdes treten die Larven eine komplizierte Wanderung an und lassen ihre Schäden an Arterien- und Darmwand zurück. Auf diese Schäden sind dann auch die Probleme zurückführbar, die von leichten Kolikanfällen bis zu Thrombosen großer Gefäße variieren können. Die Probleme für das Pferd entstehen deshalb weniger durch die Würmer selber als durch die Wanderung der Larven im Körper. Strongyliden sind deshalb die weitaus gefährlichsten Parasiten des Pferdes. Sie treten kaum je als adulte Würmer im Mist auf.

Abb. 218. Große Strongyliden, die gefährlichsten Parasiten des Pferdes, sind nur ausnahmsweise im Kot sichtbar.

Askariden (Spulwürmer)

Spulwürmer leben im Dündarm des Pferdes und werden bis zu 50 cm lang. Sie sind für das Pferd weniger problematisch und vorwiegend bei Fohlen sichtbar. Erwachsene Pferde scheinen dagegen immun zu werden. Die Eier werden mit dem Kot der Tiere ausgeschieden und werden dann von den Pferden in der Eihülle wieder aufgenommen. Die Larven schlüpfen im Dünndarm aus, wandern mit dem Blutstrom durch den Körper zur Lunge und werden dann über den Kehlkopf wieder abgeschluckt. Der Kreislauf wird dann im Dünndarm wieder geschlossen.

Die Wanderung der Larven scheint für das Pferd weniger problematisch zu sein als diejenige der Strongylidenlarven. Askariden sind vor allem beim Fohlen gefährlich; verdächtige Tiere magern bei normaler Futteraufnahme ab, weisen einen großen Bauch und hie und da Durchfall auf. Jungtiere sind bei starkem Befall vor allem für lebensgefährliche Askaridenknäuelbildungen prädisponiert, die den Darm vollständig verstopfen und möglicherweise zum Tod des Tieres führen.

Magendassellarven (Gastrophylus)

Magendassellarven sind engerlingsartige Lebewesen, die sich an der Magenwand des Pferdes festsetzen und bei starkem Befall zu Verdauungsstörungen, unter Umständen auch zu Magenperforation führen können. Die Imagines der Gastrophyluslarve sind Fliegen, die vom Juni bis August gelbliche oder weiße Eier an den Haaren der Brust oder Vordergliedmaßen ablegen. Aus den Eiern entwickeln sich Larven, die vom Pferd nun mit dem Maul aufgenommen werden. Durch die Schleimhaut des Maules wandern sie in dem Magen.

Oxyuren (Pfriemenschwänze)

Oxyuren sind bis 2,5 cm lange weiße Würmer mit dünnen Schwanzenden, die im Dickdarm des Pferdes leben. Am After des Pferdes werden schnurförmige, gelbliche Gebilde abgelegt, die, mit bloßem Auge erkennbar, zu massivem Juckreiz führen. Die Eier gelangen darauf in die Streu oder ins Gras und werden von den Tieren wieder gefressen. Der Zyklus schließt sich im Dickdarm.

Diese Liste der hierzulande am häufigsten auftretenden Magen-Darm-Parasiten ist nicht abschließend. Weiter müssen in Erwägung gezogen werden *Trichostronglylus axei,* ein sehr kleiner haarähnlicher Wurm, der in den Magendrüsen und dem Dünn-

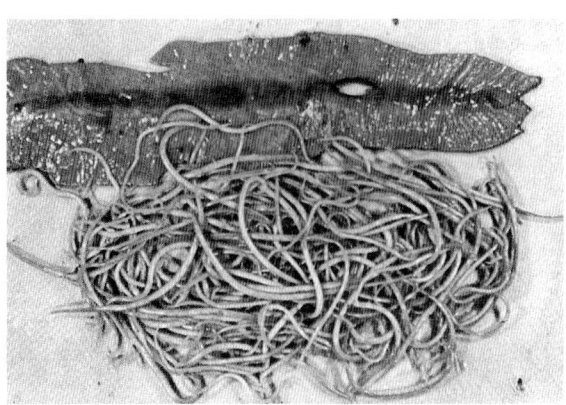

Abb. 219. Spulwürmer (Askariden), ein häufiger Darmparasit des jungen Pferdes.

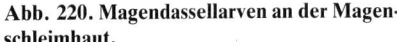

**Abb. 220. Magendassellarven an der Magen-
schleimhaut.**

**Abb. 221. Die Eier der Magendassel werden
durch eine Fliege an der Schulter und an der
Vordergliedmaße abgelegt.**

darm nachgewiesen wird, und zu Gefäßschäden oder Blutverlust führen kann, und
Habronema, 10 bis 25 mm lange Würmer, die im Magen leben und deren Larvenfor-
men in der Haut des Pferdes zu Sommerwunden führen können. *Bandwürmer (Anaplo-
cephala perfoliata)* rufen beim Pferd selten klinische Symptome hervor.

Bei Verdacht auf Parasitenbefall müssen *Proben* von frisch abgesetzten oder noch
besser aus dem After entnommenen Kotballen möglichst sofort oder gekühlt in einem
Labor verarbeitet werden. Im Kot lassen sich nur diejenigen Parasiten nachweisen,
deren Eier auch tatsächlich ausgeschieden werden. So ist ein Magendasselbefall beispielsweise nicht aufgrund einer Kotprobe festzustellen. Weiter muß bedacht werden,
daß eine einmalige Kotuntersuchung keineswegs zu schlüssigen Resultaten führt, da
die Ausscheidung, je nach Befall und Tageszeit, schwanken kann und keinerlei Aussagen über den Grad der Larvenwanderung ermöglicht.

Die Auswahl des für eine *Behandlung* geeignetsten Medikamentes ist dem Tierarzt
zu überlassen. Nur er ist imstande, das Wirkungsspektrum der einzelnen Wurmmittel
zu überblicken und die Resistenzentwicklung nach mehrmaliger Wurmbehandlung mit
dem gleichen Medikament zu beurteilen. Grundsätzlich sind Anthelmintika auf dem
Markt, die sämtliche hier geschilderten Magen-Darm-Parasiten abzutöten vermögen
(z. B. Ivermectin). Anthelmintika mit breitem Wirkungsspektrum sind nur über den
Tierarzt erhältlich. Wurmmittel werden entweder als Pulver, Granulat, Paste oder als
Premix (Pellet) verabreicht.

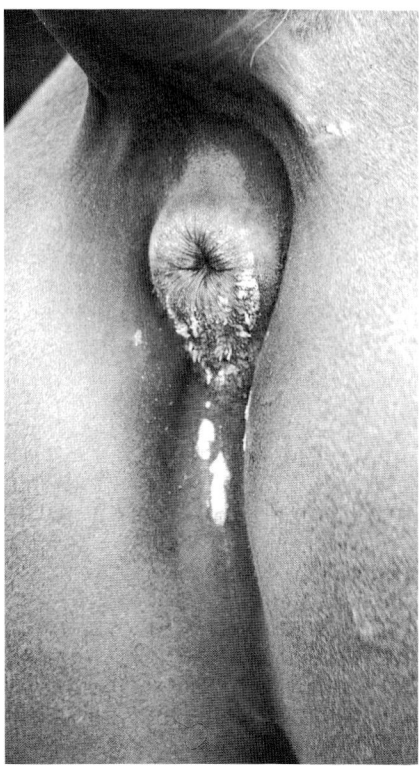

Abb. 222. Oxyureneier bilden gelbliche Gebilde am After und führen zu Juckreiz.

Zur optimalen *Wurmprophylaxe* ist bei reiner Stallhaltung ein dreimonatiges Behandlungsintervall notwendig. Bei Weidehaltung ist ein Behandlungsintervall von zwei Monaten einzuhalten. Dies ist vor allem bei Fohlen und in Problembeständen mit häufigen Koliken bei normaler Fütterung zu beachten.

Daneben sind auch hygienische Maßnahmen vorzusehen. Pferdekot muß möglichst oft aus den Ställen entfernt werden. Die Stallwände sind regelmäßig mit einem Dampfstrahlgerät zu reinigen. Pferdekot auf der Weide ist wöchentlich aufzusammeln. Pferde sollten nicht auf eine taufrische oder nasse Wiese gebracht werden. Eine Pferdeweide sollte nicht mit Pferdemist gedüngt werden. Altes Gras muß geschnitten und anders verwertet, eventuell kompostiert werden.

Nur unter Einhaltung aller hier aufgezeigten Möglichkeiten der Wurmbehandlungen und hygienischen Maßnahmen werden früher oder später parasitenbedingte Probleme unter Kontrolle gebracht werden können.

4   Hauterkrankungen

4.1   Lokale Hautverdickungen

Lokale Hautverdickungen sind beim Pferd häufig. Sie entstehen meistens durch äußere Einwirkung wie Drücke durch Sattel, Geschirr oder Gurt, durch Insektenstiche, oder als Manifestation eines allergischen Geschehens (Nesselfieber). Die wichtigsten Möglichkeiten sind nachfolgend beschrieben.

Insektenstiche
Insektenstiche provozieren beim Pferd während des Sommers isolierte, nicht schmerzhafte Schwellungen, die auch unbehandelt recht schnell wieder verschwinden. Sie können überall am Körper auftreten. Zu gewissen Jahreszeiten sind sie an der Unterbrust und am Bauch häufiger und können zu Schwellungen, lokalen Blutungen sowie zu Ödembildung des Schlauchs führen. Wespen-, Hornissen- und eventuelle Bienenstiche führen auch beim Pferd zu den beim Menschen bekannten lokalen Schwellungen, vor allem an den Nüstern.

Eine *Behandlung* der Insektenstiche ist meistens nicht notwendig, wenn nicht bedrohliche Komplikationen im Sinne einer Schwellung der Atemwege eintreten. Gewisse Möglichkeiten einer Vorbeugung bestehen mit den heute erhältlichen Repellants und Insektiziden, die aber regelmäßig auf die Haut aufgebracht werden müssen. Es ist von Vorteil, empfindliche Tiere während der besonders insektenaktiven Wochen im Stall zu halten.

Nesselfieber (Urtikaria)
Nesselfieber ist die Manifestation eines allergischen Geschehens, wobei die Ursache in den weitaus meisten Fällen nicht bekannt ist. Möglich sind Insektenstiche, Infektionskrankheiten sowie erworbene Überempfindlichkeit gegenüber Umgebungssubstanzen (z. B. Einstreu).

Die *Behandlung* ist, sofern ein hochgradiges Nesselfieber vorliegt, dem Tierarzt zu überlassen. Ein Nesselfieber verschwindet aber meist nach wenigen Tagen spontan wieder.

Sattelakne
Sattelakne sind schmerzlose Schwellungen der Haarfollikel und Talgdrüsen, entstehend aus Friktionsinfektion durch Scheuern, Reiben usw. Sie treten hierzulande vor allem in der Sattellage und im Sommer auf. Während einzelne kleine Knötchen keine Störungen provozieren, können Schwellungen, vor allem wenn sie groß und ausgedehnt werden, zur zeitweisen Unbrauchbarkeit des Pferdes führen.

Die *Behandlung* besteht in einer rigorosen Hygiene der Sattellage und der Schabracke. Die Haut ist täglich zu desinfizieren (eventuell Rasur), und es ist darauf zu achten, daß täglich eine saubere Sattelunterlage aufgelegt wird (Friktionsinfektion!). In chronischen Fällen muß eine operative Entfernung ins Auge gefaßt werden.

4.2   Druckschäden

Druckschäden sind Beschädigungen durch den Sattel, die Gurte oder durch das Geschirr infolge fehlerhaften Baues des Pferdes (z. B. hoher Widerrist), schlechten Nähr-

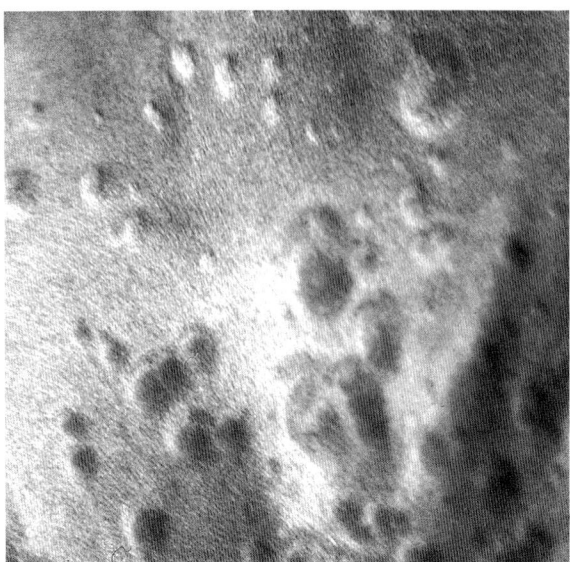

**Abb. 223. Nesselfieber. Plötz-
lich auftretend und oft ebenso
schnell wieder verschwin-
dend.**

zustandes, mangelhafter Bemuskelung, fehlerhaften Sitzes des Reiters, schlechtem Passen des Sattels, strenger Arbeit ohne Training usw.

Ein erstes Symptom eines Drucks ist eine Hautverdickung (Hautödem), hervorgerufen durch Schädigung der Hautgefäße. Nach Wegnahme des Sattels entsteht eine begrenzte, weiche und heiße Schwellung.

Die meisten Drücke heilen innerhalb von einigen Tagen wieder ab. Als *Behandlung* sind feuchte Kompressen mit einer antiseptischen Lösung angezeigt. Bleibt ein Druck länger bestehen, sei es in Form einer weichen Schwellung oder der Ablösung oberflächlicher Hautschichten, muß der Tierarzt hinzugezogen werden.

Vorgebeugt werden kann der Entstehung von Drücken mit perfekt sitzendem Sattelzeug und Geschirr sowie dem notwendigen Training. Beim Sattel ist zu bedenken, daß mit zunehmendem Alter der Widerrist stärker hervortritt. Es ist ständig zu kontrollieren, ob die notwendige Widerristfreiheit noch vorhanden ist.

4.3   Ekzeme (Dermatitis)

Ekzeme sind Erkrankungen der äußeren Hautschichten, oft als Folge äußerer Einwirkung. Sie entstehen beim Pferd vor allem an den Gliedmaßen und in der Fesselbeuge. Das Auftreten von Schuppen, besonders am Mähnenkamm, ist eine leichte Form eines Ekzems und ist mit Hautparasiten, aber auch mit Ernährungsstörungen gekoppelt.

Mauke

Die Mauke ist eine Dermatitis, die in der Fesselbeuge, häufiger bei unpigmentierter „weißer" Haut, auftritt. Sie beginnt mit einer leichten Rötung. In starken Fällen kann sie zu Hautdefekten mit Ausschwitzung von Serum und zu Phlegmonen führen. Sie ist nicht mit einer *Strickwunde* (Kettenhang) zu verwechseln. Die Ursache der Mauke ist vielgestaltig; im Vordergrund stehen mechanische (Schnee) oder chemische Reize, aber auch eine Vererbung kann nicht ausgeschlossen werden. Nicht selten wird die Haut auch von Räudemilben besiedelt, die dann ohne entsprechende Behandlung eine Abheilung verhindern (Juckreiz).

Die *Behandlung* einer Mauke richtet sich nach ihrem Schweregrad und nach der Ursache. Frühe Stadien heilen unter Verwendung einer kortikoidhaltigen Salbe meist problemlos ab. Ist eine Serumausschwitzung oder gar eine Phlegmone vorhanden, ist der Tierarzt hinzuzuziehen.

Als *Vorbeugemaßnahme* empfiehlt sich eine regelmäßige Bewegung und Pflege der Fesselbeuge durch regelmäßiges Waschen oder Abspritzen der Gliedmaßen nach der Arbeit mit Abtrocknen und Einmassieren einer fetthaltigen Salbe.

4.4   Phlegmone (Einschuß, Rotlauf)

Die Phlegmone ist eine eitrige Entzündung des Bindegewebes unter der Haut nach Eindringen von Eitererregern durch größere oder kleinste Verletzungen. Die Einschußphlegmone entsteht innerhalb von wenigen Stunden (deshalb der Ausdruck Einschuß) und führt zu hochgradigem Schmerz, hervorgerufen durch eine heftige Entzündung mit gespannter, heißer Schwellung. Die Einschußphlegmone tritt häufiger an den Hintergliedmaßen auf. Ähnliche Krankheitsbilder können aber irgendwo am Körper in Erscheinung treten. Sichtbar sind neben der Schwellung die Lymphbahnen. Die Erkrankung geht immer mit Allgemeinstörungen wie Freßunlust und hohem Fieber bis 41° einher. Wird eine akute Phlegmone an der Gliedmaße nicht innerhalb kürzester Frist korrekt tierärztlich behandelt, nimmt sie einen chronischen Verlauf, wobei ein „Dickbein" zurückbleibt.

Die *Behandlung* einer akuten Phlegmone ist ein Notfall und ist dem Tierarzt zu überlassen. Neben einer Verabreichung von Antibiotika und entzündungshemmenden Medikamenten wird die Gliedmaße mit einem feuchten Desinfektionsverband versehen. Auch warme Kataplasmen mit Leinsamen scheinen einen günstigen Einfluß auszuüben. Die Tiere sind dabei völlig ruhigzustellen, bis die akute Infektion bekämpft ist. Kann eine Phlegmone nicht innerhalb kurzer Zeit geheilt werden, bleibt das Pferd für Rückfälle besonders prädisponiert.

Als *vorbeugende Maßnahme* ist eine ständige Kontrolle der Gliedmaßen auf kleine oder kleinste Verletzungen notwendig. Werden sie bemerkt, muß vor dem Angehen einer Infektion ein nasser Desinfektionsverband angelegt werden.

4.5   Hautpilze

Pilzinfektionen der Haut sind, vor allem in größeren Ställen mit regem Pferdeverkehr, nicht selten. Sie präsentieren sich im Frühstadium als kleine, lokal begrenzte Krusten, die sich leicht entfernen lassen. Unter der Kruste kommt ein runder bis ovaler rötlicher, leicht nässender Hautbezirk zum Vorschein. Juckreiz besteht nicht. Je nach Erreger kann die Erscheinungsform und die Lokalisation unterschiedlich sein. Am häufigsten finden sich Pilzveränderungen in der Gurtlage sowie an der Flanke. Sie können aber auch am ganzen Körper und am Kopf auftreten. Pilzerkrankungen sind sehr ansteckend. Eine Übertragung ist durch Sattel- und Putzzeug am häufigsten. Man bedenke, daß auch der Mensch angesteckt werden kann!

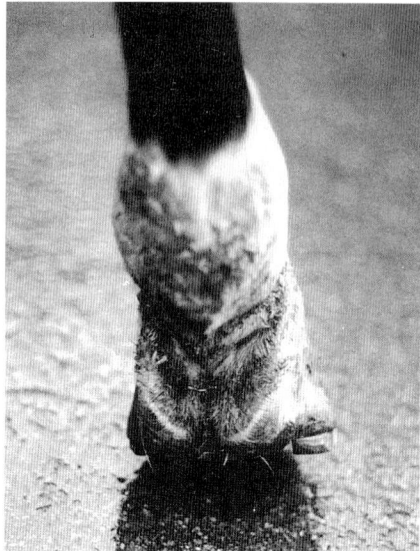

Abb. 224. Mauke.

**Abb. 225. Nichtbehandelte Wunden führen oft
zu Phlegmonen, Dickbein und zur Unbrauchbarkeit.**

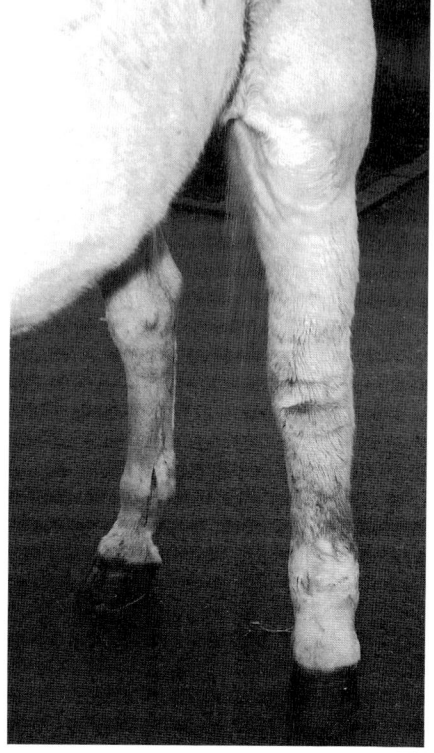

Die *Behandlung* von Pilzerkrankungen des Pferdes ist im allgemeinen leicht. Da
die Erreger unter der Kruste liegen, müssen sie mechanisch freigelegt werden, notfalls
durch Scheren. Einen kleineren und lokalen Befall behandelt man am besten mit
einer jodhaltigen Lösung oder Salbe. Bei stärkerer Ausbreitung ist eine Waschung des
Pferdes mit einem Spezialshampoo unerläßlich. Besonderes Augenmerk ist auf die
Desinfektion von Sattel- und Putzzeug zu legen.

4.6   Hautparasiten

Ein *Läusebefall* tritt vor allem im Winterhaar bei wenig gepflegten Pferden auf.
Symptome sind Juckreiz und haarlose Stellen. Nachweisen lassen sich vor allem die
Eier (Nissen), die am Mähnenkamm und am Schweifansatz vom Auge gesehen wer-
den können.

Haarlinge (Trichodektes) besiedeln ungepflegte Pferde (Fohlen und Jährlinge) mas-
senweise. Sie ernähren sich von Schuppen und führen nicht zu Juckreiz.

Hautmilben treten heute vor allem noch an den Gliedmaßen auf. Sie führen zu
Juckreiz und zu Dermatitis und scheinen bei der Unterhaltung von Mauke eine gewisse Rolle zu spielen.

Die *Behandlung* aller Hautparasiten ist identisch und besteht in der mehrmaligen Waschung mit einem geeigneten Präparat, das vom Tierarzt bezogen werden kann.

Vorbeugende Maßnahme gegen einen Befall mit Hautparasiten ist eine einwandfreie Hautpflege bei korrekter Haltung und Fütterung.

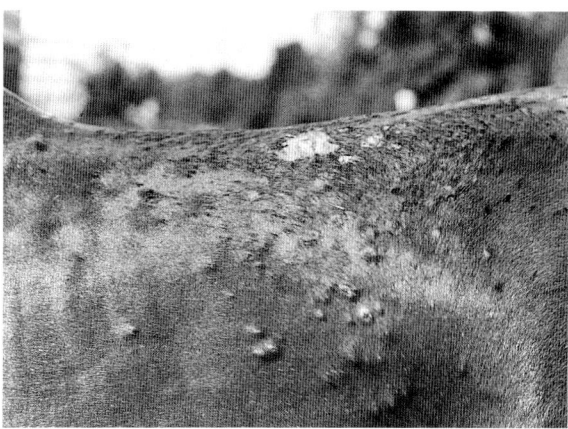

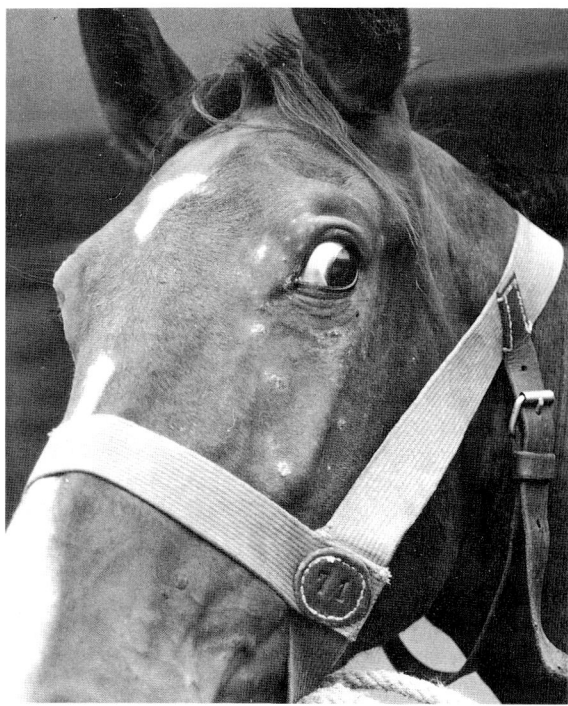

Abb. 226. Hautpilze (Flechten) generalisiert am Rumpf (a) und isoliert am Kopf (b).

4.7   Sommerekzem

Das Sommerekzem ist eine möglicherweise allergisch bedingte Erkrankung, die sich in starkem Juckreiz, vor allem der Mähne und des Schweifs, äußert. Daneben finden sich typische Veränderungen auch an der Bauchunterseite. Es tritt, wie sein Name besagt, vorwiegend in der warmen Jahreszeit auf.

Prädisponiert sind gewisse Pferderassen wie Isländer, Ponys usw. Der oft unstillbare Juckreiz führt im Extremfall zum Verlust von Mähne und Schweif. Als Ursache kommen in erster Linie Stiche verschiedener Insekten in Betracht. Daneben scheint aber auch eine reine Grasfütterung bis zu einem gewissen Grad zu Juckreiz und Scheuern von Mähne und Schweif zu führen. Eine erbliche Disposition und Rassenspezifität ist bewiesen.

Die *Behandlung* eines Sommerekzems ist schwierig und beschränkt sich auf die Unterdrückung der Symptome, z. B. durch Cortisonderivate. In vielen Fällen lassen sich die Krankheitssymptome durch reine Stallhaltung beziehungsweise Trockenfütterung unter Kontrolle halten.

4.8   Warzen

Beim Pferd lassen sich in der täglichen Klinik vor allem zwei Warzenformen unterscheiden:

Papillome (Viruswarzen) treten vor allem beim jungen Pferd sehr schnell und haufenweise an den Nüstern auf. Sie scheinen auch ansteckend zu sein. Ein Papillom erfordert keine Behandlung. Die Hautveränderungen, meist klein und nicht störend, verschwinden nach Wochen oder Monaten von selber wieder.

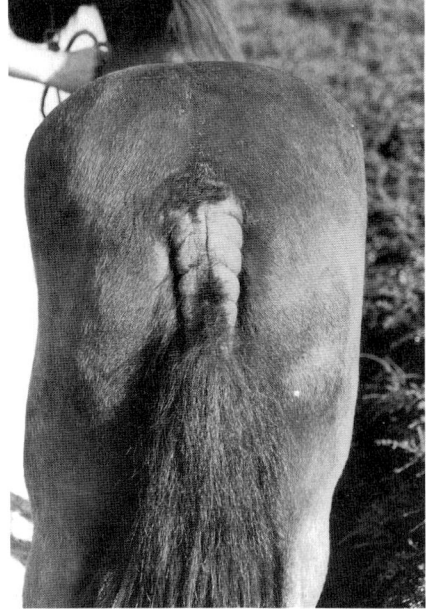

Abb. 227. Sommerekzem, ausgeprägter Juckreiz kann zum Abscheuern von Mähne und Schweifhaaren führen.

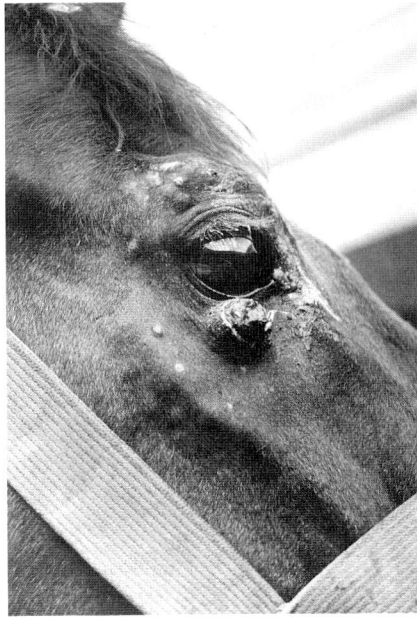

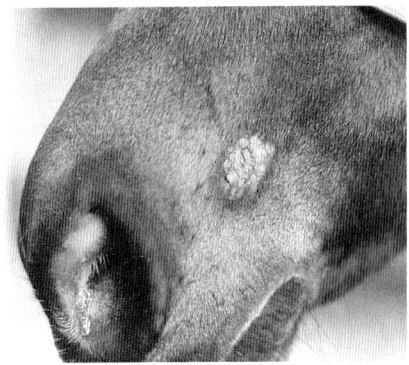

**Abb. 228. Sarkoid am Auge (a)
und neben den Nüstern (b).**

Das *equine Sarkoid* ist als gutartiger Hautkrebs zu bezeichnen. Es tritt meist in jugendlichem Alter, ab zwei bis drei Jahren, auf und hat viele Erscheinungsformen. Prädilektionsstellen sind die Ohrgegend, Augengegend, Maulecken, Halsunterseite, Innenseite der Gliedmaßen (Vorder- und Hintergliedmaßen) sowie der Unterbauch.

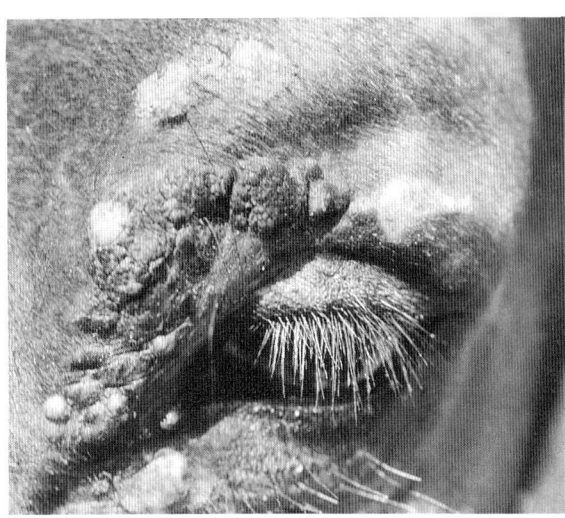

**Abb. 229. Geschwürartiges
Sarkoid am Auge.**

Sarkoide treten vorerst vereinzelt auf, später auch generalisiert. Sie können rund, großflächig oder geschwürartig auftreten. Eine gewisse erbliche Disposition scheint zu bestehen. Obwohl sich auch Sarkoide gelegentlich spontan zurückbilden können (Immunität?), ist meistens eine Operation notwendig. Die Rezidivgefahr ist, je nach Erscheinungsbild, recht beträchtlich. Andere Behandlungsformen, z. B. Spritzen, haben sich bei uns noch nicht bewährt.

5   Nervensystem und Blutkreislauf

5.1   Probleme des Nervensystems

Das Pferd kann an einer Vielzahl von Problemen am Nervensystem leiden. Sie können sich als Störungen des Bewußtseins und des allgemeinen psychischen Verhaltens, in Veränderungen der Körperhaltung, der Sensibilität, der Bewegung usw. äußern. Die Unterscheidung von einzelnen Nervenerkrankungen ist meistens nicht einfach und erfordert neben einer exakten äußeren Beobachtung und Untersuchung oftmals weitere diagnostische Maßnahmen wie Blutuntersuchungen, Röntgenuntersuchungen oder Liquoruntersuchungen. Die Ursachen von Nervenproblemen beim Pferd sind vielfältig und reichen von Infektionen wie Tollwut über andere Primärstörungen, etwa Lebererkrankungen, bis zu Unfällen (z. B. spinale Ataxie). Miteinbezogen werden müssen auch psychische Probleme. Die wichtigsten Erkrankungen sollen nachfolgend kurz erläutert werden.

5.1.1   Spinale Ataxie (Wobbling)

Die spinale Ataxie äußert sich in einer Gleichgewichtsstörung. Sie kann sehr leicht und entsprechend schwierig sichtbar sein, sich aber auch so hochgradig präsentieren, daß das Pferd sich kaum mehr auf seinen Beinen halten kann.

Die spinale Ataxie wird immer durch eine Kompression des Rückenmarks, meist im Gebiet der Halswirbelsäule, ausgelöst. Sie tritt auf nach Stürzen, bei denen der Hals übermäßig abgebogen wird (Wirbelfrakturen), kann aber auch durch Zysten, Arthrosen und Wirbelverschiebungen auftreten. Die Prognose einer spinalen Ataxie ist meist ungünstig; eine vertretbare Behandlung besteht nicht.

5.1.2   Dummkoller und Schlafkoller

Dumm- und Schlafkoller sind alte Bezeichnungen von zentralnervösen Erscheinungsbildern, die sich auf das klinische Bild stützen. Als Ursachen kommen eine Vielzahl von Störungen in Betracht. Die Ausdrücke werden heute deshalb nicht mehr gebraucht.

5.1.3   Tollwut

Die Tollwut ist eine infektiöse Viruskrankheit, die auch beim Pferd mit zentralnervösen Störungen einhergeht. Im Vordergrund stehen Veränderungen der Psyche, dann Krampferscheinungen und meistens ein rasch fortschreitender Verlauf. Tollwut tritt in verseuchten Gebieten nach Kontakt mit infizierten Tieren (Bisse) auf. Sie ist absolut tödlich und wegen ihrer möglichen Übertragung auf den Menschen durch infektiösen Speichel besonders gefährlich.

Die *Vorbeugung* besteht in der Vakzination mit einem geprüften Impfstoff, der beim Pferd einen einjährigen Schutz bietet.

5.1.4   Koppen

Das Koppen ist eher eine Untugend bzw. eine Verhaltensstörung als eine Nervenkrankheit (s. Teil A, Kap. 1.2.11). Ein Kopper setzt meistens die Vorderzähne an einem geeigneten Ort auf, spannt die Halsmuskulatur an und saugt mit einem typischen Geräusch Luft ein. In ausgeprägten Fällen koppt das Pferd ständig und wird dadurch auch in seiner normalen Nahrungsaufnahme gestört; solche Pferde können auch abmagern. Die oft zitierte erhöhte Kolikanfälligkeit wird heute stark in Zweifel gezogen. Die Ursache des Koppens ist nicht einfach zu ergründen. Im Vordergrund steht eine gewisse Langeweile, vor allem bei Stallhaltung. Daneben sind auch Mineralstoffmängel als Ursache vermutet worden. Koppen kann vom Stallnachbarn sehr schnell erlernt werden.

Die *Behandlung* des Koppers ist nicht einfach. Zunächst kann man versuchen, sämtliche Aufsetzmöglichkeiten zu entfernen und dem Pferd möglichst viel Weidegang zu bieten. Ein Koppriemen, satt hinter den Ganaschen fixiert, vermag das Anspannen des Halses zu verhindern. Koppt das Pferd aber bereits seit längerer Zeit und sind die typischen Abnützungserscheinungen am Oberkiefer vorhanden (Koppergebiß), sind die Chancen, daß das Pferd diese Untugend wieder verliert, klein. Hilfe schafft in diesen Fällen nur eine chirurgische Intervention. Sie hat zum Ziel, die zum Koppen verwendeten Halsmuskel zu durchtrennen, zu entfernen oder ihre Nervenversorgung zu unterbinden. Die Chancen für eine erfolgreiche Operation sind um so größer, je weniger lange ein Pferd koppt. Wird aber ein alter Kopper nach der Operation wieder an seinen gewohnten Platz verbracht, sind die Chancen zur vollständigen Heilung gering. Der Operationserfolg beträgt zwischen 50 und 70%. Therapien, die auf der Anwendung von Strom basieren, wie elektrisch geladene Drähte, elektrische Schläge usw., sind aus Tierschutzgründen abzulehnen. Vorbeugende Maßnahmen sind bei Stallhaltung nicht bekannt.

5.1.5   Weben

Das Weben ist eine Pendelbewegung des Pferdes mit Hals und Kopf. Es tritt vorwiegend bei im Stall in Boxen oder Ständen gehaltenen Pferden auf. Es kann als Neurose bezeichnet werden und hängt sicher mit der für das Pferd unphysiologischen Stallhaltung zusammen (s. Teil A, Kap. 1.2.11). Das Weben ist am meisten ausgeprägt, wenn eine gewisse Aufregung im Stall herrscht durch Pferdeverkehr, Präsenz des Menschen usw.

Einem Pferd das Weben abzugewöhnen ist kaum möglich, solange die ursächlichen Faktoren (Stallhaltung) nicht abgestellt werden können.

5.2   Erkrankungen des Blutkreislaufs

Das Pferd ist ein Leistungstier und deshalb auf einen leistungsfähigen Kreislaufapparat angewiesen. Ernste und potentiell gefährliche Störungen am Herzen sind nicht allzu häufig. Demgegenüber manifestieren sich viele innerliche und äußere Erkrankungen des Pferdes durch periphere Kreislaufprobleme, hauptsächlich Ödeme.

5.2.1   Herzerkrankungen

Am Herzen können Rhythmusstörungen sowie erworbene oder angeborene Herzklappenprobleme zu Störungen der normalen Pumpfunktion und damit zu einer ungenügenden Leistung des Pferdes führen. Die Beurteilung des Herzens in bezug auf die Leistungsfähigkeit ist schwierig und bleibt in jedem Fall dem Fachmann vorbehalten. Er wird mit Hilfe geeigneter Untersuchungsmethoden (EKG, Blutdruckmessungen, Laboruntersuchungen) sowohl den Schaden lokalisieren können als auch, was weit wichtiger ist, Aussagen über den Grad einer Behinderung geben können. Eine klinische Untersuchung mit Arbeitsprobe wird aber bereits wesentliche Informationen vermitteln können.

Typisches Symptom für das Vorliegen eines Herzproblems ist die Abnahme der Leistungsfähigkeit.

5.2.2   Thrombosen

Arterienthrombosen

Arterienthrombosen sind beim Pferd relativ häufig. Als Ursache kommen in erster Linie Wurmschäden *(Strongylus vulgaris)* in Betracht. Betroffen sind am häufigsten die Darmarterien. Die Symptome reichen von leichter bis zu schwerster Kolik mit Absterben von Darmteilen. Weitere Prädilektionsstellen für Arterienthrombosen sind das Aortenende und die Schenkelarterien. Teilweiser Verschluß dieser Gefäße führt zu Lahmheit einer oder beider Hintergliedmaßen, die mit zunehmender Bewegung stärker wird.

Eine *Behandlung* von Arterienthrombosen beim Pferd ist grundsätzlich nicht möglich. In Einzelfällen (thrombotisch embolische Kolik) kann der abgestorbene Darmteil reseziert werden.

Als *vorbeugende Maßnahme* gilt eine wurmarme Haltung bei regelmäßiger Wurmbehandlung.

Venenthrombosen

Eine Venenthrombose (Thrombophlebitis) tritt vor allem an einer Halsvene nach Injektionen, Infusionen oder Intensivbehandlungen auf. Sie präsentiert sich als begrenzte Schwellung mit einer unterschiedlich ausgebildeten Venenstauung. Je nach Kopfhaltung kann eine Schwellung am Kopf mit entsprechender Stauung der Hautvenen sichtbar werden.

Behandlung einer Venenthrombose existiert nicht. Der Organismus wird versuchen, früher oder später den venösen Blutfluß durch kleinere Venen zu leiten, was von außen deutlich sichtbar ist. Eine Venenthrombose ist ein Schönheitsfehler; Leistungseinbuße ist nicht zu erwarten.

5.2.3   Ödeme

Ein Ödem ist eine schmerzlose Schwellung infolge Ansammlung seröser Flüssigkeit. Das Pferd ist für die Bildung von Ödemen scheinbar besonders prädisponiert. Sie treten vor allem an den Hintergliedmaßen, aber auch am Unterbauch und am

Schlauch auf. Die Ursachen sind vielfältig und reichen von Irritationen der Haut bis zu einem Herzfehler. Gliedmaßenödeme treten vor allem bei im Stall gehaltenen Pferden auf und müssen oft als haltungsbedingtes Problem bezeichnet werden. Ein Pferd bewegt sich in der Natur mehr oder weniger ständig. Der venöse Rückfluß von den weit vom Herzen entfernten Gliedmaßen erfolgt passiv durch die Bewegung. Steht ein Pferd den ganzen Tag ohne Bewegungsmöglichkeit auf seinen Beinen, können verschiedenste Faktoren zu einer Ödembildung führen. Im Vordergrund stehen Infektionen, Verletzungen oder Zerstörungen von abführenden Blut- oder Lymphbahnen, Irritationen der Haut oder der darunterliegenden Gewebe, Störungen der Gefäßdurchlässigkeit infolge innerer Erkrankungen usw. Das typische Ödem ist schmerzlos und eher kühl. Nach dem Eindrücken mit dem Finger bleibt eine Delle zurück. Demgegenüber sind warme Ödeme oft lokalisiert und druckempfindlich. Sie treten in den meisten Fällen bei lokalen Infektionen wie z. B. Phlegmonen sowie nach Trauma auf.

Abb. 230. Venenverschluß der Jugularvene mit Stauung.

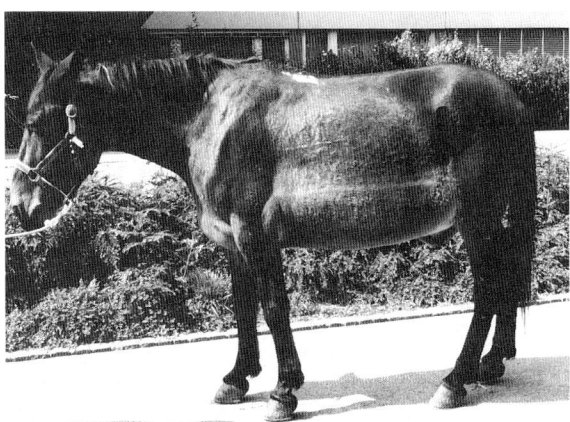

Abb. 231. Ausgeprägtes Bauchödem beim Maultier.

6   Fortpflanzung, Trächtigkeit und Geburt

6.1   Erkrankungen der Fortpflanzungsorgane

Eine Erkrankung der Fortpflanzungsorgane wird sich beim Hengst und bei der Stute meistens als Unfruchtbarkeit manifestieren. Nicht jede Unfruchtbarkeit ist aber zwangsläufig auf eine Erkrankung der Geschlechtsorgane zurückzuführen. Es soll im folgenden versucht werden, die wichtigsten Probleme kurz zusammenzufassen.

Beim Vollblüter schwankt die jährliche Konzeptionsrate zwischen 40 und 70%, das heißt, daß ungefähr 30% aller Zuchtstuten die Saison unträchtig beenden; die Gründe dafür sind mannigfaltig.

6.1.1   Physiologische Unfruchtbarkeit

Es ist möglich, daß eine Stute mit völlig intakten Geschlechtsorganen nicht jedes Jahr konzipiert, weil sie nicht dann ovuliert, wenn wir mit ihr züchten möchten. Die Gründe können in der Fütterung (s. Teil D, Kap. 4.8.1) oder bei der hormonellen Steuerung liegen. So ergeben sich heute gewisse Möglichkeiten, den Brunstzyklus durch künstliches Licht und durch Hormone zu steuern. Die entsprechenden Behandlungen sind aber, nach Feststellung eines intakten und gesunden Geschlechtsapparats, dem Tierarzt vorbehalten.

6.1.2   Krankhafte Unfruchtbarkeit

Die weitaus meisten unfruchtbaren Stuten weisen Gebärmutterinfektionen auf. Sie infizieren sich während oder nach der Geburt, wobei sicher zusätzliche Faktoren beim Angehen der Infektion eine Rolle spielen. Infektionen in den weiblichen Geschlechtsorganen reduzieren die Überlebenszeit der Spermien und erhöhen auch das Risiko, daß ein befruchtetes Ei abstirbt. Gebärmutterinfektionen sind manchmal von außen sichtbar, vor allem während der Brunst, wenn der Muttermund erschlafft ist und die Gebärmuttersekrete nach außen abfließen. Oft ist aber eine Gebärmutterinfektion von außen unsichtbar und kann nur durch eine bakteriologische Untersuchung eines Uterustupfers nachgewiesen werden.

Eine Infektion des Geschlechtsapparates wird durch fehlerhaften Bau mit resultierender Ansammlung von Luft oder Harn in der Scheide, Geburt, Deckart, Abort usw. erleichtert bzw. ermöglicht. Neben den eigentlichen Infekten können auch hormonale Störungen, Tumoren, verlegte Eileiter usw. zu Unfruchtbarkeit führen. Die Erkennung der Unfruchtbarkeitsursache ist nur dem spezialisierten Tierarzt nach entsprechender Untersuchung möglich. Nur er wird nach regelmäßigen Kontrollen und Untersuchungen imstande sein, die erfolgversprechenden Eingriffe und Behandlungen durchzuführen.

6.1.3   Unfruchtbarkeit des Hengstes

Eine vollständige Unfruchtbarkeit oder Sterilität des Hengstes ist sehr selten. Oft schwanken die Befruchtungsergebnisse von Tier zu Tier erheblich, weshalb ein Hengst fruchtbarer sein kann als ein anderer. Der Grund für eine unternormale Fruchtbarkeit kann in der Samenqualität begründet liegen. Sie kann von einem speziellen Labor in bezug auf die Anzahl Spermien pro ml Ejakulat, auf die Beweglichkeit sowie auf das Aussehen beurteilt werden. Infektionen der Harnröhre oder der Geschlechtsdrüsen des Hengstes mit Bakterien können in seltenen Fällen zur Unfruchtbarkeit führen. Ein mangelnder Geschlechtstrieb eines Hengstes kann gelegentlich auf eine ungenügende Hormonproduktion zurückgeführt werden. Daneben spielen aber auch psychologische Momente und schmerzhafte Erkrankungen eine Rolle, die einen normalen Deckakt verhindern. Gelegentlich ist auch ein Deckakt ohne erfolgte Ejakulation möglich.

6.2   Probleme bei der Trächtigkeit

Die mittlere Trächtigkeit einer Stute liegt bei 340 Tagen. Die Trächtigkeitsdiagnose ist, je nach Untersuchungsmethode, bereits vor der nächsten Rosse bis zum Abfohlen möglich. Durch eine Ultraschalluntersuchung ist eine Abbildung des trächtigen Uterus und damit des Föten bereits zwei Wochen nach dem Sprung mit Sicherheit möglich. Demgegenüber läßt sich die Trächtigkeit durch eine rektale Untersuchung zu diesem Zeitpunkt nicht mit absoluter Sicherheit feststellen. Stuten werden deshalb gewöhnlich drei bis fünf Wochen nach der Bedeckung manuell untersucht. Der Nachweis mit einem Bluttest ist mit einiger Sicherheit erst ab dem 45. bis zum 100. Trächtigkeitstag möglich. Er beruht auf dem Nachweis eines Trächtigkeitshormons im Blut der Mutter. Aus dem Harn der Stute läßt sich eine Trächtigkeit ab dem 100. Tag bis zur Geburt mit Sicherheit nachweisen. Auch dieser Test beruht auf dem Vorhandensein eines Trächtigkeitshormons, das aber vom Fohlen produziert wird.

6.2.1   Resorption und Abort

Ein Anteil der Konzeptionen endet als Frühabort innerhalb von 60 Tagen. Er wird oftmals von außen nicht wahrgenommen, zumal in frühen Trächtigkeitsstadien der Embryo in der Gebärmutter resorbiert zu werden scheint. Bis 10% aller Trächtigkeiten scheinen in einem Frühabort zu enden. Daneben sind Aborte in jedem Stadium der Trächtigkeit möglich. Ein Fohlen, das vor dem 300. Trächtigkeitstag ausgestoßen wird, hat kaum Chance zu überleben. Verschiedene Ursachen von Fehlgeburten können vorliegen und werden im folgenden behandelt.

Zwillingsträchtigkeit
Wie neuere Untersuchungen gezeigt haben, ist eine Zwillingsträchtigkeit im Frühstadium häufig. Einer der Embryos wird normalerweise recht früh resorbiert. Werden aber beide Föten genügend ernährt, kommt es in den meisten Fällen zu irgend einer Zeit nach dem vierten Trächtigkeitsmonat zu einem Absterben eines Zwillings, wonach beide Tiere ausgestoßen werden. Gelegentlich werden lebensfähige Zwillinge zur Welt gebracht, die aber wegen ungenügender Entwicklung später zu Problemen Anlaß geben können.

Infektionen
Eine *bakterielle* oder, was häufiger zu sein scheint, eine *Virusinfektion* kann zum Abort führen, indem die Plazenta oder der Föt direkt geschädigt wird. Besonders gefürchtet sind die Virusinfektionen durch das Rhinopneumonitisvirus (seuchenhaftes Verwerfen der Pferde). Das Virus führt meistens zu leichten Infektionen der oberen

Luftwege und, auf dem Blutweg, zur Schädigung des Föten. Die meisten virusbeding-
ten Aborte treten zwischen dem sechsten und neunten Trächtigkeitsmonat auf. Befallene Fohlen können aber auch überleben und sich dann nach der normalen Austragung
als lebensschwach erweisen. Der Abort tritt meistens sehr schnell und ohne Warn-
zeichen auf. Ein Nachweis ist durch pathologische Untersuchung des Abortes möglich. Hie und da gibt auch die Messung von Abwehrkörpern der Stute gewisse Anhaltspunkte.

Zur *Vorbeugung* gegen den Virusabort ist eine Impfung angezeigt, die jedoch nicht
immer vollständigen Schutz bieten kann. Stuten werden dazu während der Trächtigkeit
geimpft.

Aborte sind auch durch *Pilzinfektionen* möglich. Die Infektion erfolgt wahrscheinlich beim Deckakt oder während der Geburt.

Hormonelles Versagen
Ein Abort ohne offensichtliche Erklärung wird nicht selten auf ein hormonelles Versagen zurückgeführt. Die Erhaltung einer Trächtigkeit ist ein dermaßen komplexes hormonelles Zusammenspiel, daß Störungen durchaus denkbar sind. Unsere Erkenntnis

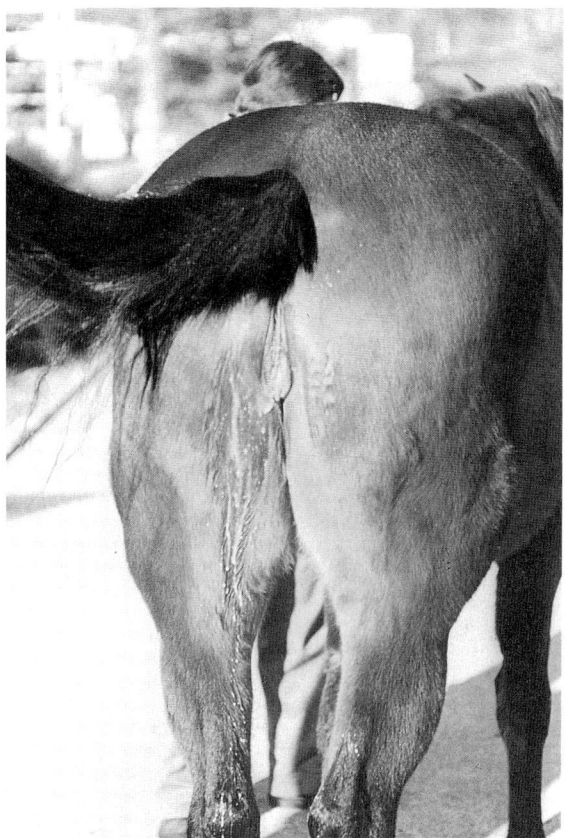

**Abb. 232. Eine Infektion der
Gebärmutter ist nur in schwe-
ren Fällen durch abfließende
Sekrete sichtbar.**

ist aber zu klein, als daß durch irgendwelche Injektionen ein auf dieser Basis drohender Abort sicher verhindert werden könnte.

Entwicklungsstörungen
Aborte sind als Folge von verschiedensten Entwicklungsstörungen (z. B. Mißgeburten) jederzeit möglich und oft auch erwünscht. Wann immer sich die Plazenta nicht fest genug mit der Gebärmutter verbindet oder diese Verbindung aus irgend einem Grund ungenügend wird, gilt das als Grund für einen Abort.

Haltungseinflüsse
Bis zu welchem Grad ein Abort durch äußere Ursachen der Haltung ausgelöst werden kann, ist außerordentlich schwierig nachzuweisen. Es hat sich gezeigt, daß selbst bei schweren Unfällen die mechanische Auslösung des Aborts nicht leicht erfolgt. Trotzdem muß bei abnormen Anstrengungen und bei längeren Reisen, besonders wenn die Pferde nicht daran gewöhnt sind, mit einem Abort gerechnet werden. Die manuelle Trächtigkeitsuntersuchung durch den Tierarzt kann normalerweise nicht zum Verwerfen führen. Eine fehlerhafte Ernährung der Stute scheint in unseren Verhältnissen kaum je als Aborturache in Frage zu kommen.

Vorbeugung gegen einen Abort ist nur beschränkt möglich. In erster Linie sollte eine trächtige Stute zur Verhinderung einer Infektion von Rhinopneumonitis (Virusabort) entweder korrekt geimpft oder möglichst isoliert gehalten werden. Betriebe mit regem Pferdeverkehr wie Handelsställe oder Pensionsstallungen sind für Zuchtstuten nicht geeignet. Die Verhinderung eines Aborts durch eine Hormontherapie (Progesteron) ist nach heutigen Erkenntnissen nicht sinnvoll. Für die Annahme, daß ein Abort wirklich mit einem Progesteronmangel zusammenhängt, besteht meist keine Grundlage. Die Fütterung sollte hinsichtlich Qualität und Quantität auf die trächtige Stute abgestimmt sein (s. Teil D, Kap. 4.8.1).

6.3   Probleme bei der Geburt

Eine normale Trächtigkeit dauert durchschnittlich 340 Tage mit einer normalen Schwankung von etwa 20 Tagen. In Einzelfällen kann eine Stute über ein Jahr tragen, ohne daß Probleme zu befürchten sind. Von einer Geburtseinleitung durch den Tierarzt ist nach unserer Erfahrung abzuraten, sofern sie nicht zwingend notwendig ist.

Die Anzeichen einer bevorstehenden Geburt sind von Stute zu Stute unterschiedlich. In den meisten Fällen sind harzähnliche Tropfen an den Zitzenspitzen Hinweise auf eine bevorstehende Geburt, wobei der Termin ohne genaue Kenntnis der Stute nicht vorausgesagt werden kann. Die Geburt erfolgt beim Pferd meistens nachts und, wenn immer möglich, ohne Beisein des Menschen (s. Teil A, Kap. 1.2.8). Verschiedene Monitore, die die Geburt unmittelbar anzeigen, sind auf dem Markt. Besonders bewährt hat sich ein Sensorinstrument, das auf die Veränderung der Hautfeuchtigkeit anspricht. Die Geburt eines Fohlens erfordert nur dann eine Hilfeleistung, wenn die Stellung oder die Lage des Fohlens abnormal ist. Im Vordergrund bei der Geburtshilfe steht das Strecken eines eventuell gebogenen Vorderbeins, das nach entsprechender Waschung der Hände auch vom Laien unter nötiger Vorsicht durchgeführt werden kann. Andere Lage- oder Haltungskorrekturen sind dem Tierarzt zu überlassen. Tritt das Fohlen falsch in die Geburtswege ein, muß damit gerechnet werden, daß es bereits im Uterus geschädigt wurde und abgestorben ist.

Das neugeborene Fohlen ist, sofern notwendig, von den Eihäuten zu befreien. Demgegenüber sollte die Nabelverbindung mit der Stute noch ein paar Minuten aufrechterhalten bleiben, um möglichst viel Blut in das Fohlen hineinfließen zu lassen. Reißt die Nabelschnur nicht von selber, wird sie ungefähr eine Handbreit unter dem Bauch mit einer sauberen Schere abgeschnitten. Der Nabelstumpf wird darauf mit einem Desinfektionsmittel übergossen. Das Fohlen ist mit sauberem Stroh zu massieren.

Bei einer normalen Geburt sind die Geburtswege der Stute nicht zu pflegen. Geht aber die Plazenta nicht ab, sollten die Eihüllen mit einer Strohschnur an die abgerissene Nabelschnur geknüpft werden, so daß das Gewicht durch ständigen Zug die Plazenta extrahiert. Geht die Nachgeburt innerhalb von drei Stunden nicht ab, muß der Tierarzt gerufen werden. Ein zu langes Verbleiben in der Gebärmutter führt zu Infektionen sowie zu Hufrehe. Die abgegangene Nachgeburt ist auf ihre Vollständigkeit zu überprüfen.

6.4   Erkrankungen des Fohlens

Ein gesundes Fohlen sollte innerhalb einer Stunde nach der Geburt fähig sein aufzustehen und stehenzubleiben. Innerhalb von zwei Stunden sollte es das Euter gefunden und Kolostrum gesogen haben. Hat es das nicht, oder wird es von der Stute nicht toleriert, ist äußere Hilfe notwendig.

Da das Fohlen selber nicht in der Lage ist, Abwehrstoffe gegen Ansteckungskrankheiten zu bilden, nimmt es sie mit der Muttermilch auf. Diese Abwehrstoffe können aber nur während der ersten 24 Stunden vom Darm in die Blutbahn aufgenommen werden. Trinkt das Tier die Kolostralmilch nicht selber, muß die Stute gemolken und dem Fohlen die Milch mit einer Flasche oder durch eine Nasenschlundsonde einverleibt werden. Es empfiehlt sich deshalb, für alle Fälle Kolostralmilch in der Tiefkühltruhe zu lagern.

Zeigt ein Fohlen Schwierigkeiten beim Aufstehen, oder findet es das Euter nicht, dann stimmt irgend etwas nicht. Erkrankungen beim Neugeborenen nehmen meistens einen sehr schnellen Verlauf, so daß nur das frühe Erkennen und die sofortige Behandlung zur Rettung beitragen können. Nur der Tierarzt ist imstande, die beim Neugeborenen häufigsten Erkrankungen zu diagnostizieren und eine Behandlung einzuleiten.

6.4.1   Absolute Lebensssschwäche

Eine absolute Lebensschwäche kann verschiedene Ursachen haben. Am häufigsten ist eine Entwicklungsstörung oder eine intrauterinäre Schädigung durch Keime, eine Unverträglichkeit der Muttermilch als haemolytische Krankheit (s. Teil D, Kap. 5.4), eine Bewußtlosigkeit mit Zuckungen und Krämpfen als Folge eines Sauerstoffmangels während der Geburt usw.

6.4.2   Darmpechverhalten

Viele Fohlen zeigen am ersten Tag Koliksymptome, wälzen sich und zeigen starken Kotdrang. Sie haben Mühe, das Darmpech auszustoßen.

Die *Behandlung* kann durch den Tierarzt erfolgen, der mit einer Nasenschlundsonde Paraffinöl verabfolgt. In der Apotheke erhältliche gebrauchsfertige Klistiere haben sich ebenfalls sehr bewährt. Zeigt das Fohlen auch nach Abgang des Darmpechs Koliksymptome, muß unverzüglich der Tierarzt gerufen werden. Eine *Vorbeugung* ist nicht möglich.

6.4.3   Fohlenlähmekomplex

Die Fohlenlähme kann verschiedene Ursachen haben. Während man früher jede Unfähigkeit des Fohlens aufzustehen als Fohlenlähme bezeichnet hat, werden heute doch spezifische Infektionen als Gründe für Bewegungsstörungen angesehen. In erster Linie kommen bakterielle Infektionen in Betracht (Coli, Salmonellen, Actinobazillen, Streptokokken). Eine Fohlenlähme äußert sich in Schwäche, Fieber, geschwollenen Gelenken, manchmal Durchfall usw. Ursächlich ist eine Infektion, die bereits im Uterus, während der Geburt oder während der ersten Lebenstage stattgefunden hat. Die genaue Diagnose einer Fohlenlähme bleibt dem Tierarzt vorbehalten, der auch eine dem Erreger angepaßte antibiotische Behandlung einleiten wird.

Als *vorbeugende Maßnahme* hat man früher unmittelbar nach der Geburt ein Fohlenlähmeserum verabfolgt. Wegen der Vielzahl der möglichen Erreger ist aber die Wirkung dieser Behandlung zumindest fraglich. Sinnvoller ist eine vorbeugende Behandlung mit Antibiotika, die aber mindestens über drei Tage zu erfolgen hat.

6.4.4   Durchfall

Ein Durchfall beim Fohlen kann verschiedene Ursachen haben. Ist er nicht mit Allgemeinstörungen wie Schwäche oder Fieber verbunden, liegt nicht selten ein Diätfehler vor. Die Milch einer rossigen Stute kann ebenfalls Durchfälle auslösen. Daneben werden je länger je mehr auch Parasiten im Darmtrakt als durchfallauslösende Ursache offenbar. Bei Diätfehlern sind die Ursachen abzustellen, wonach auch der Durchfall meistens wieder verschwindet. Das Einschütten von Medikamenten ist beim Fohlen gefährlich und kann zu Verschluckpneumonien Anlaß geben. Ein Durchfall während der Rosse der Mutterstute verschwindet nach ein paar Tagen von selber wieder. Zeigt ein Saugfohlen während längerer Zeit Durchfall, ist eine Entwurmung mit einem Breitbandanthelmintikum angezeigt.

Infektiöse Durchfälle sind gefährlicher, da sie die Fohlen schwächen und innerhalb kurzer Zeit infolge Flüssigkeitsverlustes zum Tod des Fohlens führen können. Infektiöse Durchfälle gehen meistens mit vermindertem Allgemeinbefinden und Fieber einher. Ihre Behandlung ist dem Tierarzt zu überlassen.

6.4.5   Weißmuskelkrankheit

Dieses Krankheitsbild scheint in letzter Zeit gehäuft aufzutreten. Als Ursache wird ein Selenmangel (s. Teil D, Kap. 2.5) vermutet, der in bestimmten Gegenden endemisch auftritt. Symptome sind Muskelschmerzen und Steifheit oder eine zunehmende Mattigkeit der Fohlen ohne Fieber, bis sie sich nicht mehr von selber erheben können. Eine Weißmuskelkrankheit kann auch bereits kurz nach der Geburt manifest werden.

Die Diagnose ist nicht einfach zu stellen. Sie basiert auf dem Nachweis von Muskelenzymen im zirkulierenden Blut. Oft läßt sich auch bei Stuten ein verminderter Selengehalt im Blut nachweisen.

Die *Behandlung* besteht in der Injektion von Vitamin E und Selenpräparaten. Besser ist sicher eine *Vorbeugung* in Form eines selenhaltigen Mineralstoffgemisches während der Trächtigkeit der Mutterstute (s. Teil D, Kap. 2.5).

7   Erkrankungen des Bewegungsapparates

7.1   Muskulatur

Die großen Muskelpakete des Pferdes können in trainiertem und untrainiertem Zustand zu verschiedenen Problemen Anlaß geben. Im Vordergrund stehen Durchblutungsprobleme. Daneben können auch Mineralstoff- und Vitaminunterversorgungen an der Entstehung von Muskelerkrankungen beteiligt sein.

7.1.1   Kreuzverschlag (Myoglobinurie)

Der Kreuzverschlag, auch als „Montagmorgenkrankheit" bezeichnet, ist die Folge einer akuten Zerstörung von Muskelbezirken. Betroffen ist meistens die Kruppenmuskulatur. Obwohl die Entstehung im einzelnen noch ungeklärt ist, scheint eine ungenügende Blutversorgung der großen Muskelmasse während der Arbeit von wesentlicher Bedeutung zu sein. Ein Kreuzverschlag tritt meistens bei stark bemuskelten Pferden in gutem Nährzustand nach einem oder zwei Ruhetagen auf. Interessanterweise beobachten wir Kreuzverschläge nach längerer Stallruhe auch bei starker Beanspruchung nicht. Stuten scheinen anfälliger als Wallache. Bei Verfütterung von Futtermischungen mit hohem Energiegehalt scheint die Erkrankung auch bei täglicher Arbeit aufzutreten. Der Kreuzverschlag kann im Grad sehr stark variieren. Regelmäßig gearbeitete junge Blutpferde, vor allem Stuten, zeigen oft eine leichte Form, die auch „Tying up" genannt wird.

Erstes Anzeichen ist ein steifer werdender Gang der Hintergliedmaßen. Die Kruppenmuskulatur fühlt sich in diesem Stadium gespannt bzw. hart an. Nicht selten ist nur ein größerer Muskelstrang betroffen. Ist die Erkrankung schwerwiegender, wird das Pferd Anzeichen von Schmerzen mit erhöhtem Puls und Schweißausbrüchen zeigen und nur noch schwer vorwärts zu bewegen sein. In hochgradigen Fällen legt sich das Pferd und ist unfähig, sich wieder zu erheben.

Die Diagnose stützt sich auf die klinischen Anzeichen wie schmerzhafte, harte Muskulatur, Gangstörungen, eventuell Schmerzäußerungen oder Schwitzen. Infolge des Absterbens einzelner Muskelbezirke wird Muskelfarbstoff (Myoglobin) durch den Harn ausgeschieden. Die Braunfärbung des Harns ist demnach ein sicheres Anzeichen für das Vorliegen eines Kreuzverschlages. Die Diagnose läßt sich auch durch eine Blutuntersuchung sichern. Sie stützt sich auf das Vorliegen von Muskelenzymen im zirkulierenden Blut und ermöglicht Angaben über die Schwere der Erkrankung und damit über die Ausdehnung des Muskelschadens.

Bei jeder Attacke eines Kreuzverschlages verliert das Pferd gewisse Muskelbezirke, die sich nicht mehr regenerieren, sondern durch Narbengewebe ersetzt werden. Ein Kreuzverschlag führt deshalb, wenn er wiederholt auftritt, nicht selten zu einer Einschränkung der Leistungsfähigkeit.

Die Symptome können auch in Kombination mit anderen Problemen auftreten. Im

Vordergrund stehen Erschöpfungszustände bei Distanzrennpferden, gleichzeitige Kolik usw. Der Kreuzverschlag ist ein Symptomenkomplex mit sehr unterschiedlicher
Erscheinungsform.

Zur *Behandlung* des Kreuzverschlages sollte das Pferd, vor allem wenn die Symptome stärker ausgeprägt sind, nicht mehr bewegt, d. h. ruhiggestellt werden. Jede weitere Muskelarbeit kann das Krankheitsbild verschlimmern. Aus diesem Grund ist auch
ein Transportieren des transportungewohnten Pferdes in den meisten Fällen nicht
angezeigt.

Die Tiere sind warm einzudecken. Wenn das Pferd Bewegung anbietet, kann es
langsam geführt werden. Zeigt es aber bei Bewegung Schmerzäußerungen oder geht es
nur noch unwillig, ist auch das Führen gefährlich. In diesen Fällen ist sofort der Tierarzt hinzuziehen, der nach Beurteilung der Situation die Behandlung einleitet und
darüber entscheidet, ob und wie das Pferd transportiert werden kann. Ist die Erkrankung schwererer Art, ist eine längere Ruheperiode bis zur Neuaufnahme der Arbeit
angezeigt.

Eine *Vorbeugung* ist in den meisten Fällen durch angepaßte Fütterung und regelmäßige Bewegung möglich. Die Fütterung ist täglich dem Bedarf anzupassen. Eine Beifütterung von Vitamin E und Selen wird empfohlen; ihr Wert ist aber umstritten.

7.2   Erkrankungen der Gliedmaßen

Erkrankungen der Gliedmaßen führen beim Pferd, im Gegensatz zu anderen Tieren,
weitaus am häufigsten zu Problemen und zur Unbrauchbarkeit. Dies hat verschiedene
Gründe. Die durch das große Gewicht des Tieres bei Bewegung auftretenden Kräfte
belasten die Gliedmaßen wesentlich stärker als beim Kleintier. Von besonderer Wichtigkeit ist auch die heutige Haltung der Pferde im Stall mit relativ unphysiologischer
Beanspruchung von Sehnen und Gelenken während sehr kurzer Zeit. Daneben ist
sicher die Verwendung der Pferde in den heutigen Disziplinen ohne entsprechende
Ausbildung von entscheidender Bedeutung (z. B. im Springsport). Nicht von der
Hand zu weisen ist auch eine erhebliche Disposition verschiedener Lahmheitsursa-
chen (z. B. Spat, Strahlbeinerkrankung).

Die verschiedenen Verwendungszwecke unserer heutigen Pferde belasten die
Gliedmaßen sehr unterschiedlich, z. B. die Sprunggelenke beim Dressurpferd, die
Sehnen beim Rennpferd und die Hintergliedmaßen beim Traber. Die hochgradige
Belastung von einzelnen Gliedmaßenteilen erfordert optimale Strukturen hinsichtlich
Winkelung, Stellung und Länge der verschiedenen Gliedmaßenabschnitte. Nur bio-
mechanisch optimale Verhältnisse vom Huf bis zum Rumpf ermöglichen einen ver-
schleißarmen Einsatz der Pferde in den verschiedenen Disziplinen. Leichte oder
schwere Abweichungen von der Norm, wie z. B. kurze und steile Fesselung, zu starke
oder zu schwache Winkelung im Sprunggelenk, Stellungsanomalien u. ä. müssen beim
Pferd früher oder später zu übermäßiger Abnutzung und damit zu Problemen Anlaß
geben. Daneben sind auch andere Faktoren wie etwa Aufzuchtprobleme (s. a. Teil D,
Kap. 5.4), Unfälle, Vernachlässigung oder Fehler im Beschlag für Gliedmaßenschäden
verantwortlich. Nicht zuletzt scheinen auch gewisse Erbfaktoren für die Entstehung
von Erkrankungen denkbar.

7.2.1   Hufe

7.2.1.1 Huflederhautentzündung (Pododermatitis)

Die Entzündung der Huflederhaut ist beim Pferd hierzulande wohl die häufigste Ursache für Bewegungsstörungen. Sie tritt vor allem bei fehlerhaften Hufen, z. B. bei breiten Hufen mit dünnen Sohlen, schwachen Trachten, Zwanghufen oder Krummhufen vornehmlich im Sommer in Erscheinung. Die Pferde gehen unterschiedlich lahm und zeigen meistens deutlichen Wendeschmerz. Die Hufe präsentieren sich vermehrt warm; auf Zangendruck ist Schmerz auslösbar. Die Diagnose einer Huflederhautentzündung ist dem Tierarzt zu überlassen, der aufgrund von verschiedenen Tests diese Erkrankung lokalisiert.

Der Tierarzt wird auch die ihm angezeigt erscheinende *Therapie* einleiten, die neben der Verabreichung von entzündungshemmenden Medikamenten eine Lokalbehandlung mit Umschlägen miteinschließt.

Als *vorbeugende Maßnahme* einer Pododermatitis kommen in Betracht eine Beschlagskorrektur bei fehlerhaften Hufen, ein Beschlag mit Ledersohle oder Spezialeisen während der warmen Jahreszeit und Arbeit auf weichem Untergrund.

7.2.1.2 Hufabszeß

Ein Hufabszeß entsteht durch Eitererreger nach Verletzung im Huf selber, meistens nach Vernagelung, Nagelstich, Nageltritt, Hornspalt, loser Wand oder Pododermatitis. Die Eiterbildung beginnt an der Stelle der Infektion und dehnt sich in den weichen Hornschichten aus. Eine Schwellung kann infolge der Hufstruktur nicht auftreten.

Der Hufabszeß ist charakterisiert durch meist plötzlich auftretende mittel- bis hochgradige Stützbeinlahmheit. Liegt die Ursache im Beschlag, werden die Symptome häufig eine Woche nach Neubeschlag manifest. Die Diagnose kann im Beginnstadium Schwierigkeiten bereiten und ist aus diesem Grund dem Tierarzt vorbehalten. Er wird den Huf anhand von verschiedenen Symptomen nach einem Eiterherd absuchen und

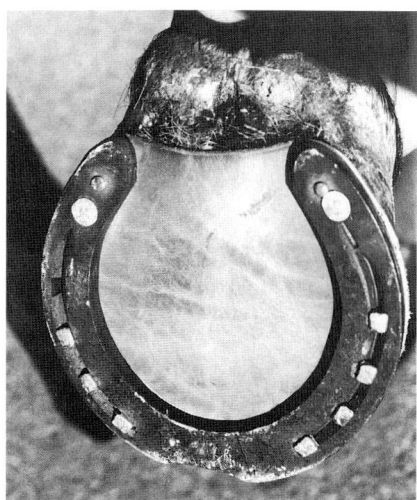

Abb. 233. Ein Beschlag mit Ledersohle vermag Pferden mit schwachen Hufen den Gang nicht selten zu erleichtern.

dann operativ einen Abfluß schaffen. Die Prognose ist um so günstiger, je frühzeitiger der Herd entdeckt und saniert wird. Aus diesem Grund ist bei jeder plötzlich auftretenden unklaren Lahmheit eine gründliche Untersuchung und Behandlung angezeigt.

7.2.1.3 Hufrehe (Hufverschlag)

Die Hufrehe ist eine besondere Form der Huflederhautentzündung, beschränkt sich aber häufig auf den Zehenteil des Hufes. Betroffen sind vorwiegend die Vorderhufe, obwohl eine Hufrehe an allen vier Gliedmaßen auftreten kann. Sie kann akut oder chronisch sein. Als Ursache kommt heute in erster Linie ein toxisches Geschehen in Betracht. Frische oder ungeeignete Kraftfutter (z. B. zuviel Gerste, Hühnerfutter, Schweinefutter), Nachgeburtsverhalten oder verschiedene innere Krankheiten (z. B. nach Kolikoperationen) können jederzeit Anlaß zur Entstehung einer akuten Hufrehe geben. Der Entstehungsmechanismus ist im Detail noch nicht völlig geklärt. Prädisponiert sind übergewichtige Pferde und Ponies.

Eine Hufrehe manifestiert sich als plötzliche, meist hochgradige Lahmheit mit steifem und widerwilligem Gang. Typisch ist eine Entlastung der Vordergliedmaßen nach vorne, mit gestrecktem Kopf und Hals und hochgradigem Wendeschmerz. Die lokale Entzündung ist von der Hufkapsel eingeengt, was von hochgradigem Schmerz mit gesteigerter Pulsfrequenz, oberflächlicher, beschleunigter Atmung und Schwitzen begleitet ist. Pferde mit akuter Hufrehe, vor allem aller vier Gliedmaßen, liegen häufig.

Die Diagnose ist aufgrund der typischen Stellung, des Ganges und des deutlichen Druckschmerzes in der Zehengegend einfach zu stellen. Die akute Hufrehe ist ein absoluter Notfall.

Je früher die tierärztliche *Behandlung* einsetzt, um so besser ist die Prognose. Neben einer Applikation von Schmerzmitteln und entzündungshemmenden Substanzen wird der Tierarzt auch sofort die Beschläge korrigieren und nasse Hufverbände verordnen. Wenn alle vier Gliedmaßen befallen sind, wird die Prognose ungünstig.

Gelingt es nicht, einen akuten Anfall im Anfangsstadium zu heilen, oder kommt es zu Rückfällen, wird eine Rehe *chronisch*. Diese Form ist gekennzeichnet durch das

Abb. 234. Die Symptome einer Hufrehe sind relativ deutlich.

Absenken des Hufbeins innerhalb der Hornkapsel, durch einen typischen Rehegang (Trachtenfußen), sowie, nach einiger Zeit, durch die Ausbildung eines typischen Rehehufes mit Vorwölbung der Sohle, der Bildung eines Narbenschilds und typischen, nach hinten divergierenden Hornringen. Eine chronische Hufrehe ist anhand einer Röntgenuntersuchung des Hufes sehr einfach zu erkennen. Die Prognose als Reit- und Sportpferd ist zweifelhaft. Nicht selten kommt es zu akuten Rückfällen.

Die *Behandlung* besteht in einer mehrmaligen Korrektur des Hufes, so daß das Hufbein wieder in möglichst normale Lage kommt. Daneben muß ein Spezialbeschlag darauf abzielen, die Zehe zu ent- und den Strahl zu belasten. Dazu werden Seitenkappen gezogen und die Nagelung zurückgesetzt. Je nach Ausbildung des Strahls wird ein Steg geschmiedet.

7.2.1.4 Schlechtes Hornwachstum und Wanddefekte

Aufgrund von fehlerhaften Hufformen, häufigem Abreißen von Eisen sowie bei chronischer Hufrehe können die Wände des Hufes dermaßen geschädigt sein, daß ein normaler Beschlag nicht mehr möglich ist. Während man früher durch tägliche Massagen des Kronrandes mit Lorbeeröl eine leichte Reizung mit verstärktem Hornwachstum zu erreichen hoffte, scheint heute eine tägliche Verabreichung von Biotin (Vitamin H) in einer Dosierung von 15 mg pro Pferd und Tag das Hufwachstum nachhaltig zu beeinflussen. Effekte sind jedoch erst nach Monaten sichtbar. Die Anpassung eines aufklebbaren Beschlags kann versucht werden.

7.3   Knochen und Gelenke

7.3.1   Frakturen und Fissuren

Brüche und Risse der Gliedmaßenknochen sind beim Pferd relativ häufig. Fissuren (Knochenrisse) müssen in Erwägung gezogen werden, wenn ein Pferd nach schneller

Abb. 235. Narbenschild an der Zehe bei chronischer Hufrehe. Man beachte den Spezialbeschlag.

Abb. 236. „Ohne Huf kein Pferd". Wanddefekte und schlechtes Hornwachstum. Beschlagsversuch mit Dreikappeneisen.

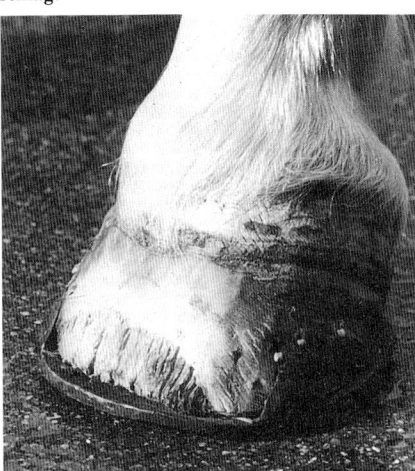
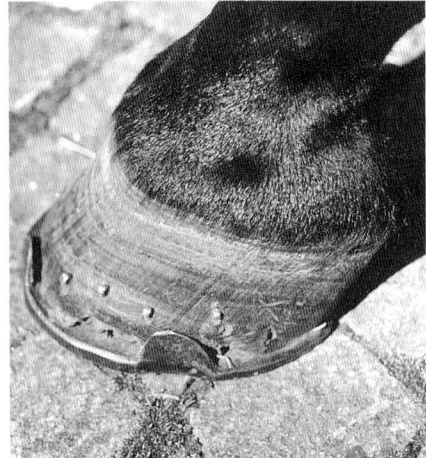

Arbeit plötzlich hochgradige Lahmheit zeigt und eine Untersuchung der Gliedmaßen keine Anhaltspunkte für eine andere Störung ergibt. Eine Diagnose ist nur durch eine exakte radiologische Untersuchung zu stellen. Pferde mit Fissurverdacht müssen sofort ruhiggestellt und radiologisch untersucht werden. Da sich aus einer Fissur jederzeit eine Fraktur entwickeln kann, ist die Verabfolgung von schmerzstillenden beziehungsweise entzündungshemmenden Medikamenten im allgemeinen nicht indiziert. Eine Fissur heilt nach längerer Ruhigstellung oft problemlos ab, sofern das Gelenk nicht miteinbezogen ist. Es ist dem spezialisierten Tierarzt zu überlassen, ob ein Knochenriß verschraubt werden muß oder nicht.

Frakturen an den Gliedmaßenknochen treten fast immer nach Arbeit in höheren Gangarten oder nach Mißtritten auf. Nicht selten bricht ein Knochen mit einem recht deutlich hörbaren Geräusch, wonach das Tier die Gliedmaße nicht mehr belastet. Die Diagnose einer Fraktur ist aber nicht immer einfach zu stellen. Die Chance für eine chirurgische Versorgung bzw. für eine vollständige Heilung kann erst nach einer röntgenologischen Untersuchung einigermaßen abgeschätzt werden. Grundsätzlich sind Knochenbrüche mit verschiedenen Knochenfragmenten, Frakturen, bei denen die Haut eröffnet oder zerrissen wurde und Brüche, die ein Gelenk miteinbeziehen, für ein Sportpferd prognostisch als ungünstig einzustufen.

Daneben haben aber einfache, frische Frakturen vor allem des Fesselbeines sowie Schaftfrakturen der langen Röhrenknochen bei jungen Tieren eine durchaus günstige Prognose, sofern die Haut nicht verletzt wurde.

Bei jedem Verdacht auf eine Fraktur sollte das betroffene Bein behelfsmäßig geschient und das Tier unter möglichster Schonung in die nächste für Frakturbehandlungen eingerichtete Klinik eingeliefert werden.

Obwohl die beim Menschen und Kleintier so erfolgreiche *Osteosynthese* auch beim Pferd möglich ist, scheitert der Erfolg oft an der Tatsache, daß Pferde unmittelbar während des Aufwachens aus der Narkose die Gliedmaße voll belasten und sich auf keine Art und Weise schonen. Alle Maßnahmen, die darauf abzielen, eine operierte Gliedmaße nicht belasten zu lassen, scheitern entweder am Temperament des Pferdes oder an seinem Gewicht und allen damit verbundenen Problemen.

Prognostisch relativ günstig darf die Fraktur des *Griffelbeins* betrachtet werden. Griffelbeinfrakturen heilen entweder von selber oder nach Entfernung des distalen Knochenfragmentes. *Hufbeinfrakturen* haben ebenfalls eine relativ gute Heiltendenz, wenn das Hufgelenk nicht in die Fraktur miteinbezogen wird. Der Huf wirkt als idealer „Gipsverband" und ermöglicht bei genügend langer Stallruhe ein Zusammenwachsen des frakturierten Hufbeins.

7.3.2 Arthrose

Das Pferd ist für degenerative Gelenkserkrankungen (Arthrosen) im Bereich der Gliedmaßen offensichtlich prädisponiert. Als Ursache kommen fehlerhafte Stellungen mit abnormen Belastungen gewisser Gelenksbezirke, Unfälle mit Zerrungen der Gelenkkapsel oder des Halteapparates, Ernährungsstörungen und eventuell erblich bedingte Prädispositionen in Betracht. Ausgeprägte, unheilbare Gelenkserkrankungen sind weitaus die häufigsten Ursachen für frühzeitige Abgänge in unserer Pferdepopulation.

Eine Arthrose kann sich von außen als Füllung der Gelenkkapsel präsentieren (Fesselgelenk, Vorderfußwurzelgelenk) und wird dann als „Gelenksgalle" sichtbar. In den weitaus meisten Fällen, vor allem im Huf-, Kron-, Sprung-, Schulter- und Hüftgelenk,

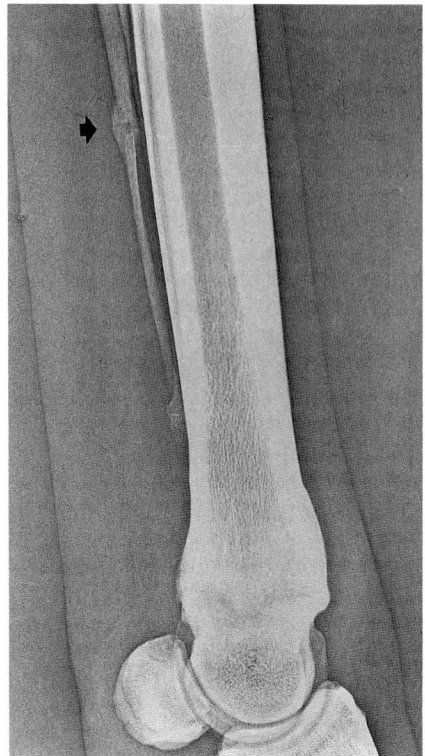

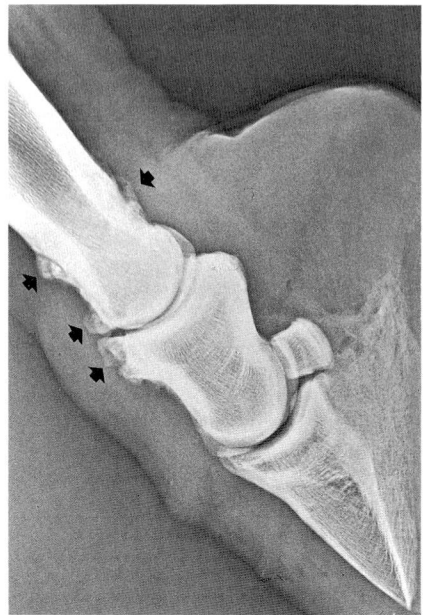

Abb. 238. Arthrosen (hier des Krongelenks) sind die häufigsten Ursachen für frühzeitige Abgänge in unserer Pferdepopulation.

Abb. 237. Eine Griffelbeinfraktur heilt oft ohne Operation problemlos ab.

ist eine Anfüllung entweder nicht sichtbar oder nicht vorhanden. Gelegentlich deuten aber knöcherne Auftreibungen darauf hin (Schalen, Spathöcker). Auch Arthrosen der Fesselgelenke sind in den weitaus meisten Fällen von außen nicht sichtbar.

Eine Arthrose in einem Gliedmaßengelenk führt oft zu Lahmheit des Pferdes. Sind beide Gliedmaßen erkrankt, kann auch nur ein klammer und kurzer Gang, im Frühstadium ein unregelmäßiger Gang, auffallen. Die Symptome können bei Bewegung verschwinden oder auch stärker werden. Eine Diagnose setzt eine genaue Lokalisation der Lahmheit voraus und ist dem Tierarzt zu überlassen. Er wird mit verschiedenen Tests unter Miteinbezug von diagnostischen Anästhesien die Lahmheitsursache lokalisieren. Eine Beurteilung im Hinblick auf die Therapie und die Prognose ist nur nach einer Röntgenuntersuchung des Gelenkes möglich.

Die Prognose einer Arthrose ist definitionsgemäß zweifelhaft, da eine Reparatur der vorhandenen Schäden nicht möglich ist. Oftmals läßt sich aber eine Erkrankung soweit behandeln, daß eine relative Symptomfreiheit zustande kommt. Sind die Gelenkflächen beschädigt (Knorpeldefekte), ist kaum eine weitere Brauchbarkeit des Pferdes zu erwarten. Dies ist leider sehr häufig der Fall. Beim Spat, einer Arthrose der Sprunggelenke, ist durch Verschmelzung von einzelnen Knochen eine klinische Symptomfreiheit erreichbar.

Die *Therapie* einer Arthrose besteht im Anlegen von wärmenden Verbänden, zu-

sammen mit einer Ruhigstellung des Pferdes, meist unter Verabfolgung von entzündungshemmenden Medikamenten durch den Tierarzt. Physikalische Therapien (Ma-
gnetfelder, Stromreize, Laser usw.) können kurzdauernde Besserung bringen. Die
Verwendung von Scharfmitteln, Punkt- oder Strichfeuer ist aus der Mode gekommen,
vor allem weil aufgrund von wissenschaftlichen Untersuchungen kein Effekt nachgewiesen werden kann. Als letzte Lösung muß eine Neurektomie (Nervenschnitt) in
Erwägung gezogen werden. Sie vermag jedoch nur bei Erkrankungen im Huf- und
Krongelenk zur Linderung der Symptome beitragen.

Als *vorbeugende Maßnahmen* kommen eine dem Alter und dem Ausbildungsgrad des
Pferdes angepaßte Beanspruchung, eine frühzeitige und genügend lange Ruheperiode
während der Ausbildungszeit des Pferdes oder beim Bemerken der ersten Symptome,
ein Ausschluß von Pferden mit Arthrosen aus der Zucht und geeignete Aufzuchtbe-
dingungen hinsichtlich Fütterung und Bewegung in Betracht. Von den vorbeugenden
Maßnahmen ausgenommen sind selbstverständlich Unfälle jeglicher Art, die beim
Pferd tagtäglich auftreten können und sich oft als Gelenkschäden manifestieren.

7.3.2.1 Arthritis

Eine akute Arthritis entsteht meistens durch Überanstrengung oder nach Mißtritten.
Zu bemerken ist oft eine Lahmheit mit Anschwellung des betroffenen Gelenkes. Die
Gelenkkapsel ist stärker angefüllt und das Gelenk vermehrt warm. Das Abbiegen führt
zu Schmerzäußerungen. Die Erkrankung wird recht selten diagnostiziert und kommt
am ehesten am Fesselgelenk vor. Die Prognose ist relativ günstig, sofern dem Tier die
nötige Ruhe zur Abheilung gewährt wird.

Die *Behandlung* besteht in der Verabfolgung von entzündungshemmenden Substanzen sowie in einer lokalen Behandlung mit feuchten, wärmenden Verbänden (Priess-
nitz). Sofern eine Heilung nicht eintritt oder sofern die akuten Symptome übersehen
werden, kommt es früher oder später zur chronischen Arthritis, die meist als Arthrose
diagnostiziert wird.

7.3.2.2 Spat

Der Spat ist die häufigste Ursache für Lahmheiten an den Hintergliedmaßen. Man
versteht darunter eine besondere Form der Arthrose, die auf den unteren Teil des
Sprunggelenkes lokalisiert werden kann. Es handelt sich um Knorpel- und Knochen-
defekte im kompliziert aufgebauten mehrschichtigen Gelenk, die zu Lahmheit führen
können. Der Spat entsteht meistens bei entsprechend prädisponierten Pferden, die
säbelbeinig, faßbeinig oder mit zu geradem Gelenk stehen. Er kann bereits bei noch
nicht gearbeiteten Pferden beobachtet werden. Eine erbliche Disposition ist deshalb
nicht von der Hand zu weisen.

Die *Symptome* einer Spatlahmheit sind am Anfang diskret. Im Frühstadium wird
meistens eine leichte Unregelmäßigkeit einer Hintergliedmaße beobachtet, die bei
Bewegung verschwindet. Gelegentlich fällt auch ein allzu häufiges Entlasten der
Gliedmaße auf. In fortgeschrittenen Fällen kann aber auch eine mittel- bis hochgradige Lahmheit auftreten. Das Sprunggelenk präsentiert sich von außen häufig als nicht
verändert. Der früher oft beschriebene „Spathöcker" der Zugpferde wird bei den
heutigen Sportpferden kaum mehr beobachtet. Die Diagnose ist dem Tierarzt vorbehalten. Sie stützt sich auf die Befunde der sog. *Spatprobe,* d. h. der Lahmheitsverstär-
kung nach Abbiegen des Sprunggelenkes, und auf die Befunde im Röntgenbild. Die
Prognose einer Spaterkrankung ist schwierig zu stellen. Grundsätzlich sind die Veränderungen irreversibel. Leichte, nur radiologisch feststellbare Gelenksveränderungen

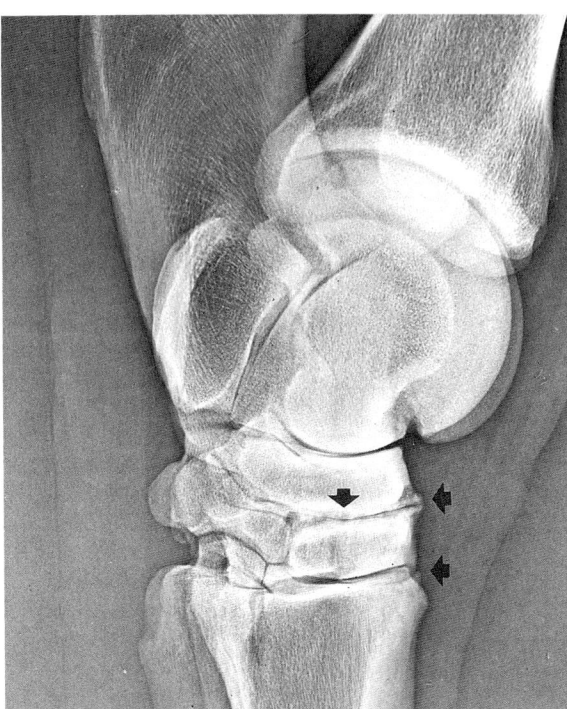

Abb. 239. Der Spat, eine besondere Form der Arthrose, ist die häufigste Ursache für Lahmheit an der Hintergliedmaße.

können stationär bleiben und auch bei intensiver Verwendung des Pferdes nicht zu Lahmheit führen. Sind die Befunde im Röntgenbild jedoch stärker ausgeprägt, kann das Pferd nicht als gesund bezeichnet werden, auch wenn im Moment keine Lahmheit zu beobachten ist. Eine Spaterkrankung leichteren Grades äußert sich nicht selten in Episoden von leichtgradiger Lahmheit, die dann wieder für kürzere oder längere Zeit verschwinden. Stärker ausgeprägte Gelenksveränderungen mit Lahmheit sind prognostisch als ungünstig einzustufen.

Die *Behandlung* eines Spats zielt darauf ab, die einzelnen geschädigten Gelenksknochen miteinander verwachsen zu lassen, wonach auch die Lahmheit zum Verschwinden gebracht werden kann. Dazu wird der Tierarzt versuchen, mit Hautreizen eine starke Durchblutung des Gelenkes anzustreben. Auch Spatoperationen haben das gleiche Ziel. Gleichzeitig ist das Pferd ruhig zu stellen. Die Heilung scheint durch einen Spatbeschlag begünstigt zu werden. Dazu wird die hintere Hufpartie durch hohe Stollen angehoben.

7.3.3   Hufrolle (Strahlbeinerkrankung)

Unter den Begriff *Strahlbeinerkrankung* fallen Probleme verschiedener Art am Strahlbein selbst oder in dessen Umgebung, die eine schmerzbedingte Gangstörung bewirken. Im Frühstadium scheint sich oft eine Entzündung des Schleimbeutels zu entwickeln, der zwischen dem Strahlbeinknochen und der darübergleitenden, tiefen Beugesehne liegt. Mit fortschreitender Krankheit entwickelt sich eine Zerstörung der

Strahlbeinknorpelschicht sowie Veränderungen des Knochens selbst; neuere Untersuchungen weisen darauf hin, daß die Erkrankung auch am Knochen selbst beginnen kann. Oft ist auch die Beugesehne in diesem Bereich lädiert. Als Ursache wird eine übermäßige Belastung dieses Bereiches oder eine mangelhafte Durchblutung angenommen. Man glaubte oft, daß die Strahlbeinerkrankung eine „Berufskrankheit" des Springpferdes sei. Dies scheint jedoch nach neueren Untersuchungen nicht zuzutreffen. Trotzdem werden in absteigender Reihenfolge folgende Pferdegruppen von dieser Erkrankung betroffen: Spring- und Spazierpferd, Zugpferd, Vollblutrennpferd, Traber. Ein gewisser Einfluß des Verwendungszwecks bzw. der Rasse ist deshalb wahrscheinlich. Bei Araberpferden und Ponies tritt die Erkrankung nur sehr selten auf. Enge Hufe mit steiler Winkelung der Fessel begünstigen das Leiden. Offenbar kommt es bei der Absorption der Aufprallerschütterung infolge der kleineren Sohlenfläche dieser Hufe zu einem erhöhten Druck pro Flächeneinheit. Durch schlechten oder vernachlässigten Beschlag mit langer Zehe wird der Druck während des Bewegungsablaufes ebenfalls erhöht. Eine erbliche Disposition ist auch bei dieser Erkrankung nicht auszuschließen.

Meist tritt die Erkrankung in beiden Vordergliedmaßen auf. Oft ist aber der Schmerz in einer Gliedmaße stärker, so daß Lahmheit entsteht. Im Anfangsstadium ist ein klammer Gang oder eine leichtgradige Lahmheit zu bemerken, die zeitweilig auch wieder ganz verschwinden kann. Nach strengerer Arbeit zeigen solche Pferde eine wesentliche Verschlechterung des Ganges. Das Springpferd verweigert oft unverständlich Hochweit- oder Weitsprünge, da es Angst vor der schmerzhaften Landung hat. Der Lahmheitsgrad ist bei Strahlbeinerkrankungen meistens nicht hochgradig. Ein typisches Merkmal ist jedoch das Vorstellen einer Gliedmaße zur Entlastung der Beugesehnenregion. In späteren Stadien verändert sich auch die Form

Abb. 240. Ein allzu häufiges Entlasten einer Hintergliedmaße kann ein Frühsymptom des Spats sein.

Abb. 241. Eine Verkleinerung eines Hufes (Atrophie) kann ein Indiz für das Vorliegen einer Strahlbeinerkrankung sein.

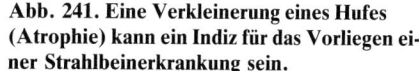
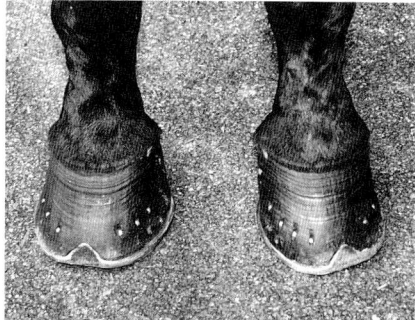

des Hufes (Hufatrophie). Die ersten Lahmheitserscheinungen sind in Form eines Wendeschmerzes bei Bewegung in einer kleinen Volte auf hartem Boden zu bemerken.

Die Diagnose einer Strahlbeinerkrankung ist nicht einfach. Der Tierarzt wird unter Beizug verschiedener Kriterien und Proben zusammen mit einer diagnostischen Anästhesie die Lahmheit lokalisieren. Die sichere Diagnose ist nur durch ein qualitativ hochstehendes Röntgenbild, in Verbindung mit erfüllten Kriterien der klinischen Untersuchung, zu stellen.

Die *Behandlung* einer Strahlbeinerkrankung ist wegen ihres fortschreitenden Charakters nicht einfach und beschränkt sich in den weitaus meisten Fällen auf eine Unterdrückung der Symptome. Entzündungshemmende Medikamente vermögen wohl die Schmerzen vorübergehend zu unterdrücken, führen jedoch nicht zu einer Heilung. Durch spezielle therapeutische Beschläge wie eine Verkürzung der Zehe, einen Beschlag mit verdickter Rute oder das Unterlegen von Keilen läßt sich eine Besserung des Zustandes erreichen. Neuere Operationen, z. B. Durchtrennung des Strahlbeinaufhängebands, haben in Einzelfällen erstaunliche Resultate gezeigt, sind aber noch nicht endgültig erprobt. Als letzte Lösung kommt die Neurektomie in Frage. Durch diese Operation wird der schmerzleitende Nerv aus dieser Gegend durchtrennt. Die Krankheit läßt sich dadurch aber nicht beeinflussen, das Pferd verspürt nur den Schmerz nicht mehr. Der Einsatz eines neurektomierten Pferdes im Sport ist kaum verantwortbar. Der Entschluß zur Operation richtet sich nach dem Alter des Tieres, dem Ausmaß der Veränderungen, der geplanten Arbeit sowie nach dem Verständnis des Besitzers. Der Einsatz von Pferden mit durchtrennten Nerven an sportlichen Konkurrenzen ist regional verboten (z. B. in der Schweiz). Eine Neurektomie vermag die Symptome maximal ein bis zwei Jahre zu unterdrücken und kommt aus diesem Grund für jüngere Pferde kaum in Frage. Geht ein neurektomiertes Pferd mehrere Jahre symptomfrei, muß zumindest vermutet werden, daß die Operation aufgrund einer Fehldiagnose durchgeführt wurde.

Die *Vorbeugung* einer Strahlbeinerkrankung ist durch regelmäßig erneuerte Beschläge (fünf bis sieben Wochen) bis zu einem gewissen Grad möglich. Daneben sind, vor allem auf längere Sicht, sämtliche erkrankten Pferde von der Zucht auszuschließen. Möglicherweise wirkt auch regelmäßige tägliche Bewegung vorbeugend. Ob eine Verdickung der Eisenenden beim gesunden Pferd als vorbeugende Maßnahme anzusehen ist, kann nicht bestätigt werden.

7.4 Sehnen und Sehnenscheiden

7.4.1 Sehnenscheidenentzündung

Eine Sehnenscheidenentzündung (Tendovaginitis) entsteht durch übermäßigen Zug oder Druck, oft nach absoluter oder relativer Überanstrengung. Sie tritt beim Pferd, von außen sichtbar, meistens im Gebiet des Fesselgelenkes der Vorder- oder Hintergliedmaßen auf. Die sichtbaren Veränderungen werden auch als *Gallen* bezeichnet. Eine Lahmheit ist selten vorhanden. Im akuten Stadium präsentieren sich die Gallen prall gespannt und vermehrt warm. Chronische Sehnenscheidenentzündungen dagegen sind reaktionslos und nicht vermehrt warm. Eine Sehnenscheidenentzündung chronischer Art wird, wenn sie nicht zu hochgradiger Anfüllung der Kapsel führt, eher als Schönheitsfehler angesehen.

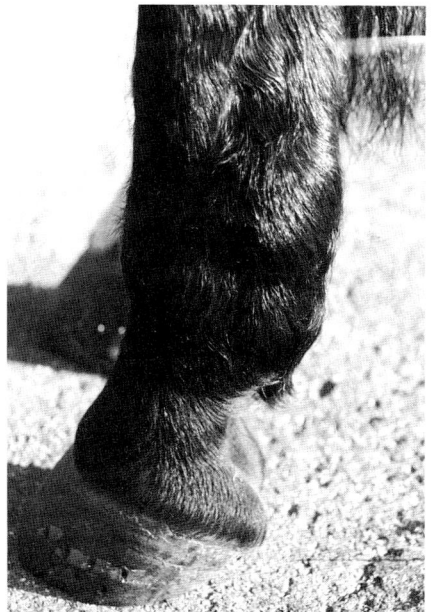
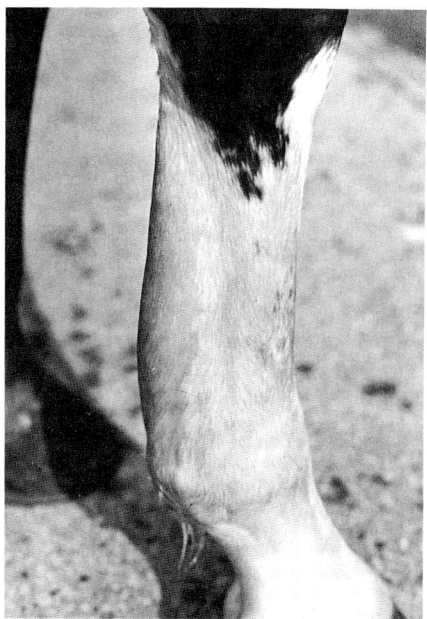
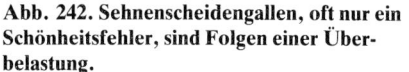

Abb. 242. Sehnenscheidengallen, oft nur ein Schönheitsfehler, sind Folgen einer Überbelastung.

Abb. 243. Die Sehnenentzündung (Tendinitis) ist die Berufskrankheit des in schnellen Gangarten arbeitenden Pferdes.

Die *Behandlung* richtet sich nach dem klinischen Bild sowie nach der Ursache. Bei einer akuten Sehnenscheidenentzündung ist das Pferd ruhigzustellen. Eine vollständige Immobilisation der Gliedmaße, eventuell unter einem Gipsverband, bringt dabei die besten Resultate. Auch wärmende Verbände begünstigen eine Heilung. Dies betrifft vor allem traumatisch bedingte Schädigungen, die meist auf eine Gliedmaße lokalisiert sind. Chronische Formen mit prallen Anfüllungen der Sehnenscheiden sind oft therapieresistent, vor allem wenn die Pferde normal weiterarbeiten. Eine Punktion der Sehnenscheide mit Ablassen der Flüssigkeit und Instillation einer entzündungshemmenden Substanz durch den Tierarzt kann versucht werden, führt jedoch selten zu befriedigenden Resultaten. Ebenso sind alte Therapien wie scharfe Friktion, Punktfeuer usw. wegen ungenügendem Behandlungserfolg wieder verlassen worden.

Als *vorbeugende Maßnahme* gegen Sehnenscheidengallen steht eine individuell dem Pferd angepaßte Arbeit vor allem in der Ausbildungsphase im Vordergrund. Erste Symptome sind als leichte Anfüllungen mit vermehrter Wärme zu erkennen. Wird die Arbeit in dieser Phase eingeschränkt oder das Pferd aus der Arbeit genommen, tritt häufig nach wenigen Wochen eine vollständige Rückbildung ein.

7.4.2 Sehnenschäden

Ein Sehnenschaden, vor allem der Beugesehnen der Vordergliedmaßen, ist die Berufskrankheit des in höheren Gangarten arbeitenden Pferdes. Infolge einer Überdehnung werden Sehnenfasern lokal zerrissen, wobei es zu einer lokalen Blutung, zu

Schwellung und zu Lahmheit kommt. Je nach Lokalisation des Schadens wird auch die Sehnenscheide in das Geschehen mit einbezogen. Meistens werden aber nur die Beugesehnen zwischen dem Vorderfußwurzelgelenk und der Fessel betroffen. Ein Sehnenschaden kann an der tiefen und/oder an der oberflächlichen Beugesehne sowie am Fesselträger (Interosseus) auftreten. Die typischen Zeichen einer akuten Sehnenverletzung sind eine Lahmheit nach Bewegung in höheren Gangarten mit einer diffusen Schwellung, zusammen mit Hitze und Schmerz in der betroffenen Gegend. In schweren Fällen belastet das Pferd die Gliedmaße nicht mehr voll. In leichten Fällen tritt nur eine Lahmheit in Erscheinung. Ein akuter Sehnenschaden heilt, abhängig von der Stärke des Schadens, vom Alter des Pferdes und von der Behandlung, bis zu einem gewissen Grad ab. Die Heilung erfolgt jedoch durch die Bildung von weit weniger zugfesten und demnach auch weniger beanspruchbaren Strukturen und ist fast immer mit einer Verdickung der Sehne verbunden („Banane"). Ein Pferd mit einem chronischen Sehnenschaden ist kaum als gesund zu bezeichnen.

Die *Behandlung* einer akuten *Sehnenzerrung (Tendinitis)* besteht in der Anfangsphase im Versuch, die entzündeten Strukturen abschwellen zu lassen. Dies erfolgt durch Berieselung mit kaltem Wasser, durch Packungen mit feuchter Wärme wie Kataplasmen oder Prießnitzverbänden oder durch eine sofortige Immobilisation der Gliedmaße unter einem Gipsverband. Die Behandlungsdauer beträgt, je nach Ausmaß des Schadens, von einigen Tagen bis zu mehreren Monaten. Während dieser Zeit ist das Pferd absolut ruhig zu stellen. Als weitere Behandlungsmethoden kommen, nach dem Abklingen der akuten Entzündungssymptome, verschiedene Sehnenoperationen oder lokale Injektionen in Frage, z. B. die Längsspaltung der Sehne oder das Einlegen eines Kohlefaserbandes. Demgegenüber hat sich die Wirkungslosigkeit von scharfen Einreibungen, von Strich- oder Punktfeuer (Kaustik), in den letzten Jahren dermaßen überzeugend herausgestellt, daß diese Vorgehensweisen bei Sehnenschäden kaum mehr mit gutem Gewissen anwendbar sind.

Die Heilung eines Sehnenschadens erfordert Zeit, manchmal Monate. Die Heilungschancen sind um so besser, je ruhiger das Pferd gestellt wird. Von besonderer Wichtigkeit hat sich auch die Art der Wiederaufnahme der Arbeit erwiesen, die langsam und unter ständiger Kontrolle, unter Anwendung von physiotherapeutischen Prinzipien, erfolgen sollte. Nur so ist eine Rückkehr des Pferdes zur normalen Arbeit möglich. Der Tierarzt wird als einziger in der Lage sein, den Grad des Schadens zu beurteilen und Angaben über die Heilungschancen bzw. die Heildauer zu machen.

Vorbeugende Maßnahmen zur Verhütung eines Sehnenschadens beim Pferd sind schwierig. Offensichtlich prädisponierende Faktoren sind eine Überbelastung des „kalten" Pferdes, schnelle Arbeit mit nicht dafür geschaffenen Pferden, Ermüdung, unebenes Gelände, besonders Wurzeln und Löcher, lange Fesselung, wie sie bei Vollblutpferden häufig ist, mangelhafter Beschlag mit zu langer Zehe usw. Prinzipiell sind Sehnenschäden aber Unfälle, und Maßnahmen zur Verhütung haben nur begrenzten Erfolg.

7.5   Rückenerkrankungen

Es ist nur allzuleicht verständlich, daß Pferde unter dem Gewicht des Reiters Rückenschäden entwickeln können. Probleme können sich an der Rückenmuskulatur und an der Wirbelsäule selber manifestieren. Die Unterscheidung ist klinisch außerordentlich schwierig und selbst für den erfahrenen Tierarzt ohne Beizug von weiteren Untersuchungskriterien wie z. B. Röntgen kaum mit Sicherheit durchführbar. Das Vorhandensein eines Rückenproblems ist deshalb dem erfahrenen Trainer leichter erkennbar als dem Tierarzt aufgrund einer kurzen klinischen Untersuchung. Die Symptome eines Rückenschadens sind außerordentlich vielfältig. Typisch sind ein Einsinken des Rückens beim Aufsteigen, ein Gurtenzwang, ein steifer Gang während der ersten Schritte unter dem Reiter, Widersetzlichkeit beim Abbiegen unter dem Reiter, fehlende Durchlässigkeit auf einer oder beiden Händen, Widersetzlichkeit beim Versammeln, Schwierigkeiten beim Verkürzen des Trabs, panikartiges Losrennen auf Hindernisse, fehlende Bascule und Verkrampftheit über dem Sprung, Schwierigkeiten bei Hoch-Weitsprüngen, sägebockartiges Hinstellen nach der Arbeit usw. Alle diese Symptome beruhen auf Schmerzen im Bereich der Rückengegend; die Aufzählung ist nicht abschließend.

Die Diagnose eines Rückenschadens ist deshalb außerordentlich schwierig und nur durch eine exakte klinische Untersuchung in Ruhe, durch eine Beobachtung während der Arbeit sowie durch eine Röntgenuntersuchung der Wirbelsäule zu stellen. Die Röntgenuntersuchung des Rückens ist technisch schwierig und demzufolge nur einigen wenigen, spezialisierten Kliniken vorbehalten. Die Erfahrung der letzten Jahre hat gezeigt, daß ein großer Teil unserer Reitpferde Arthrosen im Bereich der Wirbelsäule des Rückens aufweist, und es ist zu vermuten, daß eine Vielzahl der Probleme, die während der Arbeit von Sportpferden auftreten, auf Rückenschmerzen zurückführbar ist.

Die *Behandlung* von Rückenproblemen beim Pferd ist schwierig, da die Symptome sich uneinheitlich präsentieren und es sich oft um degenerative arthrotische und deshalb unheilbare Prozesse im Bereich der Gelenke der Rückenwirbel handelt. Zudem gehen die klinisch beobachteten Symptome nicht immer parallel mit den auf dem Röntgenbild vorhandenen Veränderungen. Eine Lokalbehandlung von außen kann versucht werden. Sie wird sich auf die Warmhaltung oder auf die leichtgradige Reizung bzw. Massage der Haut und der Rückenmuskulatur zu beschränken haben. Die veränderten Bezirke befinden sich beim erwachsenen Pferd bis zu 20 cm unter der Haut und sind somit nur schwer erreichbar. Lokale Injektionen von entzündungshemmenden Substanzen scheinen nur von beschränktem Wert, da es sich meistens um mehrere veränderte Gelenke handelt, die zudem von außen nicht oder kaum lokalisiert werden können. Rückenoperationen sind, wie die Erfahrungen in den letzten

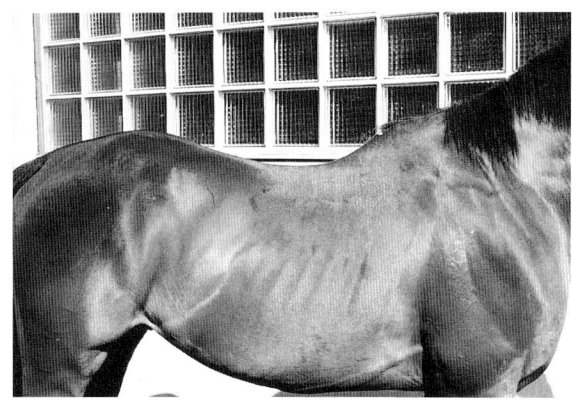

Abb. 244. Ein schwacher Rücken als prädisponierter Faktor für Probleme.

Jahren gezeigt haben, aus den gleichen Gründen nicht sinnvoll. Eine symptomatische Behandlung besteht bei allen Rückenproblemen in der Verwendung eines korrekt gebauten Sattels, dessen tiefster Punkt möglichst weit vorn liegen sollte, in der Verwendung von großflächigen gepolsterten Schabracken und in einer dem Zustand des Rückens angepaßten Arbeit. Auf Gewalt beruhende Korrekturmethoden wie das Reiten kleiner Volten mit Biegung unter Zwang sind zu unterlassen. Die Arbeit und Ausbildung eines solchen Pferdes hat darauf abzuzielen, eine freie Rückentätigkeit zu fördern und zu gewährleisten und die Rückenmuskulatur zu stärken. Durch eine längere Ruhigstellung lassen sich die Symptome oftmals mildern und unter Umständen auch zum Verschwinden bringen.

Vorbeugende Maßnahmen liegen vor allem in einer korrekten und langsamen Ausbildung, da Rückenschäden beim Pferd in den meisten Fällen als Folge von Ausbildungsfehlern aufzutreten scheinen. Dies betrifft die allzufrühe Inarbeitnahme eines jungen Pferdes und vor allem die Zumutung von Aufgaben, denen das junge Pferd weder physisch noch psychisch gewachsen ist; vor allem der zu frühe Einsatz von zuwenig ausgebildeten und gekräftigten Pferden im Spring- oder Dressursport ist zu nennen. Ein Sportpferd sollte langsam an die ihm gestellte Aufgabe herangeführt werden, wobei ihm die Zeit gelassen werden sollte, seine Rückenmuskulatur im Hinblick auf das zu tragende Gewicht des Reiters zu stärken. Da offenbar ein schwacher und langer Rücken beim Pferd eher zu Problemen führen kann, ist auch der Selektion des Pferdes in dieser Hinsicht vermehrte Bedeutung zuzumessen.

8 Wunden

Pferde verletzen sich sehr häufig. Aus diesem Grund ist eine Kenntnis der elementaren Prinzipien der Wundbehandlung für jeden Pferdehalter und Reiter notwendig.

Die Frage, bei welchen Wunden ein Tierarzt hinzugezogen werden soll, ist nicht in jedem Fall eindeutig zu beantworten. Grundsätzlich erfordert jede Verletzung, die die Haut vor allem an den Gliedmaßen perforiert, eine frühzeitige tierärztliche Beurteilung und Behandlung. Ob eine Wunde genäht werden soll oder nicht, muß der Fachmann entscheiden.

Durch den Laien können im allgemeinen Wunden, die die Haut nicht perforieren, vor allem auch an den Gliedmaßen, Ballen- und Krontritte selber behandelt werden.

8.1 Wundbehandlung

Eine *Wundbehandlung* hat auf jeden Fall innerhalb von wenigen Stunden zu erfolgen, da eine erfolgreiche Therapie, besonders eine Hautnaht, nur während dieser Zeit möglich ist. Als erstes muß die eventuelle Blutung gestoppt werden. Dies geschieht, sofern möglich, durch Anlegen eines Druckverbandes auf die Wunde. Ein Abbinden einer Gliedmaße oberhalb der Wunde ist nur in den wenigsten Fällen notwendig. Darauf wird die Wunde gründlich gereinigt. Störende Haare sind zu entfernen. Die Verletzung wird mit viel handwarmem Wasser, dem ein Desinfektionsmittel beigefügt wurde, ausgewaschen. Dazu verwende man Gaze. Das Aufbringen von reizenden Substanzen wie Jod oder Alkohol auf frische Wunden ist zu unterlassen, da die

normale Wundheilung dadurch gestört wird. Ist die Wunde gesäubert, wird eine desin-
fizierende oder antibiotisch wirkende Substanz, die nicht reizt, aufgetragen; geeignet
sind fettarme Wundsalben, eventuell Wundspray. Das Pudern einer frischen Wunde
ist zu unterlassen, da unter der sich bildenden Kruste die Heilung gestört wird. Die
behandelte Wunde ist mit einem sterilen Tupfer abzudecken und ein gut gepolsterter
Verband anzulegen. Ist die Wunde nicht völlig frisch oder sind bereits Symptome einer
lokalen Infektion vorhanden, z. B. eine Schwellung, ist ein nasser Desinfektionsverband z. B. mit einer Polyvinylpyrrolidonlösung anzulegen. Dieser Verband ist feucht
zu halten und ein bis zwei Tage zu belassen, wodurch die lokale Infektion bekämpft
wird. Die Weiterbehandlung erfolgt mit Salbe unter einem Verband. Wundverbände
sind nach Möglichkeit alle zwei Tage zu wechseln. Oberflächliche, nicht perforierende
Wunden vor allem am Kopf oder Rumpf sind nach obenstehender Behandlung offenzulassen.

Tiefe Wunden sind möglichst sofort durch den Tierarzt beurteilen zu lassen. Nur er
kann entscheiden, ob eine Heilung ohne weitere Eingriffe möglich ist. Auch eine *ältere
Wunde* ist, vor allem wenn sich eine lokale Infektion gebildet hat, durch einen Tierarzt beurteilen zu lassen. Nur er wird in der Lage sein, die notwendigen Behandlungsmöglichkeiten abzuschätzen. Prinzipiell wird auch bei älteren Wunden vorerst ein
feuchter Desinfektionsverband angelegt (z. B. mit Polyvinylpyrrolidonlösung) und dadurch eine lokale Infektion unter Kontrolle gehalten. Wird die Wunde stark durch
Bewegung gestört, wie dies an den Gliedmaßen der Fall ist, bildet sich nicht selten
„wildes Fleisch", das die Heilung verzögert. Durch Ruhigstellung des Pferdes mit
Immobilisation der Gliedmaßen nach Entfernung des Granulationsgewebes durch
den Tierarzt wird ein Verschluß der Wunde erleichtert. Durch unsachgemäße Behandlung von älteren Wunden wird die Heilung verzögert und der kosmetische Effekt
verschlechtert.

Auch bei kleinsten Wunden im Bereich der Hintergliedmaßen tritt beim Pferd
oft sehr schnell eine starke Schwellung mit hohem Fieber auf, die als *Einschußphlegmone* bezeichnet wird; ein akuter Einschuß ist als Notfall durch den Tierarzt zu
behandeln (s. Kap. 4.4).

Verbände werden vorwiegend zum Schutz der Wunde, zur Verhütung einer Schwellung und als Träger von Desinfektionsmitteln angelegt. Eine Wundauflage erfordert
saubere Gaze oder eine spezielle Wundabdeckung. Darauf wird eine Polsterung
gelegt, die am günstigsten aus Watte besteht. Watte hat eine gute Saugwirkung und
eignet sich als Träger für antiseptische Lösungen bei Desinfektionsverbänden. Sind
keine Verletzungen vorhanden, können auch wiederverwendbare Verbandpolster verwendet werden. Man achte darauf, daß genügend stark gepolstert wird, um Druckschäden zu verhindern.

Zur Fixation des Verbandes wird am besten eine elastische Bandage verwendet.
Bewährt haben sich auch neuere, in jedem Sanitätsgeschäft erhältliche selbsthaftende
Bandagen. Durch den Laien selber anzulegen sind Hufverbände und Desinfektionsverbände unterhalb von Vorderfußwurzel- und Sprunggelenk. Das Anlegen von großen Verbänden ist schwieriger und erfordert eine gute Polsterung (z. B. Schaumgum-
mi). Die Fixation der Bandagen kann beim trockenen Verband mit einem Klebstrei-
fen erfolgen; nasse Desinfektionsverbände benötigen zur sicheren Fixation mitgelie-
ferte Fixationsklammern.

Das Anlegen von sauberen und nicht drückenden Verbänden ist mit den heute
erhältlichen elastischen Materialien bedeutend einfacher geworden. Einer genügenden
Polsterung ist aber nach wie vor besondere Aufmerksamkeit zu schenken.

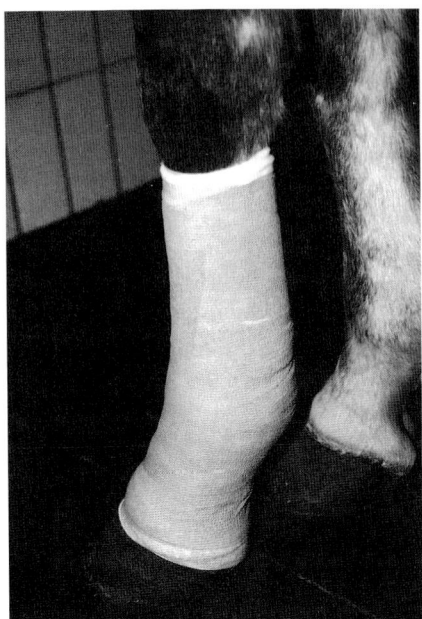 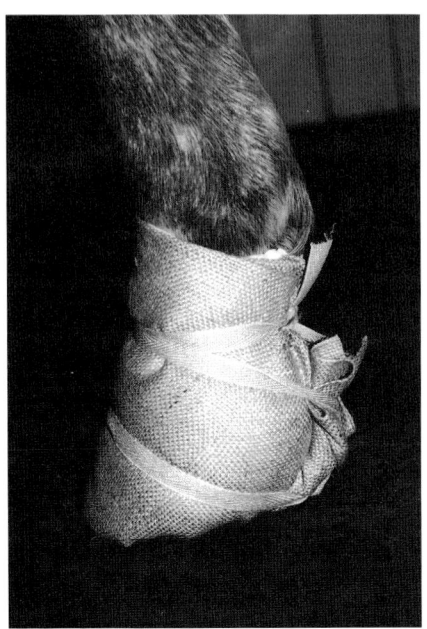

Abb. 245. Gliedmaßenverband mit guter Polsterung, fixiert mit selbsthaftender Bandage (Wundverband trocken oder Desinfektionsverband naß).

Abb. 246. Hufverband, bei Entzündungen oder Verletzungen im Hufgebiet, der auch von Laien selber anzulegen ist.

Als *vorbeugende Maßnahme* gegen Verletzungen ist die ganze Umgebung des Pferdes regelmäßig auf Verletzungsmöglichkeiten abzusuchen. Im Vordergrund stehen Holzsplitter, hervorstehende Nägel, scharfe Kanten, Haken usw. Da heute noch viele Stacheldrahtverletzungen zum frühzeitigen Abgang von Pferden führen, sind solche Einzäunungen zu wechseln oder sichtbar zu machen. Ein pferdegerechter Weidezaun ist oft billiger als die Behandlung einer großflächigen Stacheldrahtwunde. Daneben ist jede Verletzung des Pferdes sofort zu erkennen und auch frühzeitig zu behandeln. Man spart sich dadurch wesentliche Kosten und hält sein Pferd ständig einsatzbereit.

8.2   Starrkrampf (Tetanus)

Der Starrkrampf ist eine akute *Wundinfektionskrankheit* und wird hervorgerufen durch einen Keim *(Clostridium tetani),* der sich unter Luftabschluß vermehrt. Die Ansteckung erfolgt über verunreinigte Wunden. Die Eintrittspforte ist häufig nicht sichtbar. Offensichtlich sind kleinste Wunden im Bereich des Hufes und der Gliedmaßen besonders gefährlich. Tetanusbakterien befinden sich überall in der Umgebung des Pferdes. So kommen sie auch immer mit Wunden in Kontakt, können sich aber nur dann vermehren, wenn die Wunde genügend tief ist und keine Luft dazu Zutritt hat wie es z. B. bei Stichverletzungen der Fall ist. Die Tetanusbakterien bilden ein Toxin (Nervengift), das beim Pferd ohne genügend Abwehrkörper nach kürzerer oder

Abb. 247. Das Anlegen von großen Verbänden erfordert besonders gute Polsterung und bleibt dem Fachmann vorbehalten, wenn nicht zusätzliche Schäden entstehen sollen.

Abb. 248. Der Starrkrampf ist eine für das Pferd fürchterliche Erkrankung und endet nicht selten tödlich.

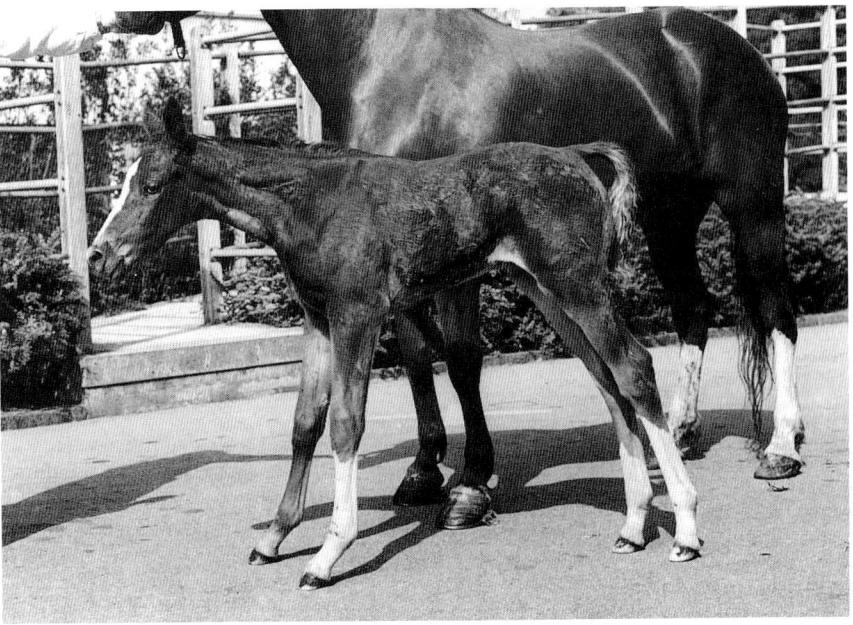

längerer Zeit (Tage bis Wochen) zu den nachfolgend beschriebenen Symptomen führt. Pferde sind im Vergleich mit anderen Tieren wesentlich empfänglicher für diese fürchterliche Krankheit.

Der Starrkrampf ist eine Erkrankung, die nicht selten trotz Intensivbehandlung in einer Klinik tödlich verläuft. Die ersten Symptome sind Kau- oder Schluckbeschwerden, eine Steifheit der Bewegungen vor allem des Schweifs und der Ohren, dann ein Übergreifen auf die gesamte Körpermuskulatur, die sich in allgemeiner Starre und einer Sägebockstellung manifestiert. Die Symptome sind relativ typisch.

Die Prognose eines Pferdes mit Starrkrampf hängt von verschiedenen Faktoren ab. Von wesentlicher Bedeutung ist das Temperament, das darüber entscheidet, wie das Pferd die höchst schmerzvolle Starre erträgt. Nicht selten regen sich Starrkrampfpatienten dermaßen auf, daß sie stürzen und getötet werden müssen. Je nach Verlaufsform kann ein Starrkrampf schwerere oder mildere Symptome zeigen. Die Dauer der akuten Erkrankung beträgt ungefähr zwei Wochen, wonach die Tiere wieder langsam Futter aufnehmen können.

Die *Behandlung* ist einer spezialisierten Klinik zu überlassen. Sie erfolgt durch Ruhigstellung mit geeigneten Medikamenten sowie in der Bekämpfung der Primärinfektion. Pferde mit Starrkrampf werden in dunklen Boxen in Hängegurten gehalten und müssen rund um die Uhr überwacht und gepflegt werden. Der Ausgang der Erkrankung kann im Frühstadium nie mit Sicherheit vorausgesagt werden.

Längere Transporte sind einem Pferd mit Starrkrampf nicht oder kaum mehr zuzumuten. Wichtig ist eine Diagnosestellung während der Anfangsphase der Erkrankung.

Die *Vorbeugung* eines Starrkrampfs ist einfach und jedem vernünftigen Pferdebesitzer zumutbar. Sie besteht in einer zweimaligen Grundimmunisierung und scheint lebenslängliche Immunität hervorzurufen. Eine Impfung des Pferdes gegen Starrkrampf ist ein Erfordernis des Tierschutzes.

9   Vergiftungen

Die Diagnose einer Vergiftung wird beim Pferd häufig, vielleicht zu häufig, gestellt. Trotzdem sind in der heutigen Umgebung des Pferdes eine Vielzahl von potentiell giftigen Substanzen vorhanden, die aber nur selten klinisch manifeste und auch sicher nachgewiesene Probleme verursachen. Im Vordergrund stehen akute Vergiftungen infolge Aufnahme von toxischen Pflanzen oder von chemisch vorbehandelten Futtermitteln. Auf die Vielzahl von anorganischen, organischen oder mineralischen Substanzen, die beim Pferd zu chronischen Vergiftungszuständen führen, kann in diesem Rahmen nur oberflächlich eingegangen werden.

Wichtigste Giftpflanzen
Prinzipiell gefährlich sind *Ziersträucher* und *Zierbäume. Am bekanntesten ist die Eibe (Taxus baccata),* die man zu den Nadelhölzern zählt, und die an ihren roten beerenartigen Früchten im Herbst leicht erkennbar ist. Die Aufnahme von mehr als 150 Gramm führt zum Tod.

Der *Lebensbaum (Thuja occidentalis),* von schlanker, zypressenähnlicher Form mit typischem Balsamgeruch, findet sich in Gärten und auf Friedhöfen. Die Aufnahme von sehr kleinen Mengen, z. B. eines abgerupften Zweiges, kann zu schweren Symptomen führen.

Kirschlorbeer (prunus laurocerasus) ist ein immergrüner Baum mit großen ledrigen Blättern, weißen, in Trauben stehenden Blüten und schwarzen kirschähnlichen Früchten.

Arnika (Arnica montana) wirkt für Pferde in größeren Mengen genossen tödlich.

Tabak (Nicotiana tabacum) wird in bestimmten Gegenden in Kulturen angepflanzt und tötet ein Pferd nach Aufnahme von 300 Gramm.

Neben diesen wohl gefährlichsten Sträuchern und Bäumen sind folgende Pflanzen, je nach Menge der Aufnahme, für das Pferd giftig: Bittersüßer Nachtschatten *(Solanum dulcamara),* schwarzer Nachtschatten, Bilsenkraut *(Hyoscyamus niger),* Stechapfel *(Datura stramonium),* Tollkirsche *(Atropa belladonna),* Wolfsmilch *(Euphorbia cyparissias),* gefleckter Schierling *(Sonium maculatum),* Herbstzeitlose *(Colchicum autumnale),* Eisenhut *(Aconitum napellus),* Scharfer Hahnenfuß *(Ranunculus acer),* Christrose *(Helleborus niger),* Fingerhut *(Digitalis purpurea),* Buchsbaum *(Buxus sempervirens),* Sumpfschachtelhalm *(Equisetum palustre),* Sumpfdotterblume *(Caltha palustris),* Adonisröschen *(Adonis vernalis),* Buschwindröschen *(Anemone nemorosa),* Rhododendron, Oleander, Goldregen, Dahlien, Schneeglöckchen, Wicke, Schneebaum.

Diese Aufzählung ist nicht abschließend. Ein Großteil dieser Pflanzen wird vom Pferd gemieden. Trotzdem ist es möglich, daß nur im Stall gehaltene Tiere davon aufnehmen, sofern sie Gelegenheit haben.

Neben der Aufnahme von ungeeigneten Pflanzen kommen als mögliche Ursache von Vergiftungen beim Pferd Vergiftungen mit Holzimprägnierungsmitteln (Stall, Weidezäune), Aufnahme von Gras auf frisch gedüngten oder behandelten Weiden, Aufnahme von Schädlingsbekämpfungsmitteln, Medikamenten- oder Zusatzfutterstoffen u. a. in Betracht.

Die Vergiftungssymptome sind unterschiedlich, da die verschiedenen Pflanzen und genannten Stoffe unterschiedliche, für Pferde giftige Substanzen beinhalten; doch zeigen sich die meisten Vergiftungen in Koliksymptomen, Durchfall, Verhaltensstörungen, Krämpfen, Schweißausbrüchen und Gangstörungen.

Eine wirkungsvolle *Behandlung* ist meistens nur dann möglich, wenn das auslösende Gift bekannt ist. Beim Verdacht auf eine Vergiftung muß deshalb die ganze Umgebung des Pferdes auf mögliche Ursachen kontrolliert werden. Bei ungewöhnlichen Symptomen ist der Tierarzt hinzuzuziehen. Ist die giftige Substanz isoliert (z. B. Spritzmittel, Insektizide usw.) kann über ein Toxzentrum auch für das Pferd wichtige Information zur Behandlung erhalten werden.

Zur *Vorbeugung* sind Kenntnisse über die wichtigsten für das Pferd giftigen Pflanzen und Substanzen notwendig und im Rahmen von Prüfungen für Lizenzen und Reiterabzeichen auch zu kontrollieren.

Stallapotheke

Eine Stallapotheke sollte in keinem Pferdestall fehlen. Sie beinhaltet daszur Wundversorgung benötigte Material und muß sauber und in einem verschlossenen Behälter aufbewahrt werden. Die Behandlungsprinzipien von Wunden und das Anlegen von Verbänden sind im vorhergehenden Kapitel (8.1 Wundbehandlung) ausführlich beschrieben.

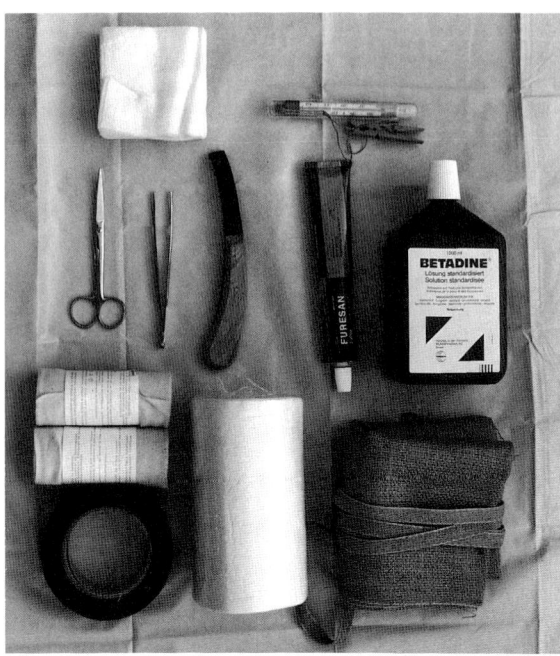

Abb. 249. Beispiel einer Stall-apotheke mit den wichtigsten Instrumenten und Medikamenten für die erste Hilfe.

Instrumente:

– Fieberthermometer (mit Schnur und Wäscheklammer zur Befestigung am Schweif).
  Die normale Körpertemperatur eines Pferdes in Ruhe beträgt zwischen 37,7 und
  38,2 °C.
– Gebogene Schere (zum Wegschneiden störender Haare rings um die Wunde).
– Pinzette (zur Entfernung von gröberen Partikeln und von Fremdkörpern aus einer
  Wunde).
– Rinnmesser (Schmiedemesser zum Säubern des Hufes und zum Wegschneiden loser
  Hornteile bei Ballen- und Krontritten).

Verbandmaterial:

– Watterollen (zur Polsterung vor dem Anlegen von Bandagen).
– Elastische Bandagen.
– Sterile Tupfer (zum Auswaschen und zur mechanischen Reinigung von Wunden).
– Klebeband (zum Befestigen der Bandagen und zum Abdecken von oberflächlichen
  Hufverletzungen (Krontritte, Ballentritte)).
– Jutesack (60 × 60 cm für Hufverbände).

Medikamente:

– Desinfektionsmittel für Wunden, Hände und Instrumente (z. B. Betadine®, Riva-
  nol®, Merfen®, Desogen® usw).
– Wundsalbe (z. B. Furacin-sol®, Vitamerfen® usw).
– Desinfizierender Wundspray.

Literaturverzeichnis

Ansprüche des Pferdes an seine Umwelt

BORCHERT, A.: Lehrbuch der Parasitologie für Tierärzte. S. Hirzel, Leipzig 1962.

COMBERG, G.: Tierzüchtungslehre. Eugen Ulmer, Stuttgart 1971.

DUŠEK, J.: Vergleich der Ergebnisse der Lipizzanerzucht bei verschiedener methodischer Auffassung. Wiss. Arb. der Forschungsstation Slatiňany, Prag 1965.

EBHARDT, H.: Verhaltensweisen von Islandpferden in einem norddeutschen Freigelände. Säugetierk. Mitt., 4, 1954.

– Drei unterschiedliche Verhaltensweisen von Islandpferden in norddeutschen Freigehegen. Säugetierk. Mitt., 3, 113–117, 1957.

– Verhaltensweisen verschiedener Pferdeformen. Säugetierk. Mitt., 6, 1–9, 1958.

FARRINGTON, R. G.: The Year-Round Stable. In: Care and Training of the Trotter and Pacer. The United States Trotting Association, Columbus, Ohio, 1970.

FEIST, J. D.: Behavior of Feral Horses in the Pryor Mountain Wild Horse Range. Phil. Diss., Michigan 1971.

FRANKE, H. und NICOLAY, W.: Pferdeställe. Inform. ber. Nr. 13, Arbeitsgemeinschaft Landtechnik und Bauwesen Hessen e.V., Kassel 1969.

GOLDSCHMIDT-ROTHSCHILD, B. v. und TSCHANZ, B.: Soziale Organisation und Verhalten einer Jungtierherde beim Camargue-Pferd. Tierpsychol., 46, 372–400, 1978.

GRÖNGRÖFT, B.: Rangordnung bei Pferden. Vet. med. Diss., Hannover 1972.

GROSSE-LEMBECK, F.: Untersuchungen der Stallklimafaktoren Lufttemperatur und -feuchtigkeit in Fohlenboxen nord- und westdeutscher Vollblutgestüte. Diss., Hannover 1971.

HARVEY, H. M.: Stock Farm Management. In: Care and Training of the Trotter and Pacer. The United States Trotting Association, Columbus, Ohio, 1970.

HEDIGER, H.: Zum Begriff der biologischen Rangordnung. Revue suisse Zool., 47, 135–143, 1940.

HEINTZELMANN-GRÖNGRÖFT, B.: In: A. F. Fraser, Verhalten landwirtschaftlicher Nutztiere. Eugen Ulmer, Stuttgart 1984.

JAWOROWSKA, M.: Das Verhalten von halbwilden Pferden in der Versuchsstation Popielno. In: Wiss. Fortschritt, Mai 1967.

– Die Fortpflanzung primitiver polnischer Pferde, die frei im Waldschutzgebiet leben. Säugetierk. Mitt., 29, 46–71, 1981.

KALICH, J.: Allgemeine und Spezielle Tierhygiene-Vorlesungen, München 1965/66.

KLINGEL, E.: Das Verhalten der Pferde (Equidae). Handb. Zool. VIII, 10, 1–68, 1972b.

– Zur sozialen Organisation der Equiden. Verh. Dtsch. Zool. Ges., 71–80, 1975b

– Observations on Social Organization and Behaviour of African and Asiatic Wild Asses. Z. Tierpsychol., 44, 323–331, 1977.

LEVE, F.: Gefahren in der Box. Z. Reiter Revue, 6, 60–62, 1988.

LÖWE, H. und MEYER, H.: Pferdezucht und Pferdefütterung. Eugen Ulmer, Stuttgart 1974.

LORTSCH, H.: Vergleich der Sozialstruktur zweier Verbände der Dülmener Primitivpferde-Herde. Biol. Diss., Münster 1969.

MARTEN, J.: Pferdehaltung ohne Einstreu. Freizeit im Sattel, 7, 319–323, 1979.

– Robustpferdehaltung und ihre Grenzen. Pony, 5, 20–30, 1986.

ÖDBERG, F. O. und FRANCIS-SMITH, K.: A Study on Eliminative and Grazing Behaviour – The Use of the Field by Captive Horses. Equine, 8, 147–149, 1976.

PIOTROWSKI, J.: Wie Pferde-Auslauf-Haltungen gestalten? Der Tierzüchter, 9, 386–389, 1984.
– und VIEDT, W.: Tiergerecht – Betreuungsgerecht – Kostensparend. Mehrraum-Pferdeauslauf-haltung mit individueller Vorratsfütterung. Pony, 8, 21–24, 1986.
– und VIEDT, W.: Experimente mit der Vorrats-Rollraufe. Mehrraum-Pferdeauslaufhaltung mit individueller Vorratsfütterung. 2. Teil. Pony, 10, 26–29, 1986.
– und HAGEMANN, D.: Mehrraum-Pferdeauslaufhaltung. Bautechnische und baurechtliche Aspekte. Pony, 8, 23–27, 1987.
PIRKELMANN, H., LASSON, E. und ZIRNGIBL, O.: Gummimatten helfen Stroh sparen. Reiter und Pferde in Westfalen. 11, 1976.
RICHTER, L. und DUŠEK, J.: Beitrag zur Frage des Tages- und Nachtzyklus' der Geburten bei Stuten (tschech.). Wiss. Arb. d. Forsch. Stat. f. Pferdez. in Slatiňany, 1, 1966.
ROLLE, M. und MAYR, A.; Mikrobiologie und allgemeine Seuchenlehre. Ferd. Enke, Stuttgart 1966.
SCHÄFER, M.: Wie werde ich Pferdekenner. Nymphenburger Verlagshandlung, München 1971.
– Großponys und Kleinpferde. Nymphenburger Verlagshandlung, München 1972.
– Die Sprache des Pferdes. Nymphenburger Verlagshandlung, München 1974.
– Andalusische Pferde. Nymphenburger Verlagshandlung, München 1980.
– Mit Pferden leben. Nymphenburger Verlagshandlung, München 1982.
– Beobachtungen zum Verhalten des südiberischen Primitivpferdes (Sorraiapferd). Vet. med. Diss., München 1986.
– Das Jahr des Pferdes. Kynos Verlag, Mürlenbach/Eifel 1987.
SCHEUNERT, A. und TRAUTMANN, A.: Lehrbuch der Veterinär-Physiologie. Paul Parey, Berlin-Hamburg 1957.
SCHNITZER, U.: Untersuchungen zur Planung von Reitanlagen. Diss. 1969, Karlsruhe, KTBL-Bauschriften, 6, 1970.
SPATZL, H.: Sozialstruktur beim Dülmener Primitivpferd. In: Ethol. und Ökol. b. d. Haustierh., KTBL 1974.
TRUMLER, E.: Beobachtungen an Böhmzebras des „Georg von Opel Freigeheges für Tierfor-schung e.V.". 2. Hauptpflege. Säugetierk. Mitt., 7, 104–125, 1959.
TSCHANZ, B.: Sozialverhalten beim Camarguepferd. Paarungsverhalten und Herdenstruktur. Publik. z. wiss. Filmen, 12. Jg., Film D 1318, 1980.
TYLER, S. J.: The Behaviour and Social Organization of the New Forest Ponies. Anim. Behav. Monogr. 2, 5, 87–196, 1972.
UPPENBORN, W.: Ponys – Umgang und Haltung. Eugen Ulmer, Stuttgart 1968.
WRANGEL, C. G.: Das Buch vom Pferde. Verlag von Schickhardt & Ebner, Stuttgart 1888.
ZEEB, K.: Paarungsverhalten von Primitivpferden in Freigehegen. Säugetierk. Mitt., 6, 51–59, 1958.
– Das Verhalten des Pferdes bei der Auseinandersetzung mit dem Menschen. Med. vet. Diss., München 1959.
– Der freie Herdensprung bei Pferden. Wiener Tierärztl. Monatsschrift, 48, 90–102, 1961.
– und GÖBEL, F.: Ethologische Betrachtung zur Forensik der Bösartigkeit bei Pferden. Tierärztl. Wochenschrift, 76, 19, 1963.
– und LEIMENSTOLL, C.: Gruppenstall mit Auslauf. Reiter Revue, 6, 54–58, 1988.
ZWEIFEL, F.: Problematische Pferde. Schweizer Kavallerist, Pfäffikon-Zürich 1963.

Baulich-technische Einrichtungen und Arbeitswirtschaft in der Pferdehaltung

ACKER, H. et al: Datensammlung Pferdehaltung.
– KTBL-Bauschriften 1976.
BACH, P.: Wirtschaftliche Kenndaten der Pferdehaltung. Arbeiten der Bayer. Landesanstalt für Betriebswirtschaft und Agrarstruktur, 16, 1982.

BENDER, J.: Robustpferdehaltung. Franckh'sche Verlagshandlung, Stuttgart, 1977.

BIANCA, W.: Die Anpassung des Haustieres an seine klimatische Umgebung. Schweiz. landwirtschaftl. Forschung 10, 155–206, 1971.

– Thermoregulation durch Verhaltensweise bei Haustieren. Tierzüchter 29. 109–113, 1977

BLENDINGER, W.: Psychologie und Verhaltensweisen des Pferdes, 4. Aufl. Verlag Paul Parey, Berlin 1980.

DUNCAN, P. und VIGNE, N.; The Effect of Group Size in Horses on the Rate of Attacks by Blood-Sucking Flies. Animal Behaviour 27, Sonderdruck 1979

ELDIK, J. van: Paardenhouderij praktisch bekeken. Proefstation voor de Rundveehhouderij, Schapenhouderij en Paardenhouderij (PR). Lelystad, Publicatie 1986.

FEIST, J. D. und McCOLLOUGH, D.: Behaviour Patterns and Communications in Feral Horses. Tierpsychol. 41, 58–60, 1976.

FINK, G.: Arbeitswirtschaftliche Untersuchungen an einigen ausgewählten Verfahren der Pferdehaltung. Diplomarbeit, Institut für Landtechnik der TU München – Weihenstephan, 1975.

FRANKE, H.: Pferd, Umwelt und Stall – Überlegungen vor dem Pferdestallbau. Bauen auf dem Lande 24, 58–60, 1973.

– Nicolay, W.: Pferdeställe. ALB-Hessen, Informationsbericht, Kassel 1974.

FN-Autorenteam: Orientierungshilfen für die Planung und den Bau von Reitanlagen und Reitwegen. 3. Aufl. Verlag der Deutschen Reiterlichen Vereinigung GmbH, Warendorf 1983.

GIESEN, J. H. J.: Arbeidsonderzoek op entrainementen. Institut voor Mechanisatie, Arbeid en Gebouwen, Wageningen, Rapport 84, 1986.

GRÖNGRÖFT, B.: Rangordnung bei Pferden. Vet. Diss., Hannover 1972.

JAWOROWSKA, M.: Verhaltensbeobachtungen an primitiven polnischen Pferden, die in einem polnischen Wald-Schutzgebiet – in Freiheit lebend erhalten werden. Säugetierkundl. Mitt. 24, 241–268, 1976.

KIDD, A., WINCHELL, W. und BURWASH, L: Horse handling facilities. Alberta Agriculture, Agdex 460/722–1, 1985.

KLINGLER, L.: Der Einfluß von Haltungssystemen auf die Fortbewegung bei Pferden. Diplomarbeit am Tierhygienischen Institut, Freiburg 1988.

KOLTER, L.: Soziale Beziehungen zwischen Pferden und deren Auswirkungen auf die Aktivität bei Gruppenhaltung. Dissertation der Mathem.-Naturw. Fakultät der Universität Köln, 1984.

– Einfluß von Klimafaktoren auf Aktivität und Standortwahl beim Dülmener Primitivpferd. In: Aktuelle Aspekte der Ethologie in der Pferdehaltung. (S. 23–44). Hrsg. Deutsche Reiterliche Vereinigung und K. Zeeb, Warendorf 1981.

– Überprüfung von Vorurteilen gegen die Gruppenhaltung und Vorschläge zur Vermeidung von Problemen aufgezeigt im Beispiel des Rexhofes. In: Pferdehaltung in Gruppen. (S. 65–83). Hrsg. Deutsche Reiterliche Vereinigung, Warendorf 1984.

– Bau und Handhabung von Gruppenställen mit Auslauf für Pferde. Hrsg. Bundesministerium für Ernährung, Landwirtschaft und Forsten, Bonn 1987.

KRESSE, W.: Pferde halten und pflegen. Eugen Ulmer, Stuttgart, 1981.

KURTZ, A.: Umgang mit Pferden bei der Gruppenhaltung. In: Aktuelle Aspekte der Ethologie in der Pferdehaltung, (S. 71–80). Hrsg. Deutsche Reiterliche Vereinigung und K. Zeeb, Warendorf 1981.

MARTEN, J.: Bauliche Lösungen für Auslauf und Schutzhütte, in Pferdehaltung in Gruppen S. 53–54. FN Verlag, Warendorf 1984.

– und JAEP, A.: Pensionspferdehaltung im landwirtschaftlichen Betrieb. KTBL Schrift 305, 1985.

– Stallbau für Pferde. In: Handbuch Pferde, Bd. 2, 1. A., Hrsg. F. Gramatzki. Kamlage Verlag, Osnabrück 1979.

MEYER, H.: Pferdefütterung. Paul Parey, Berlin u. Hamburg 1986.

– AHLSWEDE, L. und REINHARDT, H. J.: Untersuchungen über die Freßdauer, Kaufrequenz und Futterzerkleinerung beim Pferd. Dtsch. tierärztl. Wschr. 82, 54–58, 1975

NIESEL-LESSENTHIN, B.: Faustzahlen in der Landwirtschaft, 9. A. Ruhr-Stickstoff AG, Bochum 1980.

NUSSHAG, W.: Lehrbuch der Anatomie und Physiologie der Haustiere. S. Hirzel, Leipzig 1966.

PIOTROWSKI, J.: Wie Pferdeauslaufhaltungen gestalten? Der Tierzüchter 36, 9, 386–388, 1984.

– Bau- und haltungstechnische Gestaltung von Pferde-Auslaufhaltungen. In: Pferdehaltung in Gruppen (S. 42–53). Hrsg. Deutsche Reiterliche Vereinigung, Warendorf 1984.

PIRKELMANN, H., LASSON, E. UND ZIRNGIBL, D.: Gummimatten helfen Stroh sparen. Reiter u. Pferde in Westfalen 11, 1976

– Mehr Auslauf für die Pferde – weniger Arbeit für den Reiter. top agrar, 4, 62–65, 1989

– Mehr Mut zum Laufstall. Reiter u. Pferde in Westfalen 14, 4, 66–68, 1989

– Pferdehaltung im bäuerlichen Betrieb. Landtechnik, 43, 7 und 8, 316–319, 1989.

– Rationelle und tiergerechte Laufstallhaltung für Pferde. Versuchsbericht Landtechnik, Weihenstephan 1986.

RUDOLF, B.: Untersuchungen zum Verhalten von Pferden im Offenlaufstall mit rechnergesteuerter Fütterung. Diplomarbeit, Institut für Landtechnik der TU München 1988

SALIS, B. V.: Vorläufige Erfahrung mit Besonnungsanlagen für Pferde. Schweizer Kavallerist 5, 31–32, 1978.

SCHÄFER, M.: Mit Pferden leben. Nymphenburger Verlagsbuchhandlung, München 1974.

SCHNITZER, U.: Untersuchungen zur Planung von Reitanlagen, KTBL-Bauschrift 6, 1970.

– und KOLTER, L.: Auswirkungen des Sozialverhaltens der Pferde beim Stallbau. In: Aktuelle Aspekte der Ethologie in der Pferdehaltung (S. 47 70), Hrsg. Deutsche Reiterliche Vereinigung und K. Zeeb, Warendorf 1981.

SCHWARK, H. J. u. a.: Pferde – Nutzung, Züchtung, Fütterung, VEB Deutscher Landwirtschaftsverlag, Berlin 1978.

THEIN, P. u. a.: Handbuch Pferd. BLV Verlagsgesellschaft, München, Wien, Zürich, 1984.

ZEEB, K. und SCHNITZER, U.: Pferdeverhalten und Pferdehaltung. In: Handbuch Pferde, Bd. 1, Hrsg. F. Gramatzki. Kamlage Verlag, Osnabrück 1977.

– Tiergerechte Haltung von Pferden. In: Pferdehaltung in Gruppen (S. 7–22). Hrsg. Deutsche Reiterliche Vereinigung, Warendorf 1984.

Bau von Pferdeställen, Reithallen und Anlagen

BARTUSSEK, H.: Porenlüftung. Schriftenreihe des österreichischen Kuratoriums für Landtechnik, Wien 1981.

DEUTSCHE REITERLICHE VEREINIGUNG (FN): Orientierungshilfen für die Planung und den Bau von Reitanlagen und Reitwegen. FN-Verlag, Warendorf 1983.

ENGLERT, G.: Wärmedämmung von Stallgebäuden mit modernen Baustoffen. Vortrag auf der Tagung der VDI-Fachgruppe Landtechnik am 23. 10. 1975 in Braunschweig.

– Außenwände für Wirtschaftsgebäude. Landtechnik 41, 1, 45/48, 1986.

– Neuhauser, J., Rittel, L., Schulz, H., Schürzinger, H. und Wißmüller, K.: Mach es selbst! – Aktuelle Baustoffe und Baumethoden für den Landwirt, 2. A. Landwirtschaftsverlag, Münster 1983.

FINK, G.: Koppelzäune im Überblick. Bayerns Pferdezucht und Pferdesport. 25, 4, 34/37. 1989.

– Stallbau und Reitanlagen. Handbuch Pferd (S. 252/278). BLV-Verlag, München, Wien, Zürich 1984.

HAGEMANN, D.: Pferdehaltung und Baurecht. Broschüre des Bundesministeriums für Ernährung, Landwirtschaft und Forsten anläßlich der Equitana 1987.

KÖNIG, K.: Wege zum gesunden Bauen. ökobuch Verlag, Freiburg 1985.

LOTZ, K.-E.: und ULMER, G. A.: Einführung in die Bau- und Wohnökologie. Günther Albert Ulmer Verlag, Schönaich 1986.

MARTEN, J.: Technik und Bau in der Pferdehaltung – Tendenzen und Neuheiten der Equitana 1987. Landtechnik 42, 4, 177/176, 1987.

MINKE, G. (Hrsg.): Bauen mit Lehm. ökobuch Verlag, Staufen b. Freiburg Nr. 1–6, 1984–1987

MITTRACH, B.: Vollholzbauweise – altbewährt und aktuell. top agrar 8, 38/41, 1974.

OSTEN-SACKEN, N. von der: Pferdeställe – Praktische Anweisung zu Planung, Bau und Unterhalt. Nymphenburger Verlagshandung, München 1976.

RUDE, M.: Wie beeinflussen Wärmepumpen das Stallklima? Landtechnik 42, 9, 371/373, 1987.

SCHNITZER, U.: Untersuchungen zur Planung von Reitanlagen. KTBL-Bauschrift 6. Frankfurt 1970.

SCHULZ, H.: Wärmerückgewinnung zur Stallklimaverbesserung. Bayer. Landwirtschaftl. Jahrbuch 4, 423/432, 1986.

– Wärme aus Sonne und Erde. ökobuch Verlag Staufen b. Freiburg 1978.

– Der Savonius-Rotor. ökobuch Verlag, Staufen b. Freiburg 1989.

– Mitterleitner, H.: Techniken zur Erzeugung von Qualitätsheu. Bayer. Staatsministerium für Ernährung, Landwirtschaft und Forsten, München, 26, 1987.

– Perwanger, A. und Mitterleitner, H.: Einsatzmöglichkeiten verschiedener Energieträger in der Landwirtschaft. Schriftenreihe des Bayer. Staatsministeriums für Ernährung, Landwirtschaft und Forsten, München, 8, 1982.

– Starrahmenbauweise und ähnliche Selbstbaumöglichkeiten. AID 388, Bonn-Bad Godesberg 1975.

– Bauen mit Rundholz. top agrar 5, 108/112, 1976.

– Kunststoff gebraucht zurück – Sammeln und Wiederverwerten kommt auch bei Kunststoff in Mode. Bayer. Landwirtschaftliches Wochenblatt 25, 24, 1987.

STRICKNER, P. und TIROLER JUNGBAUERNSCHAFT: Alte Regeln für den Holzeinschlag. Selbstverlag Schönberg im Stubaital, Bezirk Innsbruck.

WEISSENFELD, P.: Holzschutz ohne Gift? ökobuch Verlag, Staufen b. Freiburg 1988.

ZEISIG, H.-D. und KREITMEIER, J.: Grundlagen der Dimensionierung und Ausführung von Porenlüftungen. Schriftenreihe der Landtechnik Weihenstephan, Freising, 1988.

Pferdefütterung

ABEITER, K. und LORIN, D.: Der Einfluß von β-Carotin auf die Fruchtbarkeit von Stuten. Vet 1, 7, 22–27, 1986.

AHLSWEDE, L.: Zur Aufnahme von Erde bei Weidepferden. Dt. Tierärztl. Wschr. 81, 438, 1974.

– Untersuchungen über Pferdealleinfutter in Form von Briketts. Dt. Tierärztl. Wschr. 84, 132–135, 1977.

– Pferde füttern, stärken, gesunderhalten. Reiter und Pferde in Westfalen extra. Landwirtschaftsverlag, Münster-Hiltrup 1983.

– Möglichkeiten der praktischen Pferdefütterung. In: Handbuch Pferd. BLV Verlagsgesellschaft, München 1984.

– Gemeinsam vorgehen – der Zuchtstute zuliebe. Reiter und Pferde in Westfalen 10, 2, 48–54, 1985.

– Einfluß der Ernährung auf die Fruchtbarkeit der Stuten. Züchtungskunde 58, 436–441, 1986.

– und HEINTZELMANN-GRÖNGROFT, B.: Schimmelpilzintoxikation bei einem Pferd. Dt. Tierärztl. Wschr. 84, 176–177, 1977.

– und KONERMANN, H.: Erfahrungen mit der oralen und parenteralen Applikation von β-Carotin beim Pferd. Prakt. Tierarzt 61, 47–52, 1980.

– PAEGER, H.-U. und MEYER, H.: Ein Beitrag zum Mineralstoff- und Spurenelementgehalt im Blut von Saugfohlen. Dt. Tierärztl. Wschr. 82, 113–116, 1975.

ANDERSEN, C. E., POTTER, G. D. and COURTNEY, C. C.: Digestible Energy requirements for defined levels of work performance in adult horses. Proc. 6th Equine Nutr. Physiol. Symp. 1979, 35–36.

ARCHER, M.: Preliminary studies on the palatability of grasses, legumes and herbs to horses. Vet. Rec. 89, 236–240, 1971.

ARGENZIO, R.: Functions of the equine large intestine. Cornell Vet. 65, 303–330, 1975.

BANACH, M. A. and EVANS, J. W.: Effects of inadequate energy during gestation and lactation on the estrous cycle and conception rates of mares and on their foal weights. Proc. 7th Equine Nutr. Physiol. Symp. Warrenton/Virg. 97–100, 1981.

BENTZ, H.: Nutztiervergiftungen. VEB Fischer Verlag, Jena 1969.

BERGNER, H. und KETZ, H.-A.: Verdauung, Resorption, Intermediärstoffwechsel bei landwirtschaftlichen Nutztieren. VEB Deutscher Landwirtschaftsverlag, Berlin 1969.

BERSCHNEIDER, F. und RICHTER, W.: Doping und Fütterung sowie Verabfolgung körpereigener Substanzen. Monatsh. Veterinärmed. 37, 422–427, 1982.

BOEHNCKE, E. und SCHNEIDER, W.: Zur Regulation des Kalzium- und Phosphatstoffwechsels bei Wiederkäuer und Pferd. Übers. Tierernähr. 6, 199–220, 1978.

BORMANN, P.: Fütterung von Sportpferden. In: Pferde richtig füttern. Arbeiten der DLG, Bd. 159. DLG-Verlags-GmbH, Frankfurt 1978.

BOSTEDT, H.: Zur Klinik der ernährungsbedingten Muskeldegeneration bei Fohlen. Dt. Tierärztl. Wschr. 84, 293–296, 1977.

BREUER, L. H.: Effects of mare diet during late gestation and lactation, supplemental feeding of foal and early weaning on foal development. Proc. 4th Equine Nutr. Physiol. Symp. Pomona/Calif. 85–86, 1975.

BROUGHTON, H. and PARSONS, L.: Botulism in horses fed big bale silage. (Correspondence). Vet. Rec. 117, 674, 1985.

BRÜNNER, F. und SCHÖLLHORN, J.: Bewirtschaftung von Wiesen und Weiden. Eugen Ulmer, Stuttgart 1972.

COFFMANN, J. R. and GARNER, H. E.: Alimentary laminitis in the horse. Proc. 4th Equine Nutr. Physiol. Symp. Pomona/Calif. 67–69, 1975.

COMBEN, H., CLARK, R. J. and SUTHERLAND, D. J. B.: Die Verbesserung der Hornbeschaffenheit beim Pferd durch hohe Biotinverabreichung im Futter. Arch. f. tierärztl. Fortbildung 8, 401–416, 1984.

CROWELL DAVIS, S. L. and HOUPT, K. A.: Coprophagy by foals: effect of age and possible functions. (dt. Abstract) in: Zentralblatt Pferd 2, 250, 1985.

DENNY, J. E. F. M: Equine blood serum calcium and phosphorus concentrations in progressive nutritional hyperparathyroidism. J. South Afric. Vet. Assoc. 56, 123–125, 1985 (Summary).

DIAMOND V. MILLS, Inc.: Live yeast culture improves over-all performance of horses. Feedstuffs 6, 1986.

DLG-Futterwerttabelle für Pferde. 2. Aufl., DLG-Verlags-GmbH, Frankfurt 1984.

DLG-Futterwerttabellen: Aminosäurengehalte in Futtermitteln. DLG-Verlags-GmbH, Frankfurt 1976.

DLG-Futterwerttabellen: Mineralstoffgehalte in Futtermitteln. DLG-Verlags-GmbH, Frankfurt 1973.

DuBOSE, L.E.: Utilization of urea and urea plus lysine diets for growth by young equines. Proc. 9th Equine Nutr. Physiol. Symp. Michigan 1985, 32–37.

EITZER, P.: Zur Bedeutung von β-Carotin und Vitamin A beim Pferd im Vergleich zum Rind. Diplomarbeit, Gießen 1983.

– und RAPP, H. J.: Zur oralen Anwendung von synthetischem β-Carotin bei Zuchtstuten. Prakt. Tierarzt 66, 123–128, 1985.

EMPFEHLUNGEN zur Energie- und Nährstoffversorgung der Pferde. DLG-Verlags-GmbH, Frankfurt 1982.

ENBERGS, H. und KLEMT, P. W.: Der Einfluß von β-Carotin auf Zyklus und Trächtigkeit der Stute sowie auf die Gesundheit der Fohlen. Prakt. Tierarzt 68, 2, 52–60, 1987.

GEDEK, B.: Leistungssteigerung und Leistungsminderung durch Mikroorganismen und deren Stoffwechselprodukte in Futtermitteln. Kraftfutter 67, 210–212, 1984.

GILL, R. J., POTTER, G. D., KREIDER, J. L., SCHELLING, G. T. and JENKINS, W. L.: Postpartum reproductive performance of mares fed various levels of protein. Proc. 8th Equine Nutr. Physiol. Symp. Lexington/Kentucky 1983, 311–316.

GLADE, M. J., GUPTA, S. and REIMERS, T. J.: Hormonal responses to high and low planes of nutrition in weanling Thoroughbreds. (dt. Abstract) in: Zentralblatt Pferd 2, 191, 1985.

GODBEE, R. G., GRIMES, L. W., KENNEDY, S. W. and HUDSON, D.: The effect of soybean meal, pre-press solvent extracted cottonseed meal or mechanically extracted cottonseed meal on growth and protein status of yearling horses. Proc. 8th Equine Nutr. Physiol. Symp. Lexington/Kentucky 1983, 157–162.

GREEN, D. A.: Growth rate on thoroughbred yearlings and two year olds. Equine Vet. J. 8 (3) 133–134, 1976.

GRONE, J.: Die Pferdeweide. Albert Müller Verlag, Rüschlikon 1977.

GÜLDENHAUPT, V.: Alleinfutter für Pferde. Übers. Tierernähr. 7, 235–256, 1979.

– Verträglichkeit und Verdaulichkeit eines Alleinfutters für Pferde in Kombination mit Stroh. Diss., Hannover 1979.

GÜRER, C.: Untersuchungen zum Kaliumstoffwechsel des Pferdes bei marginaler Versorgung und zusätzlicher Belastung. Diss., Hannover 1985.

HANDBUCH DER PFERDEKRANKHEITEN für Wissenschaft und Praxis. Hrsg.: O. Dietz und E. Wiesner. Karger Verlag, Basel usw. 1982.

HAPKE, H. J.: Toxikologie für Veterinärmediziner. Ferd. Enke Verlag, Stuttgart 1975.

HARRINGTON, D. D., WALSH, J. and WHITE, V.: Clinical and pathological findings in the horses fed zinc-deficient diets. Proc. 3rd Equine Nutr. Physiol. Symp. Gainesville/Florida 41–54, 1973.

HEILEMANN, M.: Das Wasseraufnahmeverhalten von Pferden in Abhängigkeit von Fütterung und Leistung. Diss., Hannover 1985.

HINTZ, H. F.: Nutrition of the horse. In: J. W. Evans, A. Borton, H. F. Hintz and L. Dale van Vleck: The Horse. W. H. Freeman and Co., San Francisco 1977.

– SCHRYVER, H. F. and LOWE, J. E.: Comparison of a blend of milk products and linseed meal as protein supplements for young growing horses. J. Anim. Sci. 33, 1274–1277, 1971.

– SCHRYVER, H. F. and LOWE, J. E.: Body composition of growing horses fed varying levels of calcium and phosphorus. Proc. 3rd Equine Nutr. Physiol. Symp. Gainesville/Florida 1973, 71.

HOLTAN, D. W. and HUNT, L. D.: Effect of dietary protein on reproduction in mares. Proc. 8th Equine Nutr. Physiol. Symp. Lexington/Kentucky 1983, 107–112.

HOYER, I.: Energie-, Protein-, Calcium- und Phosphorversorgung bei Pferden im Vergleich zum Nährstoffbedarf. Diss., Kiel 1975.

JAESCHKE, G. und KELLER, H.: Beitrag zum Ascorbinsäurestatus des Pferdes. 1. Mitt.: Methodik und Normbereiche. Berl. Münch. Tierärztl. Wschr. 91, 279–286, 1978. 2. Mitt.: Klinische Aspekte und Mangelsituationen. Berl. Münch. Tierärztl. Wschr. 91, 375–379, 1978.

JORDAN, R. M.: Effect of energy and protein intake on lactating mares and their foals. Proc. 8th Equine Nutr. Physiol. Symp. Lexington/Kentucky 1983, 308–310.

KERN, D. L, SLYTER, L. L., LEFFEL, E. C., WEAVER, J. M. and ÖLTJEN, R. R.: Microbial and chemical characteristics of intestinal ingesta. J. Anim. Sci. 38, 559–564, 1974.

KOLB, E. und GÜRTLER, H.: Ernährungsphysiologie der landwirtschaftlichen Nutztiere. VEB Fischer Verlag, Jena 1971.

KÖLLE, H.: Über die Fütterungspraxis von Hochleistungspferden sowie die Tränkwasseraufnahme (mit und ohne Salz-/Glucosezusatz) bei Pferden während und nach körperlicher Belastung. Diss., Hannover 1984.

KRAFT, W., MAYER, H. und EIKMEIER, H.: Diagnostische Bewertung verschiedener Blutbefunde beim Pferd. Tierärztl. Praxis 3, 199–204, 1975.

LAWRENCE, L. M. and SLADE, L. M.: Physiologic effects of vitamin E. Supplementation on exercised horses. Proc. 6th Equine Nutr. Physiol. Symp. Texas 1979, 57–62.

LEWIS, L. D.: Feeding and care of the horse. Lea & Febiger, Philadelphia 1982.

LEY, W. B.: Mycotoxins in stored corn linked to fatal equine disease. Feedstuffs 57, 7, 1975 (Summary).

LIEB, S. and BAKER, J. P.: Effect of high calcium intake on phosphorus metabolism. Proc. 4th Equine Nutr. Physiol. Symp. Pomona/Calif. 60, 1975.

LIEBENOW, F. und LIEBENOW, K.: Giftpflanzen. Ferd. Enke Verlag, Stuttgart 1973.

LINDNER, A.: Untersuchungen zum Natriumstoffwechsel bei marginaler Versorgung und zusätzlicher Bewegungsbelastung. Diss., Hannover 1983.

LINERODE, P. A.: Enteric B-Vitaminsynthesis. Equine Nutr. Rec. Symp. Lexington 26, 1968.

MEACHAM, V. B.: A review of calcium, phosphorus and magnesium metabolism in the horse. J. Equine Vet. Sci. 4, 210–214, 1984.

MEAGHER, D. M.: Colic in the horse. Proc. 4th Equine Nutr. Physiol. Symp. Pomona/Calif. 70–81, 1975.

MEYER, H.: Ernährung des Pferdes. In: Löwe, H. und H. Meyer: Pferdezucht und Pferdefütterung. Eugen Ulmer, Stuttgart 1979.

– Bedeutung von Futter und Fütterungstechnik bei Koliken des Pferdes. Tierärztl. Praxis 7, 221–227, 1979.

– Magnesiumstoffwechsel und Magnesiumbedarf des Pferdes. Übers. Tierernähr. 7, 75–92, 1979.

– Ein Beitrag zur Regulation der Futteraufnahme beim Pferd. Dt. Tierärztl. Wschr. 87, 404–408, 1980.

– Na-Stoffwechsel und Na-Bedarf des Pferdes. Übers. Tierernähr. 8, 37–64, 1980.

– Neuere Erkenntnisse zur Dickdarmverdauung des Pferdes. Übers. Tierernähr. 8, 123–150, 1980.

– Neuere Erkenntnisse über die Verdauungsphysiologie des Pferdes und ihre Beziehungen zur Kolikpathogenese. Collegium veterinarium 69–72, 1981.

– Beiträge zur Verdauungsphysiologie des Pferdes. Fortschritte in der Tierphysiologie und Tierernährung. Parey Verlag, Hamburg usw. 1982.

– Intestinaler N-Stoffwechsel, endogene N-Verluste und N-Bedarf ausgewachsener Pferde. Übers. Tierernähr. 12, 251–272, 1984.

– Ernährung und Hautkrankheiten beim Pferd. Tierärztl. Praxis 12, 493–498, 1984.

– Pferdefütterung. Parey Verlag, Hamburg usw. 1986.

– Probleme der Fohlenfütterung. Züchtungskunde 58, 442–448, 1986.

– Energiebewertung von Mischfuttermitteln. Vortrag Mitgliederversammlung FN-Arbeitskreis „Pferdefutter und Fütterungstechnik", 20. 11. 1986 in Maria Veen.

– Fütterung von Vielseitigkeits- und Distanzpferden. Prakt. Tierarzt 68, 2, 16–28, 1987.

– und AHLSWEDE, L.: Über das intrauterine Wachstum und die Körperzusammensetzung von Fohlen sowie den Nährstoffbedarf tragender Stuten. Übers. Tierernähr. 4, 263–292, 1976.

– und AHLSWEDE, L.: Untersuchungen zum Mg-Stoffwechsel des Pferdes. Zentralbl. Veterinärmed. Reihe A, 24, 128–139, 1977.

– und AHLSWEDE, L.: Untersuchungen über den Na-Stoffwechsel des Pferdes. Zentralbl. Veterinärmed. Reihe A, 26, 212–220, 1979.

– AHLSWEDE, L. und PFERDEKAMP, M.: Untersuchung über Magenentleerung und Zusammensetzung des Mageninhaltes beim Pferd. Dt. Tierärztl. Wschr. 87, 43–47, 1980.

– AHLSWEDE, L. und REINHARD, H.-J.: Untersuchungen über Freßdauer, Kaufrequenz und Futterzerkleinerung beim Pferd. Dt. Tierärztl. Wschr. 82, 54–58, 1975.

– HECKÖTTER, E., MERKT, M., BERNOTH, E.-M., KIENZLE, E. und KAMPHUES, J.: Aktuelle Probleme aus der tierärztlichen Fütterungsberatung: 6. Mitt.: Schadensfälle beim Pferd durch Futtermittel. Dt. Tierärztl. Wschr. 93, 486–490, 1986.

– und LEMMER, U.: Übersichtsreferat: Mineralstoff- und Spurenelementgehalt im Serum bzw. Plasma des Pferdes. Dt. Tierärztl. Wschr. 80, 166–169, 190–193, 1973.

– und PFERDEKAMP, M.: Auswirkungen überhöhter Proteingaben beim Pferd. Zentralbl. Veterinärmed. Reihe A, 27, 746–757, 1980.

– SCHMIDT, M. und GÜLDENHAUPT, V.: Untersuchungen über Mischfutter für Pferde. Dt. Tierärztl. Wschr. 88, 2–5, 1981.

– WINKEL, C., AHLSWEDE, L. und WEIDENHAUPT, C.: Untersuchungen über Schweißmenge und Schweißzusammensetzung beim Pferd. Tierärztl. Umsch. 33, 330–336, 1978.

MILLIGAN, J. D., COLEMAN, R. J. and BURWASH, L. D.: Relationship of energy intake to weight gain in yearling horses. Proc. 9th Equine Nutr. Physiol. Symp. Michigan 8–13, 1985.

MÜLLER-REH, F.: Untersuchungen über die Mineralstoff- (Ca-, P-, Mg-, K-, Na-) und Spurenelement- (Fe-, Cu-, Zn-, Mn-) Versorgung beim Pferd. Diss., Hannover 1972.

MUNDT, H.-C.: Untersuchungen über die Verdaulichkeit von aufgeschlossenem Stroh beim Pferd. Diss., Hannover 1978.

MUUSS, H.: Untersuchungen über Entleerung sowie Zusammensetzung des Ileumchymus beim Pferd. Diss., Hannover 1980.

NAT. RES. COUNCIL, Washington, D. C., Nr. 6: Nutrient requirements of horses. 4. ed. 1978.

NESENI, R., FLADE, E., HEIDLER, G. und STEGER, G.: Milchleistung und Milchzusammensetzung von Stuten im Verlaufe der Laktation. Arch. Tierzucht 1, 91–129, 1958.

NIEDERLÄNDISCHE KOMMISSION zur Untersuchung der Mineralstoff-Fütterung: Leitfaden zur Beurteilung der Mineralstoffversorgung des Rindes in der Praxis. Übers. Tierernähr. 1, 94–143, 1973.

NIEKERK, C. H., MORGENTHAL, J. C. and STARKE, C. J.: The effect of nutritional stress on the plasma progestagen levels and embryonic mortality in twin pregnancies of mares. (dt. Abstract) in: Zentralblatt Pferd 2, 199, 1985.

N. N.: Live yeast culture improves over-all performance of horses. Feedstuffs 6, 1986.

OFTEDAL, O. T., HINTZ, H. F. and SCHRYVER, H. F.: Lactation in the horse: milk composition and intake by foals. J. Nutr. 113, 2096–2106, 1983.

OTT, E. A. and ASQUITH, R. L.: Calcium and phosphorus supplementation of foaling mares. Proc. 8th Equine Nutr. Physiol. Symp. Lexington/Kentucky 1983, 317–322.

– and ASQUITH, R. L.: Influence of protein and mineral intake on growth and bone development of weanling horses. Proc. 8th Equine Nutr. Physiol. Symp. Lexington/Kentucky 1983, 39–44.

PFERDEKAMP, M.: Einfluß steigender Proteinmengen auf den Stoffwechsel des Pferdes. Diss., Hannover 1978.

PINKIEWICZ, E., GRZEBULA, S. und RUBAJ, B.: Ernährungsbedingte Muskeldystrophie bei Fohlen. Monatsh. Veterinärmed. 18, 689–692, 1978.

POTTER, G. D. and HUCHTON, J. D.: Growth of yearling horses fed different sources of protein with supplemental lysine. Proc. 4th Equine Nutr. Physiol. Symp. Pomona/Calif. 19–20, 1975.

PROBST, D.: Untersuchungen über Zerkleinerung und Einspeichelung des Futters im Kopfdarm des Pferdes. Diss., Hannover 1985.

RALSTON, S. L., JACKSON, S. A. u. a.: Effect of vitamin A supplementation on the seminal characteristics and sexual behavior of stallions. Proc. 9th Equine Nutr. Physiol. Symp. Michigan 1985, 74–77.

RICH, G. A., McGLOTHLIN, D. E., LEWIS, L. D., SQUIRES, E. L. and PICKETT, B. W.: Effect of vitamin E supplementation on stallion seminal characteristics and sexual behavior. Proc. 8th Equine Nutr. Physiol. Symp. Lexington/Kentucky 1983, 85–89.

RICKETTS, S. W. and FRAPE, D. L.: Big bale silage as a horse feed. (Botulism correspondence). Vet. Rec. 118, 55, 1986.

– GREET, T. R. C. u. a.: Thirteen cases of botulism in horses fed big bale silage (dt. Abstract) in: Zentralblatt Pferd 2, 241, 1985.

ROBB, E. J. and KRONFELD, D. S.: Dietary sodium bicarbonate as a treatment for exertional rhabdomyolysis in a horse. J. Am. Vet. Med. Assoc. 188, 602–607, 1986 (Summary).

RONEUS, B. und HAKKARAINEN, J.: Vitamin E in serum and skeletal muscle tissue and blood glutathione peroxidase activity from horses with the azoturia-tying-up syndrome. Acta Vet. Scand. 26, 425–427, 1985 (Summary).

SCHATZMANN, U., STRAUB, R., GERBER, H., LAZARY, S., MEISTER, U. und SPÖRRI, H.: Die Elimination von Heu und Stroh als Therapie chronischer Lungenerkrankungen des Pferdes. Tierärztl. Praxis 2, 207–214, 1974.

SCHMIDT, M.: Ein Beitrag zum Spurenelementgehalt in Schweiß und Organen des Pferdes. Dt. Tierärztl. Wschr. 91, 197–198, 1984.

SCHMIDT, U.: Untersuchungen über die Verträglichkeit und Verdaulichkeit eines pelletierten Mischfutters für Pferde in Kombination mit Heu und NH_3 aufgeschlossenem Stroh. Diss., Hannover 1980.

SCHUBERT, R. und HENNING, A.: Möglichkeiten zur Verbesserung der Fruchtbarkeit und der PMS-Qualität bei Stuten durch eine Ergänzung der Ration mit β-Karotin. Tagung „Neue Gesichtspunkte der Vitaminversorgung von Mensch und Tier" der Univ. Leipzig 5.–6. Dez. 1983, 146–152.

SCHUMM, H.: Untersuchungen über den Einsatz von Bierhefe – Biertreber (getrocknet) bei männlichen Jungrindern. Tierzüchter 10, 433–435, 1982.

SCHWARZ, F. J. und KIRCHGESSNER, M.: Spurenelementbedarf und -Versorgung in der Pferdefütterung. Übers. Tierernähr. 7, 257–277, 1979.

SCHWEDE, H.: Knochenreifungsstörungen als möglicher leistungsmindernder Faktor bei jungen Pferden. Mh. Vet.-Med. 42, 263–266, 1987.

SHELLE, J. E., VanHUSS, W. D. u. a.: Relationship between selenium and vitamin E nutrition and exercise in horse. Proc. 9th Equine Nutr. Physiol. Symp. Michigan 1985, 104–109.

SIEPELMEYER, F.-J.: Erkrankungen des Respirationstraktes durch Schimmelpilze bei Haussäugetieren unter besonderer Berücksichtigung der Allergie. Diss., Hannover 1982.

SIROIS, V. S. and JORDAN, R. M.: Effect of supplemental niacin and lysine on weanling ponies. Proc. 8th Equine Nutr. Physiol. Symp. Lexington/Kentucky 1983, 148–150.

SÜLFLOHN, K.: Das geltende Futtermittelrecht. ASR-Verlag, Rheinbach 1985.

TOLLEY, E. A. and NOTTER, D. R.: Factors effecting racing ability in standardbred trotters. Proc. 7th Equine Nutr. Physiol. Symp. Warrenton/Virg. 1981, 216–221.

VAN DER HOLST, W., TJALSMA, E. J. and WONDER, C. J.: Experiences with oral administration of β-carotene to pony mares in early spring. European Association for Animal Production, 35th Annual Meeting 6.–9. August 1984, The Hague/The Netherlands.

WEBB, S. P., POTTER, G. D. and MASSEY, K. J.: Digestion of energy and protein by mature horses fed yeast culture. Proc. 9th Equine Nutr. Physiol. Symp. Michigan 64–67, 1985.

WEIDENHAUPT, K.: Untersuchungen zum Kaliumstoffwechsel des Pferdes. Diss., Hannover 1977.

WIESNER, E.: Ernährungsschäden der landwirtschaftlichen Nutztiere. Fischer Verlag, Jena 1970.

WINKEL, CHR.: Untersuchungen über Schweißmenge und -zusammensetzung des Pferdes unter besonderer Berücksichtigung der Eiweißversorgung. Diss., Hannover 1977.

WINTZER, H. J.: Der Einfluß einer Vitamin-H-Substitution auf Wachstum und Beschaffenheit des Hufhorns. Tierärztl. Praxis 14, 495–500, 1986.

ZEITLER, M. H.: Konzentration und Korngrößenverteilung von luftgetragenen Staubpartikeln in Pferdeställen. Berl. Münch. Tierärztl. Wschr. 98, 241–246, 1985.

ZIMMERMANN, R. A.: Energy needs of lactating mares. Proc. 7th Equine Nutr. Physiol. Symp. Warrenton/Virg. 1981, 127–135.

– : Effect of ration on composition of mare's milk. Proc. 9th Equine Nutr. Physiol. Symp. Michigan 1985, 96–102.

Pferdekrankheiten

DIETZ, O. und HENSCHEL, E.: Anästhesie und Operationen bei Groß- und Kleintieren. Ferd. Enke Verlag, Stuttgart 1988.

ENDE, H. und ISENBÜGEL, E.: Die Stallapotheke. Albert Müller Verlag, Rüschlikon 1971.

GERBER, H.: Innere Pferdekrankheiten. Scriptum für Veterinärstudenten, Bern 1989.

JENNINGS, T. B.: LARGE ANIMAL SURGERY. W. B. SAUNDERS CO., PHILADELPHIA 1984.

KRESSE, W.: Pferde halten und pflegen. Eugen Ulmer, Stuttgart 1981.

LEUTHOLD, A.: Spezielle Veterinärchirurgie. Veterinärmedizin Grundrisse. Reinhardt Verlag, München/Basel 1952.

MARTEN, I. und SALEWSKI Handbuch der modernen Pferdehaltung. Franckh'sche Verlagsbuchhandlung, Stuttgart 1989.

PIRKELMANN H., SCHÄFER M., SCHULZ, H.: Pferdeställe und Pferdehaltung. Eugen Ulmer, Stuttgart 1976.

ROSSDALE P. D.: Das Pferd, Fortpflanzung und Entwicklung. S. Karger, Basel 1975.

– Pferdepraxis. Ferd. Enke Verlag, Stuttgart 1981.

SCHWYTER, H.: Der Schweizerische Militärhufschmied. Verlag Stämpfli & Co., Bern 1948.

TURNER, A. S. und McILWRAITH, C. W.: Praxis der Großtierchirurgie. Ferd. Enke Verlag, Stuttgart 1983.

Sachregister

Bildquellen

Dr. Piotrowski: 70
Prof. Ueltschi: 237, 238, 239
Werkfoto Remaplan: 184
Werkfoto Westag-Getalit: 200

Für die Unterstützung bei der Gestaltung bzw. für die Ausführung der Zeichnungen Abb. 38, 44,
48, 52, 65, 68, 69, 75, 76, 77, 79, 81, 102, 103, 104, 105, 106, 109, 110, 111, 113, 114, 115, 117,
118, 119 und 122 sei Herrn Dipl.-Ing. agr. und Architekt Leonhard Rittel herzlich gedankt.

Die übrigen Abbildungen stammen von den Verfassern bzw. wurden nach deren Vorlagen ge-
zeichnet oder werden im Text nach dem Urheber zitiert.

Krankheiten der Reitpferde. Von —► **Peter Launer, Wilfried Richter** und **Jürgen Mill.** 368 Seiten, 191 Farbfotos, 65 SW-Fotos sowie 88 Abbildungen. Pp. —► **DM 58,-.** Das Buch vermittelt praxisbezogene Hilfe beim —► **Erkennen und Beurteilen der Erkrankungen von Reitpferden.** Aus der Sicht und den Erfahrungen praktischer Tierärzte werden die wichtigsten Krankheiten im einzelnen beschrieben, wobei der Inhalt in die Abschnitte —► **Wesen, Erkennen, Behandlung und Vorbeuge** eingeteilt ist. Der Schwerpunkt liegt dabei auf den Vorbeugemaßnahmen. Das Buch bietet dem Pferdehalter die Möglichkeit, bei der Behandlung und bei der Prophylaxe von Pferdekrankheiten zu helfen und darüber hinaus die Zusammenarbeit mit dem Tierarzt zu verbessern.

Pferdezucht. Von —► **Hans Löwe** und **Erich Bruns.** 6., neubearb. Auflage. 387 Seiten, 6 Farbfotos, 157 SW-Fotos und Zeichnungen sowie 62 Tabellen. Pp. —► **DM 78,-.** Neue Erkenntnisse in der Pferdezucht erforderten eine Überarbeitung und Aktualisierung dieses Standardwerkes, um es an den —► **neuesten Wissensstand und die gestiegenen Anforderungen anzupassen.** So setzen zunehmende Qualitätsanforderungen auch eine Erweiterung und Vertiefung der fachlichen Kenntnisse voraus. Ziel dieses Buches ist es, sowohl dem Pferdezüchter und -halter als auch dem Pferdesportler sowie allen Verantwortlichen im züchterischen Bereich in einer —► **leicht ver-** ständlichen, jedoch wissenschaftlich fundierten Darstellung den gesamten Bereich Pferdezucht zugänglich zu machen.

Der Pferdewirt. Von —► **Walter Schwitte, Georg Möhlenbruch** und **Heinrich Bottermann.** 363 Seiten, 135 Abbildungen, 27 Farbfotos und 73 Tabellen. Kt. —► **DM 78,-.** Der Pferdewirt ist ein Unterrichtswerk, das den Bedürfnissen und Anforderungen des anerkannten Ausbildungsberufes »Pferdewirt« angepaßt ist. Das Fachbuch vermittelt die —► **wesentlichen Ausbildungsinhalte und Lehrstoffe** des verbindlichen Ausbildungsrahmenplans. Grundlagen hierfür sind die »Verordnungen über die Berufsausbildung zum Pferdewirt«, die Rahmenlehrpläne sowie die Lernzielkataloge der Bundesländer. Darüber hinaus sind die enthaltenen Informationen aber auch für Hobbyreiter, Pferdehalter und interessierte Laien von großem Nutzen.

Erhältlich in Ihrer Buch(Fach)handlung oder beim
Verlag Eugen Ulmer
Postfach 70 05 61
7000 Stuttgart 70

E.U.

VERLAG EUGEN ULMER